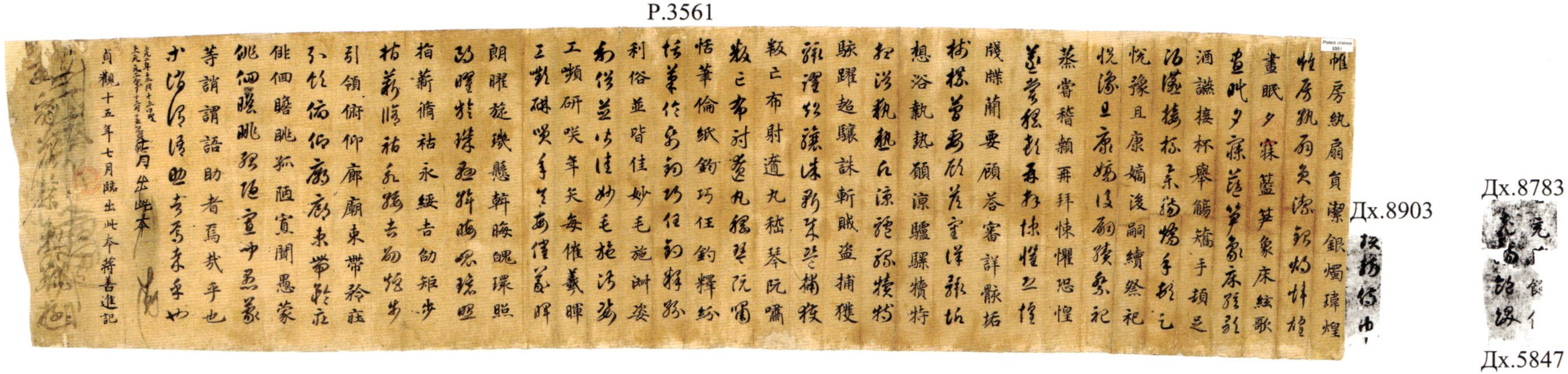

图 1　Дx.8783+Дx.5847+？+Дx.8903+P.3561《真草千字文》缀合图

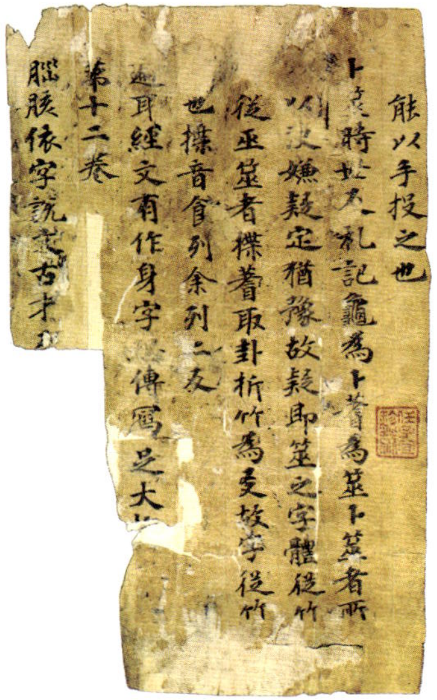

图 2　敦研 357“字书残段”

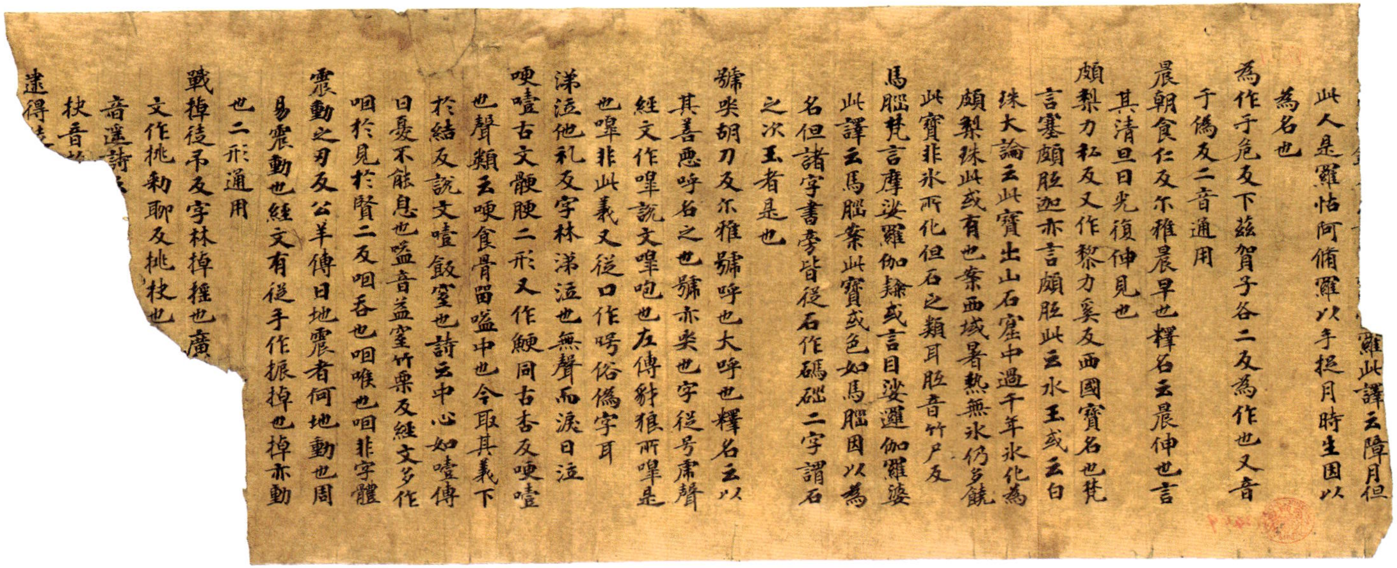

图 3　S.3469《一切经音义》

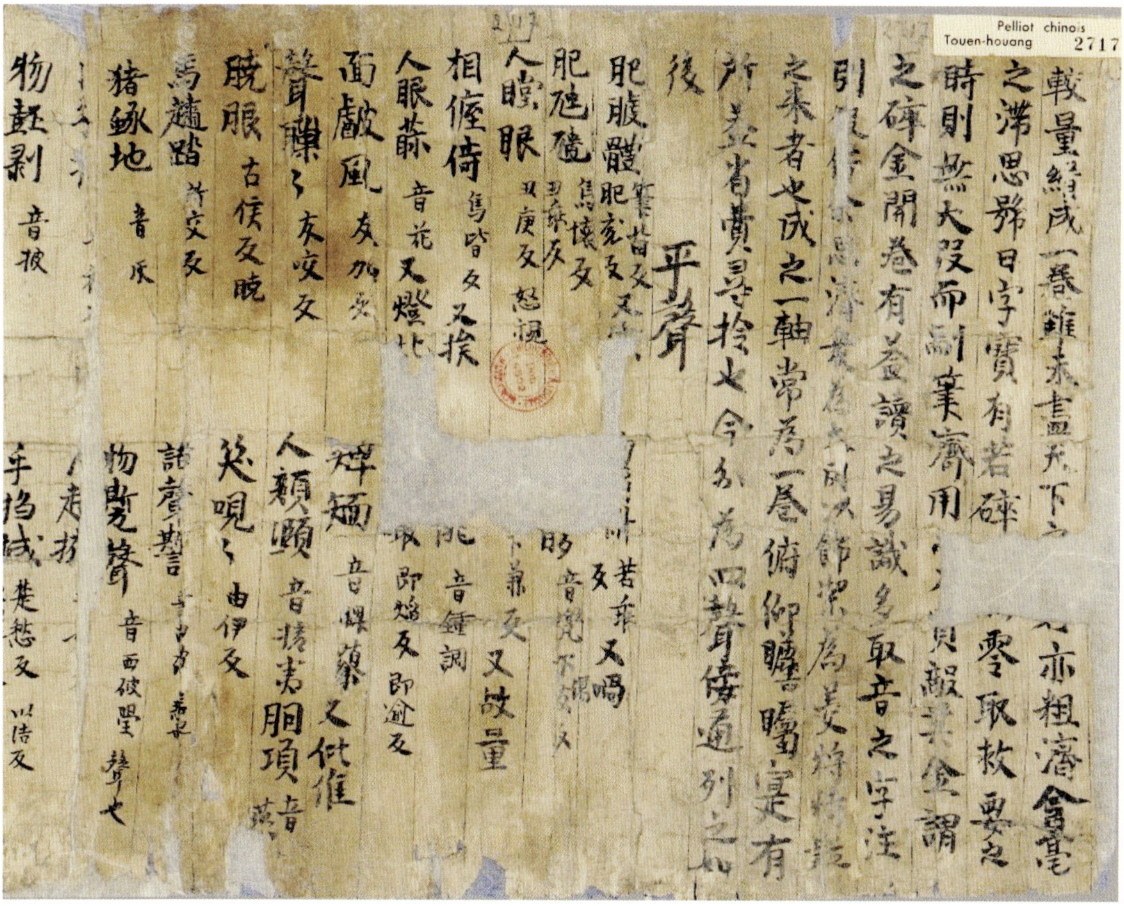

載量結成一藝雖未盡天下之

之滯思豈曰字寶有著碑

時則然大段而副事審用

之碑金開卷有益讀之易識多取音之字注

引□行亦以淨□□□□□□為美將特記

之來者也成之一軸常為一卷備卿瞻覩定有

所益省費尋拾七今分為四聲傍通別之

後　　　平聲

肥腹體實音又又　　　　若乗又喝　　　　　　　　亦粗瘁金毫

肥尻尵為壞反　　　　明音覺下娿又　　　　　　　零取攽要之

人瞳眼双庚又怒視　　　下鼎反又敀量　　　　　　見穀其金謂

相䑋倚雋皆反又挨　　　能音鐘調

面歆風友加反　　　　　取即熁反即逾反

人眼蘇音花天燃北

聲耳㩵乁亥交又　　　人顙頤音糖素胭項音

睕眼古候反晓　　　處㖕乁由伊反

馬䠧踏苻交反　　　諸齊鼓吾由攻嘉泉

猪䤾地音乑　　　物鴥聲音西彼堅聲乇七

物鈙剝音披

手搯䁂楚悲反以浩反

图4　P.2717《字宝》

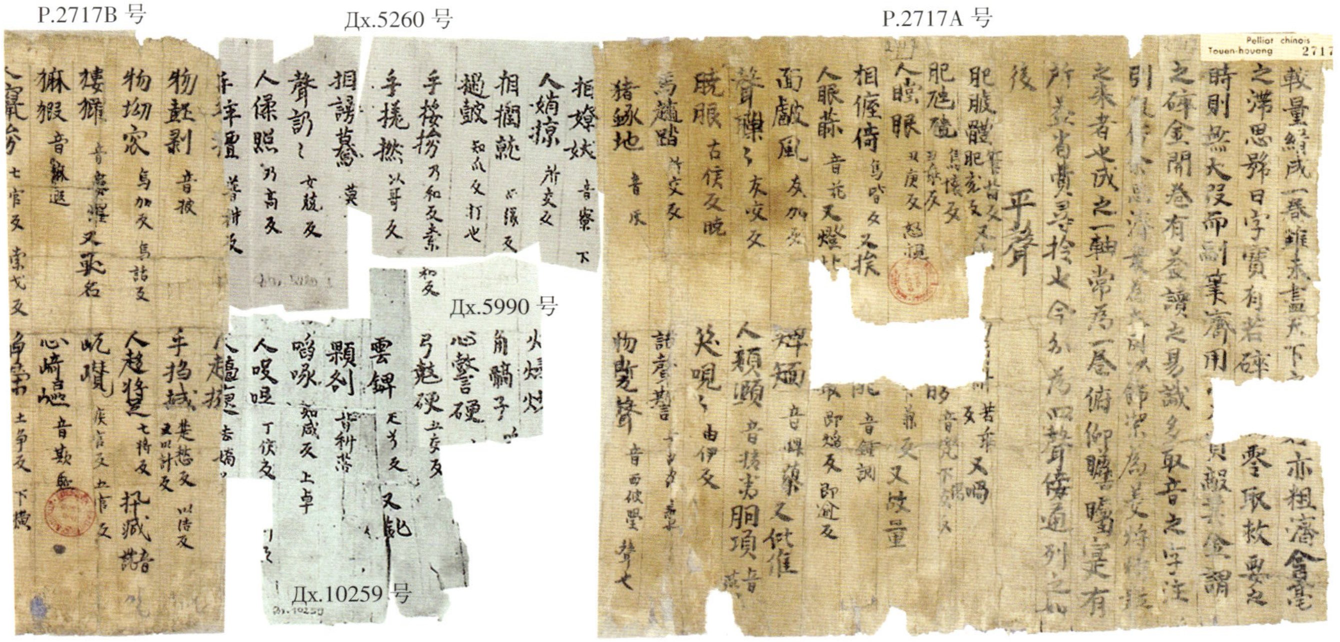

图 5　P.2717+Дx.5260+Дx.5990+Дx.10259《字宝》缀合图

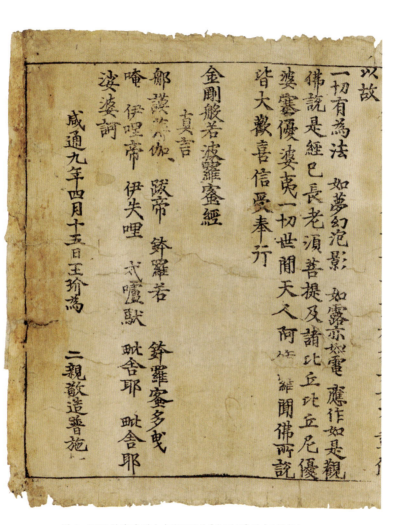

以故

一切有爲法　如夢幻泡影　如露亦如電　應作如是觀

佛說是經已　長老須菩提及諸比丘比丘尼優

婆塞優婆夷　一切世間天人阿修羅聞佛所說

皆大歡喜信受奉行

金剛般若波羅蜜經

　真言

郍謨婆伽　跋帝　鉢羅若　波羅蜜多曳

唵　伊哩帝　伊失哩　戍盧馱　毗舍耶　毗舍耶

娑婆訶

咸通九年四月十五日王玠爲　　二親敬造普施

图6　S.P2号唐咸通九年（868）的《金刚经》刻本（局部）

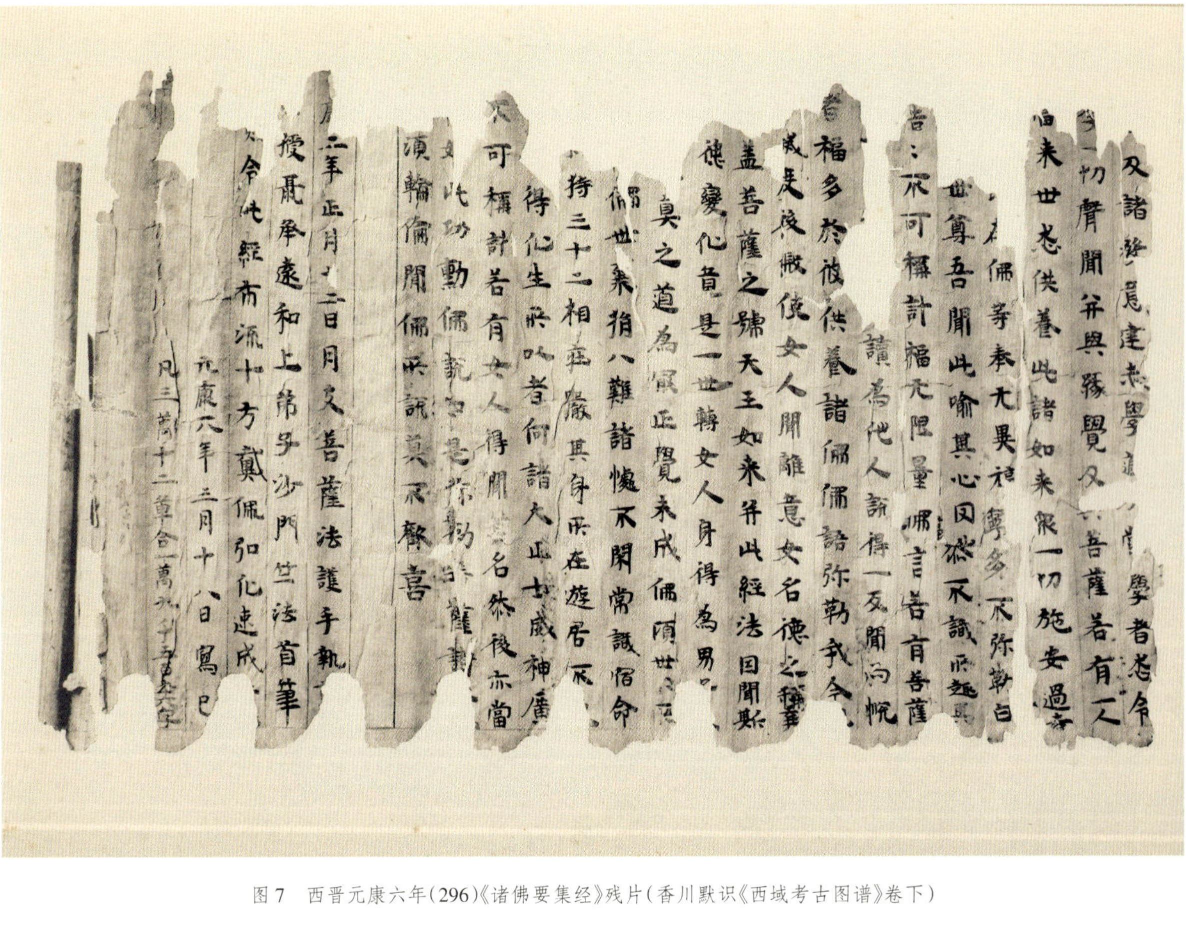

图7 西晋元康六年(296)《诸佛要集经》残片(香川默识《西域考古图谱》卷下)

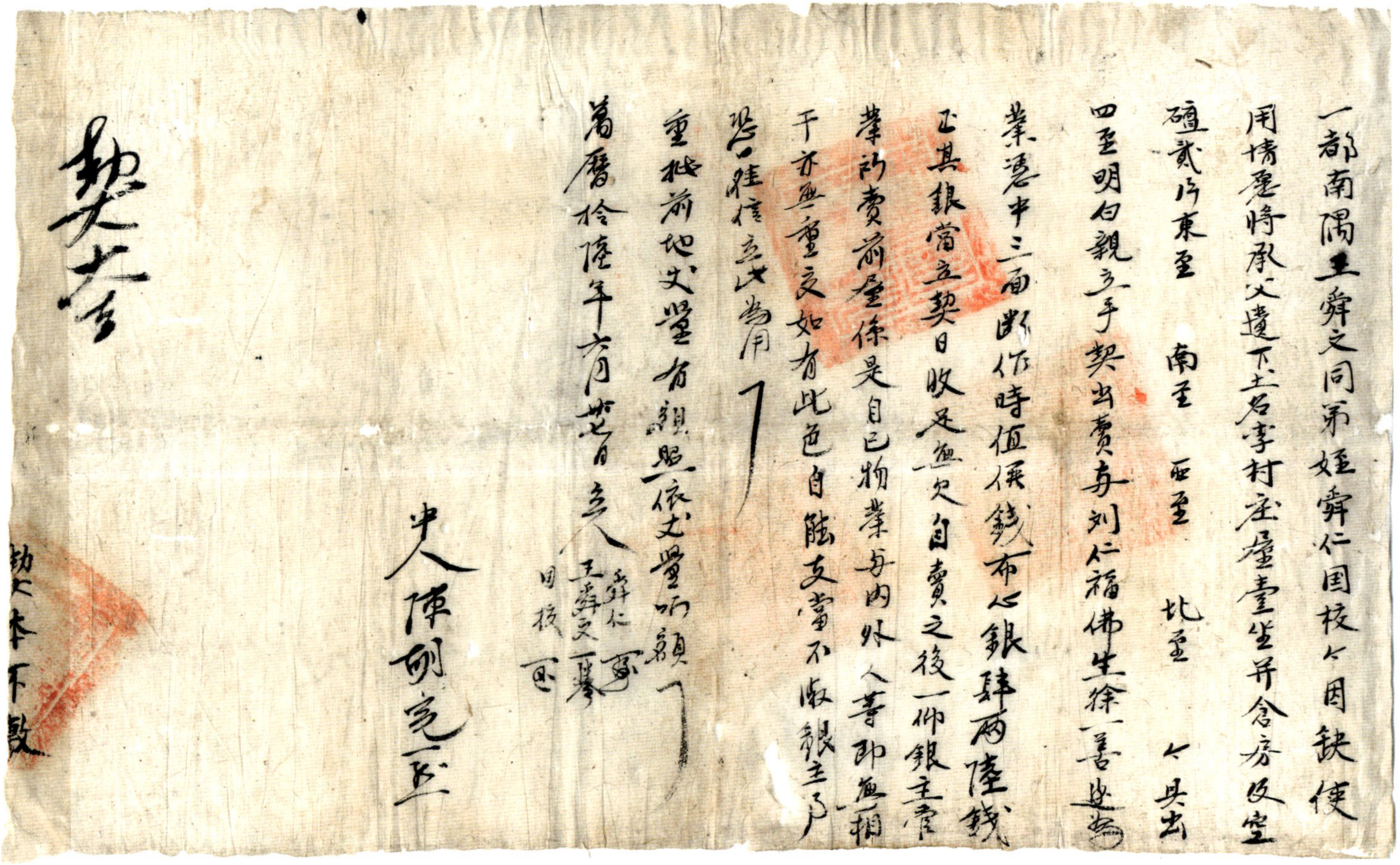
一都南隅王舜文同弟侄舜仁、国校、国鉄，使
用情愿将承父遗下土名李村住屋壹坐并仓房及空
基贰片，东至　南至　西至　北至　山头为
四至明白，亲立手契出卖与刘仁福、佛生、徐一喜边为
业，凭中三面断作时值价钱布心银肆两陆钱
正，其银当立契日收足无欠。自卖之后，一听银主管
业。所卖前屋系是自己物业，与内外人等即无相
干，亦无重交。如有此色，自能支当，不涉银主之
事。恐后难信，立此为用。
重批：前地丈量有额，照依丈量所额。
万历拾陆年六月廿七日立契人王舜文（押）、舜仁（押）、国校（押）
中人陈阿宅（押）
契大吉
契本不敷

图8　明万历十六年(1588)六月廿七日遂昌县一都王舜文等卖房屋契
（浙江师范大学中国契约文书博物馆藏）

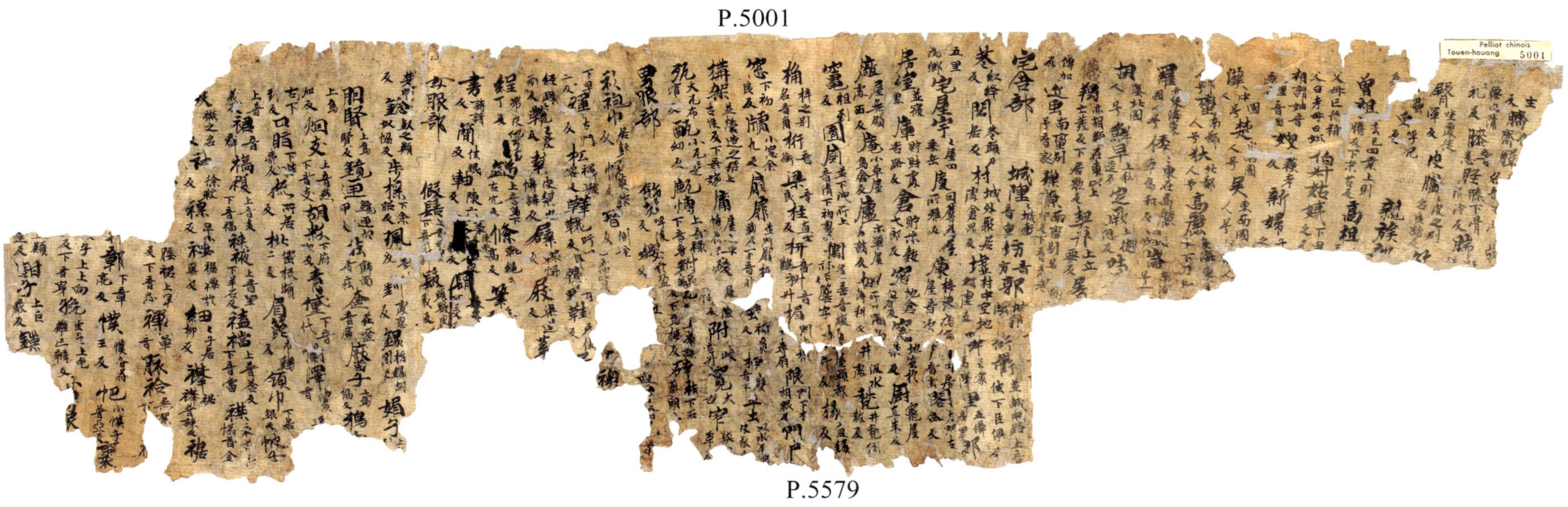

图 9 P.5001+P.5579《俗务要名林》缀合图

张涌泉 著

敦煌写本文献学

（增订本）

商务印书馆
The Commercial Press

图书在版编目（CIP）数据

敦煌写本文献学 / 张涌泉著 .-- 增订本 .-- 北京：
商务印书馆 ,2024.--ISBN 978-7-100-24390-2

Ⅰ . K870.6

中国国家版本馆 CIP 数据核字第 2024ZP8713 号

敦煌写本文献学

张涌泉　著

商 务 印 书 馆 出 版
（北京王府井大街 36 号　邮政编码 100710）
商 务 印 书 馆 发 行
北京盛通印刷股份有限公司印刷
ISBN　978-7-100-24390-2

2024 年 8 月第 1 版　　　开本 787×1092　1/16
2024 年 8 月第 1 次印刷　印张 37½　插页 4

定价：198.00 元

目　录

抄例编

凡　例

　　一、敦煌、吐鲁番地域相邻，敦煌文献资料和吐鲁番出土文书时代相近，语言上有许多共同性，敦煌学和吐鲁番学本身又是一个不可分割的整体，故本书收采讨论范围含括吐鲁番文书。

　　二、文中所引敦煌文献资料，一般根据原卷（主要根据影印本、缩微胶卷或原卷照片），引例前标明卷号、书名及篇名。如 P.3418 号《王梵志诗·人间养男女》、北敦 6412（北8672，河 12）号《父母恩重经讲经文》、Φ.230 号玄应《一切经音义》等。引用吐鲁番文献篇题前注明考古编号，引例后括注所据文献册数及页码，如 64TAM4:37《唐总章三年（670）白怀洛举钱契》："若延引不还，听牵取白家财及口分平为钱直，仍将口分蒲桃用作钱质。"（《唐吐》叁-224）指该件系 1964 年阿斯塔那 4 号墓出土文书，编号 37，文见唐长孺主编《吐鲁番出土文书》图录本第叁册第 224 页。

　　三、引录敦煌吐鲁番文献时，原卷缺字用"□"号表示，缺几字用几个"□"，不能确定者，上部残缺时用"▯▯▯"号，中部残缺时用"▯▯▯"号，下部残缺时用"▯▯▯"号表示；缺字据异本或上下文或文意补出时在缺字符号后用圆括号注明；模糊不清无法录出或残存偏旁者用"▨"号表示，缺几字用几个"▨"号；如原卷本身有脱字，则加"[□]"号表示之，脱字据上下文或文意补出时外加[　]号；衍文用{　}括住。假借字、讹字在原字后用"（ ）"注出本字或正字。引例中的重文符号或省代符号一般回改为原字，有必要保留时一般用"="形符号代替。释读尚存疑的，在字后或相应符号后加（？）。

　　文中引用前人整理过的敦煌文献，其中校录符号与上揭规定不同者，也一律依原卷实际情况改用上揭符号。

　　四、引文中除与所说明内容相关的俗字别体，以及为了不影响行文意义而酌情使用的繁体字外,其余均改作通行的简体字。但古本字(如弟与第,牙与芽,差与瘥,猒与厭)、古正字(如然与燃,般与搬)、古分用字(如算与筭,娘与孃,麤、麁与粗)及有特定目的的通用字(如数目字"升"作"昇"或"勝"、"斗"作"兜"、"石"作"硕"、"百"作"佰"或"陌"、"千"作"仟"或"阡"之类)一律照原卷录写。鉴于俗写扌旁与木旁、巾旁与忄旁、衤旁与礻旁以及"己"与"已""巳"、"瓜"与"爪"、"曰"与"日"之类相混无别,引用时径据文意录定,不出注说明。

五、文中引用敦煌文献收藏编号,统一使用简称。见于卷子背面的文献简称"背";凡各家著录标明为碎片者,简称"碎"。简称及对应全称如下:

S.——英国国家图书馆藏敦煌文献斯坦因(M.A.Stein)编号

S.P——英国国家图书馆藏敦煌文献木刻本斯坦因编号

P.——法国国家图书馆藏敦煌文献伯希和(P.Pelliot)编号

Дх.——俄罗斯科学院东方文献研究所藏敦煌文献编号

Ф.——俄罗斯科学院东方文献研究所藏敦煌文献弗鲁格编号

北——中国国家图书馆藏敦煌文献原编号

北新——中国国家图书馆藏敦煌文献新编号

北敦——中国国家图书馆藏敦煌文献统编号(引用例句时一般在序号后括注中国国家图书馆藏敦煌文献原编号和千字文编号,以便读者可使用不同图版本查核,但如果仅是列举异本,则不再括注原编号和千字文编号,以免繁重)

上博——《上海博物馆藏敦煌吐鲁番文献》编号

上图——《上海图书馆藏敦煌吐鲁番文献》编号

北大敦——《北京大学藏敦煌文献》编号

津艺——《天津市艺术博物馆藏敦煌文献》编号

浙敦——《浙藏敦煌文献》编号

敦研——《甘肃藏敦煌文献》敦煌研究院藏敦煌文献编号

甘博——《甘肃藏敦煌文献》甘肃省博物馆藏敦煌文献编号

敦博——《甘肃藏敦煌文献》敦煌市博物馆藏敦煌文献编号

西北师大——《甘肃藏敦煌文献》西北师范大学藏敦煌文献编号

石谷风——石谷风《魏晋隋唐残墨》编号

台图——《敦煌卷子》影印台湾中央图书馆藏敦煌文献编号

中村——《台东区立书道博物馆所藏中村不折旧藏禹域墨书集成》编号

羽——《敦煌秘笈》,大阪:日本武田科学振兴财团,2009—2013 年影印日本杏雨书屋藏敦煌文献羽田亨编号

六、以下文献征引较多,文中或使用简称,相应简称、全称及其版别如下:

《宝藏》——《敦煌宝藏》,台北:新文丰出版公司,1981—1986 年

《英藏》——《英藏敦煌文献(汉文佛经以外部分)》,成都:四川人民出版社,1990—1995 年

《法藏》——《法藏敦煌西域文献》,上海:上海古籍出版社,1995—2005 年

《俄藏》——《俄藏敦煌文献》,上海:上海古籍出版社,1992—2001 年

《津艺》——《天津市艺术博物馆藏敦煌文献》,上海:上海古籍出版社,1996—1997 年

《浙藏》——《浙藏敦煌文献》,杭州:浙江教育出版社,2000 年

《甘藏》——《甘肃藏敦煌文献》,兰州:甘肃人民出版社,1999 年

《国图》——《国家图书馆藏敦煌遗书》,北京:北京图书馆出版社,2005—2012 年

《台图》——《敦煌卷子》,台北:石门图书公司,1976 年

《中村》——《台东区立书道博物馆所藏中村不折旧藏禹域墨书集成》,日本文部科学省科学研究费特定领域研究〈东アジア出版文化の研究〉总括班 2005 年发行

《索引》——《敦煌遗书总目索引》,王重民、刘铭恕等编,北京:商务印书馆,1962 年

《索引新编》——《敦煌遗书总目索引新编》,敦煌研究院编,北京:中华书局,2000 年

《变文集》——《敦煌变文集》,北京:人民文学出版社,1957 年

《唐录》——《敦煌社会经济文献真迹释录》,唐耕耦、陆宏基编,第 1 辑,北京:书目文献出版社,1986 年;第 2—5 辑,北京:全国图书馆文献缩微复制中心,1990 年

《郝录》——《英藏敦煌社会历史文献释录》——郝春文主编,第 1 卷,北京:科学出版社,2001 年;第 2—20 卷,北京:社会科学文献出版社,2003—2023 年

《唐吐》——《吐鲁番出土文书》图录本四册,唐长孺主编,北京:文物出版社,1992—1996 年

《王一》——P.2011 号王仁昫《刊谬补缺切韵》

《王二》——故宫藏本王仁昫《刊谬补缺切韵》,周祖谟编《唐五代韵书集存》,北京:中华书局,1983 年

玄应《音义》——《一切经音义》,唐释玄应,《丛书集成初编》本。该书另有《碛砂藏》本、《金藏》本、《高丽藏》本,引用后数本时在文中加以标注

慧琳《音义》——《一切经音义》,唐释慧琳,上海:上海古籍出版社,1986 年影印日

本狮谷白莲社刻本

可洪《音义》——《新集藏经音义随函录》，五代释可洪，《中华大藏经》（第59、60册）影印《高丽藏》本，北京：中华书局，1993年

《说文》——《说文解字》，许慎，北京：中华书局，1963年影印清陈昌治刻本

《龙龛》——《龙龛手镜》，辽释行均，北京：中华书局，1985年影印高丽本

七、以下整理文本引用较多，一般在引文后括注页码，不再一一出注说明。

《敦煌变文集》——王重民等编，北京：人民文学出版社，1957年

《敦煌变文校注》——黄征、张涌泉校注，北京：中华书局，1997年

《敦煌歌辞总编》——任半塘著，上海：上海古籍出版社，1987年

《敦煌类书》——王三庆著，高雄：丽文文化事业股份有限公司，1993年

《英藏敦煌社会历史文献释录》（《郝录》）——郝春文主编，第1卷，北京：科学出版社，2001年；第2—20卷，北京：社会科学文献出版社，2003—2023年

八、文中所附敦煌写本图版均根据影印本、缩微胶卷或原卷彩色照片，择优选用。图版依章编号，如第一章内的图依序为"图1–1、图1–2"等。所附图版多为原卷局部，根据需要截取，并酌情作显化处理，不再一一注明。

九、引用古今工具书和二十四史等常用古籍一般不标示页码；《大正藏》《卍续藏》等收载的佛教典籍，在有电子数据库的今天，查检殊非难事，引用时经核检纸本原书，亦不再标列页码，以免繁重。

敦煌文献整理：百年行与思[※]
（代序）

公元 1900 年 6 月 22 日，世界文化史上一个永载史册的日子。那一天，敦煌莫高窟藏经洞中的数万件文献被王道士发现了。这次发现的文献数量之多、价值之高、影响之大，都是空前的。文献的内容，涉及中国 11 世纪以前（尤其是 4 世纪至 10 世纪）的历史、政治、经济、宗教、语言、文学、科技、社会生活和中外关系等各个方面，它们不仅是中华民族文化遗产中的瑰宝，也是全人类共同的宝贵财富。敦煌文献发现一个多世纪来，经过无数中外学人的共同努力，敦煌学业已成为一门国际性的显学，成为东西方文化交流的桥梁。

一 敦煌文献的概况及其价值

敦煌文献总计七万多号，其中中国国家图书馆藏 17000 多号，英国国家图书馆藏 17000 多号，法国国家图书馆藏 7000 多号，俄罗斯科学院东方文献研究所藏接近 18000 号。敦煌研究院、敦煌市博物馆、故宫博物院、中国历史博物馆、天津市艺术博物馆、北京大学图书馆、上海博物馆、上海图书馆、浙江图书馆、浙江省博物馆、杭州灵隐寺、四川博物院、四川大学博物馆、台北"国家图书馆"、香港艺术馆等国内公私机构散藏 10000 多号（包括非汉文文献 7000 多号），日本各公私机构藏 2000 多号。此外，丹麦、印度、德国、美国等国也有少量收藏。[1]

敦煌文献主要为写本，也有少部分为刻本，其中包括迄今为止发现的最早的印刷品——咸通九年（868）的《金刚经》刻本（S.P2 号）和唐大和八年甲寅岁（834）《具注历》刻

※ 本文为作者 2008 年 8 月 16 日在浙江人文大讲堂所作的学术演讲，后刊于《光明日报》2009 年 2 月 19 日 10—11 版；收入本书时作了个别文字的修订。

[1] 世界各地敦煌文献的具体收藏情况，参看郝春文等《当代中国敦煌学研究（1949—2019）》，北京：中国社会科学出版社，2020 年，第 3—56 页。

本(Дх.2880号,图0-1)。敦煌文献写本最早为抄写于东晋升平十二年(368)的《法句经》(甘博1号),最晚为《大宋咸平五年壬寅岁(1002)七月十五日敦煌王曹宗寿、夫人氾氏添写报恩寺藏经录》(Ф.32号)[1],前后跨越600年之久,历十余个朝代。据此推断,藏经洞的封闭时间应在11世纪初。但封闭的具体原因是什么,则至今仍是一个未解之谜。

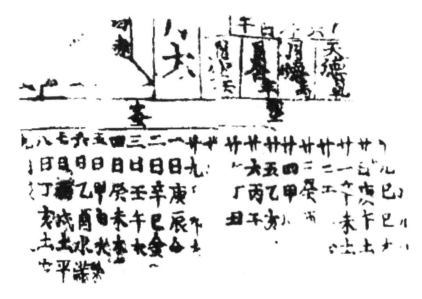

图0-1　Дх.2880唐大和八年《具注历》

　　敦煌文献使用的语言以汉文为主,又有粟特文、突厥文、梵文、于阗文、吐蕃文、回鹘文、希伯来文等,多是失传已久的民族古文字。敦煌藏经洞相当于唐代前后的一座图书馆,所藏文献的内容几乎涉及中国古代的所有学科,堪称当时社会的百科全书。其中保存了一大批失传已久的古代文献,如历代藏经中没有收录的佛教佚典《佛说父母恩重经》,反映道教与佛教斗争的道教经典《老子化胡经》(参图0-2),最早的词集《云谣

[1] 这里所说"最早""最晚"限于有明确题记纪年的写本;而敦煌文献大多为残卷断片,并无明确抄写年份,其中也许有早于或晚于上揭文献的写卷,如石谷风《魏晋隋唐残墨》第1号便是所谓"西晋写经残纸",启功先生断为"西晋时写本",但原卷所存仅区区五残行,不足十字,要据以判断其准确年代其实是不容易的。另外有些题记的可靠性还有疑问,如中村3号《法句譬喻经》写本末有"甘露元年"的题记,其中的"甘露"或以为是魏高贵乡公年号,"甘露元年"即公元256年(中村不折著、李德范译《禹域出土墨宝书法源流考》,北京:中华书局,2003年,第29、161、165页),但这个"甘露"是否确为魏高贵乡公年号,学术界还有不同意见(此件是否出于藏经洞也有不同说法)。又如美国普林斯顿大学美术馆藏有《道德经》残卷,末有"建衡二年庚寅五月五日燉煌郡索紞写已"的题记,但这个写卷的真实性是个疑问。又如P.4754号背为"壬寅年九月廿六日"龙兴寺藏经历,其中的人名畾(灵图寺)索法律亦见于P.3240号"壬寅年七月十六日付纸历",这两个写本中的"壬寅年"亦可确定为宋咸平五年,日期或月份较Ф.32号写本的"七月十五日"稍晚。

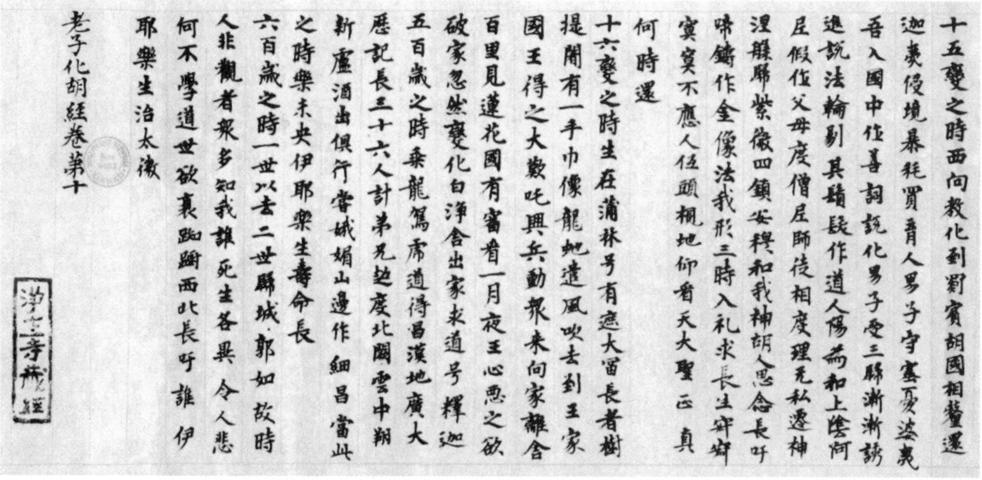

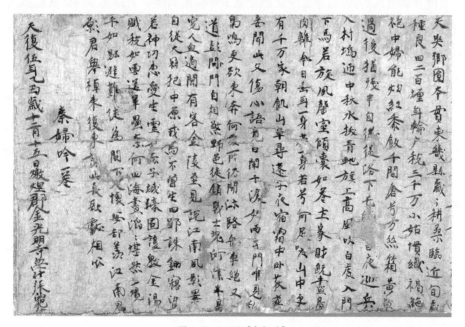

图 0-2　P.2004《老子化胡经》

集》，失传已久的古代讲唱文学作品"变文"，白话诗集《王梵志诗集》，中国古代保存至今的最早的一部女诗人诗歌选集《瑶池新咏集》，最长的唐诗《秦妇吟》（参图 0-3），中国现存的第一部完整的字样学著作《正名要录》，世界上现存年代最早、星数最多的《星图》，等等，举不胜举，它们在很大程度上改写了中国乃至世界学术文化的历史。更为可贵的是，传世古书大抵是以社会上层人士为中心的，而敦煌文献中有大量反映普通百姓日常

图 0-3　P.3381《秦妇吟》

生活的公私文书,它们更真切地展示了普通百姓的生活面貌,是我们研究中古时期各阶层社会文化生活最可宝贵的第一手资料。

此外,现在传世的许多先秦两汉魏晋南北朝唐五代文献,以及许多佛经,敦煌卷子中都有数量不等的传抄本或有这些古书的或多或少的引文,有助于了解古书的原貌,解决古书中的许多疑难问题。这里仅举一个很小的例子:中国的"国",繁体字本作"國",简化字"国"是怎么来的?有人认为是学日本。这是日本人津津乐道的一个例子。实际上这个字是土生土长的中国字。我国从汉代开始就有近似的简化写法。敦煌写本 S.388 号《正名要录》载"國"俗字作"国",是一个会意字("囗"中有"王")。中国人写字的时候有个特点,喜欢给没有点的字加上一点,给没有撇的字加上一撇,"国"字的"囗"里起初是一个"王",后来被加上一点就是"玉"了,并且"玉"在古文字里原本也没有点,跟"王"字仅中间一横的上下位置略有不同。我们在敦煌文献里就发现了直接写作"国"的"國"字,说明这个字在中国至迟唐代就已经出现,日本的写法不过是沿用中国古代的俗字罢了。

二　敦煌文献整理之回顾

敦煌文献发现后,没有什么文化的王道士对眼前满满一洞窟卷子的价值茫然无知。尽管此后他到处寻觅知音,但还是未能引起国人的注意。直到 1909 年 9 月初,继英人斯坦因之后掠取大批敦煌卷子的法国汉学家伯希和携带部分卷子来到北京,京师的一批学者得以亲睹敦煌写本的真貌,才被强烈地震撼了。同月 25 日,罗振玉发表《敦煌石室书目及发见之原始》(《东方杂志》第 6 卷第 10 期,第 42—67 页),这是世界上第一篇公开发表的介绍敦煌文献的论文。同时,王仁俊辑印《敦煌石室真迹录》(宣统元年[1909]九月,国粹堂石印本);稍后,罗振玉辑印《敦煌石室遗书》(宣统元年十二月诵芬室排印本),蒋斧辑《沙州文录》(亦收入《敦煌石室遗书》),是为敦煌文献校录刊布之始,从而正式揭开了敦煌文献整理研究的序幕。从这些成果算起,敦煌文献的搜集、整理、刊布、研究,已经走过了一百多年的历程。

百年历程,弹指一挥间,敦煌学早已成为一门世界性的显学,敦煌文献整理也取得了丰硕的成果。在这里,我们试以"文革"结束为界,分作第一、第二两个阶段,就国内敦煌文献校录刊布的情况作一个粗线条的回顾。

1. 第一阶段（1909—1976）

敦煌文献最早的刊布，是和伯希和的慷慨"馈赠"相关的。如上所说，伯希和 1909 年秋来到北京，惠允罗振玉、蒋斧、王仁俊等人抄录他所带来的敦煌文献，于是便有了《敦煌石室真迹录》《敦煌石室遗书》等一批敦煌文献最早的刊录本。后来伯希和又陆续寄来一些法国所藏敦煌写本的照片，罗振玉据以编成《石室秘宝》（1910）、《佚籍丛残初编》（1911）、《鸣沙石室佚书》（1913）、《鸣沙石室佚书续编》（1917）、《鸣沙石室古籍丛残》（1917）、《敦煌零拾》（1924）、《敦煌石室遗书三种》（1924）、《敦煌石室碎金》（1925）等书，或影印照片，或发表录文，间或附有按语或校勘记，是为敦煌文献整理的第一批成果。这些书基本属于被动接受的结果，所收多为四部古籍，资料范围颇受限制。

同时或稍后，罗福葆辑录《沙州文录补》（上虞罗氏 1924 年刊印）、刘复辑录《敦煌掇琐》（国立中央研究院历史语言研究所 1925）、许国霖辑录《敦煌石室写经题记与敦煌杂录》（上海商务印书馆 1936），走的也都是文献辑录刊布的路子，不过所收文献已不局限于伯希和寄赠照片，其中《沙州文录补》共收敦煌文献 55 件，其中 13 件源自英国所藏；《敦煌掇琐》辑录敦煌文献 104 件，全都是作者在法国国家图书馆亲自抄录而得；《敦煌石室写经题记与敦煌杂录》辑录写经题记 464 则，收录敦煌文献 99 种，则是作者从北平图书馆（今中国国家图书馆）辑录而得[1]。这些辑本注重社会经济文献和通俗文学作品的收集，收录范围大大增广。

继刘复之后，胡适、向达、王重民、姜亮夫、王庆菽等陆续赴巴黎、伦敦调查、抄录敦煌文献，并因个人兴趣和治学侧重的不同，各有收获。1930 年，胡适据法、英所藏敦煌写卷编成《荷泽大师神会遗集》（上海亚东图书馆），这是敦煌专题文献汇辑校录之始。后来刘复编《十韵汇编》（北京大学 1935），陈寅恪撰《秦妇吟校笺》（昆明自印本，1936），王重民编《敦煌曲子词集》（上海商务印书馆 1950，1956 年修订再版），周绍良编《敦煌变文汇录》（上海出版公司 1954），任二北撰《敦煌曲校录》（上海文艺联合出版社 1955），姜亮夫编《瀛涯敦煌韵辑》（上海出版公司 1955），饶宗颐撰《敦煌六朝写本张天师道陵著老子想尔注校笺》（东南书局 1956），王重民、向达等编《敦煌变文集》（人民文学出版社

---

[1] 1937 年 6 月，佛学书局印行许国霖《敦煌石室写经题记汇编》，对《敦煌石室写经题记》有所补充，辑录对象也不限于北平图书馆藏卷，而广及英法所藏。

1957),潘重规撰《唐写本文心雕龙残本合校》(香港新亚研究所 1970),饶宗颐编《敦煌曲》(巴黎法国国立科研中心 1971),也都是敦煌专题文献的汇录或校订之作。

1936 年,《食货》第 4 卷第 5 期推出陶希圣编《唐户籍簿丛辑》专刊,将当时所能见到的二十件敦煌户籍、丁籍汇集在一起,是为社会经济文书的专集。1961 年,中国科学院历史研究所资料室辑录《敦煌资料》第 1 辑出版,其内容包括户籍、名籍、地亩文书、寺院僧尼名牒、契约等 170 多种社会经济文书原卷的录文,收采较前书更为广泛。

这一阶段,敦煌文献目录编制也有不少成果。1911 年,刘师培据伯希和寄赠照片刊布《敦煌新出唐写本提要》十九种(《国粹学报》第 7 卷第1—8 期),这是最早的敦煌文献提要之作。同年,李翊灼据北京图书馆所藏敦煌文献编成《敦煌石室经卷中未入藏经论著述目录》(上海国粹学报社),这是敦煌文献专题目录编纂之始。1931 年,陈垣据中国国家图书馆编的《敦煌劫余录》出版(中央研究院历史语言研究所专刊之四),这是第一部大型的敦煌写本馆藏分类目录。后来又有王重民《巴黎敦煌残卷叙录》(北平图书馆 1936)、《敦煌古籍叙录》(商务印书馆 1958)及王重民、刘铭恕等合编的《敦煌遗书总目索引》(商务印书馆 1962)等一些敦煌文献目录著作,特别是后者,系集大成之作,在写本的定名、断代方面多有贡献,为人们了解、利用敦煌文献提供了很大便利。

2. 第二阶段(1977—　)

第一阶段的六十多年,虽然我国在敦煌文献整理(尤其是资料的刊布)方面取得了不少成果,但由于获取资料困难,加上长期的内乱和阶级斗争,使得我国在敦煌学的许多方面都落后于日本和欧洲学界,以致有所谓"敦煌在中国,敦煌学在外国"的说法,极大地刺痛了国人的心。1976 年 10 月,"文革"结束。随着国学的全面复苏,我国的敦煌学研究也进入了一个新的时期。此前,中国国家图书馆通过交换于 1957 年得到一套英国国家图书馆所藏敦煌文献前 6980 号的缩微胶卷。20 世纪 70 年代末,巴黎国家图书馆和中国国家图书馆所藏敦煌文献主体部分的缩微胶卷也先后公布。1981 至 1986 年,黄永武据缩微胶卷编纂的《敦煌宝藏》(台北新文丰出版公司)出版发行。稍后,《英藏敦煌文献》《俄藏敦煌文献》《法藏敦煌西域文献》《天津艺术博物馆藏敦煌文献》《甘肃藏敦煌文献》《国家图书馆藏敦煌遗书》等采用先进技术重拍、精印的敦煌文献图版本陆续在国内推出。

敦煌资料的大量公布,给读者带来了极大便利,直接引领了敦煌文献整理工作的向前推进。这时期出现了一大批分类汇编的敦煌文献专集。举其要者,有陈铁凡《敦煌本孝经类纂》(台北燕京文化事业公司 1977),潘重规《敦煌云谣集新书》(台北石门图书公司 1977)、《敦煌变文集新书》(台北中国文化大学中文研究所 1984),周祖谟《唐五代韵书集存》(中华书局 1983),唐耕耦、陆宏基《敦煌社会经济文献真迹释录》1—5 辑(第 1 辑,书目文献出版社 1986;2—5 辑,全国图书馆文献缩微复制中心 1990),任二北《敦煌歌辞总编》(上海古籍出版社 1987),刘俊文《敦煌吐鲁番唐代法制文书考释》(中华书局 1989),杜斗城《敦煌本〈佛说十王经〉校录研究》(甘肃教育出版社 1989),周绍良、白化文等《敦煌变文集补编》(北京大学出版社 1989),项楚《敦煌变文选注》(巴蜀书社 1990;增订本,中华书局 2006),徐自强主编《敦煌大藏经》(台北前景出版社 1989—1991),吴福熙《敦煌残卷古文尚书校注》(甘肃人民出版社 1992),王三庆《敦煌类书》(高雄丽文文化事业股份有限公司 1993),王恒杰《春秋后语辑考》(齐鲁书社 1993),赵和平《敦煌写本书仪研究》(台北新文丰出版公司 1993),黄征、吴伟《敦煌愿文集》(岳麓书社 1995),张金泉、许建平《敦煌音义汇考》(杭州大学出版社 1996),朱凤玉《敦煌写本碎金研究》(台北文津出版社 1997),黄征、张涌泉《敦煌变文校注》(中华书局 1997),李正宇《古本敦煌乡土志八种笺证》(台北新文丰出版公司 1998),徐俊《敦煌诗集残卷辑考》(中华书局 2000),饶宗颐《敦煌吐鲁番本文选》(中华书局 2000),罗国威《敦煌本〈文选注〉笺证》(巴蜀书社 2000),赵和平《敦煌本〈甘棠集〉研究》(台北新文丰出版公司 2000),李索《敦煌写卷〈春秋经传集解〉校证》(中国社会科学出版社 2005),张锡厚主编《全敦煌诗》(作家出版社 2006),杨宝玉《敦煌本佛教灵验记校注并研究》(甘肃人民出版社 2009),窦怀永、张涌泉《敦煌小说合集》(浙江文艺出版社 2010),等等。其中唐耕耦、陆宏基编《敦煌社会经济文献真迹释录》收载社会经济文献较为全备,且上图下文,最便实用。

20 世纪末,江苏古籍出版社推出《敦煌文献分类录校丛刊》,包括邓文宽《敦煌天文历法文献辑校》(1996),赵和平《敦煌表状笺启类书仪辑校》,宁可、郝春文《敦煌社邑文书辑校》,方广锠《敦煌佛教经录辑校》(1997),沙知《敦煌契约文书辑校》,周绍良、张涌泉、黄征《敦煌变文讲经文因缘辑校》,邓文宽、荣新江《敦煌本禅籍录校》,李方《敦煌〈论语集解〉校证》(1998)等十种。这套书以收集较全、录校质量较高而受到好评。郝春文正在主编的《英藏敦煌社会历史文献释录》,计划出 30 卷,现已出版 1—7 卷(第 1 卷,科学出版社 2001;第 2—20 卷,社会科学文献出版社 2003—2023),是一部按流水号对英藏敦煌社会历史文献作全面录校的大型出版物,相关的研究信息颇为丰富,但在文字录校方面未臻美善。

这一时期还出现了同一专题文献出版多个整理文本的情况,如郑炳林《敦煌地理文书汇辑校注》(甘肃教育出版社 1990)和王仲荦《敦煌石室地志残卷考释》(上海古籍出版社 1993);王素《唐写本论语郑氏注及其研究》(文物出版社 1991)和陈金木《唐写本论语郑氏注研究——以考据、复原、诠释为中心的考察》(台北文津出版社 1996);郑炳林《敦煌碑铭赞辑释》(甘肃教育出版社 1992;增订本,上海古籍出版社 2019)和姜伯勤、项楚、荣新江《敦煌邈真赞校录并研究》(台北新文丰出版公司 1994);张锡厚《王梵志诗校辑》(中华书局 1983)和项楚《王梵志诗校注》(上海古籍出版社 1991,增订本 2010);伏俊连《敦煌赋校注》(甘肃人民出版社 1994)和张锡厚《敦煌赋汇》(江苏古籍出版社 1996);马继兴主编《敦煌古医籍考释》(江西科学技术出版社 1988)和赵健雄等《敦煌医粹——敦煌遗书医药文选校释》(贵州人民出版社 1989)、丛春雨《敦煌中医药全书》(中医古籍出版社 1994)、马继兴等《敦煌医药文献辑校》(江苏古籍出版社 1998)、王淑民《敦煌石窟秘藏医方——曾经散失海外的中医古方》(北京医科大学、中国协和医科大学联合出版社 1999)、陈增岳《敦煌古医籍校证》(广东科技出版社 2008)、王淑民《英藏敦煌医学文献图影与注疏》(人民卫生出版社 2012)、袁仁智、潘文主编《敦煌医药文献真迹释录》(中医古籍出版社 2015)、沈澍农《敦煌吐鲁番医药文献新辑校》(高等教育出版社 2016);郭朋《坛经校释》(中华书局 1983)和杨曾文《敦煌新本六祖坛经》(上海古籍出版社 1993)、潘重规《敦煌坛经新书》(佛陀教育基金会 1994)、邓文宽《大梵寺佛音——敦煌莫高窟〈坛经〉读本》(如闻出版社 1997)、周绍良《敦煌写本坛经原本》(文物出版社 1997)、李申合校、方广锠简注《敦煌坛经合校简注》(山西古籍出版社 1999);金少华《敦煌吐鲁番本〈文选〉辑校》(浙江大学出版社 2017)和罗国威《敦煌本文选旧注疏证(三种)》(巴蜀书社 2019)。这种情况既反映了敦煌文献整理繁荣的景象,也体现了敦煌学不断向前推进、文献整理质量不断提高的一面。当然,也有的是研究信息闭塞造成的不必要的重复劳动。

这一时期敦煌文献目录的编制也有新的进展。北京图书馆善本组编《敦煌劫余录续编》(1981)、中国文化大学中国文学研究所敦煌学研究小组编《伦敦藏敦煌汉文卷子目录提要》(台北福记文化图书公司 1993)、荣新江编《英国图书馆藏敦煌汉文非佛教文献残卷目录(S.6981—13624)》(台北新文丰出版公司 1994)、方广锠编《英国图书馆藏敦煌遗书目录(斯 6981 号~斯 8400 号)》(宗教文化出版社 2000),都是各家馆藏目录的补编和完善。施萍婷主撰稿的《敦煌遗书总目索引新编》2000 年由中华书局出版,此书纠正了原编的一些录文错误,文献定名方面也多有改正。刘毅超《汉文敦煌遗书题名索引》

（学苑出版社 2021）是根据各家出版的图录定名编制的题名索引，含括了俄藏敦煌文献，是目前为止最为完备的检索工具书。许建平《敦煌经籍叙录》（中华书局 2006）收录全备，论述详赡，为敦煌文献专题目录的撰作树立了榜样。

除了上揭专书或专集以外，近百年还刊布了一大批敦煌文献整理方面的论文，如潘重规《敦煌写本秦妇吟新书》（《敦煌学》第 8 辑，1984），陈铁凡关于敦煌本群经校录的系列论文，康世昌关于敦煌本《春秋后语》校理的系列论文，等等，限于篇幅，就不一一罗列了。

三　敦煌文献整理之不足

如上所列，一百多年来，我国学术界焚膏继晷，先后相继，在敦煌文献整理方面取得了举世瞩目的巨大成绩，为各个学科的研究提供了一大批有用的资料，在很大程度上改变了整个中国学术文化研究的面貌。而且，这些成果大都是在资料和条件都非常困难的情况下取得的，因而显得更加难能可贵。对前贤所作出的历史性贡献，我们无论怎么评价都不会过分。正是前贤们的努力，终于使我国在敦煌学研究的大多数领域站在了世界的前列，他们为祖国争取了光荣。

当然，不必讳言的是，由于种种原因，我国的敦煌文献整理也存在着明显的不足。对此，我们也应有清醒的认识。在笔者看来，这种不足至少表现在以下三个方面。

1. 整体关照不够

敦煌文献分散在中、英、法、俄、日等许多国家，加上各家馆藏多按流水号收藏，编排杂乱，所以资料的搜集与获取是一个难题。尽管少数学者有机会直接到收藏机构搜集有关资料，但由于时间和馆方规定等的限制，每每是走马观花，既不可能遍阅各家馆藏，也无法沉下心来细细推敲。而且，有的卷子撕裂后身首异处，或相同相近内容的文献收藏在不同藏家，读者难以放在一起比较观摩。而大多数没有机会接触到原卷的读者，则只能借第二手甚至第三手的资料开展工作，其研究范围受到很大限制。所以第一阶段的敦煌文献整理，多是挖宝式的，只能就所见一件或几件文书做校录工作，整理是局部的、点式的，整理者对研究对象往往缺少整体把握，只见树木，不见森林，隔阂甚至疏误时有所见。第二阶段以后,随着敦煌文献缩微胶卷的公布和图版本的陆续影印出版,人们所能见到的材料日益增多,这种情况才有所改变。但缩微胶卷流传极少,能直接利用的人不多;图版本几乎也都是按各地馆藏流水号影印出版的,而且这些书价格昂贵,学者个人往往难以承受,即使是一般的中小型图书馆、资料室也很难有财力全部予以购置,所以读者利用不便的问题依然存在。所以这一时期虽然出现了一批敦煌文献的分类整理专集,但不少专集疏漏仍然很多,其全面性、准确性、权威性都有待提高。

2. 校录失误较多

敦煌文献主要是以写本的形式保存下来的,读者使用时存在不少困难。一般认为,研阅敦煌文献有四大障碍:一是敦煌写本多俗字,辨认不易;二是敦煌文书多俗语词,理解不易;三是敦煌卷子多为佛教文献,领会不易;四是敦煌写本有许多殊异于后世刻本的书写特点,把握不易。这就要求整理者不仅要掌握相关学科的专门知识,还应当对当时的俗字、俗语词、书写特点以及佛教哲理等有比较深入的了解。我们的前辈学者,在当时极其困难的情况下,陆续刊布了一些敦煌文献的校录本,他们的历史功绩后人自当铭记在心。但由于校录者多是历史、文学甚或艺术出身,缺乏语言文字方面的专门训练,他们的学术背景或治学习尚,使得他们留意的往往是历史事件或文学、艺术因子,而面对俗讹满纸的敦煌写本,难免感到力不从心,于是便动辄采用"据文义改"的利器,擅改原文,使得不少校录著作失误较多,恐怕也是事实。即以王重民、向达、启功等六位大师级学者校录的《敦煌变文集》而言,该书自 1957 年出版以后,有关的商榷论文竟达两百多篇,还出现了《敦煌变文集校议》这样的专著(郭在贻、张涌泉、黄征撰,岳麓书社 1990),原书的疏误之多,自不难想见。所以不少学者提出,在利用敦煌文书资料以前,必须先"由精于中国文字学,特别是敦煌汉文卷册所有的文字"的学者,"将其加以彻底与通盘的校录";按比较合理的分类体系重新编排,做成像标点本二十四史那样的"定本",使敦煌文献成为各个学科都可以使用的材料。确实,也只有建立在这种高质量的文本校录基础之上,敦煌学研究才能走向深入,才能产生一批无愧于我们这个时代的超越前人的研究精品。

3. 专题整理范围偏窄

如前所说,20 世纪后期,随着敦煌资料的陆续公布,出现了一批分类汇编的敦煌文献整理专集,比如敦煌本《坛经》整理的专集,敦煌本《论语》整理的专集,敦煌本邈真赞整理的专集,等等。这些专集的出现,为更大规模的敦煌文献合集的编纂打下了基础,当然是一件好事。但专题整理范围偏窄,对进一步的研究来说则颇多不便。比如研究经部文献的人,他既要了解《论语》在敦煌流行的情况,也需要对敦煌经部、子部文献作全方位的考察。研究文学的人,他既要知道王梵志诗,也需要了解其他诗人的诗歌在敦煌流行的情况。而这种考察只有把较大范围的文献类聚在一起时才能进行。所以在专题文献纂集的同时,有必要扩大规模,推出一批更大范围的分类汇编的敦煌文献整理合集,以便使研究者从整体上把握敦煌文献,推进各个学科文献的综合研究。

四　敦煌文献整理之前瞻

回顾敦煌文献整理百年的历程,前贤们取得的成绩,让我们自豪;检点存在的问题,促使我们警觉和努力。在敦煌文献整理新的历史阶段,我们认为以下工作是应须抓紧展开的。

1. 类聚

如前所说,敦煌文献分散在国内外公私收藏机构,按流水号编目,没有分类,编排杂乱;各种影印出版物也大多按馆藏流水号为序,读者利用不便。虽然有一些专题性的索引或研究著作,但往往挂一漏万,不够全面。所以以往的敦煌文献整理,多是挖宝式的,缺少整体的关照和把握。近几十年来,随着英、法、中、俄所藏的敦煌文献陆续公布于世,从而为研究者进行系统全面的研究提供了条件。日本著名学者藤枝晃在谈到 20 世纪前半叶敦煌文献研究的情况时指出:"本世纪前半叶,对敦煌写本残卷的传统研究方法是'觅宝'式的。现在,随着遗书的陆续公布,必须让位于一种新的研究方法,即将写本残卷重建为一个整体,并且找出个别写本或写本群在全部遗书中的位置。"[1]所以对研究者来说,在研究某一专题之前,第一步工作就是要在充分利用现有的各种索引的基础上,对敦煌文献进行全面普查,把相关的写本汇聚在一起。如敦煌《千字文》写卷,《敦煌遗书总目索引》《敦煌遗书最新目录》各著录 35 件,《敦煌遗书总目索引新编》著录 42 件;《敦煌蒙书研究》著录《千字文》写卷最多,亦仅 47 件。而据我们的普查,包括习字杂抄在内,敦煌文献涉及《千字文》的写卷达 140 件之多(缀合后 119 件)[2],其中包括《篆书千字文》2 件、《真草千字文》4 件 (参本书前插图1)、《汉藏对音千字文》2 件、《千字文注》2件、《新合六字千文》4 件、普通本《千字文》126 件。按馆藏而言,包括英国国家图书馆藏 37 件、英国原印度事务部图书馆藏 1 件、法国国家图书馆藏 59 件、俄罗斯科学院东方文献研究所藏 34 件、中国国家图书馆藏 7 件、上海图书馆藏 2 件、北京大学图书馆藏 1件。只有我们把这些《千字文》写卷全部类聚在一起,分类写成定本,才能让读者对《千字文》在敦煌的流传情况有全面的了解,并为进一步的研究创造条件。

2. 辨伪

　　敦煌文献的主体为英、法、中、俄的国家藏书机构所收藏,少部分经过各种渠道,辗转流入各地的中小图书馆、博物馆或私家手中。由于敦煌写本的巨大文物价值,奇货可居,于是便有人铤而走险,仿冒伪造,藉以牟取暴利。一般认为,后一类藏家手中的敦煌写本,由于来路不一、构成复杂,存有伪本的可能性较大。所以当研究者面对这样一份敦煌卷子,他首先要做的一项工作就是判别卷子的真伪。只有确定了研究对象的真实"身份",才能确知研究对象的文献价值,我们的研究工作才能建立在坚实的基础之上,这是至为浅显的道理。

　　判别一个卷子的真伪,除审核其来源和内容外,学术界通行的做法是从纸张、书法、印章、界栏、装潢等方面着眼作综合考察。这样做当然是行之有效的。此外,笔者想特别强调字体(字形)对于判别卷子真伪的重要意义。不同的时代既有不同的书体,也有不同的字体。汉字具有时代性。时代的发展,物质文化生活的改变或提高,都会在语言文字上留下深深的烙印。汉字的写法会随着时代的变迁而不断发生变化,某一特定历史时期汉

[1] 藤枝晃著,徐庆全、李树清译,荣新江校,《敦煌写本概述》,《敦煌研究》1996 年第 2 期,第 96 页。

[2] 另据业已出版的《敦煌秘笈》目录册(大阪日本武田科学振兴财团 2009),该书编号 707R／1、742R 二号亦为《千字文》写本,后者首题"千字文一卷",该二号将收入《敦煌秘笈》影本第 9 册。

字的构形甚至一笔一画都会受到时代的约束,都会带上浓重的时代痕迹。这种时代特征可以给我们提供卷子书写时间方面的许多重要信息,也是我们判定敦煌卷子真伪的最重要的手段。如敦研 323 号《金刚般若波罗蜜经》,末有题记云:"建武四年岁在丁丑九月朔日吴郡太守张璟敬造。""建武四年"相当于公元 497 年,从题记来看,该卷可以说是敦煌文献中较早的写卷之一(日本平井宥庆认为该卷是敦煌文献中最早的《金刚经》写本,说见《敦煌と中国佛教》,东京大东出版社 1984,页 23)。其实这是一个后人伪造的卷子。说详本书第十九章《敦煌文献的辨伪》第三节,第 520—526 页。

遗憾的是,以往人们在判别敦煌卷子的真伪时,往往过于侧重卷子的外观特征,而缺乏对卷子字体的内在分析,以致最后仍得不出明确的结论。今后有必要加强卷子书体和字形方面的考察。

3. 定名

敦煌文献中残卷或残片的比例相当大,没有题名者不在少数,社会经济之类世俗文书卷子更是如此;即使相对完整的文本,也常有缺题的情况。虽然经过中外学术界的努力,已为多数卷子拟定了正确的标题,但题目不明、拟题可商或尚未拟目的卷子仍不在少数(《俄藏敦煌文献》第 11 册 Дx.3600 号至第 17 册 Дx.19092 号卷子皆未标注题目),所以为卷子定名的任务仍相当繁重。如《甘肃藏敦煌文献》敦研 357 号,编者拟题"字书残段",我们经过比较研究,认定该件与 S.3469 号字体行款相同,为同一写本所撕裂(参本书前插图 2、图 3),应皆为玄应《一切经音义》卷二残片,《甘藏》拟题不确。

又如 P.3891 号,原件无题,《敦煌遗书总目索引》题作"习书杂字廿八行",《敦煌宝藏》《敦煌遗书总目索引新编》《法藏敦煌西域文献》同。但本卷所抄杂字还算比较规整,并且基本上不重复,与其他习书的写卷明显不同;而敦煌写卷中所抄杂字的写卷多源于佛经,所以我们怀疑本卷所抄难字也与佛经有关。经过反复查考,最终我们发现该卷是后秦三藏鸠摩罗什译的《大庄严论经》难字的摘录,所抄难字绝大多数见于该经,而且先后顺序亦基本相合,故该卷应改拟《大庄严论经难字》。

4. 缀合

由于人为的或自然的原因,敦煌文献中一个写卷撕裂成两件或多件的情况屡见不鲜，乃至四分五裂，身首异处，这给整理和研究带来了极大的困难。此前敦煌学界在写卷的缀合方面已有一些成果，但由于可以看到所有影印本或原卷的学者毕竟不多，限制了写卷缀合工作的进行，所以这方面的进展至今仍相当有限。现在随着各家馆藏敦煌文献的基本公布，我们就有可能在类聚的基础上，经过综合比较、反复比对，把绝大多数身首异处的写卷缀合为一。特别是俄藏敦煌文献，公布较晚，而其中的大量残片可能是当年奥登堡在藏经洞内"挖掘和清理"的战果，颇有从其他馆藏敦煌写本中掉落下来的碎片，可以缀合的比例更高，应给予足够的关注。[1]如 Дх.5260 号、5990 号、10259 号皆为残片（图 0-4、0-5、0-6），《俄藏敦煌文献》均未定名。其实这三片都是从 P.2717 号《字宝》平声部分第十行后撕裂下来的，应予缀合，如本书前插图 4、图 5 所示。《字宝》是一部非常重要的俗语词和俗字辞典。刘复的《敦煌掇琐》、姜亮夫的《瀛涯敦煌韵辑》《瀛涯敦煌韵书卷子考释》、潘重规的《瀛涯敦煌韵辑新编》分别为 P.2717 号做过录文，而各家都以为 P.2717 号平声部分第十行后仅缺一行，今得俄敦各残片，并比较《字宝》的另一异本 S.6204 号，才知道原卷平声部分第十行后总共应缺十行二十条。很显然，这种比较缀合的工作只有在各家馆藏都已公布的情况下才能进行。

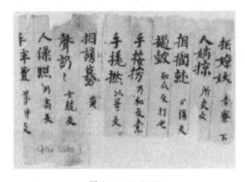

图 0-4　Дх.5260

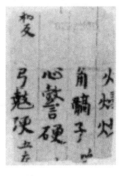

图 0-5　Дх.5990

图 0-6　Дх.10259

5. 汇校

汇校包含两层意思：一是把不同异本的信息汇聚在一起。敦煌文献中同一古书或文书往往有多少不等的异本，这种不同的异本会在内容或字句方面有出入，从而形成异

---

[1]　参看柴剑虹《关于俄藏敦煌文献整理与研究的几个问题》，《敦煌学与敦煌文化》，上海：上海古籍出版社，2007 年，第 112—119 页。北京国家图书馆藏敦煌文献未公布部分碎片较多，也会有类似情况。

文。由于种种原因，敦煌写本的抄写质量是不一致的，即便是最好的本子，也会存在或多或少的问题，这就需要参考其他异本来加以纠正。而且敦煌写本不少是现存最早的传本，由于未经后人校刻窜乱，更多地保存着古书的真相，可据以纠正传本中的大量错误。所以有必要在选定底本的基础上，参考其他异本（包括传世本），一一写成定本。二是把后人的整理研究成果汇聚在一起。以往挖宝式的校录整理，质量良莠不齐，既有真知灼见，也有一叶障目的胡言乱语。这些校录成果散在各处，读者利用不便，现在在多数写卷都已经公布的情况下，应该汇聚各家研究成果，吸收表彰正确意见，对一些误校误说，也需要作必要的批判，以免谬种流传。这也是学术规范的要求。在此引录笔者主编的《敦煌经部文献合集》（中华书局 2008）第 8 册《新合六字千文》"忧戚谢去欢招"句校记以见一斑：

> 此句底卷本作"忧忧戚谢去欢招"，前一"忧"字右侧旁注一"卜"形删字符号，因据删；邰惠莉《敦煌本〈六字千文〉初探》，张娜丽《〈敦煌本六字千文初探〉析疑》，郑阿财、朱凤玉《敦煌蒙书研究》皆误此"卜"为"人"字，而定作改字之例，邰惠莉、《蒙书》又漏录"招"字，因录此句作"人忧戚谢去欢"；张娜丽"招"字不漏，但因原文多一字，遂又谓"去"字为"原卷误加"，定作"人优戚谢欢招"，皆非是。原文"戚"当据智永本校读作"感"，"感谢欢招"为《千字文》原文，"忧感谢去"即"感谢"的双音化。上野本《注千字文》注云："感既去，欢乐招而至也。"可参。

类似这样的校记，既有原卷本身的客观分析，又有异本和后人研究情况的汇聚，使读者明所去取，节省了翻检原书的时间，有利于研究工作的深入。

在上述类聚、辨伪、定名、缀合、汇校工作的基础上，我们就有可能进一步编纂一部集大成的敦煌文献总集。目前，我们正在努力推进这方面的工作，其中《敦煌经部文献合集》已经由中华书局出版。我们相信，这项工作的全部完成，将有力地推动敦煌学研究的深入和普及，为"敦煌学在世界"作出我们中华民族应有的贡献。

绪 论 编

第一章 写本文献学：
一门亟待创立的新学问

写本文献是指用软笔及硬笔书写在纸张上的古籍或文字资料。在宋代版刻流行以前，中华文明的传承曾长期依赖于写本文献；宋代以后，写本文献仍在一定程度上发挥着作用。近一个多世纪以来，随着以敦煌文献为代表的写本文献的大量发现和刊布，写本文献越来越被人们所关注；与之相适应，一门崭新的学问——写本文献学——也正在孕育和催生之中。

第一节 古代文献传播体式的演进

依据记录文字的方法及载体的进化，传世的古代文献资料大体可分为铭刻、抄写、印刷三大类别。铭刻是指用刀、凿或硬笔在甲骨、铜器、陶器、碑石等材料上刻写，传世的文字资料包括甲骨文、金文、陶文及石刻文字等。抄写是指用毛笔或硬笔蘸墨或朱砂在竹、木、帛、纸等材料上书写，按其载体不同，又可分为简帛和纸本两类。印刷是指采用刻版或活字排版方式印制书籍，其印刷物称为刻本。写本相对于刻本而言，主要指刻本流行之前的手写纸本文献。至于使用时间更早的竹简木牍和缣帛文献虽然也系手写，但通常称为简牍帛书（简称简帛），一般不称写本。写本文献承前启后，在中华文明的传承中扮演着极为重要的作用。

商周前后，铭刻是古代文明书面传播的主要方式。但由于用作铭刻的材料或珍贵难得，或笨重不便，加之契刻费时，所以文字使用的范围非常有限。如甲骨文主要是商王朝的占卜记录,金文主要是作器者的族名、先人名号及史官的记事文字,陶文主要是工匠名号或题记,石刻文字主要是纪念性碑铭(东汉晚期起才有所谓石经)。这些文字资料的主要目的不在于流通、阅读,并非真正的书籍,所以铭刻还不能作为我国古代书籍流传的一个阶段。

　　春秋以后,竹简、木牍、缣帛逐渐取代铭刻成为书写材料的主体,写作方式也从契刻变为手写,毛笔成为主要的书写工具,书写较以前大为便利,文字使用的范围有所扩大,从而产生了真正意义的书籍。但"缣贵而简重"[1],仍不便于普及使用。大约西汉时期,我们的祖先发明了造纸技术。东汉和帝永元、元兴年间(89—105),蔡伦又对造纸术加以改进,"用树肤、麻头及敝布、渔网以为纸",由于纸张薄软轻灵的特质,便于书写、携带和保存,而且原料易得、价格低廉,于是"莫不从用焉"。魏晋时期,纸书渐多,但官府公牍仍以简册为主。东晋安帝元兴元年(402),桓玄下令"古无纸,故用简,非主于敬也。今诸用简者,皆以黄纸代之"[2]。从此纸张取代其他文字载体,成为主要的书写材料。于是书籍的流传从简帛时期迈向写本时期。

　　纸墨的普及,促进了浮雕印章和石碑拓印的流行,也为雕版印刷术的诞生奠定了基础。敦煌文献中保存的唐咸通九年(868)的《金刚经》刻本(S.P2 号,参本书前插图 6)是现存最早的有明确纪年的印刷品。雕刻版面需要大量的人工和材料,但雕版完成后一经开印,就显示出效率高、印刷量大的优越性,所以印刷术的发明对书籍传播而言是一场革命。但早期的印刷品主要用于雕刻历书、医书、韵书、佛经等实用图书。五代时期后唐宰相冯道受命印制"九经",开大规范印刷儒家经典的先河。宋代以后,刻本进一步取代写本成为古代文献传布的主流,书籍的装帧也从卷轴变为册叶,并一直延续到今天。

---

[1]《后汉书·蔡伦传》,北京:中华书局,1965 年,第 2513 页。下同。
[2]《太平御览》卷六〇五,北京:中华书局,1985 年,第 2724 页。

第二节　写本文献大观

如上所说,从东汉到五代,继简帛之后,写本文献流行了一千多年,是这一时期中华文明传承的主要载体。但由于宋代以后刻本流行,写本古书风光不再;而且随着时间的推移,一些早期的古写本也日渐湮没无闻。正如池田温先生所说:"相对于写本,刊本的优势地位是决定性的。因此进入印刷时代后,写本书籍几乎全被废弃了。"[1] 清末以来,国内外的科学家和探险者曾先后在甘肃、新疆、陕西一带发现了一些早期的写本文献,包括西汉文、景时期(公元前179—前142)的古地图,晋代的《战国策》《三国志》写本,等等[2],但数量都很有限。1900年6月22日,敦煌藏经洞被打开,人们从中发现了大批唐代前后的写本文献,震动了整个世界。民国以后,又有吐鲁番文书、黑水城文献、宋元以来民间文书、明清档案等众多写本文献陆续公之于世,辉耀世界,写本文献的数量一下充盈起来,写本文献才又重新回到世人的视域之中。于是,写本文献开始和刻本文献比肩而立,共同组成了中华民族宝贵文化遗产的两翼,互相补充。下面我们拟按主体抄写时间的先后,把最为重要的写本文献资料作一番梳理。

一　吐鲁番文书

吐鲁番文书指19世纪末以来在新疆吐鲁番地区晋唐古墓葬群中所发现的写本文献,分藏于中、德、英、俄、日、美等国的公私藏书机构,总数达5万号左右,但现已刊布的仅一万多件。吐鲁番文书的抄写时代主要为晋、前凉、北凉、高昌及唐西州时期,文书内容包括官府函件、簿籍、契约、案卷、衣物疏、墓志、四部古籍、佛经等,多姿多彩,数量庞大,是魏晋六朝纸本文献的主要实物遗存。其中旅顺博物馆藏西晋元康六年(296)《诸佛要集经》残片(本书前插图7),是我国现存最早的有明确纪年的纸本文献。以武汉大学

---

[1] 池田温《敦煌文书的世界》,张铭心、郝轶君译,中华书局,2007年,第189页。
[2] 参看钱存训《书于竹帛:中国古代的文字记录》,上海:上海书店出版社,2004年,第121—123页。

中国三至九世纪研究所为主编纂的《吐鲁番文书总目》已出版日本收藏卷(陈国灿、刘安志编)、欧美收藏卷(荣新江主编)。相关整理著作有唐长孺主编《吐鲁番出土文书》(图录本)(文物出版社 1992—1996),陈国灿《斯坦因所获吐鲁番文书研究》(武汉大学出版社1995),陈国灿、刘永增编《日本宁乐美术馆藏吐鲁番文书》(文物出版社 1997),柳洪亮《新出吐鲁番文书及其研究》(新疆人民出版社 1997),新疆吐鲁番学研究院和武汉大学中国三至九世纪研究所编《吐鲁番柏孜克里克石窟出土汉文佛教典籍》(文物出版社2007),荣新江等主编《新获吐鲁番出土文献》(中华书局 2008),小田义久主编《大谷文书集成》(日本法藏馆1984—2010),王振芬、孟宪实、荣新江主编《旅顺博物馆藏新疆出土汉文文献》(中华书局 2020),等等。王启涛正在主编分类的《吐鲁番文献合集》(巴蜀书社 2018 年开始陆续出版),目前已出版儒家经典卷、契约卷、医药卷。

二　敦煌文献

敦煌文献主要指敦煌莫高窟藏经洞发现的唐代前后的手写本和少数刻本文献,现主要收藏在英国国家图书馆(总数 17000 多号)、法国国家图书馆(总数 7000 多号)、俄罗斯科学院东方文献研究所(总数接近 18000 号)、中国国家图书馆(总数 17000 多号)及日本、印度、德国、美国等国家,总数七万多号(其中 7000 多号为非汉文文献)。敦煌文献的抄写时代上起魏晋六朝,下迄宋初,前后跨越 600 多年,而以唐五代为主体,前承吐鲁番文书,后接宋元以后刻本和写本文献,是唐五代写本文献的主要实物遗存。敦煌文献的内容几乎涉及中国古代的所有学科,是当时社会的百科全书。已经刊布的图版本有:《英藏敦煌文献(汉文佛经以外部分)》(四川人民出版社 1990—1995),《俄藏敦煌文献》《法藏敦煌西域文献》《上海图书馆藏敦煌吐鲁番文献》《上海博物馆藏敦煌吐鲁番文献》《天津市艺术博物馆藏敦煌文献》(以上皆出自上海古籍出版社 1992—2005),《甘肃藏敦煌文献》(甘肃人民出版社 1999),《中国国家图书馆藏敦煌遗书》(北京图书馆出版社 2005—2012),等等。2022 年,国家启动了"敦煌文献系统性保护整理出版工程",其中包括出版高清彩色版《敦煌文献全集》,目前中国国家图书馆藏、法国国家图书馆藏及甘肃藏敦煌文献的彩色版已在陆续出版之中。这项工作的完成,将极大改善敦煌图版的质量,推动敦煌文献整理研究的深入。

三　黑水城文献

黑水城文献是指在内蒙古额济纳旗黑水城遗址发现的纸质写本、刻本文献,总数达2万号左右,主要收藏于俄罗斯科学院东方文献研究所、英国国家图书馆和我国内蒙古自治区文物考古研究所、甘肃省博物馆等单位。黑水城文献前承敦煌文献,其抄写、刻印年代为北宋、辽、金、西夏、元、北元时期,以西夏文和汉文文献为主,内容涉及传统四部书、佛经、道经以及契约文书、官方档案等,是研究中国五代、辽、宋、金、元时期特别是西夏王朝的珍贵资料。现已出版的图版本有《俄藏黑水城文献》(上海古籍出版社 1996 年开始出版,截至 2022 年底,已出版 31 册,其中 1—6 册汉文,7—34 册西夏文),《中国藏黑水城汉文文献》(国家图书馆出版社 2008),《英藏黑水城文献》(上海古籍出版社2005—2010),以及沙知、吴芳思编《斯坦因第三次中亚考古所获汉文文献(非佛经部分)》(上海辞书出版社 2005)等。2023 年,杜建录、波波娃共同主编的《俄藏黑水城汉文文献释录》由甘肃文化出版社出版,开了黑水城文献全彩写真影印出版的先河,堪称黑水城文献整理出版的升级版。

四　宋元以来民间文书

宋元以来民间文书是指近一个世纪以来陆续发现的宋至民国时期的以手写为主的地方文书,包括土地文书、赋役文书、商业文书、社会文书、人身买卖与主仆关系文书、诉讼文书、教育文书及民俗文书等,是了解当时当地赋役、财产、婚姻、家庭、身份等社会经济情况的最可宝贵的第一手资料。这些文书大量散布于民间,仅有一小部分已被各地的图书馆、博物馆与研究机构所征集。其中数量最多的是徽州民间文书,总数在 100 万件以上[1]。敦煌文献的抄写时代最晚至北宋初年,而宋元以来民间文书的抄写时代为宋、元、明、清、民国时期,二者时间先后相承,内容互补,反映了唐五代至民国以来写本文献

---

[1]　参看刘伯山《徽州传统文化遗存的开发路径与价值评估》,《探索与争鸣》2010 年第 12 期,第 76—79 页;刘伯山、王培鑫《新时代徽州传统文化遗存的开发与价值评估》,《学术界》2019 年第 4 期,第 135—137 页。

的完整序列。近年已影印或整理出版的主要有:安徽省博物馆编《明清徽州社会经济资料丛编》第 1 集(中国社会科学出版社 1988),中国社会科学院历史研究所徽州文契整理组编《明清徽州社会经济资料丛编》第 2 辑(中国社会科学出版社 1990),王钰欣等主编《徽州千年契约文书》(花山文艺出版社 1993),刘伯山主编《徽州文书》第 1—7 辑(广西师范大学出版社 2005—2020),周向华《安徽师范大学馆藏徽州文书》(安徽人民出版社 2009),黄山学院编《中国徽州文书(民国编)》(清华大学出版社 2010),李琳绮主编《安徽师范大学馆藏千年徽州契约文书集萃》(安徽师范大学出版社 2014),俞江主编《徽州合同文书汇编》(广西师范大学出版社 2017),王振忠主编《徽州民间珍稀文献集成》(复旦大学出版社 2018),封越健主编《中国社会科学院经济研究所藏徽州文书类编》(社会科学文献出版社 2020),戴元枝主编《清至民国徽州杂字文献集刊》(广西师范大学出版社 2020);唐立等编《贵州苗族林业契约文书汇编》(东京外国语大学国立亚非语言文化研究所 2001—2003),陈金全等主编《贵州文斗寨苗族契约法律文书汇编》(人民出版社 2008),张应强等主编《清水江文书》第 1—3 辑(广西师范大学出版社 2007—2011),孙兆霞等编《吉昌契约文书汇编》(社会科学出版社 2010),高聪等主编《贵州清水江流域明清土司契约文书》(民族出版社 2013—2014),贵州省档案馆、黔东南州档案馆、天柱县档案馆、三穗县档案馆、黎平县档案馆等单位编《贵州清水江文书》11 辑(贵州人民出版社 2015 年开始陆续出版),李斌主编《贵州清水江文书·黎平文书》(贵州民族出版社 2017—2020),龙泽江等编《清水江流域珍稀文献汇编·小江文书》(贵州大学出版社 2018—2019),张应强等主编《锦屏文书》(广西师范大学出版社 2020),张新民主编《清水江文书集成考释·天柱文书》(江苏人民出版社 2014);陈支平主编《福建民间文书》(广西师范大学出版社 2007),厦门国土资源与房产管理局编《厦门房地产契约契证》(2008),曹树基等主编《客家珍稀文书丛刊》(广东人民出版社 2019),周正庆等主编《闽东家族文书》(广西师范大学出版社 2018—2021);罗志欢等主编《清代广东土地契约文书汇编》(齐鲁书社 2014),王建军主编《清至民国岭南杂字文献集刊》(广西师范大学出版社 2018),谭棣华等编《广东土地契约文书(含海南)》(暨南大学出版社 2000);《中国少数民族社会历史调查资料丛刊》修订编辑委员会广西壮族自治区编辑组编《广西少数民族地区碑文、契约资料集》(广西民族出版社 1987);王万盈辑校《清代宁波契约文书辑校》(天津古籍出版社 2008),张介人编《清代浙东契约文书辑选》(浙江大学出版社 2011),曹树基等主编《石仓契约》(浙江大学出版社 2010—2012),冯筱才等主编《文成畲族文书集萃》(浙江大学出版社 2017),章均立编《慈溪契约文书》(宁波出版社

2018)，《浙江畲族文书集成·文成卷》（浙江大学出版社 2019）等；蔡育天主编《上海道契》（上海古籍出版社 2005）；黄志繁等编《清至民国婺源县村落契约文书辑录》（商务印书馆 2014），黄志繁主编《江西地方珍稀文献丛刊》（江西高校出版社 2017—2018），曹树基主编《鄱阳湖区文书》（上海交通大学出版社 2018），熊昌锟等主编《赣南文书》（广西师范大学出版社 2019）；刘小萌主编《北京商业契书集（清代—民国）》（国家图书馆出版社 2011），张蕴芬等编著《北京西山大觉寺藏清代契约文书整理及研究》（北京燕山出版社 2014），首都博物馆编《首都博物馆藏清代契约文书》（国家图书馆出版社 2015）；刘海岩主编《清代以来天津土地契证档案选编》（天津古籍出版社 2006），宋美云主编《天津商民房地契约与调判案例选编（1686—1949）》（天津古籍出版社 2006），天津市汉沽区档案局（馆）编《契约资料汇编》（天津古籍出版社 2009）；刘秋根等主编《保定房契档案汇编》（河北人民出版社 2012），康香阁主编《太行山文书精萃》（文物出版社 2017）；刘建民主编《晋商史料集成》（商务印书馆 2018），郝平编《清代山西民间契约文书选编》（商务印书馆 2019），王建军等主编《清至民国山西杂字文献集刊》（广西师范大学出版社 2021）；张建民主编《湖北天门熊氏契约文书》（湖北人民出版社 2014），《湖北民间文书》（武汉大学出版社 2018）；吴晓亮等主编《云南省博物馆馆藏契约文书整理与汇编》（人民出版社 2013），赵敏等主编《大理民间契约文书辑录》（云南大学出版社 2018），吴晓亮等主编《腾冲契约文书资料整理与汇编》（人民出版社 2019）；胡开全主编《成都龙泉驿百年契约文书：1754—1949》（巴蜀书社 2012），成都市国土资源局编《成都土地契证》（四川科学技术出版社 2014）；内蒙古大学图书馆等编《清代至民国时期归化城土默特土地契约》（内蒙古大学出版社 2011—2012），铁木尔主编《内蒙古土默特金氏蒙古家族契约文书汇集》（中央民族大学出版社 2011），李俊义编《清代至民国时期赤峰契约文书汇辑》（内蒙古人民出版社 2014），李艳玲等编《土默特蒙古金氏家族契约文书整理新编》（中国社会科学出版社 2018）；彭阳县档案局编《彭阳清代契约档案》（初编，中国文史出版社 2017）；台湾辅仁大学校史室编《辅仁大学校史室收藏南京教区契约文书选辑》（辅仁大学出版社 2016），张敦智总编《点纸成金——郑成功文物馆典藏古文书专辑》（台南市文化局 2018）；日本东洋文库明代史研究室编《中国土地契约文书集（金至清）》（东京：东洋文库 1975）；张传玺主编《中国历代契约会编考释》（北京大学出版社 1995），田涛、宋格文等编《田藏契约文书粹编》（中华书局 2001）；等等。

五　明清档案

　　明清档案是指明清王宫和各级政府部门的档案,包括内阁大库档案、军机处档案、内务府档案、宗人府档案、国史馆档案、清宫中各处档案、清各部院衙门档案及各地方衙门档案等。宋元以来民间文书主要属于私文书,明清档案则属于官文书,二者在内容上正好可以互补。据调查,现存的明清档案约有 2000 万件之巨,仅中国第一历史档案馆就有 1000 万件,包括皇帝的诏令、臣下的奏章、各衙署来往的文移、各衙署的公务记载及汇编存查的档册等,涉及政治、经济、军事、文教、刑名、外交、民族、宗教、农业、商贸、交通、天文气象以及宫廷生活、皇族事务等,不仅是研究明清历史的可靠的原始史料,而且它的形式、文字、装潢等都具有一定的观赏性和收藏价值,具有文献和文物的双重特性。现已影印出版的主要有:台北故宫博物院编《旧满洲档》《袁世凯奏折专辑》《年羹尧奏折》《宫中档光绪朝奏折》《宫中档康熙朝奏折》《宫中档雍正朝奏折》《宫中档乾隆朝奏折》(以上皆出自台北故宫博物院 1969—1982),张伟仁主编《明清档案》(台北联经出版事业公司 1986),中国第一历史档案馆等编《中国明朝档案总汇》《东北边疆档案选辑》《清代新疆满文档案汇编》《雍正朝汉文谕旨汇编》《雍正朝内阁六科史书·吏科》《雍正朝内阁六科史书·户科》《乾隆朝上谕档》《乾隆朝军机处随手登记档》《乾隆帝起居注》《嘉庆帝起居注》《光绪帝起居注》《嘉庆朝上谕档》《道光朝上谕档》《咸丰朝上谕档》《同治朝上谕档》《光绪朝上谕档》《宣统朝上谕档》(以上皆出自广西师范大学出版社 2000—2009),中国第一历史档案馆等编《清代中朝关系档案史料续编》《中葡关系档案史料汇编》《中琉历史关系档案》《清代中哈关系档案汇编》《清宫普宁寺档案》《清宫热河档案》《明清宫藏中西商贸档案》(以上皆出自中国档案出版社 1998—2011),中国第一历史档案馆《清代农民战争史资料选编》《庚子事变清宫档案汇编》《清代军机处电报档汇编》(以上皆出自中国人民大学出版社 1980—2005),中国第一历史档案馆等编《清初郑成功家族满文档案译编》《明清宫藏台湾档案汇编》《清宫辛亥革命档案汇编》(以上皆出自九州出版社 2004—2011),中国第二历史档案馆编《中华民国史档案资料汇编》(江苏古籍出版社 1994)、《中国第二历史档案馆所存西藏和藏事档案汇编》(中国藏学出版社 2013 年),中国国家博物馆编《中国国家博物馆馆藏文物研究丛书·明清档案卷》(上海古籍出版社 2007),吉林省档案馆编《吉林省档案馆藏清代档案史料选编》(国家图书馆出版社 2011），四川省档案馆编《清代四川巴县衙门咸丰朝档案选编》（上海古籍出版社2011），四川省档案馆编《清代巴县档案整理初编·司法卷》（西南交通大学出版社 2015—2018），南充市档案馆编《清代四川南部县衙档案》（黄山书社 2016），辽宁省档案馆编《黑图档》（线装书局 2015—2018），孔子博物馆等编《孔子博物馆藏孔府档案汇编·明代卷》（国家图书馆出版社 2018），包伟民主编《龙泉司法档案选编》第 1—5 辑（中华书局 2012—2019），等等，数量浩博。

六　其他写本文献

除了上述大宗的手写纸本文献外，国内外公私藏书机构还收藏有不少宋元以来的通俗小说、戏曲写本，如业已影印出版的《古本戏曲丛刊初集》（120 册，收录元明杂剧、戏文、传奇 101 种，商务印书馆 1954；精装重印本 40 册，国家图书馆出版社2016），《古本戏曲丛刊二集》（120 册，收录明代传奇 100 种，商务印书馆 1955；精装重印本 39 册，国家图书馆出版社 2016），《古本戏曲丛刊三集》（120 册，收录明代和明末清初传奇 100 种，文学古籍刊行社 1957；精装重印本 40 册，国家图书馆出版社 2016），《古本戏曲丛刊四集》（120 册，收录元明杂剧 376 种，商务印书馆 1958；精装重印本 40 册，国家图书馆出版社 2016），《古本戏曲丛刊五集》（21 册，收录明清传奇 85 种，上海古籍出版社1986；精装重印本 40 册，国家图书馆出版社 2016），《古本戏曲丛刊九集》（124 册，收录清代宫廷大戏 10 种，中华书局 1964；精装重印本 40 册，国家图书馆出版社 2016），《古本戏曲丛刊六集》（180 册，收录清代顺治至乾隆时期的剧目 109 种，国家图书馆出版社2016），《古本戏曲丛刊七集》（180 册，收录清代康熙到乾隆时期的剧目 92 种，国家图书馆出版社 2018），《古本戏曲丛刊八集》（160 册，收录清代乾隆、嘉庆时期的剧目 81 种，国家图书馆出版社 2019），《古本戏曲丛刊十集》（160 册，收录清代乾隆至光绪时期的剧目 138 种，国家图书馆出版社 2020），《俗文学丛刊》1—5 辑（影印明、清、民国时期戏曲、说唱文献，每辑 100 册，台北新文丰出版公司 2001—2006），《古本小说集成》1—5 辑（693 册，428 种，上海古籍出版社 1991），《古本小说丛刊》1—41 辑（204 册，169 种，中华书局 1987），《明清善本小说丛刊》初编 1—18 辑（456 册，225 种，台北天一出版社1985），《清蒙古车王府藏曲本》（315 函 1661 册，北京古籍出版社 1991），《明清抄本孤本戏曲丛刊》（15 册，线装书局 1995），《不登大雅文库珍本戏曲丛刊》（24 册，学苑出版社

2003），《绥中吴氏藏抄本稿本戏曲丛刊》（48 册，学苑出版社 2004），《日本所藏稀见中国戏曲文献丛刊》第 1—2 辑（38 册，广西师范大学出版社 2006、2016），《昆剧手抄曲本一百册》（广陵书社 2009），《傅惜华藏古典戏曲珍本丛刊》（145 册，学苑出版社 2010），《郑振铎藏古吴莲勺庐抄本戏曲百种》（25 册，国家图书馆出版社 2010），《中国国家图书馆藏清宫升平署档案集成》（108 册，中华书局 2011 年），《北京大学图书馆藏程砚秋玉霜簃戏曲珍本丛刊》（44 册，国家图书馆出版社 2014），《故宫博物院藏清宫南府升平署戏本》（450 册，故宫出版社 2015），《未刊清车王府藏曲本（北京大学图书馆藏）》（140 册，学苑出版社 2017），《梅兰芳藏珍稀戏曲钞本汇刊》（50 册，国家图书馆出版社 2019），等等，其中所收原书颇多写本，也应该纳入手写纸本文献研究的序列。

此外，宋代以来留存著作的稿本、信札、日记，汉字文化圈内日本、韩国、越南等国保存的大量唐代以来的汉文写本文献，也都属于写本文献的范围。

至于宋元以来一些据刻本影写或传抄的古书，版本学中称为抄本，如汲古阁毛氏影宋抄本、《永乐大典》《四库全书》等，虽然也属写本文献，但不少方面沿袭了刻本书的特点，因而在很大程度上失去了写本的风貌，而且讲版本的书往往会辟专章讨论，故此不详细介绍。

第三节　写本文献的特点

　　根据以上论列,写本文献数量浩博,即便用汗牛充栋来形容也不为过。这些文献无论内容还是形制方面都具有殊异于刻本的特色。这一节我们就打算通过与简帛、刻本文献的比较,谈谈写本文献的特点。

一　内容方面

　　写本文献与简帛都用毛笔书写,但"缣贵而简重,并不便于人"(《后汉书·蔡伦传》),使用者和记录的内容不能不受到局限, 所以与简帛相关的文献主要是宗教文献和实用文书,如儒道、刑名、兵书、方术、簿籍以及遣册之属。简帛变为纸张,后者价廉易得,使用的范围大大扩大,人人都可以一试身手,所以写本文献更为大众化,涉及的内容更为广泛,甚至可以说无所不包。

　　与刻本相比,写本更多的是个人行为,以个人使用为最大诉求,抄写的内容往往带有个人色彩,更多地反映了普通百姓的生活面貌,包括大量的实用图书和私人文书,如往来的书信、收支的账单、借贷的契约、官司的案卷、社邑的通知等等,是我们研究当时各阶层社会文化生活最可宝贵的第一手资料;所抄文字大多没有经过加工改造,是原生态的,属于非定本;抄写格式千人千面,没有定式,即便是传抄古书,人们在传抄过程中,也可以根据当时抄书的惯例和抄手自己的理解加以改造,从而使古书的内容、用词、用字、抄写格式等都会或多或少发生一些变化,都会带上时代和抄者个人的烙印。而刻本大抵以社会上层人士为中心,有较为浓烈的官方色彩,印什么不印什么是根据市场或政治需要确定的,是商业行为甚至政治行为,所以流传下来的往往是四部典籍及与政治、宗教有关的高文大典;刊印的内容往往是经过加工改造的,带有定本性质;而且古书一经刊刻,随即化身千百,既促进了书籍的普及,也使古书的内容、格式逐渐被定型化。

二　形制方面

从简帛、写本到刻本,形成了我国书籍的三大形态:简册制度、卷轴制度、册叶制度。简册制度主要是对竹简书籍而言。《论衡·量知》云:"截竹为简,破以为牒;加笔墨之迹,乃成文字;大者为经,小者为传记。断木为椠,析之为板;力加刮削,乃成奏牍。""牒"即竹简之异称,狭长的竹片称"简"称"牒",长方形的薄木片则称"板(版)"称"牍"。简、牍的长度约五寸至二尺四寸不等(汉尺每尺 23.1 厘米),因其用途和重要性而异,一般长者用于抄写"经"书等较为重要的典籍,短者用于抄写"传记"等次要之书,而以一尺左右最为常见。每简一般抄一行;牍通常比简宽,每牍可抄五至九行不等。竹简通常用丝绳、麻绳等编连成册,可以抄写长篇的古书;到了一定篇幅,则卷束为一,于是称为一卷。木牍则常常单用,所抄多为内容较短的文书。

帛书是从简册到写本的过渡环节。《汉书·食货志下》云:"布帛广二尺二寸为幅,长四丈为匹。"马王堆发现的汉墓帛书分别抄写在宽 48 厘米和 24 厘米(半幅)的丝帛上,接近《汉书》布帛幅宽"二尺二寸"之数。至于帛的长度,则根据书写内容的长短裁截而成,所以长短并不固定。帛书一定篇幅后也需要折叠或卷束,但帛书质软,卷束时需要在中间置轴,这是卷轴式古书的开端。《汉书·艺文志》所载书目常称多少卷,这个卷正是得名于竹简或帛书的收卷。

纸张取代简帛,卷轴式得到了进一步的发展,并成为写本文献的主要装帧样式。写本用纸以张为单位,每纸的规格依仿于帛书的幅(敦煌写经用纸以 26 厘米×48 厘米最为常见,官府文书用纸则一般为 30 厘米×45 厘米),并且模仿简册上下画栏线(代替简册的编绳),行与行之间画界线(即下引程大昌所称的"边准",一行相当于一简),每张纸的外观类似于编连的简。每纸行数字数因时因内容而异。宋程大昌《演蕃露》卷七"唐人行卷"条引《李义山集新书序》云:"治纸工率一幅以墨为边准,用十六行式;率一行不过十一字。"[1]又宋赵彦卫《云麓漫钞》卷三云:"释氏写经,一行以十七字为准。国朝试童行诵经,计其纸数,以十七字为行,二十五行为一纸。"[2]就敦煌写本而言,标准的佛经写本

---

[1]《演蕃露》,张元济辑《续古逸丛书·子部》影印宋本,南京:江苏古籍出版社,2001 年,第 621 页。
[2]《云麓漫钞》,北京:中华书局,1996 年,第 49 页。

是一纸 28 行,行 17 字(也有行 34 字的细字写经);儒家和道教文献每纸 20 至 31 行不等,正文一行写 12 至 16 字,注文则用小字双行。单页的纸抄好后,仿照简册之制按顺序把内容相关的若干张纸粘连为一,卷首加装护首和天杆(带丝带的细竹木条),卷尾加装滚轴,然后如帛书般卷起,就是所谓的卷轴式。敦煌写本之所以亦称为写卷,实即渊源于此。不过由于纸张来源、抄写内容及抄手个人习惯等因素的影响,不同类型不同时期写本的形制并无绝对明确的定式。

雕版印刷术发明以后,书籍形制逐渐由卷轴向册叶过渡。晚唐五代的敦煌佛经写本,出现了梵夹装、经折装、粘叶装、缝缋装等装帧形式。[1]这些以折叠为特点的装帧式样,为册叶制的形成奠定了基础。五代宋初以后,人们把印好的一张张的散叶用蝴蝶装、包背装、线装等形式直接装订在一起,于是书籍的装帧就逐渐由卷子变为册叶,并一直延续到今天。

三 校读符号

刻本刻好板以后,如有校改,必须挖去错字,补上正确的板片;印好以后,白纸黑字,则无法校改。所以刻本书籍一般没有刻者本身添加的校读符号。简帛和写本均用毛笔书写,如有需要,抄写者和传阅者都可以直接在上面加以修改或施加校读符号。《汉书·礼乐志》载刘向对汉成帝语:"今之刑,非皋陶之法也,而有司请定法,削则削,笔则笔,救时务也。"唐颜师古注:"削者,谓有所删去,以刀削简牍也;笔者,谓有所增益,以笔就而书之。"这种简册有误而用刀削去另写的情况当然不可能在帛书和纸写本中出现,但直接在上面增字补字的办法却是简帛和写本共通的。写本还有许多校读符号也是源出于简帛,如敦煌写本或以一横画作界隔符,而在长沙仰天湖战国竹简、包山楚简也有同样作用的符号;敦煌写本在篇名或段落之上标注"△""○""●"形符号,而敦煌汉简、武威汉简同样的场合或作"▲""●";敦煌写本字、词、句叠用,重出者或作"="形符号省代,居延汉简、阜阳汉简有同样作用的符号;等等;皆前后相承。

也有的校读符号写本文献与简牍帛书不同,或者各自所独有。如居延汉简、望山楚简表示句读或作"∟""–"形符号,而敦煌写本中则作"○""●""、"形符号;居延汉简、萧家

---

[1] 参看李际宁《佛经版本》,南京:江苏古籍出版社,2002 年,第 34—40 页。

草场汉简分别用"卩""阝""⊕"形符号表示对上文所记事物的确认,而同样的符号为写本文献所未见;又如敦煌写本或用"√"或"乙"形符号钩乙颠倒错乱的文字,而同样的符号为简帛文献所未见;又如敦煌写本或用"彡"或"卜""乍"形符号表示删除衍文,而同样的符号为简帛文献所未见,如此等等,写本文献与简牍帛书的符号系统同中有异,各有特点。

第四节 写本文献在中华文明传承中的地位

1925 年 7 月，王国维在清华暑期学校作题为《最近二三十年中中国新发见之学问》的演讲，说最近二三十年古器物图籍有四大发现：

> 自汉以来，中国学问上之最大发现有三：一为孔子壁中书；二为汲冢书；三则今之殷虚甲骨文字，敦煌塞上及西域各处之汉晋木简，敦煌千佛洞之六朝及唐人写本书卷，内阁大库之元明以来书籍、档册，此四者之一，已足当孔壁、汲冢所出。[1]

王国维所讲的后四大发现，写本文献占了半壁江山。从数量上来说，写本文献也不遑多让，根据上文的粗略统计，吐鲁番文书、敦煌文献、黑水城文献总数分别达 5 万、7 万、2 万号左右；宋元以来民间文书的总数尚无法预估，但其中仅徽州文书总数就在 100 万件以上；明清档案更是多达 2000 万件，数量之丰，方面之广，内容之富，令人惊叹。这些写本文献，分门别类而言，学术界已做过或多或少的研究（其中吐鲁番文书、敦煌文献的关注度最高，成果也最为丰富），但它们作为写本文献的整体而言，则尚未引起学术界足够的重视。下面我们打算以敦煌写本为中心，就写本文献在中华文明传承中的地位，试作阐述。

一 写本文献是古代文献传承中的重要一环

我国传世的古书，主要是以宋以后刻本的面貌呈现的。所以以前人们谈论古籍，主要依靠刻本，而尤以宋版元版为珍贵。然而刻本以前的情况如何？则往往不甚了然。其实唐代以前的古籍流传到今天，必然要经过宋代以前一次又一次手抄相传的过程，写本是古代文献传承中极为重要的一环。这些写本古籍因其去古不远（至少比宋以后刻本更接近古人著作的时代），未经后人校改窜乱，更多地保存着古书的原貌，是古书整理校勘

---

[1]《王国维全集》卷十四，杭州：浙江教育出版社，2009 年，第 239 页。

最可宝贵的第一手资料。以前由于传世的写本太少,古书传写的情况不明。现在随着大批写本古籍的出现,使我们对写本阶段的情况有了较多的了解;原先的许多疑难,也因写本的发现而得以解决。居今日而谈古籍整理,必须留意古代文献传承中写本文献这一原本缺失的环节,必须对敦煌吐鲁番等文献中保存的古写本给予足够的重视。

比如《老子》的成书一直是学者们关注的重点。上个世纪先后发现了马王堆汉墓帛书甲、乙本,郭店楚简本,这些古本《老子》与今本差别很大。如今本前为《道经》、后为《德经》,全书分八十一章,但帛书本则《德经》在前,《道经》在后,基本不分章,所以论者或以为从帛书本到今本之间似乎存在"文本递嬗变化上的断裂","其间当有一段文本演变的历程需要走过"。[1]而敦煌文献中有《老子》写本凡 76 号(其中白文本 53 号,注疏本 23 号,可缀合为 50 件),大多按《道经》《德经》的顺序分篇,并以空格或另段提行书写的形式区分章节,已具备今传通行本八十一章的分章体系,只是未标明章名章次。[2]通过敦煌写本,古本《老子》和今本《老子》之间就架起了一座桥梁,原来"断裂"的一环便失而复得了。

二　写本文献保存了大批世无传本的佚典

写本文献中既有传世古籍较早的抄本,也有大批世无传本的佚典。不少以往仅在书目或传说中有记载的古书我们在写本文献中找到了传本。如西晋道士王浮撰《老子化胡经》,是反映当时道教与佛教斗争的重要资料,唐高宗、唐中宗都曾下令禁止,后又列元世祖下令焚毁的《道藏》伪经之首,从此亡佚,而敦煌文献中却有该书的 6 个写卷,我们可藉以窥知原书的基本面貌。

又如晚唐韦庄《秦妇吟》诗,为现存唐诗第一巨制,借一个少妇之口,描绘了黄巢农民起义惊心动魄的历史画面,结构恢宏,描写生动,是当时家喻户晓、风靡一时的名篇,

---

[1] 丁四新《郭店楚墓竹简思想研究》,北京:东方出版社,2000 年,第 40 页;又见《从简、帛、通行本比较的角度论〈老子〉文本演变的观念、过程和规律》,《玄圃畜艾——丁四新学术论文选集》,北京:中华书局,2009 年,第 98 页。

[2] 参看朱大星《敦煌本〈老子〉研究》,北京:中华书局,2007 年,第 31、336 页。近年发现的西汉竹书本《老子》仍然《德经》在前,《道经》在后(原书以上经、下经名篇),同帛书本;但每章均另行,且章首有圆形墨点分章符号,可见敦煌本的分章渊源有自。参看韩巍《北京大学藏西汉竹书本〈老子〉的文献学价值》,《中国哲学史》2010 年第 4 期,第 16—20 页。

韦庄也因此被称为"《秦妇吟》秀才"，但不久以后该诗却突然失传了；值得庆幸的是，人们在敦煌文献中发现了 10 个《秦妇吟》写本，其中唐天复五年(905)敦煌金光明寺学仕郎张龟写本，距韦庄创作此诗的中和癸卯(883)仅隔 22 年。

又如《佛说孝顺子修行成佛经》，隋《众经目录》判定为"伪经"，历代经录因之，故未被历代大藏经收载，世无传本，而Дx.2142+Дx.3815 号、北敦 4264 号(玉 64)为该经残卷，三号拼接，虽前部略有残缺，而后面大半可得其全。

诸如此类，不少久已失传的古书在敦煌写本文献中得到了保存，一线孤悬，殊可宝贵。

三　写本文献在很大程度上改写了学术史

20 世纪初叶以来，大量写本文献的发现，对中国学术文化研究的影响是空前的，中国古代的学术史不得不因之而重新改写。早在上个世纪 20 年代，胡适在谈到敦煌的俗文学时曾经这样说过："在敦煌的书洞里，有许多唐、五代、北宋的俗文学作品。从那些僧寺的'五更转''十二时'，我们可以知道'填词'的来源；从那些'季布''秋胡'的故事，我们可以知道小说的来源；从那些'《维摩诘》唱文'，我们可以知道弹词的来源。"[1]稍晚一些，郑振铎在谈到敦煌变文写本的学术价值时说："在敦煌所发现的许多重要的中国文书里，最重要的要算是'变文'了。在'变文'没有发现以前，我们简直不知道：'平话'怎么会突然在宋代产生出来？'诸宫调'的来历是怎样的？盛行于明、清二代的宝卷、弹词及鼓词，到底是近代的产物？还是'古已有之'的？许多文学史上的重要问题，都成为疑案而难于有确定的回答。但自从三十年前史坦因把敦煌宝库打开了而发现了变文的一种文体之后，一切的疑问，我们才渐渐的可以得到解决了。我们才在古代文学与近代文学之间得到了一个连锁。我们才知道宋元话本和六朝小说及唐代传奇之间并没有什么因果关系。我们才明白许多千余年来支配着民间思想的宝卷、鼓词、弹词一类的读物，其来历原来是这样的。这个发现使我们对于中国文学史的探讨，面目为之一新。这关系是异常的重大。……'变文'的发现，却不仅是发现了许多伟大的名著，同时，也替近代文学史解决了许多难以解决的问题。这便是近十余年来，我们为什么那样的重视'变文'的发现的

---

[1]　胡适《海外读书杂记》，《胡适文存三集》，上海：亚东图书馆，1930 年，第 537 页。

原因。"[1]胡适、郑振铎当年所见仅仅是敦煌写本的一小部分,他们涉及的也仅仅是其中的"变文""五更转""十二时"等俗文学写本一类,然而对文学史的研究,这小小的一部分影响就有如此之大,那么,所有敦煌写本乃至其他写本文献的学术价值之巨,恐怕我们无论如何估计都不会过分。

四　写本文献推动了一批新学问的诞生

前引王国维《最近二三十年中中国新发见之学问》一文云:"有孔子壁中书出,而后有汉以来古文家之学;有赵宋古器出,而后有宋以来古器物、古文字之学。"王氏因而指出:"古来新学问起,大都由于新发见。"近一个多世纪以来写本文献的发现和刊布,同样催生了一批新的学问。诸如吐鲁番学、敦煌学、徽学等等,都是在相关文献资料发现的基础上形成和发展起来的。又如写本文献是魏晋以来各种字体积存的大宝库,是异体俗字的渊薮,为我们提供了丰富的近代汉字字形资料,有力地推动了俗文字学、近代汉字学等新学问的诞生。又如吐鲁番文书,敦煌文献中的变文、曲子词、王梵志诗,以及愿文、契约等社会经济文书,宋元民间文书,大抵以当时当地的口语方言为主体,包含着大量的方俗语词,是近代汉语语料的渊薮,为汉语的研究注入了新的活力,孕育并推动了中古汉语、近代汉语、俗语词研究等一些新兴学科的诞生和发展。

新发现催生新学问,与写本文献相关的新学问的诞生,再次验证了王国维上述论断的无比正确。

---

[1]《中国俗文学史》,上海:商务印书馆,1938 年,上册第 180 至 181 页。

第五节 敦煌写本文献学——写本文献学的基石

通过以上简要的介绍,我们可以知道,从东汉以至清末,写本文献源远流长,传承有绪,无论数量还是内容,都足以与刻本文献相比肩,它们已经或将继续改写中国学术文化的历史。写本文献在形制、内容、字词、校读符号等许多方面都有着与刻本文献不同的特点,很有必要从"版本学"分化出一门独立的"写本文献学"进行专门的研究。但由于我国传世的古书主要是宋代以后的刻本,有关古书的学问也多以刻本为中心生发展开。面对 20 世纪初叶以来突然冒出来的大批写本文献,人们在兴奋忙乱之余,还来不及对它们的风格、特点进行系统全面的研究,仍习惯于用刻本的特点去看待它们,因而整理和研究不免有所隔阂和误解。所以了解和认清写本文献的写本特点,掌握写本文献的书写特例,便成了校理研究写本文献的最基础一环。

敦煌写本上起魏晋之际,下讫于北宋初年,正好反映了写本文献从兴起、发展乃至逐渐被刻本取代的完整序列,是研究"写本文献学"最为丰富的第一手资料,其跨越时间之长、涉及范围之广、价值之大、影响之深,均为其他写本文献所不及。所以敦煌写本在全部写本文献中的地位举足轻重,撰写一部系统全面的敦煌写本文献学通论性著作既是提高敦煌文献校录整理质量本身的需要,也是构建整个写本文献学理论体系的重要基石。正是有鉴于此,近些年来,敦煌写本文献学的建设开始被一些有识之士提上了议事日程。

上世纪 80 年代初,著名日本敦煌学家藤枝晃先生就倡导"以印刷术出现以前的图书为对象的""写本书志学"研究,认为"从几万件写本中发现它的共同规律,是十分必要的工作"[1],他还身体力行,从敦煌写本的形制、纸张、字体、断代、辨伪等方面对"写本书志学"作了大量开拓性的工作。

荣新江的《敦煌学十八讲》是一部敦煌学的概论性著作,也涉及敦煌写本文献学的不少方面,特别是其中的第十七讲径题"敦煌写本学",并从"纸张和形制""字体和年代""写本的正背面关系"及"敦煌写本的真伪辨别"等角度就这一问题展开了讨论。[2]

---

[1]《敦煌学导论》,天津:南开大学历史系油印本,1981 年,第 80 页。

[2]《敦煌学十八讲》,北京:北京大学出版社,2001 年,第 340—352 页。

　　郑阿财《论敦煌俗字与写本学之关系》一文指出："晋唐时期,纸张普及,书籍大量使用纸张来抄写传播,装帧形式,则从'简册'发展为'卷轴',这是中国图书史上继简帛之后,以纸张卷轴为主的'写本时期'。……敦煌莫高窟藏经洞的重见天日,大批晋唐时期写本的发现,提供了我们研究'写本'丰富而宝贵的一手资料。另一方面,为了研究这批敦煌写本的性质、时代、真伪……等问题,学界深感写本与版本存在着一定的差异,一般的版本学已经不符所需,建构'写本学'实有其必要性","写本学"是对特定时空条件下的手稿的"内在与外在特征的描述","写本学""既是研究敦煌文献之基础,也是研究日本古写经,乃至于汉字文化圈中的韩国、越南汉文写本之重要基础"。[1]

　　方广锠《遐思敦煌遗书》认为："从东汉到北宋,写本的流通期约 1100 年;而从东晋到五代,写本的盛行期约为 700 年。遗憾的是,敦煌藏经洞发现之前,中国传世的宋以前写本极为稀见,大多深锁于宫掖,少数秘藏于私家。一般的学人,既难得一睹,亦无从研究。……后人论古籍,言必称'版本',且唯以'宋版'为矜贵。写本研究的缺失,起码使 700 年学术文化之依托难明。……由此,敦煌遗书还将孕育一门新的学问——写本学,这一学问的产生将对中国中古学术研究的进一步开拓作出贡献。一时代有一时代的学问。随着敦煌遗书的逐次公布,开创写本学的条件也逐渐成熟。那么,写本学是否会成为 21 世纪中国的学问之一呢?"[2]

　　上述专家所谓的"写本书志学""写本学"和我们所说的"写本文献学"含义大体相当,可见学术界对创建这样一门新的学问充满了期待。在绝大部分敦煌写本图版都已刊布的今天,我们应该也有条件对敦煌写本的形制、纸张、笔墨、类别、内容、价值、语言、字体、符号、题名、断代、缀合、辨伪、校勘等方方面面的问题作系统全面的研究,构建敦煌写本文献学的理论体系,从而为涵盖所有写本文献、规模更为宏大的"写本文献学"的创建打下坚实的基础;存亡接续,让中华文明传承"依托难明"的一段重放异彩!

参考文献

藤枝晃《敦煌学导论》,南开大学历史系油印本,1981 年。

林聪明《敦煌文书学》,台北:新文丰出版公司,1991 年。

徐俊纂辑《敦煌诗集残卷辑考》前言,北京:中华书局,2000 年。

---

[1]《敦煌研究》2006 年第 6 期,第 162—167 页。

[2]《随缘做去　直道行之——方广锠序跋杂文集》,北京:国家图书馆出版社,2011 年,第 145—146 页。

荣新江《敦煌学十八讲》,北京:北京大学出版社,2001 年。

钱存训《书于竹帛:中国古代的文字记录》,上海:上海书店出版社,2004 年。

李零《简帛古书与学术源流》,北京:生活·读书·新知三联书店,2004 年。

郑阿财《论敦煌俗字与写本学之关系》,《敦煌研究》2006 年第 6 期。

池田温《敦煌文书的世界》,张铭心、郝轶君译,北京:中华书局,2007 年。

方广锠《随缘做去　直道行之——方广锠序跋杂文集》,北京:国家图书馆出版社,
2011 年。

第二章　敦煌文献的价值
——以语言文字为中心

　　敦煌文献的内容，涉及我国 11 世纪以前（尤其是 4 世纪至 10 世纪）的政治、经济和社会文化生活的方方面面，它们在很大程度上改写了整个中国学术文化的历史，其价值是多方面的。因而我们很难在一篇文章或一本书中对敦煌文献的价值作出全面的评判。在本书代序中，我们已经从比较宏观的角度简要地描述过敦煌文献的巨大学术价值，在这一章中，我们打算缩小范围，仅从笔者熟悉的语言文字和古籍校勘的角度谈谈敦煌文献的价值，这样也许能讨论得更为深入一些。尝鼎一脔，窥豹一斑，这"一脔""一斑"品出滋味，见出门道，较之没有新意的面面俱到或许效果还好一些。我们的讨论将从以下四个部分展开：一、文字学价值；二、音韵学价值；三、词汇训诂学价值；四、古籍校勘价值。

第一节　文字学价值

　　敦煌文献在文字学方面的价值，我们可以从两个方面来讨论。

一　保存了一批失传已久的古代字书

　　在敦煌写本中发现的字书主要有《字样》残卷、《正名要录》、《时要字样》，以及童蒙识字读物《千字文》《开蒙要训》等，除《千字文》外均别无传本。下面略作介绍。

1.《字样》残卷。本卷见于 S.388 号，卷首残缺，存 83 行，无书名和作者名，其后为郎知本的《正名要录》。卷中避唐太宗及高宗讳，而不避中宗及玄宗讳，其书写的时代当在唐高宗或武则天之世。本书系依颜师古的《字样》进一步增删考定之作，主要是以《说文》《字林》为准辨别正字和异体字，其中包括正、同、通用、相承共用、俗、非等类型。本书的性质与久已失传的唐杜延业的《群书新定字样》颇为近似，很可能就是杜书的残卷。

2.《正名要录》。本卷接抄于上揭《字样》残卷之后，字迹相同，当系同一人所抄。书名下题"霍王友兼徐州司马郎知本撰"。郎知本史书无传。《隋书·郎茂传》说"有子知年"，据《旧唐书·郎馀令传》，郎知年曾任霍王李元轨友，据此，郎知本、郎知年应系一人，二者当有一误。本书是一本分别古今字形的正俗和辨别同音异义字的书，是现存第一部完整的字样学著作，包括比较隶定字与通行楷体笔画的异同、刊定正体与俗讹、辨正楷体与别体、定字形、定古今异体字、辨音同义异字六部分。

3.《时要字样》。凡见五个卷号，即 S.6208、S.5731、S.11423、Дх.2391A、S.6117 号。其中前三号系同一写本之撕裂，可以缀合。S.6208 号首行题"新商略古今字样撮其时要并行正俗释下卷第□（三）"，所存皆去声字。S.5731 号残卷首为去声字，与S.6208 号相衔接，凡存 39 行，后 25 行为入声字，入声字前题"时要字样卷下第四"。后二号无题，所存亦去声字。全书当为两卷，上卷为平声字和上声字，平声为卷上第一，上声为卷上第二；下卷则为去声字和入声字，去声为卷下第三，入声为卷下第四。所谓"时要字样"和"新商略古今字样撮其时要并行正俗释"实系同书异名。本书大约是以《王一》《王二》等《切韵》系韵书为蓝本（所谓"撮其时要"）而又根据当时口语的实际用法（所谓"并引正俗释"）编撰而成的。作者把读音相同的若干字头列为一组，以辨别同音异义字。前三号每组字注文之末标有该组同音字的条数，后二号每组同音字不标出字数，而用"—"形符号加以界隔。后二号每个字头下都先标注一个字头省书符号（原卷多作"乀"形，本文统一用"＝"代替），如S.6117 号云："/秽＝恶；薉＝荒。/震＝雷；振＝动；赈＝济。/"（其中的"/"原卷作"—"，即不同字组的界隔号）前三号则字头在注文中不重出，理解时往往需要被注字和注字连读成训。如S.6208 号："义文；议论；谊贾。三。"这是指"义"是文义之"义"，"议"是议论之"议"，"谊"是贾谊之"谊"，被注字与注字连读，便是被注字的意义；最后的"三"是表示该组同音字的字数是三个。

4.《千字文》。《千字文》系梁员外散骑侍郎周兴嗣奉梁武帝之命集王羲之所书千字，按韵编成。敦煌文献中有《千字文》的抄本很多，包括真书、篆书、草书、注本、汉藏对照本和习字本，另有《新合六字千文》4 件，总数达 140 件（缀合后 119 件）之多。

5.《开蒙要训》。凡存 70 个卷号,经整理缀合得 44 卷,其中首尾完整的有 P.2487、2578、3054、3610、3875A 等卷。本书系童蒙识字读物,自天地、四时、山川、人事谈起,以下详记各类事物的名称。凡 350 句,每句四字,计 1400 字。P.2578 号部分文字下有小字直音(凡 446 组),呈现出唐五代西北方音的特色。

上述字书,大体可分为二类:《千字文》和《开蒙要训》为一类,均为童蒙识字读物,其不同写本中的异文很多,可供校勘和文字学研究的参考;另一类为字样书,主要是辨别字形及同音字,其中收载唐代前后的异体俗字甚富,对字形的辨别也很细致,许多后世流行的俗字在这些字书中最先得到收录(如《正名要录》收录的怜、床、粮、断等简体字),一些后人不甚了然的俗字在这些字书中有明确的记载,一些大型辞书解释有误的汉字在这些字书中却有正确的辨析,参考价值极大。如《颜氏家训·杂艺》记北朝俗字有"以百念为忧,言反为变,不用为罢,自反为归,更生为苏,先人为老"者,其中所举皆为会意俗字,如"百念为忧"指"忧"字俗写作"恴","更生为苏"指"苏"字俗写作"甦",等等。但何以"言反为变""不用为罢",人们却不得其解。素以注释详赡著称的王利器《颜氏家训集解》

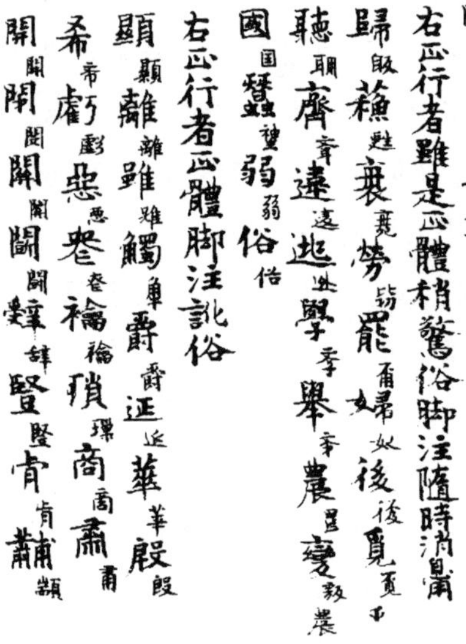

图 2-1　S.388《正名要录》

于"言反为变"下阙注,"不用为罢"下则云:"器案:《龙龛手镜》四不部:'甭,音弃。'与此音别。陈直曰:'"言反为变,不用为罢",不见于北朝各石刻。'"[1]遍查其他字典辞书,也没有相关记载。然试检敦煌写本《正名要录》,其"正行者正体,脚注讹俗"类,"罢"下脚注"甭","变"下脚注"敫"(图2-1)。这才使人恍然大悟,原来"言反为变"是指"变"字写作"敫","不用为罢"是指"罢"字写作"甭"(《龙龛手镜》音弃的"甭"则为"弃"的会意俗字,与"不用为罢"的"甭"为同形字),也是会意俗字。借助敦煌写本《正名要录》的这一记载,《颜氏家训》的原文便顺适无碍了。

又如《中华字海·生部》有"靔"字,云:"音义待考。王鼎《法均大师遗行碑铭》:'上悦甚,因为师肆～,兼免逋负,仍锡宸什。'"今查敦煌写本《正名要录》"本音虽同,字义各别

[1]《颜氏家训集解》(增补本),北京:中华书局,1993 年,第 576 页注〔九〕。

例"："眚，灾；省，废。"则此字与"省"字同音，而其义为灾。循此音义考察，知此字当为"眚"的俗字。"目"旁俗书与"月"旁相乱。《王一》去声号韵莫报反："冐，涉。又莫北反。"其中的"冐"乃"冒"的俗字，是其比。《广韵·梗韵》所景切（与"省"字同一小韵）："眚，过也，灾也。"《正名要录》的"眚"与"眚"字音义正同。《中华字海》所引王鼎《法均大师遗行碑铭》的"眚"亦正是"眚"的俗字，"肆眚（眚）"乃宥罪之意。《春秋·庄公二十二年》："春王正月，肆大眚。"杜预注："赦有罪也。"《后汉书·王符传》："久不赦则奸轨炽，而吏不制，宜数肆眚以解散之。"白居易《为宰相贺赦表》："肆眚措刑，涤瑕荡秽。"正用"肆眚"一词，义同。这也是据敦煌字书辨认疑难俗字之例。

再如《汉语大字典·金部》"镢"字音项（一）音 jué，引《广韵》古穴切，义项①云："同'觖'。有舌的环，用来系觽。一说为缺环。……《续汉书·舆服志下》：'紫绶以上，綖绶之间得施玉环镢云。'刘昭注引《通俗文》云：'缺环曰镢。'"又义项⑤云："戳伤。《汉书·天文志》'晕适背穴'唐颜师古注：'孟康曰："穴多作镢，其形如玉镢也。"如淳曰："有气刺日为镢。镢，抉伤也。"'"据《说文》，"镢"为"觖"字或体，指"环之有舌者"，用来系觽。但《汉语大字典》所引《后汉书》《汉书》二例中的"镢"却与"觖"字无涉，而是"玦"字或体。S.388 号《正名要录》"字形虽别，音义是同，古而典者居上，今而要者居下"类以"镢"为"玦"的"古而典者"。可证"镢"字确可用同"玦"。《说文·玉部》："玦，玉佩也。"《国语·晋语一》"衣之偏裻之衣，佩之以金玦"韦昭注："玦如环而缺，以金为之。"《后汉书·舆服志下》指"缺环"的"镢"正与"玦"字义合，这一音义的"镢"应同"玦"可以无疑。至于孟康引《汉书·天文志》异文的"镢"，亦用同"玦"，因"玦"指缺环，与"缺"谐音，以喻指日晕有缺，而非"镢"字本身有抉伤或戳伤义。"镢"字又用同"玦"，以往的辞书中是不见记载的，而只有依靠敦煌本《正名要录》的上述记载，才为我们正确解读《后汉书·舆服志下》和孟康引《汉书·天文志》异文的"镢"创造了条件。

除上列字书以外，敦煌文献中还有不少摘录疑难字的写本，如S.4443 号背《诸杂难字》、S.5463 号《诸杂字一本》、S.5685 号《妙

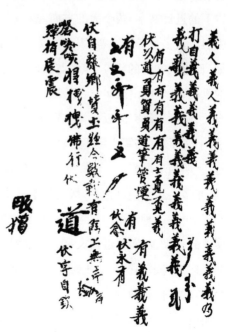

图 2-2　S.189 背《杂写（习字）》

法莲华经譬喻品难字(拟)》、S.4622 号背《佛经难字音(拟)》、S.5690 号《妙法莲华经难字(拟)》、S.5757 号《杂字(拟)》、P.3698 号《杂字一本》、P.3891 号《大庄严论经难字(拟)》、北敦 8074(北 8431,字 74)号《大般若波罗蜜多经难字(拟)》、北敦 3925(北 8347,生 25)号背《诸杂字一本》,等等。这些卷子所抄虽多为僧徒阅读佛经时随手摘录的疑难字,但也有不少很有价值的文字资料。如 S.189 号背有一残片(图 2-2),《英藏敦煌文献》拟题为《杂写(习字)》,所抄不过二十来个汉字,其中有"嗱咳"二字。"嗱"字一般字书不载。《汉语大字典·口部》引《龙龛手镜》"嗱"音口顶反,又引《字汇补》云"义阙"。也就是说,这是一个有音无义的疑难字。但据上揭残片"嗱"与"咳"字连用,我们就有理由推断"嗱"应为"謦"的俗字。"謦咳"或作"謦欬",指咳嗽或谈笑,乃古书中常语。"謦"字《广韵》上声迥韵音去挺切,正与"口顶反"的"嗱"字同音。凭借这一小小的习字残片,竟能找到一个千百年来未能破解的疑难字的正确答案,我们固不能因其为习字残片而加以忽视也。

二 提供了丰富的近代汉字字形资料

汉语文字学包括古文字学(研究小篆及其以前的古文字)和近代文字学(研究隶书以下的近代文字)两个大的方面。近一个世纪以来,甲骨的发掘和铭文铜器的大量出土,吸引了众多学者的注意,因而古文字学在文字学的领域中一枝独秀,取得了了不起的成绩。而近代文字的研究,虽然与我们的关系更密切,也更重要,却一直以来没有得到应有的重视,处于空白或半空白的境地。造成这种状况的原因,固然与重正轻俗的传统观念有关,而可资研究的近代文字资料的匮乏,恐怕也是一个不可忽视的因素。雕版发明以前,书皆手写,书写文字无定体可循,字形歧异,乃属必然之理。逮至宋元以后,刻本流行,字形趋于规范。写本中"遍满经传"的"俗字""伪字"(《颜氏家训·杂艺》),一经后人刊刻,亦多荡然无存。所以一般的刻本书籍中俗写文字已不多见。近世铅印流行,汉字进一步规范化。这种情况对汉字的规范来说当然是一件好事,但也造成了近代文字研究资料匮乏的后果,从而对近代文字学的发展带来了不利影响。而敦煌写本依以产生的魏晋六朝以迄五代宋初这一历史时期,是汉字发展史上承前启后的关键时期,也是汉字字形最为纷杂的时期。敦煌写本作为这一历史时期的遗存,不但魏晋六朝以前的俗字异体在它上面留下了痕迹,宋元以后的俗书简体也在它上面露出了端倪。正如姜亮夫先生所说:"敦煌卷子刚好是关键,敦煌卷子以前的俗书、伪书、假书在敦煌卷子里面都可以看见了。敦煌卷子以后所用的省体字在敦煌卷子里也都找得出来了。"[1]所以,敦煌写本作为唐代前后流行的各种字体积存的大宝库,为我们提供了丰富的近代汉字字形资料,不但从客观上为近代汉字学的发展繁荣创造了条件,而且也为现代汉字的整理和规范、为大型字典的编纂、为古籍的整理和校勘,提供了许多有用的实证材料。如我们在上文据S.189 号背《杂写(习字)》残片"噎咳"连用推断"噎"为"罄"的俗字,而这一推断又可得到更多敦煌文献资料进一步的证实。如北敦 1824(北 5778,秋 24)号《妙法莲华经》卷七如来神力品:"诸佛罄咳声,及弹指之声,周闻十方国,地皆六种动。"其中的"罄"乃"罄"的假借字[2]。据此,可以推知"罄"字作"噎"当是在"罄"这个假借字的基础上增加形旁而成的,"噎"应是"罄"的后起形声俗字。又敦煌文献中载录《妙法莲华经·如来神力品》的写本有数十件,其中北敦 437、北敦 3861、北敦 4942 号等三十多件上揭"诸佛罄咳声"的"罄"字作"噎","噎"亦正是"罄"的俗字,而北敦 173、北敦 1863、北敦 3022 号等二十余件正作"罄"字。有这些实际用例为证,"噎"应为"罄"的俗字,就更可确定无疑了。

再看下面的例子。

唐颜元孙《干禄字书》上声:"惚恼:上俗,下正。"明孙沐《干禄字书跋》云:"右《干禄字书》,再以鲁公石刻校之,多所更定。……上声有'惚'字,在十九皓韵中,同为'恼'字。考字书'恼'字别无此体,即恍惚之'惚'也,音忽。夫此帖自唐入宋,已经传刻,当时亦云'寖磨灭'矣。况后世苟简,书写而正之风日远,又安知非乌焉之类乎?"他最后的结论是"惚"字定误无疑[3]。诚如孙氏所说,"惚"字通常音忽,即恍惚之"惚"。但唐代前后"惚"又往往用作"恼(恼)"的俗字,其例在敦煌写本中几可以千万计。如 S.161 号《大佛名忏悔文》:"所言三障者,一曰烦惚,二者为业,三是果报。"同卷"烦惚"一词尚数十见,而另一本 P.3706 号皆作"烦恼","惚"即"恼(恼)"的俗字。又 Φ.96 号《双恩记》:"特故朝参辞父王,愿王令去无忧惚。"("惚"字的忄旁底卷在左上角,有移位)末字为韵脚字,与上文宝、老、扫、道、到等字押韵,"惚"显然也是"恼(恼)"的俗字。津艺 107 号《文选注》丘希范《与陈伯之书》"张绣事刃于爱子"句注:"张绣降曹公,公纳其母,绣懊惚,遂反,掩杀太祖长子昂及一姓。"张绣降曹复反事载《三国志·魏书·张绣传》,传文"绣懊惚"作"绣恨之","懊惚"即"懊恼",与传文"恨"义近,"惚"自亦应为"恼(恼)"的俗字。例多不赘举。颜元孙

---

[1]《敦煌学概论》,北京:中华书局,1985 年,第 116 页。

[2] 玄应《一切经音义》卷六《妙法莲华经》第七卷音义此字作"罄",注云:"罄,口冷反……经作罄,口定反,乐器也,罄非字体。"

[3]《丛书集成初编》本《干禄字书》末附。

据当时写本用字的实况辨别正俗,故以"惚"为"恼(恼)"的俗字,可谓合情合理;而孙氏未睹敦煌遗书,不明写本用字的真相,因疑"惚"字为误,实属无知妄说。又按:清卢文弨《抱经堂文集》卷十五《唐王居士砖塔铭跋》云:"(塔铭)烦恼之'恼'作'惚',臆撰无理,不可以误后人。"[1]倘若抱经先生知道唐代前后写本"恼"字多写作"惚",恐怕也就不至于发此感慨了。敦煌文献资料对传世古籍的校理、对近代汉字整理的重要价值,于此可见一斑。

又清吴任臣《字汇补·耳部》:"耺,音义阙。出释藏。恐是耶字之讹。"吴任臣说"耺"字恐是"耶"字之讹,只是一种推测之词,所以后来《康熙字典》仍把"耺"列入"无可考据"的《备考》之中,今人编的《汉语大字典》也说"耺"字"音义未详"[2]。然而敦煌遗书的发现,则使吴任臣的猜想得到了证实。在敦煌写本中,"耶"字类多写作"耺"形。如P.2721号《舜子变》:"己身是儿,千重万过,一任阿耺鞭耻。"P.2918号《圣教十二时》:"夜半子,摩耺夫人生太子。"P.2418号《父母恩重经讲经文》:"为人不孝负于天,轻慢耺娘似等闲。"皆其例。这也是敦煌文献资料有助于疑难字考证的实例。

又《汉语大字典·车部》"轣"字下义项②,同"轹",车轮碾压;最早的书证为《集韵·锡韵》:"轹,《说文》:'车所践也。'或作轣。"而敦煌写本S.388号《正名要录》"字形虽别,音义是同,古而典者居上,今而要者居下"类有"轹轣",说明至迟在唐代已见"轣""轹"同用之例。

[1]《抱经堂文集》,北京:中华书局,1990年,第212页。
[2] 2010年新版的《汉语大字典》已根据笔者的意见指出"耺"为"耶"的俗字,第2975页。

第二节 音韵学价值

敦煌文献的音韵学价值,主要表现在所保存的一大批《切韵》系韵书、音义类写本和大量中古近代汉语语音材料。

一 《切韵》系韵书和音义类写卷的保存

如众所知,《广韵》是在《切韵》系韵书的基础上修订而成的。由于《广韵》在汉语音韵学史上的崇高地位,作为《广韵》蓝本的《切韵》自然也就格外受到人们的关注。但宋代以后《广韵》《集韵》流行,而《切韵》系韵书则流传日少。至 20 世纪初,人们所能见到的只有古写本《唐韵》残卷一种和王仁昫《刊谬补缺切韵》、裴务齐正字本《刊谬补缺切韵》各一种(均有残缺)。敦煌遗书发现以后,人们才陆续发现了《切韵》系韵书的写本(少数为刊本)多种。据我们研究,这些写本或刊本可分为以下几类:

①陆法言《切韵》的传写本。有P.3798、P.3695＋P.3696、S.6187、S.2683＋P.4917 号等卷。

②长孙讷言等笺注本《切韵》。有S.2055、S.2071、S.5980、S.6012、S.6013、S.6156、S.10720、S.11380、S.11383、P.2017、P.3693＋P.3694＋P3696＋S6176、P3799、P4746、Дx.1267、Дx.1372+Дx.3703、Дx.3109、Дx.5596 号等卷。

③王仁昫《刊谬补缺切韵》。有P.2129、P.2011 号等卷。

④《唐韵》残本。有P.2018、P.2659、Дx.1466 号等卷。

⑤《大唐刊谬补阙切韵》。有P.2014＋P.2015＋P.2016＋P.4747＋P.5531、P.2016、P.4036、Дx.11340 号等卷。

⑥《大唐刊谬补缺切韵笺注》。有P.2016、P.2638 背、P.4879+P.2019、P.4871 号等卷。

上述写本或刊本韵书,大多是世无传本的古佚书,这是古代韵书最大的一次发现。这些韵书的发现,不但使我们有可能窥知陆法言《切韵》原书的大致面貌,了解唐五代人对《切韵》的增订情况、唐五代韵书体式的变迁,而且使我们得以更深刻地了解《广韵》和

《切韵》的关系,使我们明白《广韵》并非直接本于《切韵》,而是在《切韵》系韵书长孙讷言《切韵笺注》、王仁昫《刊谬补缺切韵》尤其是在李舟《切韵》、孙愐《唐韵》和五代本韵书的基础上修订而成的。姜亮夫先生说这些韵书的发现是"学术上的一种伟大的发现"[1],并非溢美之词。至于这些韵书的具体价值,姜亮夫《瀛涯敦煌韵辑》《瀛涯敦煌韵书卷子考释》、潘重规《瀛涯敦煌韵辑新编》、周祖谟《唐五代韵书集存》均有详论,此不备述。

　　除了韵书以外,敦煌遗书中还有相当数量的音义类写本残卷,如:P.3383、S.2729、Дx.1366《毛诗音》;S.2053 背《礼记音》,P.2494《楚辞音》;P.2833、S.8521、S.11383、Дx.3421 号《文选音》;P.3602、P.4058、S.6256 号《庄子集音》;S.3469 +敦研 357、S.3538、P.2271、P.2901、P.3734、P.3765、Ф.230、Ф.367 号玄应《一切经音义》(玄应音义写本总数达41 号);S.3553、S.5508、S.6189、P.2948、P.3971、Дx.11196、北敦 5639A(北 8722,李 39)号可洪《新集藏经音义随函录》;等等。1996 年,杭州大学出版社推出张金泉、许建平合著的《敦煌音义汇考》,分四部书音义、字书音义、佛道经音义三类,凡得敦煌音义写卷约 643号。稍后张涌泉又主编《敦煌经部文献合集》(中华书局 2008),汇辑校录敦煌音义写本更增广至 800 多号,是名副其实的敦煌遗书音义类写卷的集大成之作。这些音义书多为魏晋迄晚唐五代佚书,赖敦煌写本才保存了部分内容,吉光片羽,弥足珍贵;即使一些世有传本的音义写卷,也以其去古未远,有很高的校勘价值。如《礼记·檀弓上》"公叔木"陆德明释文:"音式树反,又音朱,徐之树反。""木"音式树反他书未闻,有误。北敦 9523(殷44)号《礼记释文》此条释文前一"音"下有一"戍"字[2],是也。上揭"公叔木"下郑玄注云:"木当为朱,《春秋》作戍。"陆德明释文即承郑氏此注而来,"音戍""音朱"皆为校字之例(犹《颜氏家训·书证》篇称《史记》"作悉字,误而为述……裴、徐、邹皆以悉字音述"之比),而非谓"木"字本身有"戍"音,又有"朱"音。今本《经典释文》脱去"戍"字,有人遂据以谓"木"有"式树反"一音[3]。不睹敦煌写卷,则恐无从正其疏谬矣[4]。

---

[1]《敦煌经卷在中国文化学术上的价值》,《思想战线》1981 年第 1 期;收入《敦煌学论文集》,上海:上海古籍出版社,1987 年,第 13 页。

[2] 许国霖《敦煌石室写经题记与敦煌杂录》下辑。

[3] 黄焯《经典释文汇校》引清雷浚语,北京:中华书局,1980 年,第 125 页。

[4] 张金泉、许建平《敦煌音义汇考》已指出雷氏之误,参看该书第 99、104 页,杭州:杭州大学出版社,1996 年。

二　保存了丰富的中古近代汉语语音材料

除了《切韵》系韵书和音义类写卷以外,敦煌文献中还有三宗音韵资料:汉藏对音资料;别字异文资料;韵文押韵资料。敦煌在唐代曾一度被吐蕃占领,敦煌文献中的汉藏对音资料大约就是当时汉藏交流的结果。这方面的资料主要有汉藏对音《千字文》《大乘中宗见解》,藏文译音《金刚经》残卷、《阿弥陀经》残卷等。罗常培的《唐五代西北方音》一书就是根据这些资料及注音本《开蒙要训》等材料撰写的一部专著[1],该书勾勒出了8世纪到10世纪西北方音的概貌,是历史描写方言学和汉语语音发展史的重要著作。后来日本高田时雄根据新发现的一些资料对罗书有所补充和纠正[2],可以参看。

敦煌写本(尤其是其中的俗文学和社会经济文书写本)中的错别字很多,同一内容不同传抄本的异文也很多,这些别字异文有许多是同音或音近造成的,从中可以看出当时实际语音的变化,所以也是考察中古近代汉语语音的宝贵材料。邵荣芬《敦煌俗文学中的别字异文和唐五代西北方音》[3]、张金泉《敦煌变文假借字谱》[4]是与此相关的两篇重要文章。

敦煌俗文学作品如变文、曲子词、王梵志诗等韵文需要押韵,有时还要讲究平仄,这些材料也可以反映当时的实际语音。这里我们举一个小例子:“打”是普通话中的一个常用词,今音 dǎ。但是这个字 S.2071 号《切韵笺注》上声梗韵音德冷反,又都定反;《广韵》音德冷切,又都挺切,均与今音不同。宋欧阳修《归田录》卷二记当时口语此字音“丁雅反”,而斥之为谬,他说:“今世俗言语之讹而举世君子小人皆同其谬者,惟打字尔(原注:打,丁雅反)。其义本谓考击,故人相殴、以物相击皆谓之打,而工造金银器亦谓之打,可矣,盖有槌击之义也。至于造舟车者曰打船打车,网鱼曰打鱼,汲水曰打水,役人饷饭曰打饭……以丈尺量地曰打量,举手试眼之昏明曰打试,至于名儒硕学,语皆如此,触事皆谓之打。而遍检字书,了无此字(原注:丁雅反者)。其义主考击之打自音谪(刊本注:疑当作滴)耳。以字学言之,打字从手从丁,丁又击物之声,故音谪(泉按:当作滴)耳。不知因

---

[1] 中央研究院历史语言研究所单刊甲种之十二,1933 年。
[2] 《敦煌资料による中国语史の研究》,东京:创文社,1988 年。
[3] 《中国语文》1963 年第 3 期。
[4] 《杭州大学学报》1984 年增刊。

何转为丁雅也。"[1]由欧阳修的话我们可以知道，北宋时"打"字"举世君子小人"皆已"谬"音丁雅反，那么这种口语读音是什么时候产生的？考《敦煌变文集》卷三《燕子赋》云："但雀儿祇缘脑子避难，暂时留连燕舍。既见空闲，暂歇解卸。燕子到来，即欲向前词谢。不悉事由，望风恶骂。父子团头，牵及上下。忿不思难，便即相打。"（页 252）前几句的韵脚字分别为舍、卸、谢、骂、下，下文的韵脚字还有胯、亚、价、呀等字，皆为假摄字，"打"作为韵脚字，显然应读作丁雅反，才能与上下文相押。该《燕子赋》敦煌文献中有七个写卷，其中 P.3666 号标题下有"咸通八年"的题署，咸通八年是唐懿宗李漼的年号，咸通八年相当于公元 867 年，则该赋的写作时间最迟当不会晚于此年。由此可见，今天普通话"打"的读音，早在唐代已然[2]。然而这种读法的"打"，我们在当时正规的韵书和文人著作中却是很难觅到踪影的。

　　敦煌韵书、音义卷子的发现，以及其他敦煌遗书中蕴含的丰富的音韵资料，给中古近代汉语语音（尤其是唐五代西北方音）的研究以很大的推动，为汉语语音史的研究开辟了新的途径，这方面的研究成为 20 世纪以来汉语语音研究的一个主流，相关的研究论著层出不穷，并取得了许多重要的成果。研究结果表明，当时的口语语音轻唇音开始分化，浊音开始清化，韵母系统简化，入声韵尾弱化，浊上变去已经形成，等等，这些演变在近代汉语语音发展史上具有非常重要的意义。而这些结论主要是在分析敦煌文献中蕴含的音韵资料的基础上得出的。因此，我们可以说，敦煌文献音韵资料是研究中古近代汉语语音发展史的基础，也是研究普通话语音发展史的基础。

---

[1]《四部丛刊》影印元刊本《欧阳文忠公集》卷一二七。

[2] 参用张金泉《敦煌俗文学中所见的唐五代西北音韵类（导言）》说，载《敦煌学论集》，兰州：甘肃人民出版社，1985 年，第 269—270 页。

第三节　词汇训诂学价值

　　敦煌文献的词汇训诂学价值,主要体现在口语辞书《字宝》《俗务要名林》和近代汉语语料方面。

一　口语辞书《字宝》《俗务要名林》的价值

　　敦煌文献中与训诂学有关的佚籍,主要有《字宝》和《俗务要名林》。《字宝》见于P.2058、P.2717+Дx.5260 +Дx.5990+Дx.10259、P.3906、S.619、S.6204、北敦 3390 号背等卷。其中 P.2058 号首题"大唐进士白居易千金字图　次郑氏字图",次行题"郑氏字宝",S.619 号又题"白家碎金一卷",其具体作者不详。全书按四声排列,计收"不在经典史籍之内",而"闻于万人理论之言"的民间口头语词四百余条,而记载这些口头语词的又往往是没有"凭据"的俗体字。

　　《俗务要名林》见于P.2609、P.5001、P.5579、S.617 号等卷。全书分量部、秤部、市部、果子部等数十部,分类辑录当时的日常生活用语并加以注释。

　　《字宝》和《俗务要名林》收录的大都是口头语词或日常生活用语,其共同特点是贴近生活,注重实用。如《字宝》记录与人的眼睛相关的词语有目䁐眵、人眼蒜(音花)、晓眼、笑睨睨、眼睒著、眩曜、笑嗰嗰、人眼眅、眴眼、睥睍、人矇昀、矗眼、小瞠瞴、眨眼、轻蔑等十多个;又如《俗务要名林》彩帛绢布部记载绫有独窠、双䌷(距)、龟甲、雀眼、填心之别,罗有孔雀、瓜子、许春之别,锦有波斯、卧鹿、鸭子、对凤之别。这些词语不仅对于研究汉语词汇发展的历史有用,而且对于了解唐代前后社会的经济、生活、风习等也大有帮助。《字宝》和《俗务要名林》的这一特点,与以白话为主体而又多用俗字表现出来的敦煌俗文学作品有相似之处,所以这两种书又是我们校读敦煌俗文学作品的重要参考资料。如《敦煌变文集》卷四《降魔变文》:"(金翅鸟王)遥见毒龙,数回博接,虽然不饱我一顿,且得噎饥。"《敦煌变文集》校"博接"为"搏接"(页 386),徐震堮又校作"搏击"[1]。按《字宝》云:"口嘚嗺博接。"据此,"博接"实为"嘚嗺"之同音借字,文中指金翅鸟王咬嚼毒龙肉的动作,而与"搏击"无涉。变文"博接"的本字因《字宝》而得以明了,《字宝》"嘚嗺"音"博接",其音义因变文而得到证明,以俗治俗,可收左右逢源之效矣。

二　近代汉语语料的渊薮

语言学界习惯以晚唐五代为界,把汉语的历史分成古代汉语和近代汉语两个大的阶段[2],敦煌文献大多是晚唐五代这个界标前后的产物,在汉语发展史上起着承前启后的作用,特别是其中以白话为主体的变文、曲子词、王梵志诗,以及愿文、契约等社会经济文书,更是近代汉语语料的渊薮,对于推究古今汉语演变之轨迹,考索宋元白话之沿溯,有着不可替代的重大价值。苏联汉学家谢·叶·雅洪托夫曾说:"我们在变文中找到了几乎所有列入我们清单的近代汉语语素。"[3]这是合乎事实的结论。这些文献的发现,为汉语的研究注入了新的活力,孕育并推动了近代汉语、俗语词研究等一些新兴学科的诞生和发展。

从更微观的角度而言,借助于敦煌文献资料,许多宋元以后白话词语的来源得到了正确的说明,一些长期困扰学术界的难题得到了破解,不少相沿已久的错误得到了匡正。如元曲、明清白话小说中每见"偎干就湿"或"煨干就湿""回干就湿"一词,其中的"偎""煨""回"其义云何? 孰是孰非? 旧说颇为纷纭。龙潜庵的《宋元语言词典》以"偎干就湿"为正目,而以"回干就湿"等为附目[4]。王利器主编的《金瓶梅词典》"偎干就湿"条释云:"意谓靠着干地方,却去睡湿的,腾出干的让子女睡。偎,靠;挨着。"[5]顾学颉、王学奇的《元曲释词》则以"煨干就湿"为正目,释云:"煨干就湿,是说把煨干的地方让给幼儿,自己睡在潮湿的地方。……(或作)偎干就湿、回干就湿……音近义同。"[6]《中国语文》1991 年第 5 期载张生汉释"煨"一文,又以为"煨、回、偎都是'违'的借音字","煨

---

[1]《"敦煌变文集"校记再补》,《华东师范大学学报》1958 年第 2 期,第 116 页。
[2] 参看吕叔湘《近代汉语指代词·序》,上海:学林出版社,1985 年。
[3]《七至十三世纪的汉语书面语和口语》,《语文研究》1986 年第 4 期,第 60 页。
[4]《宋元语言词典》,上海:上海辞书出版社,1985 年,第 835 页。
[5]《金瓶梅词典》,长春:吉林文史出版社,1988 年,第 341—342 页。
[6]《元曲释词》,北京:中国社会科学出版社,1988 年,第 546 页。

（回、偎）干就湿"即"违干就湿"，亦即"避干就湿"。这些说法，乍看似乎都有道理，但后来我们在敦煌文献中发现这个词较早的时候只写作"回干就湿"，却未见"偎干就湿"或"煨干就湿"，更没有"违干就湿"的说法。如《敦煌变文集》第 538、681、682、683、700 页，《敦煌变文集补编》第 57 页，《敦煌歌辞总编》第 749、1301 页均有"回干就湿"一词。而且这个词现知的最早出处也是作"回干就湿"。敦煌写本 P.3919 号《佛说父母恩重经》（这一经本未被历代大藏经所收载，应系唐代人所伪作）云："尔时如来告阿难曰：'谛听谛听，父母恩德有其十种。何等为十？ 一者怀担守护恩，二者临产受苦恩，三者生子妄（忘）忧恩，四者咽苦吐甘恩，五者回干就湿恩，六者洗濯不净恩……'"应即此词所源出。考六朝以来"回"字有换易之义[1]，所谓"回干就湿"是说母亲把干燥的地方换给幼儿睡，而自己则睡到幼儿尿湿之处。台图 32 号《盂兰盆经讲经文》："渐渐孩儿长大时，咽苦吐甘为孩子；干处唯留与子眠，湿处回将母自卧。"又 S.2204 号《父母恩重赞》："父母恩重十种缘，第一怀担受苦难。……第五渐渐长成人，愁饥愁渴又愁寒。干处常回儿女卧，湿处母家自身眠。"其中的"回"即"回干就湿"之"回"，也正是换易之义，足资比勘。正是依赖于大量敦煌文献中的实例，才有力地证明了这个词作"回干就湿"才是正确的。元代以后才出现的"偎干就湿"或"煨干就湿"，"偎""煨"显然为"回"的音误字。

又如《汉语大字典·月部》"朒"字义项①云同"咽"，义项②又云："朒脂。《广韵·先韵》：'朒，朒顶。'周祖谟校勘记：'顶，棟亭本作脂，是也。'""朒"可指朒脂，没有问题。但《汉语大字典》所引《广韵》的"朒"则恐非朒脂之"朒"，而亦应为"咽"的异体俗字。清张氏泽存堂刻本《广韵·先韵》乌前切："朒，朒顶。"其中的"顶"字周祖谟先生早年在《广韵校本》中据明曹寅所刻棟亭五种本校改作"脂"。但后来周先生见《钜宋广韵》本"朒顶"作"朒项"，又认为泽存堂本"朒顶"应为"朒项"之误[2]。考敦煌写本 P.3883 号《孔子项讬相问书》："鸿鹤能鸣者缘咽项长。"又云："蝦蟆能鸣，岂犹（由）咽项长？"《钜宋广韵》中的"朒项"实即《孔子项讬相问书》中的"咽项"，指脖颈。这也就有力地证明了周祖谟先生后来校"朒顶"为"朒项"应是正确的，《汉语大字典》据周氏前说校作"朒脂"则是错误的。

---

[1]　参看江蓝生《魏晋南北朝小说词语汇释》，北京：语文出版社，1988 年，第 83 页；王锳《唐宋笔记语辞汇释》，北京：中华书局，1990 年，第 67 页。

[2]　上海古籍出版社 1983 年版《钜宋广韵》前言。

第四节　古籍校勘价值

敦煌文献的校勘价值,可从两方面来加以讨论。

一　敦煌文献中保存的古书的较早抄本或引文,
可据以纠正传世文献中的一些传刻之误

现在传世的许多唐五代前的文献,如《周易》《尚书》《诗经》《礼记》《春秋左传》《孝经》《尔雅》《论语》《经典释文》《史记》《汉书》《晋书》《大唐西域记》《唐律疏议》《老子》《庄子》《文子》《列子》《孔子家语》《抱朴子》《文选》《文心雕龙》,以及许多佛经,敦煌卷子中都有数量不等的传抄本。另外有些敦煌文献中还有这些古书的或多或少的引文。这些抄本或引文,所根据的当然又是更早的抄本(甚至作者的稿本),比起我们平常见到的宋代以后的刻本来说,时代要早得多,因其少了一些传抄翻刻,字句往往更加可靠,可据以纠正传世文献的不少传刻之误。如:

《史记·五帝本纪》:"黄帝……生而神灵,弱而能言,幼而徇齐,长而敦敏。"裴骃集解:"徇,疾;齐,速也。言圣德幼而疾速也。"司马贞索隐:"斯文未是。今案:徇、齐皆德也。……《孔子家语》及《大戴礼》并作'叡齐',一本作'慧齐'。叡、慧皆智也。太史公采《大戴礼》而为此纪,今彼文无作'徇'者。《史记》旧本亦有作'濬齐'。盖古字假借'徇'为'濬',濬,深也,义亦并通。《尔雅》齐、速俱训为疾。《尚书大传》曰:'多闻而齐给。'郑注云:'齐,疾也。'今裴氏注云徇亦训疾,未见所出。或当读徇为迅。迅于《尔雅》与齐俱训疾,则迅、濬虽异字而音同也。又《尔雅》曰:'宣、徇,遍也。''濬,通也。'是遍之与通义亦相近。言黄帝幼而才智周遍,且辩给也。"[1]按:清段玉裁引《素问·上古天真论》"黄帝幼而徇齐,长而敦敏"王冰注:"徇,疾也。"谓今本《史记》"徇"为"侚"之讹[2],王筠亦谓《史

---

[1]　中华书局标点本《史记》,1975 年,第 3 页注〔五〕。
[2]　见《说文解字注》"侚"字下注,上海:上海古籍出版社影印清段氏经韵楼刻本,1981 年,第 367 页。

记》"徇"当作"侚"[1]，极是。《说文·人部》："侚，疾也。"正与裴注"徇"字字义相合。敦煌写本 S.388 号《字样》："徇，行示；侚，疾也，即《史记》'幼而徇齐'字。"据此，《史记》原文应本即作"侚"，裴骃《集解》所据似尚未误，故训为疾。至司马贞作《索隐》，则"侚"确已误作"徇"，故云"裴氏注云徇亦训疾，未见所出"，而疑当读为"迅"，曲加解释，实非切诂。今得敦煌写本所引，乃知《史记》原文实本作"侚"，则裴注可通，段校、王校可从，而司马说为妄也。[2]

又如《后汉书·班超传》记任尚代班超镇西域，临别时任尚请以治边之方，班超曰："塞外吏士，本非孝子顺孙，皆以罪过徙补边屯。而蛮夷怀鸟兽之心，难养易败。今君性严急，水清无大鱼，察政不得下和。宜荡佚简易，宽小过，总大纲而已。"按敦煌写本 S.1441 号《励忠节钞》卷二将帅部引《汉记》记班超语云："塞外吏士，本非孝子顺孙，皆以负罪，希求功效。而蛮夷戎狄，怀鸟兽之心，饥附饱飏，难养而易皆。"两相比较，当以后者文义较为完足。但敦煌本"难养而易皆"费解，王三庆《敦煌类书》因据前者及四库馆臣辑《东观汉记》卷十六校作"难养而易败"（泉按：《东观汉记》作"难禁易败"），谓"皆"字恐涉前行"皆以负罪"之"皆"而讹（页 600）。王说恐不可从。考底卷"皆"字作"晳"，下部作"日"形，此处应为"背"字俗讹。"背"字下部的"月"俗写为"日"，上部的"北"俗书又常与"比"相乱。秦公《广碑别字》收有"背"之别体"皆"，可资比勘。故"背"字俗书多与"皆"字相乱。就文意而言，"难养而易背"句承"怀鸟兽之心，饥附饱飏"而言，"背"指背叛、背信，正与文意密合。今本《后汉书》等书作"败"，则与文意不尽切合，疑为"背"字音讹（也可能"背"讹作"皆"，"皆"字义不可通，后人复臆改作"败"），亟宜据敦煌本《励忠节钞》所引改正焉。

又徐震堮《世说新语校笺·假谲》："王右军年减十岁时，大将军甚爱之，恒置帐中眠。大将军尝先出，右军犹未起。须臾，钱凤入，屏人论事，都忘右军在帐中，便言逆节之谋。右军觉，既闻所论，知无活理，乃阳吐污头面被褥，诈孰眠。敦论事造半，方忆右军未起，相与大惊曰：'不得不除之！'及开帐，乃见吐唾从横，信其实孰眠，于是得全。于时称其有智。"徐震堮校云："'阳'，原作'剔'，据沈校本改。"[3]余嘉锡《世说新语笺疏》正文仍作"剔"，校记云："'剔'，沈本作'阳'。"[4]沈校本指清沈宝砚据传是楼藏宋椠本所作校语。

［1］见《说文句读》"侚"字下注，上海：上海古籍书店影印清同治王氏刻本，1983 年，第 1055 页。
［2］《史记·赵世家》"臣闻中国者，盖聪明徇智之所居也"句下徐广注："《五帝本纪》云幼而徇齐。"其中的"徇"亦当为"侚"字之误。
［3］徐震堮《世说新语校笺》，北京：中华书局，1984 年，第 457 页。
［4］余嘉锡《世说新语笺疏》，北京：中华书局，1983 年，第 855 页。

徐本、余本是当今关于《世说新语》的两个最权威的本子，对沈氏的校改，余本出校而未定其是非，徐本则径据沈校本改字。今查敦煌写本 S.1441 号《励忠节钞·俊爽部》引该段文字，亦作"剔吐"，可见作"剔"应是《世说》古本原貌。其实"剔"字不误，"剔"者剜也，抠也，"剔吐"指用手指抠咽喉强迫自己呕吐。唐孙思邈《备急千金要方》卷六五"齐州荣姥方"条："其病在口咽及胸腹中者，必外有肿异相也，寒热不快，疑是此病。即以饮或清水和药，如二杏仁许服之，日夜三四服，自然消烂。或以物剔吐，根出即瘥。"其中的"剔吐"义同。沈氏因"剔吐"眼生，遂擅改作"阳吐"。今得上揭敦煌类书所引，获知古本真相，可祛后人疑误矣。[1]

二　敦煌文献中丰富的语言文字资料，可以给校勘古书提供许多有用的证据

敦煌文献湮埋一千多年，未经后世校刻窜乱，其中的语言文字资料保存着唐五代时的原貌，可靠程度较高，可以给校勘古书提供许多有用的证据。如我们在上一节据敦煌文献资料校"偎干就湿"或"煨干就湿"为"回干就湿"，就是一个明显的例子。又如：

唐苏鹗《苏氏演义》卷下："只如田夫民为農，百念为憂，更生为蘇……口王为國，文字为學：如此之字，皆后魏流俗所撰，学者之所不用。"[2]《苏氏演义》原书久佚，今本系清人从《永乐大典》中辑出，由于传录翻刻，错讹颇甚。上面这段话，所举盖皆会意俗字，但"田夫民为農""文字为學"二句却令人费解。有人在"田夫民为農"句下引《龙龕手镜》卷一田部的"畚"字[3]。但《龙龕手镜》"畚"字音"同"，实与"農"字无涉。考敦煌写本 S.388 号《正名要录》"正行者正体，脚注讹俗"类，"農"下脚注"畕"。该卷避唐太宗讳，"畕"应系"畕"的避讳缺笔字。"畕"字合田、民二字而成，应为"農"的会意俗字。上引"田夫民为農"句殆即指"畕"字而言，"夫"字或为衍文当删。又考敦煌写本"學"字多简省作"孝"，如 P.3286 号《十二时》："孝持斋，究经义，亲觐莲花生慧智。"P.4028 号《法体十二时》："日入

---

[1] 沈澍农来函谓"剔吐""溯其源，大概应该是'擿吐'"，引葛洪《肘后备急方》卷四"欲擿之不吐，更服之"，认为"擿"指"挑，探。恐更贴切"。按玄应《音义》卷九《大智度论》第四十卷音义："擿口，他狄反，案擿亦剔也，谓挑剔也。""擿""剔"音同义通，但本字仍应是"剔"（《说文·刀部》："剔，解骨也。""剔"指剜也、抠也，应即由"解骨"义引申）。

[2]《丛书集成初编》本第 11 页。

[3] 王利器《颜氏家训集解》（增补本），第 576 页注〔13〕。

西,莫孝渴鹿驱餤走。"皆其例。又S.388 号《正名要录》"正行者正体,脚注讹俗"类,"學"下脚注"孝"。据此,上引"文字为學"疑当作"文子为學",即指"孝"字而言。宋孙逢吉《职官分纪》卷十五引唐韦述《集贤记注》称后魏俗字"自反为歸,文子为字"[1],其中的"文子为字"亦当作"文子为學",亦正指"孝"字而言,可与上例互勘。"田民为農"(罠)、"文子为學"(孝)与上下文"百念为憂"(㥴)、"更生为蘇"(甦)、"口王为國"(国)皆合二字以成一字,文正一律。正是依赖于敦煌卷子提供的大量字形资料,才为我们解决"田夫民为農""文字为學""文子为字"这样棘手的难题创造了条件。否则,要作出正确的校订就会困难得多。

再如《说文·夲部》有"奏"字,云"奏进也。从夲,从廾,从屮,屮,上进之义"。"奏"字何以从夲、从廾、从屮,其字理不明;"夲"旁隶书何以变作"天",也是疑问。睡虎地秦简"奏"字有作"𡘹"者,上似从奉,下从矢,何琳仪以为系"会承矢以进之意。小篆则秦文字之省变"[2],其说颇为新颖。但由于缺乏更坚强的证据,故何说的可靠性人们仍存有疑问。今查敦煌写本《正名要录》"各依脚注"类"侯、奏、雉、族、矣"五字下脚注:"从矢。"《正名要录》"奏"字写作"奏",并且特意注明下部从"矢",这说明当时应以"奏"为正字,从而可证何说是很有见地的,而今字"奏"下部的"天"应即"矢"旁之讹。"矢"旁讹变作"天"为俗书通例。如汉《韩敕碑》"族"字作"𣲖"[3],魏《元灵耀墓志》"矣"字作"矣"[4],是其比。而今本《说文》小篆"奏"字下部从"夲",疑为唐代前后人所妄改,《正名要录》作者所见《说文》应尚非如此也。《正名要录》"本音虽同,字义各别例"载"湊""辏""腠"三字,右旁亦皆作"奏",右下部从"矢",可以比勘。蔡忠霖《敦煌字样书〈正名要录〉研究》以古今字书皆无"奏"字,而以《正名要录》"奏"字从矢为无据,斥之为误[5],可谓视珍宝为沙砾矣。

再如《说文·糸部》云:"繭,蚕衣也。从糸,从虫,黹省。"段玉裁改"黹省"为"从芇",注云:"芇声(泉按:'芇声'疑'从芇'刻误)各本作黹省,黹不得为繭。会意。《韵会》'黹省声',黹上从二十并,亦非也。《五经文字》曰:从虫,从芇。芇音绵。许书丫部有芇字,相当也。读若宀。张参所据本是矣。今据正。虫者蚕也,芇者仅足蔽其身也。"今考敦煌写本S.388 号《字样》:"繭,经显反,从芇声,芇音已殄反。""已殄反"当是"亡殄反"之讹,"芇"

――――――――

[1]《职官分纪》,台北:商务印书馆影印《四库全书》本,1986 年,第 380 页。

[2]《战国古文字典》侯部"奏"字条下,北京:中华书局,1998 年,第 384 页。

[3]《隶辨》卷五屋韵,北京:中华书局,1986 年,第 161 页。

[4]《碑别字新编》,北京:文物出版社,1985 年,第 43 页。

[5]《敦煌字样书〈正名要录〉研究》,台北:中国文化大学硕士学位论文,1994 年,第 277 页。

字《广韵》有弥殄切一读,正与"亡殄反"同音。《字样》云"繭"字"从芇声","声"字固误,但其谓"繭"字"从芇",殆即《五经文字》所本,足证段说为不诬也。

参考文献

蒋礼鸿《中国俗文字学研究导言》,《杭州大学学报》1959 年第 3 期中国语文专号。

周祖谟《唐五代韵书集存》,北京:中华书局,1983 年。

姜亮夫《敦煌学概论》,北京:中华书局,1985 年。

周祖谟《敦煌唐本字书叙录》,《敦煌语言文学研究》,北京:北京大学出版社,1988 年。

潘重规《敦煌卷子俗写文字之整理与发展》,《敦煌学》第 17 辑,1991 年。

张金泉、许建平《敦煌音义汇考》,杭州:杭州大学出版社,1996 年。

张涌泉《敦煌俗字研究》,上海:上海教育出版社,1996 年。

蒋礼鸿《敦煌变文字义通释》(增补定本),上海:上海古籍出版社,1997 年。

张涌泉《从语言文字的角度谈敦煌文献的价值》,《中国社会科学》2001 年第 2 期;收入《著名中年语言学家自选集·张涌泉卷》,上海:上海教育出版社,2011 年。

第三章　敦煌文献的写本特征

　　古代文献主要可分为写本文献和刻本文献两大类。随着印刷术的广泛应用，宋以后刻本文献成为传世文献的主体。古书一经刊刻，随即化身千百，既促进了书籍的普及，也使古书的内容逐渐被定型化。而写本文献出于一个个单独的个体，许多文献本来就是为了自用的，作者本没有刊布的思想准备，即便是那些前人传下来的古书，人们在传抄过程中，也往往会根据自己的理解增省改易，从而使古书的形制、内容、用词、用字都会或多或少发生一些变化，都会带上时代和抄者个人的烙印。所以写本文献的形式和内容往往缺少定式，而呈现出参差不一的特点，我们不能用我们熟悉的已经定型的刻本文献的观念去衡量它们。敦煌文献既以写本为主体，同样具有写本文献的特征；即便是那些少量的刻本，由于其处于刻印的早期，传播范围有限，内容的定型其实也还谈不上。所以了解和认清敦煌文献的写本特征，是正确整理敦煌文献最基础的一环。具体而言，敦煌文献的写本特征主要体现在分卷不定、符号不定、词句不定、用字不定、文多疏误、丛脞芜杂、正背杂抄七个方面，下面分别加以讨论。

第一节　分卷不定

　　藤枝晃在评价翟林奈为英藏敦煌文献所作的目录时曾经指出："翟林奈对佛教经典不太熟悉，有几百件佛经写本断片未加比定，对一些写本在经文中的章节也无法确定，这主要是因为这些古老写本在如何分卷上并不一致,而且与现在的版本也有所不同。"[1]
藤枝晃的批评可谓一语中的。很多古书的分卷在写本时代往往还不固定,如果按后世刻
本生搬硬套,难免犯以今律古的错误。

如敦煌文献中有北凉昙无谶译《大般涅槃经》写本 1300 件左右,各写本间及写本
与刻本间分卷都不尽一致。如《敦煌宝藏》98 册第 96、111、120、127 页分别载北 6316
(宿 31)、6317(露 5)、6318(辰 38)、6319(柰 33)号"《大般涅槃经》卷第五、第六,《敦煌
遗书总目索引新编》定名同。查上揭各卷首缺尾全,止于"当知是等于未来世百千亿劫
不堕恶道"句。其中北 6316(宿 31)、6318(辰 38)号二卷末尾还有"《大般涅槃经》卷第
五"的题署。既然写卷已经标明是《大般涅槃经》卷第五,《敦煌宝藏》和《索引新编》的
编者为什么还要定作《大般涅槃经》卷五和卷六呢? 原来,虽然上揭各卷的内容主要见
于今天通行的《大般涅槃经》(如《大正藏》本、《中华大藏经》本)的第五卷,但从"善男
子,是大涅槃微妙经中有四种人能护正法,建立正法,忆念正法"起的最后一部分(约
1800 字),今本见于第六卷之首,于是,人们把上揭各卷的内容定作《大般涅槃经》卷五
和卷六,似乎也就是合情合理的了。并且这一定名还可以在敦煌写本中找到证据。
S.1966、S.5384、北 6321(吕 60)号均为《大般涅槃经》第五卷写本(末署"《大般涅槃经》
卷第五"字样),止于"若有善男子、善女人欲断烦恼诸结缚者,当作如是护持正法"句;
北 6324(腾 73,前标"大般涅槃经如来性品之三",下空三格标出卷数为"六")、6325(生
75,前标"大般涅槃经如来性品之三",下空三格标出卷数为"六")号两本为《大般涅槃
经》第六卷的写本(首尾均有《大般涅槃经》第六卷的标记),始于"善男子,是大涅槃微
妙经中有四种人能护正法"句,分别与今本《大般涅槃经》第五卷的末句、第六卷的首
句相同。又北 6612(露 63)号《大般涅槃经目录》标注各卷的起讫,该卷标出第五卷的
尾句是"当作如是护持正法",第六卷的首句是"善男子,是大涅槃微妙经中有四种
人";又 P.3105 号《大般涅槃经目录》标注第六卷的首句与北 6612 卷同,亦皆与今本相
合。另外,唐玄应《音义》卷二《大般涅槃经》第六卷音义有"侵娆""妒憋"二条,慧琳《音
义》卷二五《大般涅槃经》第六卷音义有"阿竭陀药""侵娆""妒憋""虎豹""豺狼"等条,
这些条目所在语段均在今本《大般涅槃经》第六卷卷首"善男子,是大涅槃微妙经中有
四种人能护正法"至"当知是等于未来世百千亿劫不堕恶道"段内,由此可见玄应、慧
琳《音义》所据经本第五、第六卷的分段与今本也应是一致的。凡此种种,似乎均已足

---

[1]　藤枝晃著,徐庆全、李树清译,荣新江校,《敦煌写本概述》,《敦煌研究》1996 年第 2 期,第 97 页。

以证明《敦煌宝藏》《敦煌遗书总目索引新编》把北 6316 号等四个写本定作《大般涅槃经》第五、第六卷是板上钉钉、确凿无疑的了。其实不然。请先看以下事实：S.2864 号是《大般涅槃经》第六卷写本，前后完整，首尾均标"大般涅槃经卷第六"，起首是"尔时佛告迦叶菩萨，善男子，我涅槃后"云云。又北 6315（结 79）号前题"大般涅槃经四依品之二"，下空三格标出卷数为"六"，末题"大般涅槃经卷第六"，首句与 S.2864 卷同（《敦煌宝藏》《索引新编》把此卷亦定作《大般涅槃经》卷第五、第六，大谬）。那么，此前列在今本第六卷卷端的"当知是等于未来世百千亿劫不堕恶道"所在语段，这两个写本应该是放在了第五卷。又 P.2172 号《大般涅槃经音》，顺序为经文第一至四十二卷（包括《大般涅槃经》后分二卷）的疑难字注音，其中第五卷之末有"侵娆""嘘""御乘""妒憋"四条，这四条所在语段均在今本《大般涅槃经》第六卷卷首"善男子，是大涅槃微妙经中有四种人能护正法"至"当知是等于未来世百千亿劫不堕恶道"段内，这说明 P.2172 号《大般涅槃经音》所据经本与今本不同，是把上揭语段放在第五卷。以上事实是否可以说明在唐代前后除了与今本分段一致的《大般涅槃经》经本之外，另外还存在着一个与今本（包括南本、北本）分段不同的经本呢？我们的结论是肯定的。上揭北 6316（宿 31）、6317（露 5）、6318（辰 38）、6319（奈 33）号《大般涅槃经》也正是这种与今本分段不同的本子的第五卷，《敦煌宝藏》《索引新编》据今本把它们定作第五、第六卷，那是犯了以今律古的毛病，是不可取的。

又如《大般涅槃经》卷十五，Φ.80 号、北 6385（鳞 18）号等卷起于"善男子，云何菩萨摩诃萨梵行"句，讫于"乃是修慈善根力故，令彼调伏"句；敦研 365 号起于"（复次善男子，复有）梵行，谓慈悲喜舍"句，讫于"是大乘典大般涅槃经亦不可思议"句；S.4864 号起于"善男子，云何菩萨摩诃萨梵行"句，讫于"善男子，当知皆是慈善根力，能令彼人见如是事"句。各写本末尾皆署"大般涅槃经卷第十五"，但起讫各有不同。而今传《大正藏》本该卷起于"善男子，云何菩萨摩诃萨梵行"句，讫于"诸佛如来亦得成就如是无量无边功德"句。据《大正藏》本，上揭各写本皆有一部分内容在今本卷十六。这同样不是敦煌写本传抄有误，而是当时传本不同、分卷尚未定型的缘故。北 6612（露 63）号《大般涅槃经目录》标注每卷经文的首尾，标卷十五首句为"善男子，云何菩萨摩诃萨梵行"句，尾句为"善根力故令彼调伏"句（图 3-1），正与上揭 Φ.80 号、北 6385 号等写本起讫同，说明敦煌本的分卷是各有所据的。但今天的定名者往往无视写本本身已经标明的卷数，却根据今天通行的《大正藏》本把上揭敦煌写本定作《大般涅槃经》卷十五、十六，如《敦煌宝藏》拟题北 6385 号作"大般涅槃经卷第十五至第十六"，《甘肃藏敦煌文献》拟题敦研 365 号作"大般涅槃经卷第十五、卷第十六",《索引新编》也每有同样的拟题（见该书索引部分第 22—24 页），也是犯了以今律古的错误。[1]

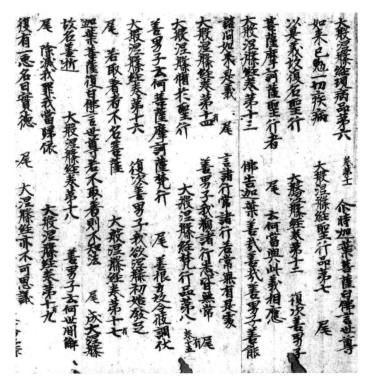

图 3-1 北 6612 号《大般涅槃经目录》（局部）

---

[1] 笔者约十年前注意到敦煌写本《大般涅槃经》分卷的歧异,曾嘱硕士研究生李梅进行调查;后又嘱博士研究生景盛轩续加研究,详参景著《〈大般涅槃经〉异文研究》附录一《敦煌北本〈大般涅槃经〉分卷考》,成都:巴蜀书社,2008 年,第 303—332 页。

第二节　符号不定

　　敦煌写本多标识符号，如删字号、乙字号、重文号、省代号、句读号、层次号等等。但许多符号的用法都不稳定，一号多符或一符多用的情况都非常普遍。如同是删字号，有卜、彡、丶、⺊、⺄、⺈、○、△等十几种类型[1]。又如同一"⺄"形符号，可以分别用作界隔号、上引号、绝止号、层次号、删字号等等。出现这种种歧异，既与敦煌写本出于众手有关，也说明当时相关符号的使用尚处于草创阶段，还没有定型，故抄人人殊，没有固定的模式。即便是在同一个抄手的笔下，标识符号的使用也往往纷纭不定。如 Φ.68 号《维摩疏》卷三（唐仪凤三年令狐恩约勘定）："梵王因起邪见，谓是己造，馀梵亦𪔀自谓从梵王生。虽有精粗，𥝢其邪想不异。"又云："如云众魔外道皆吾侍者，文殊𪘂身子以略问空室之意。"又云："灭有二种，一伏灭，二断灭。摧灭烦恼贼，谓伏灭；降伏四种魔，即断灭也。外国破敌得胜，则竖胜幡；道场降魔，𦊆𦈏亦表其相。"又云："复经七饥，经七劫，还一疾病，如是经七七饥劫，一七疫病劫。"这些句子中截图字右侧的"彡""⺊""彡""卜"形符号皆为删除标识（《大正藏》本胡吉藏撰《维摩经义疏》卷五正无相应文字），其中"⺊"为"卜"或"乍"的变体，"彡"为"彡"或"彡"的草体。这出于同一抄手的同一写经，却先后使用了四种不同的删字符号，说明这些符号必定都是当时人们所习惯使用的，也表明当时删字符号的用法还不稳定，还没有定型。所以我们在校理敦煌文献时，要特别留意写本一号多符和一符多用的特点，既不可把形状相同而功用不同的标识符号混为一谈，也不能把形状不同而功用相同的标识符号区别为二。

---

[1]　参看拙作《说"卜煞"》，《文献》2010 年第 4 期，第 3—13 页。

第三节　词句不定

　　已故著名戏曲、小说研究专家徐朔方先生在其《小说考信编·前言》提出古代小说、戏曲创作中有"世代累积"的特点,他说:"所谓明代小说四大奇书《三国》《水浒》《金瓶梅》《西游记》并不出于任何个人作家的天才笔下,它们都是在世代说书艺人的流传过程中逐渐成熟而写定的。"[1]其实,在刻本流行以前,古书依靠辗转传抄或口耳相传,不断累积、词句不定几乎是所有写本古书的通例。在古书辗转传抄或口耳相传的过程中,每个抄手和"讲师"都可以根据自己的理解进行再创作。如 P.3597 号"春日春风动"诗:"春日春风动,春来春草生。春人饮春酒,春鸟弄春声。"此诗又见于《中国书店藏敦煌文献》第 60 号,字句略同(末字后者仅存下部残笔)。日本三井文库别馆藏敦煌写本《成唯识论》卷七背有异本作:"春日春风动,春山春水流。春人饮春酒,春棒打春牛。"又 1967 年长沙铜官镇瓦渣坪唐五代窑址青黄釉瓷注子腹部题诗:"春水春池满,春时春草生。春人饮春酒,春鸟啑春声。""啑"乃"弄"的增旁俗字。这三个本子内容大同小异,记录的显然是同一首诗,至于其间个别字句的变易,不过是流传过程中抄手和"讲师"再创作的结果,是写本古书"词句不定"特征的体现。[2]

　　又如敦煌写本《燕子赋》有甲、乙二种,内容大相径庭;演绎目连救母故事的有《目连缘起》《目连变文》《大目乾连冥间救母变文》等数种,内容文句颇多参差。即便内容基本相同的,在遣词用句方面也会呈现出较大的差异。如 S.2614、P.2319 号皆有《大目乾连冥间救母变文》一种,但前者内容较详,后者较简,如其中描写目连母子地狱中相认的一段:

　　S.2614 号:狱主启言:"和尚缘何事开他地狱门?"报言:"贫道不开阿谁开?和尚寄物来开。"狱主问言:"寄是没物来开?"目连启狱主:"寄十二环锡杖来开。"狱卒又问:"和尚缘何事来至此?"目连启言:"贫道阿娘名青提夫人,故来访觅看。"狱主闻语,却入狱中高楼之上,迢(招)白幡杠铁鼓:弟一隔中有青提夫人已否? 弟一隔中无。过到弟二隔中,

[1]《小说考信编》,上海:上海古籍出版社,1997 年,第 2—3 页。
[2] 参看徐俊纂辑《敦煌诗集残卷辑考》,北京:中华书局,2000 年,前言第 37—38 页,所引三井文库本、长沙铜官窑址本诗亦转引自徐书。

迢(招)黑幡杆铁鼓:弟二隔中有青提夫[人]已否?弟二隔中亦无。过到弟三隔中,迢(招)黄幡杆铁鼓:弟三隔中有青提夫人已否? 亦无。过到弟四隔中亦无。即至弟五隔中问,亦道无。过到弟六隔中,亦道无青提夫人。狱卒行至弟七隔中,迢(招)碧幡杆铁鼓:弟七隔中有青提夫人已否? 其时青提弟七隔中身上下册九道长钉,鼎(钉)在铁床之上,不敢应狱主。狱主更问:"弟七隔中有青提夫人已否?""若看觅青提夫人者,罪身即是。""早个缘甚不应?""恐畏狱主更将别处受苦,所以不敢应狱主。"狱主报言:"门外有一三宝,剃除髭发,身披法服,称言是儿,故来访看。"青提夫人闻语,良久思惟,报言狱主:"我无儿子出家,不是莫错?"狱主闻语,却回行至高楼,报言和尚:"缘有何事,诈认狱中罪人是阿娘?缘没事谩语?"目连闻语,悲泣雨泪,启言狱主:"贫道解来传语错,频道小时自(字)罗卜,父母亡没已后,投佛出家,剃除髭发,号曰大目乾连。狱主莫嗔,更问一回去。"狱主闻语,却回至弟七隔中,报言罪人:"门外三宝小时自(字)罗卜,父母终没已后,投佛出家,剃除髭发,号曰大目乾连。"青提夫人闻语:"门外三宝,若小时字罗卜,是也。罪身一寸肠娇子!"狱主闻语,扶起青提夫人……

P.2319 号:狱主启言:"和尚缘有何事,开他地狱门?"报言:"世尊寄物来开。"狱主报言:"寄甚物来?"目连报曰:"寄十二环锡杖来开。"狱卒又问:"和尚缘何事来至此?"目连启言:"阿娘名青提夫人,故来访觅。"狱主闻语,却入狱中高楼之上,迢(招)白幡杆铁鼓:弟一隔中有青提夫人已否? 弟一隔中无。过到弟二隔中,直至弟三、弟四、弟五、弟六隔中亦无。狱卒行至弟七隔中,见青提夫人身上下册九道长杆(钉),杆(钉)在床上。唤云:"是青提夫人已否?""是也。"狱主报言:"门外有一三宝,称言是儿。"青提闻语,报言狱主:"无儿出家,莫错?"狱主闻言,却回至高楼,报言和尚:"缘何错认狱中罪人,言道是阿娘? 如何谩语?"目连闻语悲泣,启狱主:"某乙小名是罗卜,父母亡后,投佛出家,号大目乾连。请狱主莫嗔,更问一回去。"狱主闻语,却回至罪人:"门外三宝小时字罗卜。"青提曰:"若是小名罗卜,即是儿也。罪身一寸肠娇子!"狱主闻语,扶起青提……

两相比较,可以看出后者要简略得多。那么究竟是前者在后者基础上有所增饰,还是后者在前者基础上有所删减?抑或二者各有所本?各种答案也许都是可能的。这就提醒我们,在校勘整理写本文献时,据异本异文的校改要非常谨慎;尤其那些出入较大的异本,也许别有所本,整理时可以另行录校成篇,而切忌削足适履,强行牵合为一。

第四节　用字不定

图 3-2　S.1441 号《励忠节钞》

書曰僕臣正身去自聖僕臣諫身后不聖

　　敦煌写本用字不定可以从两方面来说，一是俗别字多，二是异文纷繁。字多俗别，这是每一个接触过敦煌写本的人都会感受到的切身体会。我们随便打开一个敦煌写卷来看，就会发现俗别字的使用不是个别的、偶然的现象，而是连篇累牍，触目皆然。潘重规先生曾说："敦煌卷子手写字体，与后世习惯出入极大，尤其是俗文学变文、曲子词等，多半是中晚唐五代时的写本，抄写得更加紊乱。多少年来，我披读敦煌卷子，对着写本中的俗字讹文，变体简写，困扰不堪，往往废卷而叹。"[1]事实也的确如此。试看 S.1441 号《励忠节钞·政教部》引《书》的一段文字："僕臣正，身去自聖；僕臣諫，身后不聖。"原卷如图 3-2 所示。其中的"**僕**""**正**"分别为"僕""正"的俗写（《干禄字书》以"**正**"为"正"的通俗字），敦煌写本中经见。又"**去**"乃"后"字的俗写（《干禄字书》："**去**后：上俗下正。"），但下文的"后"却仍作正字，前后用字不一。又《敦煌类书》校"身"为"其"，录"諫"为"諛"，云："'諛'字原卷作'諫'，案此句与上'僕臣正'为对句，'諫'字当是'諛'字之形讹，据《尚书·囧命》改。又'其'字乃古文形讹。"（页 603）按：王校"諫"字是。但"其"字古文无与"身"形近者，校"身"为"其"无据。文中二"身"字乃"厥"字之误。"厥"字古文作"𠂤"（《广韵·月韵》），隶变乃有作"𠂤"（《玉篇·身部》）、"𦣻"（《汉语大字典·身部》引《直音篇》）等形者，与"身"字形近易讹。《尚书·囧命》云："僕臣正，厥后克正；僕臣諛，厥后自聖。"其中的"厥"字日本岩崎男旧藏古写本作"𠂤"形，内野皎亭旧藏日本元亨二年（1322）沙门素庆刻本作"𠂤"形，上海图书馆藏日本元亨三年（1323）藤原长赖写本作"𦣻"形[2]，并与"身"字形近，故上揭类书又进而讹写作"身"。这短短的十四个字，讹俗字就占了一半，足见写本用字的不稳定性。

---

[1] 潘重规《敦煌卷子俗写文字之整理与发展》，《敦煌学》第 17 辑，台北：新文丰出版公司，1991 年，第 1 页。

[2] 见顾颉刚、顾廷龙辑《尚书文字合编》，上海：上海古籍出版社，1986 年，第 2881、2887、2898 页。

敦煌写本用字不定的另一个重要标志是异文纷繁。不少敦煌文献存有多少不等的异本,这些异本在内容和文字上的差异往往比宋以后刻本要严重得多。对此我们将在第七章"敦煌文献的异文"中详加讨论,这里仅举一例以发其端:

北敦 1468 号(北 4746,寒 68)《妙法莲华经》卷二譬喻品:"守宫百足,狨狸鼷鼠,诸恶虫辈,交横驰走。"其中的"狨"字 S.1096、北敦 2281、北敦 4342、北敦 4778 号等经本同,北敦 6331、北敦 6601 号经本作"狨",S.1009 号经本作"狨",北敦 1171 号经本作"狝",S.917 号经本作"貀",北敦 3016 号经本作"豿",北敦 5404 号经本作"豿",北敦 1949 号经本作"豿",北敦 4631 号经本作"貀",等等。考《说文·豸部》:"豿,鼠属,善旋。从豸,宂声。"段玉裁注本改字头作"豿",定作"宂声",注云:"此宂散之宂,俗讹作穴声,篆体亦误,今正。宂之古音在三部。"据此,此字或当以作"豿"为典正。而敦煌写本异体蜂出者,盖写者不明其正字,因而游移不定也。

第五节　文多疏误

　　敦煌文献的价值,无论我们如何评价都不会过分,对此我们在前二章已作过充分的讨论。但与此同时,对敦煌文献本身存在的疏误,我们也要有足够的认识。"我们不能简单地认为文献越早就越近于真实,而落入盲目夸大写本文献可信性的误区。"[1]其实,由于敦煌写本多出于经生释子、信众社人及仕子学郎等文化水平不高的下层民众之手(另有部分汉文写卷是学习汉字之吐蕃或其他少数民族汉文水平不高者所抄写),且多系抄手个人自用的文本,写作或传抄时未必经过认真的校勘,所以其中的疏误也十分严重,如上节所引 S.1441 号《励忠节钞·政教部》引《书》的一段文字,十四个字中错字就有三个,疏误之多可见一斑。再如下面的例子:

　　S.1441 号《励忠节钞·俊爽部》:"王右军羲之年十岁时,钱凤为大将军,甚怜务爱,恒置帐中眠。大将军尝先出不在,右军未起。须臾钱凤入,屏人论事,忘却右军在帐中,便言逆节之谋。羲之觉,劳问所论,知无活理,乃剔吐,污头面被褥,诈眠。凤论事半,方忆右军未起,相与大惊曰:不得不除之。乃开帐,见羲之吐纵横,信其实眠,相是得全其命。子时伏小而有大智。"按《世说新语·假谲》:"王右军年减十岁时,大将军甚爱之,恒置帐中眠。大将军尝先出,右军犹未起。须臾,钱凤入,屏人论事,都忘右军在帐中,便言逆节之谋。右军觉,既闻所论,知无活理,乃剔吐污头面被褥,诈孰眠。敦论事造半,方意(忆)右军未起,相与大惊曰:不得不除之。及开帐,乃见吐唾从横,信其实孰眠,於是得全。于时称其有智。"[2]即上揭引文所本。《敦煌类书》据以校"相是"为"於是","子时"为"于是",于"伏"后拟补一"其"字(页 192、619),皆是。"相"字"於"字草书略同,敦煌写本中每多相乱。《敦煌类书》又谓"务爱"的"务"字意不可通,据《世说》删。其实这个"务"未必是衍字,而是"矜"的形近讹字。"怜矜爱"三字乃同义连文,"怜""矜"亦犹"爱"也。又"劳问"《敦煌类书》疑为"聊闻"之讹;窃谓不如据《世说》校作"既闻"为长。"劳(勞)"字草书颇有与

---

[1] 徐俊纂辑《敦煌诗集残卷辑考》前言第 49 页。

[2] 余嘉锡《世说新语笺疏》,北京:中华书局,1983 年,第 855 页。"剔吐",指用手指抠咽喉使自己呕吐;"剔"字徐震堮《世说新语校笺》第 457 页据沈校本(沈宝砚据传是楼藏宋槧本所作校语)改作"阳",非是。

"既"字形近者[1]，易于讹误。又末句"伏"字当读作"服"，谓使人佩服。又《世说》所称"大将军"系指东晋王敦，写本却称"钱凤为大将军"，亦误(此问题容后讨论)。如果上述校正皆可信，则这短短的一段引文中凡形误字四，音误字或通假字二，脱字一，与史实乖违者一，可见其疏误之严重，假如没有《世说》原文来比勘，要完全读通原文恐怕就不那么容易了。

以上引例中的错误，大约都是编者转引或抄手传抄疏失造成的。其实即便是著者的稿本，由于作者的层次低，水平低，加上许多文本本身仅是草稿或出于自用，所以其中有这样那样的错误也就是可以想见的了。如以下数例：

P.2226 号背《社文》："夫西方有圣，号释迦焉。金轮滴(嫡)孙，净饭王子；应莲花劫，续息千苗；影是(示)三才(身)[2]，心明四智。摩(魔)弓(宫)振动[3]，击法鼓而消形；独(毒)龙隐潜[4]，睹慈光而变质。梵王持盖，帝释严花；下三道三之宝阶[5]，开九重之底(帝)網[6]；高悬法镜，广照苍生，惟我大师威神者也。然今此会所申意者，奉为三长邑议(义)之嘉会也。惟合邑人等，气禀山河，量怀海岳；璞玉藏得(德)，金石右(古-固)心；秉礼义以立身，首(守)忠孝以成性。故能结以(异)宗兄弟，为出世亲邻；凭净戒而洗涤众愆，归法门而日新之(诸)善[7]。冀福资于家国，永息灾殃。每至三长，或陈清供。以兹设斋功德，回向福因，先用庄严合邑人等，惟愿身如玉树，恒净恒明；体若金刚，常坚常固。今世后世，莫绝善根；此生他生，道涯(芽)转盛。又持是福，即(次)用庄严施主合门居卷(眷)等，惟[愿]

<hr/>

[1] 参洪钧陶编《草字编》，北京：文物出版社，2006年，第4162—4164页。

[2] 影是三才，《敦煌社邑文书辑校》据 P.2588 号《社斋文》校"才"为"身"，极是；又校"是"为"现"，则二字形音皆不近，无缘致误，其实此"是"当是"示"的音误字，P.3770 号正作"示"，P.3128《太子成道经》"扇拂糟糠令避席，开是悟人说真宗"，其中的"是"《敦煌变文校注》校作"示"，可以比勘，"影示三身"谓佛示现法身、报身和化身三身也。

[3] 摩弓，《敦煌社邑文书辑校》录作"魔弓"，非原形；"摩弓"当是"魔宫"音误，P.3770 号正作"魔宫"。日本宁乐美术馆藏《八相变》："感得北方大圣□□(毗沙)门天王身穿金甲，掌安宝塔，弯明月之宫，□(佩)琨吾之剑。"其中的"宫"则是"弓"字音误，可以互勘。P.2931 号《佛说阿弥陀经讲经文》卷首解释"比丘"的意译"怖魔"时有韵语云："□宫振动皆惊怖，童子真心福感招。"所缺首字《敦煌变文校注》拟补作"魔"，亦可参。

[4] 独龙，当读作"毒龙"，P.3770 号正作"毒龙"。S.4480 号《太子成道变文》："从天有九队雷明(鸣)，一队明(鸣)中各有一独龙吐水，欲(浴)我太子。"其中的"独龙"《敦煌变文校注》校作"毒龙"，是其比。

[5] 后一"三"字为衍文当删，《敦煌社邑文书辑校》已径删此字。

[6] 底網，《敦煌社邑文书辑校》校录作"底(帝)綱"；按"網"字原卷和 P.3770 号皆作"帋"形，乃"網"的俗字，佛教谓悬于帝释天宫的宝网为"帝網"，切于文意，作"綱"非是。

[7] "之"字从 P.3770 号校，"诸善"与上句"众愆"俪偶。P.2331 号背"善"另后有一字，似"业"字，但已用浓墨涂去，《敦煌社邑文书辑校》据以拟补此句作"归法门而日新之善[业]"，非是。

三[宝]覆护,众善庄严,灾惮(障)不侵[1],功德圆满。然后散占(沾)法戒(界),布施苍生,赖此胜因,齐灯(登)仏(佛)杲(果)。磨(摩)河(诃)般若,利乐无边。大众乾(虔)成(诚),一切普诵。"除脚注特别说明者外,引文括注和拟补文字大抵据《敦煌社邑文书辑校》第521—522页的录文校出。这则短文仅讹字别字就达26个之多,再加上原卷还有不少俗体字,诚可谓讹俗满纸了。

又P.2172号《大般涅槃经音》第一卷:"为扁,古萤反。"又P.3025号《大般涅槃经音义》:"为扁,古萤反,门外闭关者。又有作向。"据古萤反的读音,"扁"应为"扃"的俗字,北敦6298号(北6287,海98)昙无谶译《大般涅槃经》卷一有"其园各有众宝宫宅,一一宫宅纵广正等满四由旬;所有墙壁四宝所成,所谓金银瑠璃颇黎;真金为扁,周帀兰楯"句,应即本条所出。但"扁"字S.1317、S.3707、北敦686、北敦982、津艺200号等经本作"向",玄应《音义》卷二《大般涅槃经》第一卷音义引亦出"为向"条,云"许亮反,《说文》:向,北出牖也"。甘图26号经本作"真金为響",《高丽藏》本及《大正藏》本作"真金为嚮","響""嚮"则当为"向"字音误。慧琳《音义》卷二五《大般涅槃经》第一卷音义引出"真金为图"句,云"图古文窗字",S.3679号及《大正藏》载宋释慧严等译南本《大般涅槃经》"真金为扁"句作"真金窻牖","图""窻""窓"皆"窗"的古异体字,与"向"字义同,可以比勘。"向"指窗户,正与经意密合。而"扁"指"门外闭关者",非经意。其实,前揭经本的"扁"即"向"的增旁俗字,可洪《音义》第拾捌册《善现律毗婆沙》第八卷音义出"户扁"条,云"扁"字"许亮反,牖也,正作向也。又古萤反,悞也",其说是也。P.2172号等经音作者不知经本"扁"乃"向"的增旁俗字,误以为"扃"的俗字("冋"旁俗书多可作"向",如"迥"俗字作"逈"之比),因读作"古萤反",其实谬也。

又同上经音第二卷:"𧰼迹,上象。""𧰼"即"象"的俗字(同卷上文第一卷下出"𧰼"字,脚注"象","𧰼"亦即"象",可以比勘)。S.4500号昙无谶译《大般涅槃经》卷二有"譬如𧰼迹空中现者,无有是处"句,应即此字所出,"𧰼"正是"象"的常见俗字。问题是"象迹空中现"义不可通,S.829、2415号等经本及《高丽藏》本"象迹"作"鸟迹","鸟"字是也。"鸟迹"是佛经中常见的比喻,以鸟飞而不留踪迹,喻诸法之有名而无实体也。如五代吴越国延寿《宗镜录》卷四七:"此体不可说,微妙最难知。周遍法界而无住心,任持一切而不现相。如空中飞鸟,虽往来骞翥而迹不可寻。"又云:"如空中鸟迹,求之不可见。"是也。"象"字隶变或作"為","為"又或讹变作"偽"。S.6553号《大般涅槃经》卷一二:"若有𦔮宝,状

---

[1] "惮"字《敦煌社邑文书辑校》左部误从火旁,兹据原卷正。

貌端严,如白莲花,七支拄地而来应者,当知是王即是圣王。复作是念,我今当试。即擎香炉右膝着地而发誓言:是白象宝若实不虚,应如过去转轮圣王所行道法。"其中的截图字即"象"的讹俗字。"鸟(鳥)"与"傷"字形近,于是"鸟迹"传抄或讹变作"傷迹",再变作"鳥迹""鳥迹""象迹",上揭经音的作者不知"鳥迹"实为"鸟迹"的错误,遂望形生音,读"鳥"作"象",而不知"象迹"义之不可通也。

又同上经音第三卷,"劊"字下直音"端"。按"劊"字《说文》从刀、耑声,断齐也,《广韵·桓韵》音多官切,与"端"字同一小韵,二字确乎同音。但昙无谶译《大般涅槃经》经本第三卷相应位置未见这一音义的"劊"字,而有"涅槃经中制,诸比丘不应畜养奴婢牛羊非法之物"句,上揭"劊"实即"制"的讹俗字。S.388 号《正名要录》"字形虽别,音义是同,古而典者居上,今而要者居下"类以"劊"为"制"的"古而典者"。其实"劊""制"字别,二字音义俱殊,用同"制"的"劊"实为"制"的隶变讹字。上揭经音作者望形生音,把"制"的俗字"劊"读作"端"音,非是。

以上四例中的疏误,前一例作者自误或传抄之误也许兼而有之,后三例则显然只能是作者自误。由此可见,敦煌写本中传抄之误和作者自误的现象都很严重,对此我们必须有清醒的认识,对敦煌写本的文献价值也要有一个客观的评价。我们整理敦煌文献时,既要定底本之是非,纠正古书在流传过程中产生的各种错误,力求还原书以本来面目;同时还要定立说之是非,进一步追究作者本身的责任,校正著者原稿的错误和疏失,力求还事实以本来面目。

第六节   丛脞芜杂

传世的刻本文献大抵是编者根据一定的宗旨编辑加工而成的,带有定本性质,同一部书的不同部分往往是同一主题的有机组合体。而敦煌写本所抄文字大多没有经过加工改造,是原生态的,一个写卷往往抄有多种不同的文献,丛脞芜杂,相互间有的内容有关联,有的则没有关联,甚至可以是风马牛不相及。如 S.610 号写卷,前抄"启颜录"(首题),末题"开元十一年捌月五日写了,刘丘子于二舅☒",其后另行起接抄"杂集时用要字壹阡叁伯(佰)言"(首题),但仅存 12 行,后缺;后一部分与前一部分字体行款全同,大约也是出于"刘丘子"之手,但两部分的内容全然无关。

又如上博 48 号为包背装册子,白麻纸 100 页,纸张尺寸、行款、字体略同,共抄有 43 种文献,包括《高声念佛赞》等赞文 4 种,《妙法莲华经》《金光明经》《佛母经》等佛经 11 种,《大随求启请》等启请文 2 种,《佛说除盖障真言》等真言 4 种,《药师经心咒》等心咒 2 种, 以及《发愿文》、《佛说普贤菩萨灭罪陀罗尼咒》、《十二时普劝四众依教修行》、《劝善文》、《杂言诗(石女无夫主)》、《每月十斋》、《十二月礼佛名》、《上皇劝善断肉文》、《九相观》诗一卷、《白侍郎十二时行孝文》、《清泰四年曹元深祭神文》、《受戒文》、《沙弥五得十数文》、《八戒文》、《沙弥十戒》、《沙弥六念》、《佛说阎罗王阿孃住》等,这些文献自具首尾,独立成篇,有些篇目的关联度并不很高,大约只是抄者为使用或诵读的方便而把它们聚合成册而已。

再如 P.3444 号,如图 3-3 所示(见下页),该号系由三张纸粘接而成,第一张纸正面为《诸杂表叹文壹卷》,仅存前部 23 行,背面空白;第二张纸"正面"空白,"背面"为《寅年四月五日上部落百姓赵明明便豆契》;第三张纸"正面"空白,"背面"抄《〈大宝积经〉抄经录》。这三纸的用纸和所抄内容皆所不同,盖系抄者或使用者临时粘合,而与内容无关。

图 3-3-1　P.3444《诸杂表叹文壹卷》

图 3-3-2　P.3444 背《〈大宝积经〉抄经录》《寅年四月五日上部落百姓赵明明便豆契》

第七节　正背杂抄

古代纸张一般只一面写字,重要的经典和官文书尤其如此。但古代纸张珍贵,敦煌地处沙漠边陲,纸张得来更为不易[1],古人又有敬惜字纸的传统,所以常见敦煌写本中利用业已废弃的经典或官文书写本前后余纸或背面的空白来抄写社会经济文书、佛经疏释、通俗文学作品、书仪、胡语文献等,或用以习字。如 S.5465 号为"妙法莲华经观世音菩萨普门品第廿五";后部又有倒抄的"庚辰年便麦历""丁丑年己卯年油入破历"计14 行,大约便是后人利用抄经余留的空纸来记录借贷等经济活动。更多的情况是利用卷背的空白,如 P.2417 号正面为《老子德经》(天宝十载写),背面为"释子杂文";P.2647号正面为《大乘无量寿宗要经》,背面为《晏子赋》《五更曲》《千字文》;P.2499 号正面为《春秋左氏经传集解》,背面为《星占书》;P.2529 号正面为《毛诗》,背面为残书信;P.2748号正面为《古文尚书传》,背面为诗歌、《古贤集》,等等,后者应皆为后人利用写卷背面的空白所抄写。

诸如此类,多种文献合一、正背杂抄的现象在敦煌写本中颇为经见。从刻本文献的角度而言,这些写本文献显得杂乱无章,属于"杂抄"的性质,其实它正反映了写本时代文献传播的典型特征。

说到这里,我们还需要注意写卷所谓的正背面存在很大的不确定性。如上一节提到的 P.3444 号,馆藏、各种索引、影印本和整理著作都把抄有《诸杂表叹文壹卷》的一面定为正面,把抄有《寅年四月五日上部落百姓赵明明便豆契》《〈大宝积经〉抄经录》的一面定为背面,其实该号由三张纸拼合而成,所谓正背面需区别对待:第一张纸把抄有《诸杂表叹文壹卷》的一面定为正面没有问题,其背面为空白;第二、三张纸则应把抄有《寅年四月五日上部落百姓赵明明便豆契》《〈大宝积经〉抄经录》的一面定为正面,其空白部分则为背面。但由于粘接者把三张纸的正背面错乱粘接在一起,编目者和整理者根据第一张纸的正背面来类推,于是便把后二纸的空白一面当作正面,把抄有文字的一面当作背

---

[1] 敦煌寺院或地方政府部门有专门管理纸张的部门,抄手使用纸张有领用核报制度,抄写有误废弃的纸张往往标有"兑"字,表示据以兑换新纸。

面,这显然是不合适的。

又如 S.3522 号,据缩微胶卷和《英藏》等影印本及各种索引和整理著作,该号正面为"大般若经卷帙对照录",背面为"大般若波罗蜜多经卷次录"(《索引新编》拟题)。但根据 IDP 数据库公布的彩色照片,我们注意到所谓背面部分用朱笔从"大般若波罗蜜多经卷第二百四十七"抄起,直至"大般若波罗蜜多经卷第二百九十六"止;然后又在所谓正面部分用朱笔接抄"大般若波罗蜜多经卷第二百九十七"至"大般若波罗蜜多经卷第三百"四卷二行。而"大般若经卷帙对照录"的前三行文字与朱笔抄写在"正面"的"大般若波罗蜜多经卷次录"二行有重合,由于"大般若经卷帙对照录"是用墨笔抄写的,我们发现二者重合部分墨笔把朱笔盖掉了。由此可见,所谓背面的"大般若波罗蜜多经卷次"肯定是先抄的,后来有人利用其背面的空白抄写"大般若经卷帙对照录",于是就出现了后抄者覆盖前抄者的情况。因此该号的所谓的正背面其实应该倒过来说。

类似正背面判定存在疏误的情况,在敦煌文献各馆藏目录和各种影印本中均极为普遍,切不可盲从。我们应充分利用网上公布的彩色照片,根据内容、纸张、书法等项,对写卷的正背面作出自己的判断。

参考文献

藤枝晃,徐庆全、李树清译,荣新江校《敦煌写本概述》,《敦煌研究》1996 年第 2 期。

林聪明《敦煌文书学》,台北:新文丰出版公司,1991 年。

徐俊纂辑《敦煌诗集残卷辑考·前言》,北京:中华书局,2000 年。

荣新江《敦煌学十八讲》,北京:北京大学出版社 2001 年。

字词编

第四章　敦煌文献的字体

　　讨论敦煌写本文献的字体,应须考虑以下背景因素:敦煌写本文献抄写时间上起魏晋六朝,下讫北宋初年,前后跨越 600 多年;文献的作者或抄者上有达官贵人,下有僧俗大众;写本的内容既有官方的高文大典,也有社会底层的应用文书。其跨越时间之长、内容之丰富、作者及抄手之庞杂,都是空前的。敦煌写本字体篆、隶、真、行、草各体兼备,丰富多彩,正是这些因素综合作用的结果。

第一节　汉字字体的演变

一　文字载体的改进

　　在纸张发明以前,传世的文字载体有甲骨、金石、简牍、缣帛等等,由于这些材料珍贵难得,所以文字的使用往往是统治阶层少数人的专利,而与下层普通民众基本无缘。大约西汉时期,我们的祖先发明了造纸技术。东汉和帝永元、元兴年间(89—105),蔡伦又对造纸术加以改进,"用树肤、麻头及敝布、渔网以为纸",由于原料丰富,价格低廉,于

是"莫不从用焉"[1]。魏晋时期,纸书渐多,但官府公牍仍以简册为主。东晋安帝元兴元年
(402),桓玄下令"古无纸,故用简,非主于敬也。今诸用简者,皆以黄纸代之"[2]。从此纸
张取代其他文字载体,成为主要的书写材料;书籍的装帧形式,也从简册变为卷轴。于是
书籍的流传从简帛时期迈向手写纸本文献时期。敦煌写本上起魏晋六朝,下讫北宋初
年,正好反映了手写纸本文献从兴起、发展乃至逐渐被刻本取代的完整序列,是研究中
国古代"写本学"最为丰富的第一手资料。敦煌写本用纸大多取材于当地,也有部分写本
(主要是佛教、道教及儒家经典)是中原传入的,所以纸张的来源也丰富多彩。造纸原料
以麻、楮、桑为主,包括白麻纸、黄麻纸、楮皮纸、桑皮纸等等,比如 S.36 号唐代官写本
《金刚般若波罗蜜经》题记中就标明所用的纸张是"麻纸"(图 4-1)。

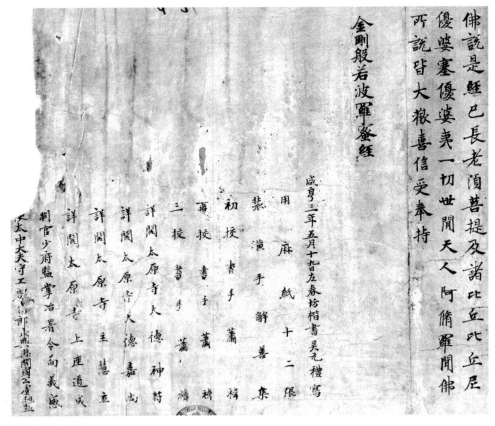

图 4-1 S.36《金刚般若波罗蜜经》

---

[1]《后汉书·蔡伦传》,北京:中华书局,1965 年,第 2513 页。
[2]《太平御览》卷六〇五,北京:中华书局,1985 年,第 2724 页。

二　书写工具的变化

书写工具的变化跟文字载体的变化密切相关。所谓"书于竹帛,镂于金石,琢于盘盂"[1],就是这种关系的准确反映。在汉字书写的历史上,甲骨、金石、陶器、竹简、缣帛等都曾作为书写载体,但这些材料或因契刻费时,或因笨重不便,或因原料难得,均不适于普及应用。而纸张由于其薄软轻灵的特质,便于书写、携带和保存,而且原料易得、价格低廉,因而一枝独秀,六朝以后便成了主要的文字载体。与之相适应,笔墨也一跃成为主要的书写工具。考古证明,至迟春秋战国时期已有毛笔[2]。晋崔豹《古今注》卷下:"秦蒙恬始作笔,以枯(柘)木为管,鹿毛为柱,羊毛为被,谓之苍毫。"[3]蒙恬作笔的传说未必可靠,不过秦朝已有毛笔却是实情。秦汉之际,文字的主要载体为简帛,毛笔应是其主要的书写工具。魏晋以后,由于纸张的广泛应用,毛笔作为主要书写工具的地位进一步巩固。敦煌写本大多就是用毛笔书写的。P.3062 号《千字文》有"恬笔纶(伦)纸"句,P.2638 号载陆法言《切韵序》云"法言即烛下握笔",其中的"笔"字原卷如此,即"筆"的会意俗字。唐释慧琳《音义》卷八九《高僧传》第二卷音义:"操筆,下悲密反,郭注《尔雅》云蜀人呼筆为不律,《史记》云蒙恬造筆,《说文》从竹、聿声。传文从毛作笔,非也。"可参。俗字"笔"的产生,显然是和当时毛笔作为主要的书写工具相关的。

除毛笔外,敦煌文献中也有一部分写本是用硬笔书写的。所谓硬笔,是指用骨、角、竹、木、金属等硬质材料做笔尖的书写工具。本来,甲骨文、碑刻文字等就是用刻刀等硬质书写工具刻镂的。但汉魏毛笔流行以后,硬质书写工具渐趋衰微。而敦煌地处丝路要道,华戎杂处,历史上曾有匈奴、乌孙、羌、粟特、突厥、回鹘、吐蕃、西夏等居民聚居于此,并且与周边的少数民族政权乃至中亚、西亚各国通商通婚,关系密切。这些古民族文字或异域文字多用字母组成,毛笔因其笔头过于柔软,书写字母有其不便之处,因而往往用硬笔书写。敦煌文献中所见的梵文、吐蕃文、于阗文、粟特文、回鹘文、希伯来文写本,主要就是用硬笔书写的。耳濡目染,敦煌汉文文书的书写方法不能不受其影响。加上毛

---

[1]　《墨子·兼爱下》,上海:上海古籍出版社,1986 年影印清浙江书局刻《二十二子》本,第 237 页。

[2]　参陈家仁《近年来考古发现的古代书写工具》,《中国图书文史论集》,台北:正中书局,1991 年,第 91—92 页。甲骨文有"𦘒""𦘒"等形,即"聿"字("筆"的初文),就像手执持毛笔之形。

[3]　《古今注》,《丛书集成初编》本,第 274 册第 22 页。

笔主要盛产于内地,一旦边地有警,与内地的交通阻绝,在缺乏毛笔的情况下,便不得不借"他山之石"攻自家之"玉"——用硬笔书写汉字。特别是唐贞元二年(786),吐蕃攻陷敦煌,与内地交通几乎完全断绝,而吐蕃文字又习用硬笔书写,因而用硬笔书写汉文也就成为一时之尚了(如图4-2)。而从时间上来说,这些硬笔写本多出现在敦煌陷蕃以后,这不是没有原因的。

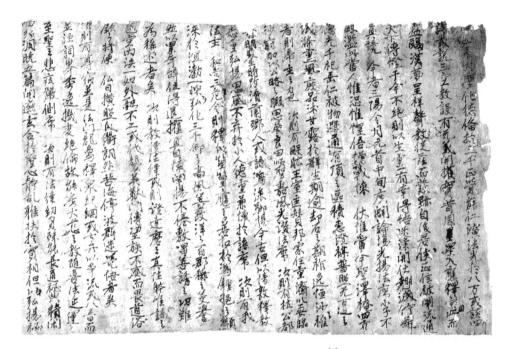

图4-2　P.2947背《俗讲设难致语》[1]

三　汉字字体的演变

　　从我们目前所知道的最早的成熟汉字体系——甲骨文起算,汉字的历史至少有三千三百年之久了。以篆隶演变为界,篆书以前的文字,包括甲骨文、金文、战国文字(文字学界习惯于将"战国文字"的范围仅限定在东方六国的文字而不包括秦国文字)、秦系文

---

[1] 李正宇认为此件为"硬笔行书,书法娴熟,结体颇有法度,是敦煌硬笔写本佳品之一。据文中'杜公都督''三危令则'之语,知当为吐蕃统治敦煌中期(9世纪初期)写本"(《敦煌古代硬笔书法》,兰州:甘肃人民出版社,2007年,第49页)。

字(包括秦统一全国之前的秦国文字和统一全国之后经过重新规范的小篆),一般称为古文字系统。隶书以下的则是近代文字系统,包括隶书、草书、行书和楷书。从文字的结构构成(而不是字形、用笔特征)来说,楷书与隶书没太大差别,起码比篆隶之间的差异要小得多。

古今文字的大致演变情况,可以图示如下:

隶书对于篆书的变革是一次质的变化,它"解散篆体,改曲为直",大大提高了书写的速度。这个过程,人们称之为"隶变"。隶变大概是一个漫长而复杂的过程,我们无法精确地讲明它的起讫时间,只能大致地说,隶变发生于秦汉之交,至于昭、宣之世(西汉昭帝、宣帝,公元前86年—前49年),成熟的隶书便已形成[1]。此后,篆书作为日常书写的字体已经彻底退出了历史舞台,仅因为一些特殊的功用而保存在特殊的场合当中,比如用于题写碑额、志盖,即所谓"篆额""篆盖";又如作为玺印文字使用,至今我们使用的印章许多仍然是用篆书刻成。

成熟的隶书,其用笔特征最为典型的是长横,起笔下偃,回锋重按,收笔出锋,向上挑出,即所谓"蚕头雁尾"是也,而整个字形在视觉上呈现扁方体态。到了东汉(直到汉末),这种书写形态基本上就成了当时的标准书体(参图4-3)。

汉代通行的字体除了隶书外,还有草书。如上面的简图所示,草书是

图4-3 汉熹平石经《尚书·盘庚》残片
(马衡《汉石经集存》图版82)

---

[1] 参看裘锡圭《文字学概要》,北京:商务印书馆,1988年,第77—81页。

从隶书演变而来的。这当然只是比较简化的说法。实际情况是,草书除大部分来自于隶书的快写之外,还有不少草字源出于隶变早期时候的那种隶化了的篆书(未必只是规范后的小篆,可能更多的是统一前的古文字),例如汉代草书"與"字写作"𘓹",高二适认为其草形来自《说文》古文"與"字,其形作𘎯,谓"𘓾"省作"𘓻",而该草字下面部分"𘓼"则是省变了"𘓽"的左半部分而来[1]。又如汉代草书"其"字作"𘓿",可能是承篆书"𘔀"而来[2],"𘔀"同"丌",经传往往假"丌"为"其"[3]。

现在,一般人容易认为草书是楷书的快写,这是受了今天书法学习次第的影响,与历史的真实情况并不相符,事实上,今天我们所认同的规范楷书远远比草书出现得晚。当然,草书也有发展,但大致的规范已在汉代定格。汉代的草书,我们今天称为"章草",其特点是字字区别,比较谨慎;而收笔笔势往往向上挑出,这一点可明白地看出它与隶书的"血缘"。

草书往后发展,经过东晋二王父子的"变法",就形成了"今草"。今草将章草的横势改为纵势,从而打破了章草"字字区别"的界线、束缚,使得字与字之间的勾连成为了可能。字与字一旦勾连成为字组,这就大大增加了书法的表现空间,之前书法只能在一个字之内寻求审美的表现,而此后,则可以字组为单位,驰骋艺术家的才能和书写者的情思。从此,中国书法艺术得到大步的飞跃。[4]到了唐代,经过张旭、怀素、高闲等人的创造,还进一步产生了更具有艺术表现力、同时造型也更为夸张的狂草。不过,话说回来,今草的产生以至演变为狂草,虽然在书法方面产生了重大的意义,但在文字构成上,无论今草或是狂草,它们所遵循的草法规范与章草仅存在着很小的差别。

在漫长的草书书写历史上,有两件作品对于草法的规范应该产生过重要而深远的影响。一是三国时期吴人皇象书写的章草《急就篇》,二是隋僧智永写的《真草千字文》。前者基本确立了章草的书写规范(不排除皇象以章草书写《急就篇》前有所承),后者则为普通民众开示了今草的书写风尚(此前今草恐怕主要是文人士大夫的专利)。

汉字的发展到了隶书和草书的地步,其中生成行书和楷书的因子也就具备了。以隶书的字形结构为基础,弱化其笔画的起收处(蚕头和雁尾);并且借鉴草书的写法,去其

---

[1] 高二适《新定急就章及考证》,上海:上海古籍出版社,1982 年,第 12 页。按《说文》另有"与"字,乃"與"的省形分化字,汉代草书的"𘓹"也可能直接来源于"与"。

[2] 高二适《新定急就章及考证》,第 22 页。

[3] 段玉裁《说文解字注》,上海:上海古籍出版社,1981 年,第 199 页。

[4] 参刘涛《中国书法史·魏晋南北朝卷》,南京:江苏教育出版社,2007 年,第 195—196 页。

"连",存其"钩",以这种轻快铦利的钩笔去改造隶书中肥钝的平钩和本不带钩的横竖笔画,这样,楷书也就形成了。从现在的实物材料来看,楷书在汉魏之交时便已形成,书法界向来将由汉入魏的钟繇作为楷书的祖宗,从时代来看,并非没有道理。只是那时的楷书还带有浓厚的隶书意味,裘锡圭便给予它一个严谨的称呼——新隶体[1],上区别于蚕头雁尾式的汉隶,下区别于完全成熟具有独立系统的唐楷。作为学术研究,严谨和细化是必要的,但作为一般的了解,径将钟繇《宣示表》之类的书体认作楷书,倒也无妨。今天书法界的朋友们便是如此认识的,而且更加愿意以这种体态的文字作为取法对象,因为其中所蕴含的古雅、敦厚、拙朴的气息正是今日书家们孜孜以求的。

楷书虽然产生甚早,但完全定型为今天人们所认同的那种标准形态,则一直要到唐初。唐初虞世南、欧阳询两家的书法以及大量的正字学著作如颜元孙《干禄字书》之类,对于楷书的定型起着至关重要的作用。前者确定了其笔画体态和间架布白,从此影响了人们对于楷书的审美趣味;后者则规范了楷书的结构构成,确立了书写的是非标准。

行书最难于讨论,因为它的边界极不好把握。其中的原因大概是行书是今文字系统中唯一没有被规范过的,确实也难于规范。行书只能是一种书写风格,而没有自己特有的结构构成。没有人可以批评行书写得对或是错,只能评价写得好与不好。行书的书写是极为自由的,既可以楷书(包括早期的所谓"新隶体")的构成为基准,又可以时时地借用草书的草法规范。

行书的产生时代大体上与早期楷书相当,而其行用,则一直至于今日。其中,唐代集王羲之行书成《大唐三藏圣教序》碑,宋代《淳化阁帖》和《兰亭序》的大量翻刻,大概对于行书的书写有着不小的示范意义,但示范终究不是规范。

中国的文字系统中生命力最为强盛的莫过于行书了。今天的日常书写中,一笔一画地写楷书是绝对的少数;那种严格规范的草书更是与日常书写无缘,只能成为书法艺术家手里把玩的绝活;唯有行书,用得最为普遍。最为流行的字体竟是最难于规范、边界最为模糊的,这大概多少能反映出中国文化所独具的一种模糊性特点吧。

通过上述古今字体消长的简要勾勒,我们可以知道敦煌写本的抄写时期,小篆、隶书已然衰微,而楷书、草书、行书则方兴未艾,七万多号敦煌写本正是这一消长的真切放映。在这一消长的过程中,文字载体的改进、书写工具的变化都起到了推波助澜的作用。尤其是纸张的普及,毛笔和硬笔的使用,书写大大便利起来,普通百姓也有机会成为文

---

[1] 裘锡圭《文字学概要》,第90页。

字的使用者和创造者,文字用途日趋广泛,从而推动了字体的演变以及异体俗字的滋生和发展。孙过庭《书谱》云:"趋变适时,行书为要;题勒方畐,真乃居先。"又谓:"真不通草,殊非翰札。"[1]敦煌写本的内容既有儒道佛的高文大典,也有书仪、契约、社条、籍帐等应用文书;文献的作者或抄者既有上层的达官贵人,也有下层的低级官吏、经生、僧侣、学士郎等等僧俗大众。内容的纷繁,作者的错杂,客观上需要字体的多元和创新,敦煌写本字体篆、隶、真、草、行各体兼备,丰富多彩,这正是时代的要求。

---

[1] 孙过庭《书谱》,上海:上海书画出版社,2011年,第18页。

第二节　篆书

就目前所公布的藏经洞文献来看，敦煌藏经洞内最早的写卷大概也只能早到公元四五世纪，而早在此前四五百年的时候，即公元前一世纪的样子，篆书作为日常生活用字，已逐渐退出了历史舞台，仅因一些特殊的需要而出现（参上节）。因此，敦煌写卷中几乎没有篆书写卷。唯 P.4702、3658 号《千字文》残卷篆体字部分及 P.4660 号《唐故河西管内都僧统邈真赞并序》标题是用篆体书写。

P.4702 号，存五行，起"承明既集坟典"，讫"车驾肥轻"。P.3658 号，存七行，起"□⊠（桓公）匡合"，讫"驰誉丹青九州"。二号俱行十字，篆书，右侧旁注楷字（所注楷字有误注或错位），《索引》均定作"篆书千字文"[1]，并于 P.4702 号下指出二者同卷，甚是。二卷缀合后中间篆书部分仍有两行半残缺，如图 4-4 所示。

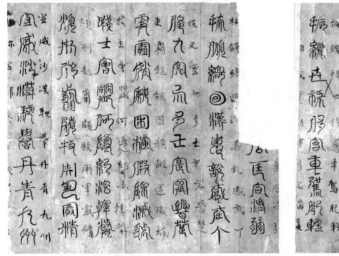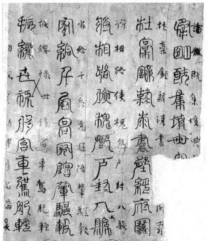

图 4-4　P.4702（右）+ P.3658《篆书千字文》缀合示意图

---

[1]《索引新编》既已指出二者为同卷，但 P.3658 号题"篆书千字文"，P.4702 号却又改题"行书篆书对照千字文"（其下说明又称篆书"旁注以楷字"），拟题不一；《敦煌宝藏》《法藏》皆未能指明二者同卷之关系（《法藏》P.3658 号题"篆书千字文"，P.4702 号题"篆楷对照千字文"，拟题亦不一致）。其准确的名称应为《楷注篆书千字文》。

　　该件篆字书写者不详。《隋书·经籍志》有《篆书千字文》一卷，亦未标撰者，不知与本件有无关联。所书篆字与《说文》篆文颇有不同。饶宗颐编《敦煌书法丛刊》（日本二玄社1983至1986年）第十八卷《碎金》（一）有该二号的影印图版[1]，叙录称：“以上二纸，似原为同卷，出于一人之笔，中间断缺。唐人篆书多作悬针体，存世不多……此虽寥寥数十字，用笔奇崛，可睹唐人真貌，亦自可贵。”又云：“字形多古诡……唐人所见篆形异构，为宋后人所罕见。”周祖谟《敦煌唐本字书叙录》则称：“此书篆法极劣，笔画纠绕不清，全不知字体结构。”[2]按：此件篆书结体松散，重心失衡，写者似以楷书笔法作篆书，用笔无力，难称上品。周评庶几得之。

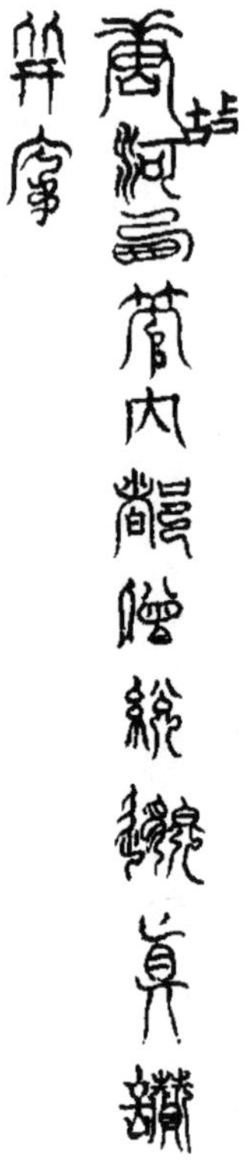

图4-5　P.4660《唐故河西管内都僧统邈真赞并序》

　　P.4660号系敦煌名人名僧邈真赞汇集，其中关于翟法荣的“唐故河西管内都僧统邈真赞并序”篇题十四字为篆书，如图4-5所示。

　　自篆书退出日常使用以来，以之题写碑额或志盖几成习惯，邈真赞之标题偶用篆书，盖亦同其例。至于《千字文》，自来既是蒙书又是字书。以篆书书写千字文或有同于“篆书字典”的用意。两相比较，《唐故河西管内都僧统邈真赞并序》标题的篆书恐怕要更规范一些。两者虽无共同的篆字，但只将相同的构件稍作比较，便可看出。如“都”字、“书”字，篆书皆从“者”，《说文解字》“者”字篆形作“𤯈”，显然《唐故河西管内都僧统邈真赞并序》标题“都”字所从的“者”相对规范些（参下图）。此类优劣异同的例子不一而足，不烦赘举。不过《唐故河西管内都僧统邈真赞并序》标题上的篆字也有生造者，如“僧”字、“邈”字《说文》不收，篆书时代或尚无其字；又《说文》有“贊”无“讚”，“讚”者，“贊”之增旁后起字。

P.4660“都” 　　　　　　P.4702“书”

[1]　又见《法藏敦煌书苑精华》第1册，广州：广东人民出版社，1993年，第266—267页。

[2]　《敦煌语言文学研究》，北京：北京大学出版社，1988年，第42页。

从这两件篆书作品的书写情况来看,唐代篆书的总体水平应该是不高的,宜乎以擅长玉箸篆而闻名后世的李阳冰会自负地宣称"斯翁之后,直至小子"了[1]。从中我们也可以明白,当一种字体退出日常使用的范围,那么其书写的规范性往往会大打折扣。非日常字体的规范书写大概只能诉诸专门名家了。

---

[1] 徐铉《校定说文表》,《说文解字》,北京:中华书局,1963 年,第 320 页。

第三节　隶书

隶书是肇始于战国晚期而盛行于两汉的书体，至魏晋，便因楷书的崛起而趋于衰落。从近一世纪以来出土的汉简来看，在东汉中期以下，那种标准样式的隶书已近乎绝迹。而即使是最早的敦煌文献，也起码还得晚上两三百年，所以"敦煌遗书中不要说没有标准的隶书，就是隶书味偏重一些的作品也极少"[1]。事实正是如此，是以综论敦煌书法、字体的著作总是将"隶楷"这一名称作为讨论敦煌文献书法在时间上的起始点。

谈论敦煌文献中的隶书，可从以下两个方面来看：

第一，隶书转化为成熟的楷书是个漫长的过程，因此，在时代较早的敦煌文献中，就字体而言，隶书的痕迹还很明显。

第二，隶书还顽强地保留在某些特定场合，比如签名、标题。在这些场合，隶书甚至显现出其典型的面貌。

这两个特征在敦煌研究院藏土地庙出土的系列《大般涅槃经》中表现得比较典型。如敦研 29 号写卷（图 4-6），正文书体有较强的隶意，如第二行"有"字，其下"月"的左撇；第四行"正"字的末横，该行"近"字的末捺，无不彰显隶书的体势。至于尾题"大般涅槃经卷第卅八"更几乎是标准的隶书样式，"燕尾"表现得尤为夸张，不过起笔锋尖入纸已非八分旧式矣。

P.2089 号《摩诃衍经》卷四三，以其正文字体来判断，其时代似乎稍晚于上面所举的敦研 29 号写卷，但其标题仍然使用近乎标准而且略带夸张的隶书样式（图 4-7）。

S.2925 号《摩诃般若波罗蜜品第四》也是隶书意味极为浓重的写卷（图 4-8），该卷背面题有"太安元年，年在庚寅"[2]的题记，则正面内容的时代至少是公元五世纪中期。从这个写卷，我们颇可领略那个时代的书写风致。手写墨迹更能使人体味隶书书写的活态，让人有一种亲近之感，而不像那些庙堂碑版上的隶书，富丽、矜重之余反让人觉得高不可攀。

---

[1]　沃兴华《敦煌书法艺术》，上海：上海人民出版社，1994 年，第 87 页。
[2]　太安元年是公元 455 年，据干支"庚寅"，则当是 450 年。

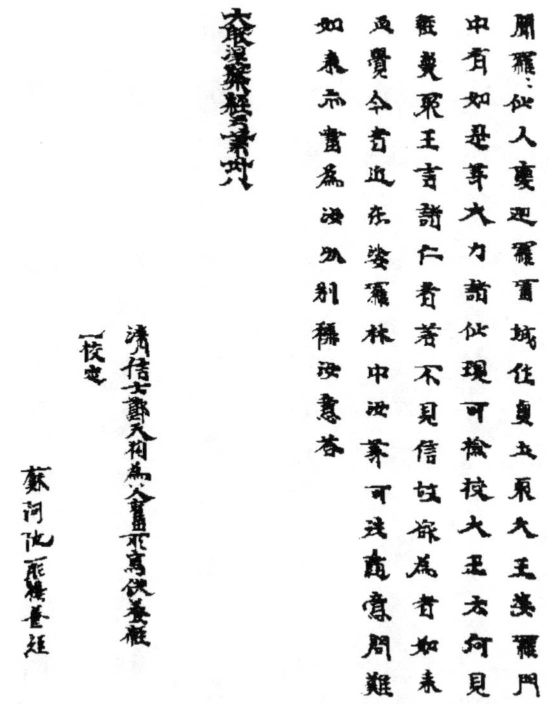

图 4-6 敦研 29《大般涅槃经》

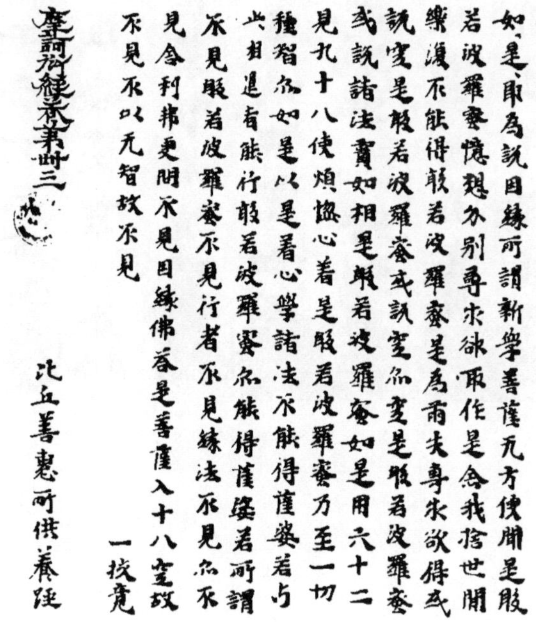

图 4-7 P.2089《摩诃衍经》

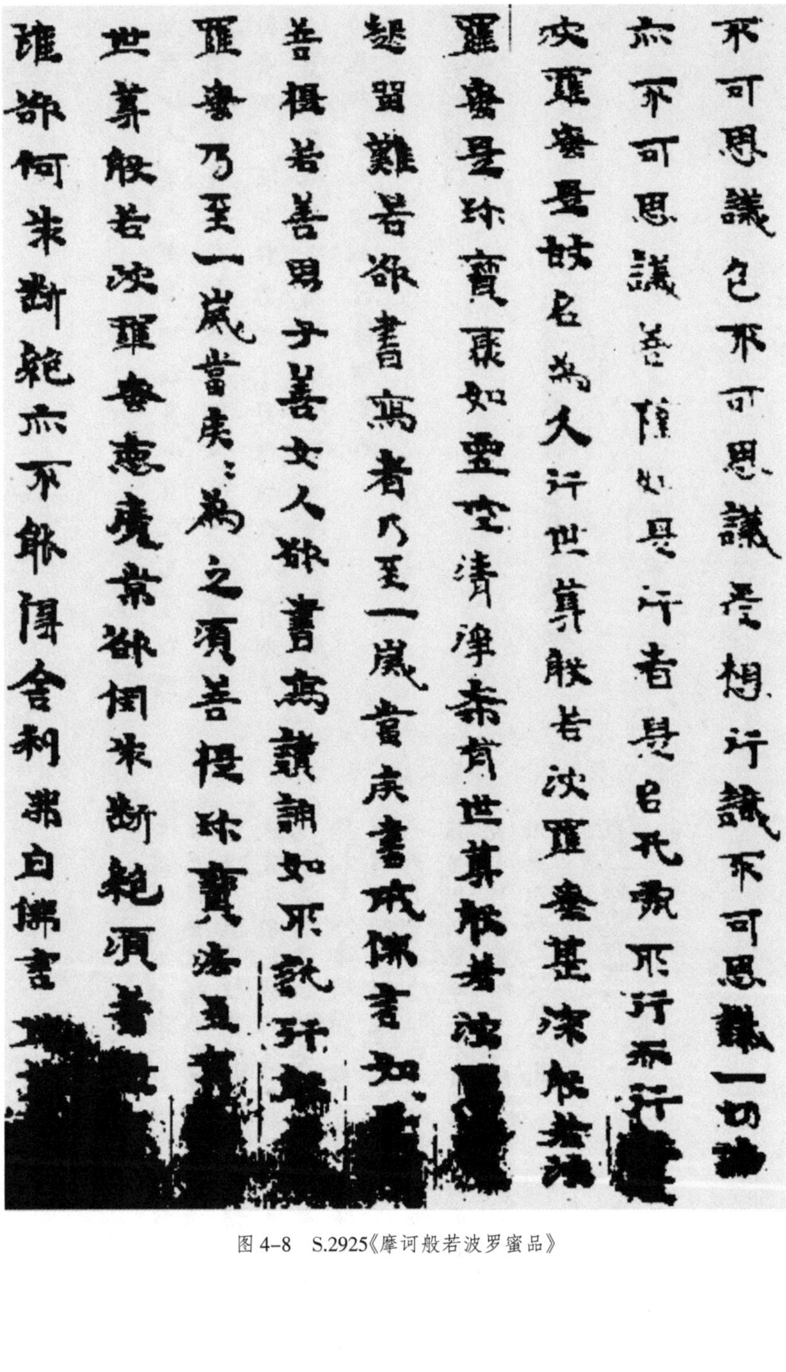

图 4-8　S.2925《摩诃般若波罗蜜品》

第四节　楷书

　　如前所说,敦煌写本的抄写时间上起魏晋之际,下讫北宋初叶,前后跨越 600 年之久。而这一时期也是楷书发展、定型和成熟的时期,敦煌写本正是这一发展演变过程的真切反映,不但楷书写卷在整个敦煌文献中最为大宗,而且包罗了各个时代的书写特色。年代较早的写卷如末署升平十二年(368)和咸安三年(373)的甘博 1 号《法句经》(图 4-9),大概也当得起罗振玉所说的"楷七而隶三"[1]吧。若 P.4506 号皇兴五年(471)《金光明经》卷二则几乎纯是楷法,顶多稍参隶意(图 4-10)。至于"十分"楷书而不再掺杂隶意的标准楷体至晚在隋初写本也就形成了(参图 4-11)。

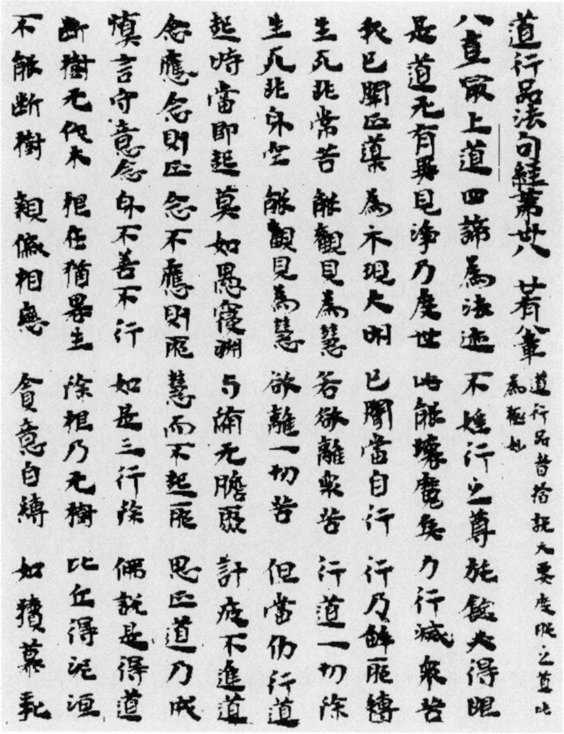

图 4-9　甘博 1《法句经》

---

[1] 罗振玉、王国维编著《流沙坠简》,北京:中华书局,1993 年,第 241 页。

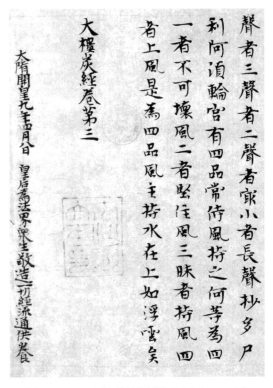

图 4-10　P.4506《金光明经》　　　　　图 4-11　P.2413《大楼炭经》（隋开皇九年，589年）

　　通常，学者们愿意将敦煌文献书迹划分为三大阶段——魏晋南北朝时期、隋唐时期和晚唐五代时期[1]。这样的分期意见显然是基于历代的正规字体而提出，其着眼点正是楷书的发展和完善。在魏晋南北朝这三百年左右的时间里，正体字完成了挣开隶体走向楷书的全部过程。这个时段，书迹的总体特征便是呈现出隶楷相杂的面貌。典型的如北魏永平四年（511）至延昌三年（514）的令狐崇哲写经系列。这是现存敦煌文献中规模最

[1]　参看郑汝中《敦煌书法概述》，见《敦煌书法库》第1辑，兰州：甘肃人民美术出版社，1994年，第10—13页；赵声良《早期敦煌写本书法的分期研究》，《1994年敦煌学国际研讨会论文集——纪念敦煌研究院成立50周年·石窟艺术卷》，兰州：甘肃民族出版社，2000年，第258页；赵声良《早期敦煌写本书法的时代分期和类型》，《敦煌书法库》第2辑，兰州：甘肃人民美术出版社，1995年，第1页；藤枝晃大体也同意这个意见，只是说得相对复杂些（见藤枝晃《中国北朝写本的三个分期》，白文译，李爱民校，《敦煌研究》1990年第2期，第40页）。

为庞大的一组北朝写经,至少有
13 件之多[1]。这组写经,学者们
一致认为是出自一个由令狐崇
哲领导的写经机构,是以姑且称
之为"令狐崇哲写经系列"。这
组写经中,令狐崇哲本人亲自
书写的卷子便有四个(P.2110、
P.2179、S.9141、羽4号)。从右面
的附图 4-12 中,我们可以清楚
地看到隶楷相杂的风貌,而其斜
画紧结的字势,斩钉截铁的重
按,则处处昭示着北方胡族雄强
劲悍的审美趣味。

　　北魏永安三年(530)至永熙
二年(533)的东阳王元荣供养系
列写经则是敦煌文献中北朝写
经的另一个典型样本群落[2]。此
时上距令狐崇哲系列写经仅 20
年左右的时间,然其笔触则显然
要柔软许多,不过其隶楷相杂的
面貌仍清晰可辨(参图 4-13)。

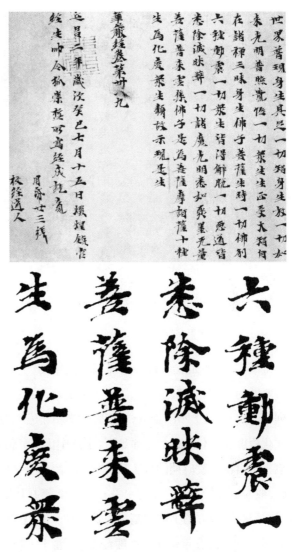

图 4-12　S.9141《华严经》(下图局部放大)

---

[1] 关于令狐崇哲系列写经,藤枝晃、池田温、毛秋瑾都曾列目,就中以池田氏之目最为详尽,共列出 16 个在题
　　记中明确提及令狐崇哲的写卷,其中对故宫藏卷、北新 672 号、日本京都博物馆藏卷三者注明存疑,是以明
　　确出于令狐崇哲写经机构的写卷最少有 13 个之多。此外,藤枝晃根据书写面貌推断S.6912 号和北珠 92 号
　　两个写卷也是这一系列的。参藤枝晃:*The Tunhuang Manuscripts: a General Description*,附表一,原载 *Zinbun,*
　　Memoirs of the Research Institute for Humanistic Studies, Kyoto University,中译作《敦煌写本概述》(徐庆全、李
　　树清译),《敦煌研究》1996 年第 2 期,第 117 页;池田温《中国古代写本识语集录》上册第 154、156、158—171
　　条,东京大学东洋文化研究所,1990 年;毛秋瑾《北魏时期敦煌写经书法研究》,苏州大学硕士学位论文,
　　2002 年,第 17—19 页。
[2] 据池田温《中国古代写本识语集录》,元荣供养系列写经计有 11 件,其中 3 件存疑。参《中国古代写本识语
　　集录》第 115—117、118—119 页。

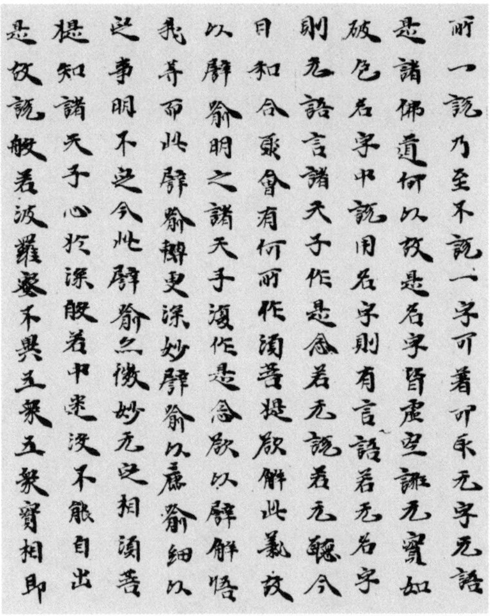
所一說乃至不說一字可著可取无字无語
是諸佛道何以故是名字皆虛空誑无實如
破色名字中說用名字則有言語若无名字
則无語言諸天子作是念若无說若无聽今
日知今衆會有何所作須菩提欲解此義故
以辟喻明之諸天子復作是念欲以辟解悟
我等而此辟喻轉更深妙辟喻以麁喻細以
足事明不足今此辟喻亦微妙无足相須菩
提知諸天子心於深般若中沒不能自出
是故說般若波羅蜜不異五衆五衆實相即

图 4-13　P.2143《大智第廿六品释论》

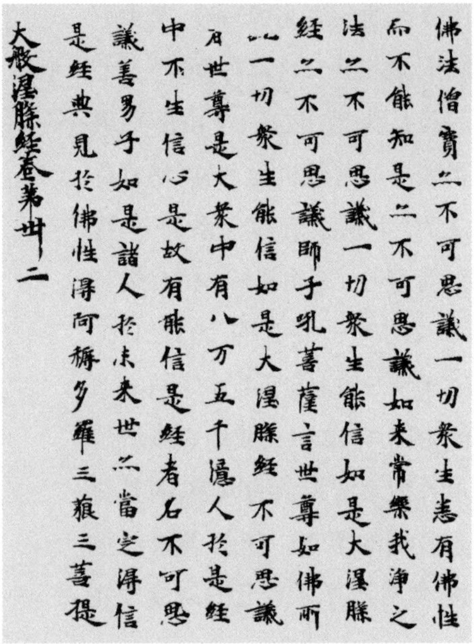
佛法僧寶亦不可思議一切衆生悉有佛性
而不能知是亦不可思議如來常樂我淨之
法亦不可思議一切衆生能信如是大涅槃
經亦不可思議師子吼菩薩言世尊如佛所
說一切衆生能信如是大涅槃經不可思議
而世尊是大衆中有八万五千億人於是經
中不生信心是故有能信是經者名不可思
議善男子如是諸人於未來世亦當定得信
是經典見於佛性得阿耨多羅三藐三菩提
大般涅槃經卷第卅二

图 4-14　P.2907《大般涅槃经》

事实上，即如上举 P.4506 号皇兴五年的《金光明经》卷二，虽说其楷法已较成熟，但收笔处的重按还时时显现它跟隶书的血缘尚相去不远。该卷的抄写时间较令狐崇哲系列写经要早上四十年，而其楷化程度却反倒更高，这固然有地域的因素——该卷抄写于文化程度相对较发达的中原地区（定州中山郡），但这种不稳定、非线性的楷化现象大概也正是隶楷过渡时期的真实反映吧。即使是与令狐崇哲系列写经同时抄写的 P.2907 号《大般涅槃经》卷卅二（北魏永平五年，512 年），其楷化程度也相对较高些（图 4-14）。

同时期南方的书迹则是另一番面貌。敦煌文献中保存了 4 个南朝写卷，弥足珍贵，分别是梁天监五年（506）《大般涅槃经》卷十一（S.81 ）、天监十八年（519）《出家人受菩萨戒法》卷一（P.2196 ，图 4-15）、陈太建八年（576）《佛说生经》卷一（P.2965）、至德四年（586）《摩诃摩耶经》卷上（P.2160 ）[1]。这些写卷的字迹都非常精美，楷书十分成熟，字迹妍媚。当然，当时整个南方的书写状况如何，仅凭这区区四个写卷是很难作出准确判断的。

[1] 池田温《中国古代写本识语集录》录南朝写卷除此四件外，还有 4 件，2 件非出自敦煌，2 件疑伪。参《中国古代写本识语集录》第 157、175、208、243 条。

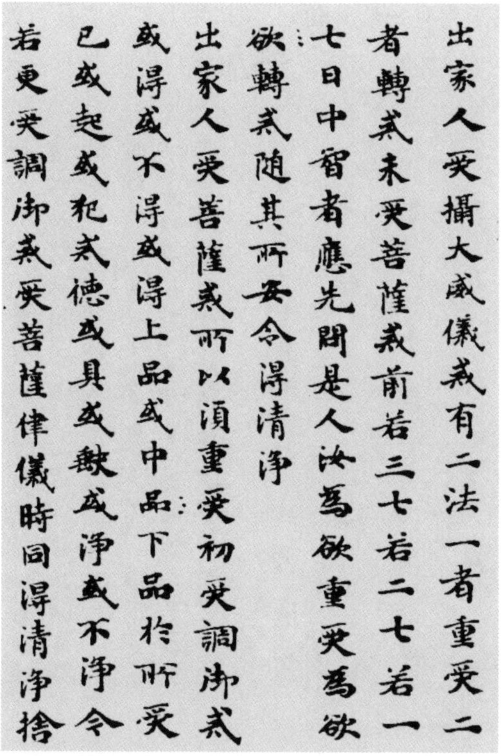

出家人受攝大威儀戒有二法一者重受二
者轉戒未受菩薩戒前若三七若二七若一
七日中智者應先問是人汝為欲重受為欲
欲轉戒隨其所安令得清淨
出家人受菩薩戒所以須重受初受調御戒
或得或不得或得上品或中品下品於所受
已或起或犯戒德或具或缺或淨或不淨令
若更受調御戒受菩薩律儀時回得清淨捨

图 4-15　P.2196《出家人受菩萨戒法》

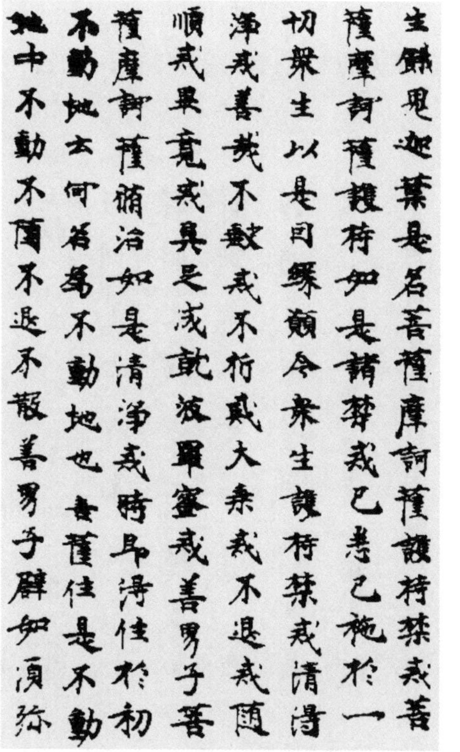

生餓鬼迦葉是名菩薩摩訶薩護持禁戒善
薩摩訶薩護持如是諸禁戒已悉已施於一
切衆生以是因緣願令衆生護持禁戒清淨
淨戒善戒不缺戒不折戒大乘戒不退戒隨
順戒畢竟戒具足戒成就波羅蜜戒善男子菩
薩摩訶薩修治如是清淨戒時即得住於初
不動地云何名為不動地也菩薩住是不動
地中不動不墮不退不散善男子譬如須弥

图 4-16　S.1945《大般涅槃经》

西魏恭帝元年（554）十一月，西魏平楚，王褒入关，“贵游等翕然并学褒书”[1]，从此，南方书风强有力地变革了北方书风。敦煌文献中所保存的北周写卷已有非常成熟的楷书样式，如保定五年（565）抄写的S.1945 号《大般涅槃经》（图 4-16），多有南方书迹的格调。

北周王朝仅经历了短短的 25 年时间便被杨坚取代，建国号为隋。一般将隋代作为汉字楷化完成的时代。从出土实物来看，北周时代汉字的楷化实则已为隋代导夫先路，而契机恐怕正是王褒入关后的影响。只是北周国祚太短，政治上也没有统一全国，因此，汉字楷化之“花”只好开在隋代；隋代也同样短暂，因而汉字楷化之“果”须到唐代才真正“瓜熟蒂落”。

到了唐代，楷书在字形上彻底成熟，在艺术上更臻精美。敦煌写卷中，单是标准格式的唐代中央政府写经，便不在少数，如唐咸亨二年（671）抄写的 S.84 号《妙法莲华经》卷

[1]《周书·赵文深传》，北京：中华书局，1971 年，第 849 页。

五(图 4-17)。这种标准格式,其标志是在卷末列有一长串题记,包括用纸多少以及与写经相关的人员,有书手、装潢手、初校、再校、详阅等等,而且署名前都需列出职衔。

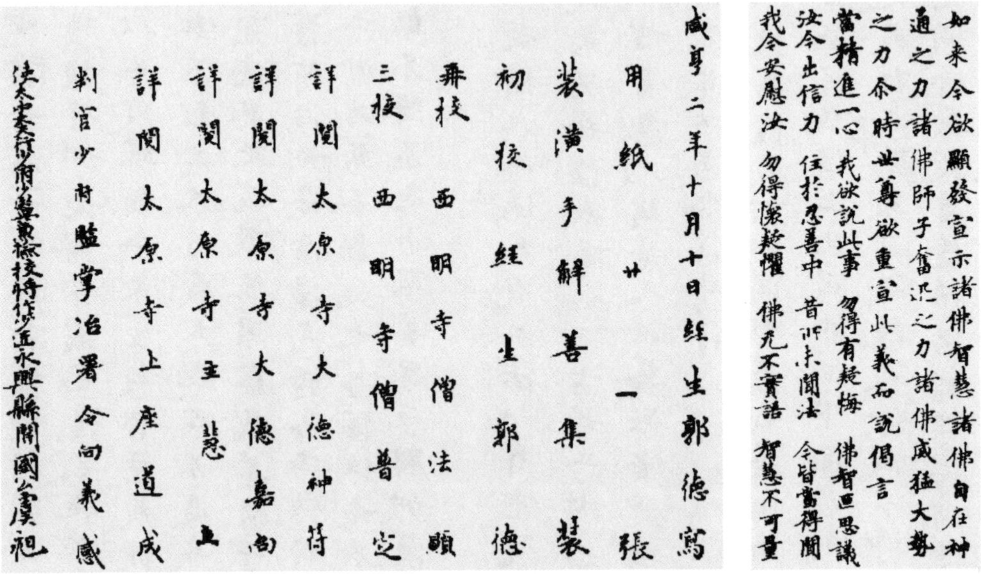

图 4-17　S.84《妙法莲华经》及题记

　　这些中央政府的官写经在当时既作为文献标准,又何尝不能看作字体方面的典范。从上面所附 S.84 号《妙法莲华经》卷五图片来看,其楷书无疑是成熟的,其书法显然是精美的。

　　晚唐五代,由于吐蕃在唐西北边境不断骚扰,敦煌与中原的交通几乎隔断,敦煌的汉字文化就一落千丈。是以晚唐五代的敦煌写卷往往比较粗糙,乃至于纸张、毛笔都极度缺乏,从而不得不重新使用起木简,并向吐蕃人学习使用竹木制成的硬笔。

　　讨论唐代的敦煌文献字体,决不能忽视名家名作对于文献字体、书法的影响。敦煌文献中可归入经典书法系统的名家楷书作品[1],主要有三件:1. 智永《真草千字文》蒋善进临本(P.3561 号+Дx.8783+Дx.5847+Дx.8903 号)[2];2. 欧阳询书《化度寺碑》拓本(P.4510 号+S.5791 号);3.柳公权书《金刚经》拓本(P.4503 号)。

―――――――

[1] 所谓经典书法系统参蔡渊迪《敦煌经典书法及相关习字研究》,浙江大学硕士学位论文,2010 年,第 5 页。
[2] 参看张涌泉主编《敦煌经部文献合集》第 8 册,北京:中华书局,2008 年,第 3934—3935 页。

就敦煌文献的字体、书法来说,欧阳询的影响最为明显。P.5043 号薛廷珪《朔方节度使韩逊生祠堂碑》[1],其字体与欧体楷书极其相似(图 4-18),以至于有人撰写文章直接认为这就是欧阳询的真迹[2],其考证当然是错的,但从另一方面也可窥见这件写本的书法与欧体的渊源有多深了。上博 28 号《起世经》卷六的书体亦是深受欧阳父子(欧阳询、欧阳通)影响者(图 4-19)。

图 4-18　P.5043《朔方节度使韩逊生祠堂碑》截图 　　　　图 4-19　上博 28《起世经》截图

另外,王羲之的楷书《尚想黄绮帖》(褚遂良将其列在《右军书目》的正书类中[3],知本是楷书),在敦煌也有较大影响。虽然在敦煌文献中没有见到该帖较佳的临摹本,却可以见到大量的相关习字[4],典型的如 P.2671 号背(图 4-20),这足以证明《尚想黄绮帖》在敦煌确曾作为法书范本而流通广泛。

---

[1] 定名从吴其昱说,见吴其昱《薛廷珪〈朔方节度使韩逊生祠堂碑〉敦煌残卷考》,《潘石禅先生九秩华诞敦煌学特刊》,台北:文津出版公司,1996 年,第 63—73 页。

[2] 叶永胜《欧阳询真迹考——敦煌卷子伯五〇四三号试探》,《金陵职业大学学报》第 15 卷第 4 期,第 33—39 页,2000 年 12 月。

[3] 张彦远编《法书要录》卷三,北京:人民美术出版社,1984 年,第 88 页;而陶弘景谓此帖为伪作(《法书要录》卷二,第 50 页)。

[4] 参蔡渊迪《敦煌经典书法及相关习字研究》,第 42—45 页。

图 4-20　P.2671 背《尚想黄绮帖》习字

第五节 行书

上节说过,行书是最难确定其边界的,因此讨论敦煌文献的行书,也面临着同样的难题,那些邻接于楷书或草书的写卷算不算是行书,完全见仁见智。至于那些顺手写来、随手掷去的书札、契约、文书等更是难计其数,很难对其统筹把握。以下只能挑选一些较有典型意义的行书作品以备观览。

就题记中有明确纪年的写卷来看,抄写于北魏景明元年(500)的《维摩义记》(S.2106)当是已知藏经洞所出最早的行书写本了(图4-21)。从下面的附图来看,笔画多有连贯之势,其行书意味是比较明显的。其中有些字如第一行的"明"字、第二行的"是"字显然是借用了草书的字形。

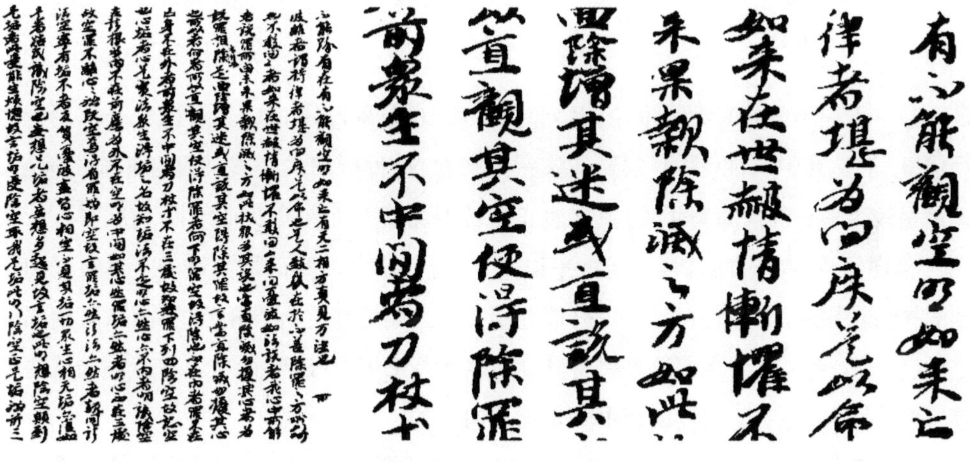

图4-21 S.2106《维摩义记》(右图局部放大)

永平五年(512)《大般涅槃经》卷卅二(P.2907)李季翼题记(图4-22),该题记以楷书为基础,稍稍放纵,便具行书体态,如附图五六行的"姊"字,末画拉长,颇有情味;又如第六行"永感"二字,行书的风味也很明显。

P.2104号北周保定五年(565)《十地义疏》卷三(图4-23),该写卷是楷书的快写,从所附的局部图来看,第一行"大乘"的"乘"字还借用了草书的写法。此卷当属北朝写卷中字体处于行楷之间的典型样式。

图 4-22　P.2907《大般涅槃经》　　　　　图 4-23　P.2104《十地义疏》

　　开皇十三年(593)《大智度论》系列写卷(共 10 个写卷)[1]的李思贤题记全部用行书写成,以下是其中一件(图 4-24),从该题记来看,这种行书的样式并没有明显的风格,不过是较为随意的快写罢了。这其实也正是敦煌文献中所有隋以前行书写卷的特点。从中,我们也不妨稍作推断:自东晋二王以来,尽管行草书以其萧散简淡的个性特征和强烈的抒情功用而深受南方贵族推崇,但底层文化人始终与之有着相当的隔膜,终南北朝之世,他们似乎也不曾掌握这种具备独立风格的行书书写技巧,而从这里所举的这些书迹来看,他们内心对于那样的行书却是无比向往的。

　　P.3848 号《众经别录》(图 4-25),据白化文的推断,是"盛唐开元天宝时期优秀写经生所录"[2],全卷笔墨清通,虽说仍不过是以楷书为基础的书写,但对笔墨的控制力显然较强,隐隐显现出一种行书风格的秩序感。Дх.2173 号吴均五言诗二首则是非常成熟、优秀的行书写本(图 4-26),其结字之稳、用笔之圆润、神态之雍容,足可入书家能品而有余。

---

[1]　参池田温《中国古代写本识集录》,第 313—322 条。
[2]　白化文《敦煌写本〈众经别录〉残卷校释》,《敦煌学辑刊》1987 年第 1 期,第 22 页。

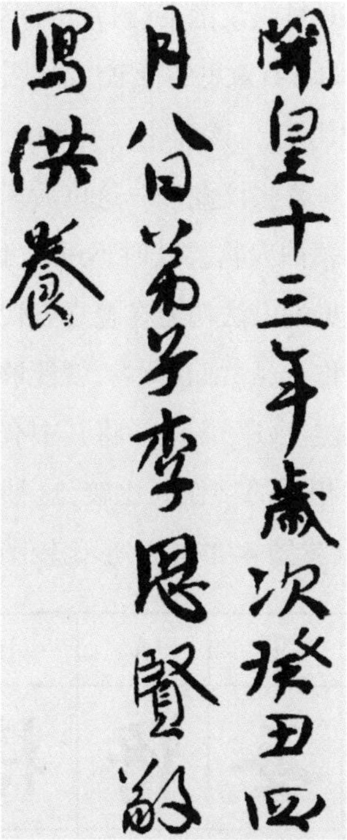

图 4-24　S.457《大智度论》题记

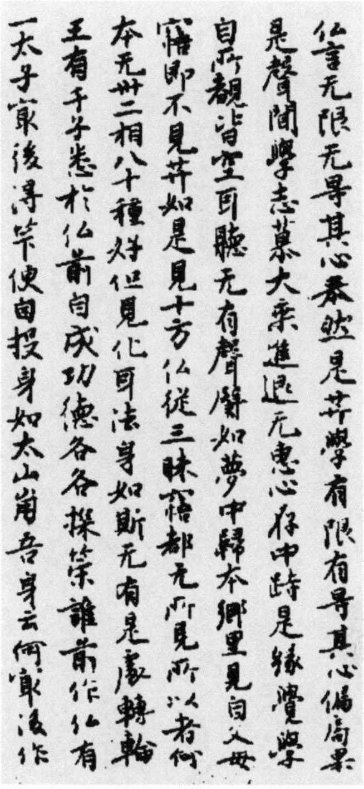

图 4-25　P.3848《众经别录》

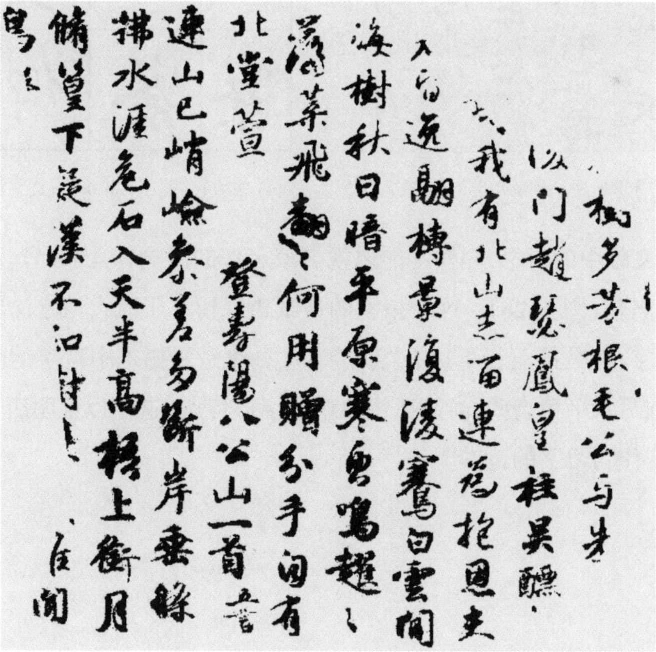

图 4-26　Дх.2173 吴均五言诗二首

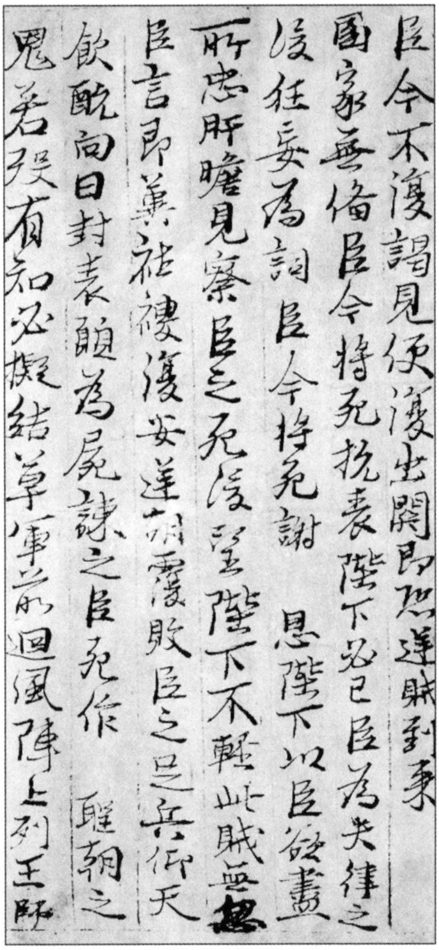

图 4-27　P.3620《封常清谢死表闻》

A	B	A	B
無	無	将	将
亢	死	委	委
察	察	仰	仰

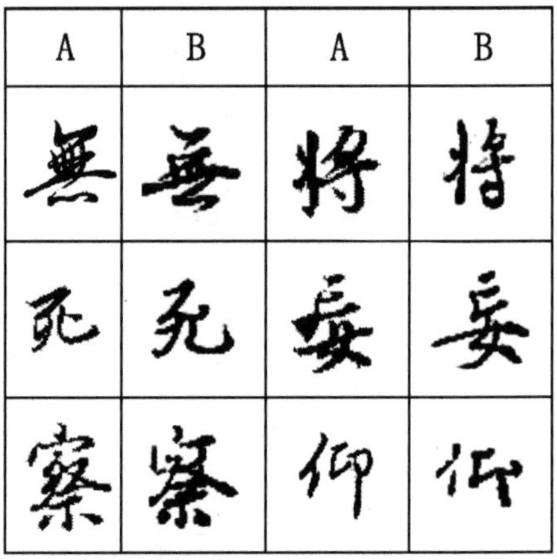

A 组为《兰亭序》，B 组为《封常清谢死表闻》

P.3620 号张议潮书《封常清谢死表闻》则是一件非常有意思的行书作品(图 4-27)，据陈祚龙考订，该卷书于元和十年乙未(815)，书写者张议潮——这位后来叱咤风云的敦煌领袖人物，其时不过才 17 岁[1]，而该卷所见的书法功力在晚唐五代的敦煌写卷中允称上品。细看此卷，就能够发现其书法深受《兰亭序》影响。将其中有一些与《兰亭序》相同的字作一比较，这种影响就很明显了(参图 4-27 右字形比较图)。

讨论敦煌文献中的行书，同样不能忽视名家名作的影响，P.4508 号《温泉铭》拓本便是行书方面的名作(图 4-28)。这个拓本的裱纸边缘留下了时人习字涂鸦的痕迹，如末行下边有"竭"字；倒数第五行下边有"泉"字，这显然是对拓本中范字的临写，这两个字中，"泉"字的临写水平稍高些，尚能抓住原帖的字形特点。这足以证明唐太宗亲书的《温泉铭》拓本确曾作为习字的范本。

---

[1]　陈祚龙《敦煌学海探珠》下册，台北：商务印书馆，1979 年，第 284 页。

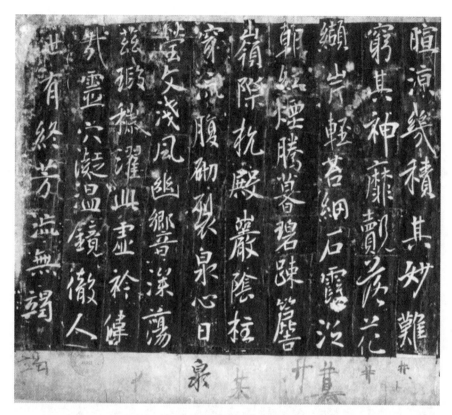

图 4-28　P.4508《温泉铭》尾部

此外,在敦煌文献中还能够见到大量的《兰亭序》习字[1],足见这件被后人誉为"天下第一行书"的书法范本在唐代有着何等深远的影响,上面所举 P.3620 号张议潮书《封常清谢死表闻》大概就是长期练习《兰亭序》的成果。由此,亦可推知如上举 Дx.2173 号写卷上的那种精美的行书其来有自。遗憾的是,更为精美的《兰亭序》临摹本——就像后面所举的诸《十七帖》临本那样——至今未在各种出土文献中发现片纸只字。大概是因为《兰亭序》太过出名,稍精美的临本就会被宝藏,甚至被居为奇货,反倒消损了它的寿命。

[1]　参蔡渊迪《敦煌经典书法及相关习字研究》第 41—42 页;荣新江《〈兰亭序〉在西域》,《国学学刊》2011 年第 1 期,第 65—71 页。

第六节 草书

敦煌文献中草书写本比比皆是,然而有明确纪年者似未曾见[1]。从书写风格来判断,敦煌文献里的草书写经似乎无一例外的都是唐代的产物,比较多的是受了智永《真草千字文》那种草书风格的影响,典型的如P.2063号《因明入正理论略抄·因明入正理论后疏》(图4-29)。也就是说敦煌文献上的草书都是王羲之系统的今草(智永是传王羲之家法的)[2],这正与藏经洞所见名家草书范本相契合。这些范本除上面提到过的《真草千字文》蒋善进临本外,还有就是三件王羲之《十七帖》的临写残本:1. 瞻近—龙保

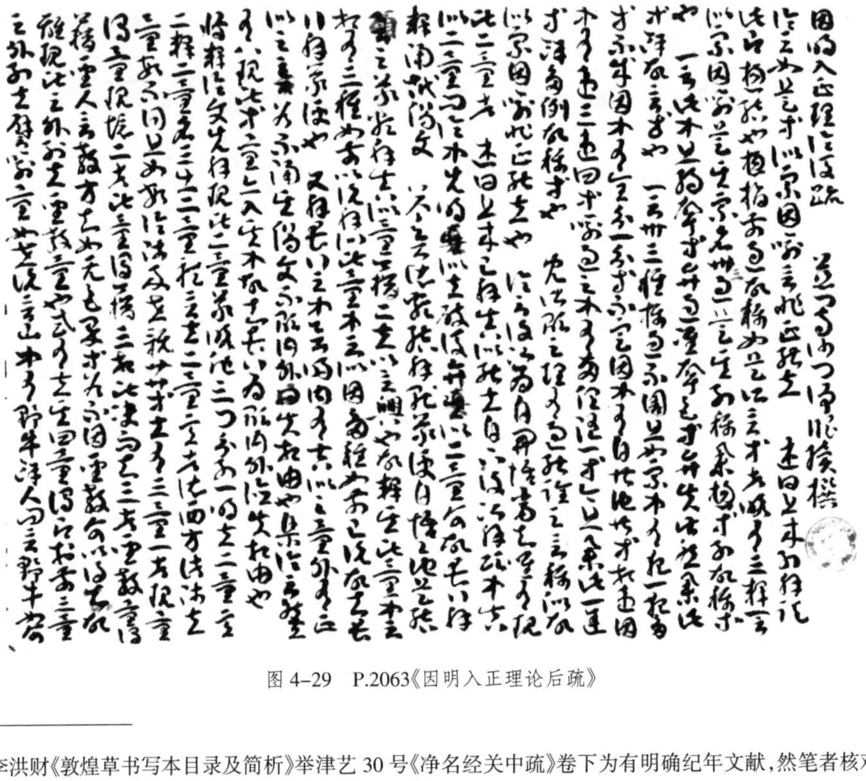

图4-29 P.2063《因明入正理论后疏》

---

[1] 李洪财《敦煌草书写本目录及简析》举津艺30号《净名经关中疏》卷下为有明确纪年文献,然笔者核对原卷后,认为该写卷绝对算不得草书,顶多是极少部分文字借用草书写法的行书。李文见复旦大学出土文献与古文字研究中心网站,2010年3月,*http://www.gwz.fudan.edu.cn/SrcShow.asp·Src_ID=1116*。

[2] 李洪财《敦煌草书写本目录及简析》注明"章草"的写卷除Дх.6048号是索靖《月仪帖》摹本外,其余九个,笔者一一核对,无一是章草者。

帖;2. 旃罽胡桃帖;3. 积雪凝寒—服食帖[1]。

《俄藏》中还有一件索靖《月仪帖》摹本,倒是标准的章草范本[2],然而遍阅现已公布的所有敦煌草书写卷,除此之外,再无一件章草写卷,这不禁叫人怀疑这件精美的章草范本究竟是否出自敦煌。毕竟俄藏敦煌文献中还混入了大量的非敦煌文献。

虽说敦煌文献中草书的典型风格是智永《真草千字文》那种草书的调子,其他风格的草书写卷也有一些,比如:

S.1835号《论谏》[3]题记(图4-30),前两行仍是行书矩度,从第三行起稍稍放纵,颇成草书风致。若三行"即须"之"即",四行"元祀"之"祀",及末二行之"是"字,皆纯乎草

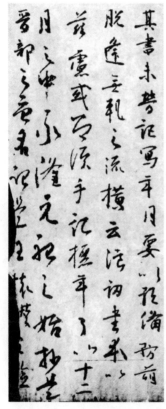

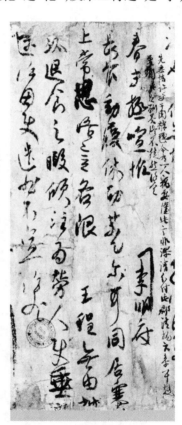

图4-30　S.1835《论谏》题记　　　　　　图4-31　P.4764书信

[1] 关于敦煌本《十七帖》的研究,参蔡渊迪《关于敦煌本〈十七帖〉临本的几个问题》,《百年敦煌文献整理研究国际学术讨论会论文集》,中国·杭州,2010年4月,第827—837页。

[2] 关于俄藏《月仪帖》残本的研究,参蔡渊迪《俄藏残本索靖〈月仪帖〉之缀合及研究》,《敦煌吐鲁番研究》第12卷,上海:上海古籍出版社,2011年,第451—462页。

[3] 该卷拟题从饶宗颐先生,见饶宗颐《敦煌吐鲁番本文选》,北京:中华书局,2000年,第1页。

法。前后感情、意趣的变化比较明显。从整体风格来看，该题记比较秀峻。

P.4764 号书信一段（图 4-31），该件草书与唐人孙过庭之《书谱》、颜真卿之《祭侄稿》气息相近，附图中末两行写得尤为精彩。

S.5257 号先天元年（712）《敕旨京城诸寺各写示道俗侵损常住僧物现报灵验》（图 4-32），此件草书草法颇规范而风格特异，多用侧锋，有斩截之力。

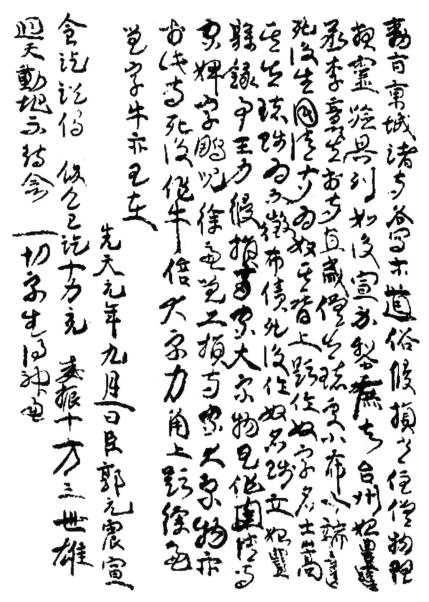

图 4-32　S.5257《敕旨京城诸寺各写示道俗侵损常住僧物现报灵验》

　　S.5478 号《文心雕龙》(图 4-33),书法简洁秀媚,风格特出;羽 43 号《染须法》行草夹杂(图 4-34),而笔致风格与 S.5478 号《文心雕龙》相近。

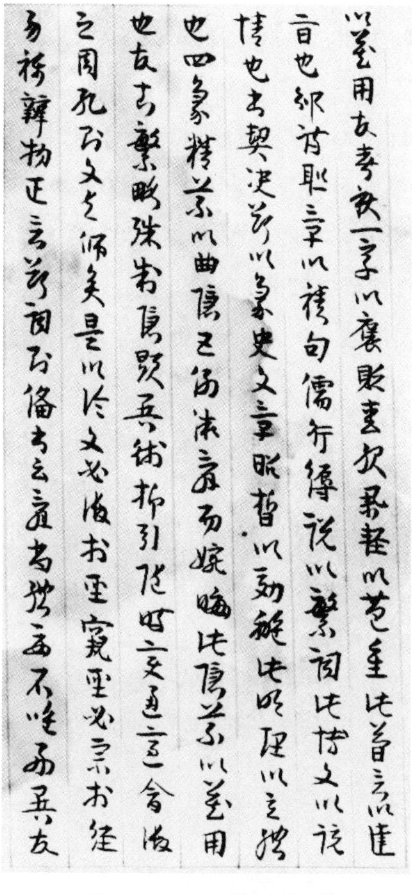

图 4-33　S.5478《文心雕龙》 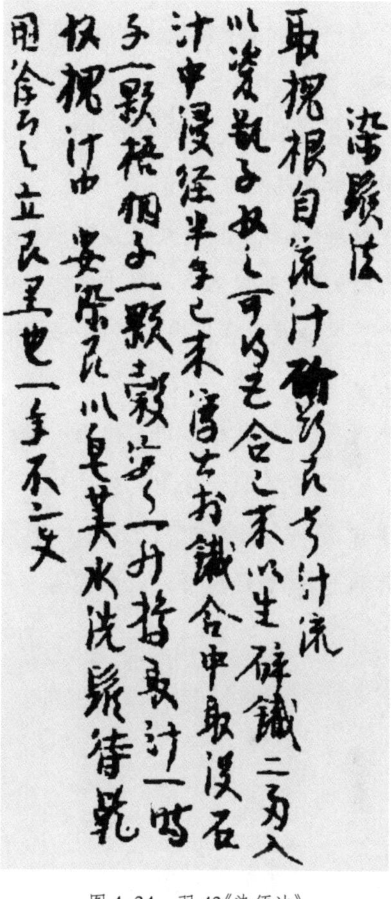　　　　　　　　图 4-34　羽 43《染须法》

参考文献

　　藤枝晃《敦煌写经の字すがた》,《墨美》第 97 号,1960 年。

　　藤枝晃《北朝写经の字すがた》,《墨美》第 119 号,1962 年。

　　藤枝晃《中国北朝写本的三个分期》,白文译,李爱民校,《敦煌研究》1990 年第 2 期,第 40—49 页。

　　饶宗颐《敦煌书法丛刊》,东京:二玄社,1983—1986 年(中译作《法藏敦煌书苑精华》,广州:广东人民出版社,1993 年)。

　　裘锡圭《文字学概要》,北京:商务印书馆,1988 年。

池田温《中国古代写本识语集录》,东京:东京大学东洋文化研究所,1990 年。

林聪明《敦煌文书学》,台北:新文丰出版公司,1991 年。

沃兴华《敦煌书法艺术》,上海:上海人民出版社,1994 年。

敦煌研究院编《敦煌书法库》第 1—4 辑,兰州:甘肃人民美术出版社,1994 年—1996 年。

赵声良《早期敦煌写本书法的分期研究》,《1994 年敦煌学国际研讨会论文集——纪念敦煌研究院成立 50 周年·石窟艺术卷》,兰州:甘肃民族出版社,2000 年。

毛秋瑾《北魏时期敦煌写经书法研究》,苏州大学硕士学位论文,2002 年 4 月。

郑阿财《论敦煌俗字与写本学之关系》,《敦煌研究》2006 年第 6 期。

李正宇《敦煌古代硬笔书法——兼论中国书法新史观》,兰州:甘肃人民出版社,2007 年。

赵声良《敦煌艺术十讲》,上海:上海古籍出版社,2007 年。

沈乐平《敦煌书法综论》,杭州:浙江古籍出版社,2009 年。

潘吉星《中国造纸史》,上海:上海人民出版社,2009 年。

蔡渊迪《敦煌经典书法及相关习字研究》,浙江大学硕士学位论文,2010 年 6 月。

（本章由友生蔡渊迪撰写初稿,本人改定）

第五章　敦煌文献的俗语词

　　所谓俗语词，主要是指古代民间的口头语词。这种口头语词，过去是不能登大雅之堂的，因而在正统的文言文里非常少见。敦煌藏经洞发现的七万多件古代文献，佛教文献占了绝大多数，但其中也包含有大批久已失传的中国人造的所谓"疑伪经"，此外还有相当数量的通俗文学作品和案卷契约等社会经济文书。由于这些写经和文书的"民间"或"半民间"性质，从而为口头语词"施展身手"提供了广阔的天地。我们随便打开一个敦煌卷子，无论是佛教的还是世俗的，往往都可以见到若干口语的成分。由于这类语词的方俗性质，加上时过境迁，我们今天理解它们的难度往往要比"雅言"大得多。所以在校理以口语为主体的敦煌通俗文献时，对唐代前后俗语词的了解和把握，就是一个必备的条件，这也是我们特辟专章来讨论这个问题的理由所在。

第一节　敦煌文献俗语词大观

一　基本语料

　　敦煌文献中俗语词较多的卷子主要有俗文学作品、社会经济文书、疑伪经三类，下面依次加以介绍。

1. 俗文学作品

敦煌俗文学作品主要有变文、歌辞、诗赋、小说等,大多为唐代前后新兴的文学样式,起源于民间,作品多出自无名的下层文士、边客戍卒、胥吏经生、歌妓乐工、僧侣信徒之手,语言质朴自然,多用口语,不事雕饰,是俗语词的渊薮。

变文本与"变相"有关,"变相"是指情节相关的一组画,"变文"则是"变相"的文字说明。后来"文"脱离"相"而独立,逐渐演变成一种说唱体的通俗文学体裁。变文有变、因缘、缘起、讲经文、赋、话、词文、传等等不同的称呼,可分为讲佛教故事和非佛教故事两大类。先后有周绍良编《敦煌变文汇录》(上海出版公司 1954),王重民等编《敦煌变文集》(人民文学出版社 1957),潘重规《敦煌变文集新书》(中国文化大学中文研究所1983),黄征、张涌泉《敦煌变文校注》(中华书局 1997),项楚《敦煌变文选注》(巴蜀书社1990,中华书局 2006)等汇编本。敦煌歌辞类作品包括曲子词、佛曲、俚曲小调、儿郎伟等。其集大成者有任二北的《敦煌歌辞总编》(上海古籍出版社 1987)。敦煌诗赋类的作品数量很大,其中包含较多俗语词的作品有王梵志诗等释道诗歌、民间诗歌,以及署名白行简的《天地阴阳交欢大乐赋》等俗赋。项楚的《王梵志诗校注》(上海古籍出版社1991;增订本 2010)是王梵志诗整理校释的经典之作。敦煌小说类作品包括佛教灵验记,《搜神记》等志怪小说,《启颜录》《事森》《孝子传》等志人小说,《周秦行记》《秋胡小说》《唐太宗入冥记》等传奇小说,《叶净能小说》《韩擒虎话本》《庐山远公话》等话本小说。其集大成者有张涌泉主编的《敦煌小说合集》(浙江文艺出版社 2010)。

2. 社会经济文书

敦煌社会经济文书包括籍帐、契约、法令、会计文书、社邑文书、斋文、书仪等。籍帐是登记户口、田地、赋税等的簿册,包括各种名籍、户籍、田籍、手实(唐代民户向官府申报户口、土地的牒状类文书)、差科簿(唐代地方机构为征发徭役而制定的簿册)等。契约包括买卖文书、佃租文书、雇佣文书、借贷文书、分家文书等。法令包括唐朝律、令、格、式的抄本以及若干判集的残卷。会计文书包括什物历(包括领得历、付历、借历、点检历、交割点检历等)、入历(收入账)、破历(支出账)、诸色入破历算会牒(收支决算报告)等。社邑文书包括社条(社邑章程)、社司转帖(社人辗转传送的知会文书)、社历(社邑收支帐）、社牒状（社人向社司打的报告）等。斋文是在各种宗教仪式上宣读的文书，包括庆窟文、庆寺文、庆佛文、庆经文、庆幡文、叹像文、天王文、二月八日文、行城文、安伞文、开经文、转经文、散经文、启请文、禳灾文、患文、难月文、亡文、临圹文、远忌文、脱服文、愿文、社文、燃灯文、叹灯文、印沙佛文、生男女文、满月文、娘子文、奴婢文、入宅文等等，名目繁多，以前把这些文书统归于"愿文"之下，似乎并不恰当。[1]书仪是关于典礼仪注和书札体式的范本，敦煌文献保存的一百余件书仪写本，是今见最早的书仪传本。此外还有告身、信牒、公验、诏敕、度牒、戒牒、书状等等各种官私文书。唐耕耦、陆宏基主编的《敦煌社会经济文献真迹释录》（第 1 辑，书目文献出版社 1986；第 2—5 辑，全国图书馆文献缩微复制中心 1990）是收录敦煌社会经济文书最为系统全面的著作。上述各类公私文书，数量浩博，内容包罗万象，丰富多彩，反映了当时社会生活的方方面面，其作者大多来自社会底层，使用的是普通百姓的日常口语，是研究唐五代语言最可宝贵的第一手资料。

3. 疑伪经

敦煌文献出自莫高窟藏经洞，本属于寺庙藏书，佛教文献占了绝大多数。其中既有历代藏经业已收载的佛典，也有不少世无传本的疑伪佚经。前者因传抄时代距译经时代较近，比后世刻本更接近译著者原貌，为传世佛经的校勘整理和佛典的语言研究提供了真实、可靠的语料。后者包括禅籍、三阶教经典、北朝系统的佛经注疏、中唐以后新译的经论和编纂的经疏、敦煌本地高僧的译著等，总数达数百种几千号之多。这些疑伪佚经大多迎合普通百姓的精神需求，生活气息浓郁，口语性强，是俗语词研究的宝库。日本《大正新修大藏经》卷八五收录敦煌古佚佛经 188 种，是迄今收录敦煌疑伪经最多的著作，但遗漏依然很多，录文错误也比较多。于淑健、黄征有《敦煌本古佚与疑伪经校注》（凤凰出版社 2017），对《大正藏》的录文作了仔细校正。

除上揭三类语料外，敦煌文献中还有专门收载民间口头语词和日常生活用语的通俗辞书《字宝》《俗务要名林》，对此我们已在第二章"敦煌文献的价值"中作过介绍，此不详述。

---

[1]　参看郝春文《关于敦煌写本斋文的几个问题》，《首都师范大学学报》1996 年第 2 期，第 64—71 页。

二　研究概况

　　对敦煌文献俗语词的研究,是从相关文献的整理起步的。敦煌遗书发现不久,王国维就注意到其中专收当时口语词汇的《字宝》一书,并写了《唐写本字宝残卷跋》一文(《静安先生遗书》,1919)。1924年,罗福苌辑《沙州文录补》,收录了S.6204号《字宝序》残卷。1925年,刘复辑《敦煌掇琐》,收录P.2717号《字宝》一卷和分类辑录当时日常用语并加以注释的《俗务要名林》(P.2609号)一种,但录文都有不少错误。此后很长一段时间,这些写本没有再受到关注。1955年,姜亮夫出版《瀛涯敦煌韵辑》,内中有P.2717号《字宝》一种的录文,并有跋语,以为其书"可以考隋唐之语言,明文字之变迁"。后来潘重规作《瀛涯敦煌韵辑别录》,又据原卷重加校核,并参以P.2058、P.3906、S.6204号等卷,写为定本。1964年,台湾方师铎发表《明刻行书本〈碎金〉与敦煌写本〈字宝碎金〉残卷之关系》一文(《东海学报》第6卷第1期),认为《明刻碎金》系由唐人《字宝碎金》演进而成。20世纪80年代中期以后,关于《字宝》的研究掀起了一个小高潮,先后发表了砂冈和子(日本)《敦煌出土〈字宝碎金〉の语汇と字体》(《中国语学》第233辑,1985)、刘燕文《从敦煌本〈字宝〉的注音看晚唐五代西北方音》(《出土文献研究续集》,文物出版社1989)、张金泉《论敦煌本〈字宝〉》(《敦煌研究》1993年第2期)等文。1988年,周祖谟发表《敦煌唐本字书叙录》一文(《敦煌语言文学研究》,北京大学出版社1988),也对包括《字宝》和《俗务要名林》在内的敦煌语言文字学著作进行了系统全面的介绍。尤其是台湾的朱凤玉教授,从20世纪90年代初以来围绕《字宝》和《俗务要名林》发表了一系列的研究论文,其中部分成果已结集为《敦煌写本碎金研究》由台北文津出版社出版(1997)。朱书分研究篇和校笺篇,并附有各写卷照片,是一部高水平的著作。对于《俗务要名林》一书的研究,除上面已提及者外,朱凤玉有《敦煌写本〈俗务要名林〉研究》(《第二届国际唐代学术会议论文集》,台北文津出版社1993),研究最为深入。此外,张金泉、许建平的《敦煌音义汇考》亦收载《字宝》和《俗务要名林》,并有详尽的校记,可与朱氏的论著比勘共观。张涌泉主编的《敦煌经部文献合集》(中华书局2008)则为其集大成之作。

　　对敦煌俗语词直接的研究则肇始于敦煌变文语词的校释。1957年,人民文学出版社出版了王重民等编校的《敦煌变文集》。变文作为唐五代间的民间文学,其中有不少当时的方俗语词,或字面普通而义别,或字面生涩而义晦,成为整理和阅读的最大障碍。当时整理敦煌变文的王重民、向达等先生,都是国内顶尖的大师级学者,但由于受整个学术发展水平的限制,他们还没来得及对变文中的方俗语词进行深入的探研,所以在具体校录时造成了不少的疏失。有鉴于此,蒋礼鸿撰作《敦煌变文字义通释》,对以方俗语词为主体的变文字词进行了系统全面的诠释。该书初版于 1959 年 3 月,后来作者又不断加以修订,先后重版了七次(不包括台湾翻印的三次),篇幅也从原来的 57000 字扩充到2003 年最后一版的约 45 万字。全书分释称谓、释容体、释名物、释事为、释情貌、释虚字六篇,所释字词 840 个(其中附目 429 个)。该书从纵的和横的两个方面考索变文词义,探源溯流,古今贯通,考释精审,征引宏富,不但令人信服地解释了变文中的众多疑难词语,而且连带解决了其他文献的大量疑难问题,受到学术界的高度推崇,被誉为"研究中国通俗文学的指路明灯"。

在蒋先生的影响下,当年一些中青年学者也加入到了敦煌文献语词考释的队伍中来,其中以项楚、郭在贻的成绩最为突出。郭在贻在这方面的成果主要有《郭在贻敦煌学论集》(江西人民 1994),以及他和他的弟子张涌泉、黄征合著的《敦煌变文集校议》(岳麓书社 1990)。项楚这方面的成果主要有《敦煌变文选注》(巴蜀书社 1990)、《敦煌文学丛考》(上海古籍出版社 1991)、《王梵志诗校注》(上海古籍出版社 1991)、《敦煌歌辞总编匡补》(巴蜀书社 2000)。郭在贻和项楚的词语考释往往结合文献校勘,综合运用归纳、比较、推理的方法,旁征博引,论断类皆精审可靠。在这方面作出较大成绩的中青年学者还有江蓝生、袁宾、蒋冀骋、黄征、董志翘、方一新等人,其主要著作有江蓝生的《近代汉语探源》(商务印书馆 2000),蒋冀骋的《敦煌文书校读研究》(台湾文津出版社,1993;修订本改名《敦煌文献研究》,湖南师范大学出版社 2005),黄征、张涌泉的《敦煌变文校注》,以及蒋礼鸿主编,黄征、张涌泉、方一新、颜洽茂、俞忠鑫五位博士具体编撰的《敦煌文献语言词典》(杭州大学出版社 1994)。此外,吕叔湘、徐震堮、徐复、周一良、吴小如、陈治文、刘坚、孙其芳、蒋绍愚、俞忠鑫、施谢捷等也在这方面有所贡献,限于篇幅,这里不再详列。

但受材料公布的限制,早期的敦煌文献俗语词考释基本上局限于变文、王梵志诗、歌辞等通俗文学作品,而数量更为庞大的敦煌社会经济文献、疑伪经却没有得到重视。近几年,随着曾良、黑维强、张小艳、于淑健等一批更年轻的博士的崭露头角,这种情况才有所改变。如曾良的敦煌文献字词考释,黑维强的敦煌社会经济文献词语考释,张小艳的敦煌书仪和社会经济文献语言研究,于淑健的敦煌疑伪经语言研究,都各擅胜场,多有创获,预示着敦煌文献俗语词考释新的方向。2022 年底,四川辞书出版社推出了张涌泉、张小艳、郜同麟主编的《敦煌文献语言大词典》(图 5-1),全书收词 21939 条,共550 万字,堪称敦煌文献字词研究的集大成之作。

图 5-1 《敦煌文献语言大词典》(四川辞书出版社 2022)

第二节　敦煌文献俗语词误校示例

如上所说，半个多世纪以来，人们已经对敦煌俗语词进行了深入的研究，并且出现了《敦煌变文字义通释》《敦煌文献语言词典》《敦煌文献语言大词典》这样一些重要的工具书，但有待考释的词语仍然很多；加上许多从事敦煌文献校理的学人对俗语词知之甚少，或者掉以轻心，因而造成了不少的缺憾。这里试就见闻所及，把敦煌文献中因不明俗语词造成的疏误择要条列如下，希望能藉以引起人们对俗语词研究重要意义的认识。

一　不明俗语词而误录

迻录原文是校理敦煌文献的初步工作。不明俗语词，有时就会自觉或不自觉地改动原文，从而造成失误。例如：

例一，《敦煌遗书总目索引》S.2104 号下录《某赠道清和尚诗》："自到敦煌有多时，每无管领接括希，寂寞如今不清说，苦乐如斯各自知。"录文《敦煌遗书总目索引新编》同。按："不清"费解。查原卷，"清"字本作"請"。根据敦煌写本的习惯写法，这个字一般应比定作"请"字。但三点水旁草书和言旁的简体"讠"形体非常接近，所以也不能排除上字为"清"字俗误的可能性。然而如果我们知道"不请"乃唐代前后习见的俗语词，意为不必，[1]那么后一种可能性就可以完全排除了。P.3079 号《维摩诘经讲经文》："莫生忧虑，不請疑积（猜）。"其中的"不請"即"不请"，亦即不必，"请"字的写法及"不请"的用法皆与前揭某氏诗同，足为校字之证。原录误"不請"为"不清"，其根源就在于不明俗语词。

例二，陈祚龙《敦煌古抄"偈"文两种》据P.4980 号录《巡门告乞椽木修造僧房偈》："最伤情，难申说，僧房门户皆总阙。特来亲到施主前，欲与感辦遮寒热。"陈校："感辦，原本作感辨。"[2]按："欲"字原卷实作"願"，当据正。"感"字不见字书载录，陈校作"感"，"感

---

[1]　参看项楚师《敦煌字义零拾》，《敦煌文学丛考》，上海：古籍出版社，1991 年，第 133—134 页；引例中的"不清"当作"不请"，项师亦已发之。

[2]　《敦煌简策订存》，台北：商务印书馆，1983 年，第 25 页。

辨"不知何意。查原卷，"感"字实作"**成**"，乃"成"字，"成"字不误。"成辨"或作"成辦"（"辦"乃"辨"的后起分化俗字），二字同义连文，乃六朝以来习见的俗语词，"辨（辦）"犹"成"也。P.2325 号《法句经疏》："如此大事功，由善友成辨。"又 S.1152 号《金有陀罗尼经》："以此明呪威神之力……未成辨者悉能成辨，彼所求事一切顺从。"后例"辨"字北敦5304、北敦 5176、北敦 7751 号同，S.494 、北敦 2166、北敦 5511 号作"辦"，北敦 6020 号作"辧"；"辧"即"辨"字异写，乃由"辨"变"辦"的中介。"成辨"或"成辦"义皆同。前揭偈文"愿与成辨遮寒热"意谓请施主施舍修造僧房的愿望得以实现，文义顺适。陈氏录"成"作"感"，再校作"感"，恐亦与不明俗语词有关。

二　不明俗语词而臆改

有的录文错误并非校者无意的疏误，而是因不明俗语词，有意识地臆改原文导致的。例如：

例三，《敦煌遗书总目索引》S.4453 号下录《使者寿昌都头张萨罗赞副使翟哈丹等牒》："右奉处分，今者官中车牛载白柽去，令都知将头随车防护。"按：上揭引文表面上看文从字顺，无懈可击，但一查原卷，问题出来了："防护"原卷实作"防援"。其实"防援"意即防护，为唐代前后习见的俗语词。[1]如 P.2754 号《麟德安西判集残卷》："往者递送伊州，并身已付纳职，县司将为常事，防援稍似涉宽。"P.4525 号《归义军节度使曹致蕃官首领书》："当今差使人入贡□（阙）庭……到汝部落地界之时，一仰准例差遣人力防援。"P.2625 号《敦煌名族志》残卷："弹厌山川，控御缓急，寇不敢犯，尘不得飞……防援既众，功效实多。"皆其例。刘氏录"防援"为"防护"，显为不明俗语词而臆改。[2]

例四，《敦煌碑铭赞辑释》据 P.3390 号录《孟授上祖庄上浮图功德记并序》："外瞻灵刹，新拟弥勒之宫；内礼真容，创似育王之塔。" [3]

按：查原卷，"拟"字原卷实作"疑"。"疑"与下文"似"字互文同义，"疑"犹"似"，亦犹

---

[1] 参看蒋礼鸿《敦煌变文字义通释》（增补定本）"防援"条，上海：上海古籍出版社，1997 年，第 206—207 页。

[2] 本节系据拙文《俗语词研究与敦煌文献的校理》（《文史》第 45 辑，北京：中华书局，1998 年，第 255—269 页）改写，所举例子有的后出的校录本已经改正，如本例"防护"《敦煌遗书总目索引新编》（中华书局 2000）即已改正，特此说明，以示不敢掠美。

[3] 郑炳林《敦煌碑铭赞辑释》，兰州：甘肃教育出版社，1992 年，第 534 页。同书第 231—232 页载 P.4638 号《右军卫十将使孔公浮图功德铭并序》："新疑（拟）弥勒之宫，创似育王之塔。"原校"疑"作"拟"，亦误。

如,为六朝以迄唐宋间习语。[1]P.2551 号《李君莫高窟佛龛碑并序》:"升其栏槛,疑绝累于人间;窥其宫阙,似游神乎天上。"P.2005 号《沙州都督府图经》:"其山流动无定,峰岫不恒。……夕疑无地,朝已干霄。"S.2113 号《唐沙州龙兴寺上座马德胜和尚宕泉创修功德记》:"大身金像,疑见无边;恒沙劫佛,空里连绵。"凡此"疑"字亦皆为如、似之义(首例亦"疑""似"互文同义)。原录不明俗语词,臆改"疑"作"拟",非是。

三　不明俗语词而误改

不明俗语词,即使面对正确的录文,有时也会以不误为误,作出错误的判断。如:

例五,《敦煌吐鲁番唐代法制文书考释》据P.3813 号录《文明判集》残卷"河南丞便官钱事":"准律:以官物自贷用,无文记,以盗论;若有文记,减准盗论。"整理者于判题下校云:"按'便'为'使'字之讹。判引律文'以官物自贷用'可证。"[2]

按:"便"字不误。"便"义为借贷,为敦煌写卷习见的俗语词。如S.1475 号《酉年下部落百姓曹茂晟便豆种帖》:"酉年三月一日,下部落百姓曹茂晟,为无种子,遂于僧海清处便豆壹硕捌斗。"又P.2686 号《巳年普光寺人户李和和等便麦契》:"巳年二月六日,普光寺人户李和和,为[无]种子及粮用,遂于灵图寺常住处便麦肆汉硕、粟捌汉硕。"例多不赘举。又有"便贷"或"贷便"同义连文者。如P.3211 号《王梵志诗·村头语户主》:"在县用纸多,从吾相便贷。"北敦 6359(北 500,咸 59)号背《刘进国等牒》:"右进国等贷便前件麦,其麦自限至秋,依时进国自勾当输纳。"是其例。《资治通鉴·后唐同光二年》"豆卢革尝以手书便省库钱数十万"胡三省注:"今俗谓借钱为便钱,言借贷以便用也。"是称"借"为"便",宋时犹然。校者知"便"与"贷用"有关,而不知"便"犹"贷"也。

例六,《敦煌社会经济文献真迹释录》第 2 辑据P.3394 号录《唐大中六年(852)僧张月光、吕智通易地契》:"立契[□□](已后),或有人忏吝园林舍宅田地等,称为主记者,一仰僧张月光子父知当。"原书校"知当"为"祇当"(页 2)。

按:"知当"犹言承担、负责,"知"字不误。S.1291 号《曹清奴便豆麦契》:"□□(若身)东西不在,一仰保人段兴子知当代还。"S.1475 号《寅年令狐宠宠卖牛契》:"如后牛若有

[1] 参看王锳《诗词曲语辞例释》"疑"条,北京:中华书局,1980 年,第 84—85 页。
[2]《敦煌吐鲁番唐代法制文书考释》,北京:中华书局,1989 年,第 451 页。

人识认,称是寒盗,一仰主保知当,不干卖(买)人之事。"64TAM4:32《唐总章元年(668)左憧憙买草契》:"如身东西不在者,一仰妻儿及保人知当。"(《唐吐》叁-220)亦皆有"知当"一词,可证。"知当"又有单作"知"的,义同。如75TKM96:18,23《北凉玄始十二年(423)兵曹牒为补代差佃守代事》:"被符省县桑佃,差看可者廿人知。……大坞隤左得等四人诉辞称:为曹所差,知守坞两道,今经一月,不得休下,求为更检。"(《唐吐》壹-31)又60TAM326:01/6《高昌延昌二十四年(584)道人智贾夏田券》:"钱即毕,田即苻(付)。赀租百役,更(耕)田人悉不知;渠破水滴,田主不知。"(《唐吐》贰-250)是其例。同一意思敦煌写卷又有作"祗当"者。如S.3877号《唐乾宁四年(897)张义全卖宅舍地基契》:"其舍一买已后,中间若有亲姻兄弟兼及别人称为主己者,一仰旧舍主张义全及男粉子、支子祗当还替,不干买舍人之事。"又P.3155号《唐天复四年(904)令狐法性出租土地契》:"其地内除地子一色,馀有所着差税,一仰地主祗当。"颇疑"祗当"即"知当"的音近借用[1]。前揭《敦煌社会经济文献真迹释录》的辑录者盖欲校"知当"为"祗当",而又为手民误植为"祇当",可谓误上加误了。

四　不明俗语词而误增

原文本无阙脱,而校者不明俗语词,因而有误增者。如:

例七,《敦煌社会经济文献真迹释录》第5辑据S.1438号录《沙州状》:"右件贼,今月十一日四更,驀[突]大城,入子城,煞却监使判咄等数人。"(页320)

按:原卷"驀"下径接"大城"二字,其间无残缺迹象,故"驀"下的"突"字乃校录者臆补。其实"驀大城"即越过大城,原文文意甚安。"驀"作越过、跨越解为唐宋间习语。如S.328号《伍子胥变文》:"今日登山驀岭,粮食罄穷。"P.3627号《汉将王陵变》:"二将驀营行数里,在后唯闻相煞声。"皆其例。慧琳《音义》卷三六《金刚顶经略瑜伽》第三卷音义:"驀,音陌,《考声》:踰越也。《说文》或作趆,古字也。"《龙龛手镜·走部》:"趆,音陌,越也。今作驀。"[2]可见"驀"作踰越、跨越解乃唐宋间的通行用法。校者不达于此,乃于"驀"下臆补"突"字,而不知"驀突"义反不可通也。

---

[1] 参看拙作《〈吐鲁番出土文书〉词语校释》,《新疆文物》1990年第1期,第42—43页。
[2] 据《说文》,"驀"本指"上马",引申之则有跨越、踰越之义。而"趆"字未见今本《说文》载录,疑为"驀"的后起分化字。"趆"字或曾一度流行,但唐五代仍多用"驀",故慧琳、行均称"趆"古"驀"今。

例八,《斯坦因劫经录》S.6829 号下录《悉董萨部落百姓张和子便麦种契》:"卯年四月一日悉董萨部(泉按:'部'下原卷有'落'字,当据补)百姓张和子,为无种子,今于永康寺常住处……便麦壹番馱。……中间或身东西,一仰保人等代还。"原录于"身"后圆括号内注"往"字[1],盖指"身"后当补一"往"字[2]。

按:"身东西"指本人外出、逃走,原文意安,"往"字不当补。"东西"指外出、逃亡,乃唐代前后习见的俗语词。[3]如P.2858 号《酉年二月十二日索海朝租地帖》:"身或东西不在,仰保填还。"P.3444 号《寅年四月五日上部落百姓赵明明便豆契》:"如身东西不在,一仰保人等代还。"S.1475 号《僧神宝便麦契》:"如身东西,一仰保人代还。"72TAM230:58/1(a)~58/4(a)《武周天授二年(691)追送唐建进家口等牒尾判》:"唐进经州告事,计其不合东西,频下县追。"(《唐吐》肆–71)例多不赘举。校者不明"东西"的这种通俗用法,而为今义所惑,因臆补一"往"字,诚为蛇足。

五 不明俗语词而误删

不明俗语词,有增字成文的,既已如上所述,又有因而误删的。如:

例九,《敦煌变文集》卷八《搜神记》"丁兰"条:"(丁兰刻木为母,其妻暗中以火烧之)兰即泣泪,悲啼究问,不知事由。妻当巨(拒)讳,低(抵)死不招。其时妻面上疮出,状如火烧,疼痛非常。后乃求哀伏首,始得差也。"(页 886;原文录文断句有误,兹径改正)查原卷中村 139 号,末句"始"前本有一"然"字;另一本P.5545 号则有"然"字而无"始"字。

按:"然"为"乃"义,"然始"就是"乃始","然"字不可删。P.5545 号无"始"字,义亦可通。中村 139 号《搜神记》"张嵩"条:"天知至孝,于墓所直北起雷之声。忽有一道风云而来到嵩边,抱(抛)嵩置墓东八十步,然始霹雳,冢开,出其棺。"又"辛道度"条:"王曰不信,遂遣兵士开墓发棺看之。送葬之物,事事总在,唯少金枕。解缚看之,遂有夫妇行礼之处。秦王夫妇然始欢喜。""田昆仑"条:"大鹏一翼起西王母,举翅一万九千里,然始食。"

[1]《敦煌遗书总目索引》,北京:中华书局,1983 年,第 250 页。
[2] 该书缺字亦用圆括号标注的方法,如 S.4570 号下录文"杨维珍为亡父(敬写)灌顶一部"云云,第 204 页,是其例。
[3] 参看周一良《王梵志诗的几条补注》,《北京大学学报》1984 年第 4 期,第 13—16 页;又收入《魏晋南北朝史论集续编》,北京:北京大学出版社,1991 年,第 288—293 页。

又S.2614号《大目乾连冥间救母变文》："一切罪人，皆从王边断决，然始下来。"又云："唯有半恶半善之人，将见王面断决，然始讬生。"凡此"然始"义皆同。[1]《变文集》于前例仅录一"始"字，盖不明"然始"之义而臆删，误。

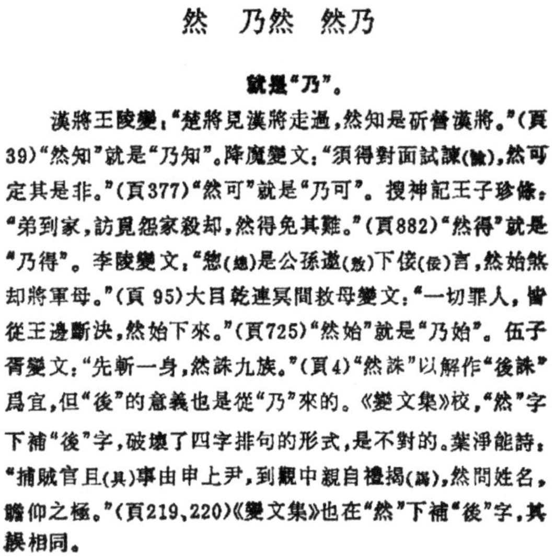

例十，S.343号背《遗书（文样）》："今闻吾惺悟之时，所有家产田庄畜牧什物等，已上并以分配当自脚下。"其中的"闻"字或不录。

按张相《诗词曲语辞汇释》："闻，犹趁也，乘也。""闻吾惺悟之

然　乃然　然乃

就是"乃"。

漢將王陵變："楚將見漢將走過，然知是斫營漢將。"（頁39）"然知"就是"乃知"。降魔變文："須得對面試諫（諫），然可定其是非。"（頁377）"然可"就是"乃可"。搜神記王子珍條："弟到家，訪見怨家殺却，然得免其難。"（頁882）"然得"就是"乃得"。李陵變文："您（您）是公孫遨（敖）下傍（傍）言，然始煞却將軍母。"（頁95）大目乾連冥間救母變文："一切罪人，皆從王邊斷決，然始下來。"（頁725）"然始"就是"乃始"。伍子胥變文："先斬一身，然誅九族。"（頁4）"然誅"以解作"後誅"爲宜，但"後"的意義也是從"乃"來的。《變文集》校，"然"字下補"後"字，破壞了四字排句的形式，是不對的。葉淨能詩，"捕賊官且（具）事由申上尹，到觀中覩自禮揭（謁），然問姓名，瞻仰之極。"（頁219，220）《變文集》也在"然"下補"後"字，其誤相同。

图5-2 《敦煌变文字义通释》（增补定本）"然　乃然　然乃"条（局部，上海古籍出版社1997，第446—447页）

时"是说趁我神智还清楚的时候。中村139号《搜神记》"焦华"条："比来梦恶，定知不活，闻我精好之时，汝等即报内外诸亲在近者唤取，将与分别。""闻我精好之时"与"闻吾惺悟之时"同义，"闻"亦趁义。[2] 或不录"闻"字，当属不明俗语词而误删。

六　不明俗语词而误读

正确理解字、词、句的意思，是对古书进行断句和标点的前提。不明俗语词，句意不明，句读也会出现问题。如：

例十一，P.3532号《慧超往五天竺国传》："有一大突厥首领名娑铎干，每年一回设金银无数，多于彼王。"罗振玉校云："每年一回设：设下有夺字。"[3]是罗氏以"每年一回设"五字连读。《敦煌石室地志残卷考释》《敦煌地理文书汇辑校注》则于"回"字下逗，而以

---

[1] 参看《敦煌变文字义通释》（增补定本）"然　乃然　然乃"条，第446—449页，该图局部如图5-2所示。

[2] 参看《敦煌变文字义通释》（增补定本）"闻"条，第489—491页。

[3] 《慧超往五天竺国传残卷校录札记》，《罗雪堂先生全集三编》第6册，台北：文华出版公司，1970年，第2117页。

"设"字属下读[1]。

按：罗读是。但罗氏谓"设"下有夺字，则未确。俗语称排办宴席为"设"，亦可指筵宴、菜肴之义。[2]文中则是指排办斋席而言。同卷上文："此王每年两回设无遮大斋，但是缘身所受用之物，妻及象、马等，并皆舍施。唯妻及象，令僧断价，王还自赎。自馀驼马、金银、衣物、家具，听僧货卖，自分利养。""一回设"的"设"即此"两回设无遮大斋"的"设"，"一回设"即指排办一次无遮大斋，其后的"金银无数"是指无遮大斋时所施舍之物，而非"设"的对象。P.2769 号《某寺上座设日转帖》："今月廿五日，僧家设。"S.4571 号《维摩诘经讲经文》："频烧方纸，向□□中□□□□；数焚名香，于寺院内许僧斋设。"其中的"设"亦指排办斋席而言。《敦煌变文集》于后例以"设"字属下读（页 538），误与《敦煌石室地志残卷考释》等书同。敦煌归义军衙门有"设司"（见P.4640 号《归义衙内用纸布历》等卷），盖系负责宴席接待的机构，可参。

例十二，《敦煌文学》状、牒、帖类据S.389 号录《肃州防戍都状》载龙家王与嗢末首领文书云："我龙家和（共）回鹘和定，已后恐被回鹘侵凌。甘州事，须发遣嗢末三百家已来，同往（住）甘州，似将牢固。如若不来，我甘州便共回鹘[为]一家讨你嗢末，莫道不报。"[3]（括注字为笔者据原卷校补）

按：上揭状文，原录多有脱误，致使文意晦涩不明。第二句"已后"当属上读；第三句"甘州"亦当属上读，而"事"字则当属下读。"事须"意为必须、应须，表示事势应该如此，敦煌写卷中经见。如P.3048 号《丑女缘起》："王郎道：我既到他宅里，尽皆见他妻女。必若诸朝辽（僚）赴我会来，三娘子事须出来相见。"是其例。陆游《小雨》诗："小雨暗林塘，寒声绕画廊。事须求暂假，宜睡称烧香。"自注："事须二字，盖唐人公移中语也。"[4]由此可见，"事须"乃唐代前后习见的俗语词。[5]校者不达于此，乃把"事须"一词拦腰截断，殊属不然。

[1]《敦煌石室地志残卷考释》，上海：上海古籍出版社，1993 年，第 268 页；《敦煌地理文书汇辑校注》，第 208 页。

[2] 参看周一良《魏晋南北朝史札记·〈三国志〉札记》"设主人"条，北京：中华书局，1985 年，第 12—14 页。

[3]《敦煌文学》，兰州：甘肃人民出版社，1989 年，第 39 页。

[4]《剑南诗稿》卷十九，《四部备要》本，第 222 页。

[5] 参看《敦煌变文字义通释》（填补定本）"事须"条，第 463—466 页。

七　不明俗语词而误乙

由于种种原因，俗语词的词序往往与后世的习惯用法不尽一致，校录者以其"眼生"，或加以乙正，从而造成失误。如：

例十三，P.2685 号《沙州善护、遂恩兄弟分家契》："其两家和同，对亲诸立此文书。"其中的"亲诸"，《敦煌社会经济文献真迹释录》乙改作"诸亲"（第 2 辑第 142 页）。

按："亲诸"并非"诸亲"的倒文，而是"亲枝"（又作"亲支"）或"亲知"的借用。"诸"为《广韵》鱼韵字，"枝""知"为支韵字，敦煌写本中支、鱼二韵的字通假甚多。P.2999 号《太子成道经》："（太子手上带金指环）父母及儿三人诸，馀人不知。"其中的"诸"为"知"的借字（S.548、P.2299 号等卷正作"知"），是其比。"亲枝""亲知"指亲友，为唐代前后的俗语词。《敦煌资料》第 1 辑《宋乾德二年（964）史汜三立嗣文书》："弟史汜三前因不备，今无亲生之子，请屈叔侄亲枝姊妹兄弟团座商量，□□欲议养兄史粉堆亲男愿寿，便作汜三覆（腹）生亲子。"P.3718 号《张喜首和尚写真赞并序》："疫既集于膏肓，命随逐于秋叶。……日流东海之昏，亲枝恸伤云雁。"以上为作"亲枝"者。南朝齐谢朓《和王著作八公山》诗："浩荡别亲知，连翩戒征轴。"此为作"亲知"者。又 S.5647 号《吴再昌养男契》："自后切须恭勤，孝顺父母，恭敬宗诸，恳苦力作。"其中的"宗诸"当校读作"宗枝"[1]，谓宗族，可以比勘。综上所述，前揭"亲诸"当校读作"亲枝"或"亲知"应无疑问（例中以读作"亲枝"更切合文意）。校者习见"诸亲"，而罕闻"亲诸（枝或知）"，遂臆加乙改，误矣。

例十四，《敦煌变文集》卷八《搜神记》："昔有扁鹊，善好良医，游行于国，闻虎（虢）君太子患，死已经八日，扁鹊遂请入见之，还出语人曰：'太子须（虽）死，犹故可活之。'"（页867）徐震堮校云："犹""故"二字疑误倒。[2]

按："犹故"同义连文，"故"犹"犹"也。[3] S.107 号《太上洞玄灵宝升玄内教经》："如此之人，悭惜至死，气欲绝时，犹故吝惜，无有施与贫乏亲党之心。"晋干宝《搜神记》卷十

---

[1] "宗枝"敦煌文书中经见。如 P.3645 号《前汉刘家太子传》："某乙本无父母，亦无宗枝。"S.3872 号《维摩诘经讲经文》："更有国主儿孙，远近宗枝王子，皆令忠孝君亲，悉使皇风不坠。"S.530 号《索法律和尚义辩窟铭》："宗枝济济，花萼锵锵。"皆其例。

[2] 徐震堮《敦煌变文集校记补正》，《华东师范大学学报》1958 年第 1 期，第 45 页。

[3] 参看张相《诗词曲语辞汇释》"故"条（三），北京：中华书局，1957 年，第 481—482 页；江蓝生《魏晋南北朝小说词语汇释》"故"条，第 71 页。

二:"若有行人经过其旁,皆以长绳相引,犹故不免。"法显等译《摩诃僧祇律》卷二九:"尊者毕陵伽婆蹉在聚落中住,自泥房舍。……(瓶沙)王言:'阿阇梨,无人使耶? 我当予园民。'答言:'不须。首陀罗。'如是至三,犹故不受。"凡此"犹故"义皆同。徐校疑"犹故"二字误倒,亦不明俗语词而误。

八　不明俗语词而误释

古代俗语词或"字面生涩而义晦",或"字面普通而义别",极宜细心体察,而不可望文生训,强作解人。下面举两个因不明俗语词而误释的例子:

例十五,敦煌寺院支出类文书中常见"卧酒"一词。如P.2049号《后唐同光三年(925)正月沙州净土寺直岁保护手下诸色入破历算会牒》:"粟柒斗,马家卧酒看侍佛人用。粟壹斗,秋转物日沽酒用。"什么叫"卧酒"呢?姜伯勤指出:"所谓'沽酒'指用现粮现购的酒类。……'卧酒'则是预付粮食作为酒本,然后由酒户处获得酒供。"[1]

按:姜先生指出"沽酒"与"卧酒"的区别,这确是一个非常重要的发现。但笔者觉得上述解释还没有把"卧酒"的本义说清楚。考六朝前后以酿造为"卧"。如《太平御览》卷七一九引晋张华《博物志》:"作燕支法,取蓝蕴捣以水,洮去黄汁,作十饼如手掌,着湿草卧一宿,便阴干。"北魏贾思勰《齐民要术·养羊》:"屈木为楗,以张生绢袋子,滤热乳,着瓦瓶子中卧之。"又云:"其卧酪待冷暖之节,温温小暖于人体,为合宜适。热卧则酪醋,伤冷则难成。"同书《作酢法》:"瓮中卧经再宿,三日便压之,如压酒法。"Φ.96号《双恩记》:"牛羊苏(酥)乳能奇异,变造多般诸巧伎。点作楼台织绮罗,卧成浆酪能香美。"P.2846号《甲寅年都僧政愿清等交割讲下所施麦粟麻豆等破除见在历》:"酒叁拾瓮,卧用粟贰拾壹硕。"P.3763号《净土寺诸色入破历算会稿》:"麦二斗,春秋卧醋用。"凡此"卧"字皆为酿造之义。[2]故所谓"卧酒",其实就是酿酒。酿酒可以通过预付酒本的形式请酒户专营,当然也可由寺院或普通民众自己来干。如P.2032号《后晋时代净土寺诸色入破历算会稿》:"粗面壹斗,卧酒时及染毡胎女人两件食用。""卧酒"而又供给饭食,这个"卧酒"可能就是寺院自己进行的。总之,我们认为"卧酒"就是酿酒,是一个普通词组,而非预付

[1]《唐五代敦煌寺户制度》,北京:中华书局,1987年,第302页。
[2]"卧酒"指酿酒,施谢捷《敦煌文献语词校释丛札》已发其说,文载《敦煌研究》1999年第4期,第23—24页。

酒本然后从酒户处获得酒供的专有名词。

例十六，P.2524 号《语对》"县令"类"三异"条："鲁恭为中牟令，政善，善三异：雉驯桑下，一也；童子见雉，不取，云抱产之时，童子怀仁，二也；蝗虫不入境，三也。"何谓"抱产"？按明宋应星《天工开物·蚕浴》："每蚕纸一张……逢腊月十二即浸浴，至二十四日，计十二日，周即漉起，用微火烘干，从此珍重箱匣中，半点风湿不受，直待清明抱产。"《汉语大词典》引后例，释云："古时有把蚕种放在怀里靠人体温孵化之法，故称'抱产'。"今考《方言》卷八云："北燕、朝鲜、洌水之间谓伏鸡曰抱。"后起字作"菢"。S.617 号《俗务要名林·鸟部》："菢，鸟伏卵也，薄报反。"P.2901 号《一切经音义摘抄》："抱卵，字体作菢，又作勹，同，蒲冒反，鸡伏卵谓之菢。"该条见今本玄应《音义》卷十八《成实论》第十八卷音义，《大正藏》本《成实论》卷十五有"犹如鸟雀要须抱卵"句，即此词所出。由此可见，"抱"又作"菢"，是古方言词，指禽鸟及家蚕等孵卵，而与人体无关。《汉语大词典》所谓"放在怀里靠人体温孵化"云云，纯系望文生训，不可信从。

九　不明俗语词而失校

敦煌写卷湮埋一千多年，未经后代校刻窜乱，保存着当时写本的原貌。但也正因为如此，用字显得比较杂乱，讹、脱、衍、倒时有可见，俗字别字更是触目皆然。这种混乱状况，有些是和俗语词交织在一起的。不明俗语词，原卷的一些错误就不能得到正确的校理。如：

例十七，S.4860 号《当坊义邑创建伽蓝功德记并序》："三官谓众社曰：'今欲卜买胜地，创置伽蓝，功德新圆，进退㧜恧，未知众意。'"其中的"㧜"字或录作"切"[1]。

按：敦煌俗书从十从扌多不分别，故上字录作"切"是有其理据的。但"切恧"不辞，故原字校订应另作考虑。窃谓"㧜恧"当作"忸恧"。"丑"旁俗书或讹作"刃"形，如S.298 号《太上灵宝洞玄灭度五练生尸经》有"一炁黄天黄灵主魁䤵神总生真人"，其中的截图字为"钮"的讹俗字，P.2865 号正作"钮"。《龙龛手镜·食部》："䭔，俗；餌，正：女救反，杂饭也。"亦其比。故"㧜"文中应为"忸"的讹俗字。"忸恧"为敦煌写卷中习见的俗语词，意为

---

[1]《敦煌碑铭赞辑释》，第 543 页。

犹豫、踌躇。[1]如S.3491号《频婆娑罗王后宫彩女功德意供养塔生天因缘变》:"于是大王后乃渐渐老大,体重力微,难可故往于山林,日日三时而礼谒。然以端居宝殿,正念思惟,非分忧惶,忸怩反侧:今若休罢礼拜,伏恐先愿有违;若乃顶谒参承,力劣不能来往。"是其比。假如校录者有一定的俗语词知识,对"忉怩"这种明显有误的词就不难作出正确的校理了。

例十八,S.2041号《唐大中某年儒风坊西巷村邻等社约》:"所置义聚,备凝凶祸,相共助诚,益期赈济急难。"何谓"备凝"? 查各家录文均无校说。[2]

按:"备凝"当作"备拟"。"拟(擬)""凝"形音皆近。俗语称准备、防备为"拟"。如《齐民要术·收种》:"至春,治取别种,以拟明年种子。"S.328号《伍子胥变文》:"养子备老,积行拟衰。"其中的"拟"即分别为准备、防备义(后例"拟""备"对文同义)。故"备拟"连用,乃为同义复词。"备拟"亦有准备、防备二义。胡适旧藏《降魔变文》:"王遂敕下百司:速须备拟,来月八日,城南建立道场。"此为准备义。《旧唐书·王晙传》:"若多屯士卒,广为备拟,……此下策也。"此为防备义。[3]前揭社约"备凝(拟)凶祸"即防备凶祸,"备拟"也是防备义。各家于"凝"字失校,其根源恐怕也在于不明俗语词。

---

[1] 参看项楚师《敦煌文学丛考》,第162页。"忸怩"别有羞惭义,辞书已载。

[2] 如唐耕耦等《敦煌社会经济文献真迹释录》第1辑,北京:书目文献出版社,1986年,第271页;胡同庆《从敦煌结社活动探讨人的群体性以及个体与集体的关系》一文录文,《敦煌研究》1990年第4期,第71页;宁可等《敦煌社邑文书辑校》,南京:江苏古籍出版社,1997年,第5页。

[3] 参看《敦煌变文字义通释》(增补定本)"准拟"条附见"拟""备拟"二条,第171—175页。

第三节 敦煌文献俗语词考释方法

如前所说,俗语词的解读要比"雅言"难得多。这固然是由于这类语词的方俗性质,时过境迁,造成理解的不易。同时也是因为文言文历来为人们所看重,相关词语辞典收载比较完备,人们阅读时碰到的障碍通常只要查阅一下工具书就可以得到解决;而方俗词语不登大雅之堂,为正统文人所鄙夷,所以自生自灭,董理无人,字典辞书中往往不见踪影。所以当读者或研究者碰到俗语词时,有时就需要自己动手下一番辨析考探的功夫,才能获得确解。那么这辨析考探的功夫具体该如何着手呢? 郭在贻师在谈到俗语词研究的方法时,曾提出如下手段:1.审辨字形;2.比类综合;3.据对文以求同义词或反义词;4.据异文以求同义词或近义词;5.即音求义;6.探求语源;7.方言佐证。[1]根据郭师的归纳及前贤的实践,笔者以为敦煌文献俗语词的考释可以考虑采用以下方法:

一 辨字形

由于不少敦煌文献的俚俗特性,行文不避俗字、俗语词,或者俗字记录的是方俗语词,或者俗语词披上了俗字的外衣,二者如影随形,交互错综,所以辨认俗字时必须通晓俗语词,而考释俗语词时则必须先辨明俗字。例如:

【芟火】

《敦煌变文集》卷三《燕子赋》:"大将军征讨辽东,雀儿[投募]充傔,当时配入先锋。身不[骑马],手不弯弓,口衔芟火,送着上风。"(页 253)

按《钜宋广韵·佳韵》有"芟"字,与"叉""钗"同一小韵,音楚佳切,释"鬼芟,草名"。据此,"芟火"的"芟"似乎是从草、叉声。《敦煌变文集》卷二《舜子变》:"舜子上树摘桃,阿孃也到树底。解散自家头计(髻),拔取金芟手里。次(刺)破自家脚上。"(页 130)其中的"芟"字《敦煌变文集》校作"钗",可为旁证。然而这一读音的"芟"与"火"连文作"芟火"文

---

[1] 《训诂学》(修订本),北京:中华书局,2005 年,第 115 页。

献未载,功用不明。其实上揭"艾火"的"艾"乃是"艾"的讹俗字。"艾"字俗书作"芆"。S.617号《俗务要名林·草部》:"芆,五盖反。"S.6691号《大佛顶经音义》经文第三卷音义:"芆,五盖反。"P.3931号《某贺端午别纸》:"伏以採芆芳辰,结芦(庐)令节,冀启交欢之日,将臻纳祐之祥。""芆"皆即"艾"字。《五经文字·艹部》:"艾,五盖反,从乂。从又讹。"汉碑已见讹从又的"芆"。"芆"进而又或增点作"芆"。如P.2555号《久憾缧绁之作》诗:"今时有恨同兰芆,即日无辜比冶长。""芆"即"芆(艾)"的增点字。《龙龛手镜·草部》:"芆,俗;艾(艾),正:五盖反,历也,老也,长养也。又草名。又姓。"是也。故"艾火"当是"艾火"俗书之变。"艾火"当是干艾叶做成的火种的俗称,古代火攻时用以引火。《通典·兵十三》:"磨杏子中空,以艾实之,系雀足上,加火。薄暮群放,飞入城垒中,栖宿其积聚庐舍,须臾火发,谓之火杏。"又云:"火禽,以胡桃剖分,空中,实艾火,开两孔,复合,系野鸡项上,针其尾而纵之,奔入草,器败火发。"《敦煌变文字义通释》"艾火"条引《通典》前例,称:"《通典》说系足,而变文说口衔,这是文学作品的灵活运用,可以表现雀儿的勇敢。"[1]甚是。只有当我们剥离"艾火"俗书的外衣,还原其真实面目,这一词语的含义才能得到正确的解读。

【屏廎　屏瘾　屏偎】

北敦1215(北6298,列15)号《大般涅槃经》卷三:"有一童子不善修习身口意业,在屏廎处盗听说戒。"其中的"屏廎"一词S.4720号经本同,北敦4355、S.6742号经本作"屏瘾",S.2298、5163号经本作"屏偎"。P.2172号《大般涅槃经音》经文第三卷音:"屏廎,上饼,下乌绘反。"慧琳《音义》卷二五引《大般涅槃经》出"屏廎"条,慧琳云:"屏,卑井反,廎,乌对反,谓隐蔽处也。"

考"廎"字唐代之前的字书不载,而"瘾""偎"字书所载训释则皆与经义不合。查《中华大藏经》影印《高丽藏》本《大般涅槃经》此词作"屏隈",玄应《音义》卷二引亦作"屏隈"。玄应《音义》云:"屏隈,(上)补定反;隈,乌恢反,《说文》一畏反,水曲隩也。屏隈,谓隐蔽之处也。"《说文·尸部》:"屏,敝也。"又自部:"隈,水曲隩也。"引申之皆可指隐秘之处。故"屏隈"当为同义复词。"廎"盖"隈"的后起换旁俗字("广""阜"二旁义近,俗书可以换用),"瘾"盖又"廎"的繁化俗字("广""疒"二旁俗书相乱);而"偎""隈"则同音通用(字形亦近)。"屏隈"乃六朝以来佛典习语。前秦昙摩蜱共竺佛念译《摩诃般若钞经》卷二功德品:"其学持诵般若波罗蜜者,若行空闲屏隈之处,终不恐怖,无所畏惧。"是其比。所以

[1]《敦煌变文字义通释》(增补定本)"艾火"条,94—95页;参看《敦煌变文校注》,北京:中华书局,1997年,第409页校注〔三〇四〕;项楚《敦煌变文选注》(增补本),北京:中华书局,2006年,第531页注〔二二〕。

当我们找到"屏庱""屏痕""屏偞"的正字或本字以后,其词义也就变得容易理解了。

有必要指出的是,由于种种原因,一些敦煌文献的整理本文字校录方面的疏误相当严重,俗语词的考释如果建立在这种不可靠的文本基础之上,就会犯郢书燕说的错误。如《敦煌变文集》卷三《无常经讲经文》:"或经营,或工巧,闻样尖新呈妙好。"(页657)其中的"闻样"或释作"模样",以为"中古音微纽明纽不分"。其实所谓"闻"字原卷P.2305号本作"閧",即"閗"字,"閗"则为"鬭"的俗字,"鬭"为竞、比之意,"鬭样尖新"就是比样子的新颖出众,文义明白可解。原书文字迻录既误,则建立于此的训释自然也就土崩瓦解了。所以敦煌俗语词的考释必须建立在可靠的文本基础之上,如果依据的是后人的整理本,必须注意核对写本原卷,以保证原文的准确可靠。

二　破假借

敦煌写本既多俗字,亦多同音借用之字。凡音同音近之字,例得借而代之。那些方俗语词,由于抄手便书通假,辗转变易,蒙上一层俗化音变的迷障,自然更不易明其本真。所以敦煌俗语词的考释在明俗字的同时,也必须注意辨明假借,破除字音通假的迷雾。例如:

【获时】

刘铭恕《斯坦因劫经录》载录S.1897号《龙德肆年(924)敦煌郡百姓张某甲雇阴某甲契据》:"入作之后,比至月满,便须兢心,勿□(得)二意,时向不离,城内城外,一般获时,造作不□抛涤工夫(泉按:缺字原卷作'得',当据补;其后二字当校读作'抛掷')。"[1] 何谓"一般获时"?费解。又陈祚龙《关于敦煌古钞"九想观诗"两种》一文据P.3892号载录《九想观诗》之六:"死想:妻妾平生多捧拥,及至死时谁不恐;冤家苦哭三五声,获时送出填丘冢。"[2] 何谓"获时送出"?同样费解。或谓"获(獲)"为"权(權)"字形误,"权时"即暂时、姑且;如此校释后例文意可通,但前一例仍不可解。

其实"获"并非"权"的形误字,而是"画"的假借字。"画"字S.2071号《切韵笺注》入声麦韵与"获"字同属胡麦反小韵,二字同音,自可通用。北敦2381(北8151,徐81)号背

---

[1]《敦煌遗书总目索引》,第146页;《敦煌遗书总目索引新编》录文略同,第57页。又原书录字多误,兹径据写卷录正。

[2]《敦煌简策订存》,第74页。

《辛巳年何通子典儿契》："洪池乡百姓何通子，伏缘家中常亏物用，经求无地，获设谋机，遂将腹生男善宗，只(质)典与押牙(下缺)"S.6537 号《立社条件(样式)》："凡为事理，一定至终，只取三官获裁，不许众社紊乱。"其中的"获"皆为"画"的假借字，可以为证。又吐鲁番契约文书中常见"画指为信"的话，又作"获指为信"[1]，"获"也正是"画"的假借字。"画时"意为限时、立即，乃唐宋间俗语词。如S.1604 号《天复二年(902)四月廿八日都僧统贤照帖诸僧尼寺纲管徒众等》："其帖仰诸寺画时分付，不得违时者。"五代晋高祖《招抚尹晖娄继英敕》："此后诸处收捉到奸细文字等，其捉事人依旧支给优赏，其细人画时处斩。"[2]皆其例。前例"画"字《斯坦因劫经录》录作"尽"[3]，盖因不明"画时"之义而臆改。以"画时"去校读前揭敦煌写卷的"获时"，则原文无不怡然理顺(前一例"造作"二字当属上读)。

【得能】

S.525 号《搜神记》："公夜梦见口中吐出二虫，变作青衣童子，于景公床前，递相言话：'秦缓是良医人，今晋境到，必煞我辈。若为回避？'一童子不肯去：'天遣我等取景公，不得，何去？你居膏肓之上，我居膏肓之下，针灸不及，汤药不至，纵使秦缓得能，我等不裹(畏)也。'"其中的"得能"费解，《郝录》第3卷无说。

考敦煌文献中"得""德"每每通用。如P.3645 号《前汉刘家太子传》："昔高帝与项相战争之日，九年之中，七十二战，身被痛毒，始定大业，积得累功，为万[世]之基。"其中的"得"即为"德"的通假字。例多不备举。因悟上揭引文"得能"当校读作"德能"。"德能"或作"能德"，系同义复词，谓德行和才能，为唐代前后俗语词。[4]P.3697 号《捉季布传文》："朱解问其周氏曰：有何能得直千金？"其中的"能得"也当校读作"能德"，S.5441 号正作"能德"，是其比。

三　考异文

如前所说，敦煌文献中内容重复的卷子很多，这些不同的本子字句往往有差异，所以比勘异文既是考辨敦煌俗字的基本方法，也是考释敦煌俗语词的基本方法。例如：

[1] 如64TAM4:39《唐乾封元年(666)郑海石举银钱契》："官有政法，人从私契。两和立契，画指为信。"(《唐吐》叁-216)又64TAM4:32《唐总章元年(668)左憧憙买草契》："两和立契，获指为信。"(《唐吐》叁-220)
[2] 《全唐文》卷一一六，北京：中华书局，1983年，第1178页。
[3] 《敦煌遗书总目索引》，第141页。
[4] 参看《敦煌变文字义通释》(增补定本)"能德 能得"条，第293—294页。

【潘　判】

P.2999 号《太子成道经》:“若能取我眼精,心里也能潘得;取我怀中怜爱子,千生万劫实难潘。”P.3697 号《捉季布传文》:“九族潘遭违敕罪,死生相为莫忧身。”台图 32 号《盂兰盆经讲经文》:“生时受苦命如丝,赤血滂沱魂魄散。时饷之间潘却命,由(犹)怕孩儿有损殇。”

又S.328 号《伍子胥变文》:“臣闻‘一人判死,百人不敌;百若齐心,横行天下’。”北敦 14666 号《李陵变文》:“丈夫出塞命能判,大众胡狼事实难。”

按:上揭引例中的“潘”“判”用法相当,盖当时习语。但其用法古代辞书未载,颇费斟酌。考S.543 号背《和菩萨戒文》:“诸菩萨,莫多悭,多悭积宝纵似山,见有贫穷来乞者,一针一草不能潘。”其中的“潘”字P.3185 、P.3826 背、P.4967、S.4301、S.5557、S.5894、S.5977、北敦 6280、北敦 7805、北敦 8528 号同,P.2921 、P.3241、P.4597、S.1073 、S.4662、S.6631 号背作“判”,北敦 8374 号则作“拌”。“潘”“判”“拌”三字异文,为我们探讨其语源提供了线索。考《方言》第十:“拌,弃也。楚凡挥弃物谓之拌。”郭璞注“拌”字云:“音伴,又普槃反。”《广韵·缓韵》蒲旱切:“拌,弃也。又音潘。”张相《诗词曲语辞汇释》卷五“判”条下云:“判,割舍之辞;亦甘愿之辞。自宋以后多用拚字或拼字,而唐人则多用判字。……然其本字实作拌。”据此,“潘”“判”实皆“拌”的假借字,其义为割舍、豁出,正与上揭引例文义相合。

除敦煌写本外,不少敦煌文献本身有刻本留存于世。写本中的许多俗字别字和口语词汇在刻本中往往被正体化或典雅化。比较敦煌写本和后世刻本的这种差异,也可为俗语词考释提供线索。例如:

【乖捔　乖桷】

P.2152 号《大佛顶经》卷二:“若非明合,则见与明性相乖捔,如见与明了不相触,见且不知明相所在,云何甄明合非合理?”其中的“乖捔”P.2349 号、北敦 3325 号等经本同,北敦 3050 号经本作“乖桷”。S.6691 号《大佛顶经音义》经文第二卷音义:“乖桷,音角。”可洪《音义》第玖册引作“乖捔”,云“音角”。

按:“乖捔”或“乖桷”辞书皆未见。查《中华大藏经》影印《金藏》广胜寺本及《大正藏》本经文皆作“乖角”,则“捔”或“桷”皆当读作“角”。“乖角”为六朝以来俗语词。元李治《敬斋古今黈》卷四:“乖角犹言乖张,盖俗语也。然唐人诗有之。孤独及《酬于逖毕曜问病》云:‘救物智所昧,学仙愿未从。行藏两乖角,蹭蹬风波中。’”[1]梁慧皎《高僧传》卷一译经上安

[1]《敬斋古今黈》,北京:中华书局,1995 年,第 54 页。

清："或由传者纰缪,致成乖角。"则此词六朝已见。"乖角"意谓抵牾、矛盾,正与前揭经义密合。

不过刻本文献正体化或典雅化的工作也对古书的真相造成了许多损害,所以敦煌写本整理时对后世刻本异文的择用必须谨慎。例如:

【当】

S.202 号《伤寒论辨脉法》:"问曰:脉病欲知愈不,何以别之?答曰:寸口、关上、尺中三处,大小、浮沉、迟疾同等,虽有寒热不解,脉阴阳为平,当剧,今愈。"《敦煌医药文献辑校》校注云:"当剧今愈:宋本作'虽剧,当愈'。"[1]《郝录》据以谓宋本"与文义较合"(第 1 卷第 302 页)。

按:上揭异文的焦点在于如何理解"当剧"的"当"字的含义。考"当"字六朝以来有起初、往昔、原先等义。如中村 139 号《搜神记》"丁兰"条:"妻当巨(拒)讳,低(抵)死不招。其时,妻面上疮出,状如火烧,疼痛非常。后乃求哀伏首,然始得差也。"此"当"为起初义。又同书"楚庄王"条:"帝问曰:'君是何人,能济寡人之难?'仕(士)曰:'臣是昔有(日)断缨之人也。当见王赦罪,每思报君恩也。'"文中"当"与上句"昔日"互文同义。又 P.3093 号《佛说观弥勒菩萨上生兜率天经讲经文》:"次辩天女当在人间,观其男子而生猒离云。"按同篇上文云:"内宫天男天女,先为人时,曾持佛戒,互相观察,知非究竟,遂猒欲也。""当在人间"即"先为人时",此"当"为原先义。上揭"当剧"的"当"与下文"今愈"的"今"对文反义,正是起初、往昔、原先一类的意思,"当剧,今愈"谓原先脉病得厉害,而现已痊愈,文义顺适。但由于"当"的这种用法宋代以后渐趋消亡,以致读者感到很陌生,于是传刻时臆加更改便在情理之中了。宋本作"虽剧,当愈",恐怕就是刻书者不明"当剧"之义而妄加更改的结果。校者却反以为"与文义较合",恐怕是把正误搞颠倒了。

四　探语源

有的俗语词含义大体是清楚的,但如果问一个为什么,则往往不易说出一个所以然来。这时就需要寻根究底,探其语源,弄清其得义之由。例如:

---

[1]《敦煌医药文献辑校》,南京:江苏古籍出版社,1998 年,第 40 页。

【举】

敦研 336 号《佛说大药善巧方便经》卷上："(有一婆罗门外出赚得五百金钱返回故乡,既至村侧,因疑妻子不忠,而不想把金钱带回家中)遂往空林多根树下,穿地埋举,便之故宅。"或校云:"举,似通'讫'义,或衍文。"[1]

按:"举"字不误。"埋举"即埋藏,"举"为藏义。"举"字此义先秦以来文献中经见。如《墨子·耕柱篇》:"鼎成,三足而方,不炊而自烹,不举而自藏,不迁而自行。"中村 139 号句道兴《搜神记》"田崑崙"条:"其崑崙当行去之日,慇懃嘱告母言:'此是天女之衣,为深举,勿令新妇见之;必是乘空而去(泉按:此句句首疑脱"新妇见之"四字),不可更见。'其母告崑崙曰:'天衣向何处藏之时,得安稳?'"后例"举""藏"先后互见,"举"犹"藏"也。又东晋僧伽提婆译《增壹阿含经》卷四十:"云何比丘悭著?于是比丘所得衣钵不与人共,恒自藏举,如是名为悭著。"唐义净译《根本说一切有部毗奈耶杂事》卷十一:"如新种子,不被风日之所损坏,坚实无穴,藏举合宜,下于良田。"此二例"藏举"皆为同义连文。然"举"字此义《辞海》《辞源》《汉语大字典》《汉语大词典》等大型辞书类皆失载,读者因或致疑焉。

从语源上来说,用作藏义的"举"乃是"弆"的假借字,其初文为"去"。《左传·昭公十九年》"纺焉以度而去之"唐孔颖达疏:"去即藏也。字书'去'作'弆',羌莒反。"慧琳《音义》卷十一《大宝积经》第二卷音义:"藏举,上昨郎反,下蘷圄反,有经本或作弆,墟圄反,亦音举也。""去"字篆文作"𠫓"形,甲骨文字形略同,为饭器之象形,下象器,上象其盖,引申之即有藏义;表示藏义的"去"后起分化字作"弆","举"则古通用字也。[2]经过这样一番推本溯源的工作,则何以"举"有藏义便没有疑问了。

【素】

"素"字敦煌文献有"塑"义。如 S.530 号《沙州释门索法律窟铭稿》:"更凿仙岩,镌龛一所。……内龛素某佛、某佛、某佛,素画周遍。"又 P.2672 号《张氏修功德记》:"龛内素释迦牟尼像并事(侍)从一铺,四壁图诸经变相一十六铺。"P.3532 号《慧超往五天竺国传》:"(前残)彼五俱轮,见素形像,在于塔中。"莫高窟第 201 窟西壁龛下功德记:"然则谨就莫高山岩第二层旧窟,开凿有人,图素未就;创修檐宇,素绘复终。"其他文献中亦有用例,如唐李方郁《修中岳庙记》(咸通六年):"我国家以神之灵,素神之形,俾神之明,福我

[1] 杨森《敦煌遗书〈佛说大药善巧方便经〉卷上札记》,《敦煌研究》1989 年第 4 期,第 110 页。

[2] 说详蒋礼鸿师《义府续貂》"去 弆 举"条,北京:中华书局,1987 年,第 17—19 页。另请参看郭在贻师《训诂丛稿》第 54 页,上海:上海古籍出版社,1985 年。

苍生。"[1]凡此"素"皆为塑义。[2]同一意义又或作"塐""塑"。如西秦圣坚译《佛说摩诃刹头经》："佛钱缮作佛形像，若金、若铜、若木、若泥、若塐、若画，以佛钱修治之。"《大正藏》校记称"塐"字日本宫内厅图书寮本作"素"，明《嘉兴藏》本作"塑"。又唐菩提流志译《不空罥索神变真言经》(《中华大藏经》影印《高丽藏》本)卷二二无垢光神通解脱坛三昧耶像品："塐不空王观世音菩萨……种种庄严，坐莲华座。"《中华大藏经》校记称"塐"字宋《资福藏》、《碛砂藏》、明《永乐南藏》本作"素"，明《径山藏》本作"塑"。唐道世《法苑珠林》(《四部丛刊》影印明径山寺本)卷一〇七受戒篇三聚部感应缘"隋沙门净业"条下云："乃以舍利置于佛堂。先有塐菩萨一躯，不可移动。至明乃见回首面向舍利，状类天然，一无损处。"其中的"塐"字《高丽藏》本作"塑"，《碛砂藏》、日本宫内厅图书寮本作"素"。径山寺本卷末所附"音释"云："塐，苏故切，埏土像物也。"又《通典·礼五·方丘》："(开元)十二年二月二十二日，(玄宗)祠后土于汾阴脽上。"杜佑自注："旧祠堂为妇人塐像，武太后时，移河西梁山神塐像就祠中配焉。"敦煌写本偶见"塑"字，如S.5448号《敦煌录》："州南有莫高窟……其东即三危山，西即鸣沙山……其山西壁南北二里，并是镌凿高大沙窟，塑画佛像。"该卷不避"世"字"民"字讳，疑为五代以后抄本。又S.2073号《庐山远公话》："弟一有形者，见泥龛塑像，便即虚心礼拜，直云佛如须弥山，见形发心，此即名为有形。"此卷末有宋太祖"开宝五年"的抄写题记。或作"朔"。如P.4640号《翟家碑》："爰召僧瑶，搨(摸)真缋圣，内龛朔诸形像等。"但"塑""朔"均极罕见，而多作"素"。那么"素""塐""塑"到底是什么关系呢？

考可洪《音义》第贰拾捌册《贤圣集》第廿五卷音义："塑象，上苏故反。"又第二十七册《续高僧传》第十二卷音义："有素，正作'塐'，苏故反，捏土容也，像也。"乃此三字较早见于现存辞书记载者。又辽释行均《龙龛手镜·土部》："塑埋，二或作；塐，正：桑故反，捏土形像也。"希麟《续一切经音义》卷五《阿唎多罗阿噜力经》音义："捏塑，上奴结反，《切韵》手捏搦也。下乘(桑)故反，《切韵》以泥塑像也。《古今奇字》作塐。经文作素，非。"《广韵·暮韵》桑故切："塑，塑像也。出《周公梦书》。"同一小韵下又云："塐，捏土容。出《古今奇字》。"《集韵·暮韵》："塑，埏土象物也。或从素(作塐)。通作素。"希麟"塑"字训释引《切韵》，但今传《王一》《王二》《唐韵》等古写本《切韵》系韵书均未见，疑希麟所据为五代以后较为晚出的《切韵》系韵书的增补本；《广韵》又谓出《周公梦书》，后者敦煌写本中有

[1]　清陆增祥《八琼室金石补正》卷七六，北京：文物出版社，1985年，第527页。下引陆增祥说同此。
[2]　参看拙著《汉语俗字研究》(增订本)，北京：商务印书馆，2010年，第99—100页。

残卷,疑为晚唐以后的托名之作。[1]至于希麟及《广韵》所引的《古今奇字》,恐怕也不是《隋书·经籍志》所录后汉郭显卿之《古今奇字》。其实从上揭三字的实际使用情况来看,较早的文献多用"素"字(约出现于魏晋之际),而"塐""塑"则较"素"字为晚出。颇疑"素"乃塑义的早期记音字[2],后为免与朴素之"素"相乱,俗遂增旁作"塐";而"塑"又为这一意义的"素"的后起专字。"塐""塑"大约都是晚唐前后新产生的形声俗字。上引唐李方郁《修中岳庙记》"素神之形"句下清陆增祥校云:"素即塐字,今俗作塑。"陆增祥以"塑"为俗字,应该是正确的。五代以后,"塐""塑"逐渐取"素"而代之,可洪和希麟以作"素"者为俗为非,便是据当时业已分化后的用法而言,这种数典忘祖的现象,乃是释家音义的通病,而不能据以反推"塑""塐"较"素"为典正。一些佛经古本中用作"塑"义的"素"字,晚出的刻本往往有作"塑"或"塐"的异文[3],也正是传刻者据分化后的用法当代化的结果。经过这样一番探究,当我们碰到"素""塐""塑"的歧异时就不至于惘然无措了。

五　审文例

所谓文例,包括连文、对文、上下文、语例、韵例等等。不同的写本用词造句既会有不同点,也会有共同点,这种异同也是考释俗语词的辅助手段之一。例如:

【边】

S.1475 号《卯年僧义英便床契》:"当寺僧义英,无种子床,于僧海清边两番□(驮),限至秋依契填纳。"原卷于"边"字右下侧旁注一"便"字。或谓"边"就是"便",义为借贷。[4]这也就是说,旁注字"便"有改正正文中的"边"字之意,"边"为音误字当删。

按:"边"字不误。旁注字"便"并非指"边"当改作"便",而是指"边"下当补一"便"字。

---

[1] 敦煌写本有《新集周公解梦书》(S.5900、P.3908 号)、《周公解梦书》(S.2222 、P.3281+P.3685 号)等,大抵写于晚唐五代以后;《宋史·艺文志》载《周公解梦书》三卷,却未见于《隋志》及两唐志,疑这一类书出现时间约在晚唐。

[2] "素"也有可能即"塑"的本字。《小尔雅·广诂》:"素,白也。"《论语·八佾》"绘事后素"何晏集解引郑玄注:"绘,画文也。凡绘画先布众色,然后以素分布其间,以成其文。"绘画之本色为"素","塑"或即其引申义。盖塑像之初,埏土象物,不事装饰,因即称其事为"素"也。S.4860 号《创建伽蓝功德记并序》:"兰若内素释迦牟尼尊佛并侍从,彩画功纪。""素"后继之以"彩画",可见二者工序是有区别的。

[3] 上引唐李方郁《修中岳庙记》的"素"字清嘉庆间编的《全唐文》卷五一〇作"塑"(第 5190 页),大概也是传刻者当代化的结果。

[4] 蒋礼鸿师《怀任斋文集》,上海:上海古籍出版社,1986 年,第 47 页。

"边"犹处,指某处所,为六朝以迄唐宋间习语。[1]而"于×××边便××物"为唐代前后借贷文书中的套语。如P.3192 号《唐大中十二年(858)孟憨奴便麦契稿》:"敦煌乡百姓孟憨奴为无粮用,今于朝国边便麦陆硕、粟叁硕。"S.5871 号《唐大历十七年(782)霍昕悦便粟契》:"大历十七年闰☑□□□□无粮用,交无□□□□于护国寺僧虔英边便粟壹拾柒硕。"是其例。又 64TAM4:53《唐麟德二年(665)张海欢、白怀洛贷银钱契》:"前庭府卫士张海欢于左憧憙边贷取银钱肆拾捌文。"(《唐吐》叁-214)S.1475 号《酉年行人部落百姓张乜奴便麦契》:"行人部落百姓张乜奴,为纳突不办,于灵图寺僧海清处便佛麦陆硕。"比较以上二例,可知"××边"就是"××处",而"便"则就是"贷"。根据当时借贷文书这些相同或相近的句式,可证前揭 S.1475 号相关文句当作"于僧海清边便两番□(驮)"应无疑义,"边""便"的含义也可由此得到确认。

【质】

S.1177 号《金光明最胜王经》卷一末尾题记:"愿三郎君神游碧落,联接天仙;质往净方,闻经树下。"《斯坦因劫经录》于"质"后括号内校作"直"[2]。

按:"质"字不误。"质"与首句"神"对文近义,乃指形体而言。[3]S.4511 号《丑女缘起》:"公主既闻此事,哽咽不可发言,惭见丑质。""质"字S.2114 号作"身",二字异文同义,"质"亦即"身"。P.2418 号《父母恩重经讲经文》:"泪落都缘惜此身,愁生只为忧形质。""形质"与"身"对文同义,"形质"又为同义连文。借助上揭对文、异文、连文等语例,足证"质"作形体解乃当时的习惯用法。原录校"质"为"直",即因不明"质"的这种特殊用法而误。

六　重类比

先师郭在贻教授在谈及俗语词研究的方法时,曾经这样说过:

> 俗语词研究必须建立在归纳语言材料的基础上,在归纳的基础上进行比较,在比较的基础上进行推勘。[4]

---

[1] 参看蒋绍愚《杜诗语词札记》,《语言学论丛》第 6 辑,北京:商务印书馆,1980 年,第 94—127 页。
[2]《敦煌遗书总目索引》,第 132 页;《敦煌遗书总目索引新编》校同,但又于"直"后加一问号,盖示存疑,第 36 页。
[3] "质"指形体,先秦已然。参看江蓝生《魏晋南北朝小说词语汇释》"质"条(第 273 页);《敦煌变文字义通释》(增补定本)"质"条(第 61 页)。
[4]《训诂学》(修订本),第 114 页。

归纳、比较、推勘是一切学术研究的基本方法,对俗语词研究来说尤其如此。许多俗语词或字面普通而义别,或字面生涩而义晦,根据个别的例子往往难以作出准确的判断。只有搜集归纳较多含有相同或相近语词的材料,进而加以比较、推勘,才能作出正确的诠释。例如:

【竝伴】

P.4017 号《卖地契样文》:"(前残)当房兄弟及别人☑扰谚论来者,一仰残儿竝伴觅上好地充替。或有恩敕流行,亦不在论理之限。两共对面平章为定,更不许休悔。"其中的"竝伴"费解。试比较以下材料:

S.2385 号《阴国政卖地契》:"(上残)称为主者,一仰叔祇当,竝畔觅上好地充替。"

P.3394 号《唐大中六年(852)僧张月光、吕智通易地契》:"或有人忏吝园林舍宅田地等,称为主记者,一仰僧张月光子父知当,竝畔觅上好地充替,入官措案。"

P.3649 号背《显德四年敦煌乡百姓吴盈顺卖地契》:"自卖已后,永世琛家子孙男女称为主记为准。有吴家兄弟及别人侵射此地来者,一仰地主面上並畔觅好地充替。"

前揭"竝伴"与后三例"竝畔""並畔"处于相同的位置,可知"竝伴"应即"竝畔""並畔"("並"为"竝"的隶变字),"伴"应为"畔"的音近借字;"並畔"指旁边、隔壁,盖当时契约文书中的俗语词,切于文意。

除了以上方法以外,方言佐证也是俗语词考释的有效手段。不少古代的俗语词,虽然在后来的书面语中消失了,但在某些方言词汇中可能还活着,我们有可能利用这些方言词语来解决俗语词研究中的一些难题。但敦煌文献的情况比较复杂。古代的敦煌本身是移民社会,历代统治者推行实边政策,戍卒、迁客、逃户、罪犯等各种外来人口在唐五代前的敦煌占了绝大多数,所以方言成分比较复杂。宋代以后,海道交通日渐开辟,陆上的丝绸之路风光不再,敦煌渐趋凋零;明代以后退守嘉峪关,居民内迁,敦煌更是成为一片荒凉之地。今天敦煌的居民则是清代以后从各地陆续迁移过去的。所以今天敦煌当地的方言和唐五代时期敦煌的方言完全是两回事。另外相当一部分敦煌文献并非敦煌当地人所抄写,而是通过各种渠道从各地流传过去的。所以我们只能说敦煌文献中的语言很大程度上反映了唐五代时期的西北方言,但不能和今天敦煌的方言完全等同起来。以前的敦煌文献语言研究有硬与今天的敦煌或西北方言牵合的倾向,这样做未必合适。过犹不及,这也是我们不把方言佐证当作敦煌文献俗语词考释方法之一的原因所在。最后我们举一个不适当地用现代方言来解读敦煌文献词语的实例,作为本章的结束,希望引起大家的警觉。

【北斗】

P.2305 号《解座文汇抄》："既觉知，须打扑，休更头头起贪欲。直堕黄金北斗齐，心中也是无猒足。"S.6551 号背《佛说阿弥陀经讲经文》："如似积柴过北斗，车牛般载定应迟。当风只消一把火，当时柴堆（垛）便成灰。"其中的"北斗"《敦煌文献语言词典》释云："即'壁斗'，墙壁。'北''壁'双声通用。"并引黄武松说：《三遂平妖传》第一回："其中有一员外，家中巨富，真个是钱过壁斗，米烂陈仓。"变文的"直堕黄金北斗齐"与《三遂平妖传》的"钱过壁斗"语意相同，足证"北斗"就是"壁斗"。贵州平塘方言墙壁亦称壁斗，或称壁板。[1]

按："北斗"即北斗星座，借喻极高之处。Φ.96 号《双恩记》形容"耆阇崛山"云："截银河，侵北斗，栒押栏杆光冷透。"是其例。《资治通鉴·唐高祖武德九年》"（建成、元吉以秦府多骁将，欲诱之使为己用，密以金银器一车赠左二副护军尉迟敬德，并以书招之。敬德不受）建成怒，遂与之绝。敬德以告世民。世民曰：公心如山岳，虽积金至斗，知公不移。"胡三省注："斗，谓北斗。唐人诗曰：身后堆金柱北斗。盖时人常语也。"按《四部丛刊》本《白氏长庆集》卷五一《劝酒》诗："身后堆金挂北斗，不如生前一樽酒。"其中的"斗""北斗"显然皆指北斗星而言。S.133 号《秋胡变文》："纵使黄金积到天半，乱採（采）堕似丘山，新妇宁有恋心，可以守贫而死。"S.427 号《禅门十二时》："阎罗伺命难求嘱，积宝凌天无用处。"可见用天或北斗之高以喻钱物之多确为当时常语。杜牧《樊川文集》卷二《昔事文皇帝三十二韵》："亿万持衡价，锱铢挟契论。堆时过北斗，积处满西园。"宋曾几《茶山集》卷二《六月十四日大雨连朝》："黄金北斗高，何似六月雨。"其中的"北斗"所指同。由此可见，前揭敦煌写本的"北斗"指北斗星灼然无疑。而释者却弃平易求新奇，硬与贵州方言相牵合，横生歧见，殊不可取。

参考文献

王重民等编校《敦煌变文集》，北京：人民文学出版社，1957 年。

蒋礼鸿《敦煌变文字义通释》（增补定本），上海：上海古籍出版社，1997 年。

项楚《敦煌变文选注》，成都：巴蜀书社，1990 年；增订本，北京：中华书局，2006 年。

郭在贻、张涌泉、黄征《敦煌变文集校议》，长沙：岳麓书社，1990 年。

黄征、张涌泉《敦煌变文校注》，北京：中华书局，1997 年。

---

[1]《敦煌文献语言词典》，杭州：杭州大学出版社，1994 年，第 14 页。

张锡厚《王梵志诗校辑》,北京:中华书局,1998年。

项楚《王梵志诗校注》,上海:上海古籍出版社,1991年;增订本,2010年。

任半塘《敦煌歌辞总编》,上海:上海古籍出版社,1987年。

项楚《敦煌歌辞总编匡补》,成都:巴蜀书社,2000年。

唐耕耦、陆宏基主编《敦煌社会经济文献真迹释录》第1辑,北京:书目文献出版社,1986年;第2—5辑,北京:全国图书馆文献缩微复制中心,1990年。

张涌泉主编《敦煌小说合集》,杭州:浙江文艺出版社,2010年。

项楚《敦煌文学丛考》,上海:上海古籍出版社,1991年。

蒋冀骋《敦煌文书校读研究》,台北:文津出版社,1993年;修订本改名《敦煌文献研究》,长沙:湖南师范大学出版社,2005年。

郭在贻《郭在贻敦煌学论集》,南昌:江西人民出版社,1994年。

蒋礼鸿主编《敦煌文献语言词典》,杭州:杭州大学出版社,1994年。

江蓝生《近代汉语探源》,北京:商务印书馆,2000年。

张小艳《敦煌书仪语言研究》,北京:商务印书馆,2007年。

张涌泉《俗语词研究与敦煌文献的校理》,《文史》第45辑,北京:中华书局,1998年,第255—269页。

第六章　敦煌文献的俗字

　　所谓俗字,是指汉字史上各个时期与正字相对而言的主要流行于民间的通俗字体。颜元孙《干禄字书》序云:"所谓俗者,例皆浅近,唯籍帐、文案、券契、药方,非涉雅言,用亦无爽;倘能改革,善不可加。"俗字是与正字相对而言的。正字是得到官方承认的字体,其字形结构往往有较古的历史渊源。用唐代颜元孙的话来说,正字是"有凭据"的可以施之于高文大典的官方用字。[1]一定时期的俗字是相对于一定时期的正字而言的。正俗之间的关系并不是一成不变的,它们往往随着时间的推移而不断发生变化。

第一节　敦煌文献俗字大观

一　敦煌文献与俗字

　　敦煌文献的书写年代上起魏晋,下迄宋初,绵延了近千年。这一时期,汉语俗字的流行曾先后在魏晋六朝和晚唐五代形成过两个高峰,敦煌文献作为这一特定历史时期的产物,俗字的繁衍也在它身上留下了深深的印记。我们随便打开一个敦煌卷子来看,就

---

[1]　颜元孙《干禄字书》序,北京:紫禁城出版社,1990年。

会发现俗字的使用不是个别的、偶然的现象,而是连篇累牍,触目皆是。诚如任二北先生所说:"句里行间,丛脞混乱,荒幻诙诡,至于不可想像!"[1]为让读者对敦煌俗字纷乱的情况有一个总的了解,下面我们就根据敦煌文献内容的线索作一番考察和评述。

敦煌文献的俗字较为集中的是籍帐、文案、券契、药方等社会经济文书,以及变文、曲子词、王梵志诗等俗文学作品。籍帐、券契之属原本就是"俗人"的东西,其间使用一些"俗字"可谓本色天然,入情合理。如 S.1897 号《后梁龙德四年(924)张某甲雇工契》(图6-1):

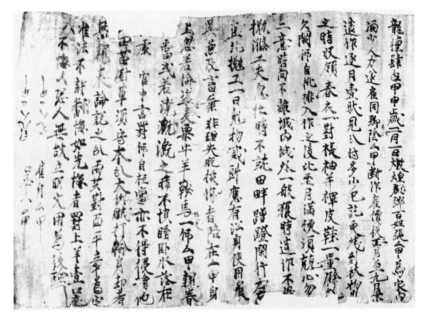

图6-1　S.1897 号《后梁龙德四年张某甲雇工契》

契文残存近三百字,其中龍(龍)、断(斷)、従(從)、収(收)、對(對)、沿(沿)、麦(麥)、或(或)、處(處)、之(定)、准(準)、恐(恐)等《干禄字书》《五经文字》或《广韵》等书标明为通俗字的就达三十个左右;此外如 歲(歲)、燉(敦)、厶(某)、闕(闕)、歾(殘)、拋(拋)、斠(斜)、兼(兼)、鞍(鞍)、仰(仰)等一类的俗字尚达五十余个。两项相加,俗字约占原文的四分之一左右。另外,还有几个字值得特别提出来讨论一下。其一是原文第四行的"裖袖"。俗书从衣从示不分,故后一字即"袖"字可以无疑,而前一字则应为"长"的增旁俗字。"長"字文中因受前面的"春衣"和后面"袖(袖)"等字的影响,遂类化

---

[1] 见《敦煌曲初探》,上海:上海文艺联合出版社,1954年,第122页。

增旁作"裰"。[1]其二是"褌"字。"褌"即"裈"的俗字（其后应施逗号），字又作"幝"，即今语所谓满裆裤，为平民百姓所穿着。《史记·司马相如列传》载相如"身自着犊鼻裈，与保庸杂作"，"裈"之为物，可以想见。原文当校读作："春衣壹对，长袖，并裈；皮鞋一量。"中国科学院历史研究所资料室编的《敦煌资料》迻录上文，照录"褌"字，又与"皮鞋一量"云云连读[2]，显然是错误的。其三是原文第五行的"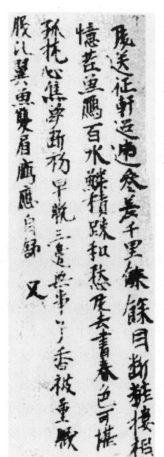枇排"二字。俗书木旁与扌旁不分，故后一字当校录作"排"。前一字则当据同行第十一字"比（比）"的写法比定作"批"，而"批"又

图 6-2　S.1441《云谣集·破阵子》

当校作"比"，文中因与"排"字连文，"比"遂类化赘旁作"批"。原卷"排"字右侧有一钩乙符号，故"比排"又当乙正作"排比"。"排比"是唐代前后习用的俗语词，意为安排、准备，文意顺适。上揭《敦煌资料》录作"枇排"，则不知所云矣。其四为第十二行的"袛"字。"袛"乃"祗"的俗字。凡"氏"旁俗书皆可作"互"。《干禄字书》："互氏：上通，下正。诸从氏者并准此。"其说是矣。"祗当"亦为唐代习用之词，义为承担。而《敦煌资料》录作"袛当"，亦不得其解矣。此外"时向"当读作"时饷"（这一用法的"向""饷"的本字为"曏"），"获时"当读作"画时"，"抛涤"当读作"抛掷"，"口丞"当读作"口承"，则俱为同音或近音借用。短短二百字的契文，俗书、音假者几占三分之一，谓之"丛脞混乱，荒幻诙诡"，殆不为过矣。

变文、曲子词、王梵志诗、愿文之属亦渊源于民间，它们的作者和传抄者都与"俗人"有不解之缘。用潘重规先生的话来说，它们是"俗手写俗字而流传下来的"俗文学[3]，其中俗字之繁夥，自亦不难想见，如S.1441 号《云谣集·破阵子》（见图 6-2）：

[1]　"长袖"是对"春衣壹对"的具体说明。P.2451 号《乙酉年乾元寺僧宝香雇百姓邓仵子契》："每月断作雇价麦粟壹驮，春依（衣）长袖一并襕袴一腰，皮鞋一量。"所述与前揭 S.1897 号雇工契相当，而字正作"长袖"，是其切证。又 P3410 号《崇恩处分遗物凭据》云："崇恩亡后衣服，……赤黄绵壮袴壹腰，京褐夹长袖壹。"亦有"长袖"一词。

[2]　《敦煌资料》第 1 辑，北京：中华书局，1959 年，第 333 页。

[3]　见《敦煌卷子俗写文字与俗文学之研究》，《敦煌变文论辑》，台北：石门图书公司，1981 年，第 279 页。

任二北摹录作(《敦煌歌辞总编》第 175 页)：

> 風送征軒迢**遰**，參差千里餘(有塗迹)餘。目斷粧樓相憶苦，魚**臆**百水鱗積疎，和愁**戌**去書。春色可堪孤枕，心焦夢斷初。早脱三邊无事了，香被重**眠腮**比翼魚，雙眉**鷹**(衍文)應自舒。

上词原卷讹俗颇甚。任二北先生至谓："此首之原写中，书手讹火之烈空前！校者遂有迷罔颠连之苦。"(《敦煌歌辞总编》页 175)其实所谓"讹火"，不过是唐五代前后习见之俗写而已。如原卷第三行之"脱"形，乃为"晚"之俗写。俗书日旁月旁不分，而"免"字又多书作"兑"或"兑"，以至"晚"字遂书同解脱之"脱"。此种写法敦煌卷子中屡见不鲜，固不当以"讹火"视之也。又如第二行之"百水"，为本辞校订的一大公案。或校作"南来"；或校作"由来"；或校作"白水"[1]；或谓"百"有跳跃勉力之意，"百水"谓跳跃水中，不烦改字[2]；任二北先生又谓"百水"应系"关河"或"山川"等意，而又以"山川"较近，因定作"山川"，且举证曰："[0877]于'堂前'二字曾写'山河'，[1515]于'当今'二字曾写'唐川'，知书手之讹火所至，无奇不有，大可推及将'山川'写成'百水'也。"(页 176)实则"百水"即"趏水"，"百"为"趏"之俗省[3]。写卷俗书，每有省形而存声者，"趏"之作"百"，即其一例。P.2653 号《韩朋赋》："鱼鳖百水，不乐高堂；燕若群飞，不乐凤凰。"又 S.2204 号《父母恩重赞》："弟八为造恶业缘，就(担)轻负重陌关山。"凡此"百""陌"亦为"趏"之省借，可以比勘。《龙龛手镜·走部》："趏，越也。今作驀。"是"趏水"即在水中跳跃之意。全句含义，则诚如潘重规先生所言，"鱼雁连言，意在鱼字；鳞积盖鳞迹；由于鱼乐戏跃水中，故鳞迹稀疏，音书断绝也"[4]。如此作解，文意顺适，固不可斥为"讹火"而滥施斧钺也。又原卷第一行"里"下一字，第三行末一字本已涂去，不当录；第四行"眉"下一字盖本当作"应"而以形音皆近误书作"鹰"，字未及成，抄手旋即发现其误，故"鹰"字未成即改书"应"以正之，则误字固所不当录也。任氏摹录，多有传刻失真及不够忠实之处，读者慎之。

　　敦煌文书中有不少宣扬因果报应的"因缘记""灵验记"一类的作品，它们也属于俗文学的范畴，其中俗写别体，亦纷然杂陈。这里举 S.381 号《龙兴寺毗沙门天王灵验记》为例(图 6-3)：

---

[1] 参看《敦煌歌辞总编》第 175—176 页。

[2] 参看潘重规《敦煌云谣集新书》，台北：石门图书公司，1977 年，第 115—116 页。

[3] 参看江蓝生《〈敦煌变文集〉校记补议》，《敦煌学辑刊》1984 年第 1 期，第 80 页；黄征《〈敦煌歌辞总编〉校释商榷》，《敦煌研究》1990 年第 2 期，第 65—66 页。

[4] 《敦煌云谣集新书》，第 115—116 页。

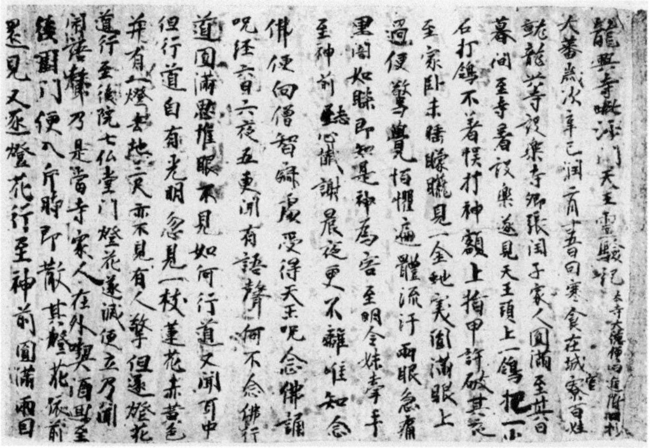

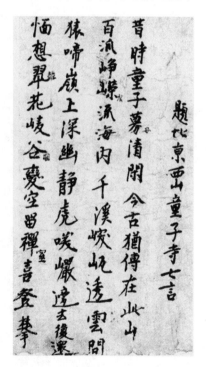

图 6-3　S.381《龙兴寺毗沙门天王灵验记》

　　文中"**龍**"(龍)、"**興**"(興)、"**片**"(片)一类的俗字约占原文三分之一左右。其中尤可注意的是第三行"**兴**(興)"的写法和今天的简化字完全一样;"门"旁的写法也差不多。第四行"**看**"为"看"的俗字。《干禄字书》《五经文字》等书载"看"俗作"晉",上形即其变体。P.3211 号《王梵志诗·观内有妇人》亦有同样的写法。《敦煌遗书总目索引》迻录作"著",不确(比较原卷第五行"著"的写法)。又第六行"**突**"为"突"的俗字。俗书"八"旁多写作"丷"形,"犬"旁多书作"犮"形[1],而上形复为"突"俗书的赘画字,上揭《索引》迻录作"实",陈祚龙《敦煌学海探珠》复校录作"贯"[2],皆误。又第八行"**害**"为"害"的俗字,见《干禄字书》等,而上揭《索引》及陈祚龙书皆作缺文,殆亦不明俗字欤?

　　敦煌文书中有相当数量的诗文、诸子百家、历史、地理等类著作的卷子,其中俗体字也不少见。如 S.373 号李存勖《题北京西山童子寺》诗(见图 6-4)。其中"京(京)""泝(派)""畄(留)"一类的

图 6-4　S.373《题北京西山童子寺》

————————————

[1]　参看《碑别字新编》"突"字条所载别字,北京:文物出版社,1985 年,第 101 页。

[2]　《敦煌学海探珠》,台北:商务印书馆,1979 年,第 339 页。

俗字约占原诗三分之一。原诗第一行倒数第二字为"此"字俗书,见于《干禄字书》;第二行第十、十一字当是"峻岘"二字的俗书,《索引》第116页分别录作"北""崚□",误。又第三行的第九字应为"嘆"或"嘆"的俗写,其字从口、笑(或"笑")声,乃"嘯"的改换声旁俗字(与用作"笑"俗字的"嘆"或"嘆"同形),《索引》径录作"嘯",不妥。

碑碣文字,本来是比较保守的,照颜元孙的话,是应该用"正字"来书写的。但敦煌文书中所见的碑碣一类卷子俗字同样非常的多,有的甚至讹俗满纸。这或许同这类卷子多是碑文的原稿或传录本有关。如S.390号《氾嗣宗和尚邈真赞并序》(见图6-5),其中"儒(儒)""索(索)""佰(低)""諌(該)""苑(苑)"一类的俗别字约占原文的三分之一以上。第四行第一字右半模糊难辨,据残存字形并推以文意,当是"顿"字("屯"字及其偏旁俗

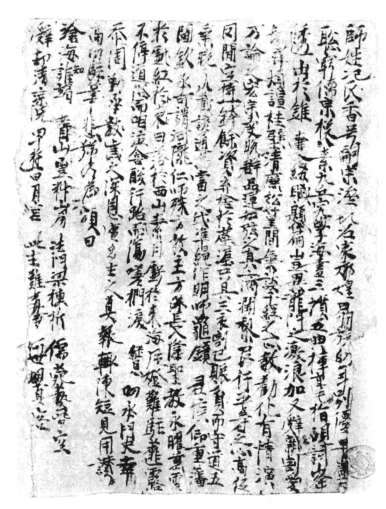

图6-5　S.390《氾嗣宗和尚邈真赞并序》

书作"乇"形),《敦煌碑铭赞辑释》录作"长"[1],殆未确。第六行第一字"罔"为"罔"的俗字,见《龙龛手镜》,《敦煌碑铭赞辑释》录作"同",亦误。又第八行第三字"承"当是"承"的俗书(同卷又写作"永",凡二见),《敦煌碑铭赞辑释》录作"永",校作"咏",非是。又第二行第五字《敦煌碑铭赞辑释》录作"挽",意未合,当再考。[2]

比较而言,敦煌文书中儒释道三家的经典俗字少了一些。因为这些经典大多是由经生工楷书写,有的还经过一校再校的勘正。如 S.36 号《金刚般若波罗蜜经》末题记云:"咸亨三年五月十九日左春坊楷书吴元礼写,用麻纸十二张,装璜手解善集,初校书人萧祎,再校书手萧祎,三校书手萧祎,详阅太原寺大德神符,详阅太原寺大德嘉尚,详阅太原寺主慧立,详阅太原寺上座道成,判官少府监掌冶署令向义感,使太中大夫守工部侍郎永兴开国公虞昶监。"S.84、S.456、S.513、S.1048、S.1456、P.2195 号等卷亦有类似的题记。P.3851 号《沙州准目录欠藏经数》有云:"如或写者,切须三校,不请有留错字也。"P.2715 号《孝经》题记亦云:"《孝经》一卷,丁亥年二月十四日写毕,点勘一无脱错,传之后学,请不疑虑记也。"不难想见,当时人们把抄经的工作是看得很神圣的[3]。然而在整个俗化的大氛围下,即使这些经过一再校勘的经本,也仍然未能免俗。即以上揭经多人勘校、详阅的 S.456 号《妙法莲华经》写本为例(见图 6-6):

这是 S.456 号《妙法莲华经》卷三写本的一段,其中圡(土)、勝(勝)、處(處)、龍(龍)、乹(乾)、苐(等)、湏(須)、扵(於)、甚(甚)、功(功)、能(能)、切(切)、従(從)、空(定)等《干禄字书》《五经文字》明确定为讹俗字的就达二十个,约占原文字数的十分之一。此外,詣、繞、住、来等俗体尚有十余个。又第二行第三字"祓"为"诫"的俗字,其右半作俗体"弍"(《干禄字书》以"弍"为"戒"的"通"体),而左半则作"礻"形。以规范的角度而论,这便是一个错字。然唐人俗书从衣从示不分,无怪乎那些充任勘校、详阅的"大德""上座"们不以为误了。由此也可以看出,当时俗书的泛滥,在某种程度上已经到了一种约定俗成的地步,不但"俗人"们这样写,那些"雅士"们也这样写。敦煌文献作为这样一种特殊氛围下的产物,俗字的纷杂便是不可避免的了。

---

[1]《敦煌碑铭赞辑释》,第 510 页。下同。

[2] 姜伯勤、项楚、荣新江《敦煌邈真赞校录并研究》录作"捴"(新文丰出版公司,1994 年,第 325 页),即"總"字异体,义可通,但形不合;友生鲍宗伟谓当作"模","模"谓效法、学习,形义皆合,当是。

[3] 抄经是佛教的一种功德,必须虔诚,不可轻忽,否则会招致恶业。如《法苑珠林·敬法篇》"谤罪部"引《敬福经》云:"善男子,经生之法,不得颠倒一(乙)字、重点,五百世中堕迷惑道中,不闻正法。"

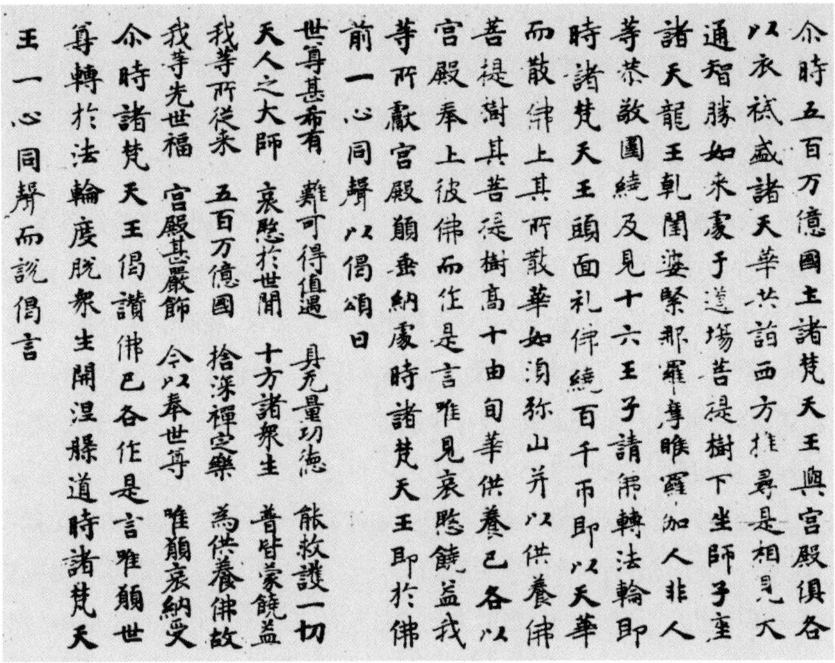
尒時五百万億國土諸梵天王與宮殿俱各
以衣裓盛諸天華共詣西方推尋是相見大
通智勝如來處于道場菩提樹下坐師子座
諸天龍王乹闥婆緊那羅摩睺羅伽人非人
等恭敬圍繞及見十六王子請佛轉法輪即
時諸梵天王頭面礼佛繞百千帀即以天華
而散佛上其所散華如須弥山并以供養佛
菩提樹其菩提樹高十由旬華供養已各以
宮殿奉上彼佛而作是言唯見哀愍饒益我
等所獻宮殿願垂納處時諸梵天王即於佛
前一心同聲以偈頌曰
世尊甚希有 難可得值遇 具无量功德 能救護一切
天人之大師 哀愍於世間 十方諸衆生 普皆蒙饒益
我等所從來 五百万億國 捨深禪定樂 為供養佛故
我等先世福 宮殿甚嚴飾 今以奉世尊 唯願哀納受
尒時諸梵天王偈讚佛已各作是言唯願世
尊轉於法輪度脫衆生開涅槃道時諸梵天
王一心同聲而說偈言

图 6–6　S.456《妙法莲华经》

二　敦煌文献俗字书

敦煌写本中还有一大批小学类文献，包括字书 262 号、韵书 68 号、训诂书 13 号、群书音义 21 号、佛经音义 643 号，总数达一千多号。敦煌文献俗字纷繁的情况在这些小学类著作中也有真实的反映和记载。其中特别重要的有《字样》《正名要录》《刊谬补缺切韵》三种。前二种本书第二章“敦煌文献的价值”已有介绍，这里侧重谈谈后一种。

《刊谬补缺切韵》，唐王仁昫撰，现存写本两种，一种出自敦煌，编号为 P.2011；一种为故宫博物院所藏。前者有残阙；后者则大体完整，但脱误较多。以下以敦煌本为主，对该书作一简要的介绍。

王仁昫的书是为补正陆法言的《切韵》而作的。故宫本书名下注云：“刊谬者，谓刊正误谬；补缺者，谓加字及训。”本书的内容，主要是刊正陆氏《切韵》的谬误；补充训解；增加字数。这里要特别指出的是，凡是字有异体的，王书都在注文中一一注明。故宫本王氏自序后有注云：“或朱（字？）有正体及通俗者，皆于本字下朱书。”又自序中云：“字该样式，乃备应危疑。”又云：“其字有疑涉，亦略注所从，以决疑谬，使俗（各）区析，不相杂厕。"可见王氏备载异体的目的是为了明其"样式","备应危疑",使人们书写时有所遵循。

值得特别指出的是，王仁昫在对待俗字方面采取了比以往辞书更为务实灵活的做法，即把许多通行俗字作为标目字来处理，这不能说不是一个大胆的举措。如晧韵云："嫂"，正作"娞"，以隶变字"嫂"为标目字；而尤韵云："捜，俗作搜。"比较而言，作为标目字的"嫂"显然也是当时的俗字（S.2071号《笺注本切韵》即云："娞，俗作嫂。"）。同样"古作"类的标目字"属"与"准"，"亦作"类的标目字"粮"，也是当时通行的俗体字（《干禄字书》皆以为"通"体）。此外一些字下未载列异体的标目字，如尤韵的"撝（撝）"，混韵之"夲（本）"，震韵之"趁（趂）"，等等，也都是当时的通行俗字。之所以出现这种情况，很显然，和这些俗体当时的流行是有关的。作为一种约定俗成的结果，王仁昫不过是在他的书中给予正式的承认罢了。

总而言之，王仁昫对当时流行的异体俗字作了广泛的辑录和归纳，从而形成了本书多载俗体的特色。周祖谟先生指出："本书所载的唐代的通俗字体相当完备，可做为一部唐代通俗字字典来看。"[1]事实确是如此。后来颜元孙作《干禄字书》，很多俗字可能就是取材于此书[2]。与敦煌本相比，故宫藏本删去了相当大一部分异体字，因而也就在很大程度上失去了本书原来的特色，这是很可惜的。

---

[1] 见《唐五代韵书集存》下编考释四王仁昫《刊谬补缺切韵》一，北京：中华书局，1983年，第884页。
[2] 参见拙著《汉语俗字研究》（增订本）第十章第二节，第274—275页。

第二节　敦煌文献俗字的类型

　　敦煌卷子字多俗别，这是每一个接触过这些卷子的人都会产生的深切体会。这些俗字别体，形体无定，繁简不一，初观乍视，确乎是"讹火"燎原，一片混乱，竟至学界有"抵制讹火"之议[1]。情况之严重，于此可以想见。然而，当我们透过那表面的"混乱"，冷静地给予全面的、理性的观察，就会发现事实并非如此。俗字作为一种约定俗成的书写符号，书手的"任意性"不能不受到文字社会性的制约。表面上似乎杂乱无章的俗写文字能够进入流通领域，能够被社会所认同，自亦应有它的根源，有它的条理。根据我们的观察，敦煌俗字大抵可以归纳为如下八种类型。

一　增加部件

　　汉字是由部件组成的。许多俗字是通过在原有字形上增加新的部件的方式形成的。根据新增部件的性质，我们把它们区分为如下二类。

1. 增加偏旁

　　汉字的偏旁包括表意和表声的两大类，增加偏旁形成的俗字主要与表意的偏旁有关。其中包括：

　　（1）增加表意的偏旁以指示类属

　　有的字本身是象形字或会意字、形声字，字形本身已经反映了相关的意义，即清王筠《说文释例》所说"字有不须偏旁而义已足者"[2]。但俚俗为使字的类属更加明确，往往添加一个表意的偏旁，形成俗字。陆德明《经典释文序录》所批评的"飞禽即须安鸟，水族

---

[1] 参看《敦煌歌辞总编》，第60页。
[2] 《说文释例》，北京：北京市中国书店，1983年，第327页。

便应着鱼,蟲属要作虫旁,草类皆从两中"[1],指的就是这种情况。例如:

【鷰　鶯】《敦煌变文集》卷一《李陵变文》:"鱼遊(游)鑼中,鷰巢幕下。"(页 89)同书卷三有《鶯子赋》二种,叙燕、雀争巢故事。"鷰""鶯"皆为"燕"的增旁俗字。《王一·霰韵》:"燕,乙鸟,或作鷰。按《说文》燕会、燕子字并单作,后加言、加鸟,通。"《干禄字书》:"鷰燕:上通下正。"又《集韵·霰韵》:燕,或从鸟作鶯。《广韵·霰韵》:"燕,《说文》云:玄鸟也。鶯,俗,今通用。"皆其证。本来"燕"是一个"籥口、布翄、枝尾"的象形字(《说文·燕部》),但因为"燕"是禽鸟之属,"飛禽即须安鸟",于是俚俗便增加鸟旁写作"鶯"或"鷰"。后来"鶯"字又省去中间象"枝尾"的四点,便成了"鶯"。敦煌卷子"燕"字多作"鶯"或"鷰",可见这类增旁俗体唐代前后便已相当流行了。

又如敦煌写本中"果"或作"菓","瓜"或作"苽","鼎"或作"鑼",韭菜的"韭"或作"韮",等等,都是这一类的增旁俗字。

(2)增加表意偏旁以显化意符

有的字本身已有表意的偏旁,但由于隶变、楷化等原因,原有的意符不够显豁,于是俚俗便再加上一个表意的偏旁,形成俗字。例如:

【燋】P.2193 号《目连缘起》:"其中受罪之人,一日万生万死。或刀山剑树,或铁犁耕舌……或抱铜柱,身体燋然烂坏。"其中的"燋"即"焦"的俗字[2]。《干禄字书》云:"燋焦:焦烂字上通下正。"从字形上看,"焦"本从火得义,但隶变以后,火旁写作了四点,于义不显,俚俗便再增加一个火旁写作"燋",实际上便成了从两个火的俗字。唐李匡文《资暇集》卷中"俗字"条下云:"焦下已有火,今复更加一火,剩也。"[3]即是指"燋"而言。

又如敦煌写本中"梁"或作"樑","婴"或作"嫛","冈"或作"崗""崗",等等,都是这一类的增旁俗字。

(3)增加表意的偏旁以明确字义

有的字本身有表意的偏旁,但随着字义的引申,产生了一些新的意义,为免分歧,俚俗往往增加一个表意的偏旁,以明确其本义或引申义,从而形成俗字。如:

【孋】S.1441 号《浣溪沙》词:"孋景红颜越众希,素胸连(莲)脸柳眉低。"P.3286 号《十二时》:"潘岳容,石崇富,美嬮西施并洛浦。""嬮"为"孋"的变体。按《集韵·霁韵》:

---

[1]《经典释文》,北京:中华书局,1983 年,第 3 页。

[2]《说文·火部》:"燋,所以然持火也。从火,焦声。"这个"燋"和作为"焦"俗字的"燋"同形异字。

[3]《资暇集》,《丛书集成初编》本,第 16 页;该书作者原署李匡乂,余嘉锡《四库提要辨证》以为当作"李匡文",兹从之。

"孋,美也。"与"麗"同属郎计切小韵,其实就是"麗"的俗字。"麗"本是从鹿、丽声的形声字,意为俪偶、耦行等,引申为美丽之义后,原有表意的偏旁很难体现这一新的意义,于是俚俗便另增一个表意的女旁,庶几可谓形副其实了。

又如《王一·仙韵》:"然,是。燃,烧。上'然'从火已是烧;更加火,非,同'梁'加木,失。"燃烧的"然"加"火"作"燃",除了显化意符的作用外,主要是为了明确本义,区别引申义。

（4）类化增旁

人们书写的时候,因受上下文或其他因素的影响,给本没有偏旁的字加上偏旁,或者使原有的偏旁变成与上下文或其他字一致的偏旁,这就是文字学上所谓的类化法。类化增旁是最为常见的一种文字类化现象。例如:

【餬餅】Ф.365 号《妙法莲华经讲经文》:"恰似炉中餬餅,吃来满口馨香。"按慧琳《一切经音义》卷六二《根本说一切有部毗奈耶杂事律》第五卷"糕饼"条音义引《释名》亦有"餬餅"一称,而传本《释名·释饮食》作"胡餅",云:"胡餅,作之大漫沍也,亦言以胡麻着上也。"宋黄朝英《靖康缃素杂记》卷二云:"市井有鬻胡餅者,不晓名之所谓,乃易其名为炉餅,则又误也。案《晋书》云:王长文在市中啮胡餅。又《肃宗实录》云:杨国忠自入市,衣袖中盛胡餅。安可易'胡'为'炉'也? 盖胡餅者,以北人所常食而得名也。"[1]是"胡餅"因"胡麻"或"胡人"而得名。其作"餬餅"者,"餬"即"胡",涉"餅"字类化而增加食旁耳。同卷下文:"若问最好是上州,胡餅炉间满市头。"又 P.2049 号《后唐同光三年(925)沙州净土寺直岁保护手下诸色入破历算会牒》:"麦壹斗,转麦日买胡餅用。麦壹斗,初算日买胡餅用。"正作"胡餅"。

2. 增加笔画

偏旁是有意的,而笔画的增减是一种书写现象,往往是无意的。增加笔画的原因,约有如下三端:

（1）区别形近的字

【尤】"尤"字右上部古本无点。S.388 号《正名要录》"各依脚注"类"尤"下脚注"右不须点"。S.2071 号《切韵笺注·尤韵》:"尤,雨求反。"同一小韵载"杗""疣""沈""訧"等字,

---

[1]《靖康缃素杂记》,《丛书集成初编》本,第 13 页。

"尤"旁皆不加点,其中"枕"字下云:"木名。按《说文》尢无点。"按《正字通·尢部》:"尢,尤本字。""尤"字《说文》从乙、又声作"^尤",隶定右上部本不必加点(比较"右""厷""有"的"ナ"皆由"又"旁隶定而来)。后来大概为免与"尢"(音 wāng)字相乱,故加点作"尤"。《字鉴》卷二尤韵:"尤,于求切……上有一点,与尢字异,尢音汪,从大而曲。"这是据加点后的"尤"而言的,自非探本之论。

【圡】敦煌卷子中"土"字或"土"旁大多加点写作"圡",大概是为了区别于形近的"士"。《隶辨》卷三姥韵"圡"字下注云:"'土'本无点,诸碑'士'或作'土',故加点以别之。"[1]《干禄字书》:"圡土:上通下正。"Φ.109 号《押座文》:"山上有庙独孤魂,地圡灵祇诸圣者。"又 S.2073 号《庐山远公话》:遂于佛殿前,将紫云毫神笔,启告十方诸佛如来、圡地灵祇,咸愿证知。"其中的"圡"即是"土"的增点俗字,可是有人却把它们分别录作"藏"和"立"[2],显然是错误的。

（2）受其他字影响

【伏】《王一·尤韵》:"休,许尤反,止。俗作加点作伏,谬。"俗作字右上部的点图版本不明显,但《钜宋广韵》本条标目字作俗字"伏",可证俗字应有点。S.4332 号《菩萨蛮》词:"枕前发尽千般愿,要伏且待青山烂。"津艺 38 号《华严经》卷十七:"修菩萨行,未曾伏息。""伏"字六朝碑刻已见。"休"加点作"伏"当是受"术"字的影响。

又如敦煌卷子中"奪"字多作"㝵",(奪)"奢"字多作"奢",其上部的"大"字两侧加点可能是受"寮"一类字的影响;"拔"字多作"捄",其上增撇可能是受"夭"字的影响;"夭"字多作"夌",增撇增点可能又是受"拔"等字的影响。《敦煌歌辞总编》卷三《失调名·当身无敌》:"塞上曾经提剑,河边几度弯弓。"原书校记谓原本"剑"上一字残,仅存"扌"旁(页697—698)。其实"剑"上一字原本(S.289 号)作"^捄"形,字形大体可辨。"^捄"即"拔"的增撇字。原录作"提",臆改不可从。

（3）由于书写习惯或字形的整体协调的影响

如敦煌卷子中"支"字多加点作"支"、"披"字多加点作"披"、"民"字多加点作"民",可能都与书写习惯有关。至于"索"字增笔作"索"、"私"字增笔作"私"、"巧"字增笔作"巧",则当与字形的整体协调有关。古人(尤其是书法家)讲究字形的匀称茂密,平稳方正,所以常常增加饰笔,以迎合人们这方面的审美要求。

---

[1]《隶辨》,北京:中华书局,1986 年,第 94 页。

[2] 分别见《敦煌变文论文录》第 811 页(上海:上海古籍出版社,1982 年)、《敦煌变文集》第 170 页(北京:人民文学出版社,1957 年)。

二　省略部件

增加部件主要是为了明确字义,省略部件则是为了方便书写。省略部件形成的俗字包括以下四种类型:

1. 省略偏旁

清王筠《菉友蛾术编》卷上云:"古人用字尚音,或加偏旁,或省偏旁,皆常事也。"省略偏旁包括省略表意的偏旁和省略表声的偏旁二类。

(1) 省略表意的偏旁

有的汉字本身是由两个或两个以上表意的部件组成的,俗书或省略其一,形成俗字。例如:

【葬】P.2553 号《王昭君变文》:"妾死若留故地葬,临时请报汉王知。"其中的"葬"字《汉语大字典》以为"葬"的讹字。按:"葬"应为"葬"的省旁俗字。"葬"本是从"死"("死"同"尸")在"茻"中,"茻"从四中,俗书省略其二,形成俗字。"葬"字《隋元公墓志》已见。《宋苏适墓志》作"葬",又为"葬"的变体(比较"从日在茻中"的"莫"下部的"大"由"艸"隶变所致)。

形声字如果省略表意的偏旁,会发生与声符所代表的字同形的情况。如 S.2056 号《捉季布传文》:"遂唤上将锺离未,各将轻骑后随身。"其中的"锺离未"P.3697 号作"锺离末",《史记·淮阴侯列传》作"锺離眛","离"就是"離"的省形存声字。《广韵·支韵》吕支切:"离,明也,又卦名。案《易》本作離。"这个"离"亦即"離"字。[1]宋元以后的一些通俗文学作品刻本"離"字多省作"离"。[2]这种省形存声字,与其说是借音字,不如说是省形俗字更为切当。

(2) 省略表声的偏旁

因省略表声的偏旁而形成的俗字颇为少见。这种省略通常在形声字表意的偏旁不

---

[1]《易·说卦》云:"離也者,明也,万物皆相见,南方之卦也;圣人南面而听天下,向明而治,盖取诸此也。"故《广雅·释诂》据以释云:"離,明也。"

[2] 参看刘复等编《宋元以来俗字谱》,北京:文字改革出版社,1957年,第103页。

只一个的情况下才会发生。例如：

P.3808 号《长兴四年中兴殿应圣节讲经文》："如来头宝冠而足莲花，言悬河而心巨海。"S.4571 号《维摩诘经讲经文》："竞捧瑠璃宝，齐擎龙脑香。"其中的"宝""寶"皆为"寶"的俗字。宋孙奕《履斋示儿编》卷二二引《字谱总论讹字》云：寶之宝，醉之酔，凡此皆俗书也。据《说文》，"寶"本是从宀、王（玉）、贝会意，缶声。俗字作"宝"或"寶"，则省略了声旁及一个表意的部件，变成了会意字。

又如"聽"字《说文》从耳、惪，壬声，为形声字；敦煌写本多写作"聴"或"聽"，则存形而省声，也成了会意字。[1]

"卷"字《说文》从卩、米声，"卩"字篆书作"弓"，隶定或作"弓""卩"，进而可省点作"弓""卩"，故"卷"字亦可以写作"米""米"。《龙龛手镜·弓部》："米，丘员反，古县名。又音眷，曲也。又书米，今作卷。"《广韵·线韵》："米，书米，今作卷。"由"米""米"省声，"卷"字敦煌写本中又或写作"弓""弓"。S.2942 号《大智度论》卷五九："复更自说，有人书写经弓与人……其福胜前。"又 S.4492 号《大智度论》末署"第五十七弓"。敦研 20 号《大般涅槃经》卷六如来性品（北朝写本）："若有众生于三恒河沙等佛所发菩提心，然后乃能于恶世中不谤是法，受持读诵书写经弓，虽为他说，未解深义。若有众生于四恒河沙等佛所发菩提心，然后乃能于恶世中不谤是法，受持读诵书写经弓，为他广说十六分中一分之义，虽复演说，亦不具足。"又 21 号《大般涅槃经》（北朝写本）首题"大般涅槃经如来性品中弓第六"。又 23 号《大般涅槃经》（北朝写本）首题"大般涅槃经梵行品中弓第廿"。敦博 11 号《妙法莲华经》末有"第八弓"字样，又 12 号《妙法莲华经》末有"第七弓"字样。甘博 136 号《道行般若经》末有"第九弓"字样。S.737 号《大般涅槃经》末题"《大般涅槃经》𢎛第廿九"，其中的截图字又为"弓"的变体。

由"米"或"弓"省变，"卷"俗又书作"弓"或"弓"。S.751 号《十诵毗尼初诵》末题："比丘法腾书此《十毗尼》一𢎛。"P.2735 号《老子道德经》末至德二载（757）吴紫阳题记："（《老子道德经》）上下二𢎛，合八十一章，四千九百九十九字。"写于天宝十载（751）的 P.2417 号《老子道德经》末索栖岳题记也有这样的内容，唯"𢎛"字作"𢎛"，这些截图字皆为"卷"的俗字。后晋释可洪《音义》第贰拾贰册《四品学法经》音义："有弓，居愿反，正作弓（？），古文卷，亦作米。"又第贰拾捌册《弘明集》第一卷音义："小弓，居愿反。"（《大正藏》本《弘明集》相应位置作"小卷"）又第伍册《正法华经》第六卷音义："经弓，古愿反，正作

――――――――――
[1] 省"壬"的"聴"《孔宙碑》已见，《隶辨》卷四云："碑复省壬，今俗因之。"（第 155 页）

号。"(《大正藏》本《正法华经》相应位置作"经卷")

2. 省略某些"不重要"的部件

有些汉字字形比较繁杂，俗书往往会把那些表面上看起来不那么重要的部件加以省略，形成俗字。如"攀"字从手、樊声，俗书或省去"樊"声中的"爻"。P.3618 号《秋吟》："炎天逐乐攀金辔。"是其例。又如"譬"字从言、辟声，俗省作"辟"(见 S.3872 号《维摩诘经讲经文》等卷)；"尝"字或换旁作"甞"(见 P.2565 号《南阳张延绶别传》等卷)，为从甘、尚声的后起形声字，"甞"俗又或省作"甞"(见P.2544 号《酒赋》等卷)，等等，也是部分部件简省的实例。

3. 省略或合并相同或相近部分

有的汉字本身有两个或两个以上相同或相近的部件，俗书往往把这种相同或相近的部件加以合并，或省略其中的一部分。如 S.2073 号《庐山远公话》："但贱奴今问法师，似荧光覓日，蟑螂巨(拒)辙。"截图字为"竞"的俗字，其下部"见"当是由"竞"下部似二"兄"形的部件合并而成。《龙龛手镜·见部》载"竞"俗作"竞"，上部的"並"则又由二"立"形部件合并而成。又如下面的例子：

【蚕】同"蠶"。P.3808 号《长兴四年中兴殿应圣节讲经文》："令知织妇之劬劳，交(教)识蚕家之忙迫。"慧琳《音义》卷九九《广弘明集》第二十六卷音义："蠶，集从天作蚕，非也。""蠶"俗作"蚕"，大概经历了俗写作"蠶"、简省作"蝅"(北敦 6567 号《金光明最胜王经》第七卷音义："蝅，作含。")、省并作"蚕"(见 P.2187 号《破魔变文》)、最后省并作"蚕"等一系列俗书、省并的过程形成的。

【麁】同"麤"。敦研20 号《大般涅槃经》卷六："若有不信是经典者，现身当为无量病苦之所恼害，多为众人所见骂辱；命终之后，人所轻贱，颜貌丑陋，资生艰难，常不供足，虽复少得，麁涩弊恶。……若复有人能信如是大乘经典，本所受形虽复麁陋，以经功德，即便端政。"又敦研24 号《大方等大集经》卷六："若广若侠(狭)，若麁若细。"后例同卷下文又二见，"麁"字写法同。按："麤"从三鹿，俗书简省作"麁"，则直接用"三鹿"二字以会意。

【毳】同"毳"。北敦 3814(北 6469，金 14)号《大般涅槃经》卷二七："惟畜三衣、粪衣、毛衣。"其中的"毛"字北敦 1080 号同,北敦 5382、S.2197、S.4535 号等本作"毳"。按可洪《音义》第拾捌册《子毗尼母经》第七卷音义:"毛毛,尺税反,正作毳。""毳"从三毛,俗书简省作"毛",则直接用"三毛"二字以会意。《龙龛手镜・毛部》载"毳"俗字作"毛",其上部的二笔盖省书符号,可以比勘。"雙"字俗书或作"变""变","出"字俗书或作"云",造字机理略同。

4. 符号代替

符号代替是简省笔画的一种有效方法,因而在俗文字中应用极广。在敦煌写本中,常用的简省符号有以下几个:

【文】一些上下结构的字如果上半部分形体过于繁复,俗书往往用"文"形简省符号代替。如敦煌写本中常见"學"写作"孝","覺"写作"竞","齊"写作"斉","齋"写作"亲","舉"写作"㐫",其中的"文"皆为简省符号。

【米】一些"米"字形结构繁复的部件俗书往往代之以"米"形简省符号。如敦煌写本中常见"齋"写作"亲","斷"写作"断","繼"写作"継",等等,其中的"米"皆为简省符号。

【刂】一些左右结构的字如果左部构形过于繁复,俗书往往用"刂"形简省符号代替。如敦煌写本中常见"歸"写作"帰","臥"写作"以","臨"写作"临",等等,其中的"刂"皆为简省符号。

就来源而言,"米""刂"等简省符号等可能与草书楷化有关。但后来约定俗成,人们直接把它们当作一个简省部件来使用,于是便脱离书体而独立了。

三　改换偏旁

通过改换偏旁形成的俗字可以分为改换表意的偏旁和改换表声的偏旁两类,现分论如下:

1. 改换表意的偏旁

改换表意的偏旁有以下几种类型:

（1）意近换用

汉字许多表意的偏旁所表的"意"相互间是相同的或相近的,这种意近的偏旁俗书往往可以换用。比如"宀"字像房屋覆盖之形,"穴"字古指土室或洞穴,二者皆为居住之所,意义上有共通性,所以这两个偏旁俗书往往可以换用。如"牢""宦""寐"俗书或换旁从穴,而"突""窟""窮"俗书或换旁从宀。又如骨与身、豸与犭、月(肉)与酉、耳与身、耒与禾、足与辵、口与言、鸟与隹、米与禾、攴与殳、缶与瓦、亻与彳、衣与糸、宀与冖、氵与冫、广与厂等等,这些偏旁相互之间有这样那样的共同点,所以敦煌卷子中亦多可换用。

（2）因事物的构成发生变化或观察的角度不同而换用

时代的发展,物质文化生活的改变或提高,往往会在语言文字上留下深深的烙印。这种烙印在俗文字上表现得尤为明显。例如:

【帋】P.3697 号《捉季布传文》:"典仓牒帋而吮笔,便呈字势似崩云。"按《太平御览》卷六〇五引王隐《晋书》云:"魏太和六年,博士河间张揖上《古今字诂》,其巾部:紙,今也(世)其字从巾。古之素帛,依旧(书)长短,随事截绢,枚数重沓,即名幡纸,字从系,此形声也。后和帝元兴中中常侍蔡伦以故布捣剉作纸,故字从巾。是其声虽同,系、巾为殊,不得言古纸为今纸。"[1]("世"字据周密《齐东野语》卷十"绢纸"条所引校改)。可见"紙"字从系从巾的不同,和造纸材料的变化是密切相关的。敦煌写卷"紙"又或作"綘"[2],则是把"紙""帋"熔为一炉了。

人们对文字理解的不同,或者说观察事物的角度的差异,也是导致俗书改换表意偏旁的原因之一。例如:

【奻】S.388 号《正名要录》"正行者正体,脚注讹俗"类"婦"下脚注"**奻**"。按:《说文·女部》:"婦,服也。从女持帚,洒扫也。"这就是说,手持扫帚扫地的女人就是"婦",这反映了古人对"婦"的看法。敦煌俗字作"奻",则是从女、人会意,这是从另一种角度观察而造成的会意俗字。《广雅·释亲》:"男子谓之丈夫,女子谓之妇人。"可作为"奻"的注脚。

（3）因字义引申而换用

由于时地的变迁,许多汉字在本义的基础上产生了引申义,为准确地反映这种新的意义,有时俚俗会通过改换表意偏旁的方式来加以调整。例如:

【峒】P.3821 号《谒金门》词:"长伏(服)气,住在蓬莱山里。绿竹桃花碧溪水,峒中常

---

[1]《太平御览》,北京:中华书局,1960 年,第 2724 页。

[2] P.4638 号《右军卫十将使孔公浮图功德铭并序》、P.3211 号《王梵志诗·父母生男女》、P.2305 号《解座文汇抄》皆有用例。

晚起。"S.2607 号《临江仙》词:"不处嚣尘千万年,我于此峒求仙。"按《集韵·送韵》:"峒,山穴。通作洞。"这一音义的"峒",其实就是"洞"的换旁俗字。"洞"本指疾流,故其字从水;后多指洞穴,因洞穴多与山有关,于是俚俗便改易偏旁写作"峒"。

（4）改表意的偏旁为表声的偏旁

这种情况通常发生在会意字上。会意字大抵是会合两个或两个以上表意的偏旁以成一字之义,俗书或改其中的一个表意的偏旁为表声的偏旁,从而变会意字为形声字。如敦煌卷子中"豚"常写作"肫"。P.3724 号《王梵志诗·富饶田舍儿》:"牛羊共成群,满圈养肫子。"S.388 号《正名要录》"字形虽别,音义是同,古而典者居上,今而要者居下"类,"豚"下"今而要者"为"肫","肫"即"肫"字俗写。据《说文》,"豚"本是从肉从豕会意,俗书作"肫",则变成了从肉、屯声的形声字。

形声字的形旁偶尔也会发生被一个形近的声旁所替代的情形。这是由于字形的演变,原来的形声结构变得模糊起来;或者是由于语音的变化,原有的声旁失去了表音作用,使得人们从原来的字形上看不出表声的偏旁,于是便改原字的形旁为形近的声旁,从而形成了实际上是"二声"的俗字。前一种情况如"曼"俗写为"�"(《说文》云"曼"从冒声)[1],后一种情况如"恥"俗写作"耻"(《说文》"恥"从耳声)[2]。"曼""耻"都是敦煌卷子中常见的俗字。

2. 改换表声的偏旁

改换表声的偏旁有以下几种情况:

（1）音近换用

敦煌卷子中不少俗字是声旁同音或近音改换的结果,如下面的例子:

【𪕊】《敦煌变文集》卷四《降魔变文》:"六师闻请佛来住,心生忿怒,颊怅(涨)𪕊(嘶)高,双眉斗竖。"(页 374)原校"𪕊"为"嘶"。但根据原文"怅"(泉按:当校作"脹")"高"皆为动词,而与"颊"相应的"𪕊"则应是名词才是,所以我们认为"𪕊"当是"腮"的改换声旁俗字[3]。"腮"从"思"得声,而"斯""思"读音至近(仅韵母微殊)。民间识字多据声旁(即"秀

---

[1] "曼""万"古同音,参看钱大昕《十驾斋养新录》卷二"曼"字条,北京:商务印书馆,1957 年,第 33 页。

[2] 《王一·止韵》:"恥,俗作耻。""止""恥"音近。参看李荣《文字问题》第 40 页(北京:商务印书馆,1987 年),裘锡圭《文字学概要》第 15 页(北京:商务印书馆,1990 年)。

[3] 项楚师《敦煌变文选注》(增订本)谓"𪕊"当作"腮"(第 703 页),极是。

才识字读半边"是也),所以尽管"斯""腮"读音有一定区别("斯""思"皆止摄字,"腮"则蟹摄字),仍可换易声旁把"腮"写作"斯"。P.2122 号《维摩诘经押座文》[1]:"我见即今释迦土,地平如掌宝天宫,随其心净见如思,不是如来土不净,自是本心心垢重,随其心垢见丘陵。"其中的"思"为"斯"的借音字,可证"思""斯"当时读音确实非常接近。

有必要指出,判断音同或音近必须根据俗字所产生的那个时代来加以考察。就敦煌卷子来说,唐五代前后的西北方音就是我们考虑问题的出发点。如S.4332 号《别仙子》词:"此时㭟样,算来是,秋天月。"首句第三个字为"㭟"的俗写,而"㭟"则就是"模"的改换声旁俗字。初观乍视,"牟"与"模"或"莫"虽则声母相同(同属明纽),而韵母则有较大的距离("牟"《广韵》平声尤韵字,流摄;"模"《广韵》平声模韵字,遇摄)。但唐五代西北方音尤、侯、幽等韵唇音字读如虞、模二韵[2],所以"牟"字当时的实际读音和"模"或"莫"趋于相同。S.4511 号《丑女缘起》:"女缘前生貌不敷,每看恰似兽头牟。"其中的"牟"蒋礼鸿师校读作"模"[3],可证"牟"的读音与"模"或"莫"的确相同或相近。据此,则"模"字俗书改换声旁作"㭟"便不难理解了。

(2)改换声旁以求更确切地反映字音

形声字的声旁是表音的。但时有古今,音有转移,有的形声字的声旁逐渐和它所代表的字音发生了脱节的情况,即声旁不能反映实际语音。这时俗书往往通过更换声旁的方式另造新字,以求声旁重新与字音取得一致。如S.617 号《俗务要名林·田农部》:"搗,杵春。都老反。""搗"是唐代前后产生的俗字(由"擣"变来,"擣"字至迟六朝碑刻中已见),它是在其正字"擣"的声旁"壽"不能代表实际语音的情况下用更换声旁的方式创造出来的。"搗(擣)"和"島"字《广韵·晧韵》皆音都晧切,读音便完全一致了。又如下面的例子:

【軰】"輩"的俗字。P.4660 号《故敦煌阴处士邈真赞并序》:"虽弱冠从戎,颇彰于七德;守中居信,弃三惑于軰流。"北敦 6412(北 8672,河 12)号《父母恩重经讲经文》:"始从怀抱作婴孩,长大成人六尺材;弃德軰恩多五逆,惟行不孝纵痴呆(騃)。"按《干禄字书》:"軰輩:上通下正。""軰""輩"二字的位置应互乙。《广韵·队韵》:"輩,俗作軰。"是也。据《说文》,"輩"字从"非"得声,但随着语音的发展变化,非声和它所代表的整个字的字音发生了脱节的情况(《广韵》"輩""非"声韵调皆别),于是俗书便改"非"声为"北"声。《集

[1] 《敦煌变文集》卷五载此文,拟题作《维摩诘经讲经文》,不确。
[2] 参看张金泉《变文假借字谱》,《杭州大学学报》1984 年增刊,第 63 页。
[3] 见《敦煌变文字义通释》(增补定本)"牟"条,第 62 页。

韵·队韵》"北"字有补妹切一音,正与"辈"字同音。上引后一例"辈（輩）"借用作"背",而"背"从"北"得声,这也证明"北"确有同"辈"一音。宋元以后的一些刻本小说也多采用从北声的"輩",也反映了"辈"字的实际读音。段玉裁《说文解字注》却说"辈"字"俗从北,非声也",那是不符合实际情况的。

（3）改表声的偏旁为表意的偏旁

我们在前面说过,俗书有改表意的偏旁为表声的偏旁的,反之,又有改表声的偏旁为表意的偏旁的。例如:

【迯】S.328 号《伍子胥变文》:"臣即不绍于家,弃父离君迯走。"又云:"我昔迯逝入南吴,在路相逢从乞食。"S.388 号《正名要录》"正行者正体,脚注讹俗"类"逃"下脚注"迯"。按元李文仲《字鉴·豪韵》:"逃,徒刀切,《说文》:亡也,从辵,兆声。俗作迯。""逃"本从"兆"声,俗书作"迯",则成了从辵、外的会意字。

3. 改旁便写

有的偏旁形体较为繁复,辨认、书写都有不便,或者写起来不大顺手,俗书往往改作形体相近的简单的偏旁。如敦煌写卷"門"旁多写作"門","竹"头多写作"艹","嫂"字或作"㛮","恶"字或作"悪","豐"字或作"豊","霸"字或作"覇",等等,大概都与书写的简便有关。又如下面的例子:

【騌】北敦 3024（北 8437,云 24）号《八相变》:"（大王）再处分车匿,来晨被（备）于朱騌白马,却往南门观看。"按:"騌"为"騌"的俗字。《说文新附》:"騌,马鬣也。从马,㻬声。""㻬"是一个生僻字,读、写都不方便,俗书改从"宗"声,虽然笔画只少了一笔,却简洁明快得多了。

4. 偏旁形近换用

有些偏旁相互间在意义上并没有什么共同之处,只是因为形体相近,敦煌写本也常常换用。张守节《史记正义·论字例》所说的"泰、恭从小,匡、匠从走（辵）"[1],唐释云公《大般涅槃经音义序》所说的"挑、桃浑于手、木,恨、帐乱于心、巾"[2],几乎就是敦煌写本

---

[1]　中华书局标点本《史记》末附,第 2 版,北京:中华书局,1982 年,第 14 页。
[2]　慧琳《一切经音义》卷二五引,上海:上海古籍出版社影印日本狮谷白莲社本,1986 年,第 952 页。

文献用字的真实写照。此外如衤作礻、忄作卜、力作刀、瓜作爪、爿作牛、攵及夂作反、山作止或止作山、口作厶或厶作口，等等，敦煌写本中亦屡见不鲜。

又如敦煌俗书"怨"字作"怨"，"鐵"字作"鐵"，属于把罕见的、生僻的偏旁改成形近的常见的偏旁；再如"逢"字俗作"逢"，"閻"字俗作"閻"，则属于不自觉的传写讹变。

5. 类化换旁

如前所说，人们书写时因受上下文的影响，有类化偏旁的倾向。上文已举过类化增旁的例子，这里举一个类化换旁的例子：

【趁趃】P.2962 号《张义潮变文》："其贼不敢拒敌，即乃奔走。仆射遂号令三军，便须追逐。行经一千里已来，直到退浑国内，方始趁趃。"考字书"趃"字有大走、走貌等义，均与文义不合。其实这里的"趃"即"迭"字，文中因与"趁"字连用，遂类化换旁作"趃"。《敦煌变文集》卷四《降魔变文》："天仙空里散名花，赞呗之声相趁迭。"字正作"趁迭"。"趁迭"意为追上、追及[1]，正与文义密合。

类化变换的通常是形旁，但偶尔也有声旁被替换的情形，如"閻浮"俗写作"閛浮"或"闍浮"[2]，就是"閻"的声旁被"浮"字或"浮"的声旁所替代。又如下面的例子：

P.2044 号《真言要决》卷三："修道独处坐禅，用心精进，或见佛身、菩薩身、真人罗汉身、天尊老君身、神仙身，及过往有名号贤德身。……夫诸佛、菩蓓、天尊、老君等，并是过去出世圣人，当今无有见其真状者。……故魔亦能种种变化，惑作佛身、菩蓓之身，亦能宣说妙法，自非大乘慧眼不能别之。"其中的"菩蓓"即上文的"菩薩"，"蓓"即"薩"的俗字。"薩"字宋以后写作"薩"，乃"薛"的后起分化字，下部本从辥声，但上揭写卷"薩"受前字"菩"的声旁类化，后二例右下部写成了"音"。

四　部件易位

上古汉字的字形结构一般比较随便，其上下左右不甚拘泥。清严可均《说文校议》云："六书大例，偏旁移动只是一字，上下左右，随意配合。"但汉字由篆而隶，隶变以后继

[1] 参看蒋礼鸿师《敦煌变文字义通释》(增补定本)该条，第 155 页。

[2] "閛"字见《龙龛手镜·门部》，"闍"字见 P.3375 号《欢喜国王缘》。

以楷变,字形结构渐趋固定,偏旁的位置不同往往就意味着别为一个字。正如元李文仲《字鉴》卷一所云:"召字从形在左则为叨,含字以声在右则为吟,字画稍改,则为别字。"但俗写文字对字形结构并不太讲究,部件移动的情况时有可见。事实上,许多俗字就是通过偏旁易位的方式造成的。下面举两个例子:

【裹】P.2962 号《张义潮变文》:"仆射即令整理队伍,排比兵戈,……分兵两道,裹合四边。"P.3821 号《谒金门》词:"闻道君王诏旨,服裹琴书欢喜。"按《龙龛手镜·衣部》:"裹,俗;裹,正。""裹"字原本是用"衣"把"果"声包在中间,俗字则改为上声下形。

【瑆】P.3390 号《孟授上祖庄上浮图功德记并序》:"师乃间生豪族,异世英雄;位亚及于三贤,智邻通于十瑆。"S.3491 号《频婆娑罗王后宫彩女功德意供养塔生天因缘变》:"佛有他心瑆智,预知众生心意。"按:"瑆"即"圣"字。据《说文》小篆,"圣"字作上下结构,与今天的写法一致。但"圣"字本是从耳、呈声,上揭敦煌写卷作"瑆",似有显化形符及声符之意。

有些字偏旁易位以后,会发生与另一个字同形的情况,容易造成理解的困难。如下面的例子:

【部】75TKM99:6(a)《北凉承平八年(450?)翟绍远买婢券》:"若后有何(呵)盗仞(认)名,仰本主了;不了,部还本贾。"(《唐吐》壹–93)其中的"部"字费解。原书把它校订做"倍",似乎可通。其实这个"部"乃是"陪"的偏旁易位字。六朝以迄唐代前后多以"陪"表示赔偿之义。如白居易《长庆集》卷五十《判题》:"甲牛觚乙马死,请偿马价。甲云:'在放牧处相觚,请陪半价。'"75TAM221:62(b)《唐永徽三年(652)贤德失马陪征牒》:"□月廿九日,在群夜放,遂马匹阑失,□被府符征马。今买得前件马,付主领讫。……贤德失马,符令陪备。"(《唐吐》叁–313)皆其例。"陪"写作"部",不过是变动一下偏旁的位置而已。但由于这个"部"写得和部队的"部"完全没有分别,易于造成读者理解的歧异。

五　书写变易

汉字由甲骨金文发展到楷书,已经有几千年的历史,传写的变易是免不了的。这也是俗字纷繁的一个重要原因。

1. 传承差异

汉字的字体除了今天通行的楷书以外,历史上还经历过商周古文字、小篆、隶书的变迁,此外还有章草、今草、行书的先后流行。这些不同的字体,不但相互之间写法迥异;就是同一字体内部,往往也是变态万端。面对这种种纷杂的书体和字体,后来的人们在进行楷化的时候,由于传承的差异或者对字形的不同理解或安排,同一结构的字却会形成不同的书写形式。如敦煌写本中常见的"桒"字,《广韵》定作"桑"的俗字。其实"桑"字甲骨文作"𣕚"形,汉印或作"桒",据此加以楷定即可写作"桒"。但由于后世以据《说文》篆文"𣘲"楷定的"桑"为正体,"桒"便被看作了俗体。又如下面的例子:

【姉】P.2838 号《抛毬乐》词:"当初**姉**=分明道,莫把真心过与他。"P.3048 号《丑女缘起》:"生身父母多嫌弃,姉妹朝朝一似嗔。"P.3011 号《出家赞》:"舍却亲姉热妹,惟有法兄法弟。"按:"姉"为"姉"的变体,"姉"即"姊"字。今日本汉字"姊"仍写作"姉"。在一般人看来,这个后世不经见的"姉"显然是个俗字。其实不然。"姊"字小篆右旁作"朿",据小篆字形隶定或楷定,即可写作"姉"形。这种写法的"姉"《汉武梁祠堂画像》已见[1]。但由于后世以"姊"为正字,"姉"及其变体"姉"自然就成了俗体。

2. 草书楷化

草书楷化是简体俗字的重要来源之一。宋王观国《学林》卷十"稱秤"条云:"两汉止用稱字,未用俗书秤字也。用俗书秤字,其晋、魏以下乎? ……俗书秤字,盖生于草书稱字。按草书法,禹字与草书平字相类,因而讹书作秤也。字因草书而讹变其体者甚多,不特此也。"[2]S.2053 号背《礼记音》:"**秤**,尺烝[反]。"P.2186 号《普贤菩萨说证明经》:"治生贩卖,巧斗(升)抃(拚)斗,撚秤前后,大斗重秤谓之劫,轻秤小斗谓之盗。""秤"当又为"秤"之变。王观国谓"字因草书而讹变其体者甚多",确是照幽烛微、洞明本真之言。诸如敦煌写本简化偏旁"讠""亻""纟",简化字"为""书""长",以及"身"俗作"**𢭈**"、"定"俗作"𡦑"、"安"俗作"安"等等,皆渊源于草书。

---

[1]《隶释》卷十六,北京:中华书局,1985 年,第 167 页。
[2]《学林》,北京:中华书局,1988 年,第 322 页。

六　整体创造

以上所讲五种类型的俗字,主要是通过对原有字形的改造或书写的变化形成的,俗字与正字之间或多或少有些联系。这里所讲的"整体创造",则是完全抛开正字,另起炉灶,用全新的部件创制新字。这类新造的俗字,就其构形而论,主要有以下二类:

1. 新造会意字

整体创造的字,以会意字居多。诸如自反(䊮)为歸、更生(甦)为蘇、不用(甮)为罷、身本(躰)为體、上下(卡)为弄(俱见S.388号《正名要录》)等等,都是新造的会意字。又如下面的例子:

【尟】P.2143 号普泰二年(532)《大智度论廿六品释论》题记:"弟子……东阳王元荣,惟天地妖荒,王路否塞,君臣失礼,于慈(兹)及(多)载。天子中兴,是以遣息叔和诣阙修受(?)。弟子年尟疹患,冀望叔和早得还回。"其中的"尟"字,或录作缺文[1],盖不明其为何字。其实这个字是"老"的会意俗字。《颜氏家训·杂艺》记北朝俗字,其中有"先人为老",正是指"尟"字而言。[2]"尟"字六朝碑版中经见,但唐代以后似已不甚行用,故敦煌卷子中殊不多见。

唐武后永昌元年(689),武则天诏颁"新字"十余个(唐武周时期的敦煌写卷屡见之,有些是承用前代已经流行的俗字)[3],其中多数为生造的会意字,如"明"下作"空"为"照"、"一"下作"忠"为"臣"、"一"下作"生"为"人"等等,皆是。

2. 新造形声字

敦煌卷子中与原来的字形无关的后起形声字数量不是很多。下面举两个例子:

---

[1] 林聪明《敦煌文书学》,台北:新文丰出版公司,1990 年,第 281 页。

[2] "老"字隶书或作"耂"形,"老"字写作"尟"是在这类隶变字的基础上进一步附会产生的,所以就渊源而言,"尟"并非与"老"字完全没有关系。参看梁春胜《楷书部件演变研究》页 19、20,复旦大学博士学位论文,2009 年。

[3] 武后所制新字的字数,《新唐书·后妃列传》所载为十二字,此外还有十四字(《学林》)、十六字(《通志》)、十八字(《集韵》)、十九字(《宣和书谱》)诸说,字形亦多互歧。

【炁】S.2617 号《大目乾连冥间救母变文》:"西边黑烟之中,总是毒炁,吸着和尚化为灰尘。"P.2517 号《紫文行事诀》:"子时平坐,接手放两膝,闭炁冥目内视。"按《玉篇·火部》:"炁,去既切,古氣字。"《集韵·未韵》:"气,丘既切,《说文》:云气也。象形。一曰息也。或作氣、炁。"《集韵》以"炁"为"气"字或体,我们认为是正确的。就云气、气息等义而言,"气"为古本字,象形;后借用"氣(氣)"字来表示;至于"炁"字,当是"气"的后起形声字,从火[1]、旡声。《说文》"氣"字或作"槩"("既"为声符,而"既"又从"旡"得声),可证"旡""氣"古字音近。

【粧】P.3048 号《丑女缘起》:"再三自家嗟叹,嗟叹无计,遂罪(罢)粧台。"又云:"懊恼今生貌不强,紧盘云鬓罢红粧。"按:"粧"为"妆"的加点字。南唐徐锴《说文解字系传》卷二四:"妆,饰也。从女,牀省声。臣锴曰:今俗作粧。"从字形上来看,"粧"当是从米、庄声,"庄"为"莊"的俗字[2],故"粧"字本当作"糚"。《玉篇·米部》:"糚,侧床切,饰也。"《集韵·阳韵》:"妆,或作糚。""莊""妆"《广韵·阳韵》并音侧羊切,故"糚"当是从莊得声。至于"糚"字何以从米,当与古代化妆用米粉有关。《说文·米部》:"粉,傅面者也。从米,分声。"徐锴系传:"古傅面亦用米粉。"所以"粧"或"糚"是与其正字"妆"的字形无关的后起形声字[3]。

七　异形借用

异形借用可分为音借和形借两类,下面分别举例讨论:

1. 音借

敦煌文献中同音或近音替代的字很多,其中大多数可以划入假借字或音误字的范畴;但也有相当一部分同音或近音替代字的使用是出于书写习惯或者是为了简化字形或区别字义,而非纯粹出于声音上的考虑,这一类的同音或近音替代字,就应该纳入俗文字的范畴。例如:

---

[1] "气"字古有从"火"作"炁"者,盖火烧则蒸气上升,故从火,可参。

[2] 《五经文字》卷中艹部:"莊,作迚非。"敦煌卷子中"莊"字多作"迚"。"庄"又为"迚"的变体。

[3] 元李文仲《字鉴》卷二阳韵以"粧"为"装"的俗字,似未确。

【面】P.2133 号《妙法莲华经讲经文》:"若说殑伽河里,沙细人间莫比,恰如粉面一般,和水浑流不止。"P.3833 号《王梵志诗·负恩必须酬》:"负恩必须酬,施恩慎勿索。得他一石面,还他抬斗麦。"其中的"面"字原卷如此,皆即"麪"字。据《说文》,"麪"字从麦、丏声,俗写作"面",可能导源于俗字"麵"。《干禄字书》:"麵麪:上俗下正。"慧琳《音义》卷三八《金刚光焰止风雨陀罗尼经》音义:"麪,从麦、丏声,丏音弥演反。经文从面,俗字也。"敦煌卷子中"麵"字经见。如S.4571 号《维摩诘经讲经文》:"每交(教)不出闺帏,长使调脂弄麵。"是其例("麥"字或"麥"旁俗书多简作"麦")。"麪"字变"丏"为"面",是改换声旁俗字。俗书作"面",则复去形存声,明显具有简化字形的因素在内。今简化字相沿以"面"代"麪"。

俗书借用同音或近音字也有造成字形繁化的现象。例如:

【墮】S.133 号《秋胡变文》:"纵使黄金积到天半,乱采(綵)墮似丘山,新妇宁有恋心!"P.2305 号《解座文汇抄》:"直墮黄金北斗齐,心中也是无厌足。"S.2144 号《韩擒虎话本》:"皇帝闻奏,即在殿前,遂安社(射)墮,画二鹿,便交(教)赌射。"按:"墮"即"垛"。前二例为堆积之义。敦煌卷子中"垛"字少见,而多作"墮"。考玄应《音义》卷五《月上女经》上卷音义:"雀垛,徒果反,谓城上女墙也。经文作墮落之墮,非体也。"[1]又卷十二《长阿含经》第二十卷音义云:"石陊,徒果反,《通俗文》:积土曰陊。经文作墮,非也。""墮"为"墮"的俗字(慧琳《音义》卷五二引正作"墮"),而"陊"即"垛"字异体。这里玄应一再提到"垛"字经文作"墮",可见当时的佛经写本"垛"字也常写作"墮"。《世说新语·伤逝》:"王濬冲为尚书令,着公服,乘轺车,经黄公酒垆下过。"刘孝标注引韦昭《汉书注》曰:"垆,酒肆也,以土为墮,四边高似垆也。"徐震堮校笺疑"墮"为"陊"之借,同"垛",不必疑。为什么抄手放着形体简单得多的"垛"不用,却要写作"墮"呢? 这里除了二字同音的因素以外,恐怕还有字形上的原因。无论是"雀垛"还是"箭垛""积土为垛",这些个"垛"都与"土"有关。而从字形上看,"墮"字从土、隋声,与"垛"的构形方式一致;"垛"的意义可以用从土、朵声的"垛"来表示,也不妨用从土、隋声的"墮"来表示。作"垛"作"墮",俱无乖于形声会意之旨。所以从这种意义上来说,我们不妨把"墮"看作"垛"的俗字。

俗书借用同音或近音字,有时会造成理解的歧异。这时俚俗往往通过加注或改换偏旁的方式分化出新字来。如上文讨论过的"粧"字,"妆"写作"粧"很可能是先借用"莊"。

---

[1]《月上女经》音义《丛书集成初编》本玄应《音义》未见,此据《中华大藏经》影印《金藏》广胜寺本,北京:中华书局,1993 年,第 56 册 892 页。

S.2614 号《大目乾连冥间救母变文》："金鞍永绝晶珠心，玉貌无由上**粧**閤。""**粧**"为"莊"的俗字，文中"莊"即"妆"的借字[1]。后来为免与庄重、村庄之"莊"相混，又加注"米"旁写作"糚"（俗书又进而写作"粧"），分化出一个新的形声字来。《干禄字书》："**症莊**莊：上俗，中通，下正。其粧粉合用此字，相承从米已久。"说粧粉合用"莊"字，不确；不过由此却可证明唐代前后"莊"常被借用作"妆"，"妆"写作"粧"当是从假借字"莊"分化出来的。

2. 形借

裴锡圭在《文字学概要》一书中曾经指出："形借是不管一个字原来的音义，只借用它的字形的一种现象。"[2]由于造字角度的差异或字形演变的关系，俗字常常会发生跟另一个音义不同的汉字同形的现象。这种异字同形的现象，和裴先生所说的"形借"是不同性质的。这里只是为了叙述的方便，相对于上文的"音借"而言，把俗字与另一个音义不同的字同形的现象称为"形借"。如下面的例子：

【导】S.5996 号《五更转》："包融一切含万境，色空不异何相导。"该辞又见于 S.3017号，"导"字同。《敦煌歌辞总编》卷五据上述二卷载录本辞，"导"字录作"得"（页 1412）。考《说文·彳部》："得，古文省彳。"盖即任录的依据。但"导"作为"得"的异体，传世文献中极少用例，六朝以后更是闻所未闻。故任录"导"字作"得"，不能令人无疑。其实上揭写卷的"导"并非"得"字，而是"礙"的俗字。慧琳《音义》卷五四《佛说食施获五福报经》音义："礙，《韵略》作硋，《文字集略》作导，并俗字也。"敦煌文献"导"多用作"礙"的俗字。如 S.4243 号《无相珠》："无罣导，更无比。"又北敦 7364（北 8405，鸟 64）号《悉昙颂》："观心无罣无导，故无减无生无恐怖。"皆其例。"导"用作"礙"的俗字，较早见于东汉[3]。有的学者认为"导（礙）"是"得"的变体字，去掉"得"的"彳"旁表示有障碍不能得到的意思[4]，可备一说。"礙"写作"导"，就与与"得"的古文"导"成了同形字，所以玄应《音义》中一再说俗字"礙"作"导"，"导"非此义也（卷一《大方广佛华严经》第一卷音义、卷六《妙法莲华经》第一卷音义）。其实，由于"导（得）"字载籍罕用，并不会与"导（礙）"发生意义上的混乱。前揭 S.5996 号写卷

---

[1] 唐以后的韵书、字书每释"莊"为妆饰义，如《王一·阳韵》："莊，饰。"当是因假借而产生的引申义。

[2]《文字学概要》，第 209 页。

[3]《隶释》卷四东汉桓帝建和二年司隶校尉杨孟文《石门颂》有其字，洪适谓即"碍"字（第 50—52 页），唯其字上部的"日"原书作"目"形，字形略异。

[4] 参看《文字学概要》，第 139 页。

"導"字任录作"得",是与校录者对这一点缺少了解有关的。

【㣴】P.3833 号《王梵志诗·前业作因缘》:"今世受苦㣴,末(未)来当富贵。"其中的截图字项楚《王梵志诗校注》录作"㣴",校作"恼",可从。"㣴"诗中实即"恼"的俗字[1]。《龙龛手镜·心部》:"㣴,丑律、竹律二反,忧心也。又俗音恼。""恼"同"恼"(《龙龛手镜》同部:"恼,今;恼,正。")。这个"俗音恼"的"㣴"就是"恼"的俗字。那么从心、㐫(脑)声的"恼"怎么会写作"㣴"与"㣴(chù)"字同形呢?原来这与字形讹变有关。"恼"字俗作"恼",又变作"㣴"形,后者与"㣴"字至近,传写讹变或受右下部"山"的类化都极易混同于"㣴"。P.2418 号《父母恩重经讲经文》:"思量慈母生身日,苦㣴千般难可述。"其中的截图字《敦煌变文集》误录作"㣴",可见"恼"及其手写变体确有可能讹变作"㣴"。于是,字形讹变形成的俗字"㣴(nǎo)"便与原来的"㣴(chù)"字成了同形字。

八　合文

汉字是音节文字,一个字代表语言的一个音节。但也有少数把两个字或几个字合写在一起代表语言的两个或两个以上音节的复音字,文字学家称之为合文。敦煌卷子中的合文主要有以下几个:

【茻】"菩萨"的合文。如P.3808 号《长兴四年中兴殿应圣节讲经文》:"若非茻之潜形,即是轮王之应位。"P.3360 号《大唐五台曲子》:"花木芬芳,茻多灵异。"后例截图字S.2985号作"菩萨"。又云:"八德池边,……茻行时龙众请。"其中的截图字S.467 号作"菩萨"。按《龙龛手镜·草部》:"茻,莫朗反,草木冬生不死也。又音菩萨二字。""音菩萨二字"即是指"茻"为"菩萨"的合文。"菩萨"写作"茻",大概是因为"菩萨"是佛典中的常用词,抄写的人为了节省时间,故而开始时仅用两个草头来代替。如北敦 3652(北 4489,为 52)号《般若波罗蜜多心经疏》:"茻(菩萨)者,是西域名,亦名廾提质谛廾埵,此云道心众生。廾提名道,质谛名心,廾埵名众生。"其中的"廾"原卷皆占一格,"廾提"乃"菩提"省书,"廾埵"乃"萨埵"省书(比较南朝宋畺良耶舍译《观无量寿佛经义疏》卷中:"菩萨,梵云摩诃菩提质帝薩埵,此云大道心成众生。")。又北敦 968(北 6205,昃 68)号《法华经玄赞第二》:"彼佛从定

---

[1]《玉篇·心部》:"㣴,竹律切,忧心也。"王梵志诗"苦㣴"之"㣴"照字面解释似亦可通,但不如视作"恼"的俗字为贴切。

起正告妙光：艹卜众中随深智慧，与佛相应。"其中的截图字原卷分写在前行之末和次行之首，应分别为"菩"和"薩"的简省字，《大正藏》本正作"菩薩"二字。又上图 125 号《金刚般若经义疏》卷二："故阿耨𦱤（菩提）是如来事，付嘱苙即荷如来重担，荷负如来十佛事故。""苎"乃"菩薩菩薩"重文的省书，其中的"艹"形截图字亦分别为"菩"和"薩"的简省字，而其下的"〻"乃重文符号。由此可见，"菩薩"省写作"卅"，两个"艹"形部件也许本来是分写的。但由于古书竖抄的特点，抄手有可能会把这两个简省字合写在一起，仅占一个位置，于是就成了合文。

【𠀐】也是"菩薩"的合文。如 S.2500 号《菩萨戒本疏》上卷标题"菩薩"二字首题作"𠀐"，末题则作"𦾔"。该卷中"菩薩"多写作"𠀐"形，如："要具四德，方堪为师，授𠀐戒。"是其例。按："𠀐"即"卅"的变体。"卅"由"菩薩"的两个草字头合成，"𠀐"则更把下面的一个草字头用重文符号"乚"替代。

【𦸚】"菩提"的合文。如 P.3083 号《五更转》："四更长，太子苦行万里香。一乐𦸚修佛道，不藉你世上作公王。"其中的"𦸚"P.2483 号作"菩提"。北大敦 156 号《经缘略要》："佛说是时，会中便有九千长者求哀出家。佛敕弥勒，令与出家。出家已，发𦸚心。"按："𦸚"是由"菩"的草字头和"提"字合成的。如上所说，"菩薩"合文作"卅"，俚俗据以类推，"菩提"的"菩"字亦或简省作"艹"形，如北敦 112（北 6206，黄 12）号《法华经玄赞第四》云："以作善根，能证艹提，非诸凡夫及决定种性声闻未发艹提心者之所能得。"其中的截图字原卷单独占一格位置，且后者在行末，其下"提"字在次行之首（图 6-7）。又上图 125 号《金刚般若经义疏》卷二："佛告艹须提，凡所有相皆是虚妄者，述成也。"又云："须𦸚（菩提），𣔰（菩薩）应离一切相，发艹提心者，第四于传法时离取相过也。"前例"艹须提"原卷"艹"字右侧有一提笔形乚正符号，表示"艹"与下"须"字应互乙，原文当作"须菩提"（图 6-8）；后例"艹"原卷在前行末，"提"在次行首。由此可见，"菩"简省作"艹"形是

图 6-8　上图 125《金刚般若经义疏》

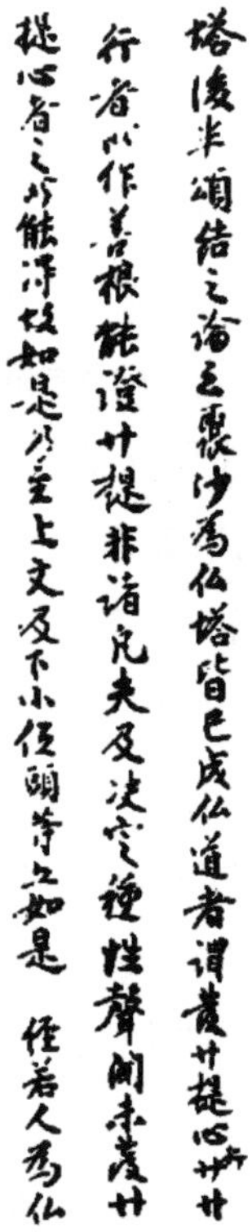

图 6-7　北 6206《法华经玄赞》

可以独立成字的。这独立成字的"廿"再进一步加以合成,于是"廿提"便写成了"薤"。

写卷"菩提"又或写作"菩薤",如P.2122号《维摩经押座文》:"听众闻经罪消灭,总证菩薤法报身。"同卷又一篇:"我佛嘿然而受请,为说菩薤净土因。"其中的"薤"则为"提"的类化字(涉上"菩"字类化增加草字头),与上文作为"菩提"合文的"薤"不同。

【茾】也是"菩提"的合文。如P.3093号《佛说观弥勒菩萨上生兜率天经讲经文》:"唐言好略,菩下去提,萨下去埵,故名茾,此云觉有情。故疏云:梵云茻萨埵,此云茾。"前后二截图字为"菩萨"的合文,中一截图字则为"菩提"的合文。P.2133号《金刚般若波罗蜜经讲经文》:"坚修善法没人过,定证茾阿耨多。"按《龙龛手镜·草部》:"茾,音菩提二字。""菩提"写作"茾",当是比照"茻"而产生的合文:"茻"是"菩萨",在"茻"中加一点则代表"菩提"。如果说"茻"是拼合原字的部分部件产生的合体字,那么"茾"则纯粹是记号字了。

【茻】"涅槃"的合文。如北敦968(北6205,昃68)号《法华经玄赞第二》:"梵云波利昵缚諵,此云圆寂,即是圆满体寂灭义,茻讹也。"这是说梵语"波利昵缚諵"(Parinirvna的音译)中土意译为"圆寂";旧译作"茻",是错误的。"茻"无疑就是"涅槃"[1]。又北大敦156号《经缘略要》:"为救三途苦恼众生,安置善道及茻乐。"截图字亦是"涅槃"。又北敦112(北6206,黄12)号《法华经玄赞第四》云:"茻经中唯说往法。"又云:"茻经中唯说茻往身,不说茻往行。"(图6-9)其中的截图字分别为"涅槃""菩萨"俗省。或谓前一例的"茻"为"菩萨"的合文[2],非是。又按:后一写卷的截图字原卷约占一格半,上下部分有间隔,也可认为是各自成字。同卷又云:"然茻茻可证而缚除,种智不成以无觉故。"又云:"《茻茻经》曰'吹贝知时',

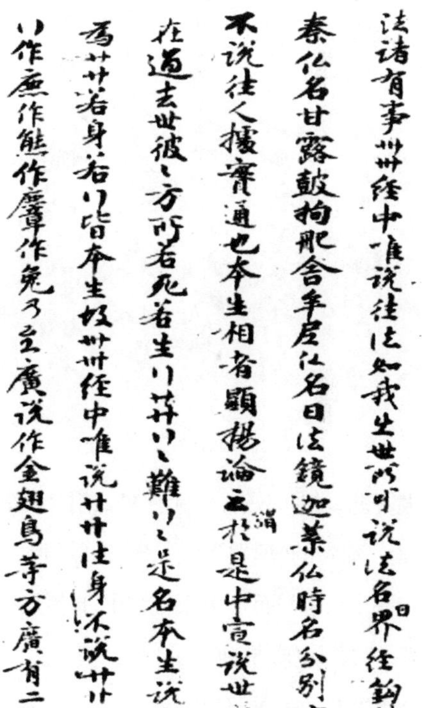

图6-9　北敦112《法华经玄赞第四》

---

[1] 唐窥基《成唯识论述记》卷一云:"西域梵音云波利昵缚喃。波利者圆也,昵缚喃言寂,即是圆满体寂灭义。旧云涅槃,音讹略也。今或顺古亦云涅槃。"可参。

[2] 见杜爱英《敦煌遗书中俗体字的诸种类型》,《敦煌研究》1992年第3期,第126页。

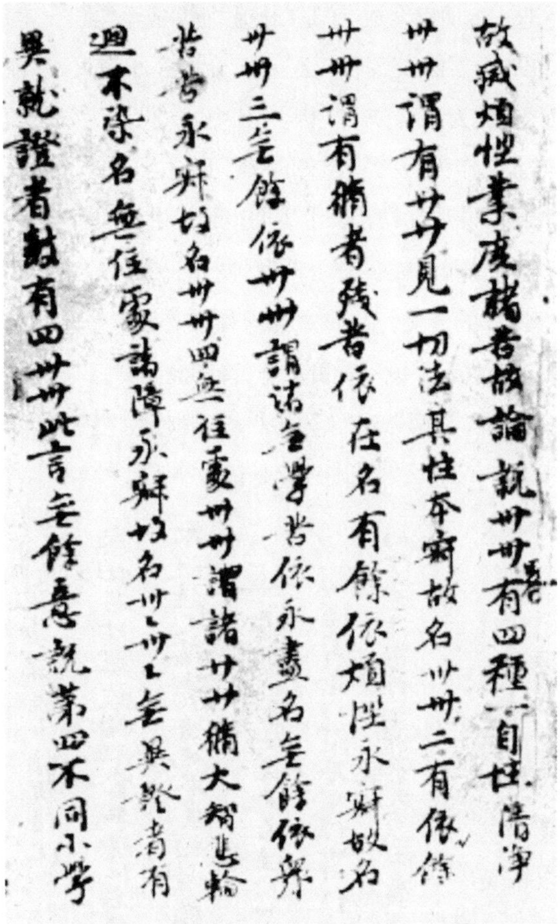

图 6-10 Φ.167《金刚般若经义疏》

箫管也。"又北敦 968（北 6205，昃 68）号《法华经玄赞第二》："《卅卅经》云：阇王不遇耆婆，来月七日当堕地狱。" 又云："此入卅卅，是后四中寂静乐也。"上揭诸例中的"卅"形截图字原卷皆占一格位置，且一在前行之末，一在次行之首，则确乎为独立的"涅""槃"二字，"吹贝知时""阇王不遇耆婆"云云分别见昙无谶译《大般涅槃经》卷十三、卷二十（后者为意引）。又 Φ.167 号《金刚般若经义疏》卷二："故《论》说涅槃略有四种：一自性清净涅槃。谓有菩萨见一切法，其性本寂，故名涅槃。二有馀依涅槃。谓有修者残苦依在，名有馀依，烦恼永寂，故名涅槃。三无馀依涅槃。谓诸无学苦依永尽，名无馀依，众苦永寂，故名涅槃。四无住处涅槃。谓诸菩萨修大智悲，轮回不染，名无住处，诸障永寂，故名涅槃。涅槃无异证者，有异就证者，数有四涅槃。"其中的"涅槃"底卷皆作"卅卅"形，占二格位置；而且倒数第二、第三两个"涅槃"底卷只作一个"卅卅"，而于上下二"卅"下各加一重文符号（如图 6-10 所示），表示此处"涅槃"当重复。"卅卅"也应是独立的"涅""槃"二字。这种独自成字的"涅""槃"的简俗字大约是"涅槃"合文"卅"的先导环节。

【卅】也是"涅槃"的合文。如 Φ.271 号有《大般涅槃经》第三十二卷摘抄，原卷题"卅经卅二卷"。P.2045 号《五更转》："善恶不思即无念，无念无思是卅。"又 P.3099 号《悉昙颂》："生死卅不合渡，爱河逆上不留住。"此例"卅"P.2212 号作"涅盘"（"盘""槃"古本一字，且音译字多无定字）。又 S.4474 号《张安三父子敬造佛堂功德记》："先用资益过往亡灵神生净土,见佛闻法,永离三途八难,超升卅彼岸。"后例"卅"《敦煌碑铭赞辑释》录作"菩萨"[1],误。[2]

"卅"或"卌"又有变体写作"茻"或"茻"的。如 P.2991 号《莫高窟塑画功德赞文》:"修六波罗蜜,救度尘[□]之河;行四无量心,身登茻之岸。"Φ.366 号《大乘起信论略述》卷下:"《论》'以见法身'至'入于茻'。述曰:此显利他德也。"P.2133 号《金刚般若波罗蜜经讲经文》:"言六种心者,……弟五不住生死茻心。"又云:"不拣四生兼六类,尽得无馀证卌。"《敦煌变文集》于P.2133 号"弟五不住生死茻心"句下校云:"原'卌',据《金刚经》文为'涅槃'二字。"(页 448)甚是。《敦煌文物随笔·敦煌学新记》把P.2991 号例"茻"录作"菩萨"[3],当误。"涅槃"写作"卅""卌""茻""茻"等形,大概也是比照"菩萨"作"艹"而产生的纯记号字。

【乞】S.2630 号《唐太宗入冥记》有"唐天子太宗皇帝李乞生魂"句,其中的截图字原卷约占一格半位置(图 6-11)。《敦煌变文字义通释》谓"乞"是"厶乙"的合文。P.3633 号《龙泉神剑歌》,作者署名"大宰相江东吏部尚书臣张乞撰进",其中的截图字原卷约占一格位

图 6-13 S.4673 背《忏悔文》

图 6-12 P.3633《龙泉神剑歌》

图 6-11 S.2630《唐太宗入冥记》

[1]《敦煌碑铭赞辑释》,第 317 页。
[2] S.2614 号《大目乾连冥间救母变文》:"当时[说]此经时,有八万卌,八万僧、八万优婆塞……作礼围绕,欢喜信受奉行。"其中的"卌"则确乎当作"菩萨",该文的另一写卷北 7707(盈 76)号背正作"菩萨"。但"菩萨"写作"卌"其例未广,当是"艹"之误书。
[3]《敦煌文物随笔》,台北:商务印书馆,1979 年,第 275 页。

置(图6-12),王重民《敦煌遗书论文集·金山国坠事零拾》录作"壘"[1],非是。按:上揭截图
字究竟系合文还是两个独立的字其实是两可的。S.4673号背《忏悔文》:"今日今侍(时),
对十方诸佛前,十二部经前,虚空善神边,厶乙和尚边,见前大众边,发露忏悔。"其中的
"厶乙"二字原卷分写,占两格位置(图6-13),则显然是两个字。大概两个字为其较早形
式,但由于其笔画简单,竖写时占用空间较少,故后来有合二而一的倾向。

　　《文物》1998年第6期载甘肃宁县博物馆张驰《甘肃宁县发现后周买地券》一文,其买
地券录文有云:"维大周显德二年,岁次乙卯十二月乙丑朔二日丙寅,亡人刘□合为身亡,
亘(?)于宁州定安县神福乡庞村人户张敬思边买得阙地一所,谨用钱帛交付讫。"查该文
所附图版(图6-14),其中的缺字原文作"弓",正是"厶乙"二字的合文。

图6-14 后周显德二年刘某乙买地券

　　除了上述合文以外,敦煌卷子中还常见"廿""卅""卌"等合文(分别代表"二十""三十"
"四十"),这类合文秦汉碑刻已见,这里就不一一介绍了。

---

[1]《敦煌遗书论文集》,北京:中华书局,1984年,第95页。

第三节　敦煌文献俗字的辨识

林聪明先生曾经指出:

在敦煌文书中,俗写文字随处可见。由于俗字的结构,大多与正字差异悬殊,并且有其时代特性,以致后人颇难辨认,成为阅读文书的重大障碍;甚至常有穿凿臆测,强为解说,乖违失真之事;然则认识俗字,乃为研治文书的要务。[1]

王重民先生在谈到敦煌文书的校理时也说:"校释文字,最是难事。以罗氏父子之精于六朝三唐碑版别字,而释佋为捉[2];以刘半农先生之提倡通俗文学,而将人所共知项羽自刎于乌江之乌江,误作'鸟江'[3]。"[4]可见辨识敦煌俗字确实不是一件容易的事。以致有的学者提出,在利用敦煌文书资料以前,必须先"由精于中国文字学,特别是敦煌汉文卷册所有的文字"的饱学之士,"将其加以彻底与通盘的校录"[5]。这当然是一个很好的主意。但这一工作不是三天两天和三人两人所能够完成的。在没有这样的校录本以前,研究者所面对的仍然只能是充斥着俗字别体的写卷原本。为了能真正读懂写卷原文,也为了在引录校理时少犯错误,这就需要研究者自己动手对俗字作一番认真的辨析和研究。在这种辨析和研究的过程中,笔者以为以下几点是可以供大家参考的。

一　审辨字形

俗字是人们在长期的书写过程中约定俗成的产物,通常是固定的,有规律可寻的。就敦煌俗字而言,其构成大致不会越出上文所说的八种类型。这样,我们就有可能根据

---

[1]《敦煌文书学》卷首序例四,第3页。

[2]"捉"盖"促"字误植。罗振玉《敦煌零拾》据日本狩野直喜抄本载录《季布歌》,其中"莫惜百金促买取""君促送仆朝门下""座中促说东齐事"等句中的"促"原卷 S.540 号皆作"佋",实为"但"的俗字,罗书作"促",误。

[3]刘复《敦煌掇琐》上辑载 P.2747 号《捉季布传文》,其中"项羽乌江而自刎"的"鸟"乃"乌"字之误录。原卷作"乌"不误;P.3697 号作"鳥",乃"鸟"的俗字。

[4]《敦煌古籍叙录》卷五集部"捉季布传文"叙录,北京:中华书局,1979 年,第 344 页。

[5]陈祚龙《敦煌学海探珠》上册《唐太宗登极前后之文治与武功》一文,第 192 页。

这些规律对每一个俗字加以比定和作出合理的说明。当然，由于人们书写习惯的差别或者偶然的因素，同样的一个俗字在不同人的笔下或者同一个人在不同的时间却会写成不完全一致的形体。这就需要我们在掌握基本形体的前提下，通过审辨字形等手段，去求得正字，化难知为易知。如：

例一，P.5032 号《甲申年(984)二月廿日渠人转帖》："今缘水次逼近，切要通底河口，人各锹钁一事，白刺三束、枝两束、挓一笙，帖至，限今月廿二日卯时于票子口头取齐。"同卷《四月十七日渠人转帖》："今缘水次逼近，切要修治沙渠口，人各桱壹束，白刺壹束，柒尺挓壹笙。"又P.4017 号《渠人转帖》："今缘水次逼斤(近)，切要通底河口，人各枝两束，{亭}白刺壹{不}束、挓两笙、锹钁一事。"P.3412 号《壬午年(982)五月十五日渠人转帖》："今缘水次逼近，要通底河口，人各锹钁壹事，白刺壹束、桱一束、挓壹笙(茎)。"其中的截图字《唐录》第一例录作"挓"，后三例录作"掘"，编者于第一例下出校记云："挓，就是掘。见蒋礼鸿著《敦煌变文字义通释》103 页(泉按：1997 年增订本为 140 页)。以下均径写掘，不再注。"(第 1 辑第 404 页)

今按：敦煌卷子中"挓"确有用作"掘"的(说详下)，但上述各例释读作"掘"却说不通。其实上揭截图字并非"掘"字，而是"橛"的俗字。"橛"俗书从木、人、土会意作"栚"。《龙龛手镜·木部》："栚，古文，其月反，木入土也。今作橛。""栚"即"栚"字。S.437 3 号《癸酉年(913 或 973)六月至八月碾户董流达园碾诸色破历》："桱十五束，枝廿□(束)，挓十七笙，上头修大渣(查)用。"又云："枝十五束，挓拾笙，上头修渣(查)用。"[1]又P.2838 号《唐中和四年(884)上座比丘尼体圆等诸色斛斗入破历算会牒》："粟两硕捌斗，买白刺两车、枝四车用。麦壹硕肆斗、粟柒斗，买挓十五笙用。"又云："麦陆硕贰斗，买挓卅一笙用。"其中的截图字即"栚"或其加点字"栚"，亦即"橛"的俗字，上揭《唐录》俱径录作"掘"，亦误。俗书木旁与扌旁不分，入旁人旁亦不分[2]，而土旁又多增点作"圡"，所以"栚"字又变体书作"挓"或"挓"形。只要我们把握住"栚"这个基本字形以及俗书偏旁变换的规律，就不难透过字形的迷障而得其本真了。从意义上来看，"橛"字或作"㮰"，即短木桩；"笙"或"茎"是敦煌文献中常见的表示细长之物的量词；"橛壹笙""橛两笙"即短木桩壹根、两根。"橛"和上揭各例中的"桱""白刺""枝"等都是修治河渠时打桩筑堤用的材料。P.5032 号《甲申年(984)二月廿九日渠人转帖》："今缘水次逼近，切要修治洿口，人各

---

[1]　"查"古作"粗"，为拦水的木栅，其义与水相关，故"查"俗书又增旁作"渣"。或校"渣"为"闸"，非是。

[2]　《敦煌变文集》卷五《维摩诘经讲经文》(S.3872)："是身如毒蛇，如怨贼，如空聚，阴界诸人(入)所共合成。"(页 587)原校："'入'字据《维摩诘经》改。"(页 588)即其一例。

白刺五束、壁木叁笙，各长五尺、六尺，锹钁一事。""壁木"疑当作"檗木"，即黄檗，质地坚硬，让渠人们带上"壁(檗)木叁笙"大概也是作为打桩之用，即此也可证明前揭"拴"和"拴"形截图字校定作"橛"是正确的。P.3501 号《后周显德五年(958)押衙安员进等牒》："今月[十]六日城东园盖舍**拴**壹拾肆笙(茎)，西宅**拴**玖笙(茎)。"其中的"拴"即"栓"字，亦即"橛"，系用作构建房舍的木料。《广雅·释宫》："橛，杙也。"王念孙疏证："凡木形之直而短者谓之橛。"是其义。

　　至于"拴"用作"掘"，敦煌写本 P.2653 号《韩朋赋》、S.427 号《禅门十二时》等卷皆有用例(原本俱作"**拴**"形)。但这种用法的"拴"仍应是"栓(橛)"的俗字，不过临时借用作"掘"或"撅"罢了("橛"和"撅""掘"古书通用。P.4957 号《某寺诸色入破历算会牒》："粟叁口、口口斗，已上充修油梁掘木及迎丑娘破用。"其中的"掘"则当读作"橛")。或者可以说用作"掘"的"拴"是比照"橛"作"栓"而产生的俗字[1]。因其义异而异其形，这正是俗书的特点。但不管怎样，都应该是先有"栓(橛)"而后才有"拴(掘)"。

　　又检慧琳《音义》，该书多次提到"栓"字。如卷二六《涅槃经》第二十六卷音义云："橛，有作栓(栓)，俗字，后世滥行，非正体也。"又卷三五《苏悉地经》音义："橛，经作**栓**，非也。"卷三六《金刚顶经曼殊室利五字心经》音义："橛者，若铁若竹若木纤之以钉地及墙壁，《古今正字》从木、厥声，经作**栓**，云木入土为橛。是天后朝时有人伪造进奉，寻以停废，不堪行用。"**栓**""**栓**"亦即"栓"字。这就把"栓"的来历说清楚了。据此，则"栓"为"橛"之俗字便更无疑义了。

　　例二，S.986B 号《道要灵祇神鬼品经》："《太上太真科经》上云：凡鬼无精粗，至满七世，善恶各绝。善鬼升上鬼仙录中。恶鬼经履刀山、剑树、火爌之考，骨骸烂尽，方入冥零地狱，万劫无生。"其中的"爌"字异本 P.3356 号同。

　　按：辞书"爌"字音霍，光亮闪烁貌，与文义不合。从字形看，此字可以初步判定为从火、霍声，很可能为"镬"的俗字。"镬"字与"霍"音近，故俗字作"鑋"。《颜氏家训·书证》谓吴人"呼镬字为霍字，故以金傍作霍代镬字"，即指"镬"俗字作"鑋"。S.1605 号《太上洞玄灵宝真一劝戒法轮妙经》："头戴铁鑋，足倚火山。""铁鑋"即"铁镬"，"鑋"正是"镬"的俗字。"火镬"指汤沸火炽的鼎镬，与火相关，上揭引例中又与"火"字相连，于是"鑋"又进一

---

[1] 《龙龛手镜·手部》："拴，俗，其月反，正作**拴**。"其中的标目字和注文中的"正"字同形，当有一误。疑"正"字当作"栓"。"栓"字《龙龛手镜》音"其月反"，正与"拴"字同音。而"掘"字《龙龛手镜》音"渠物反"，反切用字不同。有人认为《龙龛手镜》的"拴"是指"掘"的俗字，恐不确。《龙龛手镜·水部》有"浍"字，为"渗"的俗字(从水入土会意)，其造字结构与"栓"字相类，可以比勘。

步换旁写成了"爉"。上例"爉"字《正统道藏》本正作"鑊"。又南朝梁僧旻、宝唱等集《经律异相》卷七诸释部难陀出家八:"遍至地狱,见种种苦痛。有一火鑊,狱卒围绕,汤沸火炽,不见罪人。"正有"火鑊"一词。"爉"认定作"鑊",原文便通顺无碍了。

例三,S.2073号《庐山远公话》:"是日远公由(犹)如临崖枯木,再得逢春;亦似鉤**鋼**之鱼,蒙放却归江海。"其中的"**鋼**"字未见辞书载列,《敦煌变文集》录作"錮",而校"鉤錮"为"沟涸"。该书校记中云:"'鉤錮',向达以为'沟壑',王重民以为'沟涸'。"(页195)

今按:"**鋼**""錮"形音皆殊,《敦煌变文集》录"**鋼**"为"錮",臆改无据。字形迻录既不准确,那么由此作出的考订自然就更不足据信了。从字形上看,我们认为"**鋼**"当是"**綱**"的偏旁类化字(受"鉤"字影响而易"糸"为"金"),而"**綱**"又为"網"的俗字[1]。《龙龛手镜·金部》:"鋼,音罔。"可洪《音义》第捌册《观佛三昧海经》第五卷音义:"铁鋼,音綱。"这个音"罔"或"綱(網)"的字当亦即"網"的俗字,后书"铁鋼"《大正藏》本经文相应位置出"五百亿铁網地狱"句,字正作"網",可证。故"鉤**鋼**"即"鉤網"。"鉤""網"皆为捕鱼之工具,"鉤網之鱼"意指已被捕捉的鱼,切于文意。

二　类比例句

有许多俗字,在单文只字的情况下是很难作出确切的判断的。有时即使根据上下文义猜出某字可能是某字的俗字,但如果问一个为什么,则往往仍说不出一个所以然来。这时就需要花一些归纳类比的功夫,把同一类型的俗字材料搜集排列在一起,然后加以比较和推勘,才能作出准确的判断和合乎情理的说明。具体说来,这种类比例句的工作可以包括以下两种类型:

(一)把出现相同或相近形体的俗字材料排比在一起,据以推定其正字。如:

例四,P.3532号《慧超往五天竺国传》:"道路虽即足贼,取物即放,亦不殇(伤)杀;如若**慑**物,即有损也。"其中的截图字字形不太明晰,不易辨认,有人把它录作"慎"[2],那大概是想当然的产物。但我们试类比如下的语言材料,似不难得出结论:S.2199号《尼灵惠遗书》:"灵惠只有家生婢子一名——威娘,留与侄女潘娘,更无房资。灵惠迁变之日,一

---

[1] "鋼"当作"網",先师郭在贻师与黄征及笔者合著之《敦煌变文集校议》已发之,长沙:岳麓书社,1990年,第137页。

[2]《敦煌地理文书汇辑校注》,兰州:甘肃教育出版社,1989年,第202页。

仰侄女潘娘葬送营办。已后更不许诸亲恢护。”S.2614 号《大目乾连冥间救母变文》:“及其罗卜去后,母生悭悋之心,所嘱咐资财,并私隐匿。”又云:“青提夫人虽遭地狱之苦,悭贪久(究)竟未除,见儿将得饭钵来,望风即生忲惜。”S.2717 号王无竞《君子有所思行》诗:“自矜青春日,王(玉)颜忲容光。”其中的截图字,前一例《敦煌遗书总目索引》录作“恢”,次二例《敦煌变文集》分别录作“忲(悋)”“悋”,后一例王重民《补全唐诗》录作“忲”,校记云:“俞(平伯)云:‘“忲”乃“悋”之简体,即“悋、吝”。’刘(盼遂)云:‘当作“怯”。’”[1]对这些例句进行考察推敲,我们觉得《敦煌变文集》的校录和俞平伯的考断是正确的。我们试用“吝”去替代上揭截图字,上述各例无不允当妥洽,文义顺适,这说明这一推断是正确的。再从字形上来看,“吝”字俗书增旁作“悋”,又变作“悋”(“吝”俗作“𠫤”,见《干禄字书》,“悋”是“悋”“𠫤”交互影响的产物);“悋”又简省作“忲”。《齐比丘惠瑱造像》“吝”字作“悋”[2],“忲”“悋”一也[3]。上揭各截图字又分别为“悋”或“忲”手写之变。可见把上揭截图字定作“吝”的俗字,从字形演变的角度来看也是合情合理的。

例五,《敦煌歌辞总编》卷五白居易《十二时·行孝文》:“人定亥,父母年高须保爱。但能行孝向尊亲,喜得扬名于后代。”原书校记云:原本“喜”写“忽”。(页 1302—1306)笔者在一篇文章中曾对此提出不同意见,认为“忽”当是“𡖋”的讹变字,而后者则为“亦”的俗字。[4]

今按:“忽”(原卷P.3821 号实作“必”)“喜”形音皆大远,任书臆改作“喜”,自难令人信服。拙见定作“亦”字,乍看倒是言之成理。但一排比相近字形的俗字材料,问题就出来了。S.5440 号《捉季布传文》:“君但送仆朝门下,必得加官品位新。”又P.3833 号《王梵志诗·少年何必好》:“少年何必好,老去何须嗔。”同卷《负恩必须酬》:“负恩必须酬,施恩慎勿索。”又S.1835 号《失名书》:“(前缺)媚之语,多悦貌而会;忠謇正直之言,必倒心而逆。”S.5574 号《碁经》:“有五三子者,必不可救,慎勿救之。”这些例句中的截图字,都应当是“必”字的俗写。“必”字中间的一点和一撇手写时往往连书,于是便写成了上面的样子。前揭P.3821 号写卷的“必”,显然是“必”字俗写的又一种变体。把“必”比定作“必”,正与文意密合。这个例子说明,审辨字形应结合类比例句进行,否则易于犯主观臆测的错误。

---

[1]《全唐诗外编》,北京:中华书局,1982 年,第 10 页。

[2]《碑别字新编》,第 120 页。

[3] 比较“怪”字又作“恠”,“有”字又作“𠂇”,等等。“又”“ナ”都是篆文“ヨ”隶变后的产物。

[4]《试论敦煌写卷俗文字研究之意义》,敦煌研究院 1990 年敦煌学国际学术会议论文。

例六，S.289 号背《李存惠邈真赞并序》："善乘鞍马，弓开而猿𤟧先啼；颇晓阵图，施设而纵擒自在。"其中的截图字《敦煌碑铭赞辑释》录作"猴"[1]，意安，但缺乏校勘上的根据。于是我们注意搜集相关的俗字资料，发现"瞿"或"𤊽"一类的偏旁其上部的两"目"俗书往往写作"羽"或"彐"形，如《敦煌变文集》卷三《下女夫词》："至堆诗：彼处无瓦砾，何故生此堆[2]？不假用锹钁，且借玉琶（杷）摧（推）。"（页 276）其中的"钁"字原卷 P.3350 号作"𨱵"，乃"钁"字俗写，而"钁"又为"钁"的俗字[3]。《龙龛手镜·金部》："钁，其俱反，兵器，戟属也。"这个字则为"钁"的俗字。据此我们认为前揭写卷的"𤟧"当是"玃"的俗字。《说文·犬部》："玃，母猴也。"[4]亦泛指一般的猴子。故"猿玃"意即猿猴，形义皆安。

又 S.6551 号《佛说阿弥陀经讲经文》："他家净土人端正，释迦世界𤺺吒嘅。"后句是该文校勘中的一大难点。项楚谓"释迦"当作"娑婆"，甚是。又"𤺺"字项楚认为是"瘦"字的形讹[5]，亦是。根据上文归纳的材料，我们认为"𤺺"即"瘦"字，而"瘦"又是"瘦"的简体俗字。这一推断又可由如下的俗字材料得到证明：S.4571 号《维摩诘经讲经文》："啼树晚𧥷同助哭，语簷秋燕共添哀。"P.3079 号《维摩诘经讲经文》："琵琶弦上弄春𪂍，箫笛管中鸣锦凤。"其中的截图字为"鸎"的俗字。《龙龛手镜·鸟部》："𪂍，俗，鸎，正：乌耕反，黄一也。"又 P.4508 号唐太宗《温泉铭》："朕以忧劳积虑，风疾屡婴。"末字为"婴"字俗书。据此，可以推知"婴"旁上部的双"贝"俗书可变作双"目"（作双"日"又为其变体）。所以"瘦"字俗书当可写作"瘦"。《龙龛手镜·疒部》"瘦"写作"瘦"，可以比勘。

（二）把含义或作用相当的词或句子排比在一起，据以推定其正字。如：

例七，S.6537 号《立社条件（样式）》："不守严条，非理作闹，大者罚䣾醿一席，少者决仗（杖）十三。"同卷又一篇："有此之辈，夬（决）丈（杖）十七，[罚]醲醿一筵。"其中的截图字可楷定作"醲醿"，然其字皆未见字书所载，其义云何，殊为费解。但试比较以下的语言材料，则不难找到答案：P.3720 号《某甲等谨立社条（样式）》："上下有此之辈，决丈（杖）七下，[罚]膿腻一延（筵）。"P.4525 号《宋太平兴国七年（982）二月立社》："若有小辈啾唧，不听大小者，仍罚膿腻一筵。"其中的"膿腻"与前揭写卷中的"醲醿"处于相同的位置，是"醲醿"当即"膿腻"。考《说文·酉部》："醲，厚酒也。从酉，农声。"又肉部："腻，上肥

---

[1]《敦煌碑铭赞辑释》，第 549 页。该书增订本录作"玃"（上海古籍出版社 2019，1232 页），亦误。

[2]"此"字原录作"北"，兹据各写卷正。

[3] 敦煌卷子中"钁"字多写作"钁"。本节例一所引写卷例句中的"钁"，皆是"钁"的俗字。

[4] 段玉裁注本于"母猴"前增"大"字，《说文解字注》，上海：上海古籍出版社，1988 年第 2 版，第 477 页。

[5] 见《〈敦煌变文集〉校记散录》，《敦煌文学丛考》，第 418 页。

也。从肉，贰声。"“醸"当是“醲"的形讹字，而“酰"则是“腻"的偏旁类化字。"醸腻"“醲腻"同义(《释名·释形体》:“醲，醸也，汁醸厚也。"),盖好酒好肉之谓。写卷中借以指代上等的酒席。《淮南子·主术训》:“肥醲甘脆，非不美也。"P.2054 号《十二时》:“吃腥膻，饮醸酒，业壮痴心难化诱。"皆可参。

例八，P.3564 号《莫高窟功德记》:“(愿清等)见积古灵龛壹所，并乃摧坏。……虔诚恳意，抽搣资贿……当命巧匠，遍觅良材，不计多年，便成[□]檐。"又莫高窟第 220 窟甬道北壁发愿文:“浔阳翟奉达抽搣□贫之财，敬画新撲大圣文殊师利菩萨一躯。"按:以上二例都出现了“抽搣"一词。考《说文·手部》云:“搣，摇也。"徐铉注:“今别作撼。"是“搣"即“撼"的本字，而与文义无涉。那么文中的“搣"又是什么字呢? 于是我们便搜集与之相关的例句，进行比较研究。请看:P.4040 号《修文巷社再缉上祖兰若标画两廊大圣功德赞并序》:“厥有修文巷社敦煌耆寿王忠信……等计四十捌人，抽减各己之财，造斯功德。"又S.4553 号《大通方广经》卷上令狐妃仁题记:“大隋仁寿三年二月十四日，清信女令狐妃仁发心减割衣资之分，敬写《大乘方广经》一部。"S.1317 号《大般涅槃经》卷一道濬题记:“宝(保)定四年六月戊子朔廿五壬午，比丘道濬减割衣资之馀，敬写《涅槃经》壹部。"S.4571 号《维摩诘经讲经文》:“赎香钱减两三文，买笑银潘七八挺。"上述例句中的“抽减"“减割"“减"所起作用与“抽搣"相当，据此，我们可以推定“抽搣"就是“抽减"，“搣"就是“减"的换旁俗字。"减"谓把自己的钱财拿出来救济别人或用于慈善事业[1]。因为“减"表示动作，俗书遂易旁从手作“搣"(前揭二例中的“搣"也可以说是“减"受“抽"的影响产生的偏旁类化俗字)。

S.1529 号《华严经》卷四九袁敬姿题记:“开皇十七年四月一日，清信优婆夷袁敬姿谨搣身口之费，敬造此经一部。"S.2527 、6650 、4520 号《华严经》卷九、卷三十、卷四七之末亦有内容基本相同的题记，其中的“搣"亦为“减"的俗字，可以比勘。

三　比勘异文

敦煌文献中内容重复的卷子很多，如《妙法莲华经》有七八千个卷子，《大般若波罗蜜多经》《金刚般若波罗蜜经》《大般涅槃经》《金光明最胜王经》等也都有几千个卷子，一

---

[1]　参看《敦煌变文字义通释》(增补定本)“分减"条，第 198 页。

些世俗文献往往也有重复的卷子,如《孔子项讬相问书》有十四个卷子,《大目乾连冥间救母变文》有十个卷子,等等;有些文献本身原来又有不同的写本或刻本流传于世。这些不同的抄本、刻本的文字、内容可能都会有不同程度的差异。如上文第二节"合文"下曾举过的 P.3099 号《悉昙颂》:"生死 𣵀 不合渡,爱河逆上不留住。"其中的"𣵀"P.2212 号作"涅盤"。用校勘学的术语来说,这叫作异文。通过这种异文的比勘,一些原本艰于辨识的疑难俗字往往可以找到令人满意的答案。

例九,《敦煌社会经济文献真迹释录》第 4 辑载录 P.3720 号《唐大中五年(851)赐赠洪辩、悟真等告身》:"(洪辩、悟真等)心惟可嘉,跉頍劳止,宜酬节义之效,或将(泉按:'将'当读作'奖')道途之勤。"(页 29)其中的"跉頍"二字费解。查原卷,"跉"字本作"𫖸"形,仍不可识。考同一写卷载有上揭告身的另一抄本,其中的"跉頍"作"跡頍"(后字《唐录》迻录作"頍")。据此,我们可以推定"𫖸"当是"跡"的俗字。"亦"字俗书或作"亦""亦"等形,而"亦"旁从之。P.2814 号《后唐天成年代都头安进通状》:"乃觌古𢓍,神庙圮坼,毁坏年深。""𢓍"即"跡"的俗字。又《碑别字新编》载《魏慈香造像》等碑刻"跡"字右旁作"亦"形,可参。前揭P.3720 卷的"𫖸",显然就是"跡"字俗写的变体(下部为四点连书)。至于"跡"后的字,当是"頍"字俗讹。故原文当作"跡頍劳止"。"劳止"语出《诗经·大雅·民劳》篇,辛劳、辛苦之意,"跡頍劳止"与上句"心惟可嘉"俪偶,文义顺适。

例十,S.289 号《报慈母十恩德》:"弟一怀躭守护恩。"同样的内容又见于P.2418 号《父母恩重经讲经文》、S.2204 号《父母恩重赞》等数十个卷子。其中的"怀躭"或校作"怀胎"[1],或校作"怀躬"[2],或校作"怀擔"[3],可谓众说纷纭。后来我们发现上述宣传父母十恩德的通俗文学作品都是根据《佛说父母恩重经》演绎的[4]。敦煌写本 P.3919 号《佛说父母恩重经》云:"父母恩德有其十种……一者怀擔守护恩,二者临产受苦恩……"两相对照,可知"怀躭"就是"怀擔","躭"为"躭"的俗书,而"躭"则就是"擔"的俗字。[5]台图 32

---

[1]《敦煌变文集》卷五载《父母恩重经讲经文》两种,把写卷中的十数个"怀躭"皆臆改作"怀胎"。

[2] 见《敦煌歌辞总编》,第 754 页。

[3] 见郭在贻师与笔者等合撰的《关于敦煌变文整理校勘中的几个问题》,《古汉语研究》1988 年创刊号,第 78 页。

[4] 参见拙作《以父母十恩德为主题的佛教文学艺术作品探源》,《原学》第 2 辑,第 125—141 页。

[5] 据字书,"躭"是"耽"的俗字,如果从语音上来说,不妨说"怀躭"的"躭(耽)"是"擔"的假借字。但进一步分析,我们觉得把"躭"看作"擔"的俗字更合适一些。这不但是因为敦煌写本中担负、担孕义多用"躭"字来表示,而且从字形上来说,"躭"(字又作"擔",见《龙龛手镜》)字从身,较之"擔"之从手,更能表现以身荷担之意。改"擔"的手旁为身旁,这正是俗文字改换形旁以求更贴切地表示字意的造字方法的运用。

号《盂兰盆经讲经文》："第一怀擔守护恩，十月之中常负重。"字亦正作"怀擔"。由于我们找到了"怀躭守护恩"一语的老祖宗，校"躭"为"擔"，其正确性就是无可怀疑的了。

例十一，《敦煌古籍敍录》卷二史部 P.3813 号《晋书》下云："此残卷存《载记》第十一卷尾二十四行，第十二《苻洪苻生等传》百二十行……文字异同，则多较今本为胜，兹校卷第十二以示例。……'车骑尚书令梁㮚'，今本㮚作楞。"[1]

按："㮚"字原卷实作"㮚"，此字未见《汉语大字典》等大型字书载录，王重民指出今本《晋书》作"楞"，为我们认识这个字提供了可贵的异文线索。但他把该字当作写本胜于今本的实例，却未必妥当。一般来说，根据俗书偏旁类推的规律，此字可以定为"槾màn"。[2]但上揭写卷中的"㮚"我们认为就是"楞"的俗字。P.2319 号《大目乾连冥间救母变文》："手中放却三㮚棒，臂上遥抛六舌叉。"Φ.96 号《佛报恩经讲经文》："佛得道后十五年间，多居此山，广说妙法，思益㮚伽等山。"北敦 462（北 8670，洪 62）号《榜题》："毗㮚竭梨大王却后七日当于身上瑑（琢）千铁钉时。"其中的截图字及后例"㮚"字皆为"楞"的俗字。《王一·登韵》："槾，卢登反，四方木。或作棱，通俗作楞。"从字形演变的角度来看，"棱"为《说文》本字，俗字作"楞"（从四方木会意），讹变作"㮚"或"槾"（后字系据前字错误回改而来）。王仁昫以"槾"作为"棱"等的正字，诚有未妥，但却说明当时人们确实常常把"棱"或"楞"写作"㮚""槾"等形。前揭 P.3813 号写卷的"㮚"，不过是"楞"俗书的又一变体罢了。所以写卷的"梁㮚"实在就是今本《晋书》的"梁楞"。这也是异文比勘有助于辨识俗字的实例。

例十二，《敦煌遗书中俗体字的诸种类型》一文称："抄写者把佛字写作仢，或者仏。《玉篇》说：'仢，私进切，古文信。'《龙龛手镜》也说：'仢，古文信。'但是，在卷子中仢决不是信的古文，而是佛字的俗体字。……举例：仢惟食丧祭，辜仢明谊。（S.799）"[3]

按：敦煌写卷中"佛"字作"仏"，可谓人所共知；但写作"仢"，则为上文所始发。查 S.799 号卷子为《尚书》残卷，起《泰誓》，迄《武成》，上揭引文见《武成》篇，原文是这样的："重民五教，惟食丧祭。懂仢明谊，崇德报功。"第三句首字为"惇"字古文，上文录作"辜"，误；次字"仢"则是"信"字古文，而决不是"佛"的俗体字。写卷第三句下有注云："使天下厚行信，显忠义。""行信"二字正是对"仢"字的解释。今本《尚书》该句作"惇信明义"，更

---

[1]《敦煌古籍敍录》，北京：中华书局，1979 年，第 83—84 页。

[2]《龙龛手镜·日部》："㬼，或作：曼，正：莫官反，路远也。又音万，长也。""曼"旁作"㬼"为俗书通例，"㬼"进而又有讹变作"㬼""㬼"等形的，故"槾"字俗书右部从之。

[3]《敦煌研究》1992 年第 3 期，第 126 页。

其确证。如果释者在下笔前能把上揭写本《尚书》和今本《尚书》比勘一下,恐怕就不至于把"仏"断作"佛"的俗体字了。

附按:《说文·人部》:"佛,见不审也。"其用为佛陀(Buddha)的简称是东汉以后佛教传入后的事。显然,这种含义的"佛"也绝不可能在《尚书》中出现。

四　佐证文献

古代的字典辞书以及其他一些语文著作,记载或保存着丰富的汉语俗字资料。举其要者,如北齐颜之推的《颜氏家训》、唐颜元孙的《干禄字书》、唐玄度的《九经字样》、张参的《五经文字》、玄应及慧琳的《一切经音义》、宋郭忠恕的《佩觿》、张有的《复古编》、孙奕的《履斋示儿编》、元周伯琦的《六书正讹》、李文仲的《字鉴》、明方以智的《通雅》、梅膺祚的《字汇》、张自烈的《正字通》、今人秦公的《碑别字新编》,以及日本释空海(774—835)的《篆隶万象名义》、太田辰夫的《唐宋俗字谱》等等。而其尤要者,则为辽释行均的《龙龛手镜》、后晋沙门可洪的《新集藏经音义随函录》,此二书乃六朝以来俗字的渊薮。此外,敦煌遗书中也有一些记录或辨析俗字的著作,如《正名要录》《字宝》《俗务要名林》等。由于后一类著作更贴近敦煌写本产生的地区和时代,因而利用它们来辨识敦煌俗字自然也就更亲切,更可靠。总之,古代文献中保存的汉语俗字资料是很丰富的,值得我们珍视并善加利用。下面就举几个凭借文献资料来考辨敦煌俗字的实例,以见其一斑。如:

例十三,《敦煌地理文书汇辑校注》载 P.3532 号《慧超往五天竺国传》:"又山中有一寺,名那揭罗驮娜。有一汉僧,于此寺身亡。彼大德说从中天来,明闲三藏圣教,将欲还乡,忽然逶和便即化矣。"[1]

按:"逶"字原卷作"遗",此字未见于《汉语大字典》等大型字书,辨识非易。查 S.388 号《正名要录》,该书"正行者正体,脚注讹俗"类"违"下脚注"遗"。又《龙龛手镜·辵部》:"逶,音违。"亦即"违"字。据此,可知"遗和"即"违和","遗"乃"违"的俗字。"违和"为得病之意(其后当施逗号),正与文意密合。

例十四:《敦煌碁经笺证》载 S.5574 号《碁经》:"交军两竞,停战审观。弱者抆之,赢者先击。"原书注云:"'抆',与此形似的字有五。《碁经》中凡木字旁均写作挑手旁(扌)。

---

[1]《敦煌地理文书汇辑校注》,第 204 页。

以此类推，‘技’可作‘枚’‘板’‘扳’‘粄’‘救’。按全句文义推断，‘枚’‘板’‘扳’三字，用于此处均不可解。‘粄’意为‘安定’‘安抚’，讲得通。但从《碁经》后文所附梁武帝《碁评要略》中出现的同一字形‘救’来推测，则释作‘救’字，义胜。”[1]

按：“弱者技之”技的“技”原卷作“枚”，左部字形在“衤”与“木”之间，上书录作提手旁是不准确的（该书第 35 页则录作“枚”）[2]。考《龙龛手镜·衣部》云：“衩，旧藏作救。”又衤部云：“衩，旧藏作救。”此谓佛经旧藏有把“救”字写作“衩”或“衩”的。明乎此，则上揭《碁经》写卷的“枚”为“救”的俗写殆可无疑，作“粄”“板”“枚”“扳”都是不可取的。P.3048 号《丑女缘起》：“多少内人喷水枚，须臾始得却醒苏。”其中的“枚”也是“救”的俗写，可以比勘。假如《敦煌碁经笺证》的作者能直接引用《龙龛手镜》的书证，恐怕就不用费那么大的周折了。

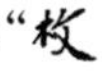

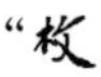

例十五，《敦煌变文集》卷六《大目乾连冥间救母变文》：“其阿鼻地狱……铁杷踔眼，赤血西流；铜叉剉腰，白膏东引。碎肉迸溅于四门之外，凝血滂沛于狱壚之畔。”（页 731）

按：这个和“四门”相对的“狱壚”指什么？为什么凝血会滂沛于“狱壚”之畔？细细琢磨，不能令人无疑。查上述引文唯一的底卷S.2614 号，“壚”字本作“墙”。其实这个字并非“壚”字，而是“牆”的俗字。S.388 号《正名要录》“字形虽别，音义是同，古而典者居上，今而要者居下”类“牆”的今而要者为“墙”；《干禄字书》云“牆”字俗作“墙”；《龙龛手镜·土部》云“牆”俗作“墙、墙、墙”。上揭S.2614 号写本的“墙”，显然就是“牆”字俗书的又一变体。S.P1 号《故圆鉴大师二十四孝押座文》：“若是弟兄争在户，必招邻里闇迁墙。”其中的“墙”也是“牆”的俗字，可以比勘。上引《大目乾连冥间救母变文》的原文是描述阿鼻地狱的血腥恐怖，“狱牆”与上句“四门”对偶，文义顺适。在上述的考证过程中，《龙龛手镜》等字书所提供的线索无疑起了关键的作用。

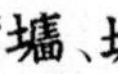

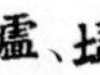

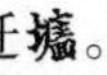

例十六，我们在上文例八所引莫高窟第 220 窟甬道北壁发愿文有“敬画新揼大圣文殊师利菩萨一躯”语，其中的“揼”字《汉语大字典》不载，殊为费解。项楚指出当是“樣”的俗字，意安，但缺乏文献佐证。后检《龙龛手镜·手部》云：“揼，俗；搽，正：余亮反，楷模，拭（式）一也。二。”乃知“揼”为“搽”的俗字，而“搽”又为“樣”的俗字。《干禄字书》：“搽樣：上通下正。”俗书“木”旁与“扌”旁不分（上引《龙龛手镜》“楷模”二字原书即从“扌”作），

[1]《敦煌碁经笺证》，成都：蜀蓉棋艺出版社，1990 年，第 84 页。

[2] 该卷后面载《碁病法》云：“何谓二不详？一谓下子无理，任急速；二谓技死形势不足。”末句“技”写卷确是作提手旁。此外该卷“救”字还出现了多次，但皆不作俗体。原书称该卷所载梁武帝《碁评要略》有“同一字形”，不确。

故"樣"变体作"様"。得此二证,则"様"为"樣"之俗字便可无疑了。

<h1 style="text-align:center">五　审察文义</h1>

审察文义也是考辨俗字的重要手段。俗字常常会发生与其他字同形的情况,如"兩"之与"雨"、"瓜"之与"爪"、"短"之与"矩"、"商"之与"商"等等,俗书每多混用不分(通常是前一字写作后一字的形状)。俗字又常常有一身兼任二职甚或三职、四职的情况,如"莽"字既可用作"莽"的俗字(见 P.3666 号《燕子赋》等,亦见《干禄字书》),又可用作"奔"的俗字(见 P.2648 号《捉季布传文》等)。在这种情况下,审察文义的重要性就更为明显了。试看以下三例:

例十七,P.3532 号《慧超往五天竺国传》:"又从波斯国北行十日入山至大寔国。彼王不住本国,见向小拂临国住也。为打得彼国,彼国复居山岛,处所极牢,为此就彼。"其中的"牢"字罗振玉《敦煌石室遗书·慧超往五天竺国残卷》迻录作"罕"[1],《敦煌地理文书汇辑校注》同[2]。

按:"罕""牢"形近,俗书书"罕"作后者之形,确有可能。《隶释》卷三《楚相孙叔敖碑》:"自曹臧、孤竹、吴札、子罕之伦,不能骖也。"[3]P.2305 号《妙法莲华经讲经文》:"我有莲花中道经,世间之中应牢有。"其中的"罕""牢"皆为"罕"的俗字,可参。但俗书又有写"牢"作"牢"形的,其例《汉史晨奏铭》已见[4]。P.3718 号《张良真生前写真赞并序》:"此日仍充应管内外都牢城使。""牢"亦"牢"字。《干禄字书》:"牢牢:上俗下正。"可参。那么前揭P.3532 号写卷的"牢"为"罕"字乎?抑或为"牢"字乎?这就有赖于通过审察文义来裁断了。从文意看,我们认为后一种答案是更合适的。盖为小拂临国依山傍海,形势险要,易于防守,故云"处所极牢"也。罗振玉等录作"罕",意不可通。

例十八,P.3776 号《杂集时要用字·天部》:"滑滑泫泫,露湿貌。"其中的"滑"字《敦煌音义汇考》定作"淯"的俗字[5]。按《干禄字书》:"胃肎:上通下正。"又云:"絹緝:上俗下正。

---

[1]《敦煌石室遗书·慧超往五天竺国残卷》,《敦煌丛刊初集》第 6 册,台北:新文丰出版公司,1985 年,第 125 页。

[2]《敦煌地理文书汇辑校注》,第 209 页。

[3]《隶释》,第 38 页。

[4]《隶辨》,第 52 页。

[5]《敦煌音义汇考》,杭州:杭州大学出版社,1996 年,第 760 页。

诸与缉同声者并准此。"故"昌"旁"胥"旁俗书皆可写作"骨"形。则上文"涓"字既可能为"湄"的俗字，也可能为"湑"的俗字，而其正确答案则有赖于据文义来裁断。从文义看，我们认为上揭"涓"应为"湑"的俗字。《龙龛手镜·水部》："湑、涓，相居反，落也，又露貌也。"《诗·小雅·蓼萧》"蓼彼萧斯，零露湑兮"毛传："萧，蒿也。湑湑然萧上露貌。""湑湑"正与写卷注文"露湿貌"义合。《汇考》以"涓"为"湄"字，虽亦合于字理，但与注文释义不合，故不可从。

有必要指出，审察文义应和审辨字形、类比例句、比勘异文、佐证文献等手段结合起来进行。否则，容易带来主观臆断的弊端。

参考文献

颜元孙《干禄字书》，北京：紫禁城出版社，1990 年影印明拓本。

潘重规等《敦煌俗字谱》，台北：石门图书公司，1978 年。

周祖谟《唐五代韵书集存》，北京：中华书局，1983 年。

秦公《碑别字新编》，北京：文物出版社，1985 年。

蒋礼鸿《敦煌变文字义通释》（增补定本），上海：上海古籍出版社，1997 年。

黄征《敦煌俗字典》，上海：上海教育出版社，2005 年。

李荣《文字问题》，北京：商务印书馆，1987 年。

裘锡圭《文字学概要》，北京：商务印书馆，1990 年。

张涌泉《敦煌俗字研究》，上海：上海教育出版社，1996 年；第二版，2015 年。

张涌泉《俗字里的学问》，北京：语文出版社，2000 年。

张涌泉《汉语俗字丛考》，北京：中华书局，2000 年；修订本，2020 年。

张涌泉《汉语俗字研究》（增订本），北京：商务印书馆，2010 年。

蒋礼鸿《中国俗文字学研究导言》，《杭州大学学报》1959 年第 3 期中国语文专号。

潘重规《敦煌卷子俗写文字之整理与发展》，《敦煌学》第 17 辑，1991 年。

张涌泉《试论汉语俗字研究的意义》，《中国社会科学》1996 年第 2 期。

第七章　敦煌文献的异文

　　敦煌文献数量庞大,其中不少文献存有多少不等的异本,尤其是一些重要的佛典,如《金刚经》《妙法莲华经》《大般涅槃经》等,异本数量更是可以以千百计。另外,部分文献有刻本流传于世。由于种种原因,这些异本往往会在内容和文字上存在或多或少的差异。姜亮夫《敦煌学概论》在谈到敦煌佛教写本的异本时说:"两个卷子不同的文字叫做异文,这种异文可以帮助我们校对哪个字对,哪个字不对。"[1]其实除了同一部书的不同写本和刻本外,有的虽非同书,但或因有相同的内容,或因有相关的引文,也会出现异文。另外即便同一写本、刻本的上下文,相近的内容或表达同样的词义也会出现用字方面的歧异。我们今天整理敦煌文献,碰到这些异文时,要有所抉择,就必须首先分析造成歧异的原因,然后才能定其是非,作出裁断。本章就打算按照上述思路,从异本异文、异书异文、同本异文三个方面,考察敦煌写本中的异文及致歧的原因。

第一节　异本异文

　　异本异文是指同一部书不同写本或刻本文字上的歧异。导致异本异文的原因主要可从形、音、义及语境四个方面来考察。

---

[1]　姜亮夫《敦煌学概论》,北京:中华书局,1985 年,第 42 页。

一　与字形有关的异文

指传抄或传刻时因改用异体或字形讹变造成的异文。

1. 异体字

与异体字有关的异文包括正字与俗字、古字与今字以及书体的变化、避讳改形等等,通常仅涉及字形的变化,而其音义不变。这类异文的产生大多带有书手或刻工时代的印记,有的也与书手或刻工个人的书写风格有关。如:

例一,北敦 4714(北 8202,号 14)号《佛说父母恩重经》:"迦夷国王,入山射猎,挽弓射鹿,悟(误)伤闪匈(胸),二父母仰天悲嘷。"其中的"嘷"字异本台图 31 号作"嘷",S.2269 号作"嘷"。考"皋"字异体作"皐""皐",又作"睪""睾"("睪""皋"本一字之分化,古多混用)。《颜氏家训·书证》批评当时俗字"皋分澤片",即指"皋"异写作"睪"而言。又《干禄字书》载"皋"字俗作"睾"。相应地"嘷"字异体作"嘷""嘷",又作"嘷""嘷"。S.2071 号《切韵笺注·豪韵》胡刀反:"嘷,熊虎声。又作嘷。"《龙龛手镜·口部》:"嘷,音毫。""嘷""嘷""嘷"皆即"嘷"字。上揭北敦 4714 号的"嘷"又为"嘷"的变体。可见"嘷""嘷""嘷"乃抄手使用异体俗字造成的异文。S.318 号《洞渊神咒经斩鬼品》:"万民嘷天,天怒,遣三万黑面小鬼煞人。"其中的"嘷"字异本 P.2444 号同,《郝录》谓"当作'嘷'",据乙本(《道藏》本)改[1]。其实这个"嘷"也正是抄手使用俗字造成的异文,并非与"嘷"音义无关的另一个字。

例二,P.2487 号《开蒙要训》:"万国归投,兆民欢跃。"其中的"民"字异本 P.3054 号等卷同,S.5431 号、P.3147 号作"𡰪",P.2588 号、S.5464 号作"人"。按:"𡰪""人"为"民"字避唐李世民讳导致的异文,"𡰪"为缺笔字,"人"则为同义代换字。

---

[1]　郝春文主编《英藏敦煌社会历史文献释录》第 1 卷,北京:科学出版社,2001 年,第 483 页校记〔一六四〕。

2. 形误字

形误字是书手或刻工误写误刻的字,通常会导致文义不通或背离作者的原意。如:

例一,S.78 号《语对·报恩》"困鹤"条注:"曹参行见一鹤,有箭疮,收归傅药,得差。鹤去后,忽[衔]珠来以捉参之庭中也。"又"逐虎"条注:"区尚至孝,居丧,问(闻)乡人逐虎,虎急来捉尚庐中。尚以衣下藏之,云无虎,遂得免。"其中的"捉"字费解,异本 P.2524 号皆作"投",《郝录》谓当作"投"[1],甚是。"捉"即"投"的形近误字。盖"投"字右部俗写作"殳"(如上揭 P.2524 号的二"投"字原卷作"𠬝"形),"捉"字右部俗写作"足",二字俗书形近易误。S.328 号《伍子胥变文》:"越王见兵被煞,遂共范蠡𢹂西(栖)会稽山避难。"其中的"𢹂"乃"捉"字俗写,文中亦为"投"字之讹,可以比勘。

例二,S.126 号《太子赞》:"太子生七日,摩耶却归天,夷(姨)母收养经七年,六艺九三端。"其中的"九"字异本 S.2204 号作"有",《郝录》谓当作"有"[2],甚是。"有"字草书作"𠮷""𠮷"等形[3],与"九"字形近易误。"六艺有三端"谓六艺之术通达其三。"有"字误作"九","九三端"乍视之义似可通,其实非也。

二　与字音有关的异文

指传抄或传刻时因音同音近假借或误写造成的异文。

1. 通假字

通假字是指用声音相同或相近的甲字来代替乙字。如:

例一,北敦 6618(北 6385,鳞 18)号《大般涅槃经》卷十五:"菩萨摩诃萨住于大乘大般涅槃修如是慈,虽复安于睡眠之中,而不睡眠,勤精进故,虽常悟悟,亦无悟悟,以无眠

---

[1] 郝春文主编《英藏敦煌社会历史文献释录》第 1 卷,第 88 页校记〔七五〕〔七九〕。

[2] 郝春文主编《英藏敦煌社会历史文献释录》第 1 卷,第 199 页校记〔六〕。

[3] 如 P.2133 号《妙法莲华经讲经文》"仏言若𠮷一人供养受持六十二亿个恒河沙云云"、"恰似黄鹰架上,天边飞去𠮷心"句,其中的"𠮷""𠮷"即"有"字草书。

故。"其中的"悎"字北敦 2558、S.4864 号经本及玄应、慧琳《音义》引皆作"觉"。又北敦 5382（北 6464，光 82）号《大般涅槃经》卷二七："（师子王）发声震吼，为十一事……六为眠者得悎悟故。"又云："安抚生死怖畏之众，悎悟无明睡眠众生。"其中的"悎"字《中华大藏经》影印《金藏》广胜寺本同，S.2197 号经本作"觉"。凡此"悎"字皆为"觉"的通假字，"悎""觉"《集韵·效韵》皆有居效切一读，同音通用。Ф.230 号玄应《一切经音义》节抄本卷二《大般涅槃经》第十五卷音义："觉寤：上居效反……经文以觉为悎，文字所无。又以寤为悟。"《碛砂藏》本玄应《音义》卷二作："觉，交孝反……经文作悎，文字所无。"可洪《音义》第伍册《悲华经》第六卷音义："悎悟，上古孝反，正作觉寤。"可参。

例二，S.133 号《群书治要·左传》襄公十四年："仁奉其君，爱之如父母，仰之如日月，敬之如明神，畏之如雷霆。"其中的"仁"字《四部丛刊》本《群书治要》（上海涵芬楼景印日本天明七年刊本）、阮元刻《十三经注疏》本《春秋左传正义》皆作"民"。"仁""民"形音义皆所不同，其构成异文的中介则在于"人"字。盖此字原本作"民"，唐人传抄时避唐讳替换作近义的"人"字，"人"又借用作同音的"仁"字。"人""仁"古通用。同卷下文襄公廿五年："君民者，岂以凌人？社稷是主。"其中的"凌人"《十三经注疏》本《春秋左传正义》作"陵民"，"人"亦为"民"之讳改字，可参。

例三，北敦 5261（北 6305，夜 61）号《大般涅槃经》卷四云："身所被服，麁陋丑恶，形容憔悴……头须发抓，皆悉长利。"其中的"抓"字北敦 1946、北敦 6588 号经本同，北敦 3490 号经本及《高丽藏》本作"爪"。又 S.4869 号《大般涅槃经》卷十二云："观察是身，从头至足，其中唯有发毛抓齿不净垢秽。"其中的"抓"字 S.693 号经本同，S.478 号经本及《中华大藏经》影印《金藏》广胜寺本作"爪"。又北敦 1424（北 6345，寒 24）号《大般涅槃经》卷十一："手脚面目，不以抓镜。"其中的"抓"字 S.3316 号经本同，北敦 749、S.2799、S.4933 号经本及《中华大藏经》影印《金藏》广胜寺本作"爪"。按 P.2578 号《开蒙要训》有"腕抓指拇"句，"抓"下脚注"爪"。可洪《音义》第肆册《大般涅槃经》第四卷下出"发抓"条，第十一卷下出"抓镜"条，"抓"字并音"争巧反"。又第陆册《月灯三昧经》第二卷音义："指抓，争巧反，爪正。"第玖册《大方便佛报恩经》第四卷音义："抓押，上争巧反，下古狎反，正作爪甲。""爪"写作"抓"，既可以说是同音假借，也可以说是增旁繁化俗字。

2. 音误字

音误字是指因音同或音近而致的别字。音误字与通假字的区别在于：通假字的借用

带有一定的普遍性;而音误字则是传抄或传刻者偶然写错的字,不具有普遍性。如:

例一,北敦 2736(北 6337,吕 36)号《大般涅槃经》卷九云:"尔时良医以咒术力,令王粪门遍生创疱,兼复哲下,虫血杂出。"其中的"哲"字北敦 6709 号经本同,《高丽藏》本、《大正藏》本及玄应、慧琳《音义》引皆作"瘍","哲"当是"瘍"的音近别字。玄应《音义》卷二"瘍"字条云:"竹世反,瘍,赤利病也。关中多音滞。《三苍》:瘍,下病也。《释名》云:下重而赤白曰瘍。……经文作蜇字,与蛆同,知列反,虫螫也。又作哲,了也,智也。二形并非经旨。"慧琳《音义》卷二五亦云"瘍"字经文作"蜇"字,又作"哲"字,"此之两字并非经意"。正因为"哲"是抄手偶一为之的音近别字,未为社会大众所普遍承认,故玄应、慧琳等人认为"非经意"。

有必要指出的是,就敦煌写本而言,所谓音同音近应立足于中古音,同时还要注意语音的地域变异,即敦煌所处西北方音的特点。如:

例二,P.3883 号《孔子项讬相问书》:"夫子登时却索草,耶娘面色转无光。"其中的"索"字异本 P.3833 号作"色"。又 P.2564 号《齖䶗新妇文》:"阿婆问儿言说:'索得个屈期丑物入来,已(与)我作底?'"其中的"索"字异本 P.2633 号作"色"。又同卷下文:"已后与儿色妇,大须隐审趁逐,莫取媒人之配。"其中的"色"字异本 P.2633、S.4129 号作"索"。《敦煌变文集》于后例下出校记云:"按敦煌写本,'色''索'二字常通用。"(页 863 校记〔21〕)乍一看,"色""索"读音迥异,这二字怎么会经常通用呢?就《广韵》音系而言,"色"字入声职韵音所力切,生纽曾摄;"索"字入声麦韵有山责切一读,生纽梗摄;虽则纽同,但二字韵母相距较大。然而唐五代西北方音曾摄与梗摄读音趋同,职韵、麦韵每多相押借用,所以"色""索"二字经常通用也就没有什么可以奇怪的了。

3. 记音字

联绵词、外来词重在记音,一词多形的情况非常普遍,反映到不同文本即构成异文。如:

例一,北敦 3047(北 4743,云 47)号《妙法莲华经·信解品》:"(我子)舍吾逃走,跉跰辛苦五十余年。"其中的"跉跰"北敦 629、北敦 5404 号等写本同,北敦 1567、北敦 1949、北敦 3521、北敦 4973 号等写本作"伶俜",玄应《音义》卷六、慧琳《音义》卷二七引出"伶俜"条,玄应《音义》云:"伶俜,历丁反,下匹丁反,《三苍》云:伶俜犹联翩。孔案:伶俜亦孤独儿也。经文多作跉跰,《字林》力生反,下补净反,字与进同;跉,不正也;进,散也,二形并非今用也。"按:"伶俜"为叠韵联绵词,"跨""伶"音同,"跰""俜"音近,故"伶俜"又写作读音略同的"跨跰"。

例二,北敦1754(北4734,往54)号《妙法莲华经·譬喻品》:"臭烟熢悖,四面充塞。"其中的"熢悖"Дx.5352号《妙法莲华经难字》引及《大正藏》本经文作"熢焞",《金藏》本经文及玄应《音义》卷六、慧琳《音义》卷二七引皆作"蓬勃"。玄应云:"蓬勃,蒲公反、蒲没反,《广雅》:勃,盛也。经文作熢悖,非其体也。"按:"熢焞""熢悖""蓬勃"为双声联绵词,故其形不同而其义不变。

例三,S.2143号《出家赞文》:"舍利佛国难为,吾本出家谁知。舍却烟芝胡粉,唯有藻豆杨枝。"其中的"烟芝"异本 Дx.2430号作"烟炆",P.3116号作"**㯷**支"(P.2690号略同),P.3824号作"**墥**支"(前字S.5572号作"**增**",P.4597号作"**増**",字形略同)[1],即"胭脂",古书亦作"臙脂""烟肢""燕脂""燕支"等,皆西域语译音用字之异[2],本为植物名,其花可作化妆品,故亦径指称化妆品。

三　与字义有关的异文

指传抄或传刻时因义同义近换用或臆改原文造成的异文。

1. 近义词

汉语的同义近义词非常丰富,或历时共时混用无别,或有古今、地域之异,传抄或传刻者因时代的影响或个人的因素换用同义或近义词从而导致异文。如:

例一,S.395号《孔子项讬相问书》:"人之有母,如树有根;人之有妇,如车有轮。车破更造,必得其新;妇死更取,必得贤[家]。一树死,百枝枯;一母死,众子孤。将妇比母,岂不逆乎?"其中的"岂"字异本 Дx.1356+Дx.2451号作"可","可"犹"岂"也。"岂""可"皆可用作反诘副词[3],但前者上古汉语已见,而后者为中古近代汉语用词,Дx.1356+Дx.2451

---

[1] "炆"为"支"或"枝"的类化俗字。又《集韵·先韵》因莲切:"㮊,㮊支,木也。一曰:㮊支,香艸。或作桾。""**㯷**"疑为"桾"的变体。"**墥**"右部草头下皆,该字不见于字书,疑为"燕"的讹字。
[2] 参看史有为《外来词——异文化的使者》(上海辞书出版社,2004),第41—42页。
[3] "可"用同"岂",张相《诗词曲语辞汇释》已发(第58—60页,中华书局,1979年),蒋礼鸿《敦煌变文字义通释》(增补定本)续有举证(第452—458页)。

号作"可",反映了抄手的时代特色。P.3591 号丹遐和尚《翫珠吟》："在心心岂测,居耳耳难听。"这两句是渲染神珠的玄妙莫测。其中的"岂"字《景德传灯录》(《四部丛刊》本)卷三十作"可","可""岂"也是同义异文,可以比勘。或谓后例"可"是"叵"字的形讹,那是不正确的。[1]

例二,P.2564 号《齖䶗新妇文》："[翁婆闻道色(索)离书],忻忻喜喜。且与缘房衣物,更别造一床毡被。乞求趁却,愿更莫逢相值。"其中的"缘房"异本 P.2633 号作"沿房"。按:"缘""沿"《广韵·仙韵》皆有与专切一读,为同音字。《说文·水部》："沿,缘水而下也。"王筠句读:"沿、缘音义同。《字林》:从水而下曰沿。顺流也。沿亦缘也。"则"缘""沿"二字音义皆同,故"缘房""沿房"异文同义,文中皆指妆奁而言[2]。S.395 号《孔子项讬相问书》："刀剑器解(械)缘身带,要间宝剑利如霜。"其中的"缘"字异本 S.1392、S.5529、S.5674、P.3883 号作"沿",亦系同义异文,可以比勘。

例三,P.2054 号《十二时·日入酉》："罢治生,休运偶,凡是功(工)人悉停手。"引文异本 P.3087、上博 48 号同,P.2714 号"治"作"营","偶"作"**搆**"。任半塘《敦煌歌辞总编》引龙晦《唐五代西北方音举例》云:"以'营'代'治',避高宗名。"(页 1645)按《小尔雅·广诂》:"营,治也。"《诗·小雅·黍苗》"召伯营之"郑玄笺:"营,治也。""营"代"治"系避讳用同义词替换。又"**搆**"为"構"的俗字,后者右上部俗书作"世",P.2714 号写作"廿",系避讳唐讳缺笔,可以比勘。

例四,北敦 13864(新 64)号《大般若涅槃经》卷三一："善男子,譬如工巧甘锅盛金,自在随意,**扡**(挠)搅融消,菩萨定慧亦复如是。"其中的"工巧"异本 S.2869、S.4382 号作"巧匠",北大敦 32 号作"工匠"。按:"工巧"指匠人、工匠。如 P.2044 号《真言要决》卷三："夫诸佛菩萨天尊老君等,并是过去出世圣人,当今无有见其真状者。今日但闻其名见其形像而已,谁复识其面目哉?其形像者,并是世间工巧影响而作,未必即得似彼真形。"P.2245 号慧述《四分戒本疏》卷三："言六恶者,如律中说种类:一种卑,二姓卑,三业卑,四相貌卑,五犯过卑,六结使卑。言种卑者,汝是卑家生;言姓卑者,汝是下姓人;言业卑者,汝是伎术工巧人;言相貌卑者,汝是盲瞎等人;言犯过卑者,汝是犯过人;言结使卑者,汝是多结使人。"《宋书·刘敬宣传》："前人多发调工巧,造作器物。"据此,可知上揭

[1]《敦煌变文集》卷一《伍子胥变文》："王乃面惭失色,羞见群臣:'国相,可不闻道:成谋不说,覆水难收;事已[如]斯,勿复重谏!'"其中的"可"字亦用同"岂";《敦煌变文集》校作"何",洪诚称"可"为"何"的借字(《洪诚文集·雊诵庐论文集》,南京:江苏古籍出版社,2000 年,第 160 页),皆误。

[2]"缘房""沿房"指妆奁,参看蒋礼鸿《敦煌变文字义通释》(增补定本),第 90—91 页。

《大般若涅槃经》写经"工巧"与异本"巧匠""工匠"异文同义。

2. 异义词

传抄或传刻者因误解或臆改原文而使用含义有别的词语造成的异文。如：

例一，北敦 6099（北 6463，芥 99）号《大般涅槃经》卷二八："众生佛性，不破不坏，不牵不抛，不系不缚。"其中的"抛"字 S.3851、北敦 3144、北敦 5963 号经本及《金藏》广胜寺本作"捉"。按："抛"应系"挽"的繁化俗字。P.2172 号《大般涅槃经音》相应位置引出"牵遭。挽蔓"二条，字正作"挽"。"挽"与"牵"近义，犹下句"系"与"缚"近义。P.3418 号《王梵志诗·夫妇生五男》："户役差科来，牵抛我夫妇。"其中的"抛"字异本 P.3724 号作"挽"，"抛"亦"挽"的俗字，"牵挽"谓拉拽，乃近义复词[1]。上揭《大般涅槃经》异本"抛（挽）"作"捉"，义别，殆传刻者臆改。

例二，S.5529 号《孔子项讬相问书》："刀剑器械沿身带，腰间宝剑利如霜。"其中的"利"字异本 S.395 号同，S.1392、P.3883 号作"白"。按："霜"字的意象有二：一是白，二是寒。从后一意象着眼，兵刃明亮锋利，寒光闪闪，就可以说"利如霜"。唐岑参《岑嘉州集》卷一《武威送刘单判官赴安西行营便呈高开府》诗："夫子佐戎幕，其锋利如霜。"又义净译《根本说一切有部毗奈耶杂事》卷二十："假使烈火腾风焰，利剑如霜现在前。"又《五灯会元》卷十五德山晏禅师法嗣鼎州德山志先禅师："角弓弯似月，宝剑利如霜。"取喻皆同。从前一意象着眼，则又可以说"白如霜"。如《法苑珠林·渔猎篇·感应缘》"晋谯郡周子文等游猎受现报"条引《续搜神记》："忽山岫间见一人，长五丈许，捉弓箭，镝头广二尺许，白如霜雪。"又《五灯全书》卷七十临济宗福清黄檗隐元琦禅师："三寸舌伸安国剑，千秋凛凛白如霜。"皆取喻于白。《文选·左思〈吴都赋〉》："刚镞润，霜刃染。"刘良注："霜刃，言其杀利也。"吕向注："霜刃，兵器之刃白如霜也。"吕向的注侧重前一意象，刘良的注侧重后一意象。由此可见，上揭《孔子项讬相问书》写本作"利"作"白"，是因传抄者取喻角度不同改变原文造成的异文。

例三，S.1441 号《励忠节钞·俊爽部》："王右军羲之年十岁时，{钱凤为}大将军甚怜

---

[1] 慧琳《音义》卷八一《三宝感通传》中卷音义："牵挽，上诘延反，《广雅》云牵犹挽……下网坂反，或从车作輓；录侧抛，误也。"S.149 号《佛说父母恩重经》："迦夷国王，入山射猎，抛弓射鹿，悟（误）伤闪匈。"其中的"抛"字异本北敦 4714 号同，北敦 7522、S.2269 号等卷作"挽"，"抛""挽"皆异文同字。

务(矜)爱,恒置帐中眠。"屈直敏校:"'年'字,《世说》作'减',误,当据写卷校改。"[1]查《世说新语·假谲》:"王右军年减十岁时,大将军甚爱之,恒置帐中眠。"则并非《世说》"年"字作"减",而是《世说》"年"后多一"减"字。今谓"减"字不误。"减"意谓不足、不到,乃魏晋以来常见的俗语词。[2]北魏郦道元《水经注·河水一》:"从此北行二里,佛于一大树下石上东向坐,食糜处,树石悉在,广长六尺,高减二尺。""减"字义同。"年减十岁"是指年龄不足十岁,和"年十岁"意义是有区别的,上揭类书无"减"字,殆出于引者臆改[3],不足取。

例四,S.78 号《语对·报恩》"白龟"条下注引《晋书》:"毛宝行江边,见人网得白龟子,宝与钱数文赎得白龟,放于海。"其中的"网"字异本 P.2524 号作"钩"。"钩"字王三庆《敦煌类书》校作"钓"(页 813),可从。但今本《晋书·毛宝传》云:"初,宝在武昌,军人有于市买得一白龟,长四五寸,养之渐大,放诸江中。"并未说明白龟的获取方式。上揭写本或作"网得",或作"钓得",盖传抄者臆改之异也。

四　与语境有关的异文

有些异文的产生与受上下文影响有关。如:

例一,P.2714 号《十二时》:"鸡鸣丑,[鸡鸣丑],曙色才能分户牖,富者高眠醉梦中,贫者已向尘中走。"末句异本 P.3286 号同;P.2054 号、上博 48 号"贫者"作"贫人"、"尘中"作"尘埃",与上句"者"字"中"字避复,义长。前二本作"贫者已向尘中走"者,疑涉上句抄误也。

例二,P.3812 号《胡笳词十八拍》第十七拍:"行过胡山千万里,唯见寒沙朔风起。马饥馳雪食草根,人渴敲冰饮流水。"其中的"馳"字异本 P.2845 号作"掊",P.2555 号作"踣"。按《说文·手部》:"掊,把也。"段玉裁注:"掊者,五指把之,如杷之杷物也。""踣"字

---

[1] 屈直敏《敦煌写本类书〈励忠节钞〉研究》,北京:民族出版社,2007 年,第 352 页。

[2] 徐震堮《世说新语校笺》末附《世说新语词语简释》"减"字条云:"减,不及,不如。"(北京:中华书局,1984 年,第 529 页)可参。参看黄征《释"减""仅"》,《文史》第 31 辑。

[3] 上揭《世说》引文余嘉锡《世说新语笺疏》(北京:中华书局,1983 年,第 855 页)校云:"减",沈本作"裁"。又徐震堮《世说新语校笺》(第 457 页)云:"减",沈校本作"裁",义并可通。沈校本是指清沈宝砚据传是楼藏宋椠本所作校语。其实"年减十岁"与"年裁十岁"含义也是有差别的,沈校本改"减"为"裁",疑不明"减"字义而臆改,亦非。

古书可用同"掊"[1]，义同。而"駓"字字书用同"騂"，系马形、牛尾、一角的"兽名"，与诗义不合。其实文中的"駓"乃"跑"的俗字，文中因受上文"马"字影响，且"跑"这一动作发出者为"马"，遂类化换旁作"駓"，与用同"騂"的"駓"同形而异字。宋郭茂倩辑《乐府诗集》卷五九载此诗正作"跑"。"跑"即杭州虎跑之"跑"，与"掊"字异文同义。

上面我们从形、音、义、语境四个方面讨论了异本异文的主要类属，这样的分类主要是为了叙述的方便。其实古书异文的情况是相当复杂的，有时不同类属的异文往往会交织在一起。如下面的例子：

北敦 1468（北 4746，寒 68）号《妙法莲华经》卷二譬喻品："譬如长者，有一大宅，其宅久故，而复顿弊，堂舍高危，柱根摧朽，梁栋倾斜，基陛颓毁，墙壁圮坼，泥涂貅落。"其中的"貅"字 S.5908 号经本略同（右上部变体作三撇），S.917 号经本作"貅"，北敦 4842 号经本作"貅"，皆为"貔"字俗省（"處"为"虎"旁的俗写，"虒"旁"虎"旁俗书多乱）。但字书未见"貔"字，经文中应系"褫"字俗讹。此字北敦 3255 号经本作"裪"、北敦 2856 号经本作"裪"、北敦 689 号经本作"褫"，正是"褫"字俗写。不过"褫"字字书训夺衣（剥去衣服），而经文中指墙壁上所涂饰的泥巴崩颓、脱落，当是借用作"陁"或"陊"。《广韵·纸韵》"褫""陁""陊"皆有池尔切一读，三字同音通用。《广韵》"陁"字下释云："落也，《说文》云小崩也。"又"陊"字下云："山崩也。《说文》大可切，落也。"义正密合。北敦 5709 号经本此字正作"陁"（《中华大藏经》影印《金藏》广胜本亦作"陁"）；S.1096 号作"陒"，则为"陁"的后起异体字。玄应《音义》卷六《妙法莲华经》第二卷音义此字作"褫"，注云"经文或作陁"。慧琳《音义》卷二七引大乘基同一经音义标目字正作"陁"，而注云"有作褫……正作陊"；又云："有作貅，不成字，非也。"又 P.2948 号《新集藏经音义随函录》云："貅落，上直尔反，崩也。正作陊、陀（陁）、褫三形。"皆可参。

上面的考证可小结如下："貅""貅""貅""貅"皆为"貔"字俗写，"裪""裪""褫"皆为"褫"字俗写，"貔"又为"褫"字俗讹——这些字都是因字形关系形成的异文；"褫"又为"陁"的借音字，则是因字音关系形成的异文；"陁"或作"陒"，则又是因字形关系形成的异文。

---

[1]《太平广记》卷四九〇引唐王洙《东阳夜怪录》："绕出村之北，道左经紫栏旧圃，睹一牛踏雪龁草。"即其字。

第二节　异书异文

异书异文是指虽然不是同一本书,但因有相同的内容或有相关的引文,而出现的文字歧异。异书异文的成因与同本异文有相似之处,也有其相异之处。本节我们打算以敦煌本类书《励忠节钞》为例就此进行讨论。[1]

《励忠节钞》是唐人分类抄录古代忠臣节士懿言善行的一部类书[2],原书早已失传,敦煌写本 S.1810、S.1441＋S.5673、S.5615、P.3657、P.4059、P.4026、P.5033、P.2711、Дх.10698 背＋Дх.10838 背＋P.3871 背＋P.2980 背＋P.2549 背等卷均存有其数量不等的残文,我们的讨论即以这些残卷的引文及其相应的原书为主,分传抄致误、编者或抄者删改两个方面,就类书引文与原书产生歧异的情况举例进行探讨。

一　传抄致误

书经三写,乌焉成马,古书在传抄翻刻中产生错误是很普遍的现象。古人编纂类书,往往缺少认真的校勘;加上许多类书又是据前代类书抄纂拼凑而成的,或改头换面,或蹈讹袭谬,其中的错误更是严重。具体而言,这类错误包括以下几种情况:

1. 传抄过程中导致文字错误

（1）因形近而误

例一,S.1441 号《励忠节钞·字养部》:"郭基,比高人,为海州刺史,性能清慎,无所营求,常语人曰:'任官之处,木枕亦不须作,何况重于此事。'"《敦煌类书》校"郭基"为"郎基",云:"'郎基'原卷'郎'讹作'郭',据《北齐书·循吏列传》及《御览》引改正。'比高'不

---

[1]　本节系据拙作《类书引文异同释例——以敦煌写本类书〈励忠节钞〉为例》一文改写,原载北京大学中国古文献研究中心等编《海峡两岸古典文献学学术研讨会论文集》,上海:上海古籍出版社,2002 年,第 57—75 页。

[2]　《宋史·艺文志》:"《励忠节钞》,王伯瑜撰。"其成书时间约在唐代中前期。

知何地,恐有讹误,《北史》《北齐书》郎基传作'中山人'。"[1]按:"比高"应为"北齐"之讹。"郎基"任职于北齐,故可称北齐人。"齐""高"草书形近,本卷抄手屡屡讹"齐"为"高"。同卷《字养部》下文:"路邕任高州太守,有惠政。"《魏书·路邕传》称路邕世宗时"除齐州东魏郡太守"。又同卷《清贞部》:"晏平仲相高,租(粗)食不重肉,妾不衣帛。"《史记·管晏列传》:"晏平仲……相齐,食不重肉,妾不衣帛。"又《恩义部》:"高宣王时,有人斗死道,追穷不得。"《太平御览》卷四一六《友悌》引宋躬《孝子传》,卷四二二《义妇》引《烈女传》皆载其事在齐宣王时,凡此"高"皆为"齐"字之讹,可证。

例二,S.1441号《励忠节钞·俊爽部》:"顾恺之曰王夷甫云:'此侯岩岩秀峙,壁立千仞。'"《敦煌类书》"日"字录作"曰",校作"谓"(页191)。按:俗书"日""曰"二字往往不分(上文原卷似近"日"字),然文中"日""曰"皆不可通,当为"目"字形近之误。[2]"目"谓品评。《世说新语·赏誉》:"王公目太尉:'岩岩清峙,壁立千仞。'""目"字义同。

例三,S.1441号《励忠节钞·清贞部》:"魏霸为长史,性清贞,妻子不到官舍,父兄在家稼穑勤苦,而独守尊荣,故常服麤疏,而全其身,射(躬)耕以养母,州间慕其仁化。"《敦煌类书》于"而全其身"句下校:"四字疑为衍文或讹脱,诸书不见。"(页615)今按:"而全其身"四字并非衍文,而应是"而令其子"之讹,连下"躬耕以养母"作一句读。"全"字俗或作"㒰"(见《干禄字书》,敦煌写本中亦经见),与"令"字形近易误。王校引《东观汉记》卷十九云:"魏霸……为钜鹿太守,妻子不到官舍,常念兄与嫂在家勤苦,而己独尊乐(《类林杂说》引谢承《后汉书》作"荣"),故常服粗粝,不食鱼肉之味……子躬耕农,与兄弟子同苦乐,不得有异,乡里慕其行化之。"可参。

(2)因音近而误

例一,S.1441号《励忠节钞·安国部》:"楚与梁接境,[梁]庭种瓜,茂好而多子,楚庭瓜羸而无子。楚人侵窃梁瓜,守瓜者告其大夫宋就。就曰:'何得效至恶也,以相结怨耶?若然者,是搆祸之道。'及(乃)私使人夜往灌,楚瓜茂盛。楚觉,怀惭以白楚王,王感其德而厚交于梁。"此事较早见载于汉贾谊《新书·退让》及刘向《新序·杂事》,其中的"庭"《新书》《新序》均作"边亭","庭"盖"亭"的音误字。又"搆祸之道"《新书》作"讲怨分祸之道",

---

[1] 王三庆《敦煌类书》,高雄:丽文文化事业股份有限公司,1993年,第612页。下引该书或简称"王校",径直在引文后括注页码,不再一一出注说明。

[2] 本条"曰"或"日"字当校读作"目",笔者在1999年为浙江大学古籍研究所研究生讲授校勘学时首先指出此点,后来载入由参加听课的何华珍等同学整理的《敦煌本〈励忠节钞〉王校补正》一文(载《中古近代汉语研究》第1辑,上海:上海教育出版社,2000年);后来屈直敏《敦煌写本类书〈励忠节钞〉研究》等书沿用了这一结论。

《新序》作"構怨祸之道","搆"同"構"("搆"为"構"的后起分化字),而"讲(講)"则应为"搆(構)"的音误字("構""講"皆从"冓"声,段玉裁云古音同在四部),当据《新序》及上揭写本校正。

例二,S.1441号《励忠节钞·字养部》:"臣闻昔者七十九代之君,法令(制)不一,号令不同,然而俱王天下何?必国富而粟多,人则异理也。"按:末句"人"字"理"字系避唐讳的改换字,《敦煌类书》校作"民""治"(页187),是也。然"民则异治"仍然费解。考同部上文引《管子》曰:"凡为国[之]道,必先富人(民),人(民)富则易治,贫则难理(治)也。"查《管子·治国》篇:"凡治国之道,必先富民,民富则易治也,民贫则难治也。……是以善为国者,必先富民,然后治之。昔者七十九代之君,法制不一,号令不同,然俱王天下者何也?必国富而粟多也。"应即上揭引文所出。据此,"民则异治"当校读作"民则易治"。"易""異"音近,敦煌写本中多误。S.2630号《唐太宗入冥记》:"皇帝闻已,忙怕极甚,苦嘱囗(崔)子玉:'卿与我出一个異(易)问头,朕必不负卿!'"P.2324号《难陀出家缘起》:"如今现在阎浮提,宿因相配作夫妻。受限此人缘異(易)尽,房中所以独孤栖。"P.2418号《父母恩重经讲经文》:"如此思量,一场苦事。万劫千生,酬填不異(易)。"其中的"異"亦皆"易"的音误字,可以比勘。

(3) 因上下文相涉而误

例一,S.1441号《励忠节钞·言行部》:"《列子》曰:'言美则向(响)美,言恶则响恶,身长则影长,身短则影短。故君子慎其言,恐有知之;慎其身,将为(有)随之。'"其中"慎其身"的"身"字当作"行"。近人杨伯峻集释本《列子·说符》:"言美则响美,言恶则响恶;身长则影长,身短则影短。名也者,响也;身也者,影也。故曰:慎尔言,将有和之;慎尔行,将有随之。'"正作"行"字。上揭类书引作"身"者,盖涉上文"身长则影长,身短则影短"诸"身"字而误也。又今本《列子》"身也者,影也"句的"身"字,王叔岷谓亦当作"行",涉上文"身长则影长,身短则影短"而误[1],极是,可资比勘。又"恐有知之"杨伯峻集释本作"将有和之",唐殷敬顺释文:"和,胡卧切,一作知。"杨伯峻集释:"'和'北宋本作'知',汪本从之,今从吉府本、世德堂本订正。"考《列子》原文接云:"是故圣人见出以知入,观往以知来,此其所以先知之理也。"疑作"知"者,为涉下文诸"知"字而误也。

例二,S.1441号《励忠节钞·政教部》引《说苑》曰:"政囗囗品:王者之政化之,霸者之政威之,强者之政胁之。"考今本《说苑·政理》:"政有三品:王者之政化之,霸者之政威

---

[1] 转引自杨伯峻《列子集释》,北京:中华书局,1979年,第240页。下引杨伯峻《列子集释》出处同此。

之,彊者之政胁之。"向宗鲁《说苑校证》改"彊者"为"彊国",校云:"'国',旧作'者',涉上二'者'字而误,《治要》及《书钞》三十五、《长短经·君德篇》引皆作'国',据改。"[1]按:"强者"即"彊者"("强""彊"古通用),向校以"者"字为涉上文而误,可从。《说苑》同篇下文:"治国有二机,刑德是也。王者尚其德而希其刑,霸者刑德并凑,强国先其刑而后德。"亦"王者""霸者""强国"顺序而言,可资参证。不过从上揭类书所引来看,大约唐代前后《说苑》写本已有误作"彊者"或"强者"的了。

2. 传抄过程中造成脱文

例一,S.1441 号《励忠节钞·公正部》:"石奢事楚昭王,为人公正好义,昭王为大理。时荀煞人者,奢卒(率)兵讨之,乃其父也。""昭王为大理"句有脱文,《敦煌类书》于"为"字前据《韩诗外传》《新序》补"使"字,可从。王校又改"荀"为"有",校云:"'有'字原卷作'荀',疑形近致误,据《史记》卷一一九《循吏列传》改。"(页 617)窃谓"荀"并非"有"字之误,而应是"道"字形误,其下又脱一"有"字。按《史记·循吏列传》云:"石奢者,楚昭王相也。坚直廉正,无所阿避。行县,道有杀人者,相追之,乃其父也。"又《韩诗外传》卷二:"楚昭王有士曰石奢,其为人也,公而好直,王使为理。于时道有杀人者,石奢追之,则父也。"并可资参证。

例二,S.1441 号《励忠节钞·俊爽部》:"语曰:若今月无物,当应极明。""若今月无物"句《敦煌类书》无校。今谓"今"当为"令"字之讹,而"月"后应脱一"中"字。《世说新语·言语》:"若令月中无物,当极明邪?"应即上文所本,可证。

3. 传抄过程中造成衍文

例一,S.1441 号《励忠节钞·清贞部》:"张奂(奂)字然明,[父]汉阳太守。羌胡散(敬)其威信,赠以万物。奂(奂)以酒酤(酹)他(地),曰:'使马如羊,不以入厩;使金银如粟,不入吾门。'"《敦煌类书》于"使金银如粟"句无说。考《后汉书·张奂传》云:"张奂字然明,敦煌渊泉人也。父惇,为汉阳太守。奂……永寿元年,迁安定属国都尉。……羌豪帅感奂恩德,上马二十匹,先零酋长又遗金𫔎八枚。奂并受之,而召主簿于诸羌前,以酒酹地曰:

---

[1]《说苑校证》,北京:中华书局,1987 年,第 143 页。

'使马如羊,不以入厩;使金如粟,不以入怀。'悉以金、马还之。"应即上揭写本引文所本,则"使金银如粟"句当作"使金如粟",写本有"银"字,盖"金银"习语,传抄者因致误衍耳。又"万物"《敦煌类书》录作"萬物"(页189)。窃谓此处"万"字并不同"萬",而应是"方"的形近讹字,"方物"谓土产、特产,适与文义密合。嵇康《答难养生论》:"九土述职,各贡方物,以效诚耳。"[1]可参。

　　例二,S.1441号《励忠节钞·荐贤部》:"《汉书》:韩安国为人多才大略,所举者皆廉士令德而贤于己者。"查《汉书·韩安国传》:"安国为人多大略,知足以当世取舍,而出于忠厚。贪耆财利,然所推举皆廉士贤于己者。"《史记·韩长孺传》略同。"多大略"史书常见,指人足智多谋,有远见。《史记·郦生陆贾列传》:"吾闻沛公慢而易人,多大略。"是其比。上揭类书于"多大略"间增一"才"字,盖因后世习闻"多才"而致误衍耳。[2]

4. 传抄过程中造成字句错乱

　　S.1441号《励忠节钞·俊爽部》:"谢庄语袁叔(淑)云:江东无我,卿当独步;我君亦一时之俊杰。"按《宋书·谢庄传》:"时南平王铄献赤鹦鹉,普诏群臣为赋。太子左卫率袁淑文冠当时,作赋毕,赍以示庄,庄赋亦竟,淑见而叹曰:'江东无我,卿当独秀。我若无卿,亦一时之杰也。'遂隐其赋。"《南史·谢弘微传》略同。据后二书,"江东无我"云云乃袁淑语,与上揭写本不同,必有一误,而从后二书皆以此事系于谢庄下来看,似当以作袁淑语为是,写本盖抄者错乱人名耳。附按:"我君"的"君"疑为"若"字之误,而其下又抄脱"无卿"二字。

二　编者或抄者删改

　　类书引录或原书在传抄过程中,由于种种原因,编者或抄者往往会对原文加以"必要"的删改。具体而言,包括以下五种情况。

---

[1]　见《全上古三代秦汉三国六朝文·全三国文》,北京:中华书局,1958年,第1326页。

[2]　此说笔者始发,后载入《敦煌本〈励忠节钞〉王校补正》,《中古近代汉语研究》第1辑,第283页。

1. 节略其辞

类书在引例时，为了突出主题或其他原因，对原书加以改造或增省虚词是常有的事。所以我们在判断类书引文有无脱漏时，就应该非常谨慎，不可轻易加以增补。如：

例一，S.1441号《励忠节钞·政教部》："汉景帝云：'雕文刻镂伤农事，锦绣纂组害女功。农事伤，饥之本；女工害，寒之源。饥寒并至，而能为理者，未之有也。'"按《汉书·景帝纪》："（后元二年）夏四月，诏曰：'雕文刻镂，伤农事者也；锦绣纂组，害女红者也。农事伤则饥之本也，女红害则寒之原也。夫饥寒并至，而能亡为非者寡矣。'"即上揭类书所本。编者在引用时把原文中的多数虚词都省略掉了。

例二，S.1441号《励忠节钞·安国部》："晋来伐楚，楚诸大夫请出击之。楚王止之，曰：先王之时，晋不伐楚，及孤之代，而晋伐楚，孤之罪也。如何辱诸大夫稽颡曰：先君之时，晋不伐楚，及臣之任也，而晋伐楚，臣之罪也。不能辅翼圣化，致使邻国侵兵。晋人闻之，相与谓曰：楚之君臣争罪在己，上下同心，三军齐力，此不可攻。遂旋师而归。"其中的"如何辱诸大夫稽颡曰"九字《敦煌类书》校读作"如何[其]辱？诸大夫稽颡曰"云云（页181）。考《淮南子·道应》："晋伐楚，三舍不止。大夫请击之。庄王曰：先君之时，晋不伐楚，及孤之身，而晋伐楚，是孤之过也。若何其辱群大夫曰：先臣之时，晋不伐楚，今臣之身，而晋伐楚，此臣之罪也。请三击之。……晋人闻之，曰：君臣争以过为在己，且轻下其臣，不可伐也。夜还师而归。"殆即上揭类书所本，其中的"若何其辱群大夫曰"当校读作"若何其辱群大夫？[大夫]曰"，《新序·杂事》相关文句作"如何其辱诸大夫也？大夫曰"云云，可证[1]。上揭类书"稽颡"前当亦承用误本脱落了"大夫"二字，应读作"如何辱诸大夫？[大夫]稽颡曰"。但"如何"后无"其"字，则应属抄者节略，而似非脱漏，《敦煌类书》据《淮南子》补一"其"字，恐怕无此必要。

2. 改用含意相同或相近的字词

由于原书的字词较为费解或后世已不常用，或其他一些原因，类书的编者或传录者会用含意相同、相近或当时常用的字词来替换。如下面的例子：

---

[1]　参看张双棣《淮南子校释》引陈昌齐、杨树达等说，北京：北京大学出版社，1997年，第1262页。

例一，P.2711号《励忠节钞·家诫部》陶潜《诫子书》："吾少好书，又爱闲静，开卷清谈，欣然忘食。见树木交荫，时鸟变声，亦复欣然每自怀喜。常言五六月中北窗下卧，遇凉风忽至，自谓是羲皇上人。"其中的"忽"字《宋书·隐逸·陶潜传》《南史·隐逸上·陶潜传》《艺文类聚》卷二三人部之七鉴诫引皆作"暂"。按《说文·日部》："暂，不久也。"段玉裁注："今俗语云霎时间，即此字也。"《广雅·释诂二》："暂，猝也。"张相《诗词曲语辞汇释》卷二："暂，犹忽也。"是"暂""忽"义同。但"暂"系文言用词，主要用于唐代以前；而"忽"系口语用词，主要用于六朝以下。上揭类书引"暂"作"忽"，当出于编者所改。

例二，S.1441号《励忠节钞·字养部》："甘龙对秦孝公：圣人不易人而教，智者不度（变）法而理；因人而教，不劳而功成；缘法而理，吏习而人安。"考《商君书·更法》记甘龙对秦孝公曰："圣人不易民而教，知者不变法而治；因民而教者，不劳而功成；据法而治者，吏习而民安。"应即上揭类书所出，引文中易"民"为"人"，易"治"为"理"，当系编者或传抄者避唐讳而改；易"知"为"智"，当系编者或传抄者改古字为"今"字（"知""智"古今字）。今本"缘"作"据"，则似以上揭类书所引作"缘"为长。

例三，S.1441号《励忠节钞·俊爽部》："王爽与司马太傅饮酒，太傅醉，呼王为小儿。王曰：'予亡祖长史与简文皇帝为布衣之交，亡姑、亡姊伉俪二宫，何小子之有！'太傅惭其言。"考《世说新语·方正》："王爽与司马太傅饮酒，太傅醉，呼王为小子。王曰：'亡祖长史与简文皇帝为布衣之交，亡姑、亡姊伉俪二宫，何小子之有！'"应即上揭类书引文所出。类书原文"小儿"《晋书·外戚·王蕴传》亦作"小子"，与《世说新语》同。《敦煌类书》据以谓"'小儿'疑当作'小子'，与后呼应"（页619）。按："小儿""小子"皆可指晚辈或用于对人的蔑称。如梁萧统《陶渊明传》："我岂能为五斗米折腰向乡里小儿！"[1]《后汉书·班超传》："小子安知壮士志哉！"是其例。故上文作"小儿""小子"义均可通。原文既可能本皆作"小子"，先后呼应，上揭敦煌类书引录时改前一"小子"为"小儿"，以求前后错综；也可能原文"小儿""小子"错综其文，《世说新语》及《晋书》的作者或传抄者改"小儿"为"小子"，以求前后呼应。所以我们在校录时既不必改甲为乙，也不能改乙为甲，而只需出校明其异同也就可以了。

例四，S.1441号《励忠节钞·字养部》："杜纂为汉阳太守，立志清吉（苦），在官以洁白著名，性矜贫爱老，每问人疾苦，皆对之泣涕。劝课农桑，若勤者赏以匹帛，有堕（惰）

---

[1]《全上古三代秦汉三国六朝文·全梁文》，北京：中华书局，1958年，第3068页。

者加之以笞挞,而问死吊生,甚有惠政。"其中的"矜"字《敦煌类书》录作"俭","性矜贫爱老"五字校读作"性俭,爱贫老",校记云:"'俭'字原卷讹作'予旁僉字',据《魏书》《北史》改正。'爱贫'二字原倒,据《魏书》《北史》乙正。"(页613)按:"矜"字原卷实作"予旁令字"(**矜**),应为"矜"("矜"为"矜"的古字)字俗书。《魏书·杜纂传》:"杜纂,字荣孙,常山九门人也。少以清苦自立。……正始中,迁汉阳太守,并以清白为名……性俭约,尤爱贫老,至能问民疾苦,对之泣涕。劝督农桑,亲自检视,勤者赏以物帛,惰者加以罪遣。吊死问生,甚有恩纪。"《北史·杜纂传》:"杜纂字荣孙……性俭约,尤爱贫老,问人疾苦,至有对之泣涕。"据《魏书》《北史》,王校当然是有其充分的理由的。但写本引作"矜贫爱老"似也可通:"矜贫""爱老"互文见义,矜、爱同义。晋袁宏《后汉纪》卷一一章帝纪卷上:"里老且犹矜爱,而况兄弟乎?"其中的"矜爱"则为同义连文,可参。所以上揭类书引录"性俭,爱贫老"作"性矜贫爱老"很可能是编者有意改动的结果,似不必据原书校改。

3. 改用含意更为准确的词句

由于作者水平的原因,或后来传录时的讹误,原书有的文句本身有问题,类书引录时常常会加以润色修订。这时要注意不可根据类书的引录,便草率地对原书进行改订。试看下引二例:

例一,S.1441号《励忠节钞·亲贤部》:"魏文侯见田子方、段干木,立拱而敬之;及见翟黄,床而与之语。翟黄不悦。文侯曰:'干木官之则不顾,禄之则不受。今子官之则上卿,禄之则千钟,既食吾禄,又责吾礼,岂不其(甚)哉?'翟黄惭拜而出。"按《吕氏春秋·下贤》:"魏文侯见段干木,立倦而不敢息;反(《说苑》及《太平御览》引作'及')见翟黄,踞于堂而与之言。翟黄不说。文侯曰:'段干木官之则不肯,禄之则不受。今女欲官则相位,欲禄则上卿,既受吾实,又责吾礼,无乃难乎?'"《史记·魏世家》正义、《太平御览》卷四七四引《吕氏春秋》及《说苑·尊贤》所载与今本《吕氏春秋》略同。其中"官之则上卿,禄之则千钟"句《吕氏春秋》作"欲官则相位,欲禄则上卿","官""禄"相应的"相位""上卿"分别为官位、爵位(上卿是战国时期诸侯国官员可被封赏的最高爵位),且有《史记正义》《说苑》《太平御览》等书为证,当是这句话的本来面貌;但唐代卿已为官职名,所以《励忠节钞》改"上卿"为"千钟",看起来就与"禄之"更加对应。

例二,S.1441号《励忠节钞·字养部》:"张长年为汝南太守,有郡人兄弟分析,家贫,唯有一牛,争之不决。长年见之,凄然伤感,云:'汝家唯有一牛,故知(致)此竞,若有二牛,各应得一。'即以家牛赐之。一郡之中,感其德化,咸相诫曰:'有守如此,岂可妄为争讼耶?'"考《魏书·张恂传》附张长年传:"出为宁远将军、汝南太守。有郡民刘崇之兄弟分析,家贫惟有一牛,争之不决,讼于郡庭。长年见之,凄然曰:'汝曹当以一牛,故致此竞,脱有二牛,各应得一,岂有讼理。'即以家牛一头赐之。于是郡境之中各相诫约,咸敦敬让。"其中的"汝曹当以一牛"句《北史》同,上揭类书引作"汝家唯有一牛",前者语欠通顺,类书所引也可能是引者有意改订的结果。

4. 因对原文的理解不同而加以删改

例一,S.1441 号《励忠节钞·政教部》:"《史记》云:夫理人者,先诱进以仁义,束缚刑宪,所以总一海之内,而整齐万人。"查《史记·礼书》太史公曰:"人道经纬万端,规矩无所不贯,诱进以仁义,束缚以刑罚,故德厚者位尊,禄重者宠荣,所以总一海内而整齐万民也。"应即上揭引文所本。原文"总一海内"本应以"总一"为辞,指统一。而上揭类书盖以"一海"连读,故于"海"后赘一"之"字以显明其义。又"刑罚"上揭类书引作"刑宪",则属同义换用。

例二,P.2711 号《励忠节钞·家诫部》晋中书令陆景诫盈:"富贵天下之所荣, 势□□(位人)情之所趋。古之智士,或山藏林窜,忽而不□(慕);□(或)功成身退,逝若脱屣者,何哉?盖居高畏其危,处满惧其盈,富贵荣势,本非福始,而多凶终,持之失德,守之背道,道德丧而身随之矣。"《艺文类聚》卷二三人部之七鉴诫载其文作:"富贵天下之至荣,位势人情之所趋。然古之智士,或山藏林窜,忽而不慕;或功成身退,逝若脱屣者,何哉?盖居高畏其危,处满惧其盈,富贵荣势,本非祸始,而多以凶终者,持之失德,守之背道,道德丧而身随之矣。"从辩证法的角度而言,既可说"富贵荣势,本非福始",也可说"富贵荣势,本非祸始",作"祸"作"福"盖引者或传抄者理解不同造成的歧异。

例三,P.2711 号《励忠节钞·家诫部》王文舒训其子曰:"东平刘公干,性行不均,多所物(拘)忌,得失才足以相补。吾甚爱之,不愿汝等学也。"("物"字从王三庆《敦煌类书》校)而《三国志·魏书·王昶传》相关文句作:"东平刘公干,博学有高才,诚节有大意,然性行不均,少所拘忌,得失足以相补。吾爱之重之,不愿儿子慕之。"其中"多所拘忌"《三国志》作"少所拘忌"。"多所拘忌""少所拘忌"都不是好事,作"多"作"少"疑属引者或传抄者理解不同所致。

例四，P.3871 号《励忠节钞·志节部》："韩康伯与谢玄深交，玄北征，巷议疑其不了。康曰：'此人好名，必能克战。'玄闻之，甚恨于康，乃励（厉）色曰：'大丈夫提数万之卒，居必死之地，以执（报）君亲之因（恩），而云为名者，是何愚言也！'"按《世说新语·识鉴》："韩康伯与谢玄亦无深好。玄北征后，巷议疑其不振。康伯曰：'此人好名，必能战。'玄闻之，甚忿，常于众中厉色曰：'丈夫提千兵入死地，以事君亲故发，不得复云为名！'"当即引语所本。首句"深交"后者作"无深好"，义反。盖为谢玄北征"巷议疑其不了"，唯韩康伯云"此人好名，必能克战"，可谓知之深者，引文作"深交"，或即引者因此而臆改耳。

例五，P.2711 号《励忠节钞·家诫部》载后汉马援诫兄子书："龙伯高敦厚［周］慎，口无择言，谦约节俭，公平正直，吾爱之重之，愿汝曹效之也。杜季良豪侠好义，忧人之忧，乐人之乐，清浊无所失，吾爱之重之，愿汝曹效学之也。效伯高不得，犹为谨约士，所谓刻鹤不成尚类于鹜也。效季良不得，不为天下轻薄士，所谓画虎不成返（反）类狗也。汝宜勉之。"查上揭家书较早见载于《后汉书·马援传》，其中较为重要的异文有两处，一是"愿汝曹效学之也"《后汉书》作"不愿汝曹效也"，二是"不为天下轻薄士"《后汉书》作"陷为天下轻薄子"，文意正好相反。考《后汉书》下文云："讫今季良尚未可知，郡将下车辄切齿，州郡以为言，吾常为寒心，是以不愿子孙效也。"又载杜季良仇人讼其"为行浮薄，乱群惑众，伏波将军万里还书以诫兄子"云云，据此，《后汉书》作"不愿汝曹效也""陷为天下轻薄子"应是马援的原意。而上揭类书所引作"愿汝曹效学之也""不为天下轻薄士"，王三庆《敦煌类书》云"恐非传抄致误"，而"恐编书者有意改之"（页 642），极是。盖引录或传抄者以上文云"杜季良豪侠好义，忧人之忧，乐人之乐，清浊无所失，吾爱之重之"，颇多褒扬之辞，故臆加增改耳。

5. 把两种原本无关的内容牵合为一

类书编者在搜集素材时，为了突出主题或其他原因，有时会把两种或两种以上原本无关的内容糅合在一起。如下面的例子：

P.2711 号《励忠节钞·推让部》："卓茂字子康，……为丞相主簿。有人就车中妄认其马，茂乃与之，谓曰：是君马，将去；不是，见还。茂乃弃车步行而还。妄认者后得本马，送还其马，愧而拜谢之。茂曰：物有相类，人有失错，何致谢也？时人伏其谦让。"查《后汉书》卷二五《卓茂传》："时尝出行，有人认其马。茂问曰：子亡马几何时？对曰：月馀日矣。茂有马数年,心知其谬,嘿解与之,挽车而去,顾曰:若非公马,幸至丞相府归我。他日,马主别得亡者,乃诣府送马,叩头谢之。茂性不好争如此。"同卷又载《刘宽传》:"刘宽字文饶,弘农华阴人也。……宽尝行,有人失牛者,乃就宽车中认之;宽无所言,下驾步归。有顷,认者得牛而送还,叩头谢曰:惭负长者,随所刑罪。宽曰:物有相类,事容脱误,幸劳见归,何为谢之? 州里服其不校。"比较以上材料,不难看出,上揭敦煌类书所引是把《后汉书》卓茂传、刘宽传两种材料的相关内容糅合在一起了。

第三节　同本异文

　　同本异文是指同一写本或刻本上下文相近的内容或表达同样的词义时出现的用字方面的歧异。俞樾《古书疑义举例》开篇第一例即是"上下文异字同义例"，和我们所称的"同本异文"相当。清顾炎武《日知录》卷二一"古文"条云："古时文字不一，如汉汾阴宫鼎，其盖铭曰：'汾阴供官铜鼎盖二十枚。''二十'字作'十十'。鼎铭曰：'汾阴供官铜鼎二十枚。''二十'字作'丰'。其末曰'第二十三'，'二十'字作'廿'。一器之铭三见，而三不同。自唐以后，文字日繁，不得不归一律，而古书之不复通者多矣。"[1]其实即使在唐代前后，由于手抄仍是文本保存传播的主要方式，抄手水平参差不齐，"一律"化的工作还谈不上，因而同一文本"文字不一"的现象依然是古书中的常态。具体而言，敦煌文献中同本异文有以下几种情况。

一　正俗古今之异

1. 正俗字

　　例一，S.516号《历代法宝记》引《佛藏经》云："当来之世，恶魔变身作沙门形，入于僧中，种种𫶇说，令多众生入于𫶇见，为说𫶇法。"按：其中的"𫶇""𫶇""𫶇"P.3717号写本及《大正藏》本皆作"邪"，《高丽藏》本《佛藏经》原文亦皆作"邪"，"𫶇""𫶇"皆为"邪"的俗字。按《干禄字书》："耶邪：上通下正。"《九经字样·阝部》："邪字或作耶者讹。""牙"旁"耳"旁隶书形似相乱，故"邪"字隶变或作"耶"，"𫶇"则又为"耶"的变体。

　　例二，P.2590号《春秋穀梁传集解》："（庄公廿一年）冬，十有二月，葬郑厉公。廿有二年，春，王正月，肆大眚。肆，失也。眚，灾也。灾纪，失故也。为嫌天子之葬。癸丑，垄我

---

[1]《日知录》卷二一，清道光十二年（1832）锦江书院刻本。

小君文姜。"按：其中的"塟""葬""垄"P.2536 号写本皆作"塟"，阮元刻《十三经注疏》本皆作"葬"。按《五经文字》卷中艹部："葬，上下从两草，相承作塟，讹。"《集韵·宕韵》："塟，或作垄。"汉代简牍碑刻中已见"塟""垄"，乃"葬"的后起会意俗字。

例三，P.2510 号《论语注·乡党》"君召使摈，色勃如也，足躩如也"注："色勃如，矜庄狠。足躩如，逡巡狠也。"按《龙龛·豸部》：狠，俗；貌，正。"狠"为"貌"的讹变俗字，"狠"又为"狠（貌）"的换旁俗字。又同卷下文："子见齐缞，虽狎，必变。虽仍见之，犹为改容皃，哀丧也。见弁者与瞽者，虽亵，必以貌。弁，爵弁也，士祭于君之服。瞽，乐人也。敬君礼乐之人，虽索（素）与之亵，今见之，必为改容狼，礼之至。"按《干禄字书》："皃皃貌：上俗中通下正。""貌""皃"皆见于《说文》，为古异体字；"皃"为"皃"字篆文的变体，"皃"又为"皃"的讹俗字；"狼"则为"貌"的换旁俗字。该写本貌、狠、狠、狼、皃（皃）五种写法先后互见，异形而同字。

2. 古今字

北敦 6298（北 6287，海 98）号《大般涅槃经》卷一寿命品第一："一一车前有优婆塞擎四宝案。是诸案上有种种花，优钵罗花，拘物头花，波头摩花，芬陀利华。"下文又云："尔时四天王所设供养倍胜于前，持曼陀罗花、摩诃曼陀罗花、迦枳楼伽花、摩诃迦枳楼伽花，曼殊沙花、摩诃曼殊沙花，散多尼迦花、摩诃散多尼迦花，爱乐花、大爱乐花，普贤花、大普贤华，时花、大时花，香城花、大香城花，欢喜花、大欢喜花，发欲花、大发欲花，香醉花、大香醉花，普香花、大普香花，天金叶华，龙华，波利质多树花，拘毗陀罗树华。"又云："是时大众一切悉见无边身菩萨及其眷属，是菩萨身一一毛孔各各出生一大莲花。一一莲华各有七万八千城邑。"引例中"花""华"先后杂出，而含义相同，皆指花朵而言；北敦 982、北敦 5596、S.1317、S.1550、S.3707 号经本皆作"华"，《高丽藏》本除"龙华"的"华"字外则皆作"花"。按 S.6691 号《大佛顶经音义》第九卷："华丽，上户瓜反，或作花。"《广韵·麻韵》呼瓜切："华，《尔雅》云：华，荂也。花，俗，今通用。""花"字产生于魏晋，本为"华（華）"的后起形声俗字，宋代以后二字分化，以"花"作为花朵之"花"的专字。敦煌文献中华丽之"华 huá"、花朵之"华 huā"皆或写作"花"。但《王一·麻韵》云："华，户花反，美。"又云："花，呼瓜反，树采。"盖唐时二字已开始分用。故上揭写本作"华"作"花"乃古今用字之异。

3. 混用字

S.1722 号《毛诗·国风·周南·螽斯》:"众(螽)斯羽,诜诜兮。宜爾子孙,振振兮。众(螽)斯羽,薨薨兮。宜尔子孙,绳绳兮。众(螽)斯羽,揖揖兮。宜尒子孙,蛰蛰兮。"其中的"爾""尔""尒"异本 S.3951 号皆作"尔",阮元刻《十三经注疏》本皆作"爾"。按《说文·焱部》:"爾,丽爾,犹靡丽也。从门,从焱,其孔焱,尒声。此与爽同意。"又八部:"尒,词之必然也。从入、丨、八。"段玉裁注:"尒之言如此也。后世多以爾字为之。""尒"字俗书赘点作"尔",手写又变体作"尔"(宋代以后则多写作"尔")。《干禄字书》:"尔尒:上通下正。"用于指代第二人称当系由"尒"之"词之必然"义引申而来,故其字当以作"尒"为典正。但"爾""尒"二字读音相同,古书混用不分("尒"其实是截取"爾"古体上部产生的后起分化字),所以后世往往把"尒"或"尔"当作"爾"的异体或简体来看待。P.2014 号《五代本切韵》上声纸韵:"爾,儿氏反,爾汝。亦作尒。"又《王二》:"爾,儿氏反,亦作尒、尔。"便是这两个字混用不分的实际记录。上揭《毛诗》写本"爾""尔""尒"先后杂出,异字同义,是这二字混用不分的具体用例。

二　本字通假字之异

例一,S.1441 号《励忠节钞·政教部》云:"昔李康(秉)侍坐于晋文帝,时为(有)三长吏俱之言(官),同日辞见。上曰:'夫为官者,当清、当慎、当勤,能行此三者,何患不理乎?'受敕而出。上顾康(秉)曰:'必不得已,三者何先?'或人对曰:'清为本。'次复见问。对曰:'清慎之道,相须而成,必不得已,慎为本。夫慎者必清,清者不必有慎;犹人者必勇,勇者不必为(有)仁。'"末二句《三国志·李通传》注据王隐《晋书》引李秉《家诫》作"亦由(犹)仁者必有勇,勇者不必有仁"。写本前作"人者",后作"仁","人"通假字,"仁"本字,上下文字异而义实同也。

例二,S.5471 号《千字文注》"女慕贞洁"注:"庶人之妻,不乐大王。韩朋须贱,结发夫妇;宋王虽贵,非妾独有。"按:"须贱"当读作"虽贱","须"与下文"虽"字异而义同。"须"字《广韵》音相俞切,虞韵遇摄,"虽"字音息遗切,脂韵止摄,唐五代西北方音遇摄、止摄同用不分,故敦煌文献中"须"字常借用作"虽"。

例三，P.2669 号《毛诗传笺·大雅·绵》"古公亶父，陶复陶穴，未有家室"毛传："古公处豳，狄人侵之。事之以皮弊（幣），不得免焉。事之以犬马，不得免焉。事之以珠玉，不得免焉。嘱其耆老而告之曰：'翟人之所欲，欲吾土地也。吾则闻之，土地养人，君子不以其所养人而害人。二三子何患无君？'乃去之。"按："翟人之所欲"承前"狄人侵之"而来，"翟"当读作"狄"，阮元刻《十三经注疏》本正作"狄"。"狄"正字，"翟"古通用字，上下文字异而义同。北敦 14636 号《毛诗传笺》写本前后皆作"翟"，则皆用借字。

三　讳字改与不改之异

例一，S.1441 号《励忠节钞·任贤部》："汉宣帝时，渤海郡饥荒，盗贼并起，二千石不能制。帝忧，乃以龚遂为太守。帝曰：'卿将［何以］安之？'遂曰：'臣闻理乱人如理绳，急之则结，缓之则治，无拘臣以文法。'"其中的"理""人"当分别是"治""民"避唐讳的代换字。引文本于《汉书·循吏传·龚遂》，龚遂语原文作："臣闻治乱民犹治乱绳，不可急也，唯缓之，然后可治。臣愿丞相御史且无拘臣以文法，得一切便宜从事。"可证。上揭写本前作"理"，后作"治"，有避讳改字与不改字之异，而其义一也。又同卷下文《字养部》引《管子》："凡为国道，必先富人。人富则易治，贫则难理也。"其中的"人""理"当亦是"民""治"避唐讳的代换字，今本《管子·治国》作"凡治国之道，必先富民。民富则易治也，民贫则难治也"，可证。上揭写本"治""理"错出，亦有改字与不改字之异耳。

例二，P.2496 号《论语集解·季氏》："丘也闻有国有家者，不患寡而患不均，孔曰：国，诸侯。家，卿大夫。不患土地㫪人寡少，患政治之不均平。不患贫而患不安。孔曰：忧不能安㠯耳。人安则国富也。"孔注前一条"㫪"乃"民"的增点俗字（敦煌写本经见），异本 P.3433、S.747 号皆作"㠯"，阮元刻《十三经注疏》本"㫪人"作"人民"；后一条"㠯""人"二字 P.3433、S.747 号位置互换，《十三经注疏》本则皆作"民"。P.2496 号"民""㠯""人"先后错出，亦避唐讳改字与不改字及避讳改字方法之不同耳。[1]

---

[1]《励忠节钞》的作者不详，但从敦煌写卷避讳至唐高宗李治止推断，作者或为唐高宗以后之人。至于写卷避唐讳有改字与不改字之异，则是因为抄本时代在晚唐乃至五代以后，抄手避讳字回改未尽之故。

四　同义词之异

S.1441 号《励忠节钞·政教部》："汉景帝云：'雕文刻镂伤农事，锦绣纂组害女功。农事伤，饥之本；女工害，寒之源。饥寒并至，而能为理者，未之有也。'"按《汉书·景帝纪》："（后元二年）夏四月，诏曰：'雕文刻镂，伤农事者也；锦绣纂组，害女红者也。农事伤则饥之本也，女红害则寒之原也。夫饥寒并至，而能亡为非者寡矣。'"颜师古注："红读曰功。"当即上揭写本引文所本。《周礼·地官·䣃长》："趋其耕耨，稽其女功。"郑玄注："女功，丝枲之事。"又作"女工"。《说苑·反质》引李克对魏文侯曰："彫文刻镂，害农事者也；锦绣纂组，伤女工者也。农事害，则饥之本也；女工伤，则寒之原也。饥寒并至而能不为奸邪者，未之有也。"又《淮南子·齐俗训》："夫雕琢刻镂，伤农事者也；锦绣纂组，害女工者也。农事废，女工伤，则饥之本而寒之原也。夫饥寒并至，能不犯法干诛者，古今之未闻也。""女工""女功"皆指女子所作纺织、刺绣、缝纫等事。上揭写本前作"女功"，后作"女工"，异词而同义。

参考文献

郭在贻《杜诗异文释例》，《草堂》1982 年第 2 期；又收入《郭在贻文集》第 1 卷，北京：中华书局，2002 年。

郭在贻《唐诗异文释例》，《文史》1983 年第 19 辑；又收入《郭在贻文集》第 3 卷，北京：中华书局，2002 年。

王三庆《敦煌类书》，高雄：丽文文化事业股份有限公司，1993 年。

黄征《敦煌写本异文综析》，《敦煌语言文字学研究》，兰州：甘肃教育出版社，2002 年。

张涌泉《类书引文异同释例——以敦煌写本类书〈励忠节钞〉为例》，载北京大学中国古文献研究中心等编《海峡两岸古典文献学学术研讨会论文集》，上海：上海古籍出版社，2002 年。

张小艳《敦煌书仪语言研究》，北京：商务印书馆，2007 年。

景盛轩《〈大般涅槃经〉异文研究》，成都：巴蜀书社，2009 年。

抄例编

第八章　讹文和正讹

第一节　讹文

　　敦煌写本文献因其去古未远、未经后人校刻窜乱而为人们所宝重，但也因其多非定本，文字错误往往比刻本文献要多得多。刻本古书中常见的讹、脱、衍、乱的错误，在写本中往往更为严重。不过，相对于刻本来说，写本的错误修改起来较为方便，所以其中每每可见抄者自纠或传阅者修改的文字或标识。唐韩愈《读鹖冠子》云："文字脱谬，为之正三十有五字，乙者三，灭者二十有二，注十有二字云。"[1]韩愈所云，就是古人纠正写本古书错误的四种方法："正"是改正讹字，"注"是旁补脱字，"灭"是删除衍文，"乙"是乙正错乱的文字。了解写本传抄致误的原因和纠正错误的方法，对提高写本文献的整理研究质量具有重要意义。所以从这一章至第十一章，我们将对敦煌写本文献中讹、脱、衍、乱的情况及其补救办法分别加以归纳和讨论。

　　讹文是指古书流传过程中产生的错字。敦煌写本产生错字的原因很复杂，尝试列举如下。

---

[1]　《朱文公校昌黎先生文集》卷十一，《四部丛刊》影印元刊本。

一 因形近而误

古书中因形近而误的现象十分普遍，所谓"鲁鱼帝虎""乌焉成马"是也。就敦煌写本而言，以下几种情况比较常见：

因楷字形近而误。如P.3871号《励忠节钞·人物部》："王戎曰山巨源如朴（璞）玉浑金，人皆镇（钦）其宝，莫知其名器。"《敦煌类书》于"曰"字下施冒号（页215）。按：此"曰"字当为"目"字形误。《世说新语·赏誉》："王戎目山巨源：如璞玉浑金，人皆钦其宝，莫知名其器。"正作"目"字。"目"谓品评。上引P.3871号同部下文："简文帝目庾统云：胸中［无］宿物，殆多浮词。"又云："时人目王右军云：飘如游云，矫若惊龙。"其中的"目"亦品评义，可参。

因草书形近而误。如S.1441号《励忠节钞·公正部》："夫淫逸盗窃，百姓之所恶，我从而刑之，不乘暴者，公也。"其中的"乘"字《敦煌类书》据P.4059号校作"我"（页616），极是。"我"字草书或作"𢀜"形（P.3079号《维摩诘经讲经文》："与𢀜受，莫疑猜，上界从今不愿回。"），"乘"字草书或作"乘"形（S.6557号《南阳和尚问答杂征义》："吏部侍郎苏晋问云：'何是大乘，何者是最上乘？'答：'菩萨即大乘，佛即最上乘。'"），二字形近，故"我"字传抄或误作"乘"。

因古字形近而误。如P.3734号玄应《一切经音义》卷十六《舍利弗问经》音义："懇恻，古文䚦，同，口很反，《通俗文》：至诚曰懇，懇，信也，亦坚忍也。"其中的"懇"为"懇"字之讹，《碛砂藏》本及《丛书集成初编》本玄应《音义》正作"懇"。"懇"所从的构件"艮"篆文作"𦏵"，"懇"右上部为"兒"旁的俗写，篆文作"𦋈"，前者隶变或作"𦥯"，后者隶变或作"皀"（《干禄字书》云"兒"俗作"皀"），字形至近，每易讹混（如敦煌写本中"貌"字或作"狠"，又作"狠"，参看《敦煌俗字研究》下编"貌"字条），故"懇"上部因"狠""貌"古字形近而讹变作"𧴪"。又"䚦"字宋《碛砂藏》本及《丛书集成初编》本玄应《音义》皆作"䚦"，慧琳《音义》卷六四引作"䚦"；"䚦"应是"䚦"字刻讹，"䚦"则为"䚦"字篆文的隶定字，而作"䚦""䚦"亦因其古字形近而误。《丛书集成初编》本玄应《音义》卷二三《显扬圣教论》第十三卷音义"精懇"条载"懇"字古文作"䚦"，而《碛砂藏》本作"䚦"。又《碛砂藏》本及《丛书集成初编》本玄应《音义》卷十二《贤愚经》第一卷音义"恳恻"条载"懇"字古文作"䚦"，而慧琳《音义》卷七四引作"䐊"（比较《集韵·魂韵》载"狠"字或体作"猑"），可资比勘。[1]

因俗字形近而误。如S.525号《搜神记》"王子珍"条，王仲祥对王子珍说："我之所论，非言人事容貌。弟是生人，李玄是鬼，生死殊别，焉为用。弟若不信，今夜新草铺中，弟与别头而卧。"《郝录》第三卷校读如此（页12）。其中的"用"字原卷作"𠕋"，确与"用"字无别，但"焉为用"费解。查中村139号句道兴《搜神记》作"若为朋友"，窃谓原卷"𠕋"应为"朋"字俗讹，而其后又脱一"友"字。"朋"字唐代前后通常斜书作"𦨒"形，进而或合并中间相同的笔画写作斜书的"用"字形。如同篇下文："至定州主人家，饮酒契为𠕋友，生死遣贵贱（'遣'应为衍字），誓不相违。"又云："（王仲祥）共子珍执手取别，遂语珍曰：'与弟亲厚，有异事，不可不道。弟今𠕋友，不是好人。'"其中的"𠕋""𠕋"皆为"朋"的俗字，是其例。而上揭"𠕋"又为"朋"俗字"𠕋""𠕋"进一步讹变的结果。

因起笔或起始部件相同而误。如P.2621号《事森》"蔡顺"条："太守韩置（崇）用顺为南𨳌阁祭酒。"其中的"𨳌"即"阁"字因其构件"合""龛"起笔相同误书而未涂去者，"阁"同"閤"。《后汉书·周盘传》所附《蔡顺传》称太守韩崇召顺为东阁祭酒，可证。

又S.525号《搜神记》"辛道度"条："昔辛道度者，陇西人也。游斎他乡。"其中的"斎"当为"孝"字之误。S.388号《正名要录》"正行者正体，脚注讹俗"类以"斎""孝"分别为"齐""学"的讹俗字，"学""齐"因俗书上部构件相同而误。

因避讳字或武后新字形近而误。如P.5531号《大唐刊谬补阙切韵》入声麦韵测革反："茦（茦），草木刺生。"注文"生"当是"人"字之讹。"人"字唐武后新字作"𤅫"，脱略其上部横画即误作"生"。《方言》卷三："凡草木刺人，北燕、朝鲜之间谓之茦，……自关而西谓之刺，江湘之间谓之棘。"又《篆隶万象名义》卷四三艸部："茦，楚革反。策（茦）字。草木刺人。"后例"茦"也正是"茦"的讹俗字，而其注文正作"草木刺人"，是其确证。

因假借字形近而误。如《敦煌变文集》卷一《伍子胥变文》："子胥带剑，途步而前。"王重民校："'途'字无义，疑应作'徒'。丁卷作'逢'，应读庞，'逢步'是俗语。"（页16—30）按：这是写伍子胥逃难途中的两句话，王重民疑"途"当作"徒"，甚是。"途""徒"同音通用为敦煌写本通例。至于丁卷的"逢"，则不应读"庞"，而当是"徒"假借字"途"的形近讹字。王重民谓"逢步"是俗语，臆说无据，非是。

---

[1] 玄应、慧琳《音义》一再称"懇"古文作"䏆"，"䏆"盖即"懇"字初文。今本《说文》"䏆"训为"眼戾也"，费解，《说文系传》作"很戾也"，近是。《龙龛手镜》卷一言部载"懇"俗字作"誁""誁"，《篇海》卷三言部又作"誁"，当皆由"䏆"字演化（《说文·匕部》："艮，很也。"凶狠的"狠"古本作"很"，故从"艮"从"很"从"狠"其义略同），可以参证。

二　因音近而误

即因字音相似(相同或相近)而误。音近而误与通假的区别在于:通假的本字和正字的通用具有一定程度的普遍性,往往为人们所认可;而音近而误则是偶然造成的,正字和错字的误易不具普遍性,一般不被认可。例如:

S.1441 号《励忠节钞·字养部》:"杨震,自伯起,性贞廉,不受私谒。"按《后汉书·杨震列传》谓"杨震,字伯起",《敦煌类书》据以谓底卷"自"乃"字"字音讹(页 612),是也。S.2073 号《庐山远公话》:"其人入得寺中,一人于善法堂中坐定,听得一自(字)之妙法,入于心身,便即心生欢喜。"其中的"自"亦"字"的音讹字,可以比勘。

同上卷俊爽部:"《尸子》曰:'虎豹未成文,以(已)有食牛之心;鸿鹤在卵中,以(已)有陵云之势。英雄处大,亦伏然也。'"《敦煌类书》校:"'大'字为'代'字之误,疑讳'世'改文。"(页 618)按:王校甚是。盖"处世"避讳改作"处代","代"复音误作"大"。北敦 14666 号《李陵变文》:"陵家历大为军将,世世从军为国征。"又 67TAM363:8/1(a)唐景龙四年(710)卜天寿抄本《论语郑氏注·八佾》:"其□□□(或继周者),虽百大亦可知。"郑玄注:"自周之后虽百廿制度由(犹)可知。"(《唐吐》叁–571)其中的"大"亦皆为"世"避讳替换字"代"的音误字(后例郑注"廿"为"世"的避讳缺笔字),可证。又末句"伏"当为"復"字音误。后八字今本《尸子》卷下作"贤者之生亦然",可参。

三　因习语而误

本当写甲字,因受习语影响,而误写成乙字。例如:

S.2729 号《毛诗音》:"突,出兀。"切音字"出兀"平山久雄《敦煌毛诗音残卷反切の研究(中の一)》录作"土兀",校云:"'土'原似'出',盖是讹字。"[1]按:"兀"上一字底卷作"𡉻",为"出"字应无疑问。考《王二·没韵》:"突,他骨反,突出。"[2]又云:"突,陀忽反,触。"

---

[1]《东洋文化研究所纪要》第 78 册,1979 年 3 月。

[2] 本条字头"突"S.2071 号《切韵笺注》及故宫旧藏裴务齐正字本《刊谬补缺切韵》、《广韵》作"宊","宊"实即"突"的后起异体字,《集韵》以"宊"为"突"字"或省",是也。

"出"字盖涉"突出"习语而误,其切上字不必是形近的"土",作"他"作"陀"皆有可能。

四　因上下文相涉而误

某字本当作甲,但因受上下文的影响,而误作乙字。细分之又有如下数端:

涉上文而误。如 S.2071 号《切韵笺注》上声蟹韵:"买,莫解反。四。噧,莫声。""噧"字注文《王二》及《广韵》皆作"羊声",当据正;底卷作"莫声"者,"莫"字涉上条反语"莫"字而误耳。又 S.1441 号《励忠节钞·政教部》:"夫为政之务,贵在正身,身正于此,而人应于彼。《诗》云:尔之教矣,人胥教矣。"所引《诗》见《小雅·角弓》,又见《左传·昭公六年》引,"人胥教矣"的"教"皆作"效",当据正;底卷作"教",涉上句"教"而误。

涉下文而误。如 S.2071 号《切韵笺注》入声物韵敷物反:"茀,草色。靴,浅色。""茀"字注文 P.3694 号《切韵笺注》、《王二》及《广韵》等皆作"草多",合于《说文·艸部》"茀,道多草不可行",当据正;底卷作"草色"者,"色"字涉下条注文"浅色"而误耳。又 S.1441 号《励忠节钞·政教部》:"知为吏者,奉法以临人;不知为吏者,枉法以侵人。理官莫如平,临财莫如廉。廉平之德,吏之宝也。""奉法以临人"句的"临"《说苑·政理》《孔子家语·辨政》皆作"利",当据正,其作"临"者,盖涉下"临财莫如廉"句而误。

涉邻行而误。如 S.2071 号《切韵笺注》上声铣韵他典反:"琠,玉呼典。"费解。考 S.2683 号《切韵笺注》、《王一》及《王二》"琠"字注文皆作"玉琠",当据正;《广韵》释"玉名",《说文·玉部》释"玉也",可参。疑底卷"呼典"二字乃抄手涉下行"显"字注文"呼典反"而误。

因上下文相涉造成的错误,大多是因为抄手或传刻者走眼造成的,误字与正字的形音义可以毫无关系,所以纠正这类错误不能在误字与正字的关系上打转转,而应跳出字形或字音、字义的束缚。如《敦煌变文集》卷五《佛说观弥勒菩萨上生兜率天经讲经文》:"菩萨修时十地中,善观三界起愁容。"(页 647)"修时"费解,袁宾校作"修持",大概是因为"时(時)"与"持"形近。[1]其实"修时"原卷 P.3093 号本作"修行",那么《敦煌变文集》怎么会误录作"修时"呢?查上一联云:"若令四海全无事,进士心中愿满时。"据此可以推断,《敦煌变文集》误"修行"为"修时",肯定是因为受上一联末"时"字的影响,尽管"时"

---

[1]　参看郭在贻等《敦煌变文集校议》,长沙:岳麓书社,1990 年,第 340 页。

与"行"字的形音义都没有关系。

五　因粗疏而误

如《王一·唐韵》普郎反："霞，=霶。"按 S.2071 号《切韵笺注》、《王二》相应位置作"霶，=需"，故宫旧藏裴务齐增字本《刊谬补缺切韵》、《广韵》略同，当据正。底卷字头"霶"误作"霞"，注文"=需"误作"=霶"，盖抄手粗疏之误。

六　因直行排列而误

1. 一字误为二字

古书直行书写排列，因有误一字为二字者。俞樾《古书疑义举例》、陈垣《校勘学释例》既已言之，兹就敦煌写本更广其例。

S.617 号《俗务要名林·田农部》："桵，担之两头小大者，音忩。"注文"小大"二字原卷分列上下两行（图 8-1），实为"尖"字之误分。担之两头尖者为"桵（橧）"。《广韵·东韵》仓红反（与"忩"字同一小韵）："橧，尖头担也。"《集韵·东韵》麤丛切："橧，担两头锐者也。"皆可证。

S.6691 号《大佛顶经音义》第六卷下："噬，音逝，噬，絜齿也。"原卷如图 8-2 所示，注文"絜齿也"当作"齧也"，"絜齿"二字当是"齧"字误分之讹。《左传·庄公六年》："若不早图，后君噬齐。"杜预注："若齧腹齐，喻不可及。"正以"齧"释"噬"。

图 8-2　S.6691《大佛顶经音义》

图 8-1　S.617《俗务要名林》

P.2711 号《励忠节钞·家诫部》载"梁仆射徐勉与长子山松书"（图 8-3），其中的"山松"《艺文类聚》（上海古籍出版社 1999 年版汪绍楹校本）卷二三《人部七·鉴诫》引同，而《梁书》《南史》徐勉传则皆作"崧"，《永乐大典》卷一四六〇八引《嘉定镇江志》有"梁徐崧，勉之子"语[1]，亦作"崧"。"山松"与"崧"疑有一误。据《南史·徐勉传》，徐勉第二子名悱，字敬业，以徐悱单名作"悱"而言，或以作"崧"为长，而"山松"则为"崧"一字误分为二。

P.2621 号《事森》"董永"条："主人曰：'汝本二二口一身，今二人同至，何也？'永曰：'买一得二，何怪也！'"（图 8-4）其中的"二二口"乃"言"字之误析。《太平御览》卷四一一《人事部》"孝感"类引刘向《孝子图》主人语作"本言一人，今何有二"，可参。如此，则"言"字被分而为三也。

图 8-4　P.2621《事森》

图 8-3　P.2711《励忠节钞》

2. 二字误为一字

如上所述，古书有误一字为二字者，复又有误二字为一字者。可洪《音义》第柒册义净《佛说大孔雀呪王经》上卷音义："鹰〻，底里二字，书人悮作一字，而加其点也。"对勘《孔雀明王经》作'底里底里'。此经作'羯丽鹰鹰'。"查《大正藏》本义净《佛说大孔雀呪王经》卷上作"羯丽底里底里"，可洪所见经本作"羯丽鹰鹰"，可洪谓"鹰"为"底里"二字之误合，是也。敦煌写本中亦有其例：

S.525 号《搜神记》侯双条："昔侯双者，白马县人也。在田营作，有一人哭声，覔得其刑（形），如此六十余日。"（图 8-5）"覔得其刑（形）"句中村 139 号句道兴本作"不见其形"。《郝录》第 2 卷录"覔"作"覓"，于其后补"不"字，云据文义及中村不折藏本补（页 17 校记〔三四〕）。按："不"字不必补，而"覔"则应为"不见"二字之误合。盖底卷"不见"二字

[1]《永乐大典》第 7 册，北京：中华书局，1986 年影印本，第 6499 页。

图8-7　S.2659《大唐西域记》

图8-6　S.525《搜神记》

图8-5　P.3634《春秋左氏经传集解节本》

误合作一"冥"字,文意不顺,抄者遂赘增一"得"字,致一误而再误矣。

P.3634号《春秋左氏经传集解节本·僖公二十三年》"晋公子重耳之及于难也"章"公子安之。从者以为不可。将行,谋于桑下。蚕妾在上,以告姜氏,姜氏煞之"集解:"姜氏,重耳妻也。恐孝公怒其去,故煞妾以灭邑也。"(图8-6)其中的"邑"字《十三经注疏》本作"口",当据正。写卷"邑"盖"口也"二字之误合。"口也"既误作"邑",抄手再增一虚词"也"字也。[1]

S.2659号《大唐西域记》"呾逻私城":"从此西南行二百余里,至泉城。"(图8-7)其中的"泉"字兼于"白水"和"泉"之间(同卷上文有"泉池千所",又有地名"千泉",则皆为"泉"字)。今传世刻本有作"泉"者,季羡林等《大唐西域记校注》谓"白水城亦见《新唐书·西域传》,泉字疑为白水合文而讹"[2]。如果其说可信,则作"泉"者亦为合二字为一字。

七　辗转而误

P.3833号《孔子项托相问书》:"项托入山游学去,有手堂前拜耶孃。"按"有"字S.395号作"又",S.1392号作"抄","抄手""又手"义同;底卷"有手"则应是"又手"之误,盖"又"俗讹作"又","又"又音误作"有"。

---

[1] 参看《敦煌经部文献合集》第3册《春秋左氏经传集解节本》(三)校记〔一三四〕,第1316页。
[2]《大唐西域记校注》,北京:中华书局,1985年,第79页。

P.2014 号《大唐刊谬补阙切韵》上声纸韵池尔反:"褫,故衣。"按:"褫"训"故衣"他书未见。考 S.2071 号《切韵笺注》、《广韵》、《集韵》同一读音"褫"字皆训"夺衣",与《说文》合。《王一》及《王二》作"奮衣",故宫旧藏裴务齐增字本《刊谬补缺切韵》又作"舊衣","奮""舊"皆"奪"字形误。底卷作"故衣"者,盖又因"舊衣"之义而臆改("故衣"犹"舊衣"),一误再误,原形几不可得知矣。

第二节 正讹

宋陈骙《南宋馆阁录》卷三《储藏·校雠式》云："诸字有误者,以雌黄涂讫,别书;或多字,以雌黄圈之;少者,于字侧添入,或字侧不容注者,即用朱圈,仍于本行上下空纸上标写;倒置,于两字间书'乙'字。"[1]"以雌黄涂讫,别书"确是古人改正误字的常用方法,但具体操作时,又往往因人而异。就敦煌写本所见,通常有如下一些做法。

一 接书正字

作者或抄手在抄写过程中发现抄写有误,通常接书正字来加以纠正。对误字的处理,则有以下两种情况。

1. 涂去误字

图 8-8 P.2292《维摩诘经讲经文》

作者或抄手当时发现写了错字,接书正字,而误字通常用墨笔或朱笔涂去。如《敦煌变文集》卷五《维摩诘经讲经文》:"光严闻语,喜不自胜。"(页 608)原卷 P.2292 号"光"下本有"明"字,而用淡墨圈去(图 8-8)。又《敦煌变文集》卷二《庐山远公话》:"涅槃经义,大无恐怖,但请安心,勿令怀忧虑。"(页 190)原卷"怀"下本有"有"字("有"盖为"忧"字音近而误书者),但已涂去。

如果辞书的字头误书,抄手有时会把接书的正字写在注文之首。如 S.2071 号《切韵笺注·迥韵》古鼎反:"颎,颎火光。"原卷如图 8-9 前一条所示,字头"颎"左下部底卷有涂改,故抄手于注文接书一"颎"字加以改正。《王二》该条作"颎,火光",注文正不重"颎"字。又同韵丁茗反:"耵,耵=聹,耳垢。"原卷如图 8-9 后一条所示,字头"耵"

---

[1] 陈骙《南宋馆阁录》,北京:中华书局,1998 年,第 23 页。

初误书作"取"，继而在原字上改写作"耵"，因涂抹影响效果，故又在注文中接书一正字"耵"。《王二》该条作"耵，=聍，耳垢"，可参。

图 8-9　S.2071《切韵笺注》

这种已涂去的误字不当再录，自属无疑。但由于普通读者很难直接接触敦煌文献的原件，而依以为据的通常是缩微胶卷或近年影印的黑白图版本，有的胶片或印本效果不够理想，误字的涂痕不够明显（有的字只有一小墨点），抑或录者疏忽，每有原卷误字本已涂去而校录者仍然误录的，试举三例如次：

《敦煌变文集》卷五《佛说阿弥陀经讲经文》："言水净者，所有泉自水池，具八功德，皆生众宝。"（页 476）按："泉自水池"不辞，考写本原卷S.6551 号，如图 8-10 所示，所谓"泉"字似本已涂去，而其下的"自水"二字实应作"泉"一字，"泉"即"泉"的俗字，《魏李超墓志》已见[1]。故"泉自水池"实当录作"泉池"二字，文义甚安。原卷"自""水"之间稍有间隔，校者误以为"自水"二字，而又照录已被涂去误字，遂致文意扞格难通。

图 8-10　S.6551《佛说阿弥陀经讲经文》

《敦煌变文集》卷五《维摩诘经讲经文》："说万事如在掌中，谈三界境不离心内。"（页 604）徐震堮校："依上句，此'境'字疑衍。"[2]按："界""境"义近，此"境"即涉"界"字而误衍者，原卷 P.2292 号本已涂去，《变文集》误录。

《敦煌变文论文录》所附《维摩碎金》："便是似我徒贪幻境，忘（妄）心缘卢（虑）计为真。"[3]（页 850）项楚校："上句'是'字当是衍文。"[4]
按：项校是。"是"即"似"字音近而误书者，其字原卷 Φ.101 号本作"昰"，似已被浓墨点去（比较上一句"都是忘〈妄〉心生兼执""是"字原卷作"昰"）。校者不察，照录"是"字，意既不顺，又不合文例（上下文并为七字句，不应此句独异）。

---

[1]《碑别字新编》，北京：文物出版社，1985 年，第 96 页。

[2] 徐震堮《敦煌变文集校记补正》，《华东师范大学学报》1958 年第 1 期，第 41 页。

[3]《敦煌变文论文录》，第 850 页。

[4] 项楚《〈维摩碎金〉补校》，《南开学报》1983 年第 2 期，第 56 页。

2. 误字上不作标记

误字下接书正字,而误字上不作标记,则误字正字并存。如P.3716号《晏子赋》:"健儿论金(今),儜儿论说古。"下句"论"为误字,当删。P.2564号作"健儿论功,儜儿说苦",正无"论"字,是其确证。盖后句"论"字即涉前句"论"字而误书者,抄手发现这一错误后,接书正字"说",误字又未涂去,造成误字正字并存的现象。又如P.3821号《生查子》词:"郁郁赴覆云霞,且拥高峰顶。"此词上下文并为五字句,独"郁郁"句六字,与词例不合;且"赴覆"连文,其意费解,故王重民校:"'赴覆'二字必有一误。"[1]任二北删"赴"取"覆",定作"郁郁覆云霞"(页397),可从。原其误衍之由,盖书手拟书"覆"而音误作"赴"("覆"《广韵》宥韵字,"赴"遇韵字,《广韵》尤、侯二韵的唇音字唐五代西北方音都读同鱼、模韵,上、去声准此,故"覆""赴"音近易误),随即发现这一错误,便接书正字"覆",误字"赴"又未涂去,遂致误字正字并存,校者据文意删去"赴"字,甚是。S.4571号《维摩诘经讲经文》:"佛慈悲心愿赴覆,累劫僧祇修六度。"其中的"赴"字亦应为"覆"的音误字而未涂去者,当删。原卷这一段采用的是二三七七(即两个三言下接七个七言)的句式,"佛慈悲"句为首句,删去"赴"字后成为两个三字句,正与该段的句式吻合,可与上例互勘。

又如《敦煌变文集》卷二《叶净能诗》:"力士既奉进言(旨),遂于金吾仗取五百人,及(刀)剑悉如雪霜,伏于殿后,不令人知。"(页226)蒋绍愚谓写本原卷S.6836号"如"上有"知"字[2],是。"知如"不辞,"知"当是"如"字形近误书(也可能是涉下文"不令人知"的"知"字而误书),抄手接书正字,误字转未涂去,造成衍文。《变文集》校者径删"知"字,合于文意,但宜在校记中加以说明。

又S.5471号《千字文注》"罔谈彼短"下注:"立身之道,谦让为先。推直与人,抱曲向己。莫论他人之短,自胄己之有长自胃己之有长。"其中的"自胄己之有长"六字应为衍文,盖抄手"胃(谓)"误书作"胄",及至抄完此句后发现"胄"不成字,故接书"自胃(谓)己之有长"一句加以改正,而误句又未及抹去,造成正句误句并存。

误字正字并存的现象,在敦煌写本中是相当普遍的。这自然造成了今天整理校勘的困难,因而也导致了一些校录上的错误。如:

S.343号《发愿文·郎君子意》:"万神扶卫,千圣名冥资,福益日新,智随年积。"次句

---

[1]《敦煌曲子词集》(修订本),上海:商务印书馆,1956年,第49页。

[2] 蒋绍愚《〈敦煌变文集〉(上册)校补》,《敦煌语言文学论文集》,杭州:浙江古籍出版社,1988年,第124页。

"名"当是"冥"字音误而未涂去者，S.4992 号写卷正无"名"字。《郝录》第 2 卷第 140 页照录误字而未能发正。

《敦煌变文集》卷六《大目乾连冥间救母变文》："言好住来，罪身一寸长肠娇子。"（页735—736）徐震堮校："长"字疑衍。[1]按：徐校甚是。"长""肠"《广韵·宕韵》并音直良切。同篇上文"为忆慈亲长欲断"（页 728），"长"即"肠"的同音误字。又"肠"俗或作"胀"。《集韵》："肠，或作胀。"《目连变文》"渴饮镕铜损肝胀"（页 757），《庐山远公话》"冤家永隔，不绕心胀"（页 181，"胀"字原录作"服"，误。此据写本原卷订），"胀"并即"肠"字，其字从肉、长声，可证"长""肠"音同易误。"一寸长肠娇子"，"长"应即"肠"字音同而误书者。同篇上文："青提夫人闻语，门外三宝，若小时字罗卜，即是儿也。罪身一寸肠娇子。"（页733）正无"长"字，是其切证。《变文集》校者不察敦煌写本有误字正字并存之例，因照录误字而不能发正。

《敦煌变文集》卷二《叶净能诗》："净能再奏曰：'陛下驾幸此郡，须交蜀郡之知看灯，于蜀王殿上奏乐。'"（页 223）按：上文载叶净能以幻术携唐玄宗飞至蜀郡观灯，并于蜀王殿上奏乐数曲。上引奏语意谓应教百姓知道皇上曾来蜀郡观灯、奏乐之事，其中"须交（教）蜀郡之知看灯"的"之"字应是衍文。盖"之""知"同音，抄手先误书"之"字，发现后接书正字"知"，而"之"字又未涂去。校录者不知其为误字，照加迻录，造成衍文。同篇下文载唐玄宗问语"如何令人得之朕自看灯来"，"之"亦正是"知"的误字。同篇又云："净能疗野狐之病，闲人无知，妄说杀人。"（页 219）原卷 S.6836 号"闲人无知"本作"闲人无之知"，"之"字右旁有一"卜"号，表示当删去此字，也正是先误书"知"为"之"，后乃改书正字"知"。只是因为后例"之"字旁加了一个删改符号，才避免了校者照录的错误，可与上例证发。又《列子·黄帝篇》："子夏曰：'剕心去智，商未之能。'"唐卢重玄解："子夏曰，我但知而说之，则有馀也；若行而证之者，商则未知之能。"清秦恩复校："解'未知之能'，'知'字疑衍。"[2]秦说是也。"商则未知之能"句则是先误书"知"，发现后接书正字"之"，所衍者为"知"者也。

《敦煌变文集》卷六《大目乾连冥间救母变文》："长者见目连非时乞食，盘问逗留之处：'和尚且（早）斋已过，食时已过，乞饭将用何为？'"（页 739）原校"且"为"早"，未确。甲卷 P.2319 号、己卷北敦 4085 号"斋"下有"时"字，作"且斋时已过"，可证"且"字不误，而应是"斋"后误脱"时"字。佛规日食一顿，时间在日出至午前，称为食时，亦称斋时。午

［1］徐震堮《敦煌变文集校记补正》，《华东师范大学学报》1958 年第 1 期，第 43 页。
［2］杨伯峻《列子集释》，北京：中华书局，1979 年，第 69 页。

后不得再食,称为非时。唐输婆迦罗译《苏悉地羯罗经》曰:"一日一食,不得再食。"陆游《老学庵笔记》卷三:"佛经戒比丘非时食,盖其法过午则不食也。"[1]故"斋[时]已过"即"食时已过",其中应有一句为衍文,甲卷无"食时已过"四字,是其证。根据敦煌写本误字正字并存的通例,原卷S.2614号(即《变文集》的底本)"斋已过"三字应为衍文。盖抄手"斋"后误脱"时"字,"且斋已过"不辞,因接书"食时已过"以正之,"斋已过"三字又未涂去,校者不察,遂致误衍也。又《敦煌变文集》卷六《目连变文》:"(目连)先知父在天宫,先知父在天堂,未审母生何界。"向达校记:"王庆菽谓:'先知父在天堂'当是衍文,涉上文'先知父在天宫'一句误出,可删。"(页757—760)按上文云:"母招恶报堕地狱,父承善力上天堂。"(页756)则"先知父在天堂"固不误。据敦煌写本通例,衍文当是"先知父在天宫"一句,可与上例比勘。

又同书卷五《父母恩重经讲经文》:"百般美味不形相,□□□□□□□;这身无病如长病,拓赖(托赖)终朝复皱眉。百般美味不形相,是种珍修(羞)不尝啜。"(页698)项楚校首二句云:"此二句应删。隔行下文正有'百般美味不形相,是种珍羞不尝啜'之语,书手误将'百般'一句提前书写,发觉后即行改正,但未及抹去此句。而校录者不知此句为衍文,以其单句孤行,遂为之补拟一句空格,为尤误耳。"[2]按:项校是。原卷北敦6412号前一联仅"百般美味不刑相"七字,下句原为空白未书(图8-11)。此亦可谓误正并存之例,附志于此。

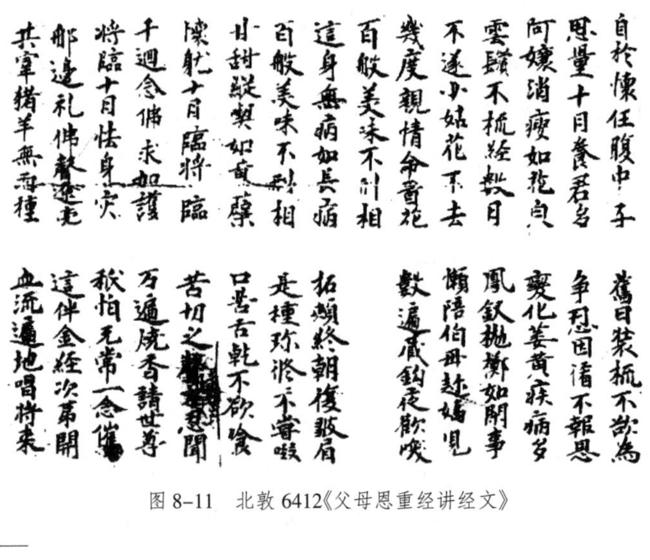

图8-11　北敦6412《父母恩重经讲经文》

---

[1]《老学庵笔记》,《丛书集成初编》本,第29页。
[2] 项楚《〈敦煌变文集〉校记散录》,《敦煌语言文学论文集》,第98页。

二　旁注正字

误字正字接书,这多与作者或抄手当即就发现了误字有关。但如果作者或抄手当时没能发现写了错字,及至后来或传阅者才发现,这时无法接书,便往往采用旁注正字的办法,具体说来,又有如下三种类型:

1. 旁注正字,用删字符号删去误字。如P.3595号《苏武李陵执别词》:"春草不华,夏仍降雪。"如图8-12所示,原卷"华"字右下侧行间旁记一小字"荣",表示"华"当改作"荣";而"华"字右侧似有若干点,表示废弃。

2. 旁注正字,涂去误字。如Φ.267号《无常经疏》:"言'真圣众'者,为简外道诸师,自宗谓圣,实非真圣。我今归依,非归假圣,唯归沙门其净圣众。"末句原卷朱笔点去"其"字,右旁注一"真"字(图8-13),表示"其"当改作"真"。

3. 旁注正字,误字上不加任何删除符号。如P.2133号《妙法莲华经讲经文》:"不抱花钿粉饰身,解持佛戒断贪嗔。""抱"字于义无取,原卷"抱"字右侧注有一"把"字,应指"抱"为"把"字误书,当改作"把"("把"与下句"持"对文同义)。

上述三种类型中,第三种类型较为常见。由于这种类型误字旁没有任何删除标记,易于误解的可能性也最大。下面就举几个因不察旁记正字而误录的实例:

《敦煌变文集》卷五《长兴四年中兴殿应圣节讲经文》:"于时世尊宣扬妙理,付嘱明君。远即成佛度人,近即安民治理。"(页412)按:末二句是对偶句,而"治理"失对。核原卷P.3808号,"治理"本作"理国",而"理""国"二字(稍靠近"理"字)右侧行间旁注有一"治"字(图8-14)。这显然是指"理国"二字有一字是错字当改

图8-12　P.3595《苏武李陵执别词》

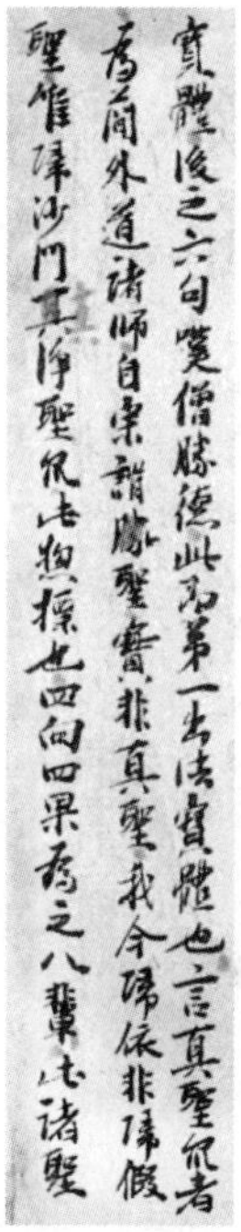

图8-13　Φ.267《无常经疏》

图8-14　P.3808《长兴四年中兴殿应圣节讲经文》

作"治"。但究竟哪一个是错字？由于"理""国"二字旁边都没有删除符号，从这二字本身找不到答案。从对偶及从文意看，我们认为旁注字是指"理"当改作"治"。唐人避高宗李治讳，往往改"治"为"理"。本文作于后唐长兴四年（933）[1]，后唐仍属李氏天下，避唐帝之讳，或宜然。故"理国"即"治国"。而旁注"治"字，疑为传阅者所施，表示"理"即"治"之避讳字，当改作"治"。另外，从旁记正字的习惯来看，通常是标记于误字的右侧或右下侧，而很少记于误字右上侧的。故"治"字旁注的误字只能是"理"而不可能是"国"。《变文集》校者不察，既误改"国"为"治"，又臆加乙倒（改"国"为"治"，则原文应是"理治"，而不应是"治理"），可谓一误而再误了。

《敦煌变文集》卷五《维摩诘经讲经文》："声名远振千千界，变现遐传於万万方。"（页599）按：前后几句并为七字句，"变现"句独八字，不合文例；且上下句对偶，下句"於"字于文为赘，显然有误。检核写本原卷P.2292号，后句本作"变现能於万万方"，"能於"二字似有点去的痕迹，右侧旁注"遐传"二字（图8-15），应是指"能於"二字为"遐传"之误，当改作"遐传"，故"於"字当删。这也是因为误字上的删除标志不明显，造成校录的错误。

《敦煌变文集》卷四《太子成道变文》："如来当时到六欲界天上，作护名菩萨。六年治化众生，六年已，必便是金团天下（子）配下界。"（页320）王庆菽校记："'是'字旁原有一'使'字。"按：原卷S.4480号背如图8-16所示。"使"字原卷注于"是"字右侧，应是指"是"当改作"使"，其上一字"便"字疑亦"使"字误书，当删。据此，原文"必便是"当校作"必使"二字。盖抄手拟书"使"而形误为"便"，发现这一错误后接书正字而又音误为"是"，继又旁注正字"使"，而误字转未涂去。弯子一转再转，确让读者无所适从了。

图8-16　S.4480背《太子成道变文》

图8-15　P.2292《维摩诘经讲经文》

三　记正字于天头或地脚

敦煌写本有记正字于天头、地脚的。如P.2305号《解座文汇抄》："释迦师，㪣方便，演

---

[1]　此据台湾邱镇京考证，说详邱著《敦煌变文述论》"变文著作时代之推测"一节，台北：商务印书馆，1970年，第24页。

说《莲花经》七卷。""䂵"不成字,该联天头上注有一"巧"字(图 8-17),表示"䂵"为"巧"之误,应改作"巧"("巧"为"巧"的俗字,见《干禄字书》)。——这是记正字于天头的。

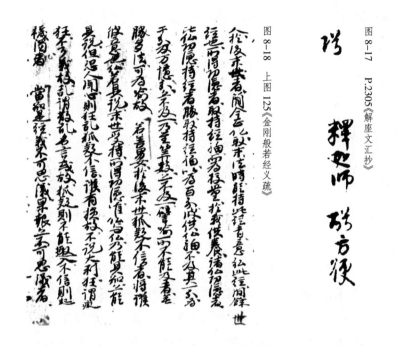

图 8-17 P.2305《解座文汇抄》

图 8-18 上图 125《金刚般若经义疏》

又如上图 125 号《金刚般若经义疏》卷二:"于后末◻者,简今正化取末法时。"缺字处原卷本有一字(似"世"字),用一墨笔划去,而该行地脚用朱笔写一"世"字,表示行中划去之字当作"世"字。同卷下文:"狐疑则不能趣入,不信则起秽浊者。"原卷用朱笔圈去"者",右旁注一"心"字,又复于该行地脚注一"心"字(图 8-18),表示圈去之字当改作"心"。——以上是记正字于地脚的。

这类改字方法,刻本文献当然已不见踪影。校录者不达此例,或有误录者。例如:

《敦煌变文集》卷五《无常经讲经文》(应作《解座文汇抄》):"少年休更䮠(骋)娄罗,限来也被无常取。"(页 658)按:所谓"䮠"字原卷 P.2305 号本作"䮠",右半涂改不清(非"支"旁),该联天头上有一"骋"字(即"骋"的俗字,俗书"粤"旁多作"䮠"右部之形,屡见于敦煌写卷,不烦举证),即指"䮠"为"骋"字之误书,当径改作"骋"。《变文集》照录误字,复以改正误字之例在括号内注"骋"字,实为蛇足。

《敦煌变文集》卷五《妙法莲华经讲经文》:"若是寅时:好申供养诸佛,游行世间归向清。日初落兮天地陵,日初出兮天地朗。"(页 512)按:"好申"以下文意费解,校者纷如。

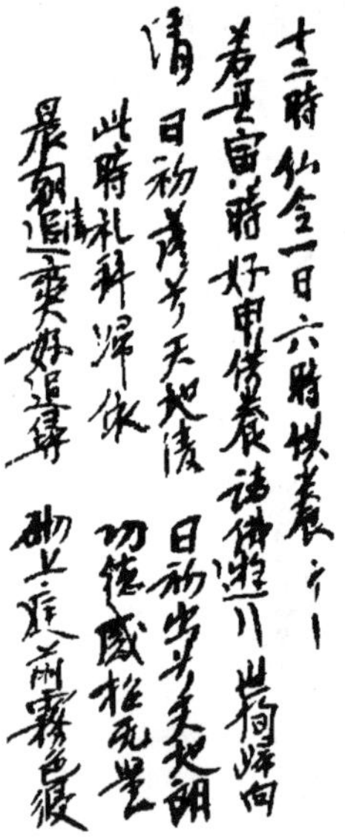

图 8-19　P.2133《妙法莲华经讲经文》

徐震堮谓"清"字衍,"向"与下文"朗""量"叶韵[1];刘凯鸣则谓"陵"当作"冥"[2]。今覆按原卷 P.2133 号,如图 8-19 所示,"归向"的"向"字在行末,其下"清"字在次行之首(原作"清"),"日初落兮"句末字"陵"字本作"陵",其实行首的"清"字乃用以改正行中的"陵"字(拟写"清"而误书作"陵")。[3]故原文当作:"若是寅时,好申供养;诸佛游行,世间归向。日初落兮天地清,日初出兮天地朗。"《变文集》的校者不谙抄手于天头记正字改正误字之例,移"日初落"句天头的"清"字于上句句末,又录该句误字"陵"为"陵"字,一误而再误,宜乎其扞格难通了。

S.388 号《正名要录》"正行者楷,脚注稍讹"类,"阘"下脚注"闉",脚注字门旁内左半字形不太分明,形状似在"幸"与"羊"之间。蔡忠霖录作"幸",而云其字不见于唐前字书[4]。按:原卷该行天头注有一小"羊"字(图 8-20a 第 7 行),实指"阘"下脚注字门旁内左半的构件当作"羊"。"阘"字门旁内左半为"屰",而俗书"屰"形构件多可作"羊",如敦煌卷子中"逆"字多写作"逆",是其例,故"阘"字俗书可写作"闉"形。"阘"写作"闉"汉碑已见。S.388 号《时要字样》《正名要录》写本正文中抄写有误,抄者往往把正字或误字正确的构件在天头或地脚中标出,数量达二十余处之多。如同一类"鄬"字下脚注"鄬","鄬"字左下部"乃"旁有墨点,而该行天头注有一小"乃"字(图 8-20a 第 2 行),即指"鄬"字左下部当作"乃",是其比。《郝录》第 2 卷仅指出原卷顶端或底端有文字(页 240—241、248—249),但其具体作用,则皆付之阙如,这也是因为不明原书改字的体例所然。又如《郝录》于《正名要录》"字形虽别,音义是同,古而典者居上,今而要者居下"录文:"瑿瑿。鞾靴。淄淄。邠豳。斌彬。"原卷如图 8-20b 所示,"瑿瑿"二字在行端,郝书于该二字下出校记云:"'瑿'字之上,纸之顶端,有一小'淄'字。"(页 248)其实纸之顶端的字作"淄",此字与"瑿"或"瑿"字全然无关,乃用于改正正文中的"淄"。《集韵·之韵》:淄,俗作"淄"。"淄"又为"淄"的变体。

---

[1] 徐震堮《"敦煌变文集"校记再补》,《华东师范大学学报》1958 年第 2 期,第 118 页。

[2] 刘凯鸣《敦煌变文校勘补遗》,《敦煌研究》1985 年第 3 期,第 84 页。

[3] 该篇句中误字多用记正字于天头的办法改正,请参看《敦煌变文集校议》该篇校议,长沙:岳麓书社,1990 年,第 270 页。

[4] 蔡忠霖《敦煌字样书〈正名要录〉研究》,台北:中国文化大学中国文学研究所硕士学位论文,1994 年,第 259 页。

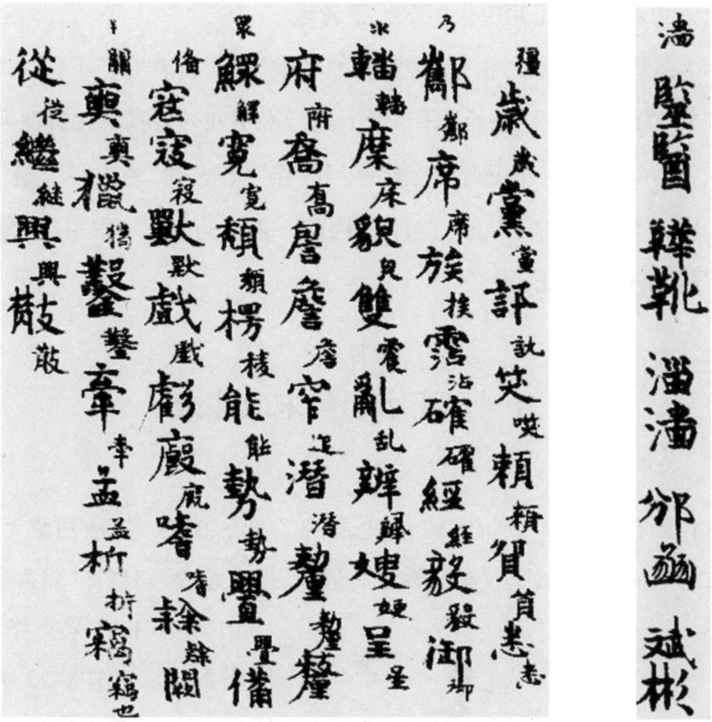

图 8-20　S.388《正名要录》

图 8-21　S.5692「取性游」

"淄"作"澢"或"澢"古书经见。而原卷行中的"澢"乃抄手手写之讹，抄者既发现其误，故于天头标记一"澢"字加以改正。郝书不明就里，天头的"澢"又误录作"澢"，与行中的误字同形，读者就更是丈二和尚摸不着头脑了。

四　记正字于行末

敦煌写本又有记正字于行末的。如《敦煌歌辞总编》卷三第 519 首"取性游"之四："广求财物为他人，死后三涂独自到。业者多，无业少，所以佛说三乘教。"任半塘校："原本'到'写'受'，失韵。但'教'下衍'道'字，似有以此代'受'字之意，故循其声补'到'字。"（页 1013）按：任校"受"为"到"是也。原卷S.5692 号如图 8-21 所示，其行末的"道"应即"到"字误书，盖抄手记于句末，以改正句中误字"受"字者也。

又如S.388号《正名要录》"正行者楷，脚注稍讹"类正行者"鼙"下脚注"鼟"，其下又接一正行的"鼙（鼟）"字，后字在行末（与上下文行末字并列），其下无脚注字，如上文图8－20a第4行所示。按：前一正行的"鼙"字当改作"鼟"，"鼟"为正字，"鼙"为"鼟"的俗字。《干禄字书》："鼟鼟：上俗，下正。"可证。因前一正行的"鼟"字误书作"鼙"，故抄者于行末续书一"鼟"字以示改正。

五　记正字于句末或注末

敦煌写本又有记正字于句末或注文末的。如 S.3728 号《故圆鉴大师二十四孝押座文》："志意顺从同信佛，美言参问朦烧香胜。"据文意，后句当作"美言参问胜烧香"（S.P1 号、P.3361 号正作 "美言参问胜烧香"）。如图 8-22 所示，"朦"字原卷已涂去，其左半为"月"旁依稀可辨，应即"胜"字误书。盖抄手把"胜"字写错了，便在句末写上"胜"字，表示句中的误字应作"胜"。

又S.2071 号《切韵笺注·仙韵》："沿，从流而下。俗沿。与专反。七。沿"原卷如图 8-23a 所示，字头"沿"原卷有涂改，似已删去，故抄手于注文末补记一个"沿"字以示改正。

同上书小韵："勦，绝。子小反。

图 8-22　S.3728《故圆鉴大师二十四孝押座文》

图 8-23　S.2071《切韵笺注》

二。勦"接云："勦，劳。又锄交反。"原卷如图 8-23b 所示，前一条字头"勦"乃"勦"字之误，故原卷于注文末补记一正字"勦"，又用一细线把"勦"和误字"勦"加以连接，表示"勦"当改作"勦"。P.2011 号王仁昫《刊谬补缺切韵》："勦，子小反，绝。亦作勦。"字头正作"勦"。这个例子补记于注文之末的正字抄手特意用细线和误字加以关联，上一个例子误字上有墨点以提示，都可以起到提请读者注意的作用。但更多的情况是直接在注末补记正字而不作说明。例如：

P.2014号《大唐刊谬补阙切韵》平声宣韵："詮，至全反平具理詮此十六。"原卷如图8-24所示，"至全反"与"詮"字的声纽不合，注文末的"此"应是改正切上字而补记于注文之末者；S.2071号《切韵笺注》、P.2011号及《王二》及《广韵》"詮"字的切上字皆作"此"，可证。上揭引文当校读作："詮，此全反，平，具，理詮。十六。"末"十六"是该小韵的字头数。

又P.2011号《刊谬补缺切韵·翰韵》："讚，朝干反称则十。"原卷如图8-25所示。"朝"字非声，且古书未见"讚"释"称则"者，切上字"朝"当作"则"，"称则"的"则"即抄手补记正字于注末者。原文当校读作"讚，则干反，称。十"。故宫旧藏裴务齐正字本《刊谬补缺切韵》作："讚，则旦反。称。"可证。《王二》："讚，作干反。称则。"切上字已臆改，注末的"则"则仍沿误而未能改正。[1]

图8-24 P.2014《大唐刊谬补阙切韵》

图8-25 P.2011《刊谬补缺切韵》

六 在讹字上改书正字

在误字上改书正字，这也是敦煌写本中常见的改正错字的方法之一。改写的正字，一般墨比较浓一些，笔画也粗一些，有时是用朱笔来改写。但由于正字是写在误字之上，与误字的笔画纠缠在一起，极宜细心辨察。稍有疏忽，便易致误。如下面的例子：

《敦煌变文集》卷五《金刚般若波罗蜜经讲经文》："世界非常可晨宽，容纳尘埃有甚难。"（页439）上句的"可晨"一词，颇为费解。或校为"可畏"，或校为"可展"，或校为"可晒"，或校为"可受"，众口异辞，难得确证。其中蒋礼鸿谓"可晨"为"可畏"之误[2]，最为卓见。原卷P.2133号"晨"字作"晨"，右下侧有涂改，似本作"晨"（受"畏""晨"交互影响产生的讹字），后又在原字上改作"畏"，"畏"即"畏"字俗书（Φ.101号《维摩碎金》"可畏释迦牟尼佛"，亦书"畏"作"畏"）。"可畏"是甚辞，"可畏宽"相当于说宽得骇人，是高度夸张的

_____

[1] 参看《敦煌经部文献合集》第6册《刊谬补缺切韵》校记〔三〇二三〕，第3165页。
[2] 见《敦煌变文字义通释》（增补定本）"可畏"条，第443—445页。

语气。"畏"字义安。《变文集》校者失于辨察,照录误字,致使文义难通。

七　在卷背相应位置标注正字

图 8-26　P.3429+3651《大佛顶经音义》

写本正面文字有疏误的,有时在卷背相应位置加以补正。如 P.3429 +3651 号《大佛顶经音义》,该本多标注正字于卷背相应位置,如该本第三卷:"舐吻,上食☒反,下武粉反。"如图 8-26a 所示,注文"食☒反"的"☒"字原卷仅作"氏"形,似已圈去,该卷背面相应位置抄有"舐,食纸反"字样,盖指正面"舐"字注文当作"食纸反"。S.6691 号《大佛顶经音义》同一条注文作"上食帋反,下武粉反","帋"乃"紙"的俗字,可资参证。

又该本"舐吻"条下接云:"甜,徒☒反。"注文缺字原卷作"並"字形,已圈去,该卷背面相应位置有字(紧接在"舐,食纸反"之下),疑即改正文字,惜已模糊不清。S.6691 号《大佛顶经音义》同条作:"甜,甜甘。徒兼反。"可为校字之证。

又该本第四卷:"肯☒,上苦等反,下苦挺反,肯綮,指委曲之也。"标目字"肯"后一字原卷作"罄"形而下部有涂改,"肯"字右侧有一三角形标记(图 8-26b),盖抄手提示此条有误,该行天头注有一"罄"字,但上部已残去,该页卷背相应位置又有"罄,尽。苦定反"一条,皆系改正正文中"肯罄"条之误的。S.6691 号《大佛顶经音义》经文第四卷下:"肯罄,上苦等反,下苦挺反,肯罄,指委曲之也。"可参。但"罄"及注文中的"綮"应皆为"綮"字之误,经本第四卷有"胜净明心本周法界,不从人得,何藉劬劳肯綮修证"句,应即此条所出,正作"肯綮",慧琳《音义》引亦出"肯綮"条;"綮"字《集韵·径韵》音诘定切,与"苦挺反"读音略同。

又同卷:"貟,莫候反,正作货,转易也。""货"字误。同卷背面相应位置抄有一"贸"字,盖即指正面本条注文中的正字"货"当作"贸"。S.6691 号《大佛顶经音义》本条作:"贸,贸易。莫候反。转货易('转货易'的'货'疑为衍文当删)。"可参。

又该本第五卷:"闤闠,上音还;下迴之去声,市门也。"按"迴"字有平声、去声二读,去声一读与"闠"字同音"胡对反",故写卷称"闠"字读去声的"迴"。原卷该页卷背相应位置抄有"闌闑,下胡对反"一条,大概是对本条的补充说明。S.6691 号《大佛顶经音义》本条作:"闌闑,上音还;下音迴,市外门,胡对反,亦作闑。"S.6691 卷始注"音迴",但由于"迴"字有平声、去声的不同,故又音"胡对反"注明此字应作去声读,可以互勘。

又该本第六卷:"𪘚,去为反,阙也。"标目字原卷有涂改,近似"𪘚"形,卷背相应位置标有一"𪘚"字,即指标目字当改正作"𪘚"。S.6691 号《大佛顶经音义》本条作:"𪘚,阙。去为反。"正作"𪘚"字。《大佛顶经》经本卷六有"四维𪘚一半"句,其中的"𪘚"字S.2279 、S.2305、S.6696、北敦 524 号写本作"𪘚","𪘚"即"𪘚"或体"𪘚"的讹俗字。

S.6691 号《大佛顶经音义》也有标记正字于卷背之例,如第八卷有"舐,食纸[反],正作舐、𪘚"一条,注文"食纸"下脱"反"字;所称的正字"舐"又与标目字同形,显然有误,查原卷该字作"𪘚",右部有"卜"形删字符号;而卷背抄有"舐,食㫖反,或作𪘚,或此餂""纸,诸氏反,与此㫖同"两条音义,字体与正面音义同,这是抄写音义的人因正面文字有误,而在卷背加以补正写上的。补写的两条音义,前一条就是对正面音义的补正[1];后一条正面无相应条目,大概是对正面"舐"字音义反切下字"纸"字的补充解释。

---

[1]　"餂"见《说文》,其或体作"𪘚",而"舐"为其后起改易声旁俗字。慧琳《音义》卷三九《不空罥索陀罗尼经》音义:"餂唇,上时尔反,顾野王云以舌取食也,《说文》从舌、易声,或作𪘚,今经作舐,俗字。"可参。

第三节　馀论

如上所陈,敦煌写本文献错讹满目,致讹之由途径百出,而正讹方法又复五花八门,颇有令人眼花缭乱之感。今天整理敦煌写本文献时,既要注意从不同角度分析写本的致讹之由,也要留意写本原有的正讹文字。同时还应特别注意以下问题。

一　写本旁注的并非都是正字

敦煌写本旁注字的情况相当复杂,具体说来,旁注的除正字外,还有以下几种类型:

有旁记错字的。如S.1441号《励忠节钞·政教部》:"孔子为鲁司寇,摄政行政(相)事,七日而诛少正卿(卯),使男女行各别途,斑白不提,道不捨(拾)遗,而后兴行。"原卷"提"字右侧旁注一"混"字。王三庆《敦煌类书》校云:"'提'字原卷旁改作'混',不确,当作'提挈'解。"(页604)引《诗·大雅·绵》毛传"入其邑,男女异路,斑白不提挈"为证。屈直敏《敦煌写本类书〈励忠节钞〉研究》、《郝录》第6卷则皆据旁注字录作"混"字。郝书更斥《敦煌类书》作"提"为误(页305校记〔四四七〕)。按《礼记·王制》:"轻任并,重任分,班(斑)白不提挈。"《史记·循吏列传》:"(子产)为相一年,竖子不戏狎,斑白不提挈,僮子不犁畔。"所谓"斑白不提挈"指不让老人负重干活;"提挈"谓提东西、负重,系同义复词,故亦可单作"提"或"挈"。《文选·左思〈魏都赋〉》:"斑白不提,行旅让衢。"《册府元龟》卷七〇三令长部教化:"至于道不拾遗,耕者让畔,斑白不挈,弦诵相闻者,盖有之矣。"[1]"不提""不挈"即"不提挈"。而旁注字"混"于义无取,确系错字,王校是也。

有旁记别字的。如S.4571号《维摩诘经讲经文》:"凡夫遇境处昏衢,不弁(辨)迷途蓦坑井。"原卷"途"字右侧注有一"徒"字。从文义看,"途"字显然是对的,旁记的"徒"则是个别字。又S.1441号《励忠节钞·清贞部》:"胡威父子之当官也,与玉均清,将冰共洁,其平以(似)秤,其直如弦,半(伴)之以赏罚,离之以宽猛,事谓人范也。"原卷"事"字右侧旁

---

[1]《册府元龟》,北京:中华书局,1960年,第8377页。

注一"士"字。按:"事""士"义皆未安,王三庆《敦煌类书》径改作"世","世"字是也,而底卷"事"及旁注的"士"皆为"世"的别字。《郝录》第6卷据旁注字录作"士",再校"士"为"世"(页262),其实这前一道工序是不必要的。之所以会出现旁记错字或别字的情况,既可能是抄手或传阅者旁记异文所致,也可能与抄手或传阅者对文义把握不定有关。

有旁记直音的。如Дx.1028+2751号《安伞文》:"八相垂跡,神光照如。"原卷"垂跡"右侧旁注"遂即"二字,乃直音字。又S.1441号《励忠节钞·智信部》:"夫弓矢弋缴之智多,即鸟乱于上矣;钩饵罔罟之智多,则鱼乱于水矣。"原卷"罔罟"右侧旁注"網姑"二字。按"罔""網"古异体字,但后世字义分化,通常以"罔"为欺罔、罔知所措的"罔",罗网义则专用"網",原卷以"網"注"罔",似有提示此"罔"乃用同"網"。又以"姑"注"罟",则为旁注读音。又P.3268号《氾府君图真赞》:"广负奇能,深怀智量。"原卷于"量"右侧注一"亮"字,"亮"亦为旁注直音字。项楚等校录的《敦煌邈真赞校录并研究》取"量"而不取"亮"[1],极是。"智量"谓聪慧。P.3716号《晏子赋》:"晏子对王曰:'齐国大臣七十二相,并是聪明智惠,故使向智量之国去;臣最无志(智),遣使无智国来也。'""智量"义同。

有旁记异文的。如P.3717号《历代法宝记》引《大佛顶经》云:"乃至有所立,一切皆错乱。若见于自心,是则无为净。"如图8-27所示,原卷"为"字右侧旁注"违",而其异本P.2125号末句作"则是无为净",S.516号则作"是则无违净"。可见P.3717号的"违"应是旁注异文。[2]

此外,还有旁注脱字的,详见第九章第二节。总之,敦煌写本的旁记字或为正字,或为脱字,或系异文,或系直音,或系误字,如此等等,情况比较复杂。所以对写本中的旁记字应根据文义来决定取舍,不可一概而论,盲目信从。下面我们举几个因旁记误字而误改的实例,以资借鉴。

P.3717　P.2125　S.516

图8-27 《历代法宝记》

《敦煌变文集》卷五《维摩诘经讲经文》:"只为如来演法音,徒交凡众沾甘露。"(页557)按:写本原卷S.4571号"徒"字本作"畵",其字右下侧注一"徒"字。"畵"字唐代前后

[1]《敦煌邈真赞校录并研究》,台北:新文丰出版公司,1994年,第333页。

[2] 考唐实叉难陀译《大乘入楞伽经》卷五如来常无常品第五云:"远离常无常,而现常无常。如是恒观佛,不生于恶见。若常无常者,所集皆无益。为除分别觉,不说常无常。乃至有所立,一切皆错乱。若见惟自心,是则无违净。"宋延寿《宗镜录》卷八四引《楞伽经》亦作"是则无违净"。但《大正藏》卷八五载大谷大学藏敦煌本《诸经要抄》引作"是则无为净",可见当时确有作"为"的异本。据经义,当以作"违"字是。《郝录》第2卷校记谓当作"为"(页534校记〔二〇八〕),非是。

与"图"混同(《干禄字书》:"圕圖:上俗下正。")。"圕(图)""徒"孰是?从文义看,我们认为"图"字是对的。"图交"即"图教"("教"字敦煌写本类多作"交"),文意谓只因为如来讲说佛法,希望让凡众受到教益。如果作"徒交",文意便不可解了。"圕"字右旁注"徒",可能是抄手旁记异文或旁记直音;也可能是抄手习惯于把"图"写作"徒"(敦煌写本"图""徒"每多相乱),以至这里偶尔写了个古通用字"圕",倒觉得不大对劲了,所以又旁记"徒"以识之。《变文集》取"徒"以改"圕",可谓是疏于裁择了。

图 8-28 P.3867《汉将王陵变》

《敦煌变文集》卷一《汉将王陵变》:"陵母遂乃吃苦不禁,扑却枪枷如(而)倒,一手案声,一手按地,仰面向天哭'大夫娇子王陵'一声。"(页 43)"一手案声"费解。查原卷 P.3867 号,原文本作"一手案身","身"字有涂改,右侧注一"声"字(图 8-28)。实则原文当作"一手按身","案"即"按"字之假,"声"则为"身"的音误字,属于旁注别字之例。《变文集》为旁注字所惑,据改作"声",则文意扞格难通了。

S.1441 号《励忠节钞·善政部》:"卓茂为密县令,劳心慇恳,视人如子,教化大行,道不拾遗。时天下大蝗,猗不入密界。"原卷"猗"字右侧旁注一"苟"字。王三庆《敦煌类书》末句录作"猗不入密界"(页 185),未说明理由。《郝录》第 6 卷录作"苟(獨)不入密界",校记云:"'苟',当作'獨',据文义及丁本改。"(页 310)按丁本(P.4059 号)作"獨"是对的(《后汉书·卓茂传》亦作"獨"),底卷的"猗"即"獨"的形误字。至于底卷旁注的"苟",则为传阅者据误字加的直音,《郝录》据以改"猗"为"苟",则其讹变之迹,读者无从推寻矣。

二　接书或旁注改正的并非都是错字

如前所说,敦煌写本中有接书或旁注正字纠正误字的通例,但被改正的其实也并非都是错字,有时也许是俗字等不规范的字。例如:

S.1441 号《励忠节钞·字养部》:"杜纂为汉阳太守……每问人疾苦,皆对之泣涕,劝课农桑,若勤者赏以匹帛。"其中的"桑桑"二字原卷分别写于前行末和次行首,《敦煌类书》仅录一"桑"字(页 187),云"桑"字下原卷衍"桑"字,据《魏书·良吏传》《北史·循吏传》等书删(页 613)。屈直敏《敦煌写本类书〈励忠节钞〉研究》录作"桑桑",而疑后一

"桑"字为衍文,当删[1]。《郝录》第6卷亦录作"桑桑",而把后一字定作"提行重书例"(页316校记〔六〇七〕)。其实此例当属俗字正字接书例。《五经文字》卷上木部:"桑,作桒讹。"《广韵·唐韵》:桒,俗"桑"字。上揭写卷抄手先写俗字"桒",继之作"桑"以正之。

S.1441号《励忠节钞·公正部》引"语"曰:"我之所重,百姓所憎;我之所轻,百姓所怜者,公也。""怜"字右侧原卷旁注一"憐"字。按S.2071号《切韵笺注·先韵》路贤反:"憐,爱。俗作怜。"则旁注字"憐"为"怜"的正字。

三　旁注正字和旁注脱文易于混淆

清代著名藏书家黄丕烈《士礼居藏书题跋记》著录明刻本甘复《山窗馀稿》一书,有云:"此刻遇衍字加点于旁;或即以所改字注于旁;遇脱字,亦如之。此法甚善。"[2]明人刻书的这种方法,其实是从他们的祖宗那里学来的。敦煌写本中,误字旁注正字,已见上述;遇有抄脱的字,也是在右侧旁记增补(详见第九章第二节)。于是就出了问题,即正误和补脱古人都用右侧旁记的办法,那么这个旁记字究竟是正误呢还是补脱呢? 一般来说,这是可以根据文意判定的。而且补脱字通常在其前一字的右下侧,而旁注正字则多在误字的右侧,二者的位置也略有不同。不过由于区别甚微,抄录时极易发生判断失当的错误。这里先让我们看两个古人因之所犯的错误:

《敦煌变文集》卷五录北敦5394(北8435,光94)号《维摩诘经讲经文》:"何时将艳丽之人,便向吾前布施,但望自家收耳!"(页627)这是持世菩萨拒绝假帝释以美女引诱时说的几句话,但前句似有祈盼布施美女的口气,显然与上下文意不合。查该卷的祖本P.3079号[3],原来前句祖本作"何時艳丽之人","時"字右侧旁注一"將"字(图8-29左),乃指"時"为"將"字误书,当改作"將"("何將艳

P.3079　　　北敦5394

图8-29 《维摩诘经讲经文》

---

[1] 《敦煌写本类书〈励忠节钞〉研究》,北京:民族出版社,2007年,第327页。

[2] 《士礼居藏书题跋记》,北京:书目文献出版社,1989年,第278页。

[3] 根据我们的研究,北8435号《维摩诘经讲经文》系据P.3079号抄录。说详笔者等《〈敦煌变文集〉底本选择不当之一例》,《古籍整理出版情况简报》1989年第208期,第2—5页。

丽之人"即何必将艳丽之人,合于上下文义),北敦 5394 号写本的抄手不察,以为"將"是旁记脱字,补入正文,文意便大相径庭了。

北敦 5394 号《维摩诘经讲经文》又云:"妖桃强逞魔菩萨,羡美质徒恼圣怀。"下句"徒"下原卷本有一"誇"字,圈去(图 8-29 右),《敦煌变文集》据以录作"羡美质徒恼圣怀"(页 622)。关于这一联,徐震堮谓上句当作"逞妖娆强魔菩萨"[1],蒋礼鸿则谓本联当校作"逞妖桃强魔菩萨,羡美质图恼圣怀"[2],可谓聚讼纷纷,迄无定谳。其实,这也是抄手误解旁记字而造成的错失。该联下句 P.3079 号本作"羡质徒誇恼圣怀","羡"字右侧(略偏下)旁注一"美"字(图 8-29 中),乃指"羡"为"美"字之误,当改作"美"。"妖桃强逞魔菩萨,美质徒誇恼圣怀"("魔"为梵语魔罗之简称,意译为障碍、扰乱、破坏等,文中与下句"恼"对偶近义,并为动词)上下俪偶,文义惬当。北敦 5394 号卷子的抄手误以底本的"美"为旁记脱字,补入正文,遂致误衍一字,乃又妄删"誇"字("誇"字与上句"逞"对偶同义,决不可删)以凑成七字句,而不知文义之不可通也。

由此可见,由于古人正误、补脱都是使用右侧旁记的方法,有时要判定旁记字是正误抑或补脱确实不是一件容易的事。在一些敦煌文献的校录著作中也常常可以看到因之判断失当的错误,试看以下二例:

《敦煌变文集》卷五《维摩诘经讲经文》:"云内官者,是黄门也,亦不名阉官。"王庆菽校记:"不"字衍文(页 575—588)。按:如图 8-30 所示,原卷 S.3872 号"名"字旁记于"不"字右侧,实指"不"为"名"字之误,当改作"名"。校者不察,误以"名"为旁记脱字补入正文,其义不了,遂又指"不"为衍文,可谓知其一而不知其二了。

《敦煌变文集》卷一《伍子胥变文》:"三十不与丈夫言。"(页 7)此句《敦煌变文汇录》作"世不与共丈夫言"[3]。按:如图 8-31 所示,"世"字原卷 S.328 号本作"卅",文中乃"卅"(字又作"丗",犹"廿"字又作"卄"之比)异写,非"世"字。至于"与共"二字,原卷本作一"共"字,已点去,其右侧旁

图 8-31 S.328《伍子胥变文》

图 8-30 S.3872《维摩诘经讲经文》

[1] 徐震堮《敦煌变文集校记补正》,《华东师范大学学报》1958 年第 1 期,第 41 页。
[2] 《敦煌变文字义通释》(增补定本),第 73 页。
[3] 《敦煌变文汇录》,上海:上海出版公司,1954 年,第 303 页。

记"与"字（"与""與"古本非一字，后混而为一），乃指"共"当改作"与"，为改字之例。校者不察，乃以为增补脱字抄入正文，遂致误衍。

四 旁注字有阑入正文的现象

如上所说，古书中多有旁注字，或旁记正字，或旁记异文，或旁记直音，或旁记脱文，错综复杂，原因不一，传抄或翻刻时乃有旁注字改归正文而造成错乱者，王念孙《读书杂志》、俞樾《古书疑义举例》并已言之。敦煌文献中亦时见斯例。

《敦煌变文集》卷二《庐山远公话》："是时也，春光扬艳，熏色芳菲，绿柳随风而尾婀娜，望云山而迢递，睹寒雁之归忙。"（页 167）按："尾婀娜"于义未安，此句当作"绿柳随风而婀娜"，"尾"字涉上"风"字而误。"风"字敦煌写本中或作"![字形]"，或作"![字形]"（并见 P.2324 号《难陀出家缘起》），或作"![字形]"（见 P.3821 号《女人百岁篇》），俗复讹作"![字形]"（S.2073 号《庐山远公话》"秋![字形]乍起"的"![字形]"《敦煌变文集》页 174 校作"风"，是也），或讹而同"尾"（S.2073 号《庐山远公话》有"已免尾霜"句，《敦煌变文集》页 168 校"尾"为"风"是也）。"绿柳随风而尾婀娜"，盖"风"字祖本误作"尾"，抄手（或传阅者）发觉这个错误后，于"尾"旁记一"风"以示改正，传抄者以为是旁记脱文而补入正文，则为"绿柳随风尾而婀娜"，"风尾"不辞，复又妄加乙倒，以牵就已误之正文，遂成"绿柳随风而尾婀娜"。几经讹变，古书之真面目便无从推寻了。

《敦煌变文集》卷四《祇园因由记》："忽然半夜，佛施神光，朗而（如）白日。须达既见，将为天明，严驾顺路行至城南，到天祠边，其名（明）即没，方之半夜。须达思念，适来明是何妖魅之所幻患，我须却回，待明方往。"王庆菽校"幻患"为"诱惑"（页 406）。盖王氏以"幻"为"幼"字，"幼"与"诱"音近相假；然"患""惑"则形音并远，无由致误。今谓"幻患"盖原只作"患"，"患"即"幻"的音近借字（二字纽同韵近）。"幻"是幻化之意。须达以为他方才看到的"明"是什么妖魅幻化而来，所以打算回去，待明再来。《敦煌变文集》卷五《维摩诘经讲经文》："凡有行藏平隐作，低（堤）防祸幻（患）使心神。"（页 575）则是借"幻"为"患"，是其比类。后来有人于"患"旁注一"幻"字，"幻"即"幻"字俗书之讹。《变文集》页524、555"幻"字并写作"幻"，页 519、523 则又误作"幼"，均可资比勘。辗转传抄，复又把"幻"字误入正文，遂成"所幻患"，遂至意不可通。王氏不明其例，强为之校，显失其当。

《敦煌变文集》卷八《搜神记》"丁兰"条："其妻曰：'木母有何所知之，今我辛勤，日夜侍奉。'"(页886)徐震堮校:"'之'字疑衍。"[1]按:"木母有何所知之",盖本只作"木母有何所之","之"即"知"的借字,或者旁注本字"知"字,而后补入正文,误字又未涂去,遂致衍误也。

参考文献

　　王念孙《读书杂志》,北京:中国书店,1985 年。

　　俞樾《古书疑义举例》,北京:中华书局,1956 年。

　　陈垣《元典章校补释例》,《励耘书屋丛刻》,北京:北京师范大学出版社,1982 年。

　　王重民等《敦煌变文集》,北京:人民文学出版社,1957 年。

　　蒋礼鸿《敦煌变文字义通释》(增补定本),上海:上海古籍出版社,1997 年。

　　郭在贻、张涌泉、黄征《敦煌变文集校议》,长沙:岳麓书社,1995 年。

　　任半塘《敦煌歌辞总编》,上海:上海古籍出版社,1987 年。

　　郭在贻、张涌泉、黄征《敦煌写本书写特例发微》,《敦煌吐鲁番学研究论文集》,上海:汉语大词典出版社,1990 年。

　　王三庆《敦煌类书》,高雄:丽文文化事业股份有限公司,1993 年。

　　屈直敏《敦煌写本类书〈励忠节钞〉研究》,北京:民族出版社,2007 年。

　　郝春文主编《英藏敦煌社会历史文献释录》第 1 卷,北京:科学出版社 2001 年;第 2 至 6 卷,北京:社会科学文献出版社,2003—2009 年。

　　张涌泉主编《敦煌经部文献合集》,北京:中华书局,2008 年。

---

[1]　徐震堮《敦煌变文集校记补正》,《华东师范大学学报》1958 年第 1 期,第 46 页。

第九章　脱文和补脱

脱文或称夺文,是指古书流传过程中脱漏的文字。本章讨论敦煌写本中脱文的原因和抄手或传阅者增补脱字的方法。原本不脱而整理者因种种原因缺录的情况也放在这里一起讨论。

第一节　脱文及缺文

敦煌写本的脱文及缺文有自然原因造成的(如纸张破损),也有后人的漏抄漏刻或缺释、妄删导致的。

一　因重文省书而脱

字词句重复叠用,重出者敦煌写本往往用省略符号表示之,极易造成脱漏。对此我们将在第十二章中专题讨论,这里仅举二例,以发其凡。

《敦煌变文集》卷六《大目乾连冥间救母变文》:"目连向前寻问阿娘不见,路旁大哭,哭了前行,被所由将见于王。门官引入见大王,问目连事[由]之处……"(页720)该篇底卷 S.2614 号及甲卷 P.2319 号原文如此,乙卷 P.3485 号后一"王"字下有一"🖎"号,当是"王"字的重文号,义长,当据补。底卷及甲卷不重"王"字,当是漏抄重文号。

　　P.3126 号颜之推《冥报记》太乐伎条："陶令惊寤，俄而倒地闷绝，状若风瘨，良久方醒。有时而发，发辄卒死[1]，矫头反着背。"后一"发"字《太平广记》(明嘉靖谈恺刻本)卷一一九"太乐伎"条引《还冤记》同，底卷本作重文号"ㄑ"。传本颜之推《还冤记》(《宝颜堂秘笈》本)及《法苑珠林》(上海古籍出版社 1991 年影印宋《碛砂藏》本)卷六七《怨苦篇·地狱部》感应缘下引《冤魂志》无后一"发"字，当是漏抄重文号。

二　因上下文有相同词句而脱

　　古书相近的上下文有相同或相近的词句，抄者或刻者走眼，都容易导致其间文字的脱漏。先看两个敦煌写本中的例子：

　　北敦 6558(北 8291，淡 58)号《黄仕强传》："仕强谘守文书鬼云：仕强妇(父)母死来得廿许日，曹司不在此，今觅相见，事不可得，君须出去。"引文浙敦 26 号作："仕强谘守文案人云：'仕强父母死来得廿许日，欲请相见，复得已不？'守文案人语仕强言：'若死得廿许日，曹司不在此，今觅相见，事不可得，君须出去。'"据此，前一本"曹司不在此"之前应脱"欲请相见，复得已不？守文书鬼语仕强言：若死得廿许日"等二十余字。盖底本前后皆有"得廿许日"字样，抄手走眼，前一"得廿许日"后误接后一"得廿许日"后的内容，遂致中间文字脱漏。

　　又北敦 6558 号《黄仕强传》下文："仕强云：家事燋煎，一时不办，渐写取足亦得。"浙敦 26 号作："仕强云：'家事燋煎，一时不辨，渐写取足，复得已不？'守文案人云：'若一时不辨，渐写取足亦得。'"据此，前一本"渐写取足"之下应脱"复得已不？守文书鬼云：若一时不辨，渐写取足"等十余字。盖底本前后皆有"一时不辨，渐写取足"八字，抄手走眼，前八字后误接后八字下的内容，遂致中间文字脱漏。

　　再看刻本中的例子：S.610 号《启颜录》："使人卧问侯白曰：'汝国马价贵贱？'侯白即报云：'马有数等，贵贱不同：若足伎两，有筋脚，好形容，直卅贯已上；若形容不恶，堪得乘骑者，直廿贯已上；若形容麤壮，虽无伎两，堪驮物，直四五贯已上；若弸尾燥蹄，绝无伎两，旁卧放气，一钱不直。'"本条亦见于唐张鷟《朝野佥载》卷四和《太平广记》卷二五三"侯白"条，后者末注"出《启颜录》"。其中"有筋脚"以下至"直廿贯已上"，《朝

---

[1]　"卒死"二字底卷本作一"夭"字，涂去，右旁注"卒死"二字，兹移入正文。

野佥载》《太平广记》皆作“筋脚好，形容不恶，堪得乘骑者，直二十千已上”，当有脱误。盖底本“形容”先后三见，传刻者走眼，前一“形容”之下误接第二个“形容”后的内容，变成“有筋脚好形容不恶”，则不得不以“形容”属下读，进而删“有”字以敷衍成句，则一误再误矣。

最后举一个今人误脱的例子：《敦煌变文集》卷五《维摩诘经讲经文》：“且精懃，勿疏散，爱把眼花空里玩，与说诸佛坚固门，总遣修行不退转。福德微，神力软，多被魔家来恼乱，与说诸佛坚固门，总遣修行不退转。”（页 596—597）查原卷 P.2292 号，“福德微”前原卷有“利一身，非一见，不敢蹤（纵）横起方便，与说诸佛坚固门，总遣修行不退转”等句。这是因为原卷“与说诸佛坚固门，总遣修行不退转”一联前后重出，《变文集》校录或排版时走眼，造成中间一段文字脱漏。

三　因换行而脱

古书竖抄，换行时容易造成整行文字脱漏。例如：

S.829 号《大般涅槃经》卷二：“我于往昔种种苦行，今得如是无上方便。为汝等故，[无量劫中舍身手足头目髓脑。是故汝等不]应放逸。汝等比丘，云何庄严正法宝城？具足种种功德，珍宝戒定智慧为墙堑俾倪。”引文中用[ ]括住的文字系据 S.2415 号补出，原本如图 9–1、9–2 所示，S.829 号正好脱漏了一整行。

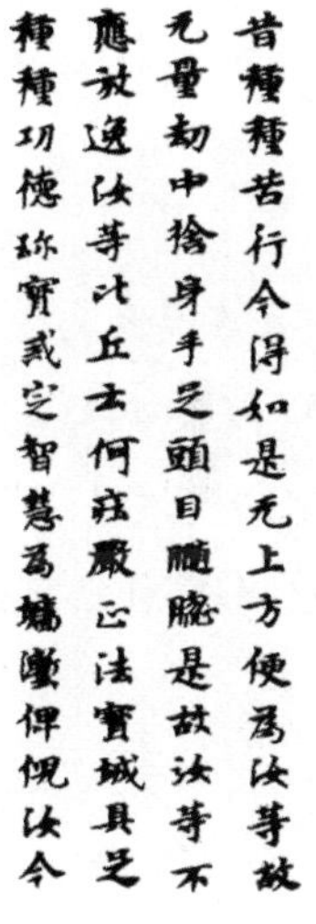
昔種種苦行今得如是无上方便爲汝等故
无量劫中捨身手足頭目髓腦是故汝等不
應放逸汝等比丘云何莊嚴正法寶城具足
種種功德珎寶戒定智慧爲墻壍俾倪汝今

图 9–1　S.2415《大般涅槃经》

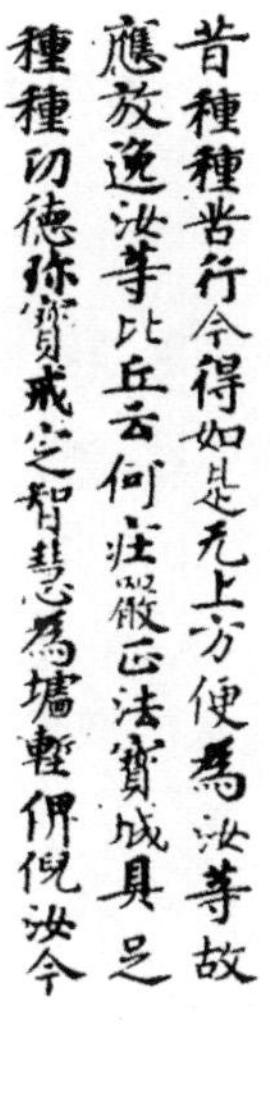
昔種種苦行今得如是无上方便爲汝等故
應放逸汝等比丘云何莊嚴正法寶城具足
種種功德珎寶戒定智慧爲墻壍俾倪汝今

图 9–2　S.829《大般涅槃经》

四　因抄手节略而脱

北敦 6207（北 6331，海 7）号《大般涅槃经》卷八：“一切诸法，善不善等，亦复如是，无有二相。善男子，明与无明亦复如是。”（图 9–3）查 S.4876 号（图 9–4）及其他传本，“无有二相”与“善男子”间另有“迦叶菩萨白佛言”至“从他生者离乳而有，无有是处”云云近四百字，上揭写本无，恐系抄手疏失或偷懒节略所致。

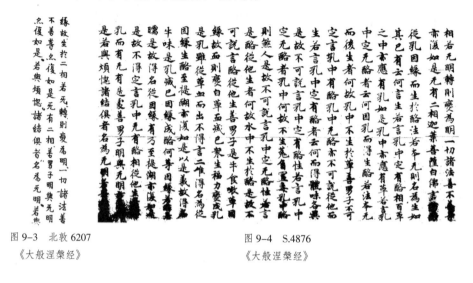

緣故生於二相若无轉則變爲明一切諸法善
不善等亦復如是无有二相善男子明與无明
亦復如是若與煩惱諸結俱者名爲无明若與

图 9–3　北敦 6207
《大般涅槃经》

相若无明轉則變爲明一切諸法善不善
亦復如是无有二相迦葉菩薩白佛言
從乳因緣而生於酪法若本无則名爲生如
其已有云何言生若言乳中定有酪相百草
之中亦應有乳如是乳中亦應有草若言乳
中定无酪者云何因乳而得生酪若法本无
而後生者何故乳中不生於草善男子不可
定言乳中有酪乳中无酪亦不可說從他而
生若言乳中定有酪者云何而得體味各異
是故不可說言乳中定有酪性若言乳中
定无酪者乳中何故不生兔角置毒乳中酪
則殺人是故不可說言乳中定无酪性若言
是酪從他生者何故水中不生於酪是故不
可說言酪從他生善男子是牛食噉草因
緣故血則變白草血滅已衆生福力變成乳
是乳雖從草血而出不得言二唯得名爲從
因緣生酪至醍醐亦復如是以是義故得名
牛味是乳滅已因緣成酪何等因緣若醋若
煖是故得名從因緣有乃至醍醐亦復如是
是故不得定言乳中无有酪相從他生
乳而有无有是處善男子明與无明
是若與煩惱諸結俱者名爲无明

图 9–4　S.4876
《大般涅槃经》

五　因字难识而缺

《敦煌变文集》卷五《妙法莲华经讲经文》：“因何国主苦求哀，为□长劫免沦洄（轮回）。”（页 497）查原卷 P.2305 号，缺字处本作“𢓭”，应为“徒”字手书，“徒”复又为“图”的借字（“徒”“图”通用敦煌卷子中经见）。校者不识“𢓭”字，更不明“徒”为“图”的借字，不得已，只能作缺字处理。

六　因妄删而缺

陈祚龙《敦煌学海探珠》下册《敦煌写本“九谏书”校诂》迻录P.3399 号《九谏书》：“昔大禹誉九功，繇謩九德。”陈氏校云：“繇上原有‘名’，然其右旁加作‘卜’，今即据此而将其删去。繇音遥，咎（音皋）繇之略也。而咎繇，亦即皋陶（音遥），舜臣也。”其实陈氏所谓的“名”和“卜”原卷作“𠸪”，乃“咎”字异写。“咎”字《说文》从人各会意，隶变既可作“咎”，亦可作“𠸪”。《王二·豪韵》古劳反：“𠸪，=繇。”“𠸪”即“咎”字。故原卷“𠸪繇”即“咎繇”，

亦即"皋陶",与上句"大禹"俪偶。陈氏不明古字,乃误以"**叴**"右旁的"卜"为删字符号而径行删去,造成缺字。

七　因纸张破损而缺

　　敦煌写本以残卷居多,有残缺本是正常的。这里应该强调的是,在敦煌文献发现后,在移动、装裱、翻阅过程中,又增添了新的破损。日本著名学者藤枝晃曾说:"英国博物馆的人员却抱怨,有些写本因经常查阅而严重破损。"[1]这确是实情。我们试比较王重民、向达20世纪30年代在法、英所摄的旧照片(以下简称"旧照片")、英国国家图书馆、巴黎国家图书馆分别于20世纪50年代、70年代摄制的缩微胶卷(《敦煌宝藏》又据缩微胶卷影印)和20世纪90年代以来出版的重新拍照印制的《英藏敦煌文献》《法藏敦煌西域文献》的图版,就可以发现一部分敦煌写本确实不断在被侵蚀残损之中,真是令人心痛。值得庆幸的是,王重民、向达两位前辈给我们留下了一批早期的照片,一些缩微胶卷或后来的图版本已经残损的部分文字藉助这套旧照片还依稀可辨,这真是不幸中的万幸。对此,李德范编著的《敦煌西域文献旧照片合校》[2]已经做了很好的比勘。李先生在书前的"概说"中指出:"照片中还可见不少卷子,当时的残损程度尚轻,保留下的一些文字是我们现今看不到的,对于校勘和填补录文也是非常有价值的。"其实除了李书已指出的外,可据以填补后来图版本残损的还有不少。这里仅举一例:

　　S.5961号《新合六字千文》:"日月满亏盈**昃**,阴阳辰宿列张。四时寒来暑往,五谷秋收冬藏。"其中的"昃"字"藏"字IDP彩照、《英藏》所载图版皆仅存上下部残笔,而《宝藏》和旧照片完整无损。又同卷下文"冈谈彼人之短","冈"字IDP彩照、《英藏》左侧残泐,而《宝藏》和旧照片完整无缺。又下文"衢路使狭(侠)槐卿","卿"字IDP彩照、《英藏》中部残泐,而《宝藏》和旧照片完整无缺。又下文"口(孟)轲性敦朴索(素)","轲"字IDP彩照、《英藏》残泐难识,而《宝藏》和旧照片清晰可辨。又下文"口口易轓攸畏","易"字IDP彩照、《英藏》缺,而《宝藏》和旧照片存。又IDP彩照、《英藏》图版止于"轓攸畏"三字,其后残缺,而《宝藏》次行可见一"适"字,旧照片更可见"适口"二字,原

[1]　藤枝晃著,徐庆全、李树清译,荣新江校,《敦煌写本概述》,《敦煌研究》1996年第2期,第99页。
[2]　《敦煌西域文献旧照片合校》,北京:北京图书馆出版社,2007年。

文或可校补作"□□适□□□（充肠）"。上揭文句 IDP 彩照、《英藏》和《宝藏》所载图版比对如图 9-5 所示。

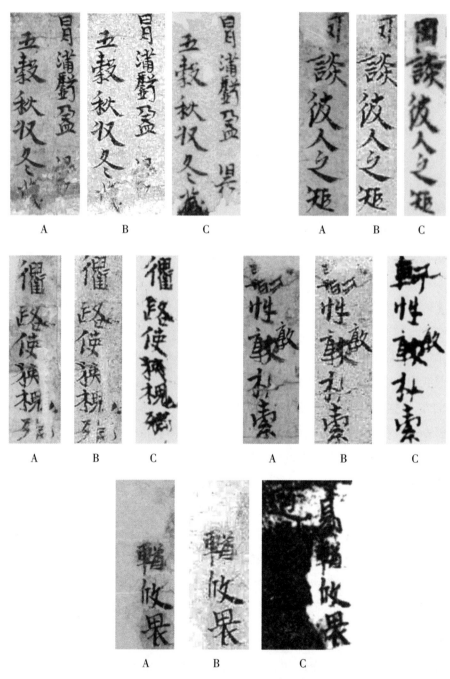

图 9-5 S.5961《新合六字千文》IDP 彩照（A）、《英藏》（B）和《宝藏》（C）所载图版局部对比图

　　类似的例子还有不少,在此难以尽列。所以我们今天整理敦煌文献时,不但要充分利用各大藏家收藏的敦煌写本原卷以及近年影印的图版本,还要注意比对前辈学者早年拍摄的旧照片或影印的图版本,即便是年代稍晚的缩微胶卷和据以印制的《敦煌宝藏》,也有其利用的价值,值得我们给予珍视。

　　附带指出,有的图版本的文字残缺并不是纸张破损造成的,而是由于写卷皱褶或图版摄制时处理不当造成的。如下面的例子:

　　S.3522 号《大般若波罗蜜多经卷帙对照录》,从第一帙至六十帙止,每帙下小字标注卷数,其中第卅三帙注文"从四百廿一至四百卅"末"百卅"二字《英藏》影印本残泐,但缩微胶卷、《宝藏》均不缺。再查 IDP 数据库的彩色照片,此二字处略有残破,但字形清晰无误。如下页图 9-6 所示。《英藏》此二字残缺,当与底卷此处原本有皱褶,摄制时处理不当有关。

图 9-6　S.3522《大般若波罗蜜多经卷帙对照录》局部对比图
(从左至右:《英藏》、缩微胶卷、《宝藏》、IDP)

第二节　补脱

如上所说,古书流传或后人校录时造成字句脱漏的现象屡见不鲜,原因也很复杂。如果抄手或传阅者发现原文有脱漏,当时就会采取一些补正措施。S.203 号《度仙录仪》记上"度录章刺"仪式时,有"误字为正,脱字为定"的话,所谓"脱字为定",就是指增补脱文而言。具体而言,敦煌写本中比较常见的补脱方法有:

一　补脱字于原文右侧

秦女曰君為生人為死鬼

图 9-7　S.525《搜神记》

《史通·点烦》:"如其间有文句亏缺者,细书侧注于其右。"原注:"其侧书亦用朱粉、雌黄等,如正行用粉,则侧注者用朱黄,以此为别。"[1]敦煌写本右侧补字通常以小字朱笔或墨笔添加在其前一字的右下侧。如果所补的字较多,或用乙形符号指示应补于何处。明梅膺祚《字汇·乙部》"乙"字下云:"又文字有遗落,勾其旁而添之亦曰乙。"例如:

S.525 号《搜神记》"辛道度"条:"秦女曰:'君为生人,我为死鬼,共君生死道别。君出之,不得久住。'"其中的"人"字原卷用朱笔旁记于前一"生"字的右下侧(图 9-7),表示当补入正文"生"字之后。"人"下原卷有一朱点,则为断句符号。

P.3126 号《冥报记》第 2 则:"李雄既王于蜀,其弟四子期立李为嗣,又次自立。期从叔寿袭位,期被废为邛都公。寻而煞之,而寿自立。"原卷如图 9-8a 所示。其中"立李为嗣"四字原为墨笔旁注小字,抄手用乙形符号勾补于前一"期"字之后;又"位"字底卷旁补于"袭""期"二字右侧。据《魏书·李雄传》,李雄立兄李荡子李班为太子,"雄死,班代统任。雄子期,杀班而自立。期,字世运,雄第四子也"。李寿为李雄叔叔李骧之子,李期继位后,李寿惧不自全,乃"自涪城袭克成都,废期

---

[1]《史通》,清浦起龙通释本,上海:上海古籍出版社,2009 年,第 404 页。

图9-8 P.3126《冥报记》

为邛都公"。又据《晋书·李期载记》，李期等"既杀班，欲立越(李期兄)为主，越以期雄妻任氏所养，又多才艺，乃让位于期"。据此，"立李为嗣"当是指李期等杀班立兄李越继位事("李"后或当再补一"越"字)，"又次自立"指李期自立事。原文文意不明，故抄手又补"立李为嗣"、"位"五字以补足其意。

同上卷第11则："铁臼竟以冻饿病杖而死，时年六岁。亡后经旬余，鬼忽还家，登陈氏床曰……"如图9-8b所示，"岁""经""氏"三字原卷分别用墨笔添补于"六""后""陈"右下侧。"六岁"，颜之推《还冤记》及《法苑珠林》卷七五《十恶篇·邪淫部》感应缘引《冤魂志》皆作"十六"，当以前者为是；下文云铁杵亦六岁而死，正所谓怨怨相报也。

同上卷第12则："陶令惊寤，俄而倒地闷绝，状若风瘨，良久方醒。""倒地闷绝"底卷本作"倒绝"(本则又见于颜之推《还冤记》及《法苑珠林》卷六七《怨苦篇·地狱部》感应缘引《冤魂志》，亦皆作"倒绝")，"倒""绝"二字右侧用墨笔旁注"地闷"二字以示添补(图9-8c)，"倒地闷绝"意思更为显豁。

P.2011号王仁昫《刊谬补缺切韵·模韵》乃胡反："驽骀马。帑藏。帑子。笯鸟笼。又女如(加)反。呼荒乌反。亦□(作评)。⊘(唤)。⊘(八)。膔无骨腊。又武夫、所禹二反。膴大。葫蒜别名。恗怯。魖鬼兒。謼大叫。又呼故反。虍虎文。吾五胡反。我。十二。吴国名。通俗作吴。"按：从"帑"至"吾"十二条底卷初抄脱，后自所脱处始用墨笔倒书补于该行右侧(图9-9)。

图9-9 P.2011《刊谬补缺切韵》

二 补脱字于句末或行末

《敦煌变文集》卷二《庐山远公话》:“(道安)自恨生盲,不识上人。雨泪悲啼,伏愿上人慈悲忏悔。”(页190)按:这是道安请求上人(远公)宽恕的一段话。“忏悔”者应是道安而非上人。疑“忏悔”应移至“悲啼”后,作“雨泪悲啼忏悔,伏愿上人慈悲”。下文亦有“伏愿上人慈悲”之语(页191),后不赘“忏悔”,可证。盖抄手“悲啼”后漏书“忏悔”二字,写至“慈悲”发现这一错误,随即添补于此。校录者不察,遂致错乱。

附按:日本西明寺藏文明十八年(1418)逆翁宗顺抄本《庞居士语录》(《俗语言研究》1993年创刊号影印本)有如图9-10一段文字。其中第三行句末的“祖”字当移入该行

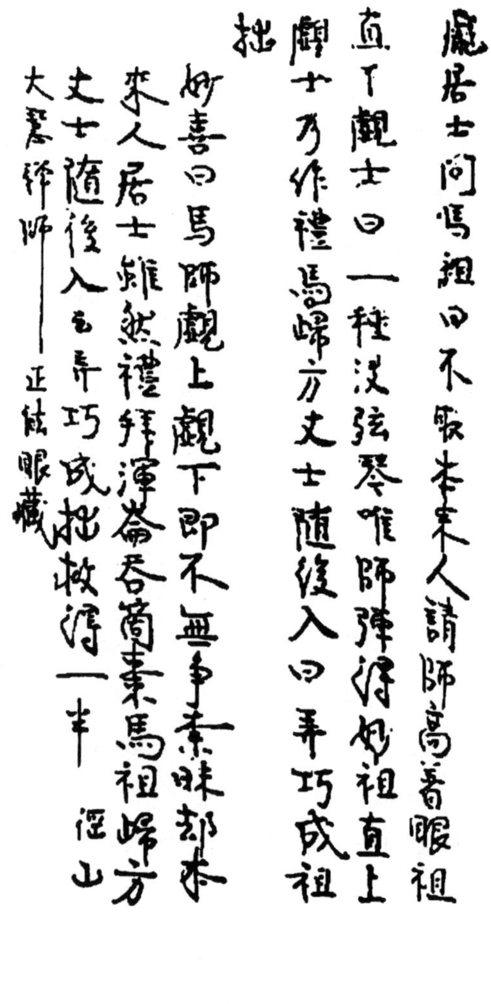
龐居士問馬祖曰不假本来人請師高著眼祖
直下覷士曰一種沒弦琴唯師彈得妙祖直上
覷士乃作禮馬歸方丈士隨後入曰弄巧成祖
拙
妙喜曰馬師覷上覷下即不無爭奈昧却本
來人居士雖然禮拜渾崙吞箇棗馬祖歸方
丈士隨後入弄巧成拙救得一半 徑山
大慧禪師—— 正法眼藏

图9-10 1418年抄本《庞居士语录》

"马"字之后,而"马""归"二字间原本有一句号大小的小圆圈,当系抄手抄写时发现"马"后脱一字,便补抄于当行之末,而又于脱字处插入一个小圆圈以表示脱字在此处。其后妙喜的解释正引作"马祖归方丈""弄巧成拙"云云,可证。宋陈骙《南宋馆阁录》卷三《储藏·校雠式》称"诸字……少者,于字侧添入,或字侧不容注者,即用朱圈,仍于本行上下空纸上标写"[1],上揭例子大概就属于后一种情况。据此,上文当校读作:"庞居士问马祖曰:'不取本来人,请师高着眼。'祖直下觑。士曰:'一种没弦琴,唯师弹得妙。'祖直上觑。士乃作礼。马祖归方丈,士随后入,曰:'弄巧成拙。'"[2]

三　补脱字于注文之末

P.3696 号《切韵·锺韵》於容反:瀜水在宗以佳二反名。原卷如图 9–11 所示。注文末的"名"当移至"水"后,盖"水"下漏抄而补于注文之末者。S.2055 号《切韵笺注》"名"字正在"水"后(图 9–12),可证。[3]

图 9–11　P.3696《切韵》　　　　　　图 9–12　S.2055《切韵笺注》

[1] 陈骙《南宋馆阁录》,北京:中华书局,1998 年,第 23 页。

[2] 参看谭伟《庞居士研究》,成都:四川民族出版社,2002 年,第 347 页。日本承应二年(1653)等晚出的刊本"马祖归方丈"作"祖归方丈",恐非原貌。

[3] "瀜"字注文故宫本王仁昫《刊谬补缺切韵》、故宫旧藏裴务齐正字本《刊谬补缺切韵》皆作"水名,在宋。又以佳反",当据正。又音不合音理,疑为"以用反"之误。参看《敦煌经部文献合集》第 5 册《切韵》(二)校记〔二二〕,第 2098 页。

第三节　馀论

如上所述,敦煌文献抄写和今人整理时都会造成字句的脱漏,前一种情况发生时,抄写者或传阅者通常会采取一些补救措施,其中较为常见的是补脱字于原文右侧,但应注意与旁注改字的区别。一般来说,脱字通常补在其前一字的右下侧,而旁注正字则多在误字的右侧,二者位置略有不同,但也不能一概而论。如下面的例子:

P.2621 号《事森》"舜子"条:"后母负薪,向市易米,值舜粜米。于是舜见识之,遂便与 [米],佯不敢钱,如是非一。"如图 9–13 所示,"敢"右下侧原卷旁注一"取"字,《敦煌变文集》定作补字之例,把"取"补入"敢"字之下(页 901),近是;王三庆《敦煌类书》则定作改字之例,校录作"佯不取钱"(页 239),或未妥。

《敦煌变文集》卷六《不知名变文》:"因何为如(名)给孤长者？"(页 820)《变文集》校"如"为"名",然"名""如"形音并远,实无由致误。考原卷 S.3050 号如图 9–14 所示,前四字本作"因何如","如"字右上侧注有一"为"字,乃指"如"为"为"字误书,当改作"为"。"为"是"作为"、"称为"之"为",句意谓因何称为给孤长者？《变文集》校者误以"为"为旁记脱文,补入正文,遂致文义难通。

上揭二例,前一例旁注字的位置确与补脱字的通例吻合,但后一例表面上看起来似

图 9–13　P.2621《事森》　　　　图 9–14　S.3050《不知名变文》

乎也是补脱字,而其实是改正文中误字。可见,旁注字究竟是补脱还是正误,不能完全根据在写本中的位置下结论,而应进一步参酌文意来定夺。

另外增补脱字还要尽可能地核对敦煌写本原卷或其彩色照片。因为写本中补脱或改字多用朱笔,而在黑白照片中朱笔难以充分显现。如上举 S.525 号《搜神记》"管辂"条:"颜子遂酌酒与之,其人把酒即饮。博戏向毕,北边坐人举头见颜子,忽然大努(怒),曰:'我语你早去,因何许(午)时与我酌酒来?'颜子惧不敢出言。"原卷"曰""我"二字右侧行间有朱笔旁注的"小人"二小字,应据补入"我"字之前。中村 139 号句道兴《搜神记》该条相应文句作:"颜子遂酌酒与之,其人得酒即饮,贪恃(博)戏不看。饮酒欲尽,博戏欲休,北边坐人举头见颜子,忽然大恕(怒),曰:'小儿,我遣你早去,因何违他期日,如午时不去?何由態(能)仍我酌(酌我)酒来?'颜子再拜,不敢更言。""小人""小儿"义同,可以比勘。《郝录》第 3 卷漏录"小人"二字(页 15),显然与校者所见《英藏》《敦煌宝藏》等图版本的黑白照片此二字暗淡不清有关。

参考文献

刘知几《史通通释》,浦起龙通释,王煦华整理,上海:上海古籍出版社,2009 年。

陈骙《南宋馆阁录》,北京:中华书局,1998 年。

王念孙《读书杂志》,北京:中国书店,1985 年。

俞樾《古书疑义举例》,北京:中华书局,1956 年。

陈垣《元典章校补释例》,《励耘书屋丛刻》,北京:北京师范大学出版社,1982 年。

郭在贻、张涌泉、黄征《敦煌变文集校议》,长沙:岳麓书社,1995 年。

郭在贻、张涌泉、黄征《敦煌写本书写特例发微》,《敦煌吐鲁番学研究论文集》,上海:汉语大词典出版社,1990 年。

李德范《敦煌西域文献旧照片合校》,北京:北京图书馆出版社,2007 年。

张涌泉主编《敦煌经部文献合集》,北京:中华书局,2008 年。

第十章　衍文和卜煞

衍文亦称羨文，是指古书流传过程中误增的文字。本章讨论敦煌写本中衍文的原因和抄手或传阅者删除衍文的方法。

第一节　衍文

就敦煌写本而言，发生衍羨主要有以下几方面的原因。

一　因旁记字阑入正文而衍

古书中多有旁记字误入正文者，清人王念孙、俞樾皆已有述及 [1]。敦煌写本中亦时见此例。如 S.78 号《语对·孝养》"怀橘"条下注："陆续一本作积年七岁过父友家怀橘贵（遗）母。"原卷如图 10-1 所示，其中"一本作积"四字当即为旁记字误抄入正文者，P.2524、4636 号二本"陆续"正作"陆积"，而无"一本作积"四字，可证。又如以下数例（以下引例中的着重号皆为笔者所加）：

图 10-1　S.78《语对》

---

[1]　参看《读书杂志》卷十五《淮南内篇第二十二》、《古书疑义举例》卷五《以旁记字入正文例》。

S.214 号《燕子赋》:"大鹏信徒南道,鹪鹩巢一枝。逍遥各自得,何况二重知。"首句异本 S.5540 号同,P.2653、2491 号作"大鹏信徒南",P.4019 号作"大鹏信南道"。"大鹏信徒(图)南""大鹏信南道"义皆可通;S.214、5540 号作"大鹏信徒南道",则当衍一字,盖"徒""道"二字中有一字本为旁记异文,传抄者羼入正文耳。

P.2172 号《大般涅槃经音》第廿二卷下音:"如炭匜毒蛇,苦协反。""苦协反"是"匜"字的切音。查《大般涅槃经》经本,S.262、S.2132、S.3527、北敦 5236 号及《金藏》广胜寺本经文有"知五欲法无有欢乐,不得暂停。如犬啮枯骨;如人持火逆风而行;如炭毒蛇;梦中所得路首果树,多人所掷"等句,其中的"如炭毒蛇"S.1122、2153、3304 号及《高丽藏》本经文作"如篋毒蛇"。上揭经音引作"如炭匜毒蛇","炭""匜"("匜"后起字作"篋")二字应有一字为旁记异文而阑入,据经义,"匜(篋)"字义长。

北敦 611(北 1361,日 11)号《忏悔灭罪金光明经传》:"行至路半,使人即语居道:'吾被差来时,捡(检)你笇寿年,元未合死,缘坐你煞尔许众生,被怨家言讼。'"其中的"笇寿年"异本 Ф.260、P.2203 号同,北敦 3999、北敦 4255、P.2099、S.3257 号等本作"笇寿","笇"即"筭"的俗字,"筭寿"同"算寿",指寿命;其作"笇寿年"者,"年"字或系旁记字(意谓"笇寿"即"年寿"或"寿年"也)误入正文。

二 因换行而衍

古书竖抄,换行时行末文字容易于次行重出,从而导致衍文。例如:

S.610 号《启颜录》:"因歌曰:'合家齐拍掌,神神明大歆飨。买奴合婢来,一个分成两。'"其中的"神神"当删其一,因一在前行末,一在次行首(见图 10-2),因换行而衍其一也。

S.5471 号《千字文注》:"周发殷汤"注:"周发者,武王之名。殷汤者,成王之号。桀无道,汤汤伐之。纣无道,周武王伐之。此二君,皆为怜恤养生,伐无道之君。"注文"汤汤"当删其一,因一在前行末,一在次行首(图 10-3),因换行而衍其一也。

S.529 号《失名行记》:"从卞州东南行一千里,入扬州界,至寿州;沿淮水东行二百里,至濠州;东行二百五十[里],至泗州;东行东行三[百]里,至楚州。"其中的"东行东行"当删其一,因一在前行末,一在次行首(图 10-4),因换行而衍其一也。

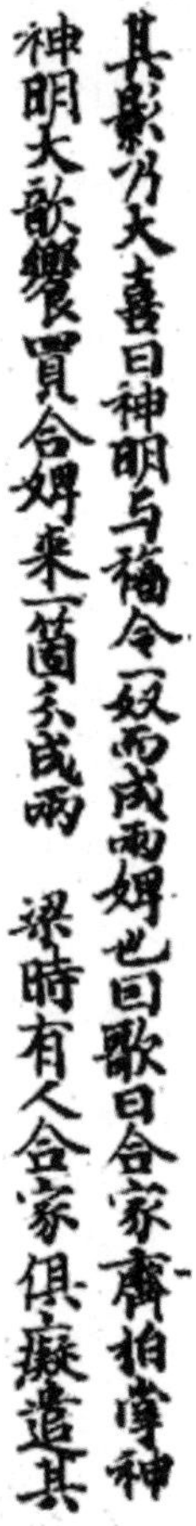

图 10-2　S.610《启颜录》

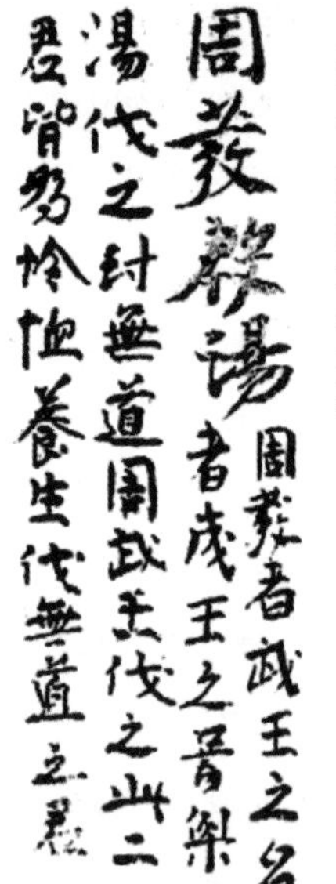

图 10-3　S.5471《千字文注》

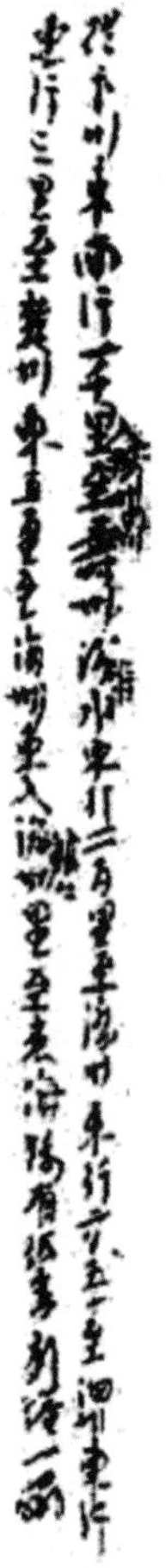

图 10-4　S.529《失名行记》

三　因上下文有相同词句而衍

古书相近的上下文有相同或相近的词句,抄者或刻者走眼,既易脱漏(详第九章第一节),亦易误衍。例如:

S.610 号《启颜录》:"陈长沙王叔坚,性骄豪暴虐。每食,常遣仓曹哺饭。至食欲饱,即问仓曹云:'可罢未?'仓曹若报道可罢,便嗔责云:'汝欲饿煞侬?'乃与杖一顿。若报道未可罢,又责云:'汝欲胀煞侬?'复令与杖一顿。若报道未可罢又责云汝欲胀煞侬复令与杖一顿。每一食间,仓曹未尝免杖。"其中加着重号的字句系衍文。此盖因原本中"与杖一顿"短语前后重出,抄手抄至"复令与杖一顿"而误接前文"乃与杖一顿"句以下内容,造成衍文。

S.610 号《启颜录》:"鄠县有人将钱绢向市,市人觉其精神愚钝,又见咳(颏)颐稍长,乃语云:'何因偷我驴鞍桥,将作下颔?'欲送官府。此人乃悉以钱绢求充驴鞍桥之直,空手还家。其妻问之,具以此报。妻语云:'何物鞍桥之直空手还家其妻问之具以此报妻语云何物鞍桥,堪作下颔?从(纵)送官府,分疏自应得脱,何须浪与他钱绢?'"其中加着重号的字句系衍文。此盖因原本中"鞍桥"一词前后重出,抄手抄至"何物鞍桥"而误接前文"乃悉以钱绢求充驴鞍桥"句以下内容,造成衍文。

四 因习语而衍

原文本无需某字,但该字与上一字相连为当时习语,抄手连类而及,因而导致衍文。例如:

S.298 号《太上灵宝洞玄灭度五练生尸经》:"赤帝领籍,七月受炁,丹天禀阳,先功未满。履在秽世,尘浊所染,应在灭度,托命太阳阴,寄形土官。"其中的"太阳阴"当据异本P.2865 号作"太阴",P.2865 号另有"托尸太阴""托尸玄阴"等语,可以比勘。其作"太阳阴"者,盖因"太阳"习语而误衍一"阳"字耳。

S.4155 号《忏悔灭罪金光明经传》:"为写《金光明经》,分明忏唱。此经侧近无本,唯居道家有此经典。"其中的"经典"异本 S.2981、北敦 1255、北敦 1477、北敦 4255、北敦6269、Φ.260、P.2203 号等本皆作"经"一字,义长。其作"经典"者,盖因"经典"习语而误衍一"典"字耳。

北敦 1255(北 1364,列 55)号《忏悔灭罪金光明经传》:"常有鸡猪鹅鸭,一日之中三回竞来咬啮,痛苦不可当。"其中的"痛苦"异本 S.2981、S.4155、北敦 1477、北敦 4255、北敦 6269、Φ.260、P.2203 号等本皆作"痛"一字,义长。其作"痛苦"者,盖因"痛苦"习语而误衍一"苦"字耳。

五 因误赘重文号而衍

字词句重复叠用,重出者敦煌写本往往用省略符号表示之,既易脱漏,亦易误衍。对此我们将在第十二章中专题讨论,这里仅举二例,以发其凡。

S.78 号《语对》"兄弟"类"三荆"条:"前汉田真兄弟三人,亲殁,将分居,财并以分讫,唯有庭前荆树未分。将欲伐之,其树经宿谓(为)之枯委(萎)。真感之,泣曰:'树由怨分张如何如何孔怀不义而欲分居。'真遂不分,树乃再生。"其中的"如何如何"疑衍其一,田真语当校读作:"树由(犹)怨分张,如何孔怀不义,而欲分居!"此段文字 P.2524 号作:"前汉田真兄弟三人,亲没,将分居。财并分讫。唯庭前荆树未分,将欲伐之,树经宿枯委(萎)。真感之,泣曰:'树犹怨分张,奈何孔怀分居哉!'遂不复分,树还复如故。"又《瑯玉集》(《丛书集成初编》本)卷十二载此事,记田真语曰:"树木无情,尚怨分别;况人兄弟孔怀,何可离哉!"皆可参。上揭写本"如何"作"如何如何",误衍其一,当与所据底本误赘重文号有关。

北敦 6007(北 8425,芥 7)号背玄应《一切经音义》卷二《大般涅槃经》廿八卷音义:"云表,碑矫反,《三苍》:表,外也。言此言此星在云外也。"今传《高丽藏》、《金藏》广胜寺本皆不重"言此"二字(《碛砂藏》本及《丛书集成初编》本作"又言此"三字,可参),底卷作"言此言此"者,盖抄手"言此"下误赘重文号耳。

六　因音近而衍

原文本无需某字,但因该字与原本上字或下字字音相似(相同或相近),抄手连类而及,因而导致衍文。例如:

上图 112 号《无量寿经》卷下:"世间人民,心愚少智;见善憎谤,不思慕及。但欲为恶,妄作非法;常怀贼心,悕望他利;消散摩尽,而复求索;耶也心不正,惧人有色。"按:"耶也心不正"句《大正藏》本作"邪心不正","耶"为"邪"的俗字(见《干禄字书》),"也"字当删,盖因与"耶(邪)"字音近而误衍耳。

第二节　卜煞

宋赵彦卫《云麓漫钞》卷三云："古人书字有误,即墨涂之。今人多不涂,旁注云'卜',谚语谓之'卜煞',莫晓其义。近于范机宜华处,见司马温公与其祖议《通鉴》书,有误字,旁注云'乍',然后知乃'非'字之半耳,后人又省云。"宋末叶寘《爱日斋丛钞》引用之,又云:"《项氏家说》亦以温公为证,谓勘书之法……有当除者,则旁注'非'字而去其半,从省文也。今人……又于'乍'字去其二点,遂有读'非'为'卜'者,尤无理之甚也。今独司马文正公手稿,凡除去者,皆作'乍'字,犹可考云。余闻见古人书,或于误字旁注三点,此又省'乍'字之半。南渡前,旧抄文字亦有用'乙''卜'者,《交会谈丛》云:'知晋州焦敏谓国子监印《九经》不真,曰:只如《周易》各字为甚,却总卜杀。''卜杀'之语,未详所始,讹语相承,非必悉自近时。今考赵景安所引谚语,则亦有由来矣。"[1]其实,误字或衍文用"卜"形删除符号宋代之前便已行用,这一知识产权自然不应该记到司马光等宋人的头上,而且"乍""卜"及误字旁注三点是否为"非"字之省实在也是一个疑问。但古书删去误字多用"乍""卜"号或三点一类的符号,却是实情。本节就以敦煌写本为中心,试就古代删字号的类型及后人的误读举例加以说明。

一　删字号示例

敦煌写本的发现,为我们考察古人删字符号的来源与演变提供了大量鲜活的实例。下面便列举敦煌写本中删字符号的各种类型,每类下酌举一至二例加以说明,必要时附列写卷图版于后,以求征信。

【彡】P.3485号《目连变文》:"目连言讫,大王便唤上殿,及乃见地藏菩萨,便即礼拜。""及"为"乃"字形近而误书者(同卷下文"天堂地狱及非虚","及"也是"乃"字误书,可资参证),故原卷右旁注三点表示删除。

---

[1]《永乐大典》第8册,北京:中华书局,1986年影印本,第7593—7594页。

又Φ.176号《佛顶尊胜洗骨灵验别行法》："（前缺）安坛中上，总呪乳橛等一百八遍，即以木橛钉泉水四边八处，又乳酪写于池中，橛等一百八遍即以木橛钉泉水四边八处又乳酪写于池中又以金薄叶书呪着荷叶上着泉水中。"后一"橛等一百八遍"以下二十四字涉上而衍，故原卷于衍字右侧各加三点（个别字四点，见图10-5）表示删除。

【丶】P.2718号《茶酒论》："罩單醪投河，三军告醉。""罩"即"單"的俗字（P.3666号《燕子赋》"伊且罩身独手"，"罩"亦"單"的俗字），抄手改用正字"單"，故原卷于"罩"右下部注二点表示删除（"罩"字构件"曰"右下部原卷有短撇形笔画，不知是否为点之变）。

【丶、】P.2153号《观世音菩萨如意轮陀罗尼章句咒并别行法》："作此印者，复遣野叉童子为作给使，遣童子为作给使遣金童子、药叉童子、童女等常当卫护。"其中加着重号的"遣童子为作给使"七字涉前句而衍，原卷每字右上侧注一小点（图10-6），表示删除。

【彡】S.556号《竺道生传》："乃立善不受报及顿悟等义，而守文之徒，多生嫉多生妬。"后"多生"二字原卷右侧各标有四点（图10-7），表示删除。

【彡】S.2049号《毛诗传笺·小雅·采薇》："采微（薇）采微（薇），微（薇）亦莫作止。""莫"为误字当删，原卷右侧标有五点（图10-8），表示删除。

图10-5 Φ.176《佛顶尊胜洗骨灵验别行法》
图10-6 P.2153《观世音菩萨如意轮陀罗尼章句咒并别行法》
图10-7 S.556《竺道生传》 
图10-8 S.2049《毛诗传笺》 
图10-9 P.2718《茶酒论》 
图10-10 P.2482背《常乐副使田员宗启》

【氵】P.2718号《茶酒论》："状上只言粗豪酒醉,不曾有茶醉相言,不免求手首杖子,本典索钱。""手"为"首"字音近而误书者,故原卷右旁注"氵"形符号(三点手写之变,见图10-9),表示删除。

【ㄠ】P.2482号背《常乐副使田员宗启》："不过其兵马多分取悬泉奔逐,多小分并乘官马,却取向西去。"后一"多"字涉上句"多"字而误,故原卷右旁注"ㄠ"形符号(两个三点手写之变,图10-10),表示删除。

【卜】P.2193号《目连缘起》："其地狱者,黑壁千重,乌门千刃(仞),铁城四面,铜狗喊呀,红焰黑烟,从口而入出。""入"为"出"字的反义而误书者,故原卷右旁注一"卜"号,表示删除。

【卜】S.3491号《百行章·平行章弟十九》："日月虽明,覆盆难照;时君至圣,微曡难知。人知(之)冥也,何能自说严　严行章弟廿"。原卷章题前后均留一格空间,此处第十九章末本亦应空一格再接抄"严行章弟廿"的"严"字,但抄手一时疏忽,"说"后紧接"严"字,随即发现不妥,便于此"严"字后标注一"卜"形符号表示删去,空一格后再接写"严行章弟廿"章题(图10-11a左)。

又同卷《义行章弟十六》："一室三贤,持名何誉廉　廉行章弟十七"。前一"廉"字右侧原卷似先作二点再作"卜"号,表示删去(图10-11b),缘由同上。

P.2721号《舜子至孝变文》："舜子才上得仓舍,而西南角便有火起。"截图字敦煌文献中既可能为"两"字,又可能为"雨"字,但这里"两"字"雨"字都讲不通,文中应是"西"字误书(二字形近,也有可能是涉原卷上一行处于同样位置的"两"字而误),故抄手在其右侧旁注一"卜"号表示删除(图10-12)。

S.1438号背《书仪·进绣像等》："或趣刻木成形,苞(包)含万像;方圆咫尺,备写百灵。""颜"为"刻"字俗讹(二字俗写左旁略同),故抄手于其右部注一"卜"形符号表示删

图10-11　S.3491《百行章》

图10-12　P.2721《舜子至孝变文》

去,接写"刻"字以正之(图 10-13)。[1]

P.2506 号《献忠心》词:"早万晚得到唐园里,朝圣明主。""万"乃"晚"之音误字,故右旁注"卜"号加以删除。

【卜】S.3491 号《百行章·割行章弟六十》:"细寻斯事,幻化皆空;废㝷寐思量,何曾有实。""㝷"为"寐"字误书,故原卷于右侧标注"卜"形符号删去,接写"寐"以正之(图 10-11c,《龙龛·穴部》以"寐"为"寐"的俗字)。

【冂】S.3366 号《大般涅槃经音》在第二卷末、第三卷首皆出"揣 蹢 掠"三字,而在第二卷末此三字右侧用"冂"形符号表示删去(图 10-14)。因为该三字实见于《大般涅槃经》第三卷,而非见于《大般涅槃经》第二卷也。

又唐写本《唐韵·末韵》子括反:"撍错书攥手把。""撍"为"攥"字误书,其字右上角原卷标一"冂"号,亦为删字符号,复于小注中用"错书"二字强调之。

图 10-13　S.1438 背《书仪》

或趣 剞木成形

图 10-14　S.3366《大般涅槃经音》

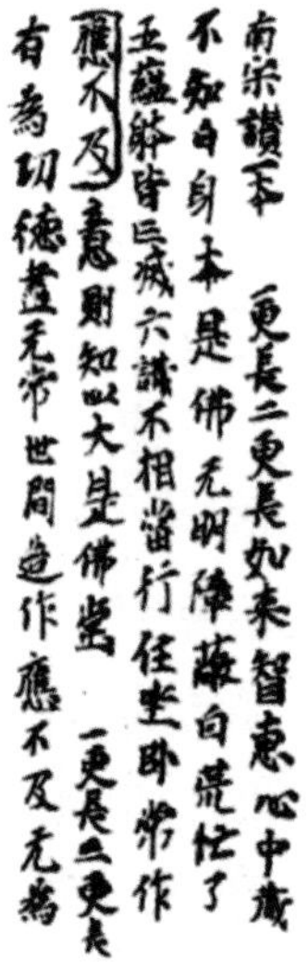

揣 蹢 掠　第三卷揣　蹢 掠

图 10-15　Φ.171《南宗赞》

南宗赞不更长二更长如来智惠心中藏 不知可身本是佛无明烦恼白荒忙了 玉蕴辞皆与威宗谕不相当行住坐卧常作 眼不为意刹如大是佛堂 有为功德尽无常世间造作应不及无为

【〕】Φ.171 号《南宗赞》:"了五蕴,体皆亡,灭六识,不相当,行住坐卧常作应不及意,则知四大是佛堂。"其中的"应不及"三字盖涉同卷下行"世间造作应不及"句而衍,原卷于其右侧加"〕"形的线条(图 10-15),表示删除。

又 Φ.230 号玄应《一切经音义》卷二《大般涅槃经》第廿九卷音义"赋给"条下云:"《方言》:赋敛所以扰动也。谓赋敛所以扰动也。"前"敛所以扰"四字盖涉后句而误衍,故原卷于其右侧加"〕"形的线条(图 10-16),表示删除。原文当读作:"《方言》:赋,动也。谓赋敛所以扰动也。"今本《方言》卷十三:"赋,动也。"郭璞注:"赋敛所以扰动民也。"当即玄应《音义》所本,可证。

【〇】Φ.230 号玄应《一切经音义》卷二《大般涅槃经》第卅八卷音义"蚩笑"条下云:"《字林》:笑,喜也。字从竹、从夭声,竹为乐器,君子乐然㘞後笑。"末句当衍一"後"字(宋

---

[1] 此例承张小艳提供,谨致谢意。

《碛砂藏》等刻本玄应《音义》正不重"後"字,又《九经字样·竹部》引《字统》云"笑"字"从竹从夭,竹为乐器,君子乐然後笑",后句亦不重"後"字可证),原卷于前一"後"字上加一圆圈,表示删除。

【厶】S.2053 号背《礼记音·祭仪第廿四》:"任_{房而鸩}。"注文"房"字右下角原卷注一"厶"号(图 10-17 上),表示当删。"而鸩"为"任"字的反切,P.2833 号《文选音·贤臣》"任"字正切"而鸩"。

又同卷《坊记》弟卅:"题醍射。""题"乃"醍"字误书,原卷"题"字右侧注一"厶"号(图10-17 下),表示当删。"醍"为《坊记》"醴酒在室,醍酒在堂"句中文,《释文》"音體",底卷直音字"射"当是"體"俗字"躰"之形误。

除了上述不同形状的删字符号以外,还有一些由之产生的变体或交错的形式。如上博 33 号《出曜经》卷十:"如是经历反覆数过,自知意志,吾今于息,皆得自在,欲使气息从左耳出,如意不难。从志吾今于息皆得自在左耳入亦复如是。"末句"志吾今于息皆得自在"九字盖涉上文"自知意志,吾今于息,皆得自在"句而误抄者,原卷于该句"志""在"二字右侧各标三点,又在其间的"吾今于息皆得自"七字右侧各标一点(图 10-18),表示这九字为衍文当删。Φ.305 号《大智度论》卷七残卷有同样的例子。

又 S.543 号背《大乘布萨维那文》:"诸佛子等谛听:此菩萨戒藏,三世诸佛同说,三世菩萨同学。众中有未发菩提心,未受诸佛大乘戒者出。三说。鸣椎。诸佛子等谛听,众中

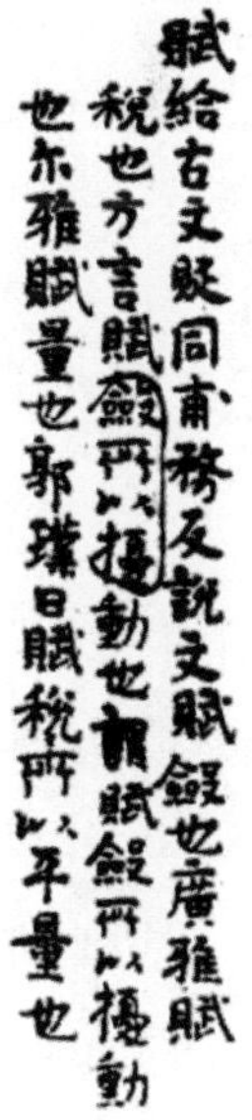

图 10-20 S.516《历代法宝记》

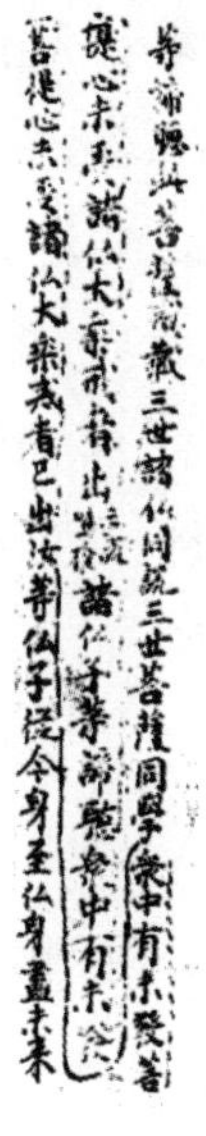

图 10-19 S.543 背《大乘布萨维那文》

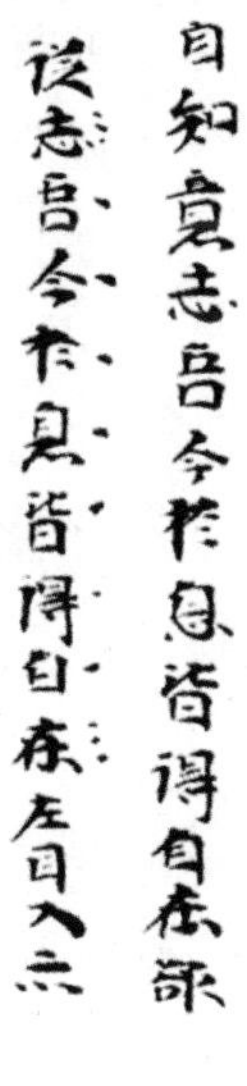

图 10-18 上博 33《出曜经》

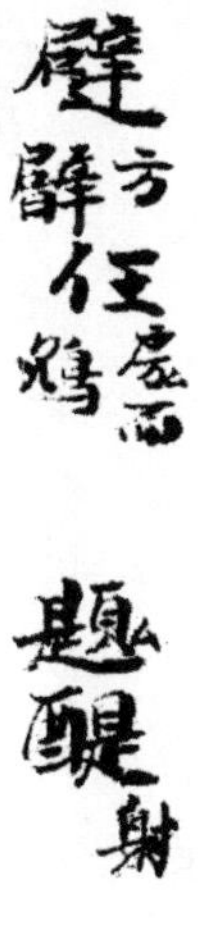

图 10-17 S.2053 背《礼记音》

图 10-16 Φ.230 玄应《一切经音义》

有未发菩提心,未受诸佛大乘戒者已出。汝等佛子,从今身至佛身,尽未来际,于其中间,能舍邪归正,发菩提心不?"其中前一"众中有未发菩提心"至"未受诸佛大乘戒者已出"45字系提前误抄下文内容,故原文于每字右侧用点号点去,又用一曲线于"同学"下引至"汝等佛子"之"汝"字(图10-19),表示"三世菩萨同学"后应径接"汝等佛子"句。

又S.516号《历代法宝记》:"见相公坐定言笑。和上说法,相公合掌叩额。诸郎官侍御等憙,门外人闻已,便即无忧。""等"字右侧原卷有七点(图10-20),表示此字为误字当删。同卷上文有"诸郎官侍御观此禅师必应有道"句,"诸郎官侍御"后正无"等"字。

又P.2094号《持诵金刚经灵验功德记》"灵寂"条:其弟子二人平章:"我等拟煞和尚,各取绢一百匹、取驴一头,入京游纵,岂不是一生乐矣!""驴"字原卷始误书左部作"卢",字未成即发现其误,遂于误字右侧加十点(分二行,每行五点)表示删去,而于其下接书"驴"以正之(图10-21)。

又S.2071号《切韵笺注·蒸韵》:"烝,次一曰奉冬祭,又热气上。承,次;一曰奉。""烝"字注文的"次一曰奉"四字涉下条而误抄,原卷右侧有一点和竖线状符号(点形删字符号的草写连书,图10-22),表示删去。

又S.3092号《归愿文》:"夫欲念佛修行,求生净国者,先于净处置此尊像,随分香花以为供养。每至尊前,冥心合掌,离诸散动,专注一缘,称名礼敬:……南无极乐世界大慈大悲诸尊菩萨、一切贤圣,一拜。然后专注正坐,一心专注,念阿弥陀佛,或万或千。"其中"然后"后的"专注"二字盖涉下文而误(提前误抄"一心"后的"专注"二字),原卷此二字四周加点状符号(图10-23),表示删除。

又Дx.1217号《和菩萨戒文》:"诸菩萨,莫毁他,毁他相将入奈河。……混沌犹如镬汤沸,一切地狱尽经过。皮肤衆血肉如流水,何时得离此波吒。"其中的"衆"字衍,原卷在该字四周加了六七点,表示删除。

又S.6781号《丁丑年(917)正月十一日北梁户张贤君乙亥、丙子年贰年课应见纳及

图10-23　S.3092号《归愿文》

图10-22　S.2071《切韵笺注》

图10-21　P.2094《持诵金刚经灵验功德记》

沿梁破除筭会抄》："准契见纳油数：先乙亥年八月与后，于都师文进手内纳油壹㪷肆胜。从丙子年正月一日与后至丁丑年正月一与前诸处杂领及库见纳都师愿惠于贤君手下领亥年秋季油伍㪷，又从丙子年正月一日与后，至年末秋季，于库门见纳油贰㪷陆胜。"其中加着重号的 24 字右侧皆有一"卜"形符号（其间无着重号的"年正月"三字系双行增补，已占用过多空间，不便再加"卜"形符号），又前一"从丙子"三字右上侧有一"⌐"形符号，"及库见纳"四字右侧有一"⌋"形符号（图 10-24），表示"从丙子"至"及库见纳"间的 27 字为衍文当删。

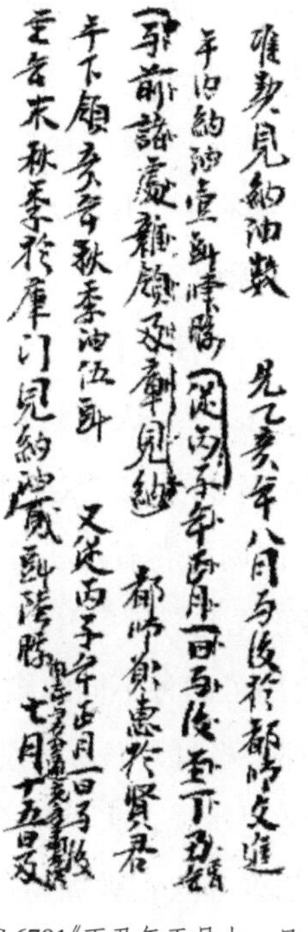

图 10-24　S.6781《丁丑年正月十一日北梁户张贤
君乙亥丙子年贰年课应见纳及沿梁破除筭会抄》

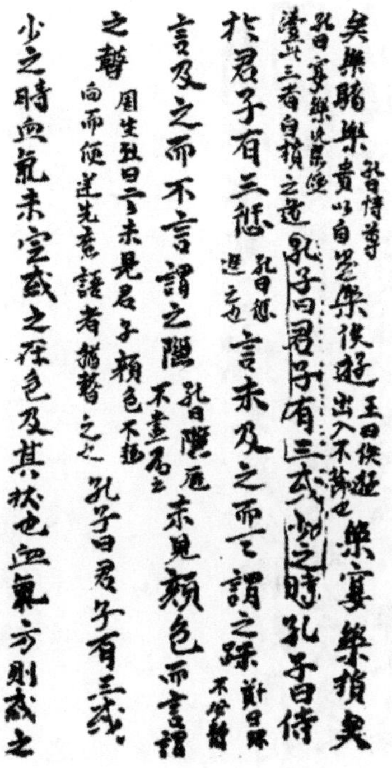

图 10-25　P.3745《论语集解》

又 P.3745 号何晏《论语集解·季氏》："乐宴乐，损矣。孔曰：宴乐，沈荒淫渎。此三者，自损之道。孔子曰君子有三或少之时孔子曰：侍于君子有三愆。"其中的"孔子曰君子有三或（戒）少之时"十一字盖提前误抄下文，原卷用点状符号圈住（图 10-25），表示删除。

又 P.2646 号《新集吉凶书仪》："承贤厶女或弟姪孙未有伉俪，顾存姻好，纸谨楷书紧卷于函用梓木黄愿托高援，谨因媒人厶氏，敢不敬从。厶白。右修前件婚书，切须好纸，谨楷书，紧卷于函，用梓木。黄阳（杨）木、南（楠）木等为之。"其中的"纸谨楷书紧卷于函用

图 10-26　P.2646《新集吉凶书仪》

"梓木黄"等 12 字原卷已圈去（图 10-26），此因原卷"好"字前后二见，抄者走眼，前一"好"字后误接后一"好"字后的内容，发现后遂将其圈去。

有时在同一写本中也会有各种不同的删字符号交错出现的情况。如上博 48 号《佛说北方大圣毗沙门天王经》："一切留难障难🔲饥馑疫病恶病刀兵饥馑，天下一切众生一切苦恼、四百四病，一时消灭。"前一"疫"字上原卷加一圆圈，表示删除（S.5560 号同一写经正无此"疫"字）。同卷下文："弟一大威德大功德天二十八部🔲诸善神王、護法善神，智昧增长。"前一"護"字右侧原卷有一"卜"形符号，表示删除（S.5560 号同一写经正无此"護"字）。又下文："灭恶趣真言：唵萨🔲缚播野，惹啥莎婆诃。"前一"婆"字上原卷加一圆圈，右侧又有二点，表示删除（S.5560 号同一写经正无此"婆"字）。又下文："文殊菩萨🔲护身真言……"前一"真"字四周原卷有点状符号，表示删除（S.5560 号同一写经正无此"真"字）。这部出于同一抄手的写经，却先后使用了四种不同的删字符号，说明这些删字方法必定都是当时人们所习惯使用的。

另外，上引赵彦卫所说古人书字有误，"即墨涂之"或用朱笔点去的老办法在敦煌写本中也仍常可见到。如 Φ.267 号《无常经疏》："经'法云法力'者，世尊悲智犹若大云，随缘说法如雨普润。"原卷朱笔点去"力"字，旁注"雨"，表示"力"当改作"雨"（《佛说无常经》经本有"法云法雨润群生"句）。又云："经'随其引道'者（泉按：所引经文《大正藏》本《佛说无常经》经本作'随机引导'），随彼他根性而引导之。"原卷朱笔点去"他"字。又："言'真圣众'者，为简外道诸师，自宗谓胜圣，实非真圣。"原卷朱笔点去"胜"字，旁又加卜号表示此为衍文当删。

值得注意的是有时删字符号所指示的只是删去某字的一个局部。如 Φ.344 号《中本起经》卷下："三者，比丘、比丘尼不得与普居同止。""普"字底卷作"普"，右下部有三小点，乃删字符号，但这并非指应删去"普"字，而只是指应删去"普"下部的"日"旁，原字当录作"並"，《大正藏》所据经本正作"並"。《大正藏》所载《爱道比丘尼经》（附北凉录）卷上："三者，比丘、比丘尼不得相与並居同止。设相与並居同止者，为不清净。"亦用"並居同止"语，可参。

二　删字号的误标和误读

删除符号应该放置在误字旁边，从理论上说是不应有疑问的。但由于种种原因（包括抄手识字水平低、当时俗字或通假字流行、承用底本或异本误字等等），敦煌写本中删除符号有标错位置的情况。如 P.3727 号《灵州龙兴寺白草院史和尚因缘记》："昔先贤以悬頭投刺股，明载于典坟。"原卷"頭"字右侧有一"卜"形删除符号。其实当删去的应是其下的"投"字。P.2680、S.528、S.276 背载同一因缘记正作"悬頭刺股"。[1]

又 P.3882 号《孔子项讬相问书》："上知天闻（文），下知地𤲞里。"原卷"理"字周边有点状符号，似表示此字当删。按《易·系辞》上："仰以观于天文，俯以察于地理。"孔颖达正义："地有山川原隰，各有条理，故称理也。"则当以作"地理"为是，S.5530 号《孔子项讬相问书》第二抄本正作"下知地理"。P.3882 号删"理"存"里"者，盖抄手从误本妄删耳（该篇凡见于敦煌写本十余种，其余各本多作音误字"里"）。

又 P.3883 号《孔子项讬相问书》："夫子曰：'吾与汝平却天下，可得𢎛已否？'"其中的"𢎛"字中有墨点，右侧有"𝄄"形符号，指此字为衍文当删（比较前一"与"字原卷作"与"），原文当作"可得已否"，异本 S.5674 号正作"可得已否"。但就文义而言，"已否"则当读作"与否"，异本 S.395、S.1392、P.3255、P.3754、P.3833 号作"以否"，S.5529 号作"以不"，亦皆当读作"与否"（比较"吾与汝平却天下"的"与"字 P.3754 号作"以"）。《敦煌变文字义通释》"已不　已否　以不　以否"条云："就是'与否'。……'已''以'从来就是通用的，而变文里则这两个字又和'与'通用。"[2]据此，P.3883 号写本被删去的"与"乃是其本字，而其下接抄改正的"已"却是个借字。但正由于敦煌写本中"与"常借用"已"或"以"，"已否""以否"常见（P.3883 号《孔子项讬相问书》上文："夫子曰：'善哉！善哉！吾与汝共游天下，可得已否？'"其中的"已否"异本 P.3754 号作"以否"，亦其例），喧宾夺主，

---

[1] 此例承张小艳提供，谨致谢意。
[2]《敦煌变文字义通释》（增补定本），第 492—494 页。

以致本字"与否"却被视作错字而加以"纠正"了。

又敦博77号《六祖坛经》:"惠能慈父,本官(贯)范杨(阳),左降迁流嶺南,[作]新州百姓。"原卷"嶺"字作"𡼥",右侧有一"卜"形删字符号,S.5475号写本正无此字。而传世的宋乾德五年(967)惠昕改编本、宋至和三年(1291)契嵩改编本、元至元二十八年(1291)宗宝改编本皆有"嶺"字,邓文宽认为有"嶺"字是正确的[1]。但敦博本为何要删去此字呢?是根据没有此字的异本(如S.5475号)呢?还是别有所据(S.5475号也有可能是据敦博本误删此字的)?不管如何,都说明原卷的删字标记有些未必可信,需要审慎地加以鉴别。

由于敦煌写本中删字符号形状各异,使用频繁,今人校理敦煌写本时或忽视原卷本有的删字符号,因而每每导致当删而未删的错误。如以下诸例:

例一,P.3729号《春秋左氏经传集解(昭公五年)》:"晋侯谓汝叔齐曰:'鲁侯不亦善于礼乎?'对曰:'鲁侯焉知礼!'公曰:'何为?自郊劳及赠贿,礼无违者,何故知不知?'"陈铁凡于"何故知不知"句下校云:"各本无上'知'字。案上'知'字当是动词。'何故知不知'者,盖谓'何由知其不知礼也',似亦可通。"[2]王叔岷云:"敦煌本'故'下衍'知'字。"[3]按:原卷"何故"后的"知"字右侧有一点(图10–27右),实指此字为衍字当删。中

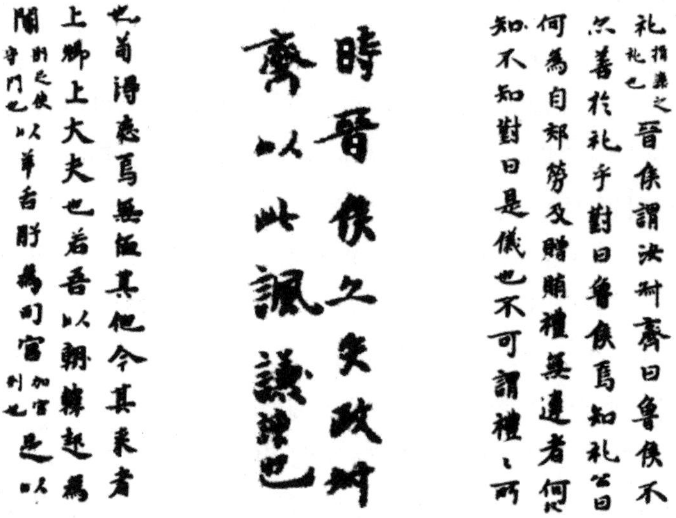

图10–27　P.3729《春秋左氏经传集解》

[1] 邓文宽《敦煌本〈六祖坛经〉书写形式和符号发微》,《出土文献研究》第3辑,北京:中华书局,1998年;后收入《邓文宽敦煌天文历法考索》,上海:上海古籍出版社,2010年,第332页。

[2] 《法京所藏敦煌左传两残卷缀合校字记》,《书目季刊》1970年第5卷第1期,第11页。

[3] 《左传考校》,北京:中华书局,2007年,第331页。

村138号敦煌写本正无此字。同卷下文"君子谓叔侯于是［乎］知礼"杜预集解："时晋侯亦失政，叔齐以此讽谦谏也。"（原卷"谏"字字体较小，当是后加）又下文："若吾以朝韩起为阍，以羊舌肸为司宫，足以辱晋，吾亦得志矣，可乎？"其中的"谦"字、"朝"字右侧原卷各有一点（图10-27中、左，"朝"字上原卷还涂有雌黄），亦皆为删字符，刊本正无此二字。可见误字右侧加一点表示废去乃本卷恒例，而校者不察，乃照录误字，而又指为衍文，可谓是枉费周折了。

例二，S.1441号《励忠节钞·俊爽部》："（顾悦曰）蒲柳之姿，望秋先落；松柏之质，凌霜不彫益翠。王道谓贺修云……"原卷"益"字右上角有一"⌐"形符号（图10-28）。《敦煌类书》校："'益翠'二字原卷校改属下条，今不从。《世说》此句作'经霜弥茂'，则'益翠'恐是别本异文，编书者注于'不彫'下，后转钞混入本文。"（页618）《敦煌类书》谓"益翠"恐是别本异文转钞混入本文是对的[1]，但原卷的"⌐"形符号并非指"益翠"二字改属下条，而是指此二字为衍文当删。敦煌写本中"⌐"既可用作条目之间的界隔号，又可用作删字符号，文中乃删字符号也。

例三，《敦煌变文集》卷四《难陀出家缘起》："将身便即送如来，专怕家中□妻怪，不久之间便到寺，难陀辞佛却归来。"（页397）《敦煌变文校注》改录作"将身便却送寺，专怕家中妻怪。不久之间便到寺，难陀辞佛却归来。"并于第一句下出校记云："寺，原录作'如来'二字。按：原卷实作'寺'一字，此据正。"又于次句下出校记云："原录'妻怪'上有缺文号。按：原卷不缺，此为六字句，与上六字句相对称，兹据删。"（页596）查原卷P.2324号，原文本作"将身便即送寺，难陀辞佛却归。将身便即送如来，专怕家中妻怪。不久之间便到寺，难陀辞佛却归来。"但"将身便即送寺""难陀辞佛却归"二句右侧各标有"⌐"形符号（图10-29），乃指此二句为衍文当删（抄手抄"将身便即送如来"句，抄至"送"字走眼误接"不久之间便到寺"句"寺"字以下内容，及误抄至"难陀辞佛却归来"句的"归"字，发现抄写有误，遂加"⌐"号

图10-29 P.2324《难陀出家缘起》

图10-28 S.1441《励忠节钞》

---

［1］《旧五代史·世袭列传·钱镠》载钱元瓘上表："凌霜益翠，始知松柏之心；异日成功，方显忠贞之节。"即有作"凌霜益翠"者，可参。

废去此二句)。《敦煌变文集》不录此二句,甚是,唯次句脱字是否在"妻"前或还可斟酌(也有可能是"妻"后脱一"子"字)。而《敦煌变文校注》作者不明原卷"⌐"为删字号,录文及校记皆有疏误。

例四,《敦煌变文集》卷七《齖齖书》:"勤学不辞贫与贱,发愤长歌十二时。"王庆菽校记:P.2633 号"十二时"下多一"辰"字。(页 859—863)徐震堮校:"按前后韵脚,'时'当作'辰'。"[1]按:"时""辰"义同(《尔雅·释训》:"不辰,不时也。"郭璞注:"辰亦时也。"),"十二时""十二辰"义均可通(魏杨衒之《洛阳伽蓝记》卷四"白马寺"条下有"造十二辰歌"之语),但上例前后文韵脚字为"臣""身""文"等,此联作"十二时"则失韵,而以作"十二辰"为宜。P.2633 号作"十二时辰","时"字原卷作"時",右侧隐约可见三四小点(参图 10-30),乃表示"时"为误字当删。抄手改"时"为"辰",正是为叶韵计。校录者不察,乃谓该卷多一"辰"字,亦失于裁择。

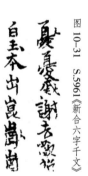

图 10-31　S.5961《新合六字千文》

例五,S.5961 号《新合六字千文》:"□□(欣奏)尘累自遣,襄憂戚谢去欢招。""襄"字右侧底卷旁注一"⻊"(图 10-31 右),邰惠莉《敦煌本〈六字千文〉初探》、张娜丽《〈敦煌本六字千文初探〉析疑》、郑阿财、朱凤玉《敦煌蒙书研究》皆把此"⻊"定作"人"字,而定作改字之例,邰文、郑书又漏录"招"字,因录此句作"人憂戚谢去欢"[2];张娜丽"招"字不漏,但因原文多一字,遂又谓"去"字为"原卷误加",定作"人優戚谢欢招"[3],皆非是。原卷旁注的"⻊"实为"卜"手写之小变,乃删字符号(原卷"襄"字下部有误,故抄手删去此字重写正字"憂")。同卷上文"白玉本出崑岗","岗"前原卷亦有一误书的"岗"字而用"⻊"形符号删去之例(图 10-31 左),可以比勘。故原文实当作"憂戚(慼)谢去欢招"("戚"字从智永本校读),"慼谢欢招"为四字句《千字文》原文,"憂慼谢去"即"慼谢"的双音化。日本大阪上野淳一氏藏弘安十年(1287)写本《注千字文》注云:"慼既去,欢乐招而至也。"可参。

---

[1]《"敦煌变文集"校记再补》,《华东师范大学学报》1958 年第 2 期,第 124 页。

[2] 邰惠莉《敦煌本〈六字千文〉初探》,《敦煌研究》1997 年第 1 期,第 151 页;郑阿财、朱凤玉《敦煌蒙书研究》,兰州:甘肃教育出版社,2002 年,第 44 页。

[3]《〈敦煌本六字千文初探〉析疑》,《敦煌研究》2001 年第 3 期,第 105 页;2002 年第 1 期,第 95 页。

例六，S.2055 号《切韵笺注》卷端"切韵序　陆法言撰"后有"伯加千一字"五字一行，如图 10-32 所示，原卷"伯加千一"四字右侧及"字"字上部似皆有一点形符号，疑系指此五字为衍文当删。上田正《切韵残卷诸本补正》（东京大学东洋文化研究所 1973 年版）及周祖谟《唐五代韵书集存》等书都只注意到"千"字右下侧的一点，而定作乙字号，据以录作"伯加一千字"；《敦煌经部文献合集》进而谓原文表示此卷为某某伯（原注："伯"盖为人名之末字，然《广韵》及诸家所考知之韵书作者未见作此名者）所加字[1]，恐皆不确。

因不明古代的删字符号，其他写本文献的校录中亦有因而造成疏误的。如下举四例：

例七，吐鲁番出土文书 69TKM39:9/1（b），9/5（b），9/9（b）《唐永徽二年（651）后某乡户口帐（草）》有"口一十〇"、"口三百一十"（"一十"原卷圈住，"百"与"一"间右侧注一"八"字）、"口卅〇一"、"口一百卅〇"（"〇"内的字原卷仅见上部一横画，右上角注一"二"字）等残句（图 10-33）。校者称这些句子中的圈形符号原有（《唐吐》叁-59），至于其具体作用，则未作说明。

按：这些圈形符号亦为删字符号，其右部的旁注字或其下后补的文字则为应改正的数字，如"口三百一十"当改作"口三百八"，"口卅〇一"当改作"口卅一"（"〇"下的"一"似属后来补入）、"口一百卅〇"当改作"口一百卅二"。户籍人口是变动不居的，需要不断加以更新，所以其具体数字也常在变化当中。

图 10-33　69TKM39:9/1（b），9/5（b），9/9（b）
《唐永徽二年（651）后某乡户口账》

图 10-34　68TAM105:9（b）
《唐马筠残文书》

[1]《敦煌经部文献合集》第 5 册，第 2617—2618 页。

例八，吐鲁番出土文书 68TAM105:9（b）《唐马筠残文书》："▢▢▢值忽当雪西值▢▢▢"。其中的"当"字右侧有三点，当是删字符号（图 10-34）；《吐鲁番出土文书》[肆]照录此字而未作任何说明，盖不明原卷本已删去耳。

例九，《高丽藏》本吴支谦译《佛说维摩诘经》卷上："时维摩诘方入城，我即为作礼，而问言居士所从来。答我言：'吾从道场来。'""问"后的"言"字《大正藏》本同（《大正藏》以《高丽藏》本为底本），校记云宋、元、明本无。按姚秦鸠摩罗什译本《维摩诘所说经》"而问言"句作"而问言：'居士从何所来？'"后者"居士从何所来"系直接引语，"问"后有"言"字是可以的；支谦译本"居士所从来"则是间接引语，"问"后的"言"字就完全是多余的了。查上博 1 号吴支谦译《佛说维摩诘经》后凉麟嘉五年（393）写本，"而问言"的"言"字作"言"，右下部有三小点，乃指此字为衍文当删。很可能《高丽藏》本所据底本与上博本略同，亦误衍"言"字而已用点式符号删去，传刻者不明删字符号，照录"言"字，从而造成

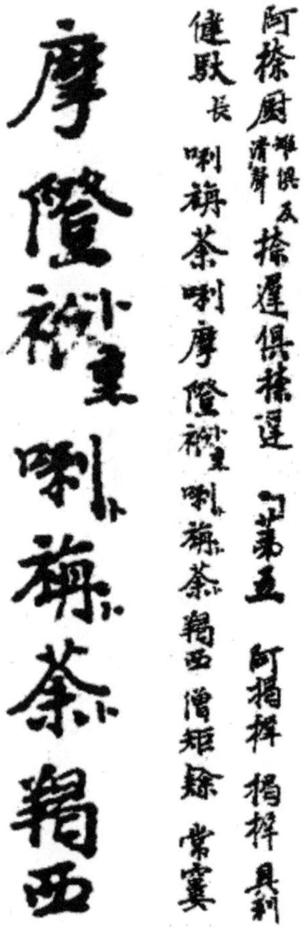

图 10-35 Φ.367《一切经音义》（左图局部放大）

衍文。宋《资福藏》等藏经无此"言"字，则是由于中土刻工对此类删字符号相对比较熟悉，把这个多余的"言"字删去了。

例十，Φ.367 号《一切经音义》卷八《妙法莲华经》第八卷音义引经本咒语："旃荼唎。摩隥祇。唎旃荼。羯西。""唎旃荼"三字右侧原卷皆有"卜"形符号，"祇"字字体笔迹有别，似系后加，其右侧有"卜重"二小字（图 10-35），当是指下文加"卜"形符号的"唎旃荼"三字为衍文重出，原文当录作"旃荼唎。摩隥祇。羯西"，"摩隥祇"北敦 5318（北5866，光 18）号《妙法莲华经》经本在卷七，作"摩蹬者"，《添品妙法莲华经》卷六作"摩登祇"，其下皆无"唎旃荼"三字，可证。《碛砂藏》本玄应《音义》照录"卜重"二字（"重"作小字注文），《丛书集成初编》本录作"十重"二字，恐皆不确。

还应注意的是，那些用删字符号删去的字句，如果是误衍的文字，或者误书后已在其下直接补书正字的，那自然直接删去误字也就可以了。但也有一些是应写甲字误成乙字而正字为

事后旁补的,校录时便须格外小心。试看下例:

例十一,S.1441 号《励忠节钞·政教部》:"《史记》云:夫理人者,先诱进以仁义,束缚刑献,所以总一海之内,而整齐万人。""刑献"不辞,原卷于"献"字右侧旁加一卜号,而于该行天头有一"憲"字(图 10-36),乃指行中"献"字当改作"憲"("憲"为"憲"的常见俗字)。《史记·礼书》太史公曰:"人道经纬万端,规矩无所不贯,诱进以仁义,束缚以刑罚……所以总一海内而整齐万民也。"应即上揭引文所本。"刑憲"犹"刑罚"也。王三庆《敦煌类书》照录"献"字,失察。[1]

最后我们附带讨论一下 S.3753 号王羲之《瞻近帖》的一处删字符号。唐张彦远《法书要录》卷十《右军书记》收录王羲之《瞻近帖》录文:"瞻近无缘,省告,但有悲叹,足下小大悉平安也?云卿当来居此,喜迟不可言,想必果言,告有期耳。"其中的"喜迟不可言"句晦涩不畅。S.3753 号有该帖临本的残字,其中"迟"字右侧有二点(图 10-37),周笃文谓系指原字"为误书而被点掉"[2],甚是。但周氏据以论定王羲之原文当作"喜不可言",则未必是。笔者一次给研究生上课时,指出 S.3753 号卷子上半残损,根据残损的情况推断,这个行末被点去的"迟"字也有可能在次行行首重写,而且只有"迟"字在次行重写,缺字才能占满次行所缺部分的空间。从词义上来看,"迟"字古有等待、期盼等义,故"喜迟"可理解为喜盼[3],则"喜迟不可

图 10-36　S.1441《励忠节钞》

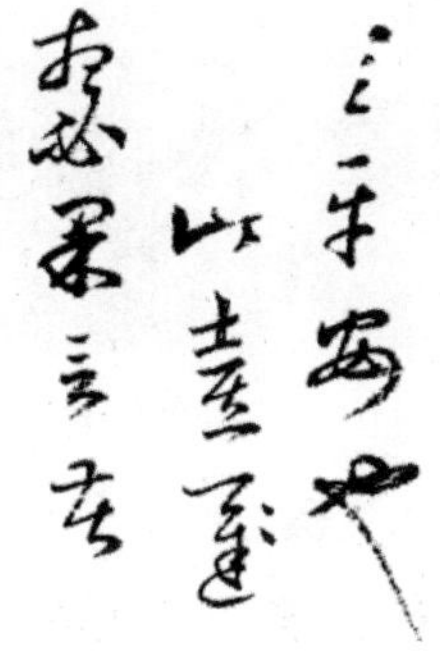

图 10-37　S.3753《瞻近帖》

言"文意可通。王羲之《嘉与帖》:"得远嘉与书,计今日必度,喜迟可言。"亦"喜迟"连用,可证。根据我的提示,当时听课的硕士生蔡渊迪撰写《"迟"字不应被删》一文,从原卷缺字空间、原帖流传情况等作了进一步的论证,认为 S.3753 号所见的"迟"字应该是临写

[1] 比照上句及《史记》原文,"束缚刑憲"似当校补作"后束缚以刑憲"。

[2] 《敦煌卷子中发现的王羲之二帖古临本》,《文物》1980 年第 3 期,第 50 页。周文云:"从这里,我们也可以看出,敦煌本所据以临写的可能正是羲之的手稿,修改之迹,俨然在目,因而更令人感到亲切可贵了。"

[3] 美国安思远藏本《十七帖》所载《瞻近帖》"迟"字写作"𨕖",于右旁释读作"慰",误。

人临写此字时草形有误而特意加两点表示删除，并在次行起首接书一个草法正确的
"遟"字，当是。同卷所载王羲之《龙保帖》临本亦有"遟"字（图 10-38），又收刻于《十七
帖》中的《瞻近帖》，其中的"遟"字上海博物馆藏本（列为第一批国家珍贵古籍名录第
701 号）作"遟"，美国安思远藏本作"遟"，都与上揭敦煌本《瞻近帖》"遟"字的字形有明
显不同，可以比勘。

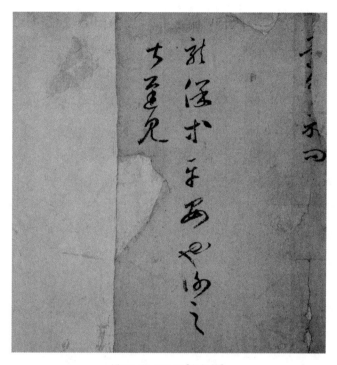

图 10-38　S.3753《龙保帖》

第三节 馀论

点式或"卜"形删字符号的起源,前引宋赵彦卫语以为出于"今人",那显然是不准确的。唐元和十五年(820)《李光进碑》云:"皇帝遣中贵人赍尺一书与御府医药,驰往临视,旬有者八日,□□厥命。"王昶《金石萃编》卷一〇七案云:"旬有八日,'有'字下多书'者'字,旁用点抹去之,其例亦始见此碑。"如图10-39所示,"者"字右上部的一点应为删字符号是对的,但未必是其例"始见此碑"。罗振玉《面城精舍杂文甲编·隋宁赞碑跋》:"文末'终传令名','令'字下衍'传'字,旁箸三点,以表其误。今人作字有讹,辄墨注其旁,据此,知隋人已然。"则又把时间提前到了隋人。

考敦煌写本的主体抄写于唐五代时期,但少部分六朝乃至东晋时期的写本已见点式删字符号。如上博1号吴支谦译《佛说维摩诘经》卷上后凉麟嘉五年(393)写本:"言道场者,无生之心是,检一恶意故;……布施之心是,不望报故;持戒之心是,得愿具故;忍辱之心是不心是,不乱人故;精进之心是,无退意故。"其中的"不心是"三字右侧原卷各有三点(图10-40),表示应当删除,今见传本大藏经正无此三字。浙敦28号《大智度论》卷七二(《浙藏敦煌文献》叙录定作东晋写本):"是甚深法,故不为受色故说,不为舍色故说。"前一"故"字右侧原卷注有三点,表示应当删除,今见传本大藏经正无此字。又整体抄写时间较敦煌写本略早的吐鲁番出土文书亦可见点形删字符号。如75TKM91:17《奴婢月禀麦帐》:"合给肆斛贰斗;奴文德、婢芳容二人,人日禀麦五升,合给麦叁斛;奴子虎生一人,日给禀麦二升:合□□(给麦)陆斗:都合柒斛拔斗。"(《唐吐》壹-77)其中"陆"下原件有一"六"字,但右侧有四点(图10-41),表示应当删除。原件小计和合计时数字皆用大写字,此处"陆斗"原写"陆"是对的,其下的"六"则属误赘,故用点号删去。此墓出土的纪年文书起建初四年(408),止缘禾五年,可据以推断此件的大致时间。又73TAM524:34(a)《高昌章和五年(535)取牛羊供祀帐》:"次五月廿八日,取白姚羊一口,供祀清山神。"(《唐吐》壹-132)原卷"祀清"二

图10-39 唐《李光进碑》
(哈佛大学藏割裱本)

图 10-40　上博 1《佛说维摩诘经》

图 10-41　75TKM91:17《奴婢月廪麦帐》

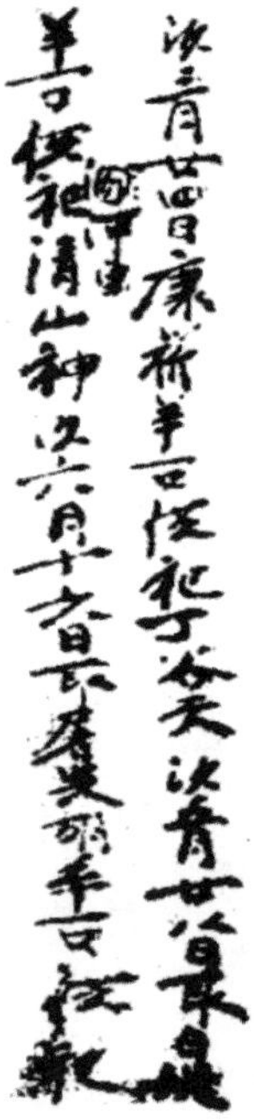

图 10-42　73TAM524:34(a)《高昌章和五年取牛羊供祀帐》

字右侧旁注"溷浑堂"三字,其中"溷"字右侧又注有三点(图 10-42),表示删去("溷"当是"浑"的音近误字);"浑堂"二字似当补入正文"祀"字之后。又同一墓出土的义熙写本《毛诗郑笺》残卷删字符号有用三点的,也有用二点、四点的,可见点式的删字符号当时已颇通行。

又考《后汉书·文苑传·祢衡》:"衡揽笔而作,文无加点,辞采甚丽。"《三国志·魏书·武帝纪》:"他日,公又与遂书,多所点窜,如遂所改定者。"《南史·任昉传》:"(王俭)乃出自作文,令昉点正,昉因定数字。俭拊几叹曰:'后世谁知子定吾文!'其见知如此。"《南史·梁武帝诸子·昭明太子传》:"每游宴祖道,赋诗至十数韵,或作剧韵,皆属思便成,无所点易。"《颜氏家训·名实》:"治点子弟文章,以为声价,大弊事也。"其中所谓的"点",当皆指用点式符号删除文字而言。又《史通·点繁》:"昔陶隐居《本草》,药有冷热味者,朱墨点其名;阮孝绪《七录》,书有文德殿者,丹笔写其字;由是区分有别,品类可知。今辄拟其事,抄自古史传文有繁者,皆以笔点其上。(原注:'其点用朱粉、雌黄并得。')凡字经点者,尽宜去之。"《资治通鉴·陈宣帝太建十二年》:"时军书日以百数,(李)德林口授数人,文意百端,不加治点。"胡三省注:"治,修改也;点,涂点也;不加治点,不加涂改也。"可参。又《尔雅·释器》:"不律谓之笔,灭谓之点。"郭璞注:"以笔灭字为点。"《尔雅》所谓的"点"

是否如同郭璞所释还可讨论[1]，但至迟东汉前后，"以笔灭字"的"点"确已成为当时删除误字的通例了。

　　陈槃《汉晋遗简偶述》之柒《误字涂灭或旁著三点》："本所所藏卜辞，有一事作：'于翌日，壬日，𠱃中毕'（六三八）。此'屮'字如此作，无疑为史官误书之标识，但与后来只旁著三点者又不同。盖自古有此法，后人嫌其太繁，故省作三点。"[2]据陈氏此说，抑或甲骨文中即已开误字点灭的先河了。

　　但作"卜"或"𠃑"形的删字符号的产生时间则似乎要晚得多，唐代之前未闻，早期的敦煌写本中也未见用例。这种形式的删字符号很可能是由点式演变而来的。作为删除符号的点可以直接点在误字上[3]，也可以点在误字的右侧。当点在误字右侧时，由于点形不够醒目（《说文·黑部》："点，小黑也。"），容易被读者所忽略（如第二节所举例一、六、八、九各例），而且有时由于点的位置的游移，被点去之字存在一定的不确定性，也容易造成误解，有必要加以显化和加强针对性，这时抄手就有可能先在误字右侧画一短竖，以明确需要点去的对象，进而再加上一点或二点、三点，于是删字符号"卜"和"𠃑""𠃑"便产生了。[4]上博48号《佛说北方大圣毗沙门天王经》："九龙施雨真言：曩谟萨嚩怛他，孽他多缚路枳帝。"后一"他"字原卷作"𫝀"，右旁是"𠃑"形删除符号（S.5560号同一写经正无此"他"字），从这个"𠃑"号可以看出，这是由一竖加一点组成的一个符号，本非所谓的"卜"字。但由于"𠃑"与"卜"字形近，久而久之，不成字的"𠃑"手写时便与成字的"卜"混而不分了。

　　这样看来，前引宋赵彦卫以"𠃑"为"非"字之半、"卜"又"𠃑"之省的话，恐怕只是他老

────────

[1] 郝懿行义疏："古人书于简牍，误则用书刀灭除之，《说文》作'刮'为是。非如后世误书用笔加点也，郭氏习于今而忘于古耳。"《尔雅义疏》，上海：上海古籍出版社1983年影印清同治四年郝氏家刻本，第700页。王念孙《尔雅郝注刊误》则云："'不律谓之笔'与'灭谓之点'连文，则点者正谓以笔灭字也。既云书之用笔由来旧矣，则以笔灭字亦非始于后世，何云'郭氏习于今而忘于古'乎？"罗振玉民国十七年（1928）东方学会刊本，第十五页。

[2] 《汉晋遗简识小七种》，"中研院"历史语言研究所专刊之六三，1975年，第9—10页。

[3] 《史记·梁孝王世家》"李太后亦私与食官长及郎中尹霸等士通乱"唐张守节正义："张先生旧本有'士'字，先生疑是衍字，又不敢除，故以朱大点其字中心。"张先生（指唐崇文馆学士张嘉会）于"士"字用"朱大点其字中心"，便是点在误字之上的实例。

[4] 张小艳指出：平安时期的日本古写经中，发现错字时，便在误字左侧画一短竖，然后在其右侧写上正字。如北敦15380（新1580）号《大方广佛华严经》卷二八："皆与心共行，结缚不可断。"其中的"结"字左侧画一短竖，右侧写一"繫"字，示以"繫"改"结"，此字《大正藏》本正作"繫"。这种画一短竖以指示应删去之字的方法，跟"𠃑"号的短竖，其功能其实一致的。

人家想当然罢了。《爱日斋丛钞》进而以作三点者为"乍"之省,那更是把本末搞颠倒了。[1]

讨论至此,我们再回过头来看赵彦卫所引宋人谚语"卜煞"一词,也就不难理解了。"卜"显然是指删字符号;而"煞"同"杀",古有灭、除去之义。《庄子·大宗师》:"杀生者不死,生生者不生。"成玄英疏:"杀,灭也。"(比较上引《尔雅》郭璞注:"以笔灭字为点。")可见所谓"卜煞"就是指用"卜"形符号删除不必要的字词。拙见如此,不知读者诸君以为然否?

参考文献

陈槃《汉晋遗简识小七种》,台北:"中研院"历史语言研究所专刊之六三,1975 年。

曾荣汾《敦煌写卷书写符号用例试析》,《木铎》第 8 期,1979 年 12 月。

李正宇《敦煌遗书中的标点符号》,《文史知识》1988 年第 8 期。

郭在贻、张涌泉、黄征《敦煌写本书写特例发微》,《敦煌吐鲁番学研究论文集》,上海:汉语大词典出版社,1990 年;又载《旧学新知》,杭州:浙江大学出版社,1999 年。

林聪明《敦煌文书学》,台北:新文丰出版公司,1991 年。

吴良宝《漫谈先秦时期的标点符号》,《吉林大学古籍整理研究所建所十五周年纪念文集》,长春:吉林大学出版社,1998 年。

蒋宗福《敦煌禅宗文献研究》,四川大学博士学位论文,2002 年。

张小艳《删字符号"卜"与敦煌文献的解读》,《敦煌研究》2003 年第 3 期。

张涌泉《说"卜煞"》,《文献》2010 年第 4 期。

虞万里《郭店简〈缁衣〉'人苟言之'之'人'旁点号解说——兼论古代涂抹符号之演变》,《榆枋斋学林》,上海:华东师范大学出版社,2012 年。

---

[1] 黄征《敦煌语言文字学研究要论》谓"'卜'其实不是一个字,只是一个符号:'丨'表示被选中的字符,'、'表示点去该字符。因此在'卜'的右旁可以是点一个点,也可以是点两个、三个或四个点,意思是一样的"(《敦煌语言文字学研究》第 23 页,甘肃教育出版社,2002 年),甚是。但他认为"氵"等点形删字符号是在"卜"的基础上省略选中符号"丨"而形成的,同样是把本末搞颠倒了。

第十一章　错乱和钩乙

错乱是指古书流传过程中字句篇章顺序颠倒错乱的情况。本章讨论敦煌写本中文句错乱的原因和抄手或传阅者乙正错乱文句的方法。

第一节　错乱

由于种种原因,敦煌写本中字句颠倒错乱的情况时有所见,其中比较常见的有以下几种原因。

一　语因习用而错乱

上古汉语很多复词的先后顺序往往是不固定的,但中古以后,一些复词的先后顺序开始固定化。而传刻古书时,存在以后世的习惯用法来臆改古书的倾向,抄手或刻工往往会有意无意地把古书中 BA 型的词语抄刻作 AB 型,从而导致错乱。例如:

北敦 5009(北 6415,珠 9)号北凉昙无谶译《大般涅槃经》卷二一:"其土人民不能恭敬沙门、婆罗门、父母、师长,贪着非法,欲于非法,修行邪法,不信正法,寿命短促。"其中的"短促"《金藏》广胜寺本、《大正藏》本同,北敦 3855 号作"捉促","捉"即"短"的异体俗字;但北敦 2393、S.237、S.2216、S.1828 号等本皆作"促短"。P.2172 号《大般涅槃经音》经文第廿一卷下云："促短，上七玉反。"可见其所据经本亦作"促短"。"促""短"义近，"促短"或"短促"乃近义连文，含义相同，故既可说"短促"，也可说"促短"。《大正藏》本后秦鸠摩罗什译《大庄严论经》卷三："人命促短，如河驶流。"又姚秦竺佛念译《出曜经》卷二无常品："虽得为人，值命促短。"这也都是作"促短"的例子。但大约唐代以后，"短促"的说法开始占了上风，而"促短"就渐渐地被淘汰了。上例就当以作"促短"为本真，而作"短促"则可能是传抄或传刻时错乱所致。

又 P.2172 号《大般涅槃经音》经文第十二卷："满足，上即具反。""满足"二字当互乙，注文"上即具反"为"足"字的切音，可证；《金藏》广胜本《大般涅槃经》经文有"时王顶上生一肉疱，其疱柔软，如兜罗绵、细软劫贝，渐渐增长。足满十月，疱即开剖，生一童子"等句，正作"足满"。其作"满足"者，亦因抄手习用而错乱。

二　因传抄走眼而错乱

因抄者或刻者走眼，阴差阳错，便会导致古书颠倒错乱情况的发生。例如：

《王一》去声陷韵："䐺仕陷反，遭言。三。𧮫轻言。又仕咸反。儳陷。𧮫火陷反，犬声。一。阚公陷反，咸。一。"按《王二》以上五条作："𧮫仕陷反，遭言。三。儳轻言。𧮫陷。阚火陷反，犬声。一。䐺公陷反，咸。一。"当据正。大概"𧮫""䐺"二字切音皆有"陷反"字样，抄手走眼，把末条字头"䐺"误抄于第一条字头"𧮫"的位置，鸠占鹊巢，于是"𧮫"以下四个字头不得不依次后移，原文便乱了套。

《王一·祭韵》职例反："筮，江别名，在会稽。靳，簟。靳，刀鞘。"其中前二条字头"筮""靳"《王二》分别作"浙""筮"，当据正。《王一》第一条字头"浙"既蒙下误抄作"筮"，次条字头"筮"又蒙下误抄作"靳"，阴差阳错，遂致一误再误矣。

《王一·阮韵》於阮反："菀，紫菀，药。苑，园菀。"按 S.2683 号《切韵》相应条目作："菀，此(紫)菀，药。苑，园苑。"当据正。《王一》抄手走眼，注文"紫菀"的"菀"误作"苑"，"园苑"的"苑"则误作"菀"，错乱倒了个个儿。

三 不察重文符号而错乱

敦煌写本中字词句重复叠用都可用重文省略符号来代替，其中 ABAB、AABB 型的词句都可省写作"A﹍B﹍"形，回改时极易导致错乱。对此我们将在第十二章中专题讨论，这里仅举一例，以发其凡。

S.610 号《启颜录》第 40 则："僧曰：'铃云荡荡朗朗铛铛，汝即可依铃语荡朗铛子温酒待我。'"其中"荡荡朗朗铛铛"黄征谓当作"荡朗铛，荡朗铛"[1]。盖底卷所据祖本作"荡﹍朗﹍铛﹍"，表示"荡朗铛"一词重文，抄手误以为"荡""朗""铛"单字重文，遂错乱作"荡荡朗朗铛铛"。"荡朗铛，荡朗铛"为铃声。古有悬铃名"银铛"者(唐杜甫《大云寺赞公房》诗之三："夜深殿突兀，风动金银铛。")，"荡朗铛"盖即其声。而其后的"荡朗铛子"则为温器。古称温器为"铛"，较小，有三足，多用铜制(参看宋高似孙《纬略·古铛》)，形与悬铃相仿，俚俗或即据此称为"荡朗铛子"。[2]

四 因传抄疏误而错乱

古书因传抄疏误，时有颠倒错乱的情况发生。整理时寻绎其前后文理，则可乙而正之。例如：

《敦煌变文集》卷五《维摩诘经讲经文》："问：阿难是佛得道夜生，廿方为侍者，从前教法未曾闻，故何称我闻。"王庆菽校记："'何'字疑衍。"(页 523—561)徐震堮驳之，云："'何'字非衍文，乃与'故'字误倒，此问语也。"[3]徐说是。"闻"后当改施问号。前后文云："何不顺教，称无我耶？""何故再说？""何得闻之？"等等，并其比矣。

同书卷八句道兴本《搜神记》："女郎语霍曰：'你是何人，入我房中？'霍语女郎曰：

［1］黄征《辑注本〈启颜录〉匡补》，《敦煌语文丛说》，台北：新文丰出版公司，1996 年，第 504 页。

［2］张小艳认为"荡朗铛子"是温酒的前期准备工作，句中"荡朗"应为动词，指清洗、洗涮；"铛子"乃其宾语，"荡朗铛子"就是洗涮铛子。文献中"荡"有"涤器"义；而"朗"可指清澈，引申可表使某物清洁、干净，即清洗之义，此义仍保存在今天的江淮官话、西南官话中。可备一说。

［3］徐震堮《敦煌变文集校记补正》，《华东师范大学学报》1958 年第 1 期，第 39 页。

'娘子是何人，入我房中？'女郎复语霍曰：'我是辽西太守梁合龙女，今嫁与辽东太守毛伯达儿为妇。今日迎车在门前，因大风，我暂出来看风，即还家入房中，其房此是君房？'"王庆菽校末句的"此"为"不"（页 871）。然"此""不"形音并远，无由致误；且原句显系反诘语气，改"此"为"不"，意反不贯。今谓"此"字不烦改，而当与其前"房"字互乙。"其"犹岂[1]。"其此房是君房"，相当于说难道这是你的房子？王校不明字有颠倒，改字为说，自非其当。

五　因妄改而错乱

古书本无错乱，但由于整理者不明词义文意，妄加乙倒，则以不狂为狂，导致错乱。例如：

《敦煌变文集》卷八句道兴《搜神记》："闻虎（虢）君太子患，死已经八日，鹝鹊遂请入见之。还出，语人曰：'太子须（虽）死，犹故可活之。'"（页 867）徐震堮校："'犹''故'二字疑误倒。"[2]按："犹故"不误。"犹故"乃同义连文，"故"亦"犹"也。下文云："鹊曰：'太子命故未尽，非臣卒能活得。'""故"字义同。晋干宝《搜神记》卷十二："（玃猨）伺道行妇女有美者，辄盗取将去，人不得知。若有行人经过其旁，皆以长绳相引，犹故不免。"葛洪《抱朴子内篇·自序》："假令奋翅则能凌厉玄霄，骋足则能追风蹑景，犹故欲戢劲翮于鷦鷯之群，藏逸迹于跛驴之伍。"其中的"犹故"义并同，可证。徐氏不明"犹故"为同义并用，故疑其误倒。所幸只记其疑于校记中，后人尚得辨而正之。倘遇陋者径改原文，则难免以不乱为乱，对古书造成伤害。

另外，不明古人补字或正字方法也会造成错乱，我们将在相关章节中举例说明，兹不详述。

---

[1] 刘淇《助字辨略》卷一："其、岂音相近，故通也。"
[2] 徐震堮《敦煌变文集校记补正》，《华东师范大学学报》1958 年第 1 期，第 45 页。

第二节　钩乙

如上所陈,古书流传时字句出现颠倒错乱是免不了的。当抄手或读者发现字句有颠倒错乱时,就会采取一些改正措施,其中最常见的就是在颠倒的字词右侧标注钩乙号。

一　钩乙号示例

钩乙号,或称"倒乙号"[1]、"乙倒号"[2]、"钩倒号"(详下)、"乙正号"[3]、"乙字符"[4]、"乙字符号"[5],或分称"钩符"和"乙符"[6]。在敦煌写本中,这种乙字的符号通常是一小钩"✓"(例详下);也有作"乙"字形的,如中村 8 号《妙法莲华经》卷三化城喻品第七:"是时十六菩萨沙弥佛知入室寂然禅定,各升法坐。"原卷"佛知"二字间右侧有一"乀"形符号,表示此二字当互乙。又敦研 312 号《金光明经》卷一序品第一:"是时如来游于无量甚深法性诸佛行处,过诸萨菩,所行清净。"原卷"萨菩"二字间右侧有一"乀"形符号,表示此二字当互乙。又甘博 136 号《道行般若经》卷九:"其池中有众琦杂鸟,凫雁、鸳鸯、异类琦鸟,数十百种。"原卷"琦杂"二字间右侧有一"乀"形符号,表示此二字当互乙。又敦博 24 号《大般涅槃经》卷二七师子吼菩萨品:"若闻菩萨行七步已,唱是如言,我今此身最是后边。"原卷于"是如"二字右侧有一"乀"形符号,表示此二字当互乙。又敦博 72 号《妙法莲华经》卷四安乐行品:"佛为四众说上无法。"原卷"上无"二字间右侧有一"乀"形符号,表示此二字当互乙。又浙敦 28 号《大智度论》卷七二《释论》:"如是业因缘在世间转轮,贵贱、大小无定。"原卷"转轮"二字间右侧有一"乀"形符号,表示此二字当互乙。又吐

---

[1] 李正宇《敦煌遗书中的标点符号》,《文史知识》1988 年第 8 期,第 98 页。

[2] 林聪明《敦煌文书学》,1991 年,第 253—255 页。

[3] 蒋宗福《敦煌禅宗文献研究》,四川大学博士学位论文,2002 年,第 91 页。

[4] 张小艳《敦煌书仪语言研究》,北京:商务印书馆,2007 年,第 231—232 页。

[5] 拙作《敦煌变文校读释例》,《敦煌学辑刊》1987 年第 2 期,第 27—28 页。

[6] 曾荣汾《敦煌写卷书写符号用例试析》,《木铎》第 8 期,1979 年 12 月,第 361—366 页。

鲁番出土文书 73TAM524:33/2-1 义熙（405-418）写本《毛诗郑笺·小雅·六月》："整居焦护（获），镐侵及方，至乎▢▢▢▢"（《唐吐》壹-141）原卷"镐侵"二字间右侧有一"🐍"形符号，表示此二字当互乙，传本《诗·小雅·六月》正作"侵镐及方"。

除了钩形或乙字形符号以外，敦煌吐鲁番写本中钩乙号又有用顿点来表示的。[1]如Ф.230 号玄应《音义》卷二节抄本《大般涅槃经》第十卷音义："口爽，两所反，爽，败也。""两所"二字间右侧原卷有一顿点（图 11-1），盖指此二字当互乙，《金藏》广胜寺本《玄应》音义及慧琳《音义》卷二六同一经音义"口爽"条"爽"字正音"所两反"。《丛书集成初编》本玄应《音义》作"计两反"，"计"应为"所"字之讹，可参。

又 72TAM150:42《唐白夜默等杂器物帐》："曹不之拟小瓶一。"《吐鲁番出土文书》注释云："曹不之拟：原作'曹不拟之'，'之'字右上有一点。按同墓《唐翟建折等杂器物帐》中有'曹不之拟'，其'之'字右上无点，则知本件'之'字右上一点系互乙符号，遂据改。"（《唐吐》叁-26）原卷如图 11-2 所示，《吐鲁番出土文书》乙校可从。

图 11-1　Ф.230《一切经音义》

图 11-2　72TAM150:42《唐白夜默等杂器物帐》

图 11-3　P.2187《破魔变文》

图 11-4　P.2187《破魔变文》

顿形钩乙符大约是由"🐍"一类的符号手写简省而来。Дх.11609 号《大智度论》卷八初品中放光释论第十四之余："众生福德因缘力十故方风▢（至），相对相触，▢▢▢▢（能持大水）。"其中"十故"二字右侧原卷有一"🐍"形符号，指此二字应互乙（原文当读作"众生福德因缘力故，十方风▢（至）"，这个符号就是"🐍"形符号的手写变体。

---

[1]　用顿点表示乙正，东晋简牍中已见其例。友生秦桦林检示甘肃高台骆驼城前秦木牍《高侯墓券（一）》："生人有城死人郭有。"原牍"郭""有"二字间（偏右）有一顿点，寇克红《高台骆驼城前秦墓出土墓券考释》（《敦煌研究》2009 年第 4 期）定作乙正号，校录作"生人有城，死人有郭"，极是，同墓出土的《高侯墓券（二）》《高容男墓券》俱有"死者属太山，生者属长安"语，句式相同，可参。以上三方木牍皆署"建元十八年（382）"纪年。

当钩形、乙形或顿形符号难以表达乙字的确切含意时，敦煌写本中又有用线形符号来表示的。如 P.2187 号《破魔变文》："阿奴身年十五春，恰似芙蓉出水滨。帝释频来问梵王，父母嫌卑不许人。"其中第三句"频来问"三字右侧原卷画了一条带弯的线"　]"（图 11–3），表示"梵王"二字当乙至"帝释"之后，作"帝释梵王频来问"。又如 Φ.101 号《维摩碎金》："佛台莲向宣妙法，一时令入法王家。"原卷"台莲""莲向"右侧各有一"✓"形乙正符，又于"莲向"二字左侧画了一条"["形弧线作补充提示（图 11–4），表示前句当乙作"佛向莲台宣妙法"。

钩乙号通常标注于应加乙正二字之间的右侧，或误倒字的右侧，偶尔也有标在上一字右侧的。如 P.3004 号《乙巳年徐流通还杂绢契》："更残肆匹半绢、诸杂料当限更五年填还者。"刘复《敦煌掇琐》录此契，注云："'更'字或当在'限'字上，故用'ㄑ'以示误写。"[1]刘校是对的（"更限"即改限，"限"指期限）。但原卷的钩乙号是"ﾉ"而不是"ㄑ"（图 11–5）。又如 67TAM93:2《武周长安三年（703）西州高昌县严苟仁租葡萄园契》："长安叁年三月二日严苟仁于麴善通边租取张渠陶蒲一段二亩。"（《唐吐》叁–432）"陶蒲"当作"蒲陶"，原卷"蒲"字在次行首，其右侧有一"✔"形钩乙符号（图 11–6）。又 P.3079 号《维摩诘经讲经文》云"任你羞珎餐百味"，"珎"即"珍"的俗字，其字右侧有一小钩（图 11–7a），表示当与上一字"羞"互乙。同卷又云"莫向天中五深欲"，"深"字右侧有一小钩（图 11–7b），则表示下一"欲"字当与上"深"字互乙。

图 11–7　P.3079《维摩诘经讲经文》

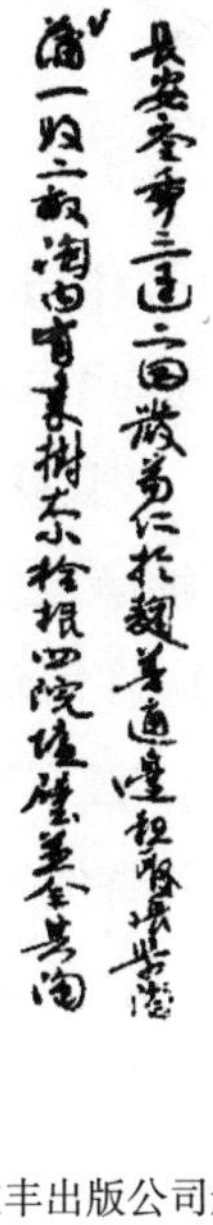

图 11–6　67TAM93:2《武周长安三年（703）西州高昌县严苟仁租葡萄园契》

图 11–5　P.3004 号《乙巳年徐流通还杂绢契》

---

[1]《敦煌掇琐》，《敦煌丛刊初集》第 15 册，台北：新文丰出版公司影印本，1985 年，第 245 页。

又 73TAM506:04/17《唐上元二年(761)马寺尼法□买牛契》:"上元二年七月廿✓日六马寺尼法□□□□"《吐鲁番出土文书》校记:"'廿✓日六':当作'廿六日'。'日'字右上角'✓'号应在'六'字右上角。"(《唐吐》肆–575)按原卷如图 11–8 所示。此例钩乙号本应标于"六"字右侧或"日"与"六"二字之间,原卷却标于"日"与上一字"廿"之间,或系抄手误置。

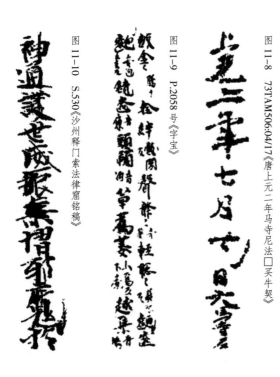

图 11–10　S.530《沙州释门索法律窟铭稿》

图 11–9　P.2058 号《字宝》

图 11–8　73TAM506:04/17《唐上元二年马寺尼法□买牛契》

下面再举一个钩乙号连续出现的例子。P.2058 号《字宝》平声:"齞齿齛,音包,五交反。"如图 11–9 所示,"齞齿"二字原卷在行末,二字间的右侧有一"✓"形符号;"齛"字在次行首,其右上角亦有一"✓"形符号;此例"齞齿"二字应先互乙作"齿齞",接着"齞"再与下行的"齛"字互乙,乙正后原文便成了"齿齛齞",注文"音包,五交反"即依次为"齛齞"二字注的音。P.3906、S.6204 号《字宝》平声作"齿齛齞,音包,下五交反",正作"齿齛齞"可证。

至于乙正的字,通常是一字,但也有二字或二字以上的。如 S.530 号《沙州释门索法律窟铭稿》:"大士陵虚,排彩云而雾集;神通护世,威振慴邪魔於。"原卷如图 11–10 所示,"於"字右侧有一"✓"形符号,乃指"於"当与其上的"邪魔"二字互乙,校读作"威振慴於邪魔"。又 S.516 号《历代法宝记》:"佛即不堕众数,超过一切,法无垢净,法无形相,法无动乱,法无处所,法无取舍,是以超过孔丘庄子老子。"原卷如图 11–11 所示,末句"庄子"的"子"与下"老"字间右侧有一小钩,应是指"庄子"当与其下"老子"二字互乙,校读作"是以超过孔丘、老子、庄子"。又 P.2305 号《解座文汇抄》:"人世生一瞥然间,不修实是愚痴意。"原卷如图 11–12a 所示,"世"与"生"间右侧有一小钩,应是指"世"当與其下"生一"二字互乙,校读作"人生一世瞥然间"(该卷上下文屡见"人生一世"之语)。同卷又云:"交你似石崇家惣(總),心中也是无厌足。"《敦煌变文集》校记云:"'總'字旁原有乙号,应指'總'字移至本句首。"(页

671）这个校记有两点可以补正：一是原卷的钩乙号作"✓"形，标注于"家"与"惣"二字的右侧（图11-12b）；二是"總"当读为"纵"（"總""纵"音近古通用）。这个例子"總（纵）"字乙至句首，所乙的字就有六字之多了。

《王一》寒韵薄官反："嫠（嫠）奢。蹒蹒珊。擎擎摪，婉转。鏊革带。"原卷如图11-13所示，"蹒"字右侧有一"✓"形钩乙号。查《王二》"嫠"字条在"鏊"字条下，据此，原卷"蹒"右侧的钩乙号或即指"蹒"以下三条当移至"嫠"字条之上。《广韵·寒韵》"嫠"字条也在"鏊"等数条之后，可参。如果这一推断成立，那么具体需要乙转的条目有时就不太好把握了。

图11-11　S.516《历代法宝记》

图11-12　P.2305《解座文汇抄》

图11-13　P.2011 王仁昫《刊谬补缺切韵》

二　钩乙号的误读

如上所说，古代写本钩乙号的位置或上或下，钩乙的字数或多或少，颇不一致。这种繁复的情况，自然造成了校录的困难。这里先看一个敦煌写卷抄手因之致误的实例：

例一，北敦 5394（北 8435，光 94）号《维摩诘经讲经文》："我空闻当月闇，为有浮云。"原卷如图 11-14a 所示。上一句费解。检核该卷的祖本 P.3079 号上一句亦如此作，但"空闻""闻当"二字的右侧皆有钩形乙正符号（图11-14b），则原文当乙作"我闻当空月闇"（先乙正"空闻"二字，在此基础上再乙正"空当"二字。参看上举 P.2058 号《字宝》条乙字例），文义黎然。北敦 5394 号的抄手不加辨察，径抄作"我空闻当月闇"，就文不成句了。

图11-14a　北 8435《维摩诘经讲经文》

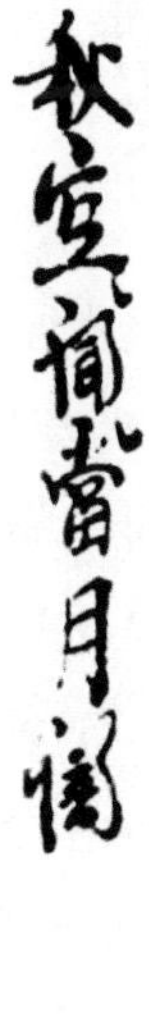

图11-14b　P.3079《维摩诘经讲经文》

下面再看几个后人的校录中因不察钩乙号而误录的例子：

例二，S.525 号《搜神记》"刘宁"条：刘宁外出经商，回家途中被旅店主人王僧势谋杀，刘宁托梦告其兄弟："昨向瀛州卖牛，得绢廿三匹，却回城南一百七十里，投寄主人王僧势家宿，为主人所我煞埋在舍东园里枯井中。"原卷如图 11-15 所示，"我煞"二字间右侧有一"✓"形符号，乃指"我"当与其下的"煞埋"二字互乙，校读作"为主人所煞，埋我在舍东园里枯井中"。《敦煌变文集》第 877 页迻录该句，漏录"所"字，读作"为主人煞我，埋在舍东园里枯井中"，"我"仅与其下"煞"一字互乙，殆误。

例三，《敦煌变文集·维摩诘经讲经文》："漫行行，徒历历，舞蝶休飞蜂觅觅。"（页 580）下句文意费解。考写本原卷 S.3872 号本作"舞蝶飞休蜂觅觅"，"休蜂"二字间右侧有一钩形乙正符号（图 11-16），乃指"休""蜂"二字当互乙，作"舞蝶飞蜂休觅觅"，文意顺适。《变文集》误以"休"与其上的"飞"互乙，因改"飞休"为"休飞"，则非其意矣。

图 11-18　P.3270《儿郎伟驱傩》

图 11-17　P.3849 背《俗讲庄严回向文》

图 11-16　S.3872《维摩诘经讲经文》

图 11-15　S.525《搜神记》

例四，P.3849 号背《俗讲庄严回向文》："惟愿威光转盛，福力弥增；兴运慈悲，救人护国；使四[时]顺序，八表无虞，九横不侵，万人安乐，法转常轮，佛日恒明。……刀山落刃，剑树峯摧。"其中的"法转常轮"的"常轮"二字之间、"剑树峯摧"的"峯摧"二字之间右侧原卷各有一个钩乙号（图 11-17），荒见泰史《敦煌变文写本的研究》（复旦大学 2001 年博士学位论文）138 至 139 页校录此文，录"法转常轮"为"法转轮常"。按："剑树峯摧"据原卷的钩乙号提示应校录作"剑树摧峯（锋）"；"法转常轮"据钩乙号的通例确应作"法转轮常"，问题是"法转轮常"讲不通，此处应据文义校录作"法轮常转"，荒见在同书第 68 至 69 页引此文，径录作"法轮常转"，是也。P.3770 号背有同一《俗讲庄严回向文》，上揭二句正作

"法轮常转""剑树摧锋",可为校字之证。

例五,P.3270号《儿郎伟驱傩》:"急总荣(营)农着作莫交种莳兰珊。"原卷"着"字右下侧有一表圈断的小圆圈,"作"字右下侧有一表乙正的"✓"(图11-18a),或录作"急总荣(营)农作着,莫交种莳兰珊"[1],似误。此处"✓"号当是指"着"字右下侧表圈断的小圆圈当乙至"作"字之后。"着作"谓使作,"着"同"著",表示使令;"作"谓农功。同卷又一篇:"家人急总着作,秋时广运麦圌。"(图11-18b)亦用"着作"一词。[2]

例六,《郝录》第1卷《建初十二年(416)正月敦煌郡敦煌县西宕乡高昌里籍》:"敦煌郡敦煌县西宕乡高昌里兵吕德年卌五,唐妻年卌一。"[3]查原卷S.113号,如图11-19所示,"唐妻"二字右侧有一兼于顿点和"✓"形之间的符号,应系钩乙号,指此二字当互乙,"妻唐"谓吕德之妻姓唐。[4]同一写卷其他人户下有"妻袁年六十三""妻曹年五十""妻吕年廿六"等,皆作"妻+某姓"的格式,可以比勘。

图11-21 P.2721背《舜子变》

图11-20 P.3378背《疗杂病药方》

图11-19 S.113《建初十二年正月敦煌郡敦煌县西宕乡高昌里籍》

例七,P.3378号背,原卷首行有标题"杂疗病药方",《法藏》《索引新编》等据以拟题。查彩色照片,原卷"疗"字右侧有一"✓"形符号(图11-20),应指此字当与上字互乙,则标题当作"疗杂病药方"。

[1]《敦煌愿文集》,长沙:岳麓书社,1995年,第950页。
[2] 校按:张小艳读"着"为"贮","贮作"指储备、存积(粮食),可备一说。说见《敦煌社会经济文书疑难词语辑考》,敦煌吐鲁番国际学术研讨会论文,台湾成功大学,2013年11月。
[3]《英藏敦煌社会历史文献释录》第1卷,第185页。
[4] 此说李正宇《敦煌遗书中的标点符号》一文(《文史知识》1988年第8期,第98页)即已发之,但李文称原卷的钩乙号作"∨",不确。

　　例八，P.2721号背《舜子变》："又见商人数个，舜子问云：'冀都姚家人口，平善好否？'商人答云：'姚家千万，阿谁识你亲情？有一家姚姓，言遣儿涛（淘）井，后母嫉之，共夫填却井杀儿。……我等只识一家，更诸姓姚，不知谁也。'"其中"姓姚"《敦煌掇琐》《敦煌变文集》《敦煌变文校注》等各家皆录作"姚姓"，吴蕴慧、俞晓红均指出原卷实作"姓姚"[1]，应出校说明。查原卷，"姓"字右上角有一"乀"号（参看图11–21），应即钩乙符号，应是指"姓"当与下"姚"字互乙，《敦煌掇琐》等各家径录作"姚姓"可从。但由于这个钩乙符号在人们依以为据的《敦煌宝藏》《法藏》等黑白图版中细而黯淡，不易确认；但在我们从法国国家图书馆自购的彩色照片中却清晰可见。这个例子也说明高清图版对写本文献的整理研究是何等重要！

---

[1] 吴蕴慧《〈敦煌变文校注〉校释零拾》，苏州大学硕士学位论文，2003年；俞晓红《敦煌变文〈舜子变〉校注商补》，《洛阳师范学院学报》2011年第10期，第31页。

第三节　馀论

乙正颠倒的字句古书通常称作"乙"。唐韩愈《昌黎集》卷十一《读鹖冠子》云："文字脱谬,为之正三十有五字,乙者三,灭者二十有二,注十有二字云。"[1]"正"是改正错字,"灭"是删除衍文,"注"是旁补脱字,而"乙"就是指乙正颠倒的文字。S.525 号《搜神记》"管辂"条谓赵颜子年十九当死,后来他买通了管生死的南斗和北斗,南斗在他的寿限"十九"之间"取笔乙复边"[2],从而使他的寿年从十九变成了九十,并谓"世间有行文书颠倒者,即乙复边,因此而起"[3]。其中的"乙"即钩乙颠倒的字句,"复"疑当读作"覆";所谓"乙复(覆)边",就是指在误倒字的边上标注钩乙号把被颠倒的文字乙正过来。

古书又有"涂注乙"或"涂乙"并称者。宋孙奕《履斋示儿编》卷一七"涂注乙"条云："今进士书试卷末云:涂、注、乙共计若干字。唐时已有此语。……刘蜕《文冢铭序》云:实得二千一百八十纸,有涂者、乙者,有注揩者,有覆背者,有朱墨围者。"[4]又洪迈《容斋续笔》卷十三"贻子录"条:"先公自燕归,得龙图阁书一策,曰《贻子录》。……所编皆训徹童蒙,其修进一章云:……烛下写试无误笔,即题其后云'并无揩改、涂、乙、注'。如有,即言字数。"[5]又朱熹《晦庵先生朱文公文集》卷八二《再跋参政龚公陛辞奏藁》:"复以此轴见示,涂乙点定,手笔粲然。"[6]欧阳修《欧阳文忠公文集》卷四一《诗谱补亡后序》:"凡补其谱十有五,补其文字二百七,增损、涂乙改正者三(原注:一作'八')百八十三,而郑氏之谱复完。"[7]所谓"涂、注、乙","涂"指涂改,相当于韩愈所说的"正",而"乙"也正是指乙正颠倒的文字而言。

至于乙正误倒字的具体做法,宋陈骙《南宋馆阁录》卷三《储藏·校雠式》云:"诸字有误者,以雌黄涂讫,别书;或多字,以雌黄圈之;少者,于字侧添入,或字侧不容注者,即用

---

[1]《朱文公校昌黎先生文集》卷十一,《四部丛刊》景印元刊本,第 11 页。

[2] 敦煌句道兴本《搜神记》作"遂把笔颠倒句著",传世的八卷本《搜神记》作"乃取笔挑上"。

[3] 句道兴本《搜神记》作"著脱字傍边注,因斯而起"。

[4]《履斋示儿编》,《丛书集成初编》本,第 175 页。

[5]《容斋续笔》卷十三,《四部丛刊续编》景印宋刊本,第 4 页。

[6]《晦庵先生朱文公文集》卷八二,《四部丛刊》景印明嘉靖刊本,第 19 页。

[7]《欧阳文忠公文集》卷四一,《四部丛刊》景印元刊本,第 7 页。

朱圈,仍于本行上下空纸上标写;倒置,于两字间书'乙'字。"[1]又《永乐大典》卷二〇三
〇九"乙"字下"校书卜乙"条云:"《项氏家说》亦以温公为证,谓勘书之法,有为'乙'字,
布于两间者,先自右勾上一字而使之下,复自左勾下一字而使之上,明其字当两易也。
……今人之为'乙'字者,乃别着于旁,独以'乙'首指下一字,而使其尾外挑,遂有读'乙'
为'挑'者,不知挑置何处也。……南渡前,旧抄文字亦有用'乙'、'卜'者。……馆中校书
格:……倒者,于两字间书'乙'字。是'乙'字亦别注于旁。举子书卷末直云'注乙',不为
怪也。"[2]皆说之凿凿,可见"乙"的确是就乙正误倒文字而言。

在这里,我们有必要纠正若干流传已久的错误认识。明王世贞《弇州续稿》卷二〇二
《答慎侍御》,在回答"欧文忠《诗谱补亡后序》末云'增损图乙',不知何以为图? 何以为
乙?"的疑问时说:"原本云'增损涂乙',涂者,涂抹也;乙者,勾止之也。乙字义见《东方朔
传》。"[3]明徐燉《徐氏笔精》卷六"乙"字条亦云:"韩文公《读鶡冠子》'乙者三,灭者二十
二,注十有二字',欧阳公《诗谱后序》曰'增减图(涂)乙'。图(涂)者,涂抹也;乙者,勾
止也。按《史记》:东方朔上公车三千牍,人主从上方读之,止,辄乙其处,读之二月乃
尽。"[4]其实《史记》"辄乙其处"的"乙"乃《说文》"乚"(小篆作"𠃊")的传刻之讹。《说文·乚
部》:"乚,钩识也。从反𠃑。"段玉裁注:"钩识者,用钩表识其处也。……辄乙其处,二月
乃尽,此非甲乙字,乃正乚字也。今人读书有所钩勒即此。"王世贞等人把"辄乙其处"的
"乙(乚)"和"涂乙"的"乙"混为一谈,而释"涂乙"的"乙"为"勾止",那自然是荒诞的。

又明梅膺祚《字汇·乙部》"乙"字下云:"又肿与切,音主,与黜同。《史·东方朔传》
'止,辄乙其处',谓有所绝止黜而记之曰乙。如士人读书以朱志其止处也。又文字有遗
落,勾其旁而添之亦曰乙。《唐试士式》'涂几字、乙几字'是也。今试式亦然,而作註,註乃
黜之讹耳。"又清翟灏《通俗编》卷七《文学》"涂乙"条云:"《唐试士式》:涂几字、乙几字,
乙音主,与黜同。文字遗落,钩其旁以补之,画作𠃊形,非甲乙之乙也。又《汉书·东方朔
传》'辄乙其处',谓止绝处,黜而记之,如今人读书以朱识其所止,作乚形,亦非甲乙之乙
也。"[5]清阮葵生《茶余客话》卷二:"《唐试士式》:涂几字、乙几字,乙音主,与黜同,文字

[1] 陈骙《南宋馆阁录》,北京:中华书局,1998年,第23页。

[2] 《永乐大典》第8册,第7593—7594页。

[3] 《弇州续稿》,《四库全书》第1284册,上海:上海古籍出版社影印文渊阁本,1987年,第854页。

[4] 《徐氏笔精》,《四库全书》第856册,上海:上海古籍出版社影印文渊阁本,1987年,第548页。

[5] 《通俗编》,《续修四库全书》第194册影印清乾隆十六年无不宜斋本,上海:上海古籍出版社,2002年,第
344页。

遗落,从旁添之也。"[1]清梁章钜《浪迹续谈》卷七"添注涂改"条亦云:"今科场格式,卷末须注明添注涂改,盖自唐时即有之。《唐试士式》:涂几字、乙几字,皆令注明。乙音主,与黓同,文字遗落,钩其旁以补之,画作乙形。今人以为甲乙之乙,误矣。"[2]其实"黓"乃《说文》"▮"的后起形声字,乃古人句读的标识,和"辄乙其处"的"乙"也不是一回事。方以智《通雅》卷三二《器用·装治》云:"涂乙,涂窜钩止也。……辄乙其处,二月乃尽。谓以笔钩断画止也。开宝六年,命卢多逊、扈蒙、张澹参详长定循资格,涂、注、乙二十条。……升庵以'涂乙'读为'涂黓',后讹作'涂註'。然则开宝之分涂、注、乙,何以分为?"[3]方以智把"涂乙"的"乙"混同于"辄乙其处"的"乙",自属无稽之谈;但他否定"涂乙"等于"涂註(黓)",则是知言之选。至于《唐试士式》"涂几字、乙几字"的"乙",和前引韩愈等人"乙"字的用法相同,也正是指乙正颠倒的文字而言;《字汇》等把此"乙"字释为"文字有遗落,勾其旁而添之",今天通行的大型辞书如《辞源》修订本、《汉语大字典》、《汉语大词典》皆承沿之,非是。

不过"乙"字《说文》训"象春艸木冤曲而出,阴气尚彊,其出乙乙也。与丨同意,乙承甲,象人颈",即甲乙的"乙",为天干的第二位,与"涂乙"的"乙"的确本非一字。"涂乙"的"乙"乃是"丨"的讹变字。《说文·丨部》:"丨,钩逆者谓之丨。象形。读若櫆。""丨"《说文》小篆作"𠄌",上揭《项氏家说》谓勘书之法有为"乙"字"布于两间者,先自右勾上一字而使之下,复自左勾下一字而使之上,明其字当两易也",与"𠄌"字字形正相吻合。谭步云认为"𠄌"即"钩倒号",极是。[4]"钩逆"犹言"钩倒","钩逆者"正是乙正倒误文字的符号。

"钩逆"号在《说文》之前的先秦古文字中就已经产生[5]。郭沫若较早提出金文中有"钩倒"的标识。《殷周金文集成》7·4024号《郑虢仲殷》,郭沫若释文云:"此殷凡二具,一具器文'十又一月'作'十一𠂤月',一又二字倒,而又字多一横钩,此金文钩倒之确例。"[6]又《殷周金文集成》16·10251号《铜匜铭文》有"其匜"二字,如图11-22所示,右旁

[1]《茶馀客话》,北京:中华书局,1959年,第48页。

[2]《浪迹续谈》,《续修四库全书》第1179册,上海:上海古籍出版社影印清道光二十八年刻本,2002年,第312页。

[3]《通雅》,上海:上海古籍出版社,1988年,第987页。

[4]王筠《说文句读》"钩逆者谓之丨"下注云:"谓之逆者,盖倒须钩也,钓鱼用之。"《汉语大字典》据以释"丨"为"倒须钩",非是。

[5]谭步云认为甲骨文已有钩倒号的雏形,谭说见《出土文献所见古汉语标点符号探讨》,《中山大学学报》1996年第3期,第102页。

[6]《郭沫若全集·考古编》第八卷《两周金文辞大系图录考释》,北京:科学出版社,2002年,第387页。

图 11-22　《铜匜铭文》

有一"〔"形标记,孙稚雏认为也是"钩倒符号",原文当乙作"匜其"[1]。可见钩乙符号起源甚古,可谓源远而流长。《说文》"ʃ"显然就是根据当时抄本古书中钩乙号的实际形状而收入的,与金文中的"ノ""〔"等钩乙标识一脉相承。而敦煌写本用于钩乙颠倒文字的"✓""ͮ""ͭ"一类符号,正是"ʃ"形的隶变之异。"ʃ"与敦煌写卷中的"ͮ""ͮ""ͭ"等形,不过手写之小变;而"ʃ"变为"✓",与"ʃ"变为"丨"轨迹近似,"✓""丨"当系楷书之变。而唐代以后俗语称"涂乙","乙"又"ͮ""ͮ""ͭ"等形讹变后的俗读,本非甲乙之"乙"也。

参考文献

王重民等《敦煌变文集》,北京:人民文学出版社,1957 年。

孙稚雏《金文释读中一些问题的商讨》,《中山大学学报》1979 年第 3 期。

曾荣汾《敦煌写卷书写符号用例试析》,《木铎》第 8 期,1979 年 12 月。

张涌泉《敦煌变文校读释例》,《敦煌学辑刊》1987 年第 2 期。

李正宇《敦煌遗书中的标点符号》,《文史知识》1988 年第 8 期。

林聪明《敦煌文书学》,台北:新文丰出版公司,1991 年。

唐长孺主编《吐鲁番出土文书》(图录本)壹至肆册,北京:文物出版社,1992—1996 年。

---

[1]　孙稚雏《金文释读中一些问题的商讨》,《中山大学学报》1979 年第 3 期,第 56—57 页。

第十二章　重文符号

字词句重复叠用，重出者用省略符号表示之，裘锡圭称为"重文号"[1]。或称"重文符"[2]、"叠字（词、句）符"[3]、"重文符号"。敦煌写本中，书手遇有重文，往往施以重文符号。

第一节　形状与用法

敦煌写本中的重文号大致有如下一些基本形状（各举一二个卷子为例）：

【=】上博 1 号吴支谦译《佛说维摩诘经》后凉麟嘉五年（393）写本："譬如一灯燃百千灯，冥者皆明 ꞏ 终不尽。"P.2838 号《云谣集杂曲子·抛球乐》："珠泪芬 ꞏ 湿绮罗，少年公子负思多。"同卷《鱼歌子》："淡匀粧，固施妙，只为五陵正渺 ꞏ。"

【꞉】P.2567 号《唐人选唐诗·送刘评事充朔方判官》："征马向边州，萧 ꞏ 听不休。"S.737 号《大般涅槃经》卷二九："色中有我 ꞏ 中有色。"

【ꞏ】P.2567 号《唐人选唐诗·睢阳訴畅判官》："榆关夜不扃，塞口长萧 ꞏ。降胡满蓟门，一 ꞏ 能射雕。"上博 1 号吴支谦译《佛说维摩诘经》后凉麟嘉五年（393）写本："悲心则

---

[1]《考古发现的秦汉文字资料对于校读古籍的重要性》，《中国社会科学》1980 年第 5 期，第 3—28 页；后收入《古代文史研究新探》，南京：江苏古籍出版社，1992 年，第 38—39 页；参看李正宇《敦煌遗书中的标点符号》，《文史知识》1988 年第 8 期，第 98 页。
[2] 林聪明《敦煌文书学》，第 249—251 页。
[3] 曾荣汾《敦煌写卷书写符号用例试析》，《木铎》第 8 期，1979 年 12 月，第 353—360 页。

是，为忍苦故；喜心则是，以法乐ㄟ人故。ㄟ"

【ㄟ】S.3880号《二十四节气诗·大雪十一月节》："积阴成大雪，看处乱菲ㄟ。"
75TKM99:9（b）《高昌延昌廿二年（582）康长受从道人孟忠边岁出券》："二主先和后卷
（券）ㄗ（券）成之后，各不得返（反）悔ㄟ者一倍二入不悔者。"（《唐吐》壹-96）

【ㄋ】S.4511号《文样》："盛兒巍ㄋ，疑梵天之降化；英姿荡ㄋ，虑帝释［之］分身。"

【ㄅ】S.2204号《董永变文》："日日都来总不织，夜ㄅ调机告吉祥。锦上金仪（鱼）对
ㄅ有，两ㄅ鸳鸯对凤凰。"

【〈】P.2418号《父母恩重经讲经文》："处〈提拔交出离，头〈接引越迷津。"

【丨】P.2305《妙法莲华经讲经文》："一丶申陈，重丨告诉。"即"一一申陈，重重告诉"
的省写。又北敦4108（北8719，水8）号背《药师道场》："一行一愿正其道，弟子常将不退
心，十二行愿救众生，一丨遥登无畏岸。"

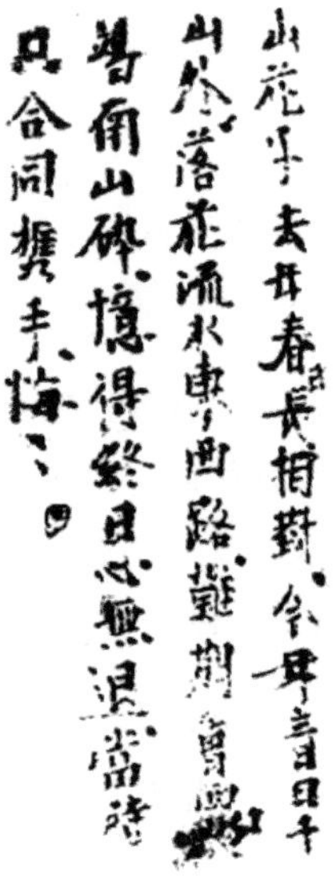

图12-1　S.5540《山花子》

【丶】上博33号《出曜经》卷十："思惟分别出息入息丶
长亦知，息短亦知，息煴亦知，息冷亦知。"前一句当录作"思
惟分别出息入息，息长亦知"。敦博6号《大般涅槃经》卷三
八亦有顿形重文号。又P.3821号《浣溪沙》曲子："山后开园
种药葵，同（洞）前穿作养生池。一架懒藤（嫩藤）花蔬丶，雨
微丶。"S.5540号《山花子》词："西江水竭南山碎，忆得终日心
无退。当时只合同携手。悔丶丶。"（图12-1）末句饶宗颐《长
安词、山花子及其它》定作"悔悔悔"叠字省书[1]，极是。

单音词的重叠，古今没有太大的差别，只是重文号的位
置敦煌写本除可放在字底下外，也有放在字右侧或右下侧
的。双音词、词组或句子的重叠，敦煌写本往往也使用重文
号，其重文号或标记于每字右侧，或标记于每字下侧，或标
记于每词、词组、句子下侧，颇不同于今日。主要模式有以下三种（为方便排版，除特殊情
况外，以下录文中所举重文号统一录作"="形，必要时附列图版）：

---

[1]《饶宗颐二十世纪学术文集》卷八《敦煌曲续论》，台北：新文丰出版公司，2003年，第956页。

1. ABAB 作 AB＝＝

S.4270 号背《大般涅槃经变榜书底稿》："尔时八部大都城声闻、缘觉、比丘＝＝尼、国王、大臣，及诸人民，乃至释梵四王、天龙八部，天上天下一切神鬼，兼与走兽飞禽之类，悉皆奔赴于双林下，号哭悲恸。"又云："尔时佛母将诸眷属从天下来至娑罗林间，乃见金棺收殓已毕，悲泣绕棺凡数十匝，唱言呜呼苦哉＝＝＝＝。"（图 12-2）其中的"比丘＝＝尼"为"比丘、比丘尼"省书，"呜呼苦哉＝＝＝＝"为"呜呼苦哉，呜呼苦哉"省书。

S.525 号《搜神记》管辂条："管辂语颜子曰：'北坐人是北斗，南坐人是南斗＝斗好生；北斗处（注）死，见煞人即喜。'"（图 12-3）"南斗＝斗"是"南斗南斗"省书，后一"南"字用重文号而"斗"字却又不用重文号，这是"AB＝＝"型重文省书的变例。

2. ABAB 作 A＝B＝

P.3776 号《杂集时要用字·天部》"雨"字下云："《诗》云其＝雨＝，杲＝出日。"（图 12-4）阮元刻《十三经注疏》本《诗·卫风·伯兮》作："其雨其雨，杲杲出日。"

P.2554 号《文选》鲍明远《东门行》诗："伤禽恶弦惊倦客恶离＝声＝断客情宾御皆涕＝零＝心断绝将去复还诀。"（图 12-5）今本《文选》作："伤禽恶弦惊，倦客恶离声。离声断客情，宾御皆涕零。涕零心断绝，将去复还诀。"

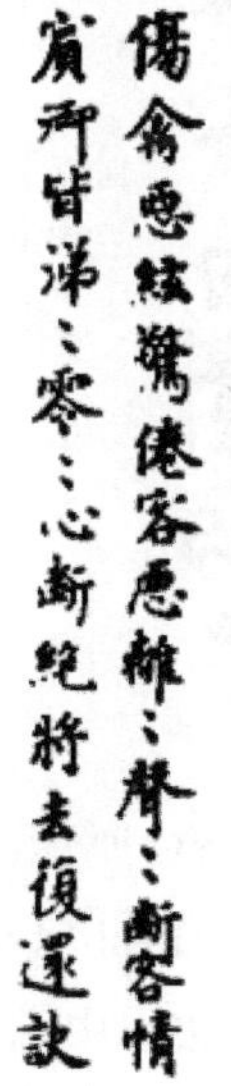

图 12-5　P.2554《文选》　　图 12-4　P.3776《杂集时要用字》　　图 12-3　S.525《搜神记》　　图 12-2　S.4270 背《大般涅槃经变榜书底稿》

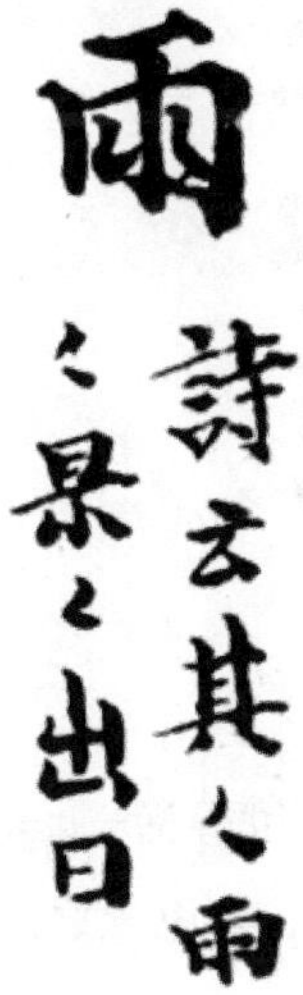

3. AABB 作 A=B=

S.2614 号《大目乾连冥间救母变文》:"见无数罪人,脱衣挂在树上,大哭数声,欲过不过,迴=惶=,五=三=,抱头啼哭。"(图 12-6)"迴=惶=,五=三="系"迴迴惶惶,五五三三"的省书。

同一写本也会出现各种类型交错出现的情况,如:

P.3079 号《维摩诘经讲经文》:"如斯富贵,实即奢花,皆为未久之因缘,尽是不坚之福力。帝=释=要知= =。"(图 12-7)"帝=释=要知= ="当录作"帝释帝释,要知要知",而不是"帝帝释释,要知知知"。这是一、二类交错出现。

又 S.328 号《伍子胥变文》:"子尚临死之时,仰面向天叹而言曰:'吾当不用弟语,远来就父同诛,奈=何=,更知何道!'"同篇下文:"痛=兮=难可忍,苦兮苦兮冤复冤。"又:"兵马浩=瀚=,数百里之交横。"又:"征马合=杂=,隐=填(填)=,铁马提撕(啼嘶),大军浩汗。"(图 12-8)其中的"奈=何=""痛=兮="为"奈何奈何""痛兮痛兮"省书,"浩=瀚=""合=杂=,隐=填="则为"浩浩瀚瀚""合合杂杂,隐隐填填"省书。这是二、三类交错出现。

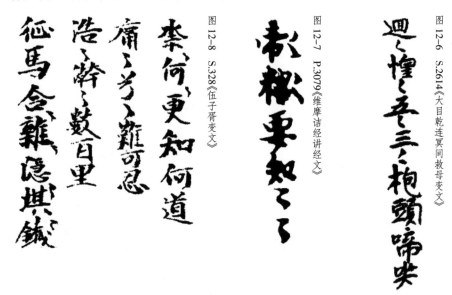

图 12-8 S.328《伍子胥变文》

图 12-7 P.3079《维摩诘经讲经文》

图 12-6 S.2614《大目乾连冥间救母变文》

又 S.3872 号《维摩诘经讲经文》:"我为汝等说之,汝等谛=听=。言谛听者,谛者,审也,个个审实思虑,用心净(静)听,勿生疑惑,闻已修学,善思念之。"又云:"若菩萨心净则佛土净者,我世尊本为菩萨之时,是万行精修,意=岂=不=净=者,云佛过去因中佛之心意,岂是不净。"又云:"'若在刹利==中尊,教以忍辱。'刹利者,是西天王种。"又云:"'若在王子==中尊,示以忠孝。'言王子者……并须锵=济=,有孝有忠,始末一心,无怀二意。"(图12-9)其中的"谛=听=""意=岂=不=净=""刹利==""王子==""锵=济="分别为"谛听谛听""意岂不净。意岂不净""刹利,刹利""王子,王子""锵锵济济"省书。这是一、二、三类交错出现。

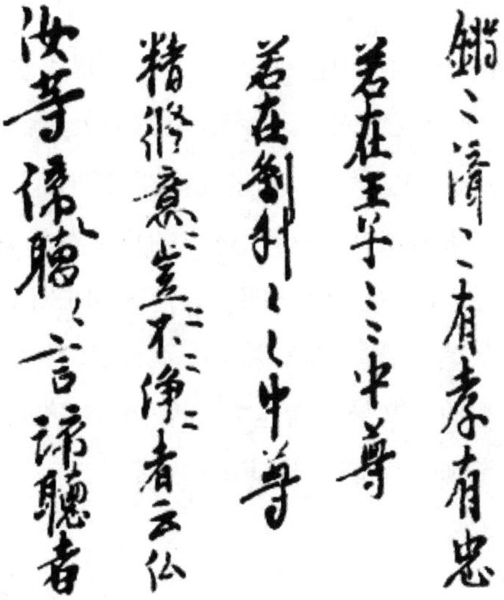

　　下面我们再看一个单音词重叠和双音词、词组重叠交错出现的例子:

图 12-9　S.3872《维摩诘经讲经文》

　　敦研42号《妙法莲华经》卷三:"及广说十二因缘法:无明缘行、缘识、缘名、色、缘六、入、缘触、缘受、缘爱、缘取、缘有、缘生、缘老死忧悲苦恼。无明灭则行、灭、则识、灭、则名、色、灭、则六、入、灭、则触、灭、则受、灭、则爱、灭、则取、灭、则有、灭、则生、灭、则老死忧悲苦恼灭。"(图12-10)敦研301号同一写经除部分重文号作"ゝ"形外,余略同(图12-11)。敦研379号同一写经不用重文号则作:

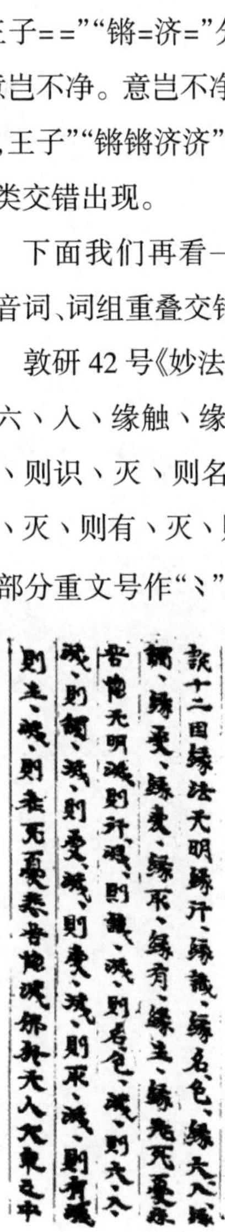

图 12-10

敦研 42《妙法莲华经》

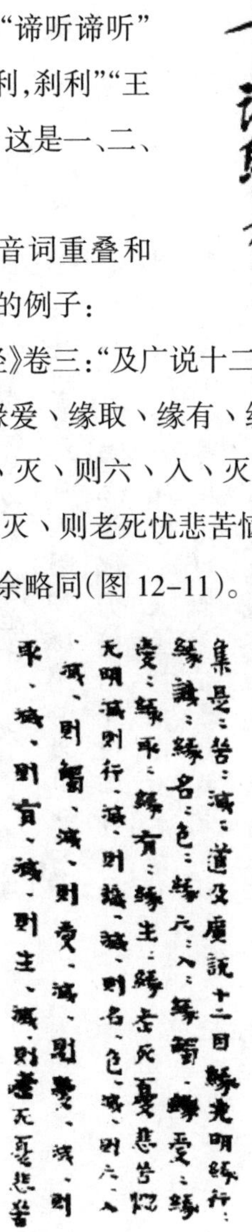

图 12-11

敦研 301《妙法莲华经》

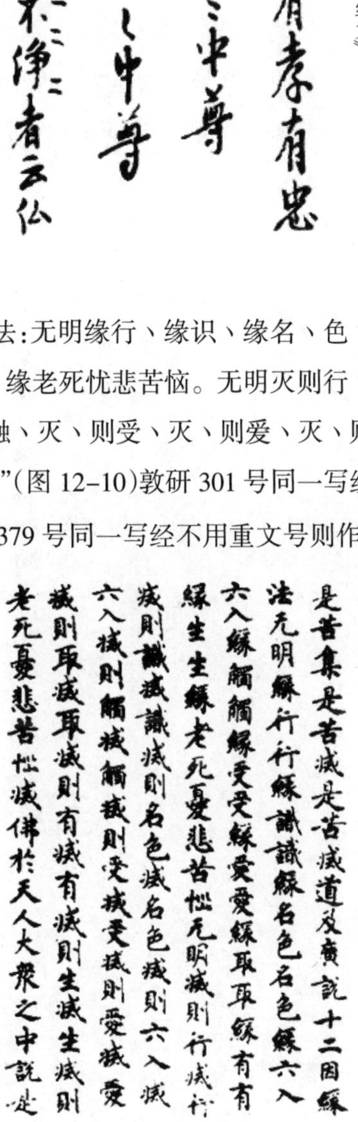

图 12-12

敦研 379《妙法莲华经》

"及广说十二因缘法：无明缘行，行缘识，识缘名色，名色缘六入，六入缘触，触缘受，受缘爱，爱缘取，取缘有，有缘生，生缘老死忧悲苦恼。无明灭则行灭，行灭则识灭，识灭则名色灭，名色灭则六入灭，六入灭则触灭，触灭则受灭，受灭则爱灭，爱灭则取灭，取灭则有灭，有灭则生灭，生灭则老死忧悲苦恼灭。"（图 12-12）

　　附带指出，同一抄手笔下的重文符号有时写法会有不同。如 P.2078 号《佛说观佛三昧海经》卷四观相品之四："云何观如来耳=出五光，其光千色=千化佛，佛放千光。……百千万亿诸大菩萨坐一花=鬚=不大，菩萨不小，亦不相妨。"如图 12-13 所示，其中"耳""色"下的重文号原卷作"ミ"形，而"花=鬚="（原文应读作"坐一花鬚，花鬚不大"）的重文号原卷则作顿形，后者应即前者省变。

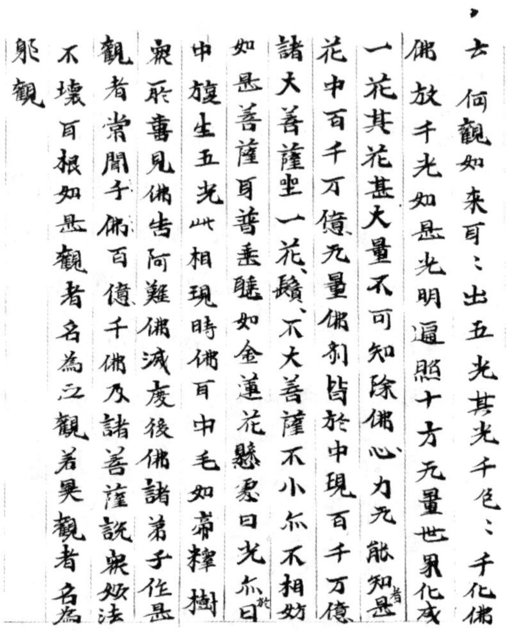

图 12-13　P.2078《佛说观佛三昧海经》卷四

第二节　源流演变

　　重文号的使用大约肇始于甲骨金文,如《小屯南地甲骨》第 673 片:"十牛,王受又=大雨。"(图 12-14)此辞裘锡圭认为应该读作"十牛,王受又(佑),又(有)大雨","又="是"又又"的重文省书[1]。金文中重文号的使用已较普遍,单字或词句的重复都可用二短横省代(少数亦有作一短横的,当由二短横变来)。如《虢季盘》:"献馘于王=孔加子白义。"应读为"献馘于王,王孔加子白义"。又《克鼎》:"辟天=子=明哲。"应读为"辟天子,天子明哲"。清翟灏《通俗编》卷三八识馀"="条下云:"古锺鼎文'子=孙='等字,皆不复书。周宣《石鼓文》'君子员猎,员猎员游',虽四字相间,犹作'员=猎='。"[2]于省吾《重文例》云:"周人文字,遇一句中或上下句相连之重文,祇以二重画代之,均不复书。"[3]战国秦汉时代的简牍帛书继续沿用这种方法。裘锡圭指出:"在周代金文里,重文通常用重文号'='代替,而且不但单字的重复用重文号,就是两个字以上的词语

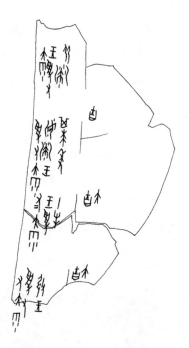

图 12-14　《小屯南地甲骨》第 673 片 黄天树摹本(《甲骨文摹本大系》第 24 册第 7674 页,北京大学出版社 2022)

以至句子的重复也用重文号。秦汉时代仍然如此(就抄书而言,其实直到唐代都还常常如此)。例如武威简本《仪礼·甲本服传》:'妇=人=不=贰=斩=也=者何也'(21 至 22 号简),应读为:'妇人不贰斩也。妇人不贰斩也者,何也'。"[4]所以敦煌写本中重文号的上述用法,其实是我们的祖宗行之已久的老办法。但"="这个表示重文省略的符号原本表示的究竟是什么意思,前人则有不同看法。

---

[1] 裘锡圭《再谈甲骨文中重文的省略》,《古文字论集》,北京:中华书局,1992 年,第 147 页。

[2] 《通俗编》,北京:商务印书馆,1958 年,第 857 页。

[3] 于省吾《重文例》,《燕京学报》第 37 期,1949 年 12 月,第 3 页。

[4] 《考古发现的秦汉文字资料对于校读古籍的重要性》,《古代文史研究新探》,第 38—39 页。

有以为"二"字者。《后汉书·邓骘列传》"时遭元二之灾,人士荒饥"句下唐李贤注:"元二即元元也。古书字当再读者,即于上字之下为小二字,言此字当两度言之。后人不晓,遂读为元二,或同之阳九,或附之百六,良由不悟,致斯乖舛。今岐州《石鼓铭》,凡重言者皆为'二'字,明验也。"[1]宋黄庭坚《涪翁杂说》:"凡古人书复语则书'二'字,今人或于字下作一点或两点,皆非也。"[2]

有以为"上"字者。明杨慎《升庵集》卷六三"篆书重叠字"条引明李文正公(东阳)曰:"二乃古文上字,言字同于上,省复书也。"清杭世骏《订讹类编》卷三"重字不可作二"条:"篆书凡重叠字皆不复书,但作二,偏于字右。二乃古文上字,言同于上也,今作两点者非是。"[3]

表示重文的符号源于"二"字还是"上"字,或许还可进一步讨论,但前揭敦煌写本重文号的各种形状,我们已大致可以确定应以"="形为典正,而其他形状应该都是由之派生演变出来的。清赵翼《陔馀丛考》卷二二"重字二点"条:"凡重字,下者可作二画,始于《石鼓文》重字皆二画也。后人袭之,因作二点,今并有作一点者。"由二短横变作二点,再变作一点,敦煌写本中的具体用例印证了赵翼的说法。

---

[1] "元二"的"二"是否为重文号,后人多持否定意见,如宋洪适《隶释》卷四东汉桓帝建和二年(148)司隶校尉杨孟文《石门颂》跋谓"元二者,盖谓即位之元年、二年也"。

[2] 《说郛》卷十九,上海:上海古籍出版社 1988 年影印宛委山堂本。

[3] 《订讹类编》,北京:中华书局 1997 年影印《嘉业堂丛书》本,第 125 页;推敲文意,条目"重字不可作二"的"二"似应作"="形符号(即文中所谓的两点)。

第三节　传刻讹舛

重文号的使用古今差别较大,有的用法在宋元以后的刻本中几近绝迹,后世的人们对它感到很陌生,于是在传录校刻时便会产生种种的错误。首先注意到重文号的古今之异并用以校读古书的是清代的俞樾。俞氏在《古书疑义举例》卷五《重文作二画而致误例》条下云:"古人遇重文,止于字下加二画以识之,传写乃有致误者。"后来于省吾也根据这一规律来校读过古书(见《重文例》一文,参下引《泽螺居诗经新证》)。裘锡圭则在《考古发现的秦汉文字资料对于校读古籍的重要性》、《〈论衡〉札记》[1]、《马王堆医书释读琐议》[2]等多篇文章中对古人表示重文的这一习惯作过阐述,并据以纠正了古籍的不少错误。下面我们分讹混、脱漏、衍误、错乱四个方面,就敦煌写本中与重文号相关的一些疏误举例作些说明,希望引起人们的警惕。

一　讹混

重文号的一些写法与某些汉字相似,传录时容易发生讹混。其中包括:

1. 误作"二"字

重文号与"二"字相近,古人或以为即渊源于"二",故颇有与"二"字相乱者。宋朱彧《萍洲可谈》卷一:"子瞻曾为先公言:书传间出叠字,皆作二小画于其下。乐府有瑟二调歌,平时读作瑟瑟。后到海南,见一黥卒,自云元系教坊瑟二部头,方知当作瑟二,非瑟瑟也。子瞻好学,弥老不衰,类皆如此。余尝访教坊瑟二事,云每色以二人,如笛二筝二,总

---

[1]《文史》第 5 辑,北京:中华书局,1978 年,第 225—247 页;后收入《古代文史研究新探》,第 105—141 页。
[2]《古文字论集》,第 525—536 页。

图 12-15　P.3418《王梵志诗》

谓之色二,不作瑟字。不知果如何。"[1]前举"元二"及"瑟二"的"二"是否为重文省书,容可再议,但古人重文号作小"二"字形,因有误作"二"字者,却是实情。俞樾《古书疑义举例》卷五《重文作二画而致误例》和陈垣《元典章校补释例》第十七"重文误为二字例"都曾举过这方面的例子。下面举一个敦煌写本中的例子:

例一,P.3418 号《王梵志诗·世间乱浩浩》:"世间乱浩浩,贼多好人少。……自卖索钱多,他卖还钱少。不得万二年,营作千年调。"(图 12-15)其中的"万二"张锡厚《王梵志诗校辑》、项楚《王梵志诗校注》并录作"万万",项校云:"'二'应是重复记号。"[2]按:这个"二"原卷确乎作一二的"二"形,诗中应为上"万"字的重文号之误。

2. 误作"之"字

"之"字手写常作"之"形,又或变体作"之"[3]、"𠄌"[4]、"𠄌"[5]、"𠄌"[6]、"之"[7]等形,与重文号的若干形状颇为接近[8],极易致误。如:

例二,S.5471 号《千字文注》"吊民伐罪"下注:"伊尹相汤伐桀之走鸣条之野。"注文二"之"字原卷字形略同,前一"之"字当为"桀"字的重文号之误,原文当校读作:"伊尹相汤伐桀,桀走鸣条之野。"日本黑田彰等《上野本注千字文注解》[9]读作"伊尹相汤伐桀之,走鸣条之野",误。《史记·夏本纪》云:"汤修德,诸侯皆归汤,汤遂率兵以伐夏桀。桀走鸣条,遂放而死。"可资参证。

---

[1]《萍洲可谈》,《丛书集成初编》本,第 13 页。

[2]《王梵志诗校注》,上海:上海古籍出版社,1991 年,第 799 页。

[3] 如 S.2072 号《珊玉集》引葛洪《神仙传》:"一旦,骑木羊上山,王侯大人皆悉随之,遂得仙去。"

[4] 如 P.3618 号《秋吟》:"翫赋修文,抱掷地谈天𠄌。"

[5] 如 P.2305 号《妙法莲华经讲经文》:"我有莲花中道经,世间𠄌中应罕有。"

[6] 如 P.2721 号《舜子变》:"(舜)在位卅有九年,南巡狩,崩于苍梧𠄌野。"

[7] 如 S.6947 号《佛说药师经》:"有如是之罪,应堕三恶道中。"

[8] P.3573 号《论语疏》:"譬如北辰,居其所而众星共之"疏:"众星,谓五星及廿八宿以下𠄌(之)星也。"又"吾十有五而志乎学,卅而立"疏:"古人三年明一经,从十[五]至卅,是有十五年,故通五经𠄌(之)业,所以成立。"又"子游问孝"疏:"此明子游问行孝𠄌(之)法于孔子,孔子答之。"其中的截图字皆应作"之"字,而原卷字形则与重文号相混无别。

[9]《上野本注千字文注解》,大阪:和泉书院,1989 年。

上例是写本原卷确乎已把重文符号误写作了"之"字。也有写本原卷本作重文符号不误，而校录者误认作"之"字者。如下例：

例三，《敦煌变文集》卷八《孝子传》"姜诗"条："诗母好食生鱼，□□□□还家，于是舍傍忽生涌泉，味如江水之中。并□□□□鱼，母得食之。"（页902）"味如江水之中"一句费解。查写本原卷 P.2621 号，"之"字本作"𢏟"，实为"水"字的重文号。原文当读作"味如江水，水中并□□□□鱼"。

3. 误作"了"字

"了"字手写有与重文号相近者，如 S.5731 号《时要字样》卷下第四："讫，了；吃，哑。"其中的"了"字原卷作"𠄌"，即与重文号形似。因而重文号亦颇有与"了"相乱者。

例四，《敦煌变文集》卷四《太子成道经》："太子愁忧不止，遂遣车匿被（备）于朱骢白马，遂向西门於（"於"字疑当读作"依"）前游观，观看之次，忽见一人……"王庆菽校记："（后一）'观'原作'了'，据戊卷改。"（页292—309）按：此字原卷 P.2999 号作"𠄌"，异本S.548 号作"𠄌"，S.2352 号背作"𠄌"，皆系前一"观"字的重文号手写之变，戊卷 P.2299 号正作重文号"𠄌"。S.2682 号相关文句作"於前游管（观），观看之次"，下字径作"观"字，亦可证。

例五，同上书卷五《佛说阿弥陀经讲经文》："菩萨虽修三齐，了未圆满，云[1]何得知。"（页473）按："三齐"当作"三覺"（"齐"原卷作"㸒"，与"覺"的俗字"㝫"形近而误，该篇"覺"字多作"㝫"），"了"原卷 S.6551 号作"𠄌"，实为上一"㸒（㝫）"字的重文号，当作"覺"。同卷上文："应是在衙诸官人等，总愿人𠄌增禄位。"其中的"𠄌"亦系"人"字的重文号，可以比勘。"三觉"佛教语，上文谓佛具自觉、觉他、觉满三觉；而菩萨只具自觉、觉他二觉，觉行未为圆满，故此云"菩萨虽修三觉，觉未圆满"。下文接云："十地菩萨，如隔轻罗而观日月，如隔蝉纱而观佛性，故知觉行未圆，福智由（犹）少。惟佛大觉，三觉圆明。"说的也正是这一意思。《变文集》作"了未圆满"，"了"即是前一"觉"字的重文号之误。上文当校点作："菩萨虽修三觉，觉未圆满。云何得知？"

例六，同上《维摩诘经讲经文》："更有迦罗楼罗众，奏瑟了了清音；紧那罗王，调铃铃雅乐。"（页548）郭在贻校："'了'字当是由'瑟'字的重文号'々'而变来，第二个'了'字是衍文。这两句应校正为：'更有迦罗楼罗众，奏瑟瑟清音；紧那罗王，调铃铃雅

---

[1]　"云"字原录误作"之"，此据原卷正。

乐。'"[1]按:郭校谓前一"了"字为"瑟"字的重文号之误,极是。写本原卷 S.4571 号前一"了"字作"ﾝ",正是"瑟"字的重文号(本卷重文号多作"ﾝ"形,如同页"虔诚切切"的后一"切"字原卷作"ﾝ",下页"个个唱善哉之字"的后一"个"字原卷作"ﾝ"),而校者不察,遂误录为"了"字。至于后一个"了"字,郭校以为是衍文,恐未确。原卷后一"了"字本作"ﾝ",实为"之"字。同页"天龙及夜叉之辈","之"字原卷亦作"ﾝ",是其比。又《太子成道经》:"向后有事,未了我身,觅其解脱。"王庆菽校记:"'了'原作'之',据甲、乙卷改。"(页295—312)亦"了""之"互误,可资比勘。下句"铃铃"后则疑脱一"之"字。又"更有迦罗楼罗众"句的前一"罗"字为衍文当删。所以原文当校正为:"更有迦楼罗众,奏瑟瑟之清音;紧那罗王,调铃铃之雅乐。《维摩诘经讲经文》又一篇:"阿修罗等,调瑟玲玲之琵琶;紧那罗王,敲驳莘莘之羯鼓。"(页 641)中间亦有"之"字,可以参证。

例七,同上书卷四《难陀出家缘起》:"这难陀在院闷了不已。"(页 398)按:"闷了"不辞,应作"闷闷"。"了"亦"闷"的重文号之误。写本原卷 P.2324 号原作"ﾝ",为重文号不误。又《敦煌掇琐·丑女缘起》:"发如驴尾一枝了。""一枝了"当作"一枝枝","了"亦系"枝"字的重文号所误。又《敦煌掇琐》录 P.3386 号《季布骂阵词文》:"具说《汉书》修制ﾝ,莫道辞人唱不嗔。""ﾝ"是《敦煌掇琐》中重文号的标志。但"修制制"不辞,应当作"修制了",则原来的重文号"ﾝ"(写卷本作"ﾝ")又系"了"字之误。P.3697 号《捉季布传文》正作"ﾝ(了)"字不误。

4. 误作"人"字

"人"字手写或作"ﾍ"形(敦煌写本中经见),稍变即与重文号混同无别,如 P.3697 号《捉季布传文》:"不经旬日归朝阙,具奏东齐无此ﾍ。"又云:"从兹朱解心怜惜,时时夸说向夫ﾍ。"其中的末字皆为"人"字手写之变。故校录时重文号有与"人"相乱者。如 S.4992 号《文样·小孩子文》:"邕邕独秀,同碧玉以影弘(红)莲;皎[皎]孤悬,等云山之[□]朗月。"其中的后一"邕"原卷作"ﾍ",乃前一字的重文号,《敦煌愿文集》误作"人"。[2]又如:

例八,《敦煌变文集》卷六《不知名变文》:"逢着儿儿布施,逢着女人布施,逢妻妻布

---

[1]《敦煌变文校勘拾遗》,《中国语文》1983 年第 2 期,第 138 页;后收入《郭在贻文集》第 3 卷,北京:中华书局,2002 年,第 207 页。
[2]《敦煌愿文集》,第 139 页。

施。"(页 820)按:"人"字写本原卷 S.3050 号本作"✓",实为"女"字的重文号(上例后一"儿"字、"妻"字原卷分别作"✓""✓",可参),校者误辨。

例九,《王梵志诗校辑》卷三《众生眼盼人》诗:"众生眼盼人,心路甚堂堂。"项楚校:"'盼人'当作'盼盼',原文'盼'字下应是一个重复记号,《校辑》迻录时误认作'人'字。'盼盼'形容目光热切眷恋,与下句'堂堂'迭字为对。"[1]按:所谓"人"字原卷 P.3833 号本作"✓",实为上一字的重文号。[2]下句"心路甚堂堂"的后一"堂"字原卷作"✓",可以比勘。

例十,同上书《本巡连索人》:"本巡连索人,樽主告平人。当不怪来晚,覆盏可连精。"项楚校:"此四句全不可解。窃谓一二句之'人'皆为重复记号,第四句之'连'当作'怜',四句作'本巡连索索,樽主告平平。当不怪来晚,覆盏可怜精'。所咏为饮酒行令之事。"[3]按:前二句的"人"字原卷 P.3833 号分别作"✓""✓",亦正是上一字的重文号,项校是也。

5. 误作"夕"字

例十一,《敦煌变文集》卷五《佛说阿弥陀经讲经文》:"朝夕独自守空房,日日孤单无倚托。"(页 467)按:"夕"字原卷 S.6551 号本作"✓",实为上一字的重文号。下句后一"日"字原卷作"✓"形,可以比勘。"朝朝""日日"对偶为句。《变文集》误录。同书《父母恩重经讲经文》:"日日倚门垂血泪,朝朝烦恼向心头。"(页 674)又云:"日日每遭诸苦恼,朝朝不歇受艰辛。"(页 675)亦皆"朝朝""日日"对偶为句,可资比勘。

6. 误作其他字

例十二,《敦煌变文集》卷二《庐山远公话》:"所以众生不离于佛,色不离众生。"(页 189)"色不离众生"费解。审视写本原卷 S.2073 号,所谓"色"字原卷作"✓"(图 12-16),

---

[1]《敦煌文学丛考》,第 525 页。

[2]前一"盼"字原卷本作"盼",乃"昐"字俗写,故所谓"盼盼"实当作"昐昐"。

[3]《敦煌文学丛考》,第 540 页。

图12-16
《庐山远公话》
S.2073

佛色

实为上句"佛"字的重文号"ㄓ"和一个"也"字[1]，原文当录作："所以众生不离于佛，佛也不离众生。"校录者不察重文号，误与"也"字相合为"色"字，怪不得文义不可解了。

二　脱漏

于省吾《重文例》云："古人于句中重文及上下句相连之重文，均作二积画以识之，从不复书，是以后人易于脱略也。"敦煌写本中的重文号，不但形状繁杂，而且用法多变，既易误录，亦易误脱。如《敦煌变文集》卷二《韩擒虎话本》："（擒虎）升厅而坐，由未定，惚（忽）然十字地烈（裂），涌出一人。"（页205）按："由未定"与上文"升厅而坐"语气上不甚衔接。考写本原卷S.2144号"坐"字下原有一"ㄓ"形符号，即"坐"字的重文号，则相关文句当校读作："升厅而坐，坐犹未定。"《变文集》传录时误脱重文号，则原文意思不贯。再看以下实例：

例十三，《敦煌变文集》卷八《孝子传》"舜子"条："舜子者，冀邑人也。早丧慈母，独养老父瞽叟。"（页902）按：写本原卷S.389号"老父"后有"ㄥ名"字样，"ㄥ"即"父"字的重文号。则末句当录作："独养老父。父名瞽叟。"校录者抄脱一重文号，而又以"独养老父名瞽叟"为不顺，乃又臆删"名"字，所失多矣。

例十四，同上书卷五《维摩诘经讲经文》："国王子尽大奔波，居士宰官咸礼觐。"（页579）按：写本原卷S.3872号"大"字并未写成（无右下部的一捺，且上半部已有涂改，盖拟书"奔"字而有误，故涂去），"王"字下有一小点，此应即"王"字的重文号（图12-17），则上句当录作："国王王子尽奔波。"这样适与下句"居士宰官咸礼觐"俪偶，文义晓畅。上文谓"国王、大臣、长者、居士、婆罗门等，及诸王子并徐官属"皆往问疾，亦其证。校者不察"王"下的一点即是重文号，脱去一字，乃又把未写成的误字录作"大"字以充数，硬凑成七字，甚误。

传录时脱略重文号的情况其他古书中也常可见到。俞樾《古书疑义举例》卷一"以一字作两读例"："古书遇重字，多省不书，但于本字下

图12-17　S.3872《维摩诘经讲经文》

国王、王子盡大奔波

---

[1]　此说郭在贻与笔者等合撰的《敦煌变文整理校勘中的几个问题》已发，见《古汉语研究》1988年创刊号，第76页。

作二画识之;亦或并不作二画,但就本字重读之者。……《孟子·告子上篇》:'异于白马之白也。'按:上'白'字当重读。盖先折之曰'异于白',乃曰'白马之白也,无以异于白人之白也',则又申说其异之故也。如此则文义自明,亦不必疑其有阙文矣。"此条下俞氏仅举出二例为证(另一例读法亦有歧异),其例未广,窃疑仍以视作脱略重文号为妥。《孟子》"异于白马之白也"句,盖本作"异于白=马之白也",传抄者抄脱重文号耳。

以上所举皆为单音节词重文使用重文号造成脱漏的例子。其实双音节词、词组、句子重文使用省略符号更容易造成脱漏。下面分三个方面举例讨论:

1. 写本本身脱漏

例十五,S.6551 号《佛说阿弥陀经讲经文》:"(佛有三觉)二者觉他,胜诸独觉,虽自觉悟,不能觉他众。"《敦煌变文集》照录(页 473)。按:"虽自觉悟"二句,乃指"独觉"而言,"独觉"后当重一"独觉",读作:"二者觉他,胜诸独觉。[独觉]虽自觉悟,不能觉他众。"这是比较佛与独觉的不同所在:佛既能自觉又能觉他,独觉只能自觉不能觉他。上文云:"一者自觉,胜诸凡夫。凡夫之人不自觉悟。""凡夫"后重"凡夫"二字,文例正同。

例十六,S.4571 号《千字文注》"垂拱平章"句下注:"《书》曰:九族已睦,平章百姓,昭明。""百姓"后当重一"百姓"。今本《书·尧典》作:"九族已睦,平章百姓,百姓昭明,协和万邦。"可证。

例十七,S.6631 号背《和菩萨戒文》:"诸菩萨,莫煞生,必当堕火坑。煞命来生短命报,世世两目复双盲。劝请道场诸众等,共断煞业不须行。佛子诸菩萨,莫偷盗,偷盗得物犹嫌少。……佛子诸菩萨,莫邪淫,颠倒罪根深。铁床炭炭来相向,铜柱赫赫竞来侵。举身遍体皆红烂,因何不发菩提心。佛子诸菩萨,莫妄语,妄语当来堕恶趣。……佛子诸菩萨,莫酤酒,酤酒洋铜来灌口。……佛子诸菩萨,莫自说,自说喻若汤浇雪。……佛子诸菩萨,莫毁他,毁他相将入奈何(河)。"比较上下文相应文句,文中"煞生""邪淫"二词应重出,异本 P.3241、P.3185、S.5894、S.5557 号等写卷正重此二词。

例十八,S.1441 号《励忠节钞·政教部》:"张重者,[曰]南小吏也,帝与语,问为政之道。答曰:政在正心=正则正=则远近皆正则天下太平矣。夫为政之务,贵在正身,身正于此,而人应于彼。"其中"政在正心=正则正=则远近皆正则天下太平矣"句当校补作"政在正心=正则[身=]正=则远=近=皆=正=则天下太平矣",读作"政在正心,心正则身正,身正则远近皆正,远近皆正则天下太平矣"。[1]

　　凡此脱漏,当皆与古人词句重文使用省略符号有关。

2. 今人校录脱漏

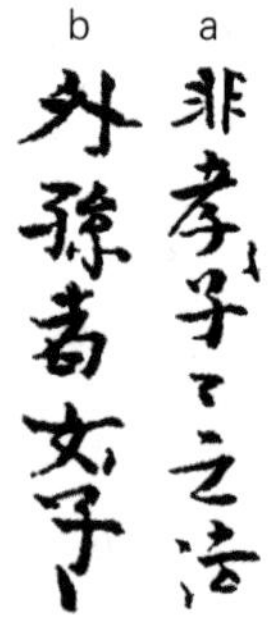

　　例十九,《讲座敦煌》第 5 册东野治之《训蒙书》校录 S.5471 号《千字文注》,其中"岂敢毁伤"句下注云:"孝子之法,外不为非,内能行孝,不犯三千之罪,岂有鞭杖加之。子遭鞭杖,父母忧之;父母既忧,即非孝子。子之法,莫使父母忧。"[2]查原卷,"即非孝子"的"孝"字右下侧有一"了"形重文符号,为校录者疏忽;其下的二"子"字原卷本作"子="(图 12-18a),原卷实为 ABAB 作 A=B=重文省书,故下句"子之法"实当录作"孝子之法"。

図12-18　S.5471《千字文注》

　　例二十,同上书"男効才良"句下注云:"(杨德祖)曰:'黄绢,色丝;色丝者,绝字也。▢▢▢▢者,妙字。外孙者,女子;▢▢▢者,受辛;受辛者,辞字。'"[3]查原卷,"女"字右下侧、"子"字下侧各有一顿点形符号(图 12-18b),即此二字的重文号,为校录者疏忽,故原文"女子"下当重出"女子"二字。又据原卷残缺字数,并参《世说新语》,上揭引文可校补作:"黄绢,色丝;色丝者,绝字也。□□□□□(幼妇,少女;少女)者,妙字。外孙者,女子;女子□□□□(者,好字。𦰡臼)者,受辛;受辛者,辞字。"

図12-20　P.2319《大目乾连冥间救母变文》

図12-19　S.2614《大目乾连冥间救母变文》

　　例二一,《敦煌变文集》卷六《大目乾连冥间救母变文》:"目连闻语,启言将军:'[将军]报言和尚,一切罪人皆从王边断决,然始下来。'"王庆菽校记谓后一"将军"二字据甲卷(P.2319 号)补(页 725—749)。其实原卷 S.2614 号"启言将军"的"将军"二字右侧各有一个"了"形的重文号(图 12-19),甲卷略同(图 12-20),即指"将军"二字当重书一次。王校不察原卷重文号,乃谓据甲卷

---

[1] 本条《敦煌类书》已校正,见该书第 183 页。

[2] 《讲座敦煌》第 5 册,东京:大东出版社,1992 年,第 429 页。郑阿财《敦煌蒙书研究》录文同,兰州:甘肃教育出版社,2002 年,第 35 页。

[3] 《讲座敦煌》第 5 册第 430 页。郑阿财《敦煌蒙书研究》第 36 页录文略同。

补"将军"二字，可谓蛇足。

3. 传世文献脱漏

例二二，P.3126 号颜之推《冥报记》会稽孔基条："会稽孔基，勤学有志操，冯结族人孔敞。敞使其二子以基为师。而敞子并凶猥，趣尚不同。基屡言之于敞。此儿常有忿恚。敞寻丧亡。服制既除，基以宿旧，乃赍羊酒往看二=子=犹怀宿怨，潜遣奴于路侧煞基。"（图 12-21）"乃赍羊酒"句当录作"乃赍羊酒往看二子。二子犹怀宿怨"，文义顺适。传本颜之推《还冤记》(《宝颜堂秘笈》本)"二=子="作"二子子"[1]，盖抄脱"二"字之重文号。

例二三，P.5033 号《励忠节钞·刑法部》："文子问老子曰：'法安所生？'老子曰：'法生于义=生于众=适=合乎人心，则休矣。法亦非从天落，非从地出，发于人间而已。'"（图 12-22）"法生于义"句当录作"法生于义，义生于众适，众适合乎人心"。元杜道坚《文子缵义》上义篇不重"众适"二字，"义生于众适，合乎人心"句下校云："一本作'义生于众适，众适合乎人心'。"[2]此当以"一作"本为长。不重"众适"二字者，传抄翻刻时脱略重文号耳。又《淮南子·主术》："法生于义，义生于众适，众适合于人心，此治之要也。……法者，非天堕，非地生，发于人间，而反以自正。"殆即《文子》所本，亦其显证。

图 12-21　P.3126《冥报记》

图 12-22　P.5033《励忠节钞》

三　衍误

古书重文使用省略符号既容易造成脱漏，也容易造成衍文。裘锡圭《读〈战国纵横家书释文注释〉札记》一文曾举过帛书中因重文衍误的例子[3]。又如《史记·周本纪》："(武王)东观兵，至于盟津。……是时，诸侯不期而会盟津者八百诸侯。诸侯皆曰：'纣可伐

[1] 宋《碛砂藏》本《法苑珠林》卷九一《赏罚篇·引证部》感应缘下引《冤魂志》误作"言子子"。
[2] 清光绪初浙江书局重刻清武英殿聚珍版本《二十二子》，上海：上海古籍出版社，1986 年影印本，第 869 页。
[3]《古代文史研究新探》，第 98 页。

矣。'"韩兆琦《史记笺证》于"诸侯不期而会盟津者八百诸侯"句下注:"句子不顺,前后两'诸侯'应削其一。"[1]窃谓应删削的当是后一"诸侯"。同书《殷本纪》:"西伯既卒,周武王之东伐,至盟津,诸侯叛殷会周者八百。诸侯皆曰:'纣可伐矣。'"可证。前文"八百"后误衍"诸侯"者,乃下句"诸侯"一词传抄者误赘重文号耳。敦煌写本中亦颇见其例。如:

例二四,《敦煌变文集》卷二《庐山远公话》:"于是善庆为相公说十二因缘:无明缘,行行缘,识识缘,名色缘,六入缘,触触缘……"(页184)这段话蒋礼鸿据《妙法莲华经》校作:"……无明缘行,行缘识,识缘名色,名色缘六入,六入缘触。"句末的"触缘"二字属下。[2]极是。按敦煌写本使用重文符号的通例,这段话本应作:无明缘行=缘识=缘名=色缘六=入=缘触。但写本原卷 S.2073 号本作"无明缘行=缘识= =缘=名=色=缘=六入缘触"(图12-23)。"六入"之下本应有重文号而原卷脱漏;"名色"前后的"缘"字本无需重文号,"识"字下亦仅需一个重文号,原卷却误赘一重文号。这是既误脱重文号又误赘重文号,《变文集》的录文则全乱了套。

例二五,S.1441 号《励忠节钞·清贞部》:"宋人得玉献诸司城子=罕=不受献玉者曰与尔玉人[3]以之为宝故取献子=罕=曰我以不贪为宝尔以玉为宝若以玉与我皆丧宝也不若人有其宝。"(图12-24)按:这段话当校读作:"宋人得玉,献诸司城子罕,子罕不受。献玉者曰:'与尔(示)玉人,[玉人]以之为宝,故取献子。'子罕曰:'我以不贪为宝,尔以玉为宝,若以玉与我,皆丧宝也,不若人有其宝。'"其中"故取献子"的"子"系指称对方,相当于"您"。传抄者误以此"子"字与下"罕"连读作"子罕子罕",故复于"罕"下赘加一重文号,造成衍文。王三庆《敦煌类书》不录"罕"后的重文号,是也。《左传·襄公十五年》:"宋人或得玉,献诸子罕,子罕弗受。献玉者曰:'以示玉人,玉人以为宝也,故敢献之。'子罕曰:'我以不贪为宝,尔以玉为宝,若以与我,皆丧宝也,不若人有其宝。'"应即上揭敦煌类书所引,可参。

图12-24 S.1441《励忠节钞》

图12-23 S.2073《庐山远公话》

---

[1]《史记笺证》,南昌:江西人民出版社,2004 年,第 197 页。

[2]《读变枝谈》,《关陇文学论丛》,兰州:甘肃人民出版社,1983 年,第 72 页。

[3]"与尔玉人"原卷本作"当尔玉人","当""尔"二字右侧注一"与"字,此应是指"当"应改作"与","与"犹"以";王三庆《敦煌类书》不取"与"字,而校"当"为"尝",似误。

四　错乱

　　因重文号导致的文字错乱主要与词句重文有关。ABAB型的词句重文写作"AB＝＝"或作"A＝B＝"，易于与AABB型相乱，传抄者不达其例，极易造成失误。P.2353号《道德经开题序诀义疏》："故《出塞记》云：西出函函谷谷关关今在陕州桃林县南十里有故关门是也。"引文当校读作："西出函谷关。函谷关今在陕州桃林县南十里，有故关门，是也。"其中的"函函谷谷关关"就是ABAB型重文省书传抄者录写时错误回改造成的。又北敦6007（北8425，芥7）号背玄应《一切经音义》卷二《大般涅槃经》第十六卷音义："［天竺或言］身毒，或言贤豆，皆讹也，正言印印度度名月，月［有千名，斯一称也］。良以彼土圣贤相继，开悟群生，照临如月，因以名也。"其中的"印印度度"Φ.230号写本作"印＝度＝"（图12-25），乃"印度印度"重文省书（"正言印＝度＝名月"当读作"正言印度。印度名月"），北敦6007号背作"印印度度"，其误亦同。又67TAM363：8/1（a）之四唐景龙四年（710）"私学生"卜天寿《论语郑氏注》写本八佾篇："哀公问主于宰宰我我对曰……"，原卷"宰宰我我"有涂抹，右侧朱书改作"宰我宰我"（《唐吐》叁-574），原卷被涂去的"宰宰我我"也应是抄手所据底卷"宰我宰我"写作"宰＝我＝"错误回改造成的。P.3573号皇侃《论语疏》正写作"宰＝我＝"（图12-26）。

　　例二六，P.3359号《论语集解·宪问》："子路问君子＝曰脩己以敬曰如斯而已乎曰脩己以安人曰脩己以安人曰如斯而已乎曰脩＝己＝以安百姓以安百姓尧舜其犹病诸。"（图12-27）其中"曰脩己以安人"六字重出，当删其一。"脩＝己＝以安百姓以安百姓"S.3011号同一经文作"修＝己＝以＝安＝百＝姓＝"，阮刻本《十三经注疏》所收宋邢昺疏《论语集解》本作"脩己以安百姓。脩己以安百姓"。本来应是"脩己以安百姓"六字重句省书，而P.3359号"脩己"二字下仍用重文号，"以安百姓"四字则回改作原文，其结果便有些不伦不类了。

　　可见词句重文的这种特殊省略方法，古人传抄时尚且有失；今人校录时不明其例，

图12-25　Φ.230号《一切经音义》

图12-26　P.3573《论语疏》

图12-27　P.3359《论语集解》

自亦难免其误了。试看下面的例子：

例二七，《敦煌遗书总目索引·斯坦因劫经录》813 号下录《立成孔子马坐卜占法》："凡此上经差得吉者不从，重重问，问不验，大急事只问一卦即止。"（原书录文多误，凡与讨论主题无关者已径据写卷改正）文意费解。查原卷，"重重问问"本作"重=问="（图 12-28），原文实当校读作："凡此上经差得吉者，不从重问，重问不验，大急事只问一卦即止。"[1]

图 12-28　S.813《立成孔子马坐卜占法》

图 12-29　S.2073《庐山远公话》

例二八，《敦煌变文集》卷二《庐山远公话》："若也尽阿郎一世，当当来来世，十地果圆，同生佛会。"（页 177）按："当当来来世"写本原卷 S.2073 号本作"当=来=世"（图 12-29 右），当录作"当来当来世"。同篇上文："贱奴若有此意，机谋阿郎，愿当来当来世，死堕地狱，无有出期。"（页 175）其中的"当来当来世"原卷亦作"当=来=世"（图 12-29 中），《变文集》录作"当来当来世"，是也。"当来"是将来之意。《变文集》页 297、345、461、466 皆有"当来"一词，可以参看[2]。又同篇 177 页："若也中路抛弃，当当来世，死堕地狱。"（图 12-29 左）比照以上二例，"当当来世"亦当作"当来当来世"。盖传抄者漏去"来"后的重文号而写作"当=来世"，《变文集》遂过录为"当当来世"，其实误也。[3]

例二九，同上书卷五《维摩诘经讲经文》："直到兑（说）在护护戈戈中尊已来。"（页 577）徐震堮校："按文义，似当作'直至说在护戈，护戈中尊已来'。"[4]按：徐校是，不必疑。考写本原卷 S.3872 号本作"护=戈="（图 12-30），实即"护戈护戈"，《变文集》录作"护护戈戈"，亦误。又"护戈"当为"护世"之讹（"世"字之草书与"戈"字形近）。《维摩诘所说经》经文云："若在护世，护世中尊，护诸众生。"即上引讲经文所本，是其切证。

例三十，同上书卷一《李陵变文》："单于左右闻语，便趁李陵，李陵即张弩射之。"启

---

[1]　本条《敦煌遗书总目索引新编》已改正。

[2]　参看《敦煌变文字义通释》（增补定本）"当来"条，第 385 页。

[3]　赵静莲《〈敦煌变文校注〉商榷一则》（《汉字文化》2010 年第 3 期）认为古代亦习见"当当来世"的说法，或可不必补重文符号。如白居易《画弥勒上生帧记》："常日日焚香佛前，稽首发愿，愿当来世，与一切众生，同弥勒上生，随慈氏下降，生生劫劫，与慈氏俱永离生死流终，成无上道。"亦可备一说。

[4]　见《敦煌变文集校记再补》，《华东师范大学学报》1958 年第 2 期，第 120 页。

功校记:"原卷'李陵'重文三处,俱作'李李陵陵',为断句方便俱分写。"(页 88—97)查原卷北敦 14666 号,"李陵"重文三处实皆作"李=陵=",如果不用重文号,自当还原为"李陵李陵"。

如上所说,由于古代写本 ABAB 型和 AABB 型的词句重叠都可省书作 A=B=式,于是在根据 A=B=式还原时,究竟应作 ABAB 式还是 AABB 式,有时就不那么容易把握了。另外,当"A=B="型词句重文超过三字以上的,还原时如何切分,有时也会成为一个问题。如:

例三一,P.2045 号《菩提达磨南宗定是非论》:"和上叹言:苦=哉=痛=哉=,不可耳闻,何期眼见。"(图 12-31)其中的"苦=哉=痛=哉="敦博 77 号同,校录者一般读作:"苦哉苦哉! 痛哉痛哉!"这当然是合适的。但如果录作:"苦哉痛哉! 苦哉痛哉!"意思上也是讲得通的。P.2263 号《佛说大辩邪正经》:"良久得苏,鸣呼长叹:苦哉痛哉!何期今日逢值法身父母,为说此安心妙法及本因缘,又说大辩邪正甚深妙法。"又《大正藏》本义净译《根本说一切有部毗奈耶杂事》卷三七:"时阿难陀在佛背后凭床而立,悲啼号哭,出大音声,作如是语:苦哉痛哉! 何期如来速般涅槃,何期善逝速般涅槃,何期疾哉世间眼灭!""苦哉痛哉! 苦哉痛哉"比"苦哉痛哉"更进一层,语气略有加重而已,这样读显然也没有什么不妥。那么"苦=哉=痛=哉="究竟该怎么录文也就成了疑问。

例三二,S.2165 号释良价偈:"若是今时学道流,千=万=忍(认)门头。恰似入京朝圣主,只到铜(潼)关便却休。"(图 12-32)其中的"千=万="或以录作"千千万万"为妥,《大正藏》本《筠州洞山悟本禅师语录》《瑞州洞山良价禅师语录》次句皆作"千千万万认门头"可证。但在下一例句中便有了疑问。S.1947 号《送师赞》:"师今旷寂去,舍我逐清闲。送师置何处? 至(置)着宝台中。送师回来无所见,唯见师空房,举手开师户,唯见空绳床。……律论今无主,有疑当问谁? 送师永长别,再遇是何时? 愿师早成佛,弟子逐师来。千=万=。"(图 12-33)其中的"千=万="《敦煌遗书总目索引》录作"千千万万",《索引新编》则录作"千万千万"。就古代写本重文号的用法而言,"千=万="录作"千千

图 12-30　S.3872《维摩诘经讲经文》

图 12-31　P.2045 号《菩提达磨南宗定是非论》

图 12-32　S.2165 释良价偈

图 12-33　S.1947《送师赞》

万万"或"千万千万"应该都是可以的,但就此例词义而言,则当以录作"千万千万"为是。"千万"表达一种诚挚、恳切的语气。72TAM150:37《唐氾正家书》:"兄氾正千万问讯宋果毅并儿女等尽得平安以不? 在此家内大小并内外眷属得平安好在。次千万问讯和师……高正尽得平安以不? 次问讯宋正合家大小尽得平安……次连贞千万再拜阿叔阿[婶]……"(《唐吐》叁-30)64TAM5:77《唐李贺子上阿郎阿婆书二》:"贺子、举儿并得平安,千万再拜阿郎、阿⊠(婆)。"(《唐吐》叁-203)其中的"千万"义并同。"千万千万"是"千万"的强调说法,语气上更进了一层。72TAM152:31/2《唐□文悦与阿婆阿裴书稿》:"□文悦千=万=再拜:阿婆、阿裴已下合家小大⊠平安好在不? 文悦在愁,阿裴莫愁。文悦、阿瑠千万问讯阿姊、阿夷(姨)、阿兄。"(《唐吐》贰-150,图 12-34)其中的"千=万="邓文宽读作"千万千万"。又 72TAM152:31/1《唐海隆家书》:"⊠叔千=万再拜耶□(嬢)……"(《唐吐》贰-151,图 12-35)此例"万"后邓文宽拟补一重文号[1],"千=万="亦即"千万千万"。

例三三,S.789 号《毛诗·召南·羔羊》:"退食自公,委=蚾=。"(图 12-36)其中的"委=蚾="P.2529 号作"委=蚖="(图 12-37),阮元刻《十三经注疏》本作"委蛇委蛇","蚾""蚖"皆为"蛇"字异体。陆德明《释文》出"委蚾"二字,云:"(蚾)本又作蛇,同,音移。毛云:委蚾,行可从迹也。郑云委曲自得之貌。读此句当云'委蚾委蚾',沈读作'委委蚾蚾'。《韩诗》作'逶迤',云:公正貌。"沈指沈重,沈氏撰有《诗音义》。正是因为古写本作"委=蚾(蛇)=",故沈、陆有不同的读法。与本条相关的是《诗经·鄘风·君子偕老》"委委佗佗"句。P.2529 号《毛诗·鄘风·君子偕老》:"委=他=,如山如河,象服是宜。"(图 12-38)其中的"委=他="S.789 号作"委=包="(图 12-39),阮元刻《十三经注疏》本作"委委佗佗","他"

图 12-39　S.789《君子偕老》

图 12-38　P.2529《君子偕老》

图 12-37　P.2529《羔羊》

图 12-36　S.789《羔羊》

图 12-35　72TAM152:31/1《唐海隆家书》

图 12-34　72TAM152:31/2《唐□文悦与阿婆阿裴书稿》

---

[1] 邓文宽《敦煌吐鲁番文献重文符号释读举隅》,《文献》1994 年第 1 期,第 164—165 页;后收入《邓文宽敦煌天文历法考索》,第 478—479页。

为"佗"字异写，"包"则为"它"之讹字(《尔雅·释训》释文："佗佗，本或作它字，音徒河反。")。"委=蛇="或"委=佗="究竟怎么读?

于省吾《泽螺居诗经新证》卷上"委委佗佗"条云："毛传：'委委者,行可委曲踪迹也。佗佗者,德平易也。'按'委委佗佗',应读作'委佗委佗',即《羔羊》之'委蛇委蛇'。委佗古人谦语。金文、石鼓文及古钞本周秦载籍,凡遇重文不复书,皆作=以代之。如敦煌写本《毛诗·六月》'既成我服,我服既成',作'既成我=服=既成'。又'四牡既佶,既佶且闲',作'四牡既=佶=且闲'。《中谷有蓷》'嘅其叹矣,嘅其叹矣',作'嘅=其=叹=矣='。……此例不胜枚举。《羔羊》'委蛇委蛇',作'委=蛇='。此篇'委委佗佗',作'委=佗='。然则一读'委蛇委蛇',一读'委委佗佗',自毛传已如此,沿讹久矣。又《羔羊》释文'沈读作委委蚾蚾',亦犹此篇今作'委委佗佗'矣。古书亦有应重读反互读以致误者,如《法言·先知》'真真伪伪则政核',李注本讹作'真伪真伪则政核'。皆由古书重文不复书,后人易致颠倒矣。"[1]

胡平生《阜阳汉简〈诗经〉异文初探》一文则不尽同意于氏的观点,他指出："(阜阳汉简《诗经·羔羊》)重文作'[委=]蛇=',则此句既可读为'委委蛇蛇',又可读为'委蛇委蛇'。……以于文所举重文诸例观之,或为一完整语句之重读……或为短语与名词之重叠……全非形容词之重叠式,与'委委佗佗'词性不同,不应模拟。而综观《诗经》叠字(重言词),其作为形容词者,一般都不作'委蛇委蛇'的形式而多为'委委佗佗'的形式。如：'颙颙卬卬''蓁蓁萋萋''雕雕喈喈''绵绵翼翼''济济跄跄'……以此例之,则'委=佗='读为'委委佗佗'顺理成章。另一例证据是古文献中又有'委委'与'佗佗'单用之实例。《灵枢经·阴阳二十五人篇》：'足厥阴佗佗然。'《通天篇》：'阴阳和平之人,其状委委然。'故就音义、形式而言,'委委佗佗'并不存在问题。然则'委委佗佗'并不排斥'委蛇委蛇'。盖'委蛇'一词为叠韵联绵词,情形特殊。……总之,根据现存资料,尚无法证明'委委佗佗'是古人误读;从《毛诗》二者并存的情形看,应认为'委委佗佗'、'委蛇委蛇'两读皆可。"[2]

按：《羔羊》"委蛇委蛇"句毛传云："委蛇,行可从迹也。"《君子偕老》"委委佗佗"句毛传云："委委者,行可委曲踪迹也。""委蛇"和"委委"毛传训释略同,疑毛传所据经本两诗重文形式原本一致,均作"委委佗佗(蛇蛇)"或"委蛇(佗)委蛇(佗)",故其训释相同。而今本毛传两诗重文形式不一,疑为后人舛乱。《尔雅·释训》："委委佗佗,美也。"则可为前

---

[1]《泽螺居诗经新证》,北京：中华书局,1982年,第12—13页。

[2] 胡平生、韩自强《阜阳汉简〈诗经〉研究》,上海：上海古籍出版社,1988年,第41—42页。

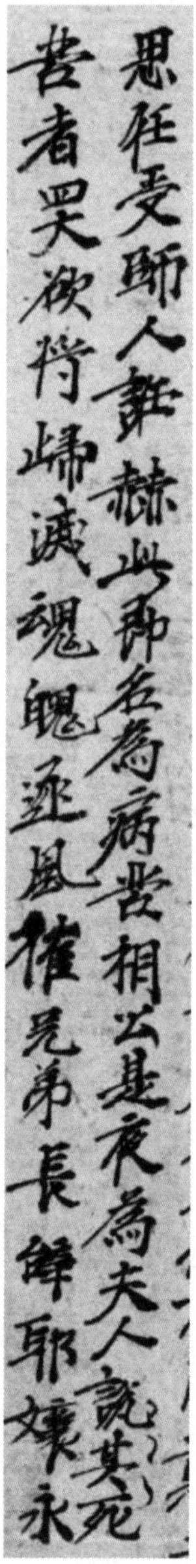

图 12-40 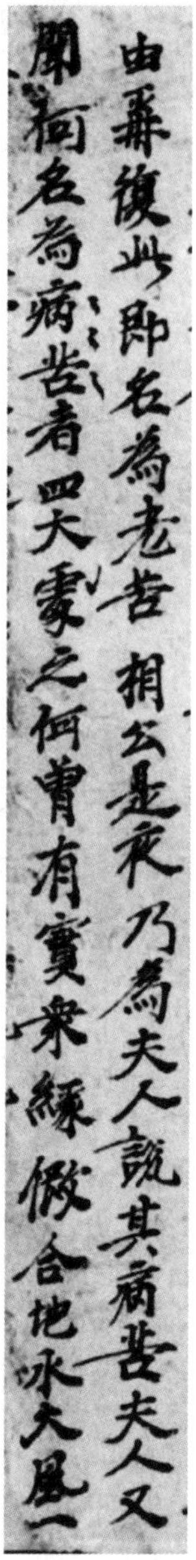　　　图 12-41

一种形式提供佐证。由此看来，"A=B="重文省书的两种不同类型确实对后人的解读造成了不少的麻烦。宋代以后 ABAB 型的词句重文省书趋于消亡，是有它的客观必然性或必要性的。

另外，敦煌写本中还有重文号标示位置错乱的现象，如下例：

例三四，《敦煌变文集》卷二《庐山远公话》："相公是夜为夫人说其死苦。其死苦者：四大欲将归灭，魂魄逐风摧。"（页 180）底卷 S.2073 号相关文句如图 12-40 所示。抄手于上句"说其死"三字右侧各标重文符号以示重出，然据上文 "弟一说其生苦。生苦者……"（此例后一"生苦"底卷未用重文号省书）、"相公是也（夜）又为夫人说其老苦。老苦者……"（此例后一"老苦"底卷未用重文号省书）、"相公是夜乃为夫人说其病苦。夫人又闻（问）何名为病苦。病苦者……"（此例第二个"病苦"右侧底卷标重文号，如图 12-41 所示）相同语境者推测，上例重文符号本应标于"死苦"二字右侧，读作"相公是夜为夫人说其死苦。死苦者"，"其"字不应重出。但由于抄手误标了重文符号，导致整理者判断不当，并导致录文失误。

最后，让我们引用于省吾《重文例》中的一段话作为本章的结语：

古人文字重文之书法，本有恒例，例明则误显，误显则可订，可订则词确，词确则义昭，上窥旧典之真原，下纠俗本之纰缪，然则重文之攸关，不亦重乎！

参考文献

俞樾《古书疑义举例》，北京：中华书局，1956 年。

于省吾《重文例》，《燕京学报》，1949 年第 37 期。

曾荣汾《敦煌写卷书写符号用例试析》,《木铎》第 8 期,1979 年 12 月。

陈初生《谈谈合书、重文、专名符号问题》,《中山大学研究生学刊》1981 年第 2 期,后收入《康乐集——曾宪通教授七十寿庆论文集》,广州:中山大学出版社,2006 年。

裘锡圭《甲骨文中重文和合文重复偏旁的省略》(原为《甲骨文考释》八篇之一,载《古文字研究》第 4 辑,中华书局,1980 年版)、《再谈甲骨文中重文的省略》,载《古文字论集》,北京:中华书局,1992 年。

李正宇《敦煌遗书中的标点符号》,《文史知识》1988 年第 8 期。

郭在贻、张涌泉、黄征《敦煌写本书写特例发微》,《敦煌吐鲁番学研究论文集》,上海:汉语大词典出版社,1990 年;又收入《旧学新知》,杭州:浙江大学出版社,1999 年。

林聪明《敦煌文书学》,台北:新文丰出版公司,1991 年。

邓文宽《敦煌吐鲁番文献重文符号释读举隅》,《文献》1994 年第 1 期。

吴良宝《漫谈先秦时期的标点符号》,《吉林大学古籍整理研究所建所十五周年纪念文集》,长春:吉林大学出版社,1998 年。

蒋宗福《敦煌禅宗文献研究》,四川大学博士学位论文,2002 年。

张小艳《敦煌书仪语言研究》,北京:商务印书馆,2007 年。

张涌泉《敦煌写本重文号研究》,《文史》2010 年第 1 期。

第十三章　省代、省书和省文

出于节省时间或其他一些考虑,古人抄书时有节略字句的现象。上一章所讲的字词句重复叠用重出者用重文符号代替,就是这样一种省略现象。这一章中,我们将介绍敦煌写本中的另外三种省略方法:省代、省书和省文。

第一节　省代

"省代"指用省代号来代替类书、辞书和音义类写本辞目中已经出现过的字词。"省代号"这个名称是李正宇首先提出来的。李氏在《敦煌遗书中的标点符号》一文中指出:"(省代号)起省代主词的作用,在辞书和类书卷子中出现。"[1]

一　省代号及其用法

省代号渊源于重文号,形状也与重文号略同,主要有"＝""ﾞ""ﾞ""〈""ﾞ"等形式。例如:

S.6187 号《切韵·侵韵》渠金反:"檎,林ﾞ。"

S.2071 号《切韵笺注·支韵》鱼为反:"鸁,厜ﾞ。"又元韵韦元反:"辕,车ﾞ。"

---

[1]《敦煌遗书中的标点符号》,《文史知识》1988 年第 8 期,第 98 页。

P.3696 号《切韵·支韵》章移反："枝，树ㄟ。"

P.2014 号《大唐刊谬补阙切韵·豪韵》他刀反："韬，ㄟ藏。"S.6329 号《韵书字义抄》："柴，薪ㄑ。"

P.2014 号《大唐刊谬补阙切韵·冬韵》："蜙，ㄋ蝑虫。先恭反。"

值得注意的是，省代号颇有作一短竖"丨"形状的（重文号仅偶见作此形状的）。如 P.2016 号《大唐刊谬补阙切韵·东韵》莫红反："幪，覆也，盖衣也，又丨縠。"又云："罞，麋罟胃（谓）之丨也。"该卷除此二例外，其他字头下省代号仍作"ミ""ㄟ""ㄋ"形。又 S.461 号背（上部）《杂字类抄》："幕，音莫，帷丨。"此例注文"丨"当是字头"幕"字的省代符；《郝录》第 2 卷录作"也"字（页 340），非是。《广韵·铎韵》暮各切（与"莫"字同一小韵）"幕"字下释云"帷幕，又姓"，可证。又北敦 5639（北 8722，李 39）号《藏经音义随函录》所载《菩萨璎珞本业经》上卷音义："只罗，上支、纸二音，梵言度丨罗，秦言无瞋恨。"又 P.2948 号《藏经音义随函录选抄》所载《莲华面经》上卷音义："悉蔽，必袂反，悉丨不现。"又下卷音义："寐吱曷，上蜜二反，中去智反，下何割反，国王名丨丨丨曷罗俱逻。"又同卷《妙法莲华经》第二卷音义："鰣啮，上竹皆反，啮挽曰丨也。"又同卷《诸法无行经》上卷："婬怒，上余林反，丨逸不谨也。悞。"敦煌本《藏经音义随函录》标目字在注文中重出时用一短竖代替，与《高丽藏》本可洪《藏经音义随函录》相同，这种方法在五代以后刻本韵书字书中较为流行（如《唐五代韵书集存》第 775 页至 778 页所载吐鲁番出土的五代北宋初所刻韵书残叶、辽释行均编《龙龛手镜》皆用此法），而唐代以前别无所见，据此推断，上揭 P.2016 号《大唐刊谬补阙切韵》、S.461 背《杂字类抄》大约也是五代以后的写本，其用短竖形省代符，可能是受了当时刻本韵书字书的影响。

姜亮夫在《隋唐宋韵书体式变迁考》一文中指出："诸韵书卷子，遇注中字与正文叠者，王仁昫以前皆作'='，而王仁昫以后则有作'〈''々'者矣。至诸北宋刊本，则多以'丨'易之，且王书前仅于注文中第一字与正文叠者方作叠字号（S.2055 为异偶，有例外），第二字以后则仍端书不变；王仁昫卷而后，乃渐有于注中凡与正文同之字皆作'='若'々''丨'者，此亦日趋简易之一例也。"[1]其实，不管抄写时代在王仁昫《刊谬补缺切韵》以前抑或以后，不限于注文中第一字，也不限于韵书卷子，举凡韵书、字书、音义书、类书之属注文中字与正文同者，皆可用省代号代替（以下举例时省代号统一用"="形符号代替）。如 P.3798 号《切韵》残叶东韵薄红反："篷，车=。"S.388 号《字样》："裨，=益，从衣。"P.2494

[1]《敦煌学论文集》，第 474 页。

号《楚辞音》：“挚，止示反，=，伊尹名。调，徒雕反，=和也。”P.3776 号《杂集时要用字·天部》：“晕，日=。轮，日=。色，日色。曜，日=。光，日=。蚀，日=。”又云：“峯云，=形如山峯。断云，=断。”

　　重文号与“二”字相近，故颇有与“二”字相乱者。[1]省代号同样易与“二”字相乱。如S.2071 号《切韵笺注·荡韵》模朗反：“瞒，无瞒目。”“无瞒目”费解，故宫本王仁昫《刊谬补缺切韵》、故宫旧藏裴务齐正字本《刊谬补缺切韵》皆作“无二目”，当据正。[2]盖“二”字与省代号形近，传抄者误以为省代号而回改作本字，遂不可通矣。王国维录本、姜亮夫《瀛涯敦煌韵书卷子考释》皆录作“无睸目”[3]，非是。又同卷合韵古沓反：“铪，𱋪尺铤。”注文故宫本王仁昫《刊谬补缺切韵》、故宫旧藏裴务齐正字本《刊谬补缺切韵》、蒋斧旧藏本《唐韵》残卷略同，首字皆作省代号，《广韵》则作“二”字，底卷及诸本之省代号亦为“二”字形讹[4]，可以比勘。

　　字头为单音节的词，注文中文字无论是首字还是其后的字，与字头相同时使用省书符号时所指都是明确的，但如果字头为两个或两个以上的多音节词或词组时，注文非首字使用省代号一般要用“上”“中”“下”一类的术语加以限定，如 S.6691 号《大佛顶经音义》第二卷：“负珥，上音妇，=，挽；下音耳去声呼之，耳饰也。”又第三卷：“排摈，上推排之排，下音髩，=弃也。”前一例“=”为“上”字“负”的省代号，后一例“=”为“下”字“摈”的省代号。北敦 5931（北 231，重 31）号背《难字音义》：“砆硝，上音朴，=硝药；下思焦反，砆=药也。”注文中的“=”分别省代词目“上”字“砆”和“下”字“硝”。又北敦 5639（北 8722，李 39）号《藏经音义随函录》所载《大庄严论》第十一卷音义：“铋勒，上兵媚反，马=也，正作辔。”又云：“铤多，上求掬反，长者名也，尸利=多，或云掘多。”注文中的“=”分别为词目“上”字“铋”和“铤”的省书符号，许国霖《敦煌杂录》以为是注文“=”前一字的重文号而录作“马马也”“尸利利多”[5]，大误。如果不用“上”“中”“下”一类的术语加以限定，注文使用省代号所省代的通常是词目下字。如上揭《大庄严论》第十一卷音义又云：“右眄，普苋反，顾=也，视也，美目，正作盼也。”又 P.3776 号《杂集时要用字·天部》：“腾云，飞=。”又地部：“石碛，平=。”又丈夫立身部：“务学，勤=。”“强壮，力=。”又郡邑部：“曲敌，城=。”“坊巷，

　[1]　参看拙作《敦煌写本重文号研究》，《文史》2010 年第 1 期，第 113—114 页。

　[2]　“瞒”字《广韵》释作“无一睛”，《集韵》《玉篇》释作“无一目”，“二”“一”未知孰是。

　[3]　王国维录本见载于《唐五代韵书集存》，第 137 页；《瀛涯敦煌韵书卷子考释》，杭州：浙江古籍出版社，1990 年，第 38 页。

　[4]　叶键得《十韵汇编研究·切三校勘记》已指出，台北：学生书局，1988 年，第 266页。

　[5]　《敦煌杂录》，《敦煌丛刊初集》第 10 册影印本，第 265 页。下同。

=,曲=。""="所省代的就分别是词目下字"眄""云""碛""学""壮""敌""巷"。末例注文"=,曲="为"巷,曲巷"省书,《敦煌类书》录作"坊,曲巷"(页460),不确。许国霖《敦煌杂录》把"右眄"条注文的"顾="录作"顾顾",则更是大误。

敦煌辞书中有误赘省代号的现象。如 P.2014 号《大唐刊谬补阙切韵·虞韵》羽俱反:"于,=於;往;人姓。"又况于反:"訏,=大。""吁,=叹。""忓,忧=。""疒,病=。""姁,美=。"而《广韵·虞韵》相应切音下作:"于,曰也,於也。""訏,大也。""吁,叹也。""忓,忧也。""疒,病也。""姁,姁媮,美态。"据此,我们有理由认为上揭写卷的省代号可能都是误加的,应当删去。之所以会出现这种现象,这是因为有些汉字通常以联绵词的面貌出现,而一般不单用,训释时需要以双释单,字头作为联绵词的一部分在注文中重出(如《广韵·东韵》徒红切"峒"下注"崆峒"之类);另外古代辞书中还有连读成训的通例,这时字头作为训释语的一部分也需要重出(如《王二·唐韵》鲁当反"狼"下注"狼虎"之类)。由于受这两类训释定势思维的影响,有些本不需要在注文中重出的字头有时也会被重出,而当这些重出的字头用省代号表示时,误赘省代号的情况就发生了。

S.6117 号《时要字样》的情形更加特殊,该卷在每个字头下都先标列省书符号(图13–1),如云:"解,=除。廨,=公。懈,=堕。"又:"妹,=姊。珇,=玭。昧,=暗。"又:"悔,=忏。海,=教。朒(晦),=月。"但从所列词语的习惯用法来看,有的词语似应倒过来说,如通常说"公廨"而不说"廨公"(《玉篇·广部》:"廨,公廨也。"),说"姊妹"而不说"妹姊",说"玭珇"而不说"珇玭",说"暗昧"而不说"昧暗",说"忏悔"而不说"悔忏",说"教海"而不说

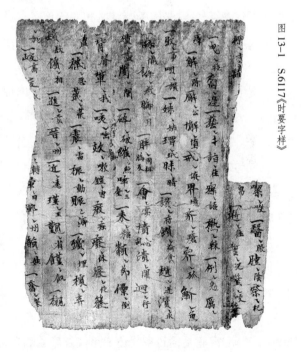

图 13–1 S.6117《时要字样》

"海教",等等。很可能是该卷的抄写者按照注文中首字与字头相同用省书符号的一般做法,依样画葫芦,在每个字头下都先加上一个省书符号,却没有考虑到有些词语是只能作 BA 式而不能作 AB 式的。

二　省代号与重文号

　　重文号是指用省略符号代替叠词或叠句的重出者。省代号和重文号不但形状略同，而且都是用符号来代替特定的上文中已经出现过的字词。不过省代号主要见于类书、辞书和音义类写本词目下的注文中，省略符号和被省略的字词可以隔开若干个其他字；重文号则没有文体或正文注文的限制，省略符号总是紧接在被省略的词句之后。

　　省代号可能是从重文号演变而来的。较早时可能是注文第一字与正文末字相同时用重文号。如S.10号《毛诗传笺·终风》："寤言不寐愿言则怀=伤也。笺云：怀，安也。"同卷《墼丘》小序："墼丘，责卫伯也。狄人迫逐黎侯，黎侯寓于卫，卫不能修方伯连率之职也，黎之臣子以责於卫=康叔之封爵称侯……"注文第一字"="就分别是正文末字"怀""卫"的重文省书符号。前例注文第一字与正文末字相同用省书符号，而注中不与正文末字连属的"怀"字则不用省书符号，这是因为与注文相对的正文本身是若干个字，注中非首字用省书符号会造成理解上的歧异。然而韵书、字书、音义书的字头通常只有一个字，这就从客观上为重文号发展为省代号创造了条件。

　　注文中字与正文同可用省略符号，而注文中出现重文时同样也可用省略符号，如P.3776号《杂集时要用字·天部》："霏雪，=霏=然。"前一"="为词目"雪"的省代号，后一"="则为注文前一"霏"字的重文号。同部："云，《诗》云：上天同云，雨雪粉=。"此"="为注文前一"粉"字的重文号。又云："断云，=断。腾云，飞=。"此"="为词目"云"的省代号。又如S.6691《大佛顶经音义》第七卷："重为，上=声，下去声。"又第八卷："炽裂，上尺志反；下音列，亦合作此烈，=，火盛也。"其中的"="应分别为注文前一"上"字和"烈"字的重文号。

　　但由于敦煌写本中省代号和重文号在外形上并没有区别，于是在具体的语境中究竟是词目省代还是重文省略有时就不大容易判断了。仍以S.6691号《大佛顶经音义》为例，第二卷："哀愍，音敏，合作愍，=，怜也。"第六卷："长挹，下伊入反，或作揖，=让也。"第七卷："炎，=或作燄，=火。两音通。"第八卷下："耕磨，音摩，=，按摩。"其中的"="（"炎"字条限后一"="）究竟是词目省代还是重文省略就颇费踌躇，《敦煌经部文献合集》一、三例定作注文"愍""燄"的重文号，二、四例定作词目"挹""磨"的省代号[1]，就是这种犹豫心

---

[1]《敦煌经部文献合集》第11册，第5379、5385、5386、5388页。

态的反映。其实未必二者皆是,恐怕只有一种答案才合乎作者的本意。

又如 P.2014 号《大唐刊谬补阙切韵》平声肴韵格肴反:"蛟,龙=,似蛇,有四脚,小头细颈,=有白婴,大者数围,皆卵生,能吞人,池鱼满二千六百年,蛟来为之长也。"注文"="先后二见,原卷皆作"乚"形,《敦煌经部文献合集》初稿皆录作"蛟"。考上揭注文源自《山海经·中山经》"觊水……东南流注于汉,其中多蛟"郭璞注:"似蛇而四脚,小头细颈,有白瘿,大者十数围,卵如一二石甕,能吞人",其中的"小头细颈,有白瘿"《唐开元占经》卷一二〇、《艺文类聚》卷九六、《太平御览》卷九三〇引皆作"小头细颈,颈有白婴(瘿)"。据此,"=有白婴"当校录作"颈有白婴(瘿)","="为前"颈"的重文号;而上文"龙"后的"="则确应为字头"蛟"的省代号。同卷同一大韵又云:"包,步交反,=裹;又本象人怀妊,巳在中,象子未成,元气起子,男左行卅,女右行廿,俱立巳,为夫妇,妊于巳,=为子也,从勹、巳;亦角姓。"注文中的"="亦应分别为字头"包"的省代号和"妊于巳"的"巳"的重文号(朱骏声《说文通训定声·颐部》:"〈子〉未生在腹为巳。"),二者符号相同,功用却不一样,可与上例互勘。

再看下面的例子:北敦 5639(北 8722,李 39)《藏经音义随函录》所载《佛说义足经》上卷音义:"祓辟,上卑吉反,经意是必,乚,审也,诚也,实也;又音佛,佛,理也;并正作髴也。应和尚以勇字替之,余肿反,非也。又《玉篇》音捐,王勿反,非也。经意不是勇字,今定作必字。"注文"经意是必"后的省书符号及下文后一"佛"字《高丽藏》本《藏经音义随函录》第拾叁册皆作"乚"形省书符。根据《高丽藏》本《藏经音义随函录》的通例,字头在注文中重出时多用短竖形省书符,注文重文则用"乚"形省书符。上例"经意是必"后的省书符确可能是"必"字重文省书,但"又音佛"后的"乚"却未必是"佛"字省书,而应是词目"祓"字的省书,这个音佛的"祓"盖借用作"髴"。《广韵·物韵》符弗切(与"佛"字同一小韵):"髴,理也。"音义皆合。而"佛"字古书并无释"理"者,其义不合。底卷重文作"佛"者,盖其所据底本本作省书符号,乃词目省书,传抄者不达其例,误以为"佛"字的重文号,加以回改,遂致其义不可通矣。

正是因为省代号和重文号外形相同,容易造成判别的困难,故后来《高丽藏》本《藏经音义随函录》词目省代号往往改用短竖形,注文重文省书则仍用"乚"形符号来表示,有意识地加以区别;但省代号仍有未加更改或改而未尽的,上揭"又音佛"后的"乚"大概就属于改而未尽之例。

三　省代号与连读成训

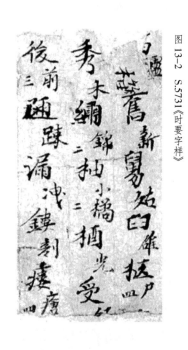

图 13-2　S.5731《时要字样》

《敦煌遗书总目索引·斯坦因劫经录》5731 号《时要字样》卷下说明："存第三第四,体例特别,如旧字右下角注一新字,舅字右下角注一姑字,帐字右下角注以幄字,胀字右下角注一胖字。"(泉按:末句"胖"当据原卷作"胖",倒二句"以"当为"一"字误排)原卷局部如图 13-2 所示。

这种"特别"的体例,张金泉教授认为是被注字和注字连读为训之法[1]。如"旧"下注"新",是指"旧"为新旧之"旧";"舅"下注"姑",是指"舅"为姑舅(亦称"舅姑")之"舅";"帐"下注"幄",是指"帐"为幄帐之"帐";"胀"下注"胖",是指"胀"为胖胀之"胀"。而不是说"旧"有"新"义,"舅"有"姑"义,等等。又如 S.6208 号《时要字样》:"义,文;议,论;谊,贾。"又:"冀,州;概,稠;记,书;溉,灌。""谓,此之;渭,水;蝟,刺;纬,经。""瘦,肥;漱,口。"这是指"义"为文义之"义","谊"为汉代贾谊之"谊","记"为书记之"记","谓"为此之谓之"谓","蝟"为刺蝟之"蝟","瘦"为肥瘦之"瘦",等等,余皆仿此。

这种"特别"的体例,并非仅见于《时要字样》,而在其他一些敦煌字书、韵书、音义书中也经常可以见到。如 S.388 号《正名要录》"本音虽同,字义各别例":"藜,藿;藜,蘆。"又:"沽,洗;酤,酒;姑,且。""希,望;稀,概。""襜,帷;襜,褕,蔽膝。"又如《王一》寒韵古寒反:"肝,心,金藏。"S.2071 号《切韵笺注》虞韵方主反:"俯,仰。"又同一大韵无主反:"舞,歌。"又同书质韵民必反:"蜜,蜂。"又如 S.6691 号《大佛顶经音义》第五卷:"滴,水。都历反。"这些被注字和注字大抵也应连读成训,而非直接的意义阐述。如"沽"是"沽洗"之"沽","沽洗"为古钟名;"稀"是稀概之"稀",稀与概为反义词(《说文·禾部》:"概,稠也。……稀,疏也。"段注:"稀与概为反对之辞。");"俯"是俯仰之"俯",俯与仰是反义对

---

[1]《论〈时要字样〉》,《浙江社会科学》1993 年第 4 期,第 79—83 页。

举;“滴”字注“水”,并非指“滴”即“水”,而是指“滴”为水滴之“滴”,P.3429+3651号《大佛顶经音义》注文正作“水滴也”。

对敦煌字书音义书中这种“特别”的体例,我们在校读时应给予特别关注。如S.6208号《时要字样》“去”下注“住”,而《王二》释“不住”,此并非底卷脱“不”字,而是指“去”为“去住”之“去”也。又如同卷“况”下注“意”,或据《广韵》以“意”为“善”字之讹(《广韵·漾韵》:“况,匹拟也,善也。”),实则此指“况”为“意况”之“况”也。再如S.5731号《时要字样》“屑”下注“捿(栖)”,乃谓“屑”为“栖屑”之“屑”(“栖屑”为奔波不安貌,古书多见),或以为“栖”系注音字,而定作“是入声消变之兆”,误矣。

这种被注字和注字连读成训的体例,可能是由古代训诂连读成训的方法省变而来的。我们知道,古代辞书或音义书在训释词语时,有时字头作为训释语的一部分需要在注中重出。如《王一》虞韵附夫反:“夫,若夫,语端。”同书寘韵以豉反:“易,难易。”又《王二·唐韵》鲁当反:“狼,狼虎。”这是指“夫”为“若夫”之“夫”,“易”为“难易”之“易”,“狼”为“狼虎”之“狼”,字头在注中重出,与另一个或若干个字一起组成一个人们熟悉的双音词或多音词,借以达到解字释义的目的。由于这个双(多)音词的另一部分也许与字头的意义不一样甚至是完全相反的(如“难易”之“难”),所以注文中重出的字头通常是不能省略的,但却可用省代号来代替,于是便出现了以下省略式:S.2071号《笺注本切韵·虞韵》:“夫,若=。”同书唐韵:“狼,=虎。”故宫旧藏裴务齐正字本《刊谬补缺切韵·寘韵》:“易,难=。”而古书中有些省代号其实是不必要的(比如注文中与字头组成双音词的另一半是同义词时,字头就可省略;另外如前举古代辞书中有误赘省代号的现象),受此影响,当“难=(难易)”“=虎(狼虎)”“若=(若夫)”省代号被略去的时候,被注字和注字必须连读成训的情况就发生了。如上举“幨,帷;襜,褕,蔽膝”条,可能就是由“幨,幨帷;襜,襜褕,蔽膝”→“幨,=帷;襜,=褕,蔽膝”的形式省略而然。《广韵·盐韵》处占切:“幨,幨帷。《释名》曰:床前帷曰幨。襜,襜褕,蔽膝。”S.2071号《笺注本切韵·盐韵》:“幨,帷。襜,=褕,蔽膝。”可证。又如“藜,藿;蘩,芦”条,也应是由“藜,藜藿;蘩,蘩芦”→“藜,=藿;蘩,=芦”的形式省略而来的。《广韵·齐韵》郎奚切:“藜,藜藿。……蘩,蘩芦。”可证。又如上举《王一》“肝”注“心”,而S.2071号《切韵笺注》同一小韵注“=心”,“心”显即“=心”之略;S.2071号《切韵笺注》“俯”注“仰”,而故宫旧藏裴务齐正字本《刊谬补缺切韵》注“=仰”,“仰”显即“=仰”之略;S.2071号《切韵笺注》“蜜”注“蜂”,而故宫旧藏裴务齐正字本《刊谬补缺切韵》注“蜂=”,“蜂”显即“蜂=”之略。又如S.5731号《时要字样》卷下:髑,髅;渎,沟;斛,斗;謏,诋;鵚,鹙;簏,箱;蝠,蝙;茯,苓;妯,娌。而S.2071号《笺注本切韵》入声屋韵相关切音下则作:髑,=髅;渎,沟=;斛,=斗;詃,诋=;鹑,=鹜;簏,箱=;蝐,蝙=;茯,=苓;妯,=娌。显而易见,前一种表示法应是后一种表示法简省的结果。

试再比较以下几组词:

1. S.6208 号《时要字样》:迥,行;缋,画;阆,闹(阆)。

　S.6117 号《时要字样》:迥,=行;缋,=画;阆,=阆。

2. S.6208 号《时要字样》:辈,我;咳,唾;欬,[嗽];铠,胄。

　S.6117 号《时要字样》:辈,=我;咳,=唾;欬,=嗽;铠,=胄。

3. S.6208 号《时要字样》:[震],雷;振,动;赈,济。

　S.6117 号《时要字样》:震,=雷;振,=动;赈,=济。

比较这几组词,前后两种类型的繁简关系恐怕也是一目了然的。所以我们似乎可以说,被注字和注字连读成训,实际上就是注文中省略了省代号。我们今天在理解时,就应该把那个实际上被省略了的符号加以还原,这样才不至于被其表象所迷惑。事实上,由于被注字注字连读成训的体例后世的刻本书籍中罕见,因而很容易造成理解上的歧异。如《集韵·末韵》莫葛切:"胅,肚也。"《汉语大字典》据以释"胅"为"肚子"。然这一意义的"胅"前无所本,可疑。颇疑注文"肚也"应与字头"胅"连读成训,读作"胅肚也"。P.3391 号《杂集时用要字》"衣物"类有"🄰肚",前一字左部作月旁,右下部作"小"形,右上部残泐,据残形,似即"胅"字。而所谓"胅肚"当即《广韵》同一读音的"袜肚"。《广韵·末韵》莫拨切(与"胅"字同音):"袜,袜肚。""袜肚"相当于今之肚兜,其字又作"胅"者,涉"肚"字类化换旁也。辞书编者不知"胅"为"袜"的类化换旁字,又不知古有被注字注字连读成训之例,遂径释"胅"为"肚子",甚矣其谬也。

又如《玉篇·卤部》:"塴,音鲁,沙也。"《字汇·卤部》:"塴,郎古切,音鲁,沙也。○与土部堎字义不同。"《正字通·卤部》"塴"字下云:"卤、堎、塴,并俗卤字,旧注'沙也,与土部堎字义不同',分卤、堎为二,误。"《汉语大字典》据《玉篇》释"塴"为"沙",又据《正字通》释"塴"同"卤"。其实《玉篇》释"沙也"的"塴"亦即"卤"的俗字,原书系被注字注字连读成训,意谓"塴"为沙卤之"塴",而非谓"塴"即沙卤。P.2172 号《大般涅槃经音》经文第三十三卷出"塴"字,直音"路"。S.2033 号《大般涅槃经》卷三三:"如三种田,一者渠流便易,无诸沙塴、瓦石、棘刺,种一得百;二者虽无沙塴、瓦石、棘刺,渠流难险,收实减半;三者渠流险难,多诸沙塴、瓦石、棘刺,种一得一。"其中的"塴"字北敦 1827、北敦 5932、P.2117 号经本略同,北敦 2123 号经本作"卤"。又 S.49 号《大般涅槃经》卷二:"良田平正,无诸沙塴、恶草、株杌。"其中的"塴"字北敦 2350 经本作"卤"。又北敦 3100(北 6470,云 100)

号《大般涅槃经》卷二九："唯患路险,多有盗贼、沙壐、棘刺,乏于水草。"其中的"壐"字《中华大藏经》影印金藏广胜寺本同,S.2135、北敦 6349 号经本作"卤"。凡此皆"壐""卤"异文同字,"壐"即"卤"也。《集韵·姥韵》以"滷""壚"为"卤"字或体,《正字通》又以"壐"为俗"卤"字,皆是也。"壐""壚"显为一字之变。

相反,假如我们掌握古书被注字注字连读成训的通例,就有可能解决古代辞书校释中的一些疑难问题。如以下二例:

S.388 号《正名要录》"本音虽同,字义各别例":"禺,番;隅,陬;嵎,*屄*。"按《广韵·虞韵》:"禺,番禺县。"《初学记》卷八引《南越志》:"番禺县有番、禺二山,因以为名。""禺"下注"番",指"禺"为番禺之"禺"应无疑问。但"嵎"下注*屄*,蔡忠霖《敦煌字样书〈正名要录〉研究》把"*屄*"字录作"尼"[1],从字形上看是正确的,"尼"字俗书多作"屄"形,但"嵎"字既无"尼"训,古书亦未见称"嵎尼"或"尼嵎"的,故或疑"*屄*"为"丘"之误[2]。其实"嵎"下的脚注字"*屄*"乃"㠯"字俗讹,"㠯"同"夷"。原书"嵎"下注"㠯",乃指"嵎"为"嵎㠯"之"嵎"。"嵎㠯(夷)"为古地名,相传为日出之所。《书·尧典》:"分命羲仲,宅嵎夷,曰旸谷。"孔传:"东表之地称嵎夷。"了解古书被注字注字连读成训的通例,才为我们破解"嵎,*屄*"这样的难题创造了条件。

又 S.388 号《正名要录》"本音虽同,字义各别例":"刹,和;誓,审;察,监。"考古书未见"刹"释"和"者或"刹""和"连用者,疑注文"和"为"利"字之讹,原文"刹"释"利"当系被注字注字连读成训,乃指"刹"为刹利之"刹"。"刹利"即刹帝利之略,系梵语音译,为印度第二种姓。

附带指出,日本释空海(774—835)据南朝梁顾野王《玉篇》编纂的《篆隶万象名义》的古写本中也有注文中省略字头的情况。如该书人部:"偓,於乐反,俭,佺。"[3]后一义谓"偓"为偓佺之"偓"。又云:"佮,古会反,市。"此言"佮"为市佮之"佮"。又:"倜,他激反,……傥,卓异。"宋陈彭年等重修本《玉篇》作:"倜,他激切,倜傥也。"又:"倥,口并(弄)反,侗,无知貌。"《广韵·东韵》苦红切作:"倥,倥侗。"又同书言部:"诪,竹尤反,张,诳。"原本《玉篇》残卷(据中华书局 1985 年影印本)作:"诪,竹尤反,《尚书》'无或胥诪张为幻',孔安国曰:诪张,诳也。"宋陈彭年等重修本《玉篇》作:"诪,竹尤反,诪张,诳也。"又

---

[1]《敦煌字样书〈正名要录〉研究》,台湾中国文化大学中国文学研究所硕士学位论文,1994 年,第 371 页。

[2]《敦煌音义汇考》,1996 年,第 830 页。

[3] 张小艳谓"俭"为"佺"字误书而未删去者,当是。

云："詚,竹逅反,譆,詀說。譆,女逅反,詚。"原本《玉篇》残卷作："詚,竹逅反,《坤苍》:詚譆,詀說也。……譆,女逅反,《声类》:詚譆也。"又："詑,他鹿反,诋。"宋陈彭年等重修本《玉篇》作："詑,他鹿切,诋詑。"丁锋博士在谈到《篆隶万象名义》迻录原本《玉篇》"改省字训"的情况时曾说:极端的情形是支解连绵词,如"缱"下应注"缱绻"而省作"绻"之类,一味地简省篇幅,令结果走向了反面。[1]其实,《篆隶万象名义》古写本省略《玉篇》原书中在注文中重出的字头,可能正是沿用了中国古人抄书用省代号并进而省略的惯技,丁锋斥为"支解连绵词",似仍未达于一间。

---

[1]《原本玉篇残卷の版本源流及び『篆隶万象名义』との传承关系》,熊本学园大学《文学·言语学论集》第 8 卷第 1 号,2001 年 6 月 15 日,第 69—90 页。

第二节 省书

敦煌写卷中,抄手遇习见或重出之词句,有仅写起始一字或数字,而其下一字或若干字则用省书符号略去之例。其省书符号与重文号略同,多作"ㄟ""々"等形,但往往与上一字的末笔连书,故写法略有变异。如果省略的内容省书符号难以指代清楚,亦有不用省书符号而直接用说明文字加以提示的。其习见省书之词句,包括习词、套语、重句、引语等。以下分别举例说明(省书符号录文中一般用"="号代替,必要时附载图版)。

一 习词省书[1]

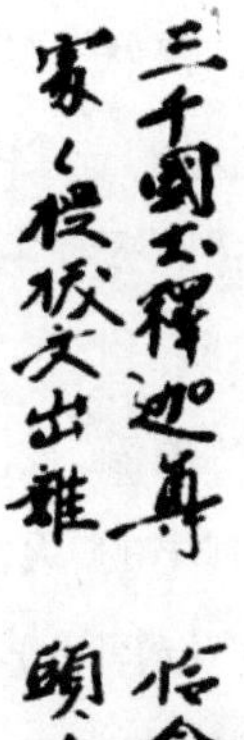

敦煌写卷于上下文常见之词语,有仅写前一字,而其后一字则用省书符号略去之例。例如:

P.2418 号《父母恩重经讲经文》:"三千国土释迦尊,怜念众=不可论。处=提拔交出离,头=接引越迷津。""处"后"头"后的符号为重文省书。"众="写卷本作"众ㄟ"(图 13-3),曾荣汾谓即"众生"之略(《敦煌变文集》已径录作"众生")。因"众生"为该篇习词(上文已九见),抄手写到这里便只写了个"众"字,"生"字则用省略符号代替了。该卷省书符号多作"ㄟ"形,"众"下的省书符则明显受到"众"字末笔的影响而连在了一起。

P.2133 号《金刚般若波罗蜜经讲经文》:"言欢喜者有三清净。言三清净者:一、能说清净,是佛也;二、所说清=,是教也;三、闻经得果清=,是众也。""清="下字原卷分别作"ㄟ""ㄟ"形(图 13-4),《敦煌变文集》校读作"清净"(页 446),是也。"清净"为该篇习词(引例上

图 13-3 P.2418《父母恩重经讲经文》

---

[1] 曾荣汾《敦煌写卷书写符号用例试析》称为"成词省略例",他说:"敦煌写卷中若遇惯用词汇,有唯写词头上字,下字则以二点略之之例。"文载《木铎》第 8 期,1979 年 12 月,第 360—361 页。下引曾说俱见于此文,不一一出注说明。

图 13-5 Φ.275《经律异相》

图 13-4 P.2133 号《金刚般若波罗蜜经讲经文》

文已三见,前此另又一见),故抄手下文重出时省书之。

Φ.275 号《经律异相》卷十:"睒长跪白父母:本发大意欲入深山,求志空寂无上正真,岂以子故而绝本愿。人在世间无常百变,命非金石对至无期。愿如本意,宜及上时入山清净。我自供—不失时节。"(图 13-5)"供—"应为"供养"省书,《大正藏》本正作"供养"。该卷上文有"子供养父母六七日中"句,已见"供养"一词,故抄手下文重出时省书之。

有的词语,虽然上下文未必出现过,但由于是书手平时惯用之词语,下字同样可以省书之。P.2054 号《十二时普劝四众依教修行·人定亥》:"眼目昏,耳沉聩,渐觉心神转昏昧。寑长逢过往人,神魂已入幽冥界。"截图字上部为"寑"字,下部异本上博 48 号作"ㄥ",另一本 P.2714 号作"寐",前二号底卷下部的字形实即"寑寐"之"寐"的省书符号。这篇长诗的上文虽然并未出现过"寑寐"一词,但由于这是当时的一个习语,抄手仍可只写上字而下字用省书符号来代替。又如 S.4451 号《上生礼》:"愿灭三障清烦ㄑ,愿得知慧心明了。普愿罪障并清除,世ㄑ常行菩萨道。"后一"ㄑ"显然是"世"的重文号,但前一"ㄑ"却不应是"烦"字的重文号,而应是"恼"字的省书符号。"烦恼"是佛典中的习语。同篇上文有"慈氏圣者放白毫光,灭恼除烦三毒恚{祸}火"句,其中的"灭恼除烦"P.3840 号、S.5433 号写本作"灭除烦恼",可资参证。浙敦 99 号《佛经注疏(问答)》:"凡夫烦、障,故生种、异见。"后一"、"应为"种"字的重文号,而前一"、"则亦应为"恼"字的省书符号,可以比勘。

这种省略办法,对抄手本人来说自然不致引起误解,然而时过境迁,在一千多年以后的今天,读者就有可能不知所云了。而且即使知道了这种省略办法,在具体判断究竟省略了什么字时,有时也难免不出差错。试看如下数例:

《敦煌变文集新书》卷二《盂兰盆经讲经文》:"舍卫国者好嘉名,人物英雄心猛利。国王太子兼长者,诸佛如来往彼中。给孤长者须达,闻佛功德心中喜。火急归来造精舍,便买祇陀太子园。"校记云:"'须'字右下有细书'了'字。"[1]按:上下文皆七字句,独"给孤长者"句六字,不合语例。查原卷台图 32 号,如 13-6 所示,所谓细书的"了"字原卷作"彡",写在"须""达"二字右侧,原文实应作"须达多"。盖"须达多"为抄手所熟知,故仅写"须达"二字以示意,而把"多"字用"彡"形符号省去了。不过这省去的"多"本应在句末,抄手却置于"须""达"二字之间,就难免滋人疑误了。

图 13-6 台图 32 《盂兰盆经讲经文》

《敦煌变文集》卷四《难陀出家缘起》:"若论进止威仪,恰共如一(来)不别。"(页 400)又云:"但得如一(来)与剃发,身被法服好因缘。"(页 401)《变文集》校"一"为"来",从文意看显然是可取的。但何以"来"会误作"一",却端的令人费解。覆按写本原卷 P.2324 号,所谓的"一"字与上一草书的"如"字相连分别作"𡆆""𡈽"形(图 13-7),原来就是"如来"二字的省书。"如来"大概是抄手惯用的词语(该篇上文未见用例,下文尚有一见,径书作"如来"不省),所以下字便用省略的办法来表示。P.3808 号《长兴四年中兴殿应圣节讲经文》:"是知𡈽妙行,国主能修。"其中的"𡈽"《敦煌变文集》录作"如来"(页 418),是也。然前二例《变文集》把"来"字的省书符号录作"一",又不加以说明,读者便难免如坠五里雾中了。

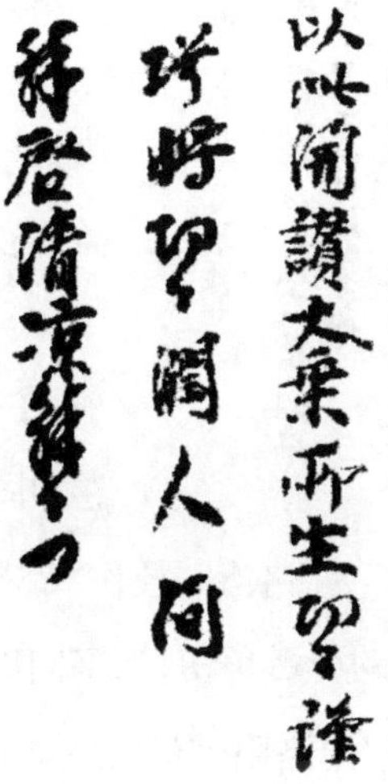

图 13-8 P.3808《长兴四年中兴殿应圣节讲经文》

图 13-7 P.2324《难陀出家缘起》

又《敦煌变文集》卷五《长兴四年中兴殿应圣节讲经文》:"以此开赞大乘所生功功,谨奉上[庄]严尊号皇帝陛下。"(页 412,原文断句及文字多误,此参酌原卷校正)徐震堮校:"'功功'疑当作'功德'。"[2]按:徐校是也。所谓"功功"原卷 P.3808 号本作"𡈽"(图 13-8 右),曾荣汾谓即"功德"二字的省书。同书下文:"妙展慈悲安国界,巧将功力润人间。"(页 416)所谓"功力"原卷作"𡈽"形(图 13-8 中),曾荣汾谓也是"功德"省书,甚是。校

———————————
[1] 潘重规《敦煌变文集新书》,台北:文津出版社,1994 年,第 494 页。
[2] 《敦煌变文集校记补正》,《华东师范大学学报》1958 年第 1 期,第 38 页。

者不察,一误作"功功",再误作"功力",皆因昧于习语省书之法。

同上篇:"当时法会佛为尊,解启清凉解□门。"(页 415)按:"解□"原卷作"𦥑"(图 13-8 左),"解"下的"々"形符号显然也是省书的标记。但这是什么字的省书呢?颇费斟酌。据文意看,省书的可能是"脱"字。佛教谓脱离一切烦恼,进入自由无碍的境界为解脱,亦称涅槃。但上下文未见"解脱"一词,所以究竟是不是"脱"字,那就很难保证了。

图 13-10 S.530 背《斋仪摘抄》

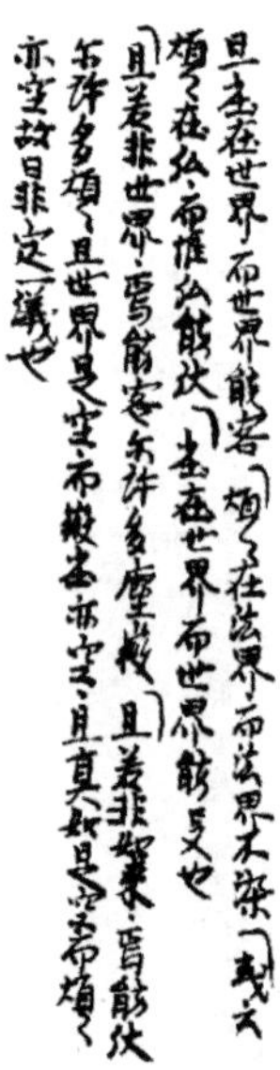

图 13-9 P.2133《金刚般若波罗蜜经讲经文》

又《敦煌变文集》卷五《金刚般若波罗蜜经讲经文》:"且尘在世界,而世界能容,烦烦(恼)在法界,而法界不染。"(页 438)所谓"烦烦"下字原卷 P.2133 号本作"𖠋"形(图 13-9),实即"烦恼"省书。"烦恼"为本篇习词,上文已四见,故从此句开始该词重出时其下字原卷多省书之。《变文集》录作"烦烦",再校改作"烦恼",实属多事。同篇下文"烦恼"一词另八见,原卷皆作类似省书写法,《变文集》径录作"烦恼",是也。

又 S.530 号背《斋仪摘抄》:"病愈意:公谦君子,𣲴英才,常怀三义之心,每有断金之美。"原卷如图 13-10 所示。《郝录》第 3 卷于"谦"后补一"谦"字,近是;又录"𣲴"为"洛洛",校作"莘莘"(页 88),则似未确。"洛"字《广韵》入声铎韵音卢各切,"莘"字觉韵音吕角切,二字同声却不同韵,古书中亦未见通用之例。窃谓"𣲴"当作"洛下"。"洛下"指洛阳,晋潘岳《西征赋》有"终童山东之英妙,贾生洛阳之才子"之句,后泛称洛阳有才华的人为"洛阳才子","洛下英才"犹言"洛阳才子"。S.619号《读史编年诗》卷上:"气如雕鹗迅莫群,此日洛下初氛氲。"S.692 号《秦妇吟》:"自从洛下屯师旅,日夜巡兵入村坞。"均用"洛下"一词。[1]

又 P.2999 号《太子成道经》:"太子闻说,遂奏大王:若儿取其新妇,令𠴱造一金指环,[儿]手上带之。"截图字《敦煌变文集》校记录作"垓",称据甲、乙、丙、丁、戊、庚卷改

---

[1] 校按:"𣲴"也有可能确应录作"洛洛",但"洛洛"不应校作"莘莘",而应读作"落落","洛洛""落落"古通用。P.2653 号《韩朋赋》:"三鸟并飞,两鸟相博(搏),一鸟头破齿落,毛下纷纷,血流洛洛。"其中的"洛洛"S.2922号"落落",是其例。"落落"喻俊伟大气。唐杨炯《和刘长史答十九兄》:"风标自落落,文质且彬彬。"(《全唐诗》卷五十,北京:中华书局,1980 年,第 617 页)

作"巧匠"。[1]《敦煌变文校注》则称原卷实作"巧(巧)",脱"匠"字。[2]其实截图字应该分成"巧""ㄅ"两部分,前者《敦煌变文校注》定作"巧"的俗字是对的,其下部分则是"匠"字省书。本篇上文虽然未见"巧匠"一词,但这是一个习用词,所以本卷抄手只写一个"巧"字,"匠"字则用省书符号省略了。这个例子同样属于习语省书,不能认为原卷脱"匠"字。

又 S.4270 号背《涅槃经变榜题底稿》:"尔时宝冠(棺)即自升空中,高一多罗树。大众见已,唱言、、、、:我等无福。"如图13-11b 所示,原卷"唱言"下有四点,《索引新编》未录,《郝录》第19 卷录作"唱言"二字。查本卷上文:"尔时佛母将诸眷属从天下来,至娑罗林间,乃见金棺收敛已毕,悲泣绕棺,凡数十币,唱言:呜呼苦哉= = =。"如图 13-11a 所示,其中"呜呼苦哉"下底卷作四个"ㄥ"形重文符号,《郝录》定作"呜呼苦哉"四字省书,甚是。而下文"唱言"之下的四点,《郝录》第 19 卷征求编委意见

b   a

图 13-11 S.4270 背
《涅槃经变榜题底稿》

时,我提出也许并非"唱言"二字的重文号,而很可能是"呜呼苦哉"四字的省书符,原文当校读作:"大众见已,唱言:呜呼苦哉,我等无福。"可惜我的意见最终没有被采纳,定稿时仍定作"唱言"的重文号,这恐怕是不可取的。这个例子也说明,习语省书容易造成读者判断的分歧,需要谨慎为之。

二 套语省书

与习语省书的情况相类似,敦煌写本中又有套语省略的通例。如变文、讲经文中韵文的一段唱词结束,要转入另一方面的内容时,唱词的末几字往往是"唱将来""唱将罗""好为唱将罗"等,这些套语,相互之间并没有多大的区别(末字用"来"还是用"罗"主要根据上下文的韵脚决定),所以传抄者有时也采用了省略的办法。究其省略之法,则大要有三:

1. 直接省去这些套语,而不加任何标志。如《敦煌变文集》卷五《维摩诘经讲经文》:"大觉世尊才说法,更有阿谁后到也"(页 553,"尊"原录误作"界",此据原卷正)。"后到

---

[1]《敦煌变文集》,第 307 页校记〔八八〕。
[2]《敦煌变文校注》,第 453 页校记〔一八五〕。

也"下语意未完,王庆菽于"也"字后补上"唱将来"三字,极是。"来"与上文"排"、"才"(《敦煌变文集》误作"中")、"开"等字押韵。又前文云:"当日世尊欲说法,因更有甚人也唱将来。"(页542,此例"将来"二字原卷作"了"字形省略标记,参下)后文云:"总到庵园齐礼佛,作何礼教也唱将来。"(页560)文例并同,足资校正。

2. 省去这些套语的末一、二字,而不加任何标志。如同篇:"当日一时齐赴会,在何处听说也唱将"(页533),原校于句末补一"来"字,极是。"来"与上文"哉""雷""排"等字押韵。

3. 省去这些套语的全部或一部分,而以省略符号表明之。如同篇:"当日世尊欲说法,因更有甚人来也唱将来。"(页542)"将来"二字原卷S.4571号本作一拉长的"了"字形省略标记,表示有所省略。根据韵脚和该篇文例,《敦煌变文集》径补"将来"二字,是正确的("来"字和上文"催""回""垓""开"等字押韵);又上下文屡见"次弟唱将来""便请唱将来""作何礼教也唱将来"等以"唱将来"作套语殿后的唱段)。

这种套语省略的习惯,只要我们了解它的一般规律,再结合上下文进行考察,应该说是不难掌握的。但如果校录者对这种省略事先并不了解,那同样容易造成失误。下面我们就举《金刚般若波罗蜜经讲经文》为例,试作说明:

《敦煌变文集》卷五《金刚般若波罗蜜经讲经文》:"指示恒河沙数问,经中便请唱唱罗。"(页426,"问"字原书误作"了",兹从原卷正)又云:"施惠万般求福德,三千七宝唱唱罗。"(页428)又:"诸相未知何似许,文中应有唱唱罗。"(页429)又:"听取经中没语道,分明好为唱唱[罗]。"(页431)又:"六段文中第四段,都公案上[唱唱罗]。"(页434)又:"偈颂适来言已了,长行好为唱彡[唱罗]。"(页435)又:"各请敛心合掌手,衣(依)前好了[唱唱罗]。"(页439)这一篇中"唱唱罗"如上所列凡七见,可谓是累著于篇。然而其义云何?考之其他变文,俱未见"唱唱罗"之语,是其可疑者。检核写本原卷P.2133号,上述七例如图13–12a所示,依次作:"经中便请唱﹜罗""三千七宝唱﹚罗""文中应有唱﹜""分明好为彡""都公案上﹜""长行好为唱﹚""衣(依)前好﹜",无一例是直接作"唱唱罗"的。其中的"﹚"或"了"形符号,显然是省略标记。但省略的是什么字?我们认为前六例句末应分别补足作"唱将罗"或"唱将来",后一例应补足作"依前好为唱将罗(或'来')"。同卷有云"三心难弁(辨)唱将罗""修何善法唱将罗""如来义理唱将罗""清令雅调唱将罗""且当第一唱将罗""谁人领解唱将罗",又有云"三千七宝唱将来""又分两段唱将来""不教贪处唱将来""断除法相唱将来""如如不动唱将来""再三相劝唱将来",又有云"分明好为唱将罗"(俱写本原卷如此,不省略),足证"唱将来""唱将罗""好为唱将罗"为本篇常见套语[1]，所以抄手写到这类套语，有时便用省略的办法，或省"将"字，或省"来"字、"罗"字（参见下文），或省"将来""将罗"，径或全部省去，而以省略符号表示之。抄手意本明显，而校者不察，先误"唱 ⁊ 罗""唱 ⁊ 罗"中的省略标记为重文号，继又据此误录之"唱唱罗"推勘拟补下文其他省略符号，以致一误再误，其失也甚矣。

图 13-12　P.2133《金刚般若波罗蜜经讲经文》

同篇："大众敛心合掌着，高声ㄅ［为唱将罗罗］。"（页 434）又云："法报二身人不会，由如何等唱将将。"（页 438）按："高声为唱将罗罗""由（犹）如何等唱将将"文句欠安，"将罗罗""唱将将"尤不成语（其他变文中未见类似的话）。核检写本原卷 P.2133 号，前例"高声"下作"〕"形，后例"由如何等唱将"下作"〔"（图 13-12b），"〕"与"〔"应皆为省书标记，根据该篇文例，前例所省的字应为"好为唱将罗"（"罗"与上联"何"字押韵），后例应为"罗"字（"罗"与上联"他"字押韵）。校者不谙抄手套语省书之法，臆为校补，其不合也必矣。

同篇："假设虚施皆不用，真言实语唱将［来］。"又云："各请敛心合掌着，能加字数唱将［来］。"（页 430）该二例句末的"将"字原卷 P.2133 号末笔往下拖曳（图 13-12c），实即指"将"字下有省略。至于所省略的字，前例《变文集》补"来"字是对的，"来"为韵脚字，与上文"台""开"押韵。后例的上文是散文，不存在押韵的问题，根据该篇文例，补"来"或"罗"字皆可；《变文集》补一"来"字，既未必是，亦未必非，仍当以存疑为是。

除唱词中的套语省书外，敦煌写本中还有套语留空待补的情况，如 P.2305 号《解座文汇抄》："闻身强健早修行，不如自——"又云："日晚念仏归舍去，莫交老——"（图 13-13）"自"后"老"后显然有所省略，但上下文并没有类似的句型可供比勘，所省去的内

[1]　"唱将罗"与"唱将来"义同，"罗"同"啰"，为句末助词。《广韵·歌韵》："啰，歌词。"《集韵·戈韵》："啰，歌助声。"

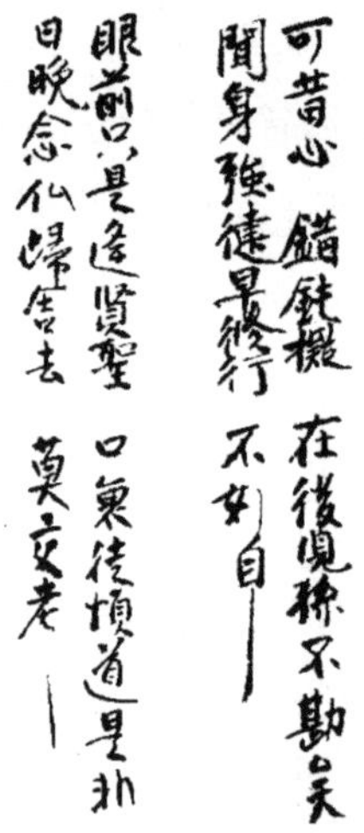

容大约是可以根据听众对象本身的不同临时增补的，如"老"可以是老婆、老公，也可以是老父、老母，读者以意逆之可也。

三　重句省书[1]

　　佛教偈颂、歌辞及变文等讲唱文学作品的唱词，往往一大段中每隔几句会出现一句重复的句子，就同一主题的内容反复讲唱，藉以增加节奏感和感染力。如 P.2292 号《维摩诘经讲经文》："长行布施莫希亡（望），无住心中谁短长，一切与人安乐着，此个名为真道场。"接着一大段唱词，每隔三句便重复出现"此个名为真道场"一句，反复宣唱，重复达十二次之多。对这种重复出现的句子，敦煌写本的抄手往往也用省书的办法，只写句首几字以为提示，其余部分则用省略符号（常见为拉长的"了"字形、点号、竖线）或"云-"字样，或空出位置不书予以省略。如 S.4571 号《维摩诘经讲经文》："信心若解修持得，必定行藏没疏失。恶事长时与破除，善缘未省教沉屈。寻常举动见闻深，凡所施为功行密。是故经中广赞扬，万般一切由心识。"接着的一段唱词，每隔七句便重复出现"万般一切由心识"一句（凡六句）。从第三个重句始，原卷只写"万般一切"四字，"由心识"三字便用点形符号省略了（图 13-14）。

图 13-13　P.2305《解座文汇抄》

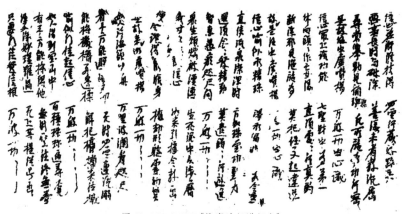

图 13-14　S.4571《维摩诘经讲经文》

[1] 曾荣汾《敦煌写卷书写符号用例试析》称为"句有重复之例"，他说："此为写卷书写符号之一大特色，上下句文有重复之处多略而不言。"《木铎》第 8 期，1979 年 12 月，第 350 页。

又如 Φ.252 号《维摩诘经讲经文》："善德当闻差选字,告诉牟尼称不易。居士他缘大辩人,我今难作如来使。"接着每隔三句,重复出现了六个以"如来使"结尾的句子,从第三个"如来使"开始,原卷就分别写作"言乖有辱云—""无光恐辱云—""争堪去作云—",至第六、第七句,就索性只写"我今非是""我今恐辱"前四字,把"如来使"三字径行省去了(图 13-15)。

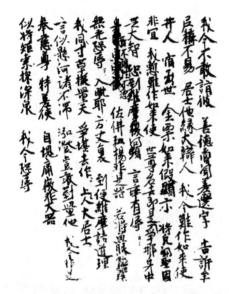

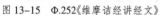

图 13-15　Φ.252《维摩诘经讲经文》

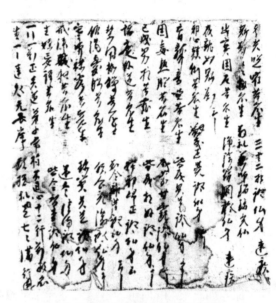

图 13-16　北敦 4018 背《药师道场》

又北敦 4018(北 8719,水 8)号背《药师道场》:"千光照耀苦众生,三十二相证佛身。速疾成就如斯愿,斯愿救众生。敬礼药师琉璃光佛。出☒困厄苦众生,净除胃网证佛身。速疾成就如斯愿云–。邪心颠倒苦众生,皆成正觉证佛身云—。……"凡十二愿。如图 13-16 所示。最后说:"一行一愿正其道,弟子常将不退心,十二行愿救众生,一一遥登无畏岸。"其中第三愿至第九愿都只有前二句,末书"云—"。第十愿至第十二愿也只有前二句,但连"云—"也略去了。第二愿末"云—"代表的应是"斯愿救众生。敬礼药师琉璃光佛",第三愿至第九愿末"云—"代表的应是"速疾成就如斯愿,斯愿救众生。敬礼药师琉璃光佛"。第十愿至第十二愿末虽无省略标记,但同样也应省略了"速疾成就如斯愿,斯愿救众生。敬礼药师琉璃光佛"。[1]

又 Дx.883 号《往生极乐赞》:

[1]　参看李小荣《敦煌密教文献论稿》,北京:人民文学出版社,2003 年,第 193—196 页。

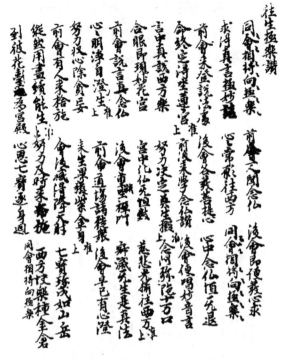

同会相将向极乐，同会相将向极乐。前会一人闻念佛，后会即便发心求。求得真言极妙法，心心常愿往西方。

同会相将向极乐，同会相将向极乐。前会来登说法处，后会各发菩提心。心中念佛恒无退，命终定得坐莲宫。

准上前后（会）来学念佛赞，后会便唱妙音言。言中真说西方乐，努力决定莫生拟（疑）。
……

图13-17　Дх.883《往生极乐赞》

　　原卷如图13-17所示。凡八首，每首六句。其中前二首"同会相将向极乐"句重出（后句皆用重文符号），后六首则仅四句，无首二句，但都有"准上"二字，即指每首之首当仿前二首于句首重出"同会相将向极乐"二句。

　　有时一段散文相近的上下文如果有重复出现的内容，抄手往往也会加以节略。如P.2406号《太上洞玄灵宝明真经科仪》："便东向九拜言曰：甲今归命东方无极灵宝天尊、已得道大圣众、至真诸君丈人、九炁天君、东乡诸灵官，今故立斋烧香燃灯，愿是以功德，照耀诸天……天下太平，道德兴隆。今故烧香，自归师尊大圣至真之德。得道之后，升入无刑（形），与道合真。毕。脱巾，叩头自博（搏），各八十一过止。"继写南向、西向、北向、东北向拜，其下本也都应有类似的发愿文字，但其中笔者加着重号的一段文字抄手都用"愿念如上法"或"愿念如上东方法"一句省代了。接着再写东南向、西南向、西北向拜，更是仅各写"次东南""次西南""次西北"三字，而其下"归命""愿念"的具体内容便用"归命、愿念悉如东北方之法"一句全部省略不书了。原卷如下图13-18所示：

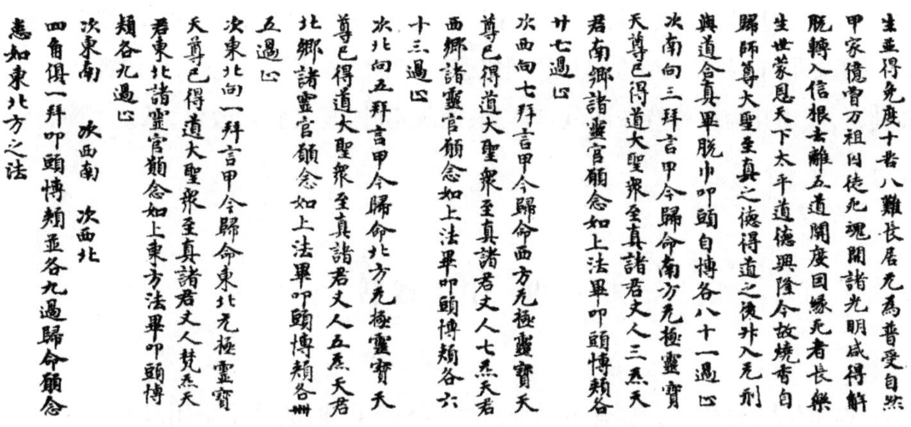

生盖得免度十者八難長居无为普受自然甲家億寶万祖凶他九塊闡諸光明咸得解脫轉入信根去離五道開度回緣无者長樂生世蒙恩天下太平道德興隆之後外入无刑歸師等真大聖真之德得道之後外入无刑與道合真畢脫巾叩頭自博各八十一遍口次南鄉向三拜言甲令歸命南方无極靈寶天尊巳得道大聖眾至真諸君丈人三炁天君南鄉諸靈官頷念如上法畢叩頭博類各廿七遍口次西向七拜言甲令歸命西方无極靈寶尊巳得道大聖眾至真諸君丈人七炁天君西鄉諸靈官頷念如上法畢叩頭博類各十三遍口次北向五拜言甲令歸命北方无極靈寶天尊巳得道大聖眾至真諸君丈人五炁天君北鄉諸靈官頷念如上法畢叩頭博類各卅五遍口次東北向一拜言甲令歸命東北无極靈寶天尊巳得道大聖眾至真諸君丈人梵炁天君東北諸靈官頷念如上東方法畢叩頭博類各九過口次東南　次西南　次西北四角俱一拜叩頭博類並各九過歸命頷念惠如東北方之法

图 13-18　P.2406《太上洞玄灵宝明真经科仪》

　　类似重句或重复内容省略的情况,在敦煌写本中颇不少见,理解时应寻绎其前后文理,恢复或领会其略去的词句。然校者失察,也有因之致误的。如:

　　《敦煌变文集》卷五《父母恩重经讲经文》:"思量我等生身母,终日忧怜男与女,为儿子抛出外边,阿娘悲泣无情绪。或仕宦,居职务,离别耶娘经岁数;见四时八节未归来,阿娘悲泣。或经营,去(求)利去,或住他乡或道路;儿子虽然向外安,阿娘悲泣。或在都,差镇戍,三载防边受辛苦;信息希疏道路遥,阿娘悲泣。"(页689—690)该篇见于P.2418号,原卷如图13-19所示。讲唱文学作品中的唱词,较多的是七言、六言和三三七七(即两个三言下接三个七言)的句式,而

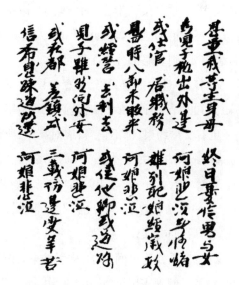

图 13-19　P.2418《父母恩重经讲经文》

像上面这种三三七七四的句式,为他处所未见。任半塘因而把它当作一种特殊的歌辞体裁,收入《敦煌歌辞总编》卷四,并说:"变文吟辞多用'三三七七七'格调,若改末七字句为四字,不叶韵,有类和声辞,则此三首所仅见,成长短句体,非认为变文中另一插曲不可矣。"(页1222)但因为"阿娘悲泣"的"泣"字为韵脚字,与上下文不叶韵,所以任氏又云:"三首'泣'字通可作'注'字,乃叶韵,格调更美满。"(页1223)其实,任氏是上了《变文集》的当。"阿娘悲泣无情绪"正是上述那种重复出现的唱词,抄手在"阿娘悲泣无情

绪"一句重复出现时,只写"阿娘悲泣"四字以为提示,其余三字便空出位置省略不书
了。[1]《变文集》校者不加照察,只录"阿娘悲泣"四字,末用句号绝句,则韵意俱失。任氏
不知其误,反称其为一种特殊的歌辞体裁;韵既不叶,复又臆加改订,承讹袭谬,变本而
又加厉了。

四　引语省书

　　古代的熟语、谚语、名言、常见的典故之类人所共知,故抄手引用时亦有省书之者。
例如:

　　《敦煌变文集》卷五《父母恩重经讲经文》:"论语云:耕也,馁在其中矣。学也云-。曲
礼云:君子如欲化民成俗,其必由乎矣。又书云:玉不琢云—。"(页685,其中的"乎矣"徐
震堮校作"学乎")按:"学也"后省略了"禄在其中矣"五字,"玉不琢"后省略了"不成器;
人不学,不知道"九字。盖因此等引语人所熟知,故抄手为省时计,予以省略。倘为适应一
般读者需要,则省略部分应予补足。

　　又同篇:"且如侍奉父母,怜念弟兄,见必喜欢,逢之赏叹。二时问讯,昼夜恭承,扇枕
温床,须知时节。此即是真孝子若是必(心)生不孝,抛弃父娘,在外经年,无心归舍。此即非是
孝子也更有父母约束,都不信言,应对高声,所作违背。甘辛美味,妻子长喰,苦涩饭食,与
父吃者。此非孝子也书云曾参。"(页676)按:"曾参"后原卷P.2418号有"云——"字样,指
文有省略。考《孟子·离娄上》云:"曾子养曾晳,必有酒肉;将彻,必请所与;问有馀,必曰
'有'。……事亲若曾子者,可也。"疑"曾参"后省略的就是《孟子》的这一内容。《变文集》
于"曾参"后绝句,误。

　　又按:变文作为民间文学,称引他书,往往信口而引举书名,不可拘泥。如上引四则
引文,除第一例确实出于《论语》外,其余三例均与所称书名不合:二、三例皆见于《礼记·
学记》,第四例盖拟引用《孟子》语。又同篇:"书云:'父母之年不可不知。'"(页689)则见
于《论语·里仁》。倘不明此理,斤斤于"书"求之,则不可得矣。

————————

[1] 曾荣汾《敦煌写卷书写符号用例试析》最早指出"阿娘悲泣"皆为"阿娘悲泣无情绪"之省,《木铎》第8期,
　　1979年12月,第352页。

第三节　省文

"省文"是指原文本有某字，传抄或传刻时因种种原因予以省略。敦煌写本中常见的省文有省虚词和复名单称两类。

一　省虚词

1. 正文省

北齐颜之推《颜氏家训》卷六书证篇云：

"也"是语已及助句之辞，文籍备有之矣。河北经传，悉略此字。其间字有不可得无者，至如"伯也执殳""于旅也语""回也屡空""风，风也，教也"，及《诗传》云"不戢，戢也；不难，傩也""不多，多也"，如斯之类，傥削此文，颇成废阙。……又有俗学，闻经传中时须"也"字，辄以意加之，每不得所，益成可笑。[1]

今验敦煌吐鲁番写本，文中及句末多有节略"也"字及其他虚词者，与颜说若合符节。例如：

P.3643 号何晏《论语集解·公冶长》："子曰：'宁武子邦有道则智，邦无道则愚。其智可及，其愚不可及。'""其智可及，其愚不可及"句 67TAM363:8/1（a）唐景龙四年（710）卜天寿抄本《论语郑氏注》同，阮元刻《十三经注疏》所收宋邢昺疏《论语集解》本二"及"下均有一"也"字，疑无"也"者为抄手节略。

P.3193 号何晏《论语集解·学而》："有子曰：'信近于义，言可复。恭近于礼，远耻辱。'"P.2618 号写本同。阮元刻《十三经注疏》所收宋邢昺疏《论语集解》本"言可复""远耻辱"句下皆有"也"字。上揭敦煌写本无，疑为抄手节略。英国印度事务部图书馆藏敦煌

---

[1] 王利器《颜氏家训集解》（增补本），第 436—437 页。

写本 103 号何晏《论语集解》残卷及 P.3573 号《论语义疏》本"言可复"句下亦有"也"字（"远耻辱"句下无），可资参证。

67TAM363:8/1（a）唐景龙四年（710）卜天寿抄本《论语郑氏注·八佾》："礼，与其奢也宁俭；丧，与其易宁戚。"（《唐吐》叁–572）与上文相较，后句"易"下当节略一"也"字。S.7003 号何晏《论语集解》及阮元刻《十三经注疏》所收宋邢昺疏《论语集解》本"易"下正有"也"字。[1]

同上篇："二三子何患于丧乎？天下无道久矣。"（《唐吐》叁–575）后句 S.3339 号《论语郑氏注》及 P.2904、P.3972 号何晏《论语集解》写本作"天下之无道久矣"，阮元刻《十三经注疏》所收宋邢昺疏《论语集解》本则作"天下之无道也久矣"，卜写本当有节略。

同上篇："子曰：'《韶》，尽美矣，又尽善。'谓《武》：'尽未（美）矣，未尽善。'"（《唐吐》叁–576）S.3339 号《论语郑氏注》及阮元刻《十三经注疏》所收宋邢昺疏《论语集解》本二"善"字后皆有一"也"字。P.3972 号何晏《论语集解》后"善"下有"也"字，前"善"下似本作"矣"，右侧又有"也"字，似有以"也"改"矣"之意。[2] 卜写本"善"下既无"也"字，又无"矣"字，当有节略。

同卷公冶长篇："子贡曰：'夫子之文章可得闻，夫子［之言］性与天道不可得文（闻）。'"（《唐吐》叁–580）P.3643 号何晏《论语集解》及阮元刻《十三经注疏》所收宋邢昺疏《论语集解》本"文"作"闻"，二"闻"后皆有"也"字；又 P.3643 号二"得闻"间皆缺一字（后一"得闻"间的缺字存上部的一横），宋邢昺疏本皆作"而"字。阮元校勘记于邢疏本"不可得而闻也"句下云："皇本、高丽本'也'下有'已矣'二字，是也。"卜写本句中既无"而"字，句末又无"也"字及"已矣"二字，当有节略。

附按：阮元刻《十三经注疏》所收宋邢昺《论语注疏·里仁》："子曰：'富与贵，是人之所欲也，不以其道得之，不处也。贫与贱，是人之所恶也，不以其道得之，不去也。'"阮元校勘记于"是人之所欲也"句下云："此句'也'字及下'是人之所恶也'两'也'字疑俱属后人所加。考《初学记》十八、《文选·幽通赋》注引此二段皆无'也'字。又《晋书》皇甫谧、王沈二传并云'富贵人之所欲，贫贱人之所恶'，亦无'也'字。又《后汉书》李通传论、陈蕃传

---

[1] 《论语》有古论、鲁论、齐论之别，郑注虽兼采三家，但和何晏《论语集解》一样，都是以鲁论为底本的，又都受孔安国注本的影响，所以二者经本文句基本相同。

[2] 宋邢昺疏《论语集解》本"又尽善也"句下阮元校勘记云："嘉定钱大昕《养新录》云：《汉书·董仲舒传》本引'又尽善矣'，上'矣'下'也'，语意不同，当是《论语》古本。今《汉书》亦改作'也'，唯宋景祐本是'矣'字，《西汉策要》与景祐本同。"据语意，"又尽善"下似以作"矣"字为长。

注、《晋书·夏侯湛传》、《文选》鲍照《拟古诗》注、《太平御览》卷四百七十一单引此句亦无‘也’字。《四书考异》云：‘案此‘也’字唐以前人引述悉略去，未必不谋尽同也，恐是当时传本如此。’○按《考异》非也。古人引书每多节省，况有皇侃《义疏》可证也。”[1]“是人之所欲”“是人之所恶”之末原来究竟有没有“也”字，校勘记前后说法不一，盖出于二人之手。考敦煌写本 P.2676、P.2904、P.3972 号何晏《论语集解》及吐鲁番出土的唐卜天寿抄本《论语郑氏注》“是人之所欲”“是人之所恶”之末均无“也”字。据此，似当以校勘记前说及《四书考异》之说为是，然而同样也不能排除无“也”字为后人传抄及引用时节略的可能性。由此可见，古书句末的“也”字究竟为原书所有抑或后人所加，有时并不是一件容易确定的事，不可鲁莽加以增删。

2. 注文省

日本岛田翰《古文旧书考》卷一旧钞卷子本《春秋经传集解》条下云：“其书愈古者，其语辞极多；其语辞益尠者，其书愈下。盖先儒注体，每于句绝处乃用语辞，以明意义之深浅轻重，汉魏传疏，莫不皆然。而浅人不察焉，视为繁芜，乃擅删落、加之。及刻书渐行，务略语辞以省其工，并不可无者而皆删之，于是荡然无复古意矣。颜之推北齐人，而言河北经传悉略语辞，然则经传之灾，其来亦已久矣。”[2]

敦煌经传写本源自六朝旧本，行款体式尚存古本遗意，其训释句末亦往往用“也”字绝句，而在宋以后刻本中则往往被删落殆尽。其中包括：数训并列，无论被训释的是单音词还是双音词，敦煌写本通常每一训释末都用“也”字结尾；而后世刻本如果被训释的是单音词，往往仅后一训释有“也”字（如果被训释的是双音词，通常仍每一训释末都有“也”字）；如果训释语中有“貌”“辞”一类的断语，敦煌写本多作“×貌也”“×辞也”，而刻本多无句末的“也”字。试以 P.2529 号《毛诗传笺》为例：

该卷《唐风·蟋蟀》“蟋蟀在堂，岁聿其暮。今我不乐，日月其除”毛传：“蟋蟀，蜇也，九月在堂。聿，遂也；除，去也。”注文次“也”字《十三经注疏》本无。

同上诗“无已太康，职思其居”毛传：“已，甚也；康，乐也；职，主也。”注文前二“也”字《十三经注疏》本无。

同卷《唐风·鸨羽》“肃肃鸨羽，集于苞栩”毛传：“兴也。肃肃，鸟羽声也。集，止也；苞，

［1］《十三经注疏》，北京：中华书局 1980 年影印世界书局本，第 2472 页。

［2］北京图书馆出版社 2003 年影印本易名为《汉籍善本考》，第 124—127 页。

楰也;栩,杼也。鸱之性不树止。"注文"止""楰(樀)"后的二"也"字《十三经注疏》本无。

同卷《唐风·葛生》"予美亡此,谁与独处"郑笺:"予,我也;亡,无也。言所美人无于此,谓其君子也。"注文前一"也"字《十三经注疏》本无。

同卷《秦风·四骊》"四骊孔阜,六辔在手"毛传:"骊,骊也;阜,大也。"注文前一"也"字《十三经注疏》本无。

同卷《秦风·小戎》"交韔二弓,竹闭绲縢"毛传:"闭,绁也;绲,绳也;縢,约也。"注文前二"也"字《十三经注疏》本无。

又 P.2669 号《毛诗传笺·齐风·载驱》"汶水汤汤,行人彭彭"毛传:"汤汤,大貌也。彭彭,多很(貌)也。"又"汶水滔滔,行人儦儦"毛传:"滔滔,流貌也。儦儦,众貌也。"注文四"也"字《十三经注疏》本无。

同上卷《齐风·猗嗟》"猗嗟昌兮,颀而长兮"传笺:"猗嗟,叹辞也。昌,盛也。颀,长兒也。笺云:昌,佼好兒也。"注文"辞"后"兒"后的三"也"字《十三经注疏》本无。

这种差异,可能跟唐代人作正义和宋以后刊版时对经传文字作过整理有关。其实,这种删略句末"也"字的情况在敦煌写本中也已见端倪。例如:

S.10 号《毛诗传笺·邶风·雄雉》"不忮不求,何用不臧"毛传:"忮,害;臧,善也。"《十三经注疏》本同,P.2538 号"害"后有"也"字。

同上卷《邶风·匏有苦叶》"士如归妻,迨冰未泮"毛传:"迨,及;泮,散也。"《十三经注疏》本同,P.2538 号"及"后有"也"字。

S.2049 号《毛诗传笺·豳风·鸱鸮》"恩斯勤斯,鬻子之闵斯"毛传:"恩,爱;鬻,稚;闵,病也。鬻(稚)子,成王也。"《十三经注疏》本同。

P.2669 号《毛诗传笺·大雅·皇矣》"临衝闲闲,崇墉言言。执讯连连,攸馘安安"传:"闲闲,动摇;言言,高大;连连,徐也。"《十三经注疏》本"动摇""言言"后皆有"也"字。

S.2049 号《毛诗传笺·豳风·东山》"蜾蠃之实,亦施于宇。伊威在堂,萧(蟏)蛸在户。町疃鹿场,熠耀霄(宵)行"毛传:"蜾蠃,栝楼;伊威,委黍;萧蛸,长踦;町疃,鹿迹;熠耀,燐(磷);燐(磷),爇(萤)火也。"S.1442 号写本和《十三经注疏》本注文每一训释后皆有"也"字。

S.2049 号《毛诗传笺·豳风·鸱鸮》"予羽谯谯,予尾消消"毛传:谯谯,煞;消消,敝也。"S.1442 号写本和《十三经注疏》本注文"煞"后有"也"字。

不过总的来看,敦煌写本中训释语仍以句末有"也"字占绝大多数,少数删略句末"也"字的例子,可能与抄手受隋唐以后"悉略语辞"风气的影响有关。至宋代版刻盛行,

"略语辞以省其工"便成为一时所尚了。

另外像颜之推《颜氏家训》所举"风，风也，教也"一类一字数训并列的句子，传抄时也有省略前数训句末"也"字的情况。如《说文·心部》："快，不服怼也。"段注："按:当作'不服也，怼也'，夺一'也'字，遂不可解矣。《集韵》作'不服对也'，尤非。"按玄应《音义》卷二《大般涅槃经》第十卷音义"怅快"条下云："於亮反，《说文》:快，心不服也。《苍颉篇》:快，怼也。"可证段注之确。[1]

二　复名单称[2]

唐颜师古《匡谬正俗》卷六"复名"条云："问曰:人或有复名单称者，于理云何？答曰:复名单称，乃是流俗之事，苟逐便易，不思立名本旨。且依礼文，二名不偏讳，今若偏举，安得不讳乎？若嫌二名颇多，则举俗皆须为单名矣。至若伯陵称陵、季崱称崱，虽少一字，义或可通。又如长寿称寿，延年称年，求其本义，已有所失。乃有无恤称恤，不违称违，去病称病，弃疾称疾，白黑相反，更相戏弄。隋大业中出敕断单称复名，深得物理。而委巷之徒不晓其意，便谓朝廷禁止单名，其幼少已来不为复名者，辄更加增，以为顺旨，曾莫之悟。"[3]尽管有诏敕明令禁止，但唐五代间"复名单称"的情况仍屡见不鲜。清俞正燮《癸巳存稿》卷十二"方朔杨意姓名"条云："古人姓有异文，有省文，故可不泥。至增减见在人名字，六朝至五代皆然。"[4]就敦煌吐鲁番文书而言，常见的有以下三种情况:

1. 因避讳而省

《旧唐书·太宗本纪》武德九年六月己巳:"令曰:依礼，二名不偏讳。近代已来，两字兼避，废阙已多，率意而行，有违经典。其官号、人名、公私文籍，有'世民'两字不连续者，并不须讳。"双名中有一字犯上讳者，虽可依礼不避，但不避不为罪，讳亦不为非，古书中

[1] 参看刘钊《古文字考释论丛》，长沙:岳麓书社，2005年，第400、431页。
[2] 复名单称并不限于人名，地名、物名、官名等名词也可省称，参看王启涛《中古及近代法制文书语言研究——以敦煌文书为中心》，成都:巴蜀书社，2003年，第205—229页。
[3]《匡谬正俗》，《丛书集成初编》本，第75页。参看刘晓东《匡谬正俗平议》，济南:山东大学出版社，1999年，第214页。
[4]《癸巳存稿》，《丛书集成初编》本，第364—365页。

仍不时可见因避讳省称之例。例如：

S.1441号《励忠节钞·字养部》："宋景，后魏广平人也，下情视览，尤精经义，通明法理，善于律令。裁决疑狱，剖判如流。任尚书祠部，台中疑事，常以委之。景才优于政术，加之恭勤不怠，兼领数曹，保（深）著声续（绩）。"按《魏书·宋世景传》："宋世景，广平人……博览群言，尤精经义。……明刑理，著律令，裁决疑狱，剖判如流。转尚书祠部郎。彭城王勰每称之曰：'宋世景精识，尚书仆射才也。'台中疑事，右仆射高肇常以委之。世景既才长从政，加之夙勤不怠，兼领数曹，深著称绩。"宋景即宋世景，"世"字避唐讳省略。《魏书》的"著律令"《北史》同，疑当依上揭类书作"善律令"，"著"盖"善"字形误。

清赵翼《廿二史札记》卷八"唐人避讳之法"称唐人修诸史时，避祖讳之法有"前人名有同之者，有字则称其字""删去其所犯之字""以文义改易其字"三类，所举"《梁书》萧渊明、萧渊藻，但称萧明、萧藻"[1]，避讳省"世"字亦其比类。观世音亦简称观音，实亦导源于避唐讳省字。

又中村139号句道兴《搜神记》"刘寄"条："回还向家，至城一百九十里，投主人王僧家止宿。"同条"王僧"一名又四见，异本S.525号除一处作"主人"外，余皆作"王僧势"；而另一本S.6022号本条有残缺，该人名凡二见，则作"王僧世"。考中华书局标点本《梁书·元帝纪》大宝三年八月，徐陵上表："加牢贬馆，随势汙隆。"校勘记云："随势汙隆《文苑英华》六〇〇'势'作'世'。按：此姚思廉避唐讳改。"[2]又《旧唐书·地理志二》山南西道洋州兴道县："隋兴势县。贞观二十三年，改为兴道。"据此，上揭人名作"王僧世"者或为其原貌，"世"字避唐讳或改作同音的"势"；又或避讳省去"世"或"势"，于是同一人名便出现了"王僧世""王僧势""王僧"的歧异。

2. 因义虚而省

古人双名的重心大抵在后一字，而前一字往往只起修饰或辅助作用，故称引时或可省略之。例如：

P.2979号《唐开元二十四年岐州郿县县尉判集》之五："岐山吕峋隐匿防丁王仵牒问第卅一"，文中有"及王阿仵等，实望公缚送来"云云，胡如雷《两件敦煌出土的判牒文书

[1]《廿二史札记》，沈阳：辽宁教育出版社，2000年，第138—139页。
[2]《梁书》，北京：中华书局，1973年，第139页。

所反映的社会经济状况》谓"王仵"即"王阿仵","前者盖省称也。敦煌、吐鲁番文书中这种人名略写相当普遍"[1]。

P.3813 号《文明判集残卷》："宋里仁兄弟三人,随日乱离,各在一所。……宋仁昆季,属此凋残,因而播迁,东西异壤。"刘俊文笺释："'宋仁'即宋里仁,隋唐时人喜将二字名省作一字,故此处省作宋仁。"[2]

P.4026 号《励忠节钞·谏诤部》："楚庄王筑层台,乃千里运石,百里运土……而谏者七十二皆死矣。有御者入谏庄王曰:昔虞不用宫奇之谏而晋并之,曹不用僖负羁之谏而宋并之,吴不用子胥之谏而越并之……"考《说苑·正谏》："楚庄王筑层台,延石千里,延壤百里……大臣谏者七十二人皆死矣。有诸御己者……(谏庄王)曰:'……顾臣愚,窃闻昔者虞不用宫之奇而晋并之,陈不用子家羁而楚并之,曹不用僖负羁而宋并之,莱不用子猛而齐并之,吴不用子胥而越并之……"应即上揭敦煌类书引文所本。"宫奇"当即"宫之奇"省书,王三庆《敦煌类书》据《荀子·尧问》《说苑》校补作"宫之奇"(页624),似不必。

S.1441 号《励忠节钞·将帅部》："吴王阖闾将伐楚,登台向风而啸,面有忧色。……五胥深知王忧,乃荐孙武为将。"王三庆《敦煌类书》改"五胥"为"子胥",校云:"子胥"原卷作"五(伍)胥",形讹,今据《史记·伍子胥列传》等书校正(页601)。今按:"五胥"即"伍胥","五""伍"古通用。《史记·伍子胥列传》"伍子胥""伍胥""子胥"三称并用,"伍胥"即"伍子胥"之略称。同卷《任贤部》:"无忌用而五胥奔。"亦称"五胥",可证。

中村 139 号句道兴《搜神记》"王道冯"条:"昔有秦始皇时王道冯者,九嵕县人也。"文中又称"王冯"("王道冯""王冯"先后各二见),"王冯"即"王道冯"的省称。[3]

甘博 2 号《入楞伽经》卷九末题记:"岁次戊寅十月卅日,比丘尼元英敬写《大集经》一部,《楞伽经》一部,为七世师宗、父母、法界众生,三途八难,速令解脱,一时成佛。"甘博 4 号《贤愚经》卷第二末题记:"燉煌太守邓季彦妻元法英供养,为一切。"《甘藏》第四卷叙录谓"元英"即"元法英",甚是。

73TAM506:4/32-16《唐天宝十四载(755)某馆申十三载七至十二月郡坊帖马食䴷历牒》有"付马子杨景秘",又有"付马子杨秘";有"付健儿陈怀金",又有"付健儿陈金";有"付健儿钟光俊",又有"付健儿钟俊"(《唐吐》肆-513-524):"杨景秘"与"杨秘"、"陈怀

[1]《隋唐五代社会经济史论稿》,北京:中国社会科学出版社,1996 年,第 19—20 页。
[2]《敦煌吐鲁番唐代法制文书考释》,北京:中华书局,1989 年,第 461 页。
[3] 苏轼《石钟山记》称"郦道元"为"郦元",亦省复名"道"字,可参。

金"与"陈金"、"钟光俊"与"钟俊"显然都是同一人。

按:"阿仵""之奇""子胥"前一字均属助词性质,"里仁""道冯""法英""景秘""怀金""光俊"均系定中或动宾结构,其重心皆在后一字,故称引时或省略前者。[1]

根据古书复名单称的通例,我们就有可能对古书中一些人名歧异的现象作出有说服力的解释。例如:

甘博 4 号《贤愚经》卷二末题记:"燉煌太守邓季彦妻元法英供养,为一切。"按:"邓季彦"其人传世文献未见,而《北史·令狐整传》有"邓彦窃据瓜州"句,"邓彦"《周书·令狐整传》及《资治通鉴·梁武帝大同十一年》同,应即"邓季彦"的略称。[2]

中村 139 号句道兴《搜神记》"王道冯"条有"遂嫡与刘元祥为妻"句,其中的"刘元祥"八卷本《搜神记》(民国四年[1915]王文濡辑印《说库》本)作"刘祥","刘祥"应即"刘元祥"的省称。

同上卷"段孝真"条:"雍州刺史梁元纬以帝连婚。""梁元纬"八卷本《搜神记》作"梁纬","梁纬"应即"梁元纬"的省称。

另敦煌写本 S.555 号、P.3738 号有《李峤杂咏注》残卷,王重民《敦煌古籍叙录》据日本宽政十一年(清嘉庆四年,1799)林衡辑录《佚存丛书》所载《李峤杂咏百二十首》卷端有唐天宝六载张庭芳序,谓此残卷诗注即张庭芳所撰者。但宋元书志笔记(如宋朱翌《猗觉寮杂记》、晁公武《郡斋读书志》、元辛文房《唐才子传》等)却仅载"张方"注本,论者因或致疑焉[3]。窃谓"张方"或即"张庭芳"省称之误。《新唐书·艺文志四》著录有"张庭芳注庾信《哀江南赋》一卷",可见唐代确有"张庭芳"其人,且为善注诗者也。

3. 因迁就字数而省

有些文体每句的字数甚至平仄都是有限定的,碰到复名如果字数超出或者平仄不合,就不得不通过节略加以调整。钱大昕《十驾斋养新录》卷十二"古人姓名割裂"条云:

---

[1] 古书复名亦有省略后一字的,参顾炎武《日知录》卷二三"古人二名止用一字"、杨树达《古书疑义举例续补》卷一"二字之名省称一字例"、陈寅恪《崔浩与寇谦之》(《金明馆丛稿初编》,上海:上海古籍出版社,1980 年,第 126 页)等文。

[2]《敦煌学大辞典》"邓季彦""邓彦"条已指出,上海:上海辞书出版社,1998 年,第 343 页;《甘肃藏敦煌文献》第四卷叙录说同,兰州:甘肃人民出版社,1999,第 370 页。

[3] 参看徐俊《敦煌诗集残卷辑考》,北京:中华书局,2000 年,第 345—348 页。

"汉魏以降,文尚骈俪,诗严声病,所引用古人姓名,任意割省,当时不以为非。"[1]可见此风由来已久。敦煌文献中亦时见此例。如 S.5961 号《新合六字千文》:"石勒称兵失次,梁帝乃付周兴。员外依文次韵,连珠贯玉相承。散骑传名不朽,侍郎万代歌称。"按:《千字文》系梁员外散骑侍郎周兴嗣编撰,上述六句即称述其事,其中的"周兴"即"周兴嗣"的省称,此为牵合"六字"的体例而不得不省去"嗣"字。同卷又载"郭汲(伋)信使可覆,袁奉器欲难量"句,其中的"袁奉"张娜丽指出即东汉袁奉高[2],甚是。S.5471 号《千字文注》"器欲难量"句下注云:"□□□□□(《杂说》云:郭林)宗游于汝南,过□□□□(袁奉高,不)宿而退还。或人⊠(问)曰:'奉高如何也?'宗曰:'奉高之才器,辟(譬)千千之深溪,[万]倾(顷)之池沼,澄之不清,挠之不浊,其器深广,难恻(测)难[量]也。我之于彼,何能比拟也。'"(缺字参 P.3973 号背或文义拟补)殆即上揭《新合六字千文》"袁奉器欲难量"句所源出,可证。其称袁奉高为"袁奉"者,亦迁就"六字"的体例而省略也。

参考文献

颜师古《匡谬正俗》卷六"复名"条,《丛书集成初编》本。

顾炎武《日知录》卷二三"古人二名止用一字"条,清黄汝成集释本,长沙:岳麓书社,1994 年。

钱大昕《十驾斋养新录》卷十二"古人姓名割裂"条,上海:上海书店,1983 年。

周寿昌《思益堂日札》卷五"古人姓名截用合用"条,北京:中华书局,2007 年。

杨树达《古书疑义举例续补》"二字之名省称一字例",《古书疑义举例五种》,北京:中华书局,1956 年。

曾荣汾《敦煌写卷书写符号用例试析》,《木铎》第 8 期,1979 年 12 月。

李正宇《敦煌遗书中的标点符号》,《文史知识》1988 年第 8 期。

郭在贻、张涌泉、黄征《敦煌写本书写特例发微》,《敦煌吐鲁番学研究论文集》,上海:汉语大词典出版社,1990 年;又收入张涌泉《旧学新知》,杭州:浙江大学出版社,1999 年。

林聪明《敦煌文书学》,台北:新文丰出版公司,1991 年。

邓文宽《敦煌吐鲁番文献重文符号释读举隅》,《文献》1994 年第 1 期。

---

[1]　《日知录》,上海:上海书店,1983 年,第 288—289 页。
[2]　张娜丽《〈敦煌本六字千文初探〉析疑》,《敦煌研究》2001 年第 3 期,第 105 页。

王彦坤《历代避讳字汇典》,郑州:中州古籍出版社,1997 年。

张涌泉《〈说文〉"连篆读"发覆》,《文史》第 60 辑,北京:中华书局,2002 年。

王启涛《中古及近代法制文书语言研究——以敦煌文书为中心》,成都:巴蜀书社,2003 年。

张小艳《敦煌书仪语言研究》,北京:商务印书馆,2007 年。

释空海《篆隶万象名义》,北京:中华书局 1995 年影印日本鸟羽永久二年(1114)古写本。

第十四章　标识符号

符号之学在我国有悠久的传统,最早可以追溯到先秦的甲骨金文。敦煌写本抄写时间前后跨越六百多年,抄手含括各色人等,也使用了各种各样的标识符号。除了大家熟悉的删字号、钩乙号、重文号及省代号外,敦煌写本中常见的标识符号还有句读号、层次号、勘验号、画押号等,下面分别加以介绍。

第一节　句读号

黄侃《文心雕龙札记》于章句第三十四下云:"凡为文辞,未有不辨章句而能工者也;凡览篇籍,未有不通章句而能识其义者也。故一切文辞学术,皆以章句为始基。"[1]章句即离章析句,是阅读古书的基础一环。近人胡朴安《古书校读法·论读书法》云:"离章者,即将古书一篇分为若干段落也。……析句者,于一篇之中画其节目,再于一节之中析其句读是也。"[2]离章所用的符号可称层次号,析句所用的符号即句读号。敦煌写本中可以划归句读号的有停顿号、绝止号、引号、界隔号、补白号等。

---

[1] 黄侃《文心雕龙札记》,北平:文化学社,1934 年,第 77 页。
[2] 胡朴安《古书校读法》,南京:江苏古籍出版社,1985 年,第 118—120 页。

一　停顿号

用于词组、句子、段落之后，表示音节的停顿、句子或语段的结束。其形状主要有以下几种：

【。】中空的小圆圈，形状比现代汉语的句号略大，用于一个句子、一个词组或一个语段之后。如 P.3251 号《御制临(林)钟商内家娇》："两眼如刀。浑身似玉。风流弟一佳人。及时衣着。梳头京仪。素质艳孋情眘（春）。善别宫商能调丝竹。歌令尖新。任从说。洛浦阳台。慢将比并无因。半含娇态。逶迤换(缓)步出闺门。搔头重。慵慊不插。只抱(把)同心千遍捻弄。往中庭。应长降王奴仙宫。九(凡)间略现容真。"原卷如图 14-1 所示，除末句及"善别宫商"句外，每一停顿处文字右下侧原卷皆用墨笔标注一中空的小圆圈。又如 Дx.1228 号《二月八日文》："先奉为龙天八部。护国护仁(人)。仏日恒晖。法轮常转。刀兵罢散。四海通还。疫励(疠)不侵。搀枪永灭。所有。妖灾殄灭。应是瑞色云臻。风雨顺时。普天安乐。"原卷如图 14-2 所示，凡应停顿处皆施以中空的小圆圈(个别圈点因墨较浓变成了实心)。按今天的读法，有的圈是

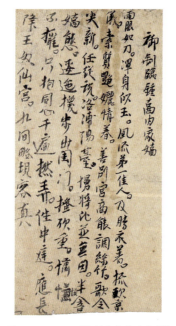

图 14-1　P.3251《御制临钟商内家娇》

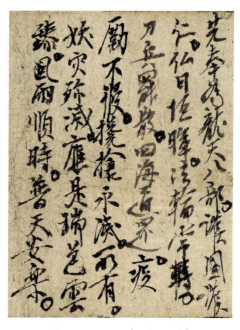

图 14-2　Дx.1228《二月八日文》

不应施加的,如前例"任从说"下、后例"所有"下皆不应有圈点;但古人的圈断本来就有施加在词组之后的,跟今天的用法不尽相同,自不必以今而律古也。

又如 Φ.275 号《经律异相》卷十:"王问睒言卿是何等人被鹿皮衣与禽兽无异。睒言我是王国人与盲父母俱来孝道二十餘年。未曾为虎兽毒虫所见枉害。今我更为王所射煞。尔时山中暴风切起吹折树木。百鸟悲鸣师子熊罴走兽之辈皆大号呼。日无精光流泉为竭众华萎死雷电动地。时盲父母惊起相谓睒行取水经久不还将无为毒虫所害。走兽飞鸟音声号呼不如常时。四面风起树木摧折必有灾异。王时怖惧大自悔责。我所作无状我本射鹿箭误相中射杀道人其罪甚重。坐贪小肉而受重殃。我今一国珍宝库藏之物宫殿妓女丘郭城邑以救子命。"如图 14-3 所示,原卷的"。"均标注在一个意义相对完整的语段之后,所含括的可以是一个句子,也可以是若干个句子,用法又与上揭二例有所不同。

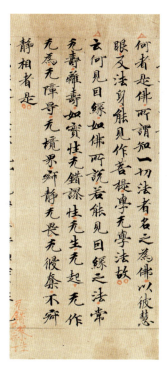

图 14-3　Φ.275《经律异相》　　　　图 14-4　津艺 271《佛说大乘稻芉经》

又津艺 271 号《佛说大乘稻芉经》,如图 14-4 所示,原卷用朱笔于每个自然停顿处标一点,而于每段结束时用朱笔标两个小圆圈,可谓圈断的变例。

【●】中实的小圆圈,功用与"。"号略同。如 Φ.256 号+Дх.485+Дх.1349 号《王梵志诗》："但令但贪但呼●波若法水不枯●醉时安眠大道●谁能向我停居●八苦变成甘露●解脱更欲何须●万法归依一相●安然独坐四衢●" 又一首："凡夫有喜有虑●少乐终日怀愁●一朝不报明冥●常作千岁遮头●财色□缘不足●昼夜栖屑规求●如水流向东海●不知何时可休●"原卷如图 14–5 所示，凡应句读处皆施以中实的小朱点。

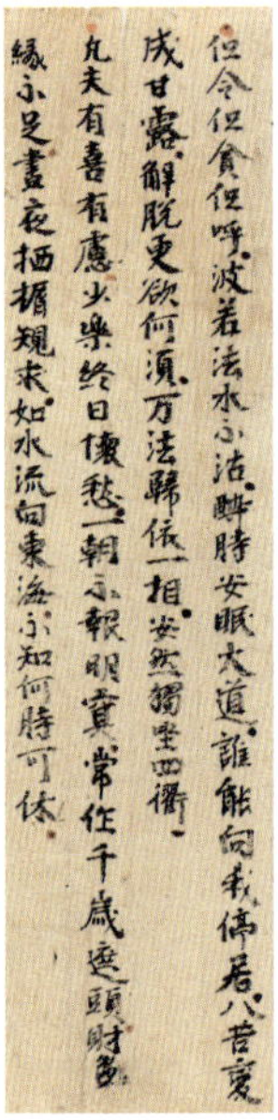
但令但貪但呼.波若法水不沽.醉時安眠大道.誰能向我停居.八苦變
成甘露.解脫更欲何須.万法歸依一相.安然獨坐四衢.
凡夫有喜有慮少樂終日懷愁.一朝不報明冥.常作千歲遮頭.財色
緣不足晝夜栖屑規求.如水流向東海不知何時可休

图 14–5 Φ.256+Дх.485+Дх.1349《王梵志诗》

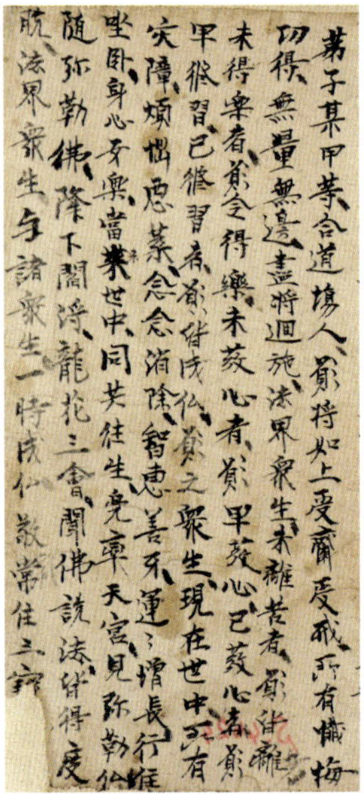
弟子某甲等、合道場人、願將如上受齋受戒、所有懺悔
功德、無量無邊、盡將迴施、法界眾生、未離苦者、願皆離
未得樂者、願令得樂、未發心者、願早發心、已發心者、願
早修習、已修習者、願皆成佛、願之眾生、現在世中、所有
災障、煩惱、惡業、念念消除、智惠善根、運運增長、行住
坐臥、身心安樂、當來世中、同共往生、兜率天宮、見彌勒佛
隨彌勒佛、降下閻浮、龍花三會、聞佛說法、皆得度
脫、法界眾生、與諸眾生、一時成佛、敬禮常住三寶

图 14–6 S.4624《受八关斋戒文》

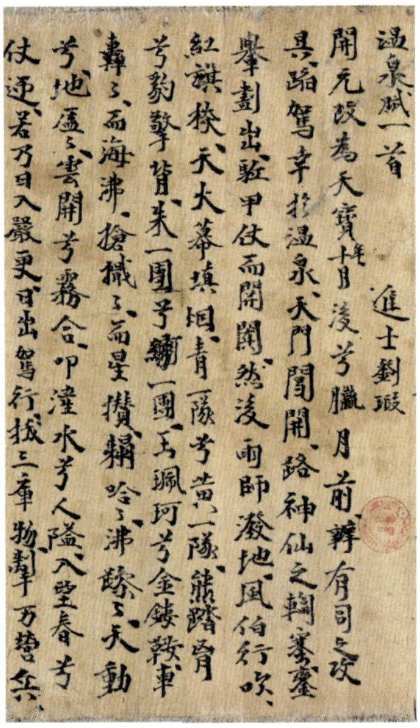
溫泉賦一首　　進士劉瑕
開元改為天寶年十月後兮臘月前、輦有司之攻
具、蹈駕幸於溫泉、天門閶開、路神仙之輞鑾
擎劃出、駭甲仗而開闢、然後雨師潑地、風伯行吹、
紅旗𢹂、天大幕填咽、青一隊兮黃一隊、熊踏胥
兮豹擊、皆來一團兮一團、玉珮珂兮金鋑鞍車
轟轟而海沸、搶攙攙而星攢、鞴吟吟沸、蹄蹄天動
兮地虛虛、雲開兮霧合、卯漄水兮人隘、入望春兮
仗逐、若乃日入嚴更可出、駕行拔三牽、物劃牽万替兵、

图 14–7 P.2976 号《温泉赋》

【、】形状略同于现代汉语的顿号，但功能上则与上揭用于断句的"。""●"基本相同。如 S.4624 号《受八关斋戒文》："弟子某甲等、合道场人、愿将如上受斋受戒、所有忏悔功得（德）、无量无边、尽将回施、法界众生……"原卷如图 14–6 所示，凡语气有可停顿处皆施以墨笔顿点。又 P.2976 号《温泉赋》（图 14–7），凡可读断处亦用墨笔顿点。又 P.2762 号《敕河西节度兵部尚书张公德政之碑》、上图 125 号《金刚般若经义疏》凡应读断处则皆施以朱笔顿点，S.692 号《秦妇吟》首段则或用墨笔顿点。

二　绝止号

作"㇆"形或"|||"形，用于契约、账目、语段或篇章之末，表示内容的绝止。如 S.466 号《后周广顺三年（953）十月廿二日莫高乡百姓龙章祐兄弟出典地契》，如图 14–8 所示，契约条款至"用为后凭"句止，其下有一"㇆"形符号，表示契约正文至此绝止。又如

64TAM10:33《唐永徽四年(653)傅阿欢夏田契》，如图 14-9 所示，契约主要内容至"获（画）指为信"句止，其下有一"|||"形符号，表示契约正文至此绝止。下文图 14-60 所载72TAM204:18《唐贞观二十二年(648)洛州河南县桓德琮典舍契》契约正文末句"画指为验"下有同样的符号，功用相同。

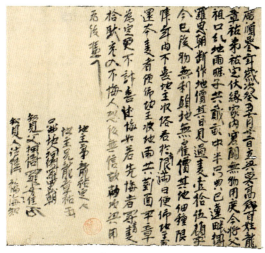

图 14-8　S.466《后周广顺三年十月廿二日
莫高乡百姓龙章祐兄弟出典地契》

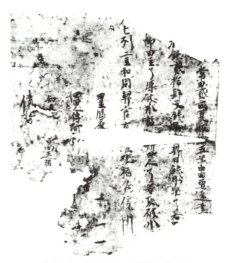

图 14-9　64TAM10:33《唐永徽四年
傅阿欢夏田契》

　　李正宇指出：绝止号"主要用于契约文书。这类文书要明文规定价值、利率、还纳日期或其他相应的关系、条款，为了避免有人在契约文末尾冒添不利于执行原条款之文字，故须在文末画以绝止号"。[1]除契约文书外，账目清册有时也有用绝止号的。如S.6154 号《某寺诸色斛斗入破历计会》，如图14-10 所示，原卷卷末尚有空白余纸，末行之后另有一"丅"形符号，表示原文至此终止。现时会计账册上有时写上"以下空白"，开具发票时大写钱款数为零数时标注一提形或"⊗"形符号，都与敦煌写本中的绝止号出于同样的考虑。

　　牒状一类的文书往往在起首时列举陈请事项，陈请事项列举完毕也需要用绝止号。如 P.3730号有若干件沙州僧尼上都僧统洪辯状，状首所

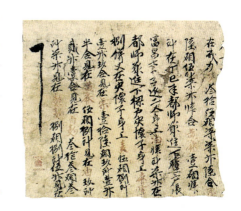

图 14-10　S.6154《某寺诸色斛斗入破历计会》

———————
[1]《敦煌遗书中的标点符号》，《文史知识》1988 年第 8 期，第 100 页。

列陈请事项末尾皆有"┐"形符号表示绝止。如图 14-11 所示。前一件为金光明寺徒众状，请求"僧淮济请补充上座，僧智通补充寺主"；后一件为尼惠性状，请求按亡外甥僧贺阇梨遗嘱处置"铛一口，剑一口，镫三只，皮裘一领"等物品，陈请事项列举完毕，其下皆标有"┐"形绝止符，表示陈请处置事宜仅此。

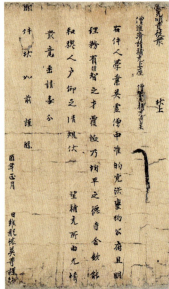

图 14-11　P.3730《沙州诸寺僧尼上都僧统洪晉状》　　　　图 14-12　S.525
《搜神记》

另外，一则故事结束或一个语段、一卷内容终止时也有用绝止号的。如 S.525 号《搜神记》记叙管辂、秦缓、刘安等十则故事，每则故事起首和结束都用朱笔标记一"┐"形符号（起首时的"┐"号略大），如图 14-12 所示。

三　引号

作"┐"形，表示引文的起讫，和竖排书的引号近似。如津艺 34 号背《金刚般若波罗蜜经赞释》，如图 14-13 所示，原卷把所要赞释的"应如是知如是见如是信解不生法相""所言法相者如来说即非法相""是名法相""不取于相""一切有为法""如梦幻泡影"等经本文句用"┐"形符号括注起来，可谓是世界上最早出现的引号表示法。

P.2044 号《真言要决》卷三，如图 14-14 所示，引某书或某人语，在引文之首的书名、人名右侧加朱笔顿点,提示其下为引文;连续引文用"又云"起始的,"又云"右侧亦加朱笔顿点。

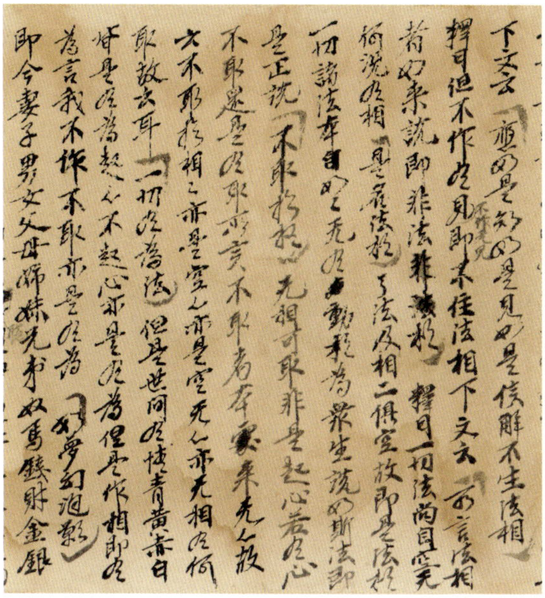

图 14-13 津艺 34 背《金刚般若波罗蜜经赞释》

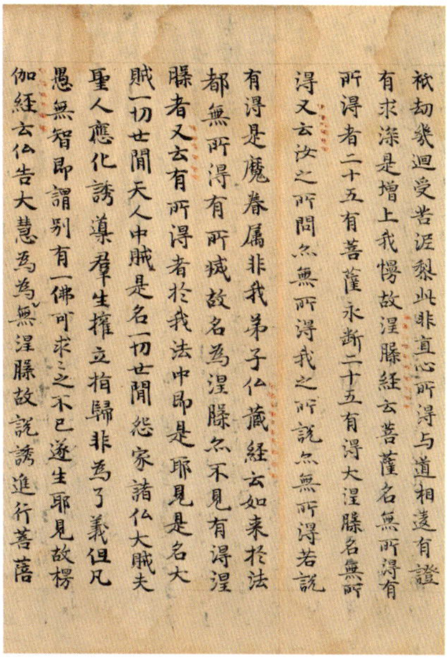

图 14-14 P.2044《真言要决》卷三

四 界隔号

有"⌐"和"—"两种形式,功用近似,下面分别不同用法举例加以说明。

1. 界隔正文和注文。如 S.2049 号《毛诗传笺·豳风·破斧》"既破我斧,又缺我奇(锜)"毛传:"凿属曰奇(锜)。"注文"凿"字底卷原误作正文大字,其右上角有一"⌐"形符号加以界隔(图 14-15),表示"凿"字应改归入注文。S.1442 号此字正作注文小字(图 14-16)。

又 S.134 号《毛诗传笺·豳风·破斧》:"穹窒熏鼠,塞向墐▨(户)。"毛传:"穹,穷;室,塞也。向,北出牖也。墐,涂也。庶▨(人)荜户。"原卷"穹窒熏鼠"以下八

图 14-16 S.1442《毛诗传笺》

图 14-15 S.2049《毛诗传笺》

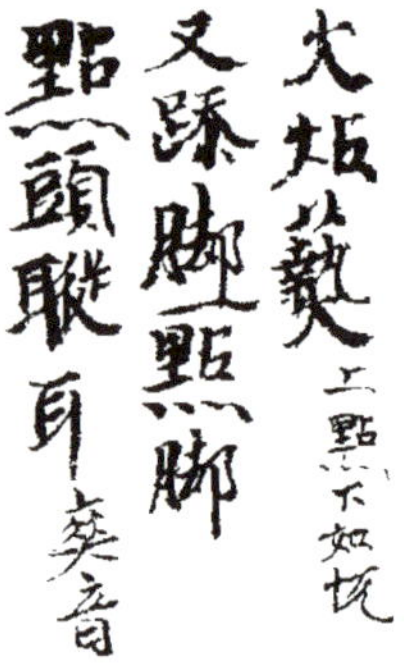

字误作双行小字，与上下文注文混同，遂于正文和注文"穷"字右上角各标注一"┐"形符号加以界隔（图14-17），表示前八字应改作大字正文。

又如 S.6204 号《字宝》上声："踔脚，点脚。"注文直音字"点脚"底卷误作正文大字，而正文注文之间有一"—"形界隔符号（图14-18），即表示"点脚"以下应改为注文。P.2058、P.3906 号写本"点脚"二字正作注文（图14-19）。

2. 界隔不同段落或条目。如 S.1441 号《励忠节钞·善政部》："宓子贱为单父宰，其人不忍欺；子产治郑，其人不忍欺；宋登为颍川太守，政理清能，市无二价，其人不忍欺：谓之三不忍欺。杨泉《物[理]论》曰：使武官宰人，如使狼牧羊也。"该卷条与条之间通常空一格，每条之首有朱笔"·"形标识。上揭引文"杨泉《物理论》"以下乃别一条，但抄手未及留空而径接上条，故原卷于"杨"字右上角用朱笔标注一"┐"形符号加以界隔。又同卷《智信部》："《史记》曰：樗里子骨（滑）稽多智，秦人号为智囊。刘德少修黄公术，有智略，武高（帝）谓之千里驹。""刘德"以下亦别一条，但原卷径接上条，故"刘"字右上角有朱笔"┐"形标识加以界隔。

又如 73TAM509:8/1(a)《唐宝应元年（762）六月康失芬行车伤人案卷》，如图 14-20 所示，前为问辞，后为答辞，答辞之首"但失芬"右上侧用墨笔标注"┐"形符号以与上文问辞加以界隔。

图 14-18　S.6204《字宝》

图 14-19　P.2058《字宝》

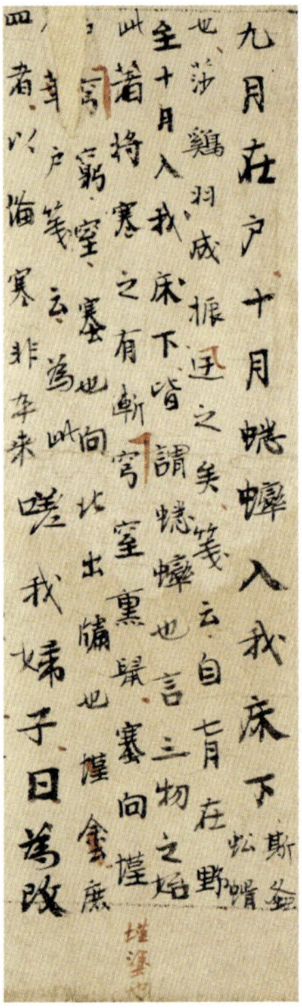

图14-17　S.134《毛诗传笺》

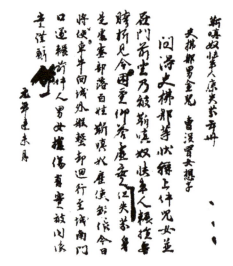

图 14-20　73TAM509:8/1(a)之三《唐宝应元年六月康失芬行车伤人案卷》

又 S.3011 号何晏《论语集解·宪问》"子曰：孟公绰为赵、魏老则优，不可以为滕、薛大夫"集解：

孔曰公绰鲁大夫赵魏皆晋卿也	家老无职故优滕薛小
家臣称老公绰性寡欲赵魏贪贤	国大夫职烦故不可为

如图 14-21 所示，注文中间有一"—"形界隔符号，且"—"左上方的"贤"和右下方的"家"之间有一条连接线，表示原文"贤"后接读"家"。原文当读作："孔曰：公绰，鲁大夫。赵、魏，皆晋卿也。家臣称老。公绰性寡欲，赵、魏贪贤，家老无职，故优。滕、薛小国，大夫职烦，故不可为。"这大约是因为抄手没有预先计算好双行注文每行的字数，及至抄了一多半，发现仍有一段注文，而这时双行注文的后行已无空间容纳，于是不得不又把它们分别接抄在双行注文的前后两行，为免误读，又在其间用"—"形符号加以界隔。[1]

图 14-21　S.3011
何晏《论语集解》

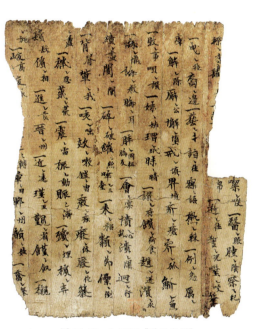

图 14-22　S.6117《时要字样》

S.6117 号《时要字样》把读音相同的若干字头列为一组，组与组间用"—"形符号加以界隔（图 14-22，原卷个别异音字之间缺间隔号，当系抄手疏漏；《敦煌遗书总目索引》把此间隔号录作一二的"一"，大误）。

---

[1] 参看本书第十五章《双行注文齐整化》第一节，第 404 页。

3. 界隔字与字。古人临文，于所示敬之处，当在其前留一二字的空格。为免疏忽，抄手起草时或于当敬空字的右上侧标注"⼮"形符号加以界隔。[1]如 P.3151 号《归义军书状稿》："今差曹厶等一行上京进奉克副来书一则望圣泽以临边一则感台情之重寄经过贵道希赐周旋。"如图 14-23 所示，原卷"上京""来书""圣泽""台情""贵道""周旋"前大抵留有一字空间，抄手又于上揭各词前一字的右上侧标注"⼮"形符号加以界隔，以提醒正式誊抄时应留空示敬。

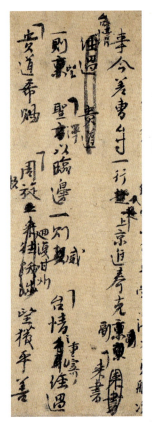

图 14-23　P.3151《归义军书状稿》

五　补白号

由于抄手字距失调或字形大小不一，以及其他原因，有时行末会出现与前后行不协调的半字空格，以致看起来长短错落，很不整齐。这时抄手会通过添加符号的方式，以尽量保持卷面整齐。如 P.4093 号《甘棠集》卷三《答归补阙书》："缄封始至，章表寻行。望—唯深情，俯垂通悉。"紧接此篇为"贺凤翔裴—尚书"，如图 14-24 所示，前篇"望"字和后篇标题"裴"字底卷在行末，下有半个空格，原卷各加一短竖，即为抄手为保持行末与前后行对齐添加的补白符。同卷上文《贺中书杜舍人》"高步谏曹，驰声宪、署"，"宪"字底卷在行末，其下有一顿点，也应是抄手为补白而添加。又 P.4092 号《新集杂别纸·书记》："今则元、膺殊渥，荐陟崇阶；粉闱爰藉于清才，兰省实资于雅度。"如图 14-25 所示，"元"字底卷在行末，下有半个空格，原卷有一顿点，也应是抄手所加的补白符。[2]

再看 S.133 号《秋胡小说》："其母闻儿此语，泣泪重报儿曰：'吾与汝母子恩☐义重，吾不辞放汝游学。今在家习学，何愁伎艺不成？纵放汝寻师、起(岂)即立成官宦？……纵

---

[1] 参看李正宇《敦煌遗书中的标点符号》，《文史知识》1988 年第 8 期，第 99 页；张小艳《敦煌书仪语言研究》，北京：商务印书馆，2007 年，第 224—226 页。

[2] 曾良把这类补白符称为"连接符号"，可参。曾说见《古籍文字抄写特点补遗》，载《敦煌文献丛札》，杭州：浙江古籍出版社，2010 年，第 225—227 页。

图 14-24　P.4093《甘棠集》

图 14-25　P.4092
《新集杂别纸》

图 14-26　S.133
《秋胡小说》

汝在外得达,回日、岂得与吾相见? 汝今再三,弃吾游学,努力懃心,早须归舍,莫遣吾忧。'"其中"纵放汝寻师""回日、岂得与吾相见"二句"师"字"日"字底卷在行末,如图14-26所示,其下各有约半字空格,原卷加有一顿点。"师"字下的顿点《敦煌变文汇录》《敦煌变文集》《敦煌变文集新书》改作一缺字符,《敦煌变文校注》称原卷"起"上不缺,删去缺字符,但没有交代原卷顿点的作用。"日"下的顿点《敦煌变文汇录》不录,但《敦煌变文集》以下各家皆改作一缺字符,《敦煌变文校注》且疑缺文应为"汝"。其实这两个顿点正是抄手为行末与前后行对齐添加的补白符,整理时可以直接删去,校者或以为缺一字,非是。同卷上文"整顿容仪"的"顿"、"儿今辞孃"的"孃"、"赤体相和"的"赤"底卷皆在行末,其下各有少许空间,皆标有用以补白的顿形符号,《敦煌变文汇录》等以下各家皆略去此补白符,径接下字,是也。

这种补白符号偶尔也有不是用在行末的。如 S.2073 号《庐山远公话》:"善庆曰:'阇—梨适来所说言词大远,讲赞经文大错,总是信口落荒,只要悦喻(愉)门徒,顺耳且听。……'"其中的"阇—梨"应录作"阇梨"。如图 14-27 所示,"梨"字原卷在行首,但与前后各行相比,不知为何低了一格,显得很不协调,于是抄手便在其上加了一短竖以补白,表面上看起来便与前后各行大致齐平了。

值得注意的是,行末补白号的使用可能是受古代双行注文齐整化的影响,另外行末补白所用的不限于符号,有的也会用简单的汉字,可分别参看本书第十五章《双行注文齐整化》和第十九章《敦煌文献的辨伪》第三节"敦煌伪卷鉴别示例"。

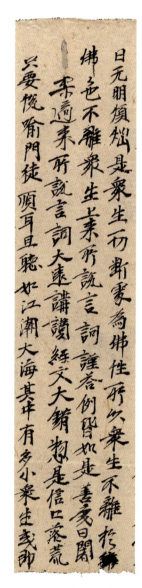

图 14-27　S.2073 号《庐山远公话》

第二节　层次号

层次号或用于纲与目之间，通过图表的形式列举上位层次下所涵盖的子目或下位层次；或用在书名、篇名、段落或句子之前，提示篇章名称和文章的段落层次。敦煌写本中的层次号异常繁杂，主要有以下一些类型：

【{】或作"{"。和今天大括号"{"的功能相仿，图解上位层次下所涵盖的子目或下位层次。如 P.2156 号《三乘入道五位》，见图 14-28，原卷通过"{"形符号把三乘入道五位下的极其复杂的子目关系剖析得非常清楚，如"五亭心观"下有"多贪众生不净观、多嗔众生慈悲观、愚痴众生十二因缘观、差别众生界分别[观]、寻伺众生数息观"等五观，其中"愚痴众生十二因缘观"下有"无明、行、识、名色、六入、触、受、爱、取、有、生、老死"十二因缘，其中"无明、行"又为"（过去）二因"，"识、名色、六入、触、受"又为"五果"，"爱、取、有"又为"（现在）三因"，"生、老死"又为"二根"，如此等等，把原本复杂的上下位关系展示得非常清晰。

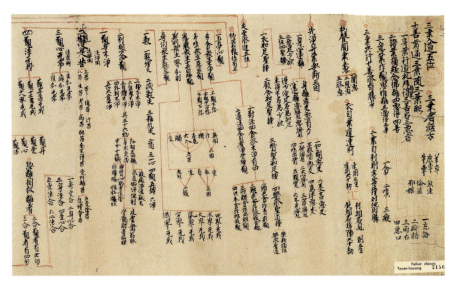

图 14-28　P.2156《三乘入道五位》

又如 P.2131 号《天台分门图》，如图 14-29 所示，也是通过图表的形式诠释复杂的上下位关系。

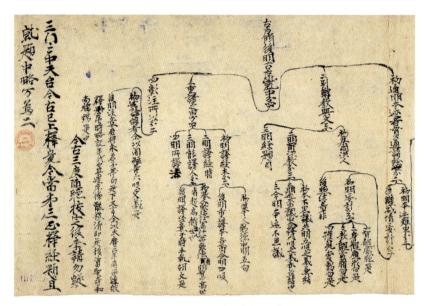

图 14-29　P.2131《天台分门图》

【一】标记于每一层次之首。前文已指出作间隔号的"一"形符号,此则提示不同的层次,二者功能有所不同。如64TAM29:44《唐咸亨三年(672)新妇为阿公录在生功德疏》把阿公"去年染患已来所作功德"逐件列出,凡15事,每件之首顶格标记"一"形符号。又如 P.3547 号《乾符五年(878)沙州进奏院上本使状》,如图 14-30 所示:

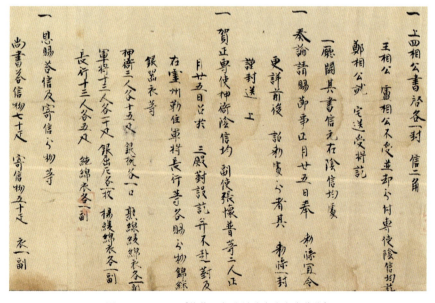

图 14-30　P.3547《乾符五年沙州进奏院上本使状》

原卷把贺正使在京活动分为上四相公书、奏论请赐节事、贺正使等受皇帝召见并获赐物名数、恩赐答信及寄信分物、赐贺正使等驼马价绢数等五项，每项首行顶端标记"一"形符号，表示不同的层次。

又如 P.3489 号《戊辰年正月廿四日旌坊巷女人社社条》，女人社社员团座商量后作出两条社规："一　或有大人颠言到仪（语），罚脓腻[一]筵；小人不听上人，罚羬羊壹口，酒壹瓮。一　或有凶事荣（营）亲者，告保（报）录事。"如图 14-31 所示，每条社规前标记"一"形符号，表示层次之别。敦煌文献整理者往往把这种界隔不同层次的"一"形符号录作一二的"一"，其实是不准确的。

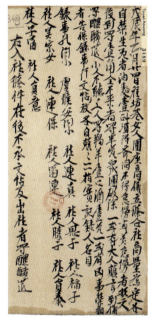

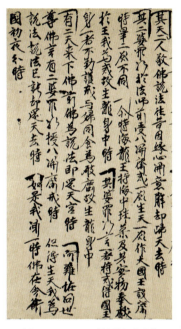

图 14-31　P.3489《戊辰年正月廿四日旌坊巷女人社社条》　　图 14-32　S.192《贤愚经榜题》

【⌐】标记于书名篇名或段落首一二字的右上侧。如 S.1441 号《励忠节钞》，有"励忠节钞卷第二"篇题，"励"右上侧原卷有"⌐"形符号。又如 S.192 号《贤愚经榜题》（图 14-32），原卷每一段落的榜题文字于首一二字右上侧皆有"⌐"形符号。P.3241 号《和菩萨戒文》分十戒，每戒右上侧原卷有"⌐"形符号，当又为"⌐"的变体。上一节我们说过，"⌐"形符号写本中可作界隔号，用于界隔正文与注文、条目与条目、字与字；"⌐"用作层次号，与界隔号功能近似，但更多的是起提示另一层次的作用，而界隔的作用已不太明显。

【｜】标记于篇名或段落首一二字的右侧。如 S.2200 号《新定吉凶书仪》(图 14-33)，原卷篇题的前一二字右侧皆用朱笔标注"｜"形符号。S.1040 号《书仪新镜》篇题右侧亦有同样的符号。

"｜"号的功能与"⊺"形符号同，应即后者的变体。Φ.267 号《无常经疏》(图 14-34)，所附图版第二行第七字起分四段，其中第一段首字"经"字右上侧原卷朱笔标注"⊺"形符号，而第二、三段首字"经"字及第四段首字"颂"字

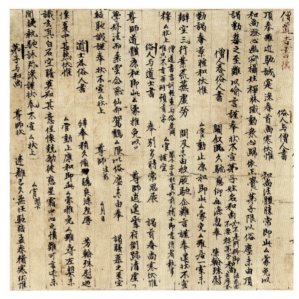

图 14-33　S.2200《新定吉凶书仪》

右侧却标注"｜"形符号，其功用相同，可证"｜"应即由"⊺"省变而来。

【△】或写作"厶"形，标记于篇名或段落之上。如上揭津艺 271 号《佛说大乘稻芉

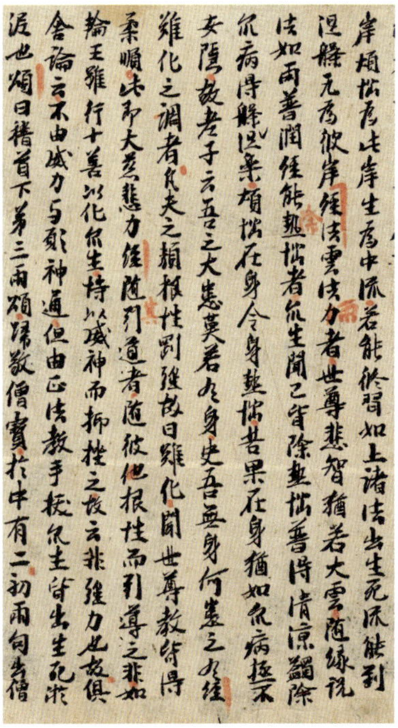

图 14-34　Φ.267《无常经疏》 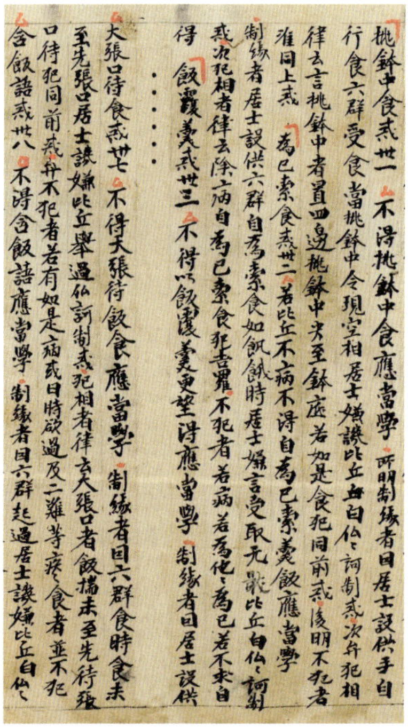　　　　　图 14-35　甘博 107《四分戒本疏》

经》,原卷用朱笔于每段之上标"△"形符号(见上文图14-4)。

"△"有时用于较"⼀"略小的层次。如甘博107号《四分戒本疏》卷四有百戒文,局部如图14-35所示,每戒右上方原卷多用"⼀"形朱笔符号加以标注,亦有用"厶"形朱笔符号标注于每戒之首的(附图"大张口待食戒卅七"和"含饭语戒卅八"前的"厶"形符号S.6889号同一疏文作"⼀");每戒之下通常有"××××应当学"一句,其前多标注"厶"形朱笔符号(偶亦有变体作"○"形的);其下每层意思或每句之首则用朱笔标注"•"形符号。

又如Φ.242号背《金刚般若经赞述》(图14-36),每段首引经文,"经"字右上侧朱笔标注"⼀"形符号,"经文"之下的赞述文字则用朱笔首标一"厶"形符号;赞述文字需分若干层次的,又在每层次上用朱笔标注一"•"形符号。

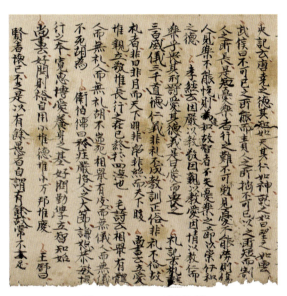

图14-36 Φ.242背《金刚般若经赞述》　　　　　图14-37 Дx.2153《百行章》

【🜂】"△"的变体。如Дx.2153号《百行章》(图14-37),每段前标注"🜂"或"厶"形符号。

【⇞】标记于篇名或段落首一二字的右上侧,大约是"△"与"⼀"合成的结果。如上博48号《白侍郎十二时行孝文》(图14-38),篇名和每一节之始皆标记"⇞"形符号。同一写本的《十二时普劝四众依教修行》《劝善文》《每月十斋日》《开元皇帝劝十斋赞》《九想观诗》等篇篇名和每一节前也都有同样的符号。

【🜊】标记于篇名或段落首一二字的右上侧,大约是"⇞"进一步繁化的结果。如上博48号《佛说大威德炽盛光如来吉祥陀罗尼经》和《摩利支天经》在经名及每段前画树状

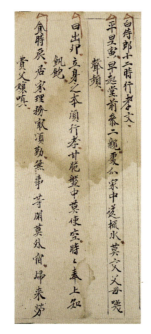

图 14-38　上博 48
《白侍郎十二时行孝文》

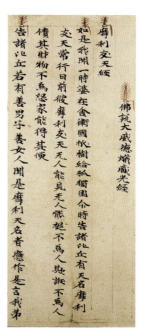

图 14-39　上博 48《佛说大威德炽盛光经》尾题
和《摩利支天经》卷首

标记,如图 14-39 所示(《佛说大威德炽盛光如来吉祥陀罗尼经》尾题和《摩利支天经》卷首)。

【○】形状或略小,标记于篇名或段落之上。如 Дx.613 号《黄帝内经素问》(图 14-40),每一段落起首朱笔标中空的"○"形符号。

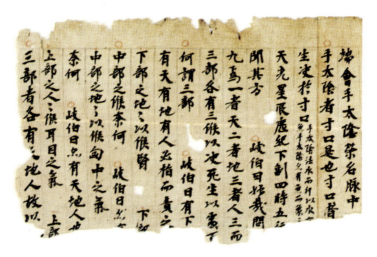

图 14-40　Дx.613《黄帝内经素问》

　　"○"有时用于比"△"略小的层次之首。如 P.2094 号《持诵金刚经灵验功德记》(图14-41),首行题目"持诵金刚经灵验功德记"前用朱笔标记一"△"形符号,其下抄持诵灵验功德记故事 19 则,每则前用朱笔标记一"○"形符号。

　　"○"有时亦用于比"⌐"小的层次。如前揭 S.1441 号《励忠节钞》,书名前用"⌐"号,而其下的"将帅部""政教部""善政部""字养部""公正部"等部类前则皆标注一"○"形符号。又如 S.5660 号《朋友书仪》后半部分载有按月份节令顺序排列的往返书疏,去信首句"二月仲春渐暄""六月季夏毒热""十一月仲冬盛寒"各月份的右上侧皆标注"⌐"号,而其答书之首则皆标注一"○"形符号。

　　P.3798 号《切韵》、P.2014 号《大唐刊谬补阙切韵》每一大韵序数前皆标识"○"形符号(前书小韵首字前则作"●";后书小韵首字前既作"●",又作"。");P.2015 号《大唐刊谬补阙切韵》则每一大韵序数、小韵首字前皆标识"○"形符号,今天通行的《钜宋广韵》、清述古堂影宋钞本《集韵》承袭这种方法。

　　【●】标记于篇首或段落之首。如 Φ.256 号《王梵志诗》(图 14-42),每篇起首朱笔标中实的小圆圈。P.3608 号《唐律义疏》(图 14-43)每个语段之首有同样的符号。

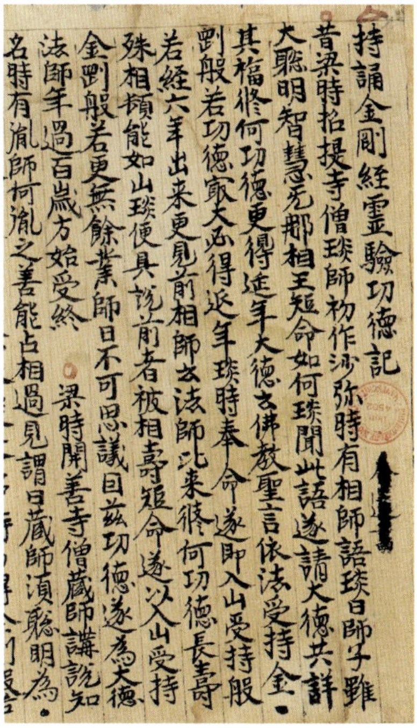

图 14-41　P.2094
《持诵金刚经灵验功德记》

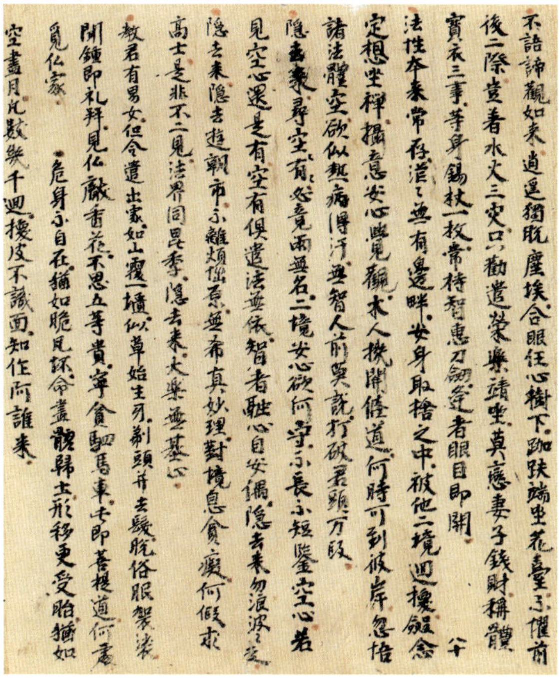

图 14-42　Φ.256《王梵志诗》

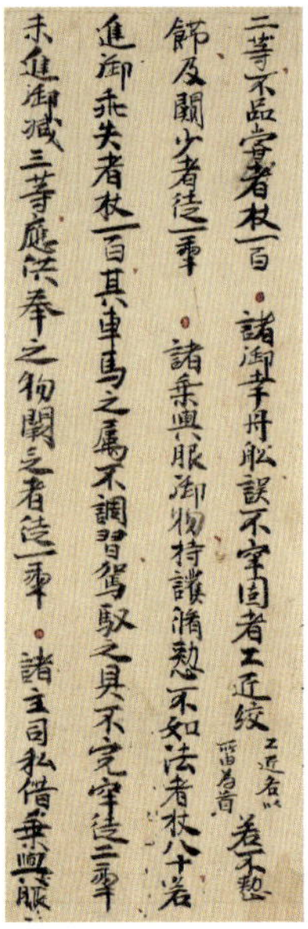

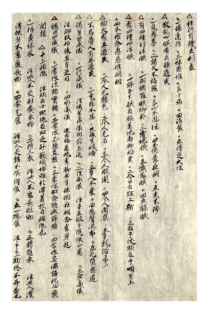

图14-43 P.3608《唐律义疏》　　　　　　　图 14-44　Φ.321《毗尼心》

"●"亦用于比"△"小的层次或句子之首。如 Φ.321 号《毗尼心》每段首用朱笔标"△"形符号,每段中的小层次则用朱笔标注"●"形符号(图 14-44)。

【✓】标记于段落之首。如上博 2 号《比丘尼戒经》每段前标一"✓"形符号(图 14-45)。浙敦 112 号(浙博 87)《十诵比丘尼波罗提木叉戒本》亦有同样的符号。

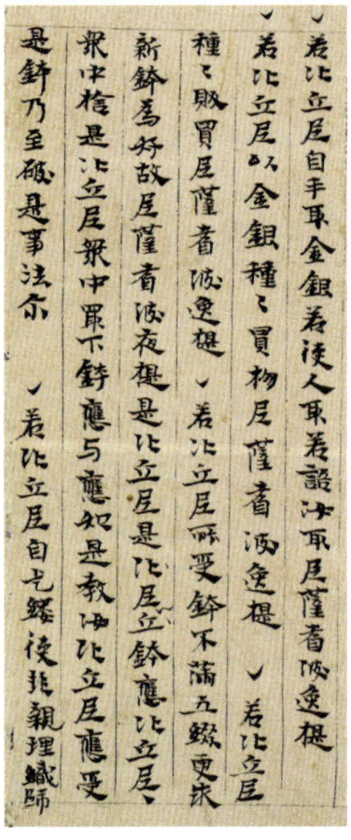

图 14-45　上博 2《比丘尼戒经》 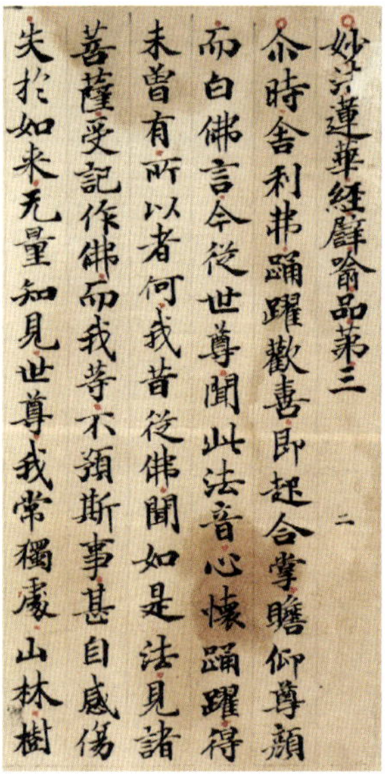　　　　　　图 14-46　北敦 13802《妙法莲华经》

【•】比上举"●"号形状略小，通常用于句子、词组和韵书的小韵之首。如北敦 13802
号《妙法莲华经》卷二（图 14-46），原卷品名和段落之首朱笔标注"○"形符号，每一段落
中词句之上则朱笔标一"•"形符号。"○"代表的层次显然比"•"要大得多。

又如 P.2104 号背《修多经中菩萨十地观方便观相法门》（图 14-47），篇题上有"⌐"
形符号，末句上有"⌐"形符号，正文中每层次皆含括"若……，观……"两句，原卷"若"
上皆标一"△"号，而次句"观"上皆标一"•"号（皆用朱笔）。"⌐""⌐""△"代表的层次也
都比"•"大。

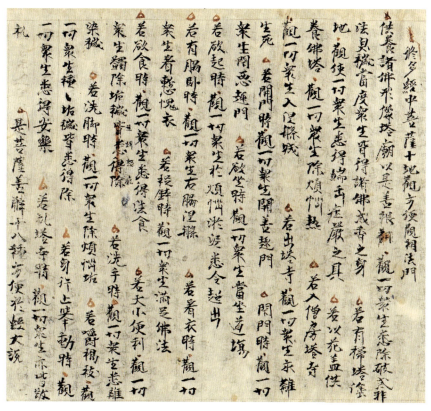

图 14-47　P.2104 背《修多经中菩萨十地观方便观相法门》

又如津艺 30 号《净名经关中疏》卷下，原卷每段用"⌐"形朱笔符号标注于首字右上
方，每段分为若干层次，每层首句之上朱笔标注"•"形符号（下页图 14-48），"⌐"代表的层
次也都比"•"大。

【丶】标记于篇名或段落之上。如甘博 1 号《法句经》卷下，该卷品名及正文首句之
上均有墨书顿形章节符号（下页图 14-49）。

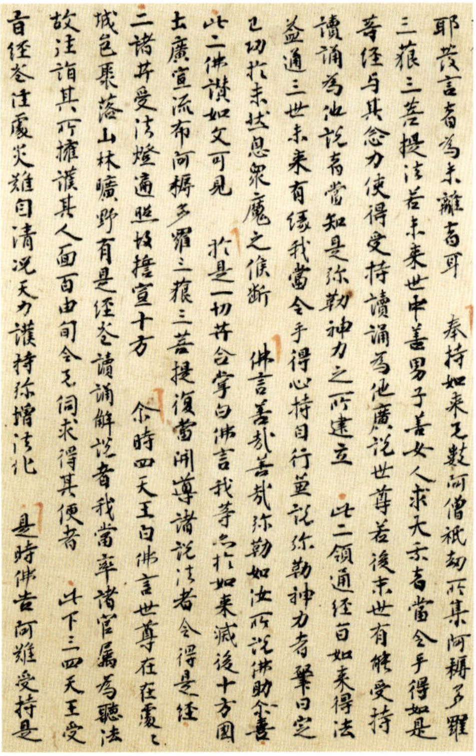

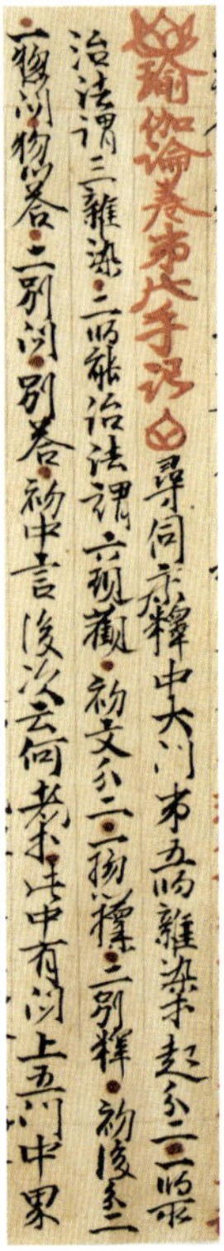

图 14-50　上图117《瑜伽师地论随听手记》

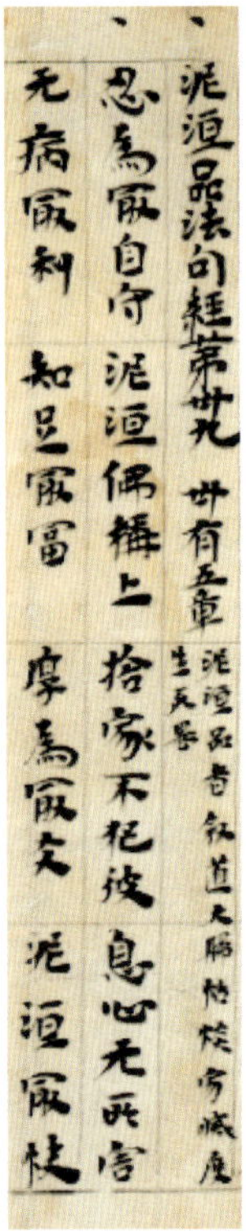

图 14-49　甘博1《法句经》

图 14-48　津艺30《净名经关中疏》

　　敦煌写本韵书小韵首字之前通常用"•"形符号加以标识，如《王一》每一小韵首字之前皆用朱笔标注"•"形符号。但 S.2683+P.4917 号《切韵》残卷小韵首字之前既有朱笔标注"•"形符号的，也有作"、"形符号的，"、"大约是"•"形符号简率的写法。

　　除了上揭较为常见的篇章段落符号外，其实有些写本的层次符号还要繁杂得多，令人眼花缭乱。如上图 155 号《瑜伽师地论》第十二卷，每段前大抵以"复次"二字开端，其首分别用朱笔标注"○"（三见）、"❀"（一见）、"❂"（十余见）等符号，其作用当大体相同。又定博 6 号《瑜伽师地论分门记》各段之首用朱笔标注❁、❂、❀或❀、○或 ●、•等符号，表明其从大到小的不同层次。又上图 117 号《瑜伽师地论随听手记》每卷卷端标注"❀"或"❂"形符号，较大的段落于前标注"❂"或"●"形符号，一段中分为若干层次的则于前标注"•"号（图 14-50，上揭符号原卷皆朱笔）。

　　又 P.2247 号《瑜伽师地论摄决择分分门记》卷三："❀第九，决择依行差别等建立三士尊义。分十二，如下所明：❀第一，依行差别建立三士。分三：◎一总标；◎二列名，分三，如论；◎三别释，分三：○一明下士相，○二明中士相，○三明上士相。❀第二，依有恶行非乐恶等四人建立三士义。分四：◎一总标。◎二列名，分四，如论。◎三别释，分四：○一明行恶非乐恶人相，分三：●一明非乐恶义，●二明行恶义，分二：·一立因，分三如论，·二显果；●三结。○二明乐恶非行恶人，分三：●一明乐行恶义，分二：·一立因，·二显果；●二明非行恶义，分二：·一立因，分四，如论，·二显果；●三结。○三明行恶亦非乐恶人，分三：●一明乐行恶义；●二明行恶义；●三结。○四明非行恶非乐恶人，分三：●一明非乐恶义；●二明非行恶义；●三结。○四明建立三士差别，分三：●一明下士相；●二明中士相；●三明上士相。……"（"四明建立三士差别"是承前"第二，依有恶行非乐恶等四人建立三士义"下分四"◎一总标。◎二列名，分四，如论。◎三别释"而言，相关符号应改作"◎四明建立三士差别，分三：○一明下士相；○二明中士相；○三明上士相"）如图14-51所示，原卷正文之首标注形符号，其下第一层次用号，第二层次以下依次用、◎、○、●、·来表示，这些符号均标注于各大小层次之首，可图解如下：

图 14-51　P.2247《瑜伽师地论摄决择分分门记》

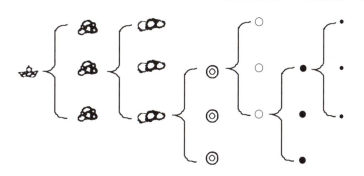

　　P.2012 号《切韵法》的符号层次也很丰富,如图 14—52 所示,其中"南梁汉比丘守温述""定四等重轻兼辩声韵不和无字可切门""四等重轻例"等较大的类目前分别标注"🎵""🎵""🎵"形符号,"上声""去声""入声"等次一等的类目前标注"🎵"形符号,其下的例字则于每组(四字为一组)之首标注"厶""○"或"🎵"形符号。

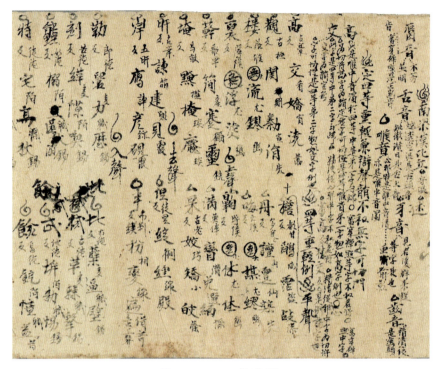

图 14—52　P.2012《切韵法》

　　另外,敦煌写卷书名标题首字上方多有双钩形符号,或变体作"八"字形、"以"字形、"一"字形、单书名号形等等。这类符号可以在包首题上方,也可以在写卷正文首题或尾题上方,如 S.490 号《毗尼心》包首标题上有双钩形符号(见图 14—53 右),卷尾有单书名号形符号(见图 14—53 左),都用于提示书名,其作用是一样的,可以称之为书名标识符。以前人们把这种符号称为"包首题",其实并不准确。一些经名标题的习字,标题上方也常有这类符号。如 S.4610 号背末尾有两行"大般若波罗蜜多经卷第卅八"习字,每行首字之上皆有双钩形符号(见图 14—54),也正是书名标识符;或谓"疑似分隔符"[1],不确[2]。

---

[1]《敦煌社会历史文献释录》第 21 卷提请编委审读稿该号校记〔一〕〔三〕。
[2] 本节请参看黄威《古籍书名考》第五章《卷轴古书包首题符号研究》,北京:中华书局,2021 年,第 169—206 页。

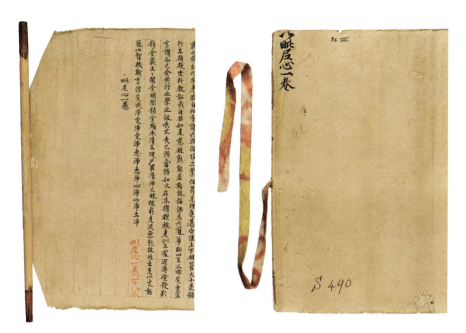

图 14-53　S.490《毗尼心》包首(右)、卷尾(左)

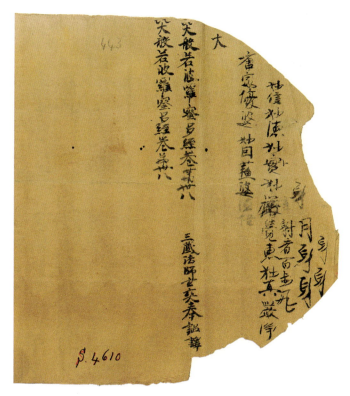

图 14-54　S.4610 背尾部"大般若波罗蜜多经卷第卅八"习字

第三节　勘验号

　　勘验号用于勘验人员知悉、参加与否或物品交纳、存缺情况。多见于社司转帖和账册文书。所用符号有"〇""●"、""丁"等，通常标记于人名或物品右侧或右上侧。例如：

　　S.4660 号《戊子年（988）六月廿六日兄弟社转帖》（见图 14-55），安定阿姊师身亡，录事发帖告知各位社员，请大家定时定点送粟一斗，后到或不到者都要罚酒。帖文后抄列社人名单，"其帖各自示名递过，不得停流（留）者"。社人如同接力赛般依次传递，收到者在其上作一标记，表示已知。原卷多数人名右侧有一顿形符号，即应为收到者记注的知悉标识，社司则以此作为日后惩戒的凭据。另外多数人名下另笔标有一"全"字，大约表示所纳物品已足。

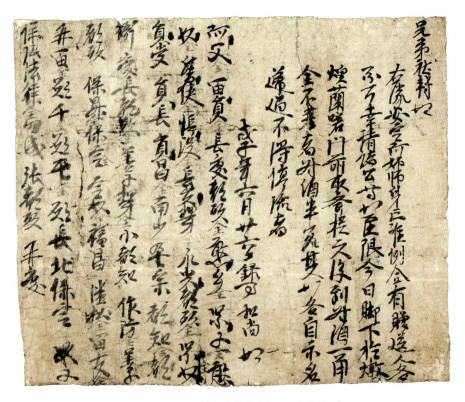

图 14-55　S.4660《戊子年六月廿六日兄弟社转帖》

又 S.5632 号《丁卯年（967）二月八日张憨儿母亡亲情社转帖》（图 14-56），因张憨儿母亡，录事发帖要求各位社员送酒壹瓮、粟壹斗，在规定时间内"并身及粟"于规定地点集合，后到或不到者罚酒；同样"其帖弟（递）相分付"，最后"却付本司，用凭告罚"。帖文后抄列的社人名字右侧有的有"○""丁"和墨点三种符号，有的则只有一二种，墨点似为社人画知的标识，"○"和"丁"则可能是社人到场及酒、粟送纳与否的标识。[1]

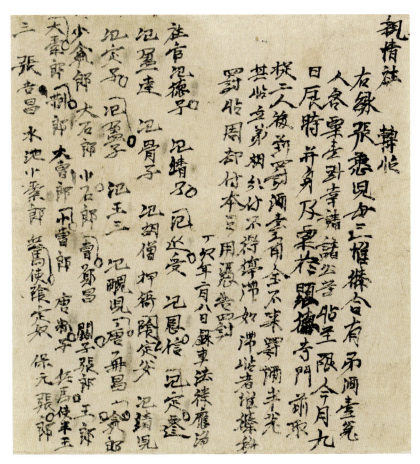

图14-56　S.5632《丁卯年二月八日张憨儿母亡亲情社转帖》

又 P.3807 号《龙兴寺藏经目录》是依据《大唐内典录》为蓝本形成的龙兴寺藏经目录，其中近一半经目上标有墨点（图 14-57），另有少部分经上标有朱点。根据《法华经》七卷、《正法华经》十卷、《维摩经》三卷、《金刚般若经》一卷这样一些常见的经名之上该

---

[1] 请参看宁可、郝春文《敦煌社邑文书辑校》该卷说明，南京：江苏古籍出版社，1997 年，第 104 页。

卷皆标有墨点的情况来判断,标有墨点的大约是龙兴寺原有的藏经,而标有朱点的(包括《盂兰盆经》一卷、《大智度论》一百卷)或许是后来陆续入藏的,至于既无墨点又无朱点的,可能是龙兴寺缺藏的佛经。

　　北敦841号背(北679,盈41)《癸未年八月十一日于经藏内再点勘经教现有部帙数目》:"《大般若经》一部,六十帙,金字题头并锦帙子。"原缺5帙,其中后面4帙右下侧标有"入",应是后来已补,故每帙上标有"乛"形勘验符号(图14-58),表示注销。

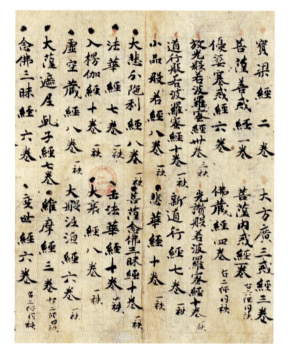
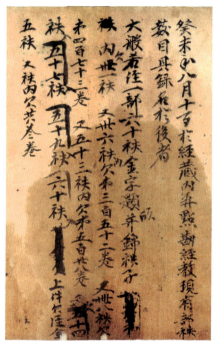

图14-57　P.3807《龙兴寺藏经目录》　　　图14-58　北敦841背《癸未年八月十一日
　　　　　　　　　　　　　　　　　　　　于经藏内再点勘经教现有部帙数目》

第四节 画押号

契约或牒状文书中,当事人对文中所述事件的知情或认可,一般可以自己签名、盖章或于名字下写"知"等形式来表示[1],但有的当事人不会写字,于是便用画押符号来代替。具体而言,有以下两种形式:

一 画指

在契约或牒状当事人名字上或旁边画上自己指节的长短,以作凭信,称为"画指"。《周礼·地官·司市》"以质剂结信而止讼"郑玄注:"质剂谓两书一札而别之也,若今下手书。"唐贾公彦疏:"汉时下手书,即今画指券,与古质剂同也。""画指"之俗汉代已见,敦煌吐鲁番契约文书使用极为普遍,称"画指为信"或"画指为验""画指为记"("画"或写作同音的"获",或讹作形近的"书")。所画指节根据当事人的身份而定,一般男左女右,以画拇指、中指、食指节居多,画两节或三节。[2] 69TAM117:57/2《某人买葡萄园契》,末尾知见人吴海儿和临坐人安客得名字下有"彐"形指节符号,又特意在指节上注明"不解书"。同一墓 69TAM117:57/3《高昌延寿九年(632)曹质汉、海富合夏麦田券》末尾有四个"彐"形指节符号,并分别标注"指节为明"字样。S.2199 号《唐咸通六年(865)尼灵惠唯书》末尾押署者"外甥十二娘"下画有指节符,并在其上注明"十二娘指节"五个小字。P.3379 号《后周显德五年(958)社人团保牒》,首列 45 社人名字,每人名字右下侧分别画三节或两节指节符,并在指节符上注明"左手中指节"。S.1285 号《后唐清泰三年(936)杨

---

[1] S.1350 号《大中五年(851)二月十三日僧光镜负麨布买钏契》末云"恐后无凭,苔(搭)项印为验","验"字下和其后署名"负麨布人僧光镜""见人僧智畎"下皆有圆形朱印;又 P.3744 号《沙州僧张月光兄弟分书》有"各各以将项印押署为记",其后的当事人兄月光、弟日兴、弟和子、表俭郭日荣名字下亦皆有圆形朱印,盖即所谓"项印"。下文引 S.1285 号《后唐清泰三年(936)杨忽律哺卖宅舍契》(图 14-51)最后署"邻见人张威贤",其下写一"知"字,大约就是当事人表示知情的签字。

[2] 宋黄庭坚《涪翁杂说》:"今婢券不能书者,画指节。"元姚燧《牧庵集》卷二二《浙西廉访副使潘公神道碑》云:"凡今鬻人,皆画男女左右食指横理于券为信,以其疏密判人短长壮少。"参看张传玺《中国古代契约形式的源和流》,《文史》第 16 辑,北京:中华书局,1982 年,第 29 页。

忽律哺卖宅舍契》末署"出卖舍主杨忽律哺""出卖舍主母阿张",其下各画有指节符,并
分别注明"左头指""右中指"(见图14-59)。72TAM204:18《唐贞观二十二年(648)洛州河
南县桓德琮典舍契》末署当事人桓德琮、其子大义和知见人成敬嗣,并画有"三"形指节
符,同时在下一节上分别标注"琮""义""嗣"字样(见图14-60),明确指节所属。

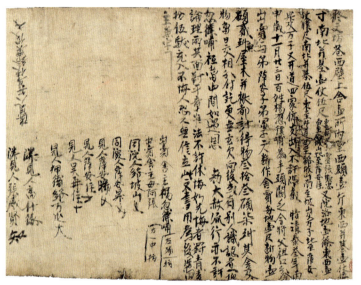

图 14-59　S.1285《后唐清泰三年(936)杨忽律哺卖宅舍契》

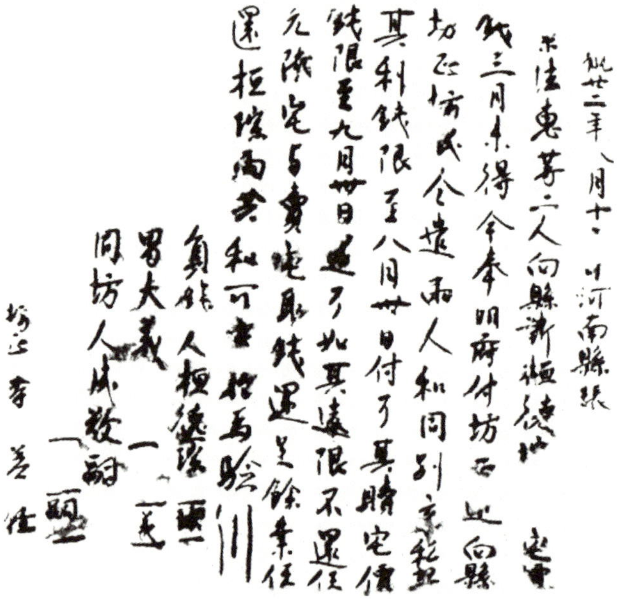

图14-60　72TAM204:18《唐贞观二十二年洛州河南县桓德琮典舍契》

二　花押

花押本指草书签名。宋黄伯思《东观馀论》卷上《记与刘无言论书》:"文皇(唐太宗)令群臣上奏,任用真草,惟名不得草。后人遂以草名为花押。"[1]叶梦得《石林燕语》卷四:"唐人初未有押字,但草书其名以为私记,故号花书。"[2]普通百姓不识字,更不懂草书,于是便在契约或牒状上自己的姓名之下画"十""七""×"等简单的符号作凭信来代替签名,称花押符。如 P.4083 号《丁巳年唐清奴买牛契》,末尾买牛人唐清奴及子定山和知见人宋竹子名下分别有"ϟ""ϯ""ϯ"符号(见图 14-61),即当事人的花押符。又 P.3234 号背《甲辰年(944)二月后沙州净土寺东库惠安惠戒手下便物历》,多数条目借贷记录的末尾有"十""七""子""兀"形符号(见图 14-62),则皆为借贷人的花押符。

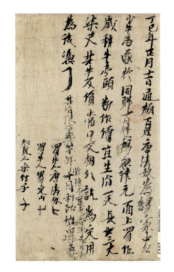

图 14-61　P.4083
《丁巳年唐清奴买牛契》

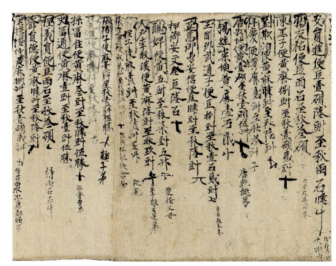

图 14-62　P.3234 背《甲辰年二月后沙州净土寺东库惠安惠戒手下便物历》

[1]《东观馀论》,《古逸丛书三编》影印上海图书馆藏嘉定中刊本,北京:中华书局,1987 年,卷上第五十四页右。
[2]《石林燕语》,北京:中华书局,1984 年,侯忠义点校本,第 57 页。

第五节　馀论

通过上面的举例分析，我们可以得出以下两点基本认识：

第一，敦煌写本符号繁多，形式多样，已形成比较完善的标识符号系统。这些符号，有的是前有所承的，如春秋晚期的侯马盟书段落末用"▬"形符号表示一个段落的结束；睡虎地秦墓竹简在章、节前加圆点"●"来划分章节，用"．"或"└"形符号表示停顿或绝句；曾侯乙墓竹简用顿点来断句；武威汉简章首用"○"或"▲"形符号（亦用于断句），用大、中、小不同圆点"．"区别三级语言层次；包山楚简用"一"标记于每一事类之首；等等。这些都和敦煌写本的标识符号有着密不可分的关系。但也有一些标识符号是前所未见的，如用"⌐"表示引文的起讫，用"⌐"表示界隔，用"{"图解上位层次下所涵盖的子目或下位层次，用"↓""✓"等标记于篇名或段落之首，等等。而且敦煌写本标识符号种类之多，层次之丰富，使用之普遍，也是前此所难以比并，显示出当时标识符号逐渐成熟的过程。诚如李正宇先生所说，这是一笔重要的文化遗产，值得我们给予珍视。

第二，敦煌写本的标识符号还不是很稳定，或者说尚未完全定型，一符多用或一号多符的现象都很普遍。如同一"⌐"形符号，可以分别用作界隔号、上引号、绝止号、层次号、删字号、勘验号，等等。我们校理敦煌文献时，要特别留意写本一符多用的特点，不可把形状相同而功用不同的标识符号混为一谈。试看下面的例子：

S.1441 号《励忠节钞·俊爽部》："（顾悦曰）蒲柳之姿，望秋先落；松柏之质，凌霜不彫益翠王道谓贺修云……"原卷"益"字右上角有一"⌐"形符号。《敦煌类书》校："'益翠'二字原卷校改属下条，今不从。《世说》此句作'经霜弥茂'，则'益翠'恐是别本异文，编书者注于'不彫'下，后转钞混入本文。"（页 618）《敦煌类书》谓"益翠"恐是别本异文转钞混入本文是对的，但原卷的"⌐"形符号并非指"益翠"二字改属下条，而是指此二字为衍文当删。敦煌写本中"⌐"既可用作条目之间的界隔号，又可用作删字符号，文中乃删字符号也。

又 P.2680 号《某寺便粟历》亦多见"⌐"形符号（图 14-63），如："音声李流子便粟壹硕五斗（押），口承人阿姑王升君（押）。慈惠安通子便粟两硕贰斗，秋叁硕叁斗（押），口承人阴通□（押）。……赤心张粉堆便粟两硕，秋叁硕，口承人男憨儿（押）。"原卷"音声李流子""赤心张粉堆"右上侧各有"⊤"形符号。或谓"⊤"是勾销号,李流子、张粉堆所贷粟本利皆已还清,故在帐头上加勾销号,而安通子借贷未还,故不加勾销号。[1]窃谓要把所贷粟的本利勾销,这样的重担恐非标一"⊤"形符号所能胜任。这里的"⊤"恐怕也只是层次号或界隔号,用于段落之首,提示其下为另一层次,其功用与该篇之前一行标注于人名"龙押衙""张兵马使""郭酒司"右上侧的"⊤"略同。至于"慈惠安通子"右上侧无此符号,则恐是抄者疏忽所致。

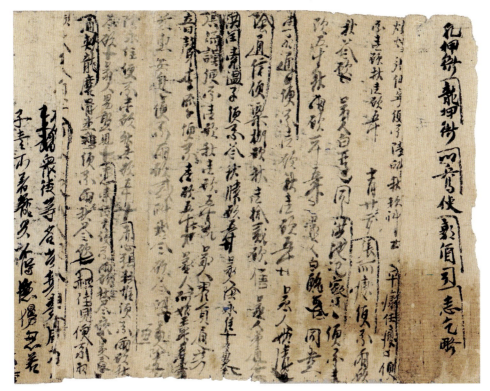

图 14-63　P.2680《某寺便粟历》

又如 S.548 号背《太子成道经》:"为悦(说)人间恩爱,厶不过父子之情。"又云:"厶佛未出家时,所生八王子,见大圣出家,亦随修梵行。"(图 14-64)其中的"厶"S.2352 号、P.2999 号略同,前例《敦煌变文校注》校云:"(厶)当通'无',盖抄手误抄而接改'不'字,却未删去也。"《郝录》第 3 卷校:"疑此字为衍文。"(页 210)后例《敦煌变文校注》校记谓

[1]　参见李正宇《敦煌遗书中的标点符号》,《文史知识》1988 年第 8 期,第 100 页;林聪明《敦煌文书学》,第 267—268 页。

"厶"即"某"[1]，因据以改录作"某"字；《郝录》径录作"某"字（页 213）。颇疑上揭所谓"厶"并非"某"字，而是层次号。即"△"手写之变。盖上述写本的祖本每句或每段前多标有"厶"形层次号，S.548 号等本传抄时类皆删去之，上揭二例乃抄手删而未尽者也。S.2682号无此二"厶"，北敦 6780 号前例亦无（后例残缺），可以为证。P.3680 号背《孝子传》王武子条下接抄闪子条，如图 14-65 所示，闪子条之首有"厶"，似为分则符号（该卷其他各则起首均有"○"形分则符）[2]，而 P.3536 号背《孝子传》闪子条前无此符号，可参。

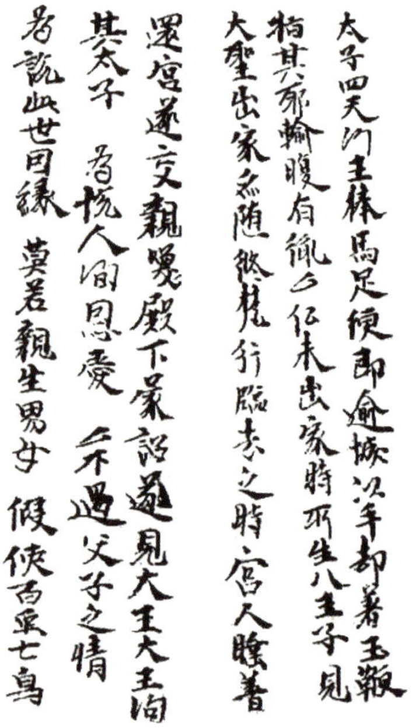

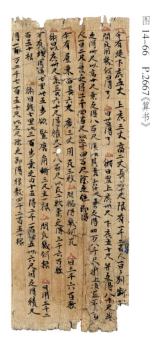

图 14-66　P.2667《算书》

图 14-65　P.3680 背《孝子传》

图 14-64　S.548 背《太子成道经》

又 P.2667 号《算书》："今有屋东西长六丈，广三丈，用瓦三枚。△问：'总得几何瓦？'△曰：'三千六百枚。'△术曰：'以广卌（卅）尺，乘长六十尺，得积尺一千八百尺，以瓦二枚乘之，得三千六百枚。'"该篇每节先总述，然后分问、答、术三个层次展开运算，如图14-66 所示，每个层次前原卷皆标有一个"厶"形符号，字形接近"厶"，亦即"△"的手写之变，为层次号；整理者类皆径录作"厶"（如鼎秀古籍全文检索数据库），容易让人误以为是用同"某"的"厶"，其实不妥。

　　另外，在整理敦煌文献时，我们还应注意以下两点：

---

[1]《敦煌变文校注》，第 458 页校记〔二七一〕、第 461 页校记〔三三七〕。

[2] 原卷"厶"和"闪"右侧有"了"形字，则不审何意。

1. 要留意原卷用朱笔表示的标识符号

　　敦煌写本中的标识符号反映了写本作者或抄手对文本最原始的理解，我们自应予以尊重。但由于这类符号大多为朱笔，而今人看到的往往是黑白照片的图版本，朱笔难以充分显现，甚至根本就看不出来。如上图 16 号《欢喜国王缘》，原卷韵文每二联第一句句首标一"丩"形符号(当由"丁"变来)，第二句之首标一顿形符号，散文部分每一停顿处标一顿点，韵文天头上另有"侧""断""吟"等声腔提示；如有改字，则点去误字，旁注正字。这些符号或旁记字原卷皆用朱笔，在彩版中非常清楚(图 14-67a)，而在相应的黑白照片中却只剩下一点模糊的痕迹(图 14-67b)。

　　所以我们今天整理研究敦煌文献时，应尽可能地核检写本原卷或彩色照片。否则，完全根据黑白照片，或不注意原卷用朱笔标识的符号或旁记字，就难以准确揭示写本原貌，甚至还会造成不应有的疏误。如P.3211 号《王梵志诗》，原卷两首之间通常空一至二格，每首诗的首一二字的右上侧大抵有一朱笔"丁"形标识。我们今天分篇时，便应留意写本的这一特点。如该卷有云："观内有妇人，号名是女官。各各[能梳略，悉带芙蓉冠。长裙并]金色，横披黄㲲单。朝朝步虚赞，道声数千般。贫无巡门乞，得谷相共餐。常住无贮积，铛釜当房安。眷属王[役]苦，衣食远求难。出无夫婿见，病困绝人看。乞就生缘活，交即免饥寒。　　道人头兀雷，例头肥特肚。本是俗家人，出身胜地立。饮食哺盂中，衣裳架上出。[每日]趁斋家，即礼七拜仏。饱吃更索钱，低头着门出。手把数珠行，开肚元无物。生平未必识，独养肥没忽。虫蛇能报恩，人子何处出？"(缺字据 S.5441 号拟补)原卷"道人头兀雷"与上句间有一字空格，"道"字右上侧有一朱笔"丁"形标识，说明原标识者以"道人头兀雷"句开始为另一首。后一首首联末"肚"字为遇摄字，与下文"立""出"等深摄、臻摄字通押；前一首则押山摄字。而法国戴密微《王梵志诗与太公家教》把"道人头兀雷，例头肥特肚"一联属上一首[1]，那就大错特错了。

　　又同卷："世间慵懒人，五分向有二。例着一草衫，两膊成山字。出语觜头高，诈作达官子。草舍元无床，无毡复无被。他家人定卧，日西展脚睡。诸人五更走，日高未肯起。朝庭数千人，平章共博戏。菜粥吃一椷，街头阔立地。逢人若共语，荒说天下事。唤女作家生，将儿作奴使。妻即赤体行，寻常饥欲死。一群病赖(懒)贼，却搦父母耻。日月甚宽恩，

---

[1]《王梵志诗与太公家教》，巴黎：高等中国研究所丛书第 26 卷，1982 年。

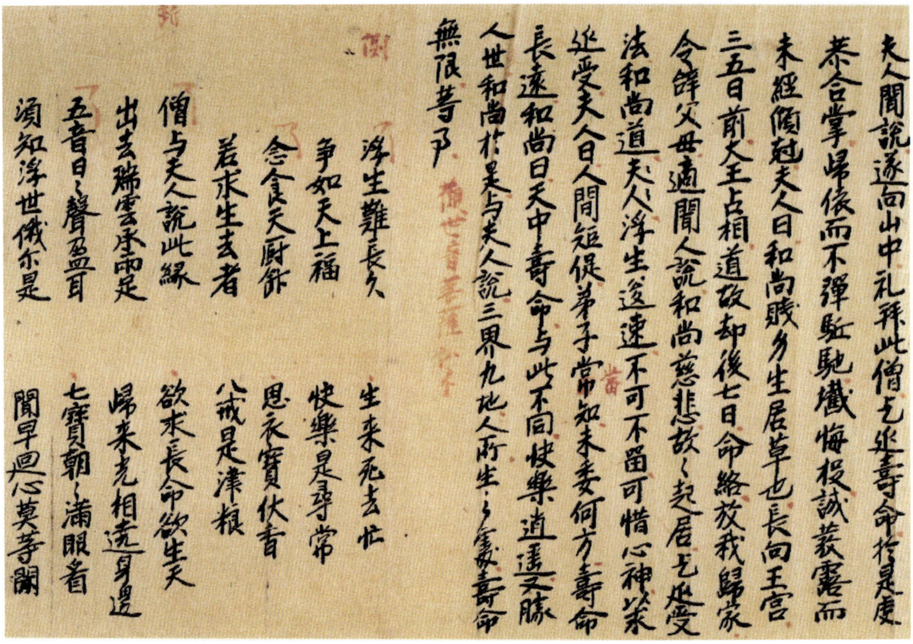

图 14-67a　上图 16《欢喜国王缘》(《上海图书馆藏敦煌吐鲁番文献》
第 1 册卷首彩版之三）

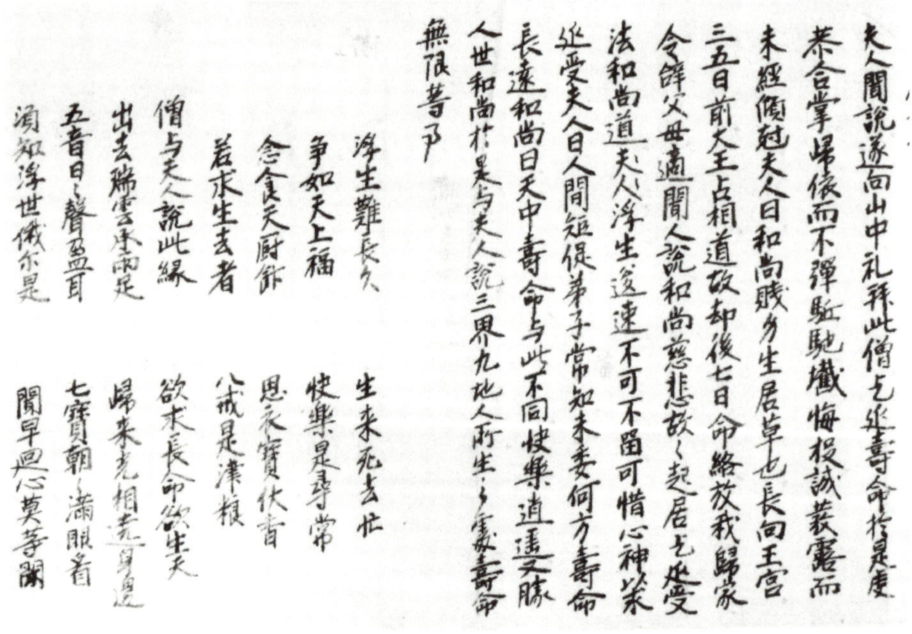

图 14-67b　上图 16《欢喜国王缘》(《上海图书馆藏敦煌吐鲁番文献》
第 1 册第 124 页黑白图版）

不照五逆鬼。"《王梵志诗校辑》把上引诗句分作《世间慵懒人》和《朝庭数十人》二首。但"朝庭数千人"("千"字今人多校作"十",近是)之上原卷既无空格,亦无"┓"形分篇符号(比较"世间慵懒人"句与上一首间空一格,首二字的右上侧有一朱笔"┓"形标识);从文意上看,"朝庭数千人"以下仍是就"慵懒人"而言;而且以"日高未肯起"作为"世间慵懒人"首的末句,也给人意犹未尽之感。所以我们觉得《王梵志诗校注》根据原卷的分篇标识把上引诗句定作一首是正确的;《校辑》不顾原卷分篇的特点以及文意,强行拆而为二,显然是不合适的。

又如《敦煌掇琐》据 P.3065 号载《太子入山修道赞》:"四更夜亦偏乘云到雪山端身正坐向欲前坐禅迸。"这篇赞文原卷本身没有句读,《敦煌掇琐》全书录文也都不加句读,自然无可厚非。但《汉语大字典》第一版及第二版"迸"字条引录时加了句读,断作:"四更夜,亦偏乘云到雪山。端身正坐向欲前,坐禅迸。"(末字第一版定作同"边",误;第二版改作同"延",是,原卷实作"延"俗字"迸","延"同"筵")其中"亦偏"句费解。查这篇赞文的另一写本 P.3061 号,如图 14-68 所示,"亦偏"作"以偏",原卷有朱笔断句,前两句分别在"偏""山"下圈断,据此,可以确定"亦偏"或"以偏"当属上读("亦""以"则皆当读作"已"),改读以后,原文便怡然理顺了。[1]由此可见,参考吸收原有的句读对写卷的校理是何等的重要!

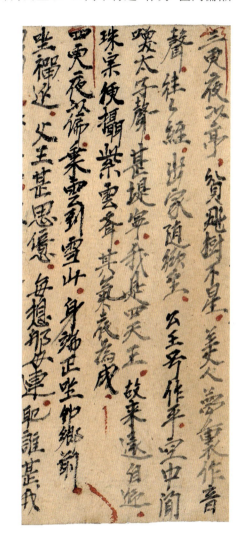

图 14-68 P.3061
《太子入山修道赞》

---

[1] 关于本首赞文"迸"及"亦""以"的校读,参看拙著《汉语俗字丛考》"迸"条,北京:中华书局,2000 年,第 472 页。另可参看项楚《敦煌歌辞总编匡补》,台北:新文丰出版公司,1995 年,第 259—261 页;成都:巴蜀书社,2000 年,第 210—212 页。

2. 写本标识符号标识的位置有的并不正确，同时还常有漏标的情况

由于种种原因（如标识者并非作者本人、原文本身有歧义等），敦煌写本的标识符号并不都是完全正确的。所以我们既要留意写本的标识符号，给予应有的尊重[1]；同时也不能不加辨识，盲目信从。如上揭P.3211号《王梵志诗》，就颇有失标或误标的情况。如："天下恶官职，不过是府兵。四面有贼动，当日即须行。有缘重相见，业薄即隔生。逢贼被打煞，五品无人净。生住无常界，壤壤满街行。只拟人间死，不肯仏边生。　从头捉将去，▨▨（顽骨）不心擎（惊）。虽然畜两眼，终是一双盲。向前黑如柒，直掇入深坑。沉沦苦海里，何日更逢明？"原卷"不肯仏边生"与下句"从头捉将去"间有一个多字的空格，"从"字右上侧又有"⊤"形分篇标识，故《王梵志诗与太公家教》《王梵志诗校辑》等皆以"从头捉将去"以下为另一首。但"从头捉将去"之前的"生住无常界"四句与其前所讲的"府兵"无涉，而与"从头捉将去"以下的文字却浑然一体，系指无常众生沉沦苦海而不自觉，鉴此，《王梵志诗校注》改以"生住无常界"以下四句属下一首，极是。原卷把分篇符号标注于"从头捉将去"一句，显然是有错误的。

又同卷："身如内架堂，命似堂中烛。风急吹烛灭，即是空堂屋。家贫无好衣，造得一袄子。中心襄破毡，还将布作里。清贫常使（快）乐，不用浊富贵。白日串项行，夜眠还作被。"引诗除首句与前一首间有一字空格及"身如"二字右上侧有"⊤"形分篇标识外，余皆接抄不分。但前四句喻生命无常，后八句则论清贫自乐，诗意迥殊，而且前二联韵脚字"烛""屋"为江摄、通摄通押，后四联则押止摄韵，韵脚也不相同。所以《王梵志诗校辑》《王梵志诗校注》等各家均把"家贫无好衣"以下八句分篇独立作一首，应该是正确的，原卷"家贫"句上应失着"⊤"形分篇标识。

下面再举几个写本本身句读有问题的例子。如S.530号背《斋仪摘抄》："伏以暂乖寝膳卧疾经时朝风书触于絣帏愁云暮结于庭际鸳鸯帐下邑邑而忧色潜生非　翠帘间漠漠而清烟乱起。"原卷篇与篇之间大抵空一至二格，上揭引文"非""翠"间原卷空约一个

---

[1] S.525号《搜神记》"管辂"条，管辂曰："君但还家。去即备清酒二榼。鹿脯一斤。明日小食时赶到君家。方便请之。来知得否。"原卷朱笔断句如此，《郝录》第3卷改读作："君但还家去，即备清酒二榼，鹿脯一斤。明日小食时赶（刻），到君家，方便请之，来（未）知得否。"其中的"去"字《郝录》改属上读，是正确的；但"明日"以下九字则当按原卷断句作一句读，"赶"同"剋"，必也，用于双方约定具体时间（下文云"辂明日依时即来"，即承此句而言）。《郝录》校"赶"字作"刻"，于其下增一逗号，那是不妥当的。

半字,按例应系分篇标志。其实"非"字当读作"翡",属下读,原文应标点作:"伏以暂乖寝膳,卧疾经时,朝风书(昼)触于帡帏,愁云暮结于庭际。鸳鸯帐下,邑邑而忧色潜生;非(翡)翠帘间,漠漠而清烟乱起。"有人据原卷的空格以"邑邑而忧色潜生非"为一句连读,非是。

又 S.1441 号《励忠节钞·安国部》:"汉武帝末时悔征伐之事乃封丞相为富民侯。"原卷于"相"字字右下侧用"。"形符号圈断。其实据文意而言,当以"乃封丞相为富民侯"八字作一句读。

又 P.3126 号《冥报记》"铁臼"条:"日日骂詈时复哥谣。哥云桃李花。严霜落。奈何桃李子。严霜早落之其声甚伤凄切自悼。不得成长也。"如图 14-69 所示,原卷圈断如此,其实这段话当读作:"日日骂詈,时复哥谣,哥云:'桃李花,严霜落;奈何桃李子,严霜早落之。'其声甚伤凄切,自悼不得成长也。"原卷"悼"后的圈句号显然是不合适的。

又 Ф.256 号+Дx.485+Дx.1349 号《王梵志诗》:"心本无双无只•深难到底•渊洪无来无去•不住猶如•法性虚空•复能生出诸法•不迟不疾容容•幸愿诸人思恃•自然法性通同•"原卷点读如此(图 14-70)。其实如果用现代的标点符号,这首诗当校读作:"心本无双无只,深难到底渊洪。无来无去不住,猶(犹)如法性虚空。复能生出诸法,不迟不疾容容(融融)。幸愿诸人

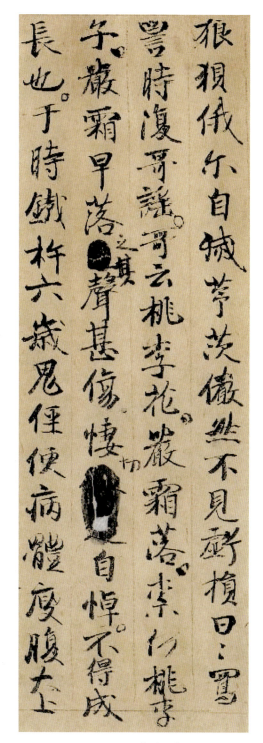

图 14-69　P.3126《冥报记》

思恃(忖),自然法性通同。"其中的"洪、空、容、同"为韵脚字。"渊洪"谓水深而广,是用来修饰"深难到底"的。原读把"渊洪"属下读,于是后面的三句便全乱了套。不了解写本的这一特点,而盲目信从原有的句读,便会导致断句错误。

又 P.3835 号背《大部禁方》"小儿衣(夜)啼方":"你是厨中则(剔)火杖、差你作门军将、与吾捉取夜啼呼、直到明即放、急急如律令、敕摄、诵七遍、唾三唾、至四十九遍、用香盘、火杖一个、男左、女右手、挹火杖、香炉上度过、诵咒七遍、唾三唾、然后门外人出入处、其火杖子倍(背)壁、立着、令人湯(盪)倒、合得差也、"原卷于应读断处皆用朱笔顿点点读如此(图 14-71),大体可从。但其中"男左、女右手、挹火杖"八字以读作"男左女右,手挹火杖"为宜,而"其火杖子倍(背)壁、立着"间的顿点则属多余。这也说明写卷原有的句读符号可供参考,但未必完全稳妥可靠。

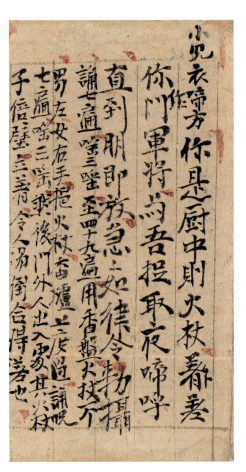

图 14-70 Ф.256+Дх.485+
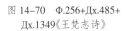
Дх.1349《王梵志诗》

图 14-71 P.3835 背《大部禁方》

参考文献

陈梦家《汉简缀述》,北京:中华书局,1980 年。

张传玺《中国古代契约形式的源和流》,《文史》第 16 辑,北京:中华书局,1982 年。

李正宇《敦煌遗书中的标点符号》,《文史知识》1988 年第 8 期。

李正宇《敦煌遗书标点符号及其价值意义》,《文献研究》第 2 辑,北京:学苑出版社,2011 年。

林聪明《敦煌文书学》,台北:新文丰出版公司,1991 年。

吴良宝《漫谈先秦时期的标点符号》,《吉林大学古籍整理研究所建所十五周年纪念文集》,长春:吉林大学出版社,1998 年。

李均明、刘军《简牍文书学》,南宁:广西教育出版社,1999 年。

管锡华《中国古代标点符号发展史》,成都:巴蜀书社,2002 年。

蒋宗福《敦煌禅宗文献研究》,四川大学博士学位论文,2002 年。

张显成《简帛文献学通论》,北京:中华书局,2004 年。

张小艳《敦煌书仪语言研究》,北京:商务印书馆,2007 年。

张涌泉《敦煌写本标识符号研究》,《汉语史学报》第 10 辑,上海:上海教育出版社,2010 年。

刘信芳、王箐《战国简牍帛书标点符号释例》,《文献》2012 年第 2 期。

黄威《古籍书名考》,北京:中华书局,2021 年。

第十五章　双行注文齐整化

　　古代写本有时正文注文连属,正文用单行大字,而注文往往用双行小字。为使卷面整齐,双行注文的第一行与第二行应大致字数相等,所以抄写时就需要事先计算好每条注文的字数。否则,如果前一行所抄的字数多了,后面一行就会出现较多的空白;相反,如果前一行所抄的字数少了,后面一行又会过于拥挤或出现所留空间不够用的情况。同样,如果抄写时字的间距控制得不好,也会出现前后行长短不协调的情况。无论发生哪一种情况,都会影响卷面的整齐和美观。但由于种种原因,这种双行注文前后两行不协调的情况总是无法完全避免的。而一旦发生了这种情况,抄手有时也会采取一些补救措施。就敦煌吐鲁番写本而言,这种补救措施主要有调整位置、删减字词、增添字词或符号三类,本章试分别举例加以讨论。

第一节　调整位置

　　如上所说,由于计算疏失或者没有控制好字的间距,古书双行注文手抄时会发生后一行过于拥挤或所留空间不够用的情况,如果抄手在后一行刚开始抄的时候就发现这一问题,那他完全可以通过适当压缩后一行注文文字间距的办法来加以补救。但当后一行抄写将毕,抄手才发现较前行超出多字,虽努力压缩字距,仍会出现所留空间不够用的情况。如北大敦 168 号《戒本含注一卷》"八十三非时入聚落戒"下双行小注:"佛在舍卫国时,跋难陀非时入村,与诸居士樗蒲。比丘得胜。居士以悭嫉故,便讥嫌之。诸比丘闻以,过白佛,呵责制戒。"原卷如图 15-1 所示。由于抄手没有预先计算好每行应抄的字数,注文后行较前行超出三个多字,孤悬于外,显得很不协调。

又如 67TAM363:8/1(a)唐景龙四年(710)卜天寿抄本《论语郑氏注·为政》"[子张问]十世可知"句下注云:"大(代)谓易姓之世,问其制度变迹(易)不可知。"(《唐吐》叁-571)原卷如图 15-2 所示。由于后一行注文的间距没有控制好,几乎超出前行三个字,以致末"不可知"三字与下句正文"子曰殷因于夏礼"的"子曰"二字处于并列的位置,显得非常难看。

所以一旦发生上揭情况,抄手就会临时采取一些补救措施。措施之一便是把注文末若干字改写于前行之末。如北敦 14636 号(新 836)《毛诗传笺·大雅·文王》:

文王陟降在帝左右_{言文王升接天下接人笺云在察也　之
文　王　能　知　天　下　意顺其所为从而行}

原卷如图 15-3 所示。注文《十三经注疏》本作:"言文王升接天,下接人也。笺云:在,察也。文王能观知天意,顺其所为,从而行之。"两相比较,较为重要的异文有三处:一是敦煌本"天下意"注疏本作"天意";二是敦煌本注文第一行末"察也"后有"之"字,而注疏

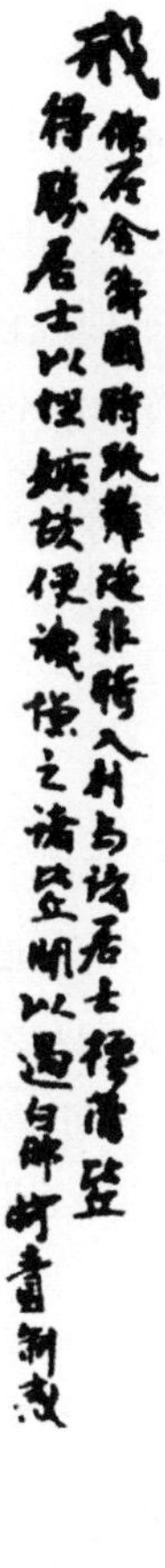

图 15-3　北敦 14636《毛诗传笺》

图 15-2　67TAM363:8/1(a)《论语郑氏注》

图 15-1　北大敦 168《戒本含注 一卷》

本无;三是注疏本注文末"从而行"后有"之"字,而敦煌本无。其中的第一处异文当以注疏本为是,而敦煌本的"下"字应为衍文当删。而后二处异文则应合并考虑,即敦煌本第一行末的"之"应移至第二行行末。上揭注文总共29字,一般前一行应抄15字,后一行抄14字,但抄手前一行除末"之"字只抄了14字,后一行字的间距又过于疏朗,以致抄到第28字时已超出前行2字,显得非常难看,于是抄手便把最后一个"之"字抄于前行之末,以求双行大致对齐。《敦煌经部文献合集》校记谓"察也"后的"之"字为"双行对齐而添加",又于注文末据刊本拟补一"之"字[1],似犹尚未达一间。

又 S.3011 号何晏《论语集解·子路》"子曰:鲁、卫之政,兄弟也"集解:"苞(包)曰:鲁,周公之封;卫,康叔之封也。周公、康叔既为兄弟,康叔睦于周公,其国之政亦如兄弟。"原卷如图 15-4a 所示。注文前行只抄了 15 字,而余下 20 字,超出前行 5 字,故抄手便把末"如兄弟"3 字抄至前行,而又用一条曲线把后行末字"亦"与"如"字连接起来,表示末句当读作"其国之政亦如兄弟"。

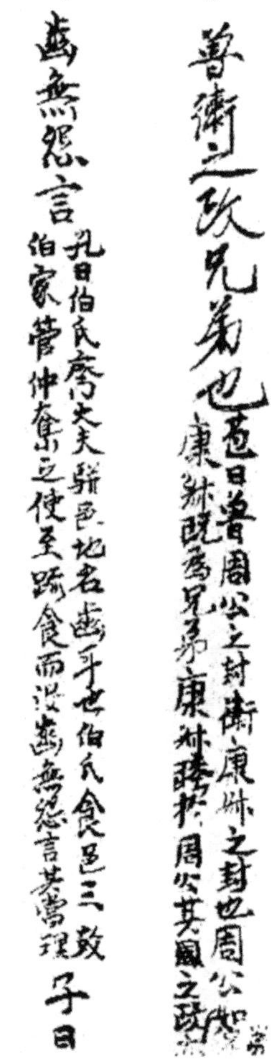

同上卷《宪问》"夺伯氏骈邑三百,饭蔬食,没齿无怨言"集解:"孔曰:伯氏,齐大夫。骈邑,地名。齿,年也。伯氏食邑三伯(百)家,管仲夺之,使至疏(蔬)食,而没齿无怨言,其当理故。"原卷如图 15-4b 所示。因注文后行字数较前行多,字间距又没有控制好,故写至"理"字时已超出前行一个多字,故抄手把末"故"字移写至前行之末,而又用一条短线把"理"与"故"字连接起来。

但这种补救措施既不雅观,也容易造成误解,并不是一个好办法。于是聪明的抄手想出了另一个主意。请看前揭卜天寿写本《论语郑氏注·公冶长》"子谓公冶长可妻也。虽在缧绁之中,非其罪。以其子[妻之]"句下注:

图 15-4　S.3011《论语集解》

---

[1]《敦煌经部文献合集》第 2 册,第 899 页校记〔二三〕。

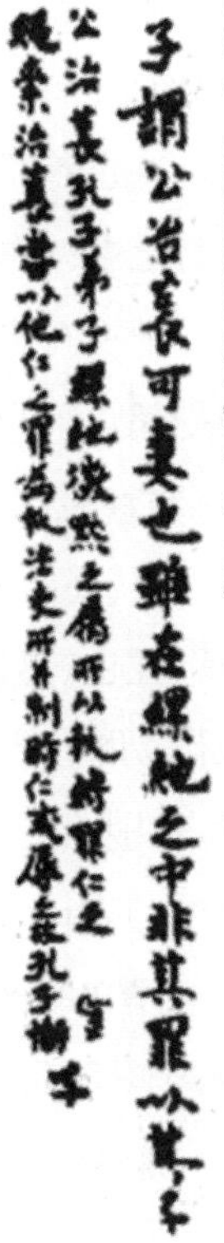

公冶萇孔子弟子縲絏徽縲之屬所以执缚罪人之　　　　　曽
绳索冶萇尝以他人之罪为执法吏所并制时人或辱之故孔子解

图 15-5　67TAM363:8/1(a)《论语郑氏注》

图 15-6　P.2901《一切经音义摘抄》

原卷如图 15-5 所示。因注文后一行所留空间不够用，于是抄手便把注文末字"焉"倒写在前行之末以作补救(注文原卷有误字，录文已径正)。相对而言，这样做不易造成理解上的错误。王素指出："后行抄写临了，才发现较前行超出二至多个字，而末字又不可省，学童往往将末字倒写(也有正写)在前行之末，作为补救。这种补救的办法，不限于学童手书的作业，可能是当时流行的方法。"[1]这一推测是对的，我们在敦煌写本中也看到了类似的做法，并且倒写的也不仅仅是末字，有时是两个甚至更多。例如：

P.2901 号《一切经音义摘抄》："餲手，古文餲、舐，今作猻，又作舐，同，食尔反，以舌取食。经末(文)作呧、踶，未见所出。"原卷如图 15-6 所示，末"出"字原卷倒写在双行注文前一行之末。本条所本玄应《音义》卷十一《正法念经》第十卷音义末句正作"未见所出"。

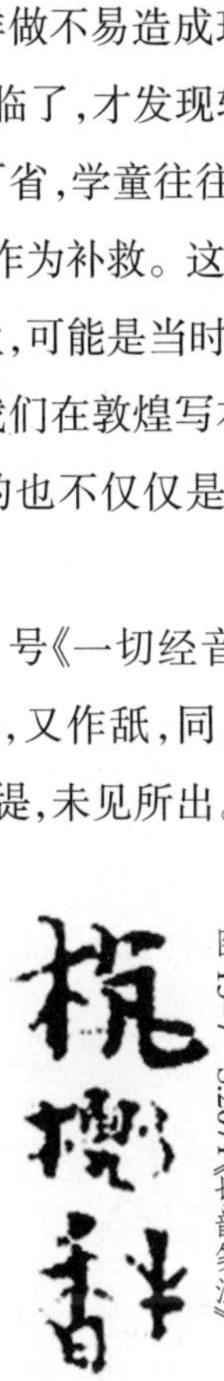

又 S.2071 号《切韵笺注·仙韵》诸延反："栴，栴檀，香木。"原卷如图 15-7 所示，注末"木"字原卷倒书在双行注文前行"栴"的省代符之下。

图 15-7　S.2071《切韵笺注》

图 15-8　S.2049《毛诗传笺》

又 S.2049 号《毛诗传笺·小雅·采薇》"曰归曰归，岁亦暮止"下双行小注："笺云：暮，晚也。曰女何时归乎？何时归乎？亦岁晚之时乃得归。又丁宁归期，定其心也。"原卷如图 15-8 所示，其中"心也"二字原卷倒写于双行注文前行之末。

又 S.2071 号《切韵笺注·药韵》之烁反："豿，《山海经》

---

[1]《唐写本论语郑氏注及其研究》，北京：文物出版社，1991 年，第 255 页。

曰:"隈山有兽,豹而文首,名犳。"原卷如图 15-9 所示。注文末"文首名犳"四字原卷倒写于双行注文前行之末。

这也都是因为注文后一行所留空间不够用而将末尾若干字倒写在前行之末以作补救的例子。

因换行也会造成双行注文后行所留空间不够的情况,这时抄手只得把超出前行的文字顺序分配在前后两行,以达致新的协调。如 P.2948 号《藏经音义随函录选抄·莲华面经》音义有如下条目(图 15-10)。上揭条目《高丽藏》本可洪《藏经音义随函录》在第玖册第叁拾肆至叁拾伍张,注文中的"聚也""耗也,惠也""奸反""更也"《高丽藏》本皆换行后在下行之首(图 15-11),原文当校录作:"貯畜,上猪暑反,下丑六反,聚也。""费用,上妃沸反,耗也,惠也。""删兜,上所奸反。""迭相,上田结反,递也,更也。"底卷改变原来的行款后,上揭条目皆抄在同一大行之内,但由于抄手未注意到祖本注文换行的情况,仍把祖本在前一大行的注文分录在双行注文的前后两行;及至发现底本下行仍有本条注文,这时注文后行已无空间容纳,于是不得不又把它们分别接抄在双行注文的前后两行。

这样一来,注文的顺序就全乱了套,显然不是一个好办法。于是,抄手又想出了改进的办法。如下揭敦煌写卷:

S.3011 号何晏《论语集解·宪问》"子曰:孟公绰为赵、魏老则优,不可以为滕、薛大夫"集解:

孔曰公绰鲁大夫赵魏皆晋卿也　家老无职故优滕薛小
家臣称老公绰性寡欲赵魏贪贤　国大夫职烦故不可为

又同卷下文"子曰:晋文公谲而不正,齐桓公正而不谲"集解:

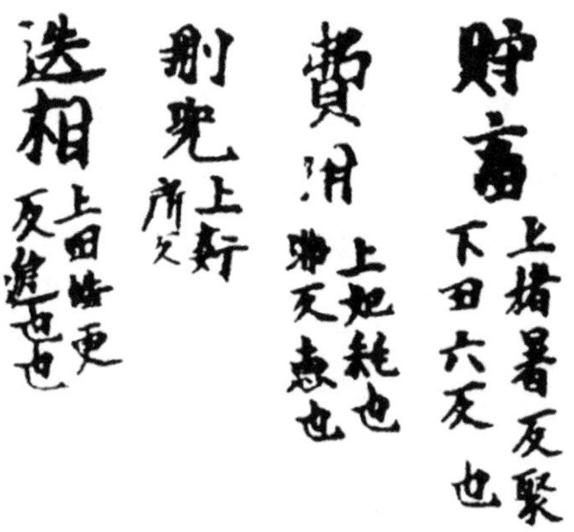

图 15-10　P.2948《藏经音义随函录选抄》

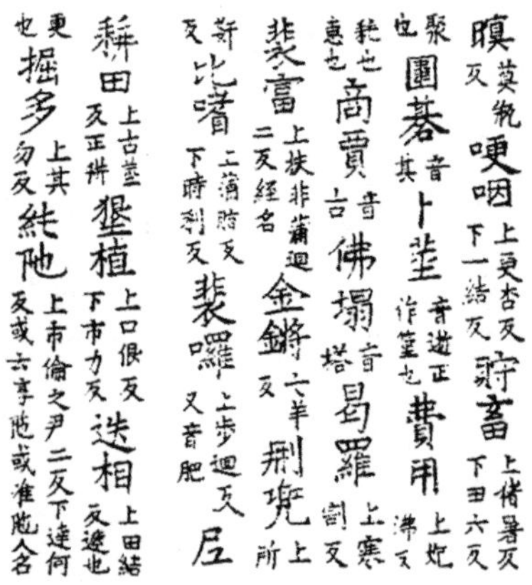

图 15-11　《高丽藏》本《藏经音义随函录》

（马曰伐楚）以公义责苞茅｜南征不还 [1]
之贡不入问昭王｜是正而不谲

原卷如图 15-12 所示。前例注文中间横杠（本书排作竖杠）前后原卷有一条连接线，表示原文"贤"后接读"家"。原文当读作："孔曰：公绰，鲁大夫。赵、魏，皆晋卿也。家臣称老。公绰性寡欲，赵、魏贪贤，家老无职，故优。滕、薛小国，大夫职烦，故不可为。"后例横杠前后无连接线，但亦应"王"后接读"南"，读作："马曰：伐楚以公义，责苞茅之贡不入，问昭王南征不还，是正而不谲。"这二例每条注文行中用横杠分作前后两截，先读上截，后读下截。究其原因，可能仍与所据底本换行处抄手抄误有关。不过前后二截间用横杠切分以后，注文的先后顺序一般也就不致淆乱了。

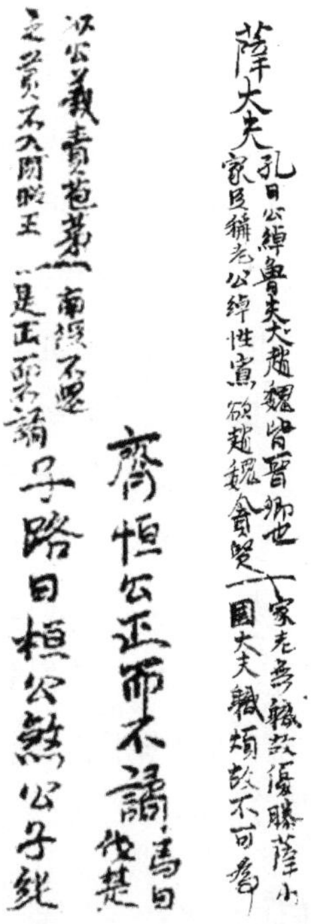

又 S.782 号《论语集解·先进》"（季路）曰：'敢问死。'（子）曰：'未知生，焉知死？'"集解："陈群曰：'鬼神及死，其事难明，语之无益，故不答也。"原卷如图 15-13 所示，双行注文分作上下两截，"陈群曰鬼神及死其事难"十字在上截，中空约半格，接抄下截，大约也与所据底本换行处抄手没有为后行留足够的空间有关。上下截间因有约半格的间距，注文的先后顺序大致也还是清楚的。

图 15-13　S.782《论语集解》

图 15-12　S.3011《论语集解》

图 15-14　P.2015《大唐刊谬补阙切韵》

P.2015 号《大唐刊谬补阙切韵》皆韵步皆反：頍 典入蒲颐来反一。原卷如图 15-14 所示，费解。考《王二》同一小韵作"頍，曲颐。又蒲来反"。又《说文·页部》："頍，曲颐也。从页，不声。""頍"字《集韵·灰韵》以为"頍"的后起异体字。据此，上揭写卷当校读："頍，典（曲）颐。入（又）蒲来反。一。"原卷注文作"典入蒲颐来反一"者，当亦与所据底本换行处抄手抄误有关（上揭《王二》双行注文"曲颐"二字在前一行末，"又蒲来反"四字在次行首，正在换行处）。[2]

[1]　"征"原误"径"，兹据 P.2716、P.2597 号写本径正。
[2]　参看《敦煌经部文献合集》第 7 册，第 3418 页校记〔三八〇〕。

第二节 删减字词

图 15-15 P.2620《论语集解》

当双行注文的后一行字数过多，发生过于拥挤或所留空间不够用的情况，如果注文末是上文所说的"出""七""心""同"这样的关键词以及"云不得其时"这样的句子，当然是少不得的，但如果后行之末为"焉""尔""也"这类虚词（尤其是"也"字）及其他一些可有可无的词，对文义并没有太大的影响，所以抄手有时便直接省去，而不再采取其他补救办法。如 P.2620 号何晏《论语集解·颜渊》"敢问崇德，修慝，辩惑"集解："孔曰：慝，恶也。修，治。治恶为善。"原卷如图 15-15 所示。按 P.3192、P.3402 号经本同一注文前一"治"后和"善"后皆有一"也"字，底卷无此二"也"字，疑属抄手因后行所留空间不够而省书。阮元刻《十三经注疏》所收宋邢昺疏《论语集解》本前一"治"后有"也"字，"善"后无"也"字，可参。

图 15-16 P.3359《论语集解》

又如 P.3359 号何晏《论语集解·宪问》"修己以安百姓，尧舜其犹病诸"集解："孔曰：病犹难。"底卷如图 15-16 所示。按 S.3011、P.2716 号经本及阮元刻《十三经注疏》所收宋邢昺疏《论语集解》本同一注文"难"下皆有"也"字。底卷无，疑为抄手后行前二字写得过于疏朗，以致所留空间不够，遂即省去"也"字。P.2133 号何晏《论语集解·卫灵公》"君子疾没世而名不称焉"注："疾犹病也。"注文末有"也"字，可资参证。

第三节　增添字词或符号

如前所说,古书双行注文如果前一行所抄的字数多了,后面一行就会出现较多的空白,如果抄手较早发现这一问题,那他可以通过适当拉大后一行注文文字间距的办法来加以补救。如 S.555 号《李峤杂咏注》"钱"诗"赵壹囊初乏,何曾筯欲收"下注:"汉赵一诗曰:文籍虽满腹,不及一囊钱。何曾字颖考,日食万钱,犹无下筯之处。"原卷如图 15-17 所示。抄手抄至双行注文"下筯之处"时发现注文仅剩四字,而前行相应位置有七字,于是便用拉大间距的办法来补救。

又如北大敦 168 号《戒本含注一卷》"十九用虫水戒。若比丘知,不知不犯。水有虫若自浇泥若浇草若教人浇者,波逸提"下注:"不犯者,不知有虫水作无虫想,若虫大以手动水令虫去,若鹿(漉)水洒者,一切不犯也。"原卷如图 15-18 所示。抄手抄至注文"不犯也"时发现注文仅剩三字,而前行相应位置有九字,于是也用拉大间距的办法来补救。

但当抄手后一行注文快抄完时才发现比前行短,后面还有较多的空白,这时拉大间距的办法已无法奏效,于是就会采用增字以补白的办法。

同样,如果前一行所抄的字数少了,造成后一行所留空间不够用,以致后行超越前行,那就更加难看,这时抄手除把注文末尾若干字移写在前行之末外,也会采用增字以补白的办法。

补白添加的文字可以是虚词,也可以是实词,甚至可以是非字的符号,下面试分别举例说明之。

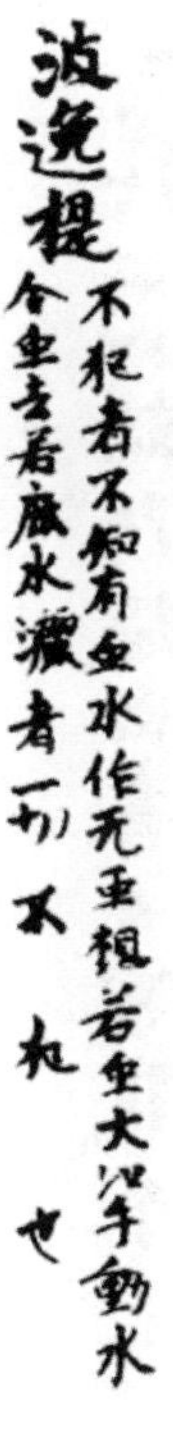

图 15-18　北大敦 168《戒本含注一卷》

图 15-17　S.555《李峤杂咏注》

一　增添虚词

清杨守敬《日本访书志补》"《古文尚书》十三卷（影日本旧抄本）"条下云："大抵日本古钞本注文之末每多虚字，有不可通者，山井鼎一一校录，阮文达《校刊记》诋之，或者遂疑古本为赝本不可信。不知皆非也。唐以前古书皆抄写本，此因抄书者以注文双行排写，有时先未核算字数，至次行余空太多，遂增虚字以整齐之，别无意义。故注文多虚字，而经文无有也。至宋代刊本盛行，此等皆刊落，然亦有未铲除尽净者。如宋椠玄应《一切经音义》是也。即如此书，《咎繇谟》'宽日栗'九句，七句注脚皆有'也'字，唯'柔而立，强而谊'二句无'也'字。以此二句或六字或八字，皆两行双齐，不烦增字也。并记于此，以释来者之惑。光绪壬辰春杨守敬记。"[1]日本旧抄卷子本《玉烛宝典》引《周官·春官》"以冬至日，致天神人鬼"郑注："致人鬼于祖庙之也矣哉也乎也。"今见传本《周礼》郑注末无"之也矣哉也乎也"七字。日本学者岛田翰《古文旧书考》卷一于《春秋经传集解》条下引此例云："如此七字语辞，更无意义，是恐书语辞以取句末齐整，以为观美耳。"[2]双行注文"增虚字以整齐之""书语辞以取句末齐整，以为观美"，这是杨守敬、岛田翰的一个重要发现，也是抄本古书的一条普遍规律。

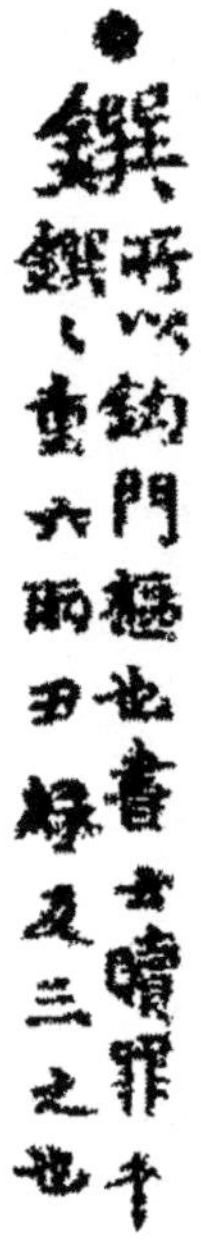

就敦煌写本而言，用以补白增添的虚词主要有"也""矣""乎""哉""者""之"等。如 P.2014 号《大唐刊谬补阙切韵》平声宣韵："鐉，所以钩门枢也，《书》云'赎罪千鐉'，鐉重六两。丑缘反。三。之也"原卷如图 15-19 所示。又 P.5531 号《大唐刊谬补阙切韵》入声雪韵："拙，职悦反。不巧。九。之也"原卷如图 15-20 所示。这二例注文末的"之也"二字《瀛涯敦煌韵辑》等书照录，其实应系补白添加的虚词，当删。

图 15-19　P.2014《大唐刊谬补阙切韵》

图 15-20　P.5531《大唐刊谬补阙切韵》

[1]　杨守敬《日本访书志·日本访书志补》，沈阳：辽宁教育出版社，2003 年，第 3 页。
[2]　北京图书馆出版社 2003 年影印本易名为《汉籍善本考》，第 124—125 页。

又 S.78 号《语对》"举荐"类"树桃李"注文,见图 15-21a,与前行相比,双行注文末句"非奇(其)人也"下尚有约五个半字的空间,故底卷于"也"字下接书"已矣也也"四字,而且后二字的间隔明显加大,以便与前行基本对齐。这里的"已矣也也"四字只是为补白用的,起一种整齐卷面的作用,而与文义无关,王三庆《敦煌类书》称之为"补白加添语词常例"(页 811),校录时可把这类补白用的虚词直接删去。P.2524 号写本及今本《韩诗外传》卷七"非其人也"句下正无"已矣也也"四字,是其明证。

又同卷"兄弟"类"怡怡"下注文:"《论语》云:兄弟怡怡,朋友偘偘也者。"原卷如图 15-21b 所示。按《论语·子路》:"朋友切切偲偲,兄弟怡怡。"应即上揭注文所本。注文末

a　　　　　　　　b　　　　　　　　c

图 15-21　S.78《语对》

的"也者"二字应为补白加添的虚词。

由于这些虚词经常出现在句末,比较而言,增加它们不易引起人们的特别注意。特别是"也"字,为句末所经见,增加"也"字以补白有时简直有一种浑然天成的感觉,所以使用得更加普遍。又如上揭类书兄弟类,其中"三张"条、"孔怀"条注文末的"也也"(见图15-21c)当亦皆是补白添加的虚词,后条注文 P.2524 号写本作"兄弟孔怀",可参。

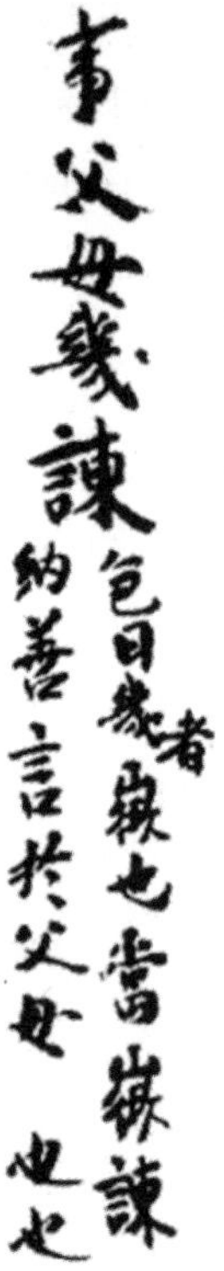

又 P.3972 号何晏《论语集解·里仁》"事父母几谏"集解:"包曰:几者,微也,当微谏纳善言于父母也也。"原卷如图 15-22 所示。此条注文末句 S.1586 号写本及《十三经注疏》所据宋邢昺疏本无"也"字,P.2676、P.2904 号写本有一"也"字。

上述引例注文末句的"也"或"也也"大多是因为补白而加上的。但由于"也"字原本经常出现在句末,所以这种"也"字究竟是否为后加有时就不那么好判断了。如后一例末句的二"也"字究竟是一个为后加的还是两个都是后加的?李方《敦煌〈论语集解〉校证》此例下校云:"底本末原有二'也'字,当为妄增,以便双行对齐,今去其一。"[1]据 P.2676、P.2904 号写本,"去其一"当然是有根据的;但据 S.1586 号写本及邢昺疏本,是不是应该去其二呢?这又牵涉到古人抄书句末省"也"字的习惯了,请参看本书第十三章《省代、省书和省文》第三节"省文"。

这种添加的虚词有时未必是末字,也可能是末字前的一二字。如 P.2532 号《周易注·损卦》"损而有孚,元吉,无咎可贞,利有攸往"注:"……虽不能拯济大难,以斯而往,物无距者矣之也。"原卷如图 15-23 所示。抄手抄至注文末句"距"字时发现注文仅剩一二字,而前行相应位置有四字,于是便用拉大间距的办法来补救;大约后来觉得"者之"二字的间距过大,于是又在其间插入"矣"字("矣"字字体不同,可能出于另一人之手)。《十三经注疏》本注文无"者矣之"三字,则底卷此三字有可能皆为补白添加。

上列补白增字皆在双行注文的后一行末,下面再看几个在前一行末增字的例子。P.2618 号《论语集解·学而》"子曰:'父在观其志,父没观其行,三年无改于父之道,可谓孝矣。'"集解:"孔曰:'孝子在丧,哀慕,犹若父存,无所改于父之道。'"原卷如图 15-24

图 15-22　P.3972《论语集解》

事父母几谏　包曰几者微也当微谏纳善言於父母　也也

[1]《敦煌〈论语集解〉校证》,南京:江苏古籍出版社,1998 年,第 153 页校记〔八〇〕。

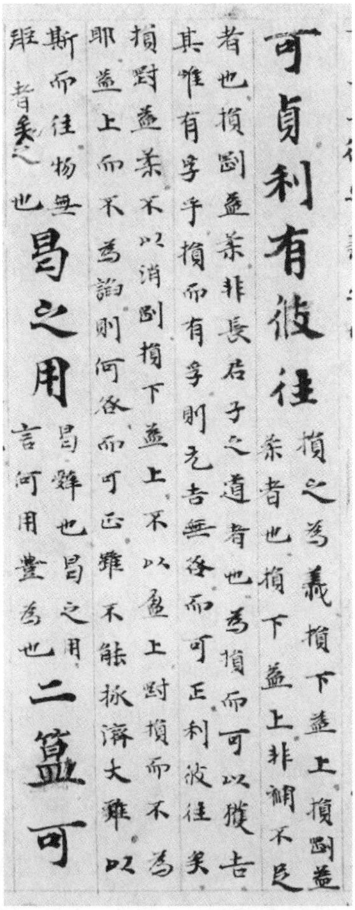
可貞利有攸往損之為義損下益上損剛益柔者也損下益上非補不足
者也損剛益柔非長君子之道者也為損而可以獲吉
其唯有孚乎損而有孚則元吉無咎而可正利攸往矣
損剛益柔不以消剛損下益上不以盈上剛損而不為
邪益上而不為諂則何咎而可正雖不能拯濟大難以
斯而往物無距者矣之也曷之用曷辭也曷之用言何用豐為也二簋可

图 15–23　P.2532《周易注》

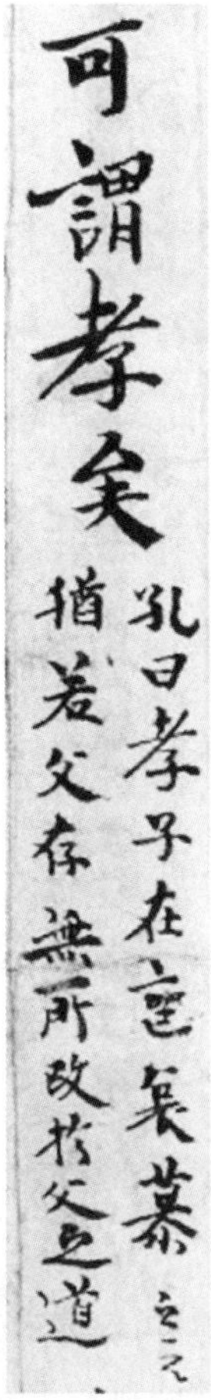
可謂孝矣孔曰孝子在喪哀慕之之猶若父存無所改於父之道

图 15–24　P.2618《论语集解》

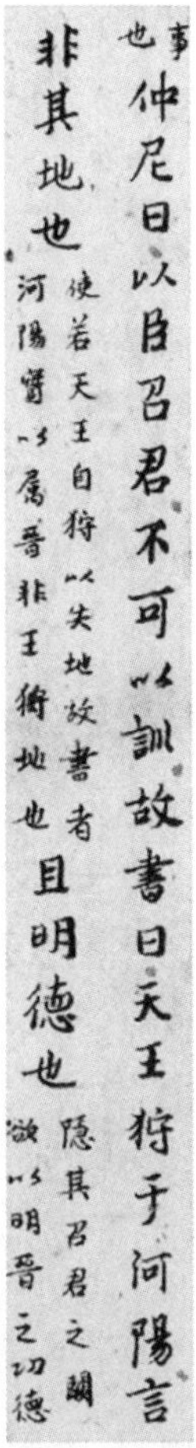
事也仲尼曰以臣召君不可以訓故書曰天王狩于河陽言
非其地也使若天王自狩以失地故書者河陽實以屬晉非王狩地也且明德也隱其召君之闕欲以明晉之功德

图 15–25　P.2509《春秋左氏经传集解》

所示。注文“哀慕”下原卷有二“之”字，李方云：“诸本均无，当系钞者妄增以求注文双行对齐。”[1]按：注文“孔曰”至“哀慕”八字原卷在双行注文的前一行，“犹若父存”以下十一字在双行注文的后行，虽抄手尽力压缩后行的字距，但仍超出前行近二字，故抄手于前行末赘加二“之”字以补白。

又 P.2509 号《春秋左氏经传集解·僖公二十八年》“故书曰：‘天王狩于河阳。’言非其地也”集解：“使若天王自狩以失地，故书者河阳。实以属晋，非王狩地也。”原卷如图 15–25 所示。注文“者”字原卷在双行注文前行之末，《敦煌经部文献合集》定作为双行对齐而添[2]，当是，《十三经注疏》本正无此字。

[1]《敦煌〈论语集解〉校证》，第 35 页校记〔七五〕。

[2]《敦煌经部文献合集》第 3 册，第 1104 页校记〔二一五〕。

又北敦 14636 号（新 836）《毛诗传笺·大雅·文王》"亹亹文王，令闻不已。陈锡哉周，侯文王孙子。文王孙子，本枝百世"传笺："亹亹，勉也；哉，载也；侯，维也；本，本宗也；枝，枝子也。笺云：令，善也；哉，始也；侯，君也。勉勉乎不倦，文王之勤，用明德也。其善声问（闻）日见称歌，无止时也。乃由敷恩之施，以受天命造始周国，故天下君［之］。其子孙，适为天子，庶为诸侯，皆百世。"原卷如图 15-26 所示。其中郑笺"乃由"的"由"下原卷有一"也"字，此"也"在双行小注前行之末，且末笔往下拖曳，后行行末较前行"由"多六字之位置，《敦煌经部文献合集》以此"也"字为双行对齐而添加，非原文所有[1]，近是。

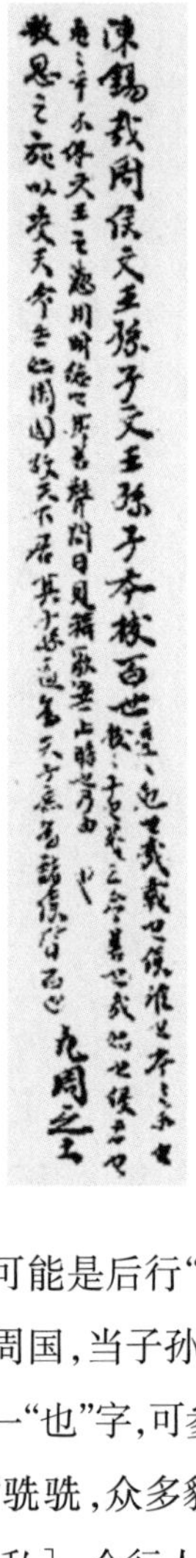

双行注文前一行添加的文字，究竟是补白添加还是由注文后一行末尾文字移写而来，有时颇难决断。如上揭北敦 14636 号《毛诗传笺》例，双行注文前行末"乃由"下的"也"字，既可能是补白添加，也可能是后行"皆百世"后的句末助词移至前行，《十三经注疏》本该例郑笺下正义："既造周国，当子孙嗣之，故天下之民君其子孙为天子，庶为诸侯，皆百世也。""皆百世"后正有一"也"字，可参。又如 S.2049 号《毛诗传笺·小雅·皇皇者华》"駪駪征夫，每怀靡及"传笺："駪駪，众多貌。征夫，行人。每，虽也；怀，和。笺云：《春秋外传》曰：怀思为每怀。和当为［私］。众行人既受君命，当速行，［使］每人怀其私相启（稽）留，则于事将无所及。"原卷如图 15-27 所示。其中双行注文前一行末"众行人"下有一个倒书的"者"字，起双行对齐的作用，但这个"者"字是补白添加，还是由注末文字移写而来[2]，颇难决断。

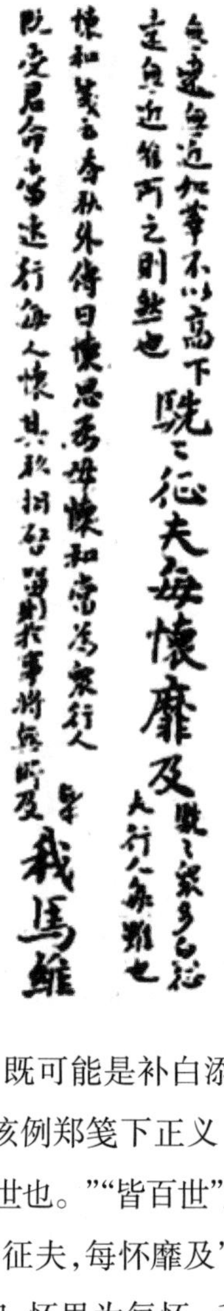

图 15-27　S.2049《毛诗传笺》

图 15-26　北敦 14636《毛诗传笺》

---

[1]《敦煌经部文献合集》第 2 册，第 899 页校记〔二三〕。

[2]《敦煌经部文献合集》第 2 册定作注末文字，末句读作"则于事将无所及者"，第 812 页校记〔五八七〕；但 P.2514 号写本及《十三经注疏》本皆无"者"字。

二　增添实词

　　双行注文因补白添加虚词，由于这些虚词经常出现在句末，容易混同为原文的一部分，但抄手的本意其实并非如此，而只是希望添加的文字起一种补白的作用（有的补白文字写卷又特意标注删字符号，可以为证），达到"整齐""观美"的效果。如果真是这样，增添与文意无关的实词而不至于被误解作原文的一部分，效果反倒比增添虚词要好得多。如王素所举吐鲁番出土卜天寿《论语郑氏注》写本的例子：

　　（1）命夫子使制作法度
以号令于天下 下（八佾篇"天将以夫子为木铎"句下注）

　　（2）子产 郑大
夫公孙侨小（公冶长篇"子谓子产有君子之道四焉"句下注）

　　（3）甯武子卫大夫
甯俞之谥也小（公冶长篇"子曰：甯武子邦有道则智，邦无道则愚"下注）

原卷如图 15-28 所示，其中双行注文末的"下""小"都是补白添加的实词。王素指出："后二例，原本前行字与字间距较开，后行字与字间距较密，显得不整齐，所以需要增字。'下'和'小'都是笔划非常简单的字。"[1]

图 15-28　67TAM363:8/1（a）《论语郑氏注》

　　我们再看敦煌写本中的例子。P.2486号《春秋穀梁传集解·哀公九年》"宋皇瑗帅师取郑师于雍丘。取，易辞也。以师而易取，郑病矣"双行注文："以师之重，而宋以易得之辞言之，则郑师将劣矣。"原卷如图 15-29所示。注文末"矣"下写卷原有"病"字，即为补白而添，《十三经注疏》本正无此字。

　　又 P.2509 号《春秋左氏经传集解·僖公三十年》"且君尝为晋君赐矣，许君焦、瑕，朝济而夕设版焉，君之所知也"双行注文："晋君，谓惠公也。焦、瑕，晋河外五城之二邑名也。朝济河而夕设版筑以距秦，言背秦之速也。"原卷如图 15-30 所示。注文"名也"二字原卷在双行小注的前行之末，《十三经注疏》本无此二字，《敦煌经部文献合集》校记谓

[1]　王素《唐写本论语郑氏注及其研究》，第 256 页。

“名”字当是衍文[1]。窃谓此“名”或“名也”二字亦有可能为补白添加。

凭空添补一个与文意无关的实词，不明就里，就会造成衍误。为免误解，所以抄手有时会特意在补白字右侧标注删字符号。如上揭 S.618 号何晏《论语集解·微子》“恶讦以为直者” 集解：“孔曰：‘讦，谓功(攻)发人之阴和(私)唯也。’”其中的“唯”字右侧原卷有一顿形删字符(图 15–31a)[2]，即指此字系补白添加，非原文所有。

又同卷“且而与其徒(从)避人之士，岂若从避世之士哉”集解：“士有避人之法，有避世之法。长沮、桀溺谓孔子为士，从避人之法。鲁。”又“天下有道，丘不与易也”集解：“言凡天下有道者，丘皆不与

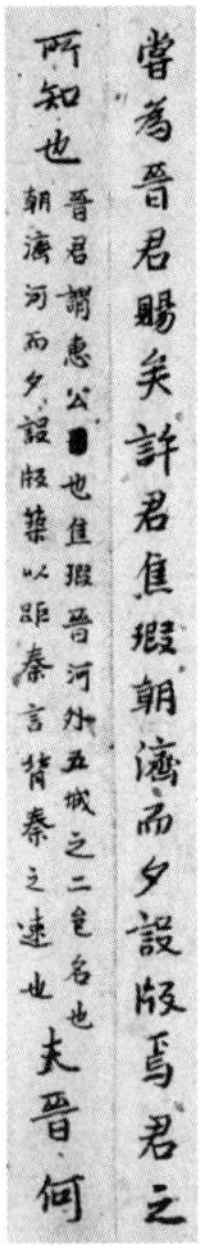
嘗為晉君賜矣許君焦瑕朝濟而夕設版焉君之
所知也 夫晉何

图 15–30 P.2509《春秋左氏经传集解》

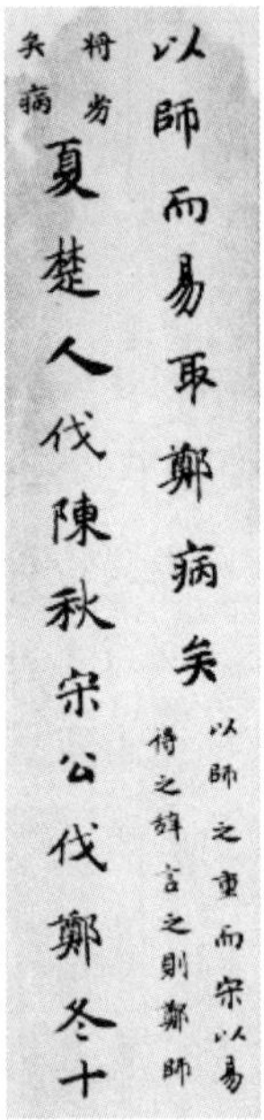
以師而易取鄭病矣
夏楚人伐陳秋宋公伐鄭冬十

图 15–29 P.2486《春秋穀梁传集解》

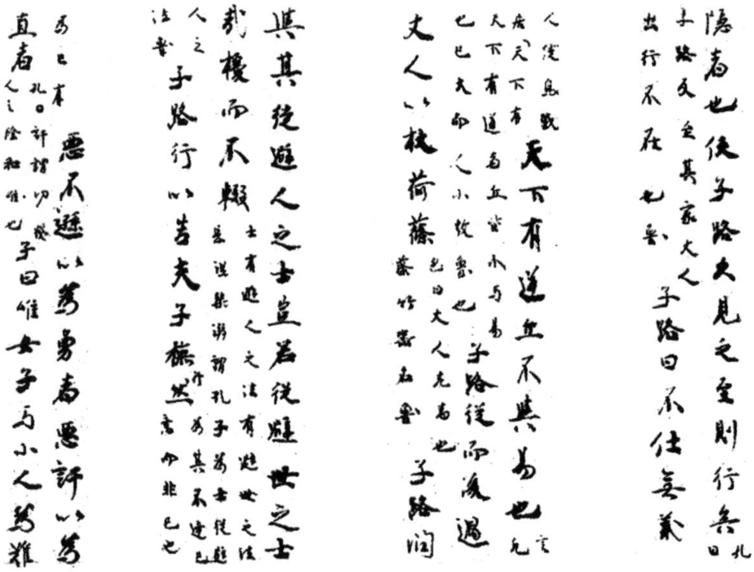
a b b b

图 15–31 S.618《论语集解》

[1]《敦煌经部文献合集》第 3 册，第 1106 页校记〔二六二〕。

[2] 用一顿点作为删字符，敦煌写本中经见，详见本书第十章《衍文和卜煞》第二节“卜煞”。

易也,己大而人小故鲁也。"又"遇丈人以杖荷莜"集解:"包曰:丈人,老者也。莜,竹器名。鲁。"又"使子路反见之。至,则行矣"集解:"孔曰:子路反至其家,丈人出行不在也。鲁。"其中的"鲁"字右侧原卷亦皆有一顿形删字符(图 15-31b),指此字系补白添加,非原文。

　　这些补白增加的实词,有的也许与原文毫无关系;有的则可能是上下文已经出现过的字词,如上文所举补白的"下""唯"。又如 S.618 号《论语集解·微子》"吾非斯人之徒与而谁与"集解:"孔曰:'吾自当与此天下人同群,安能去人徒(从)鸟兽居?'"原卷注文末"居"下补白添加"天下有"三字,而"天"之右上角有一"丁"形删除符(图 15-32a)[1]。又下文"子路曰:不仕无义"集解:"郑曰:'留言以[语]丈人二子。'"原卷注文末"子"下补白添加"长幼之"三字,而"长"字右上角有一"丁"形删除符(图 15-32b)。又下文"长幼之节,不可废也;君臣之义,如之何其可废也"集解:"孔曰:'言汝父子相养不可废也,反可废君臣之义邪?'"原卷注文末"邪"下补白添加"欲洁其也"四字,而"欲"字右上角有一"丁"形删除符(图 15-32b)。这些补白添加的短语大抵源自下文接抄的经文。[2]

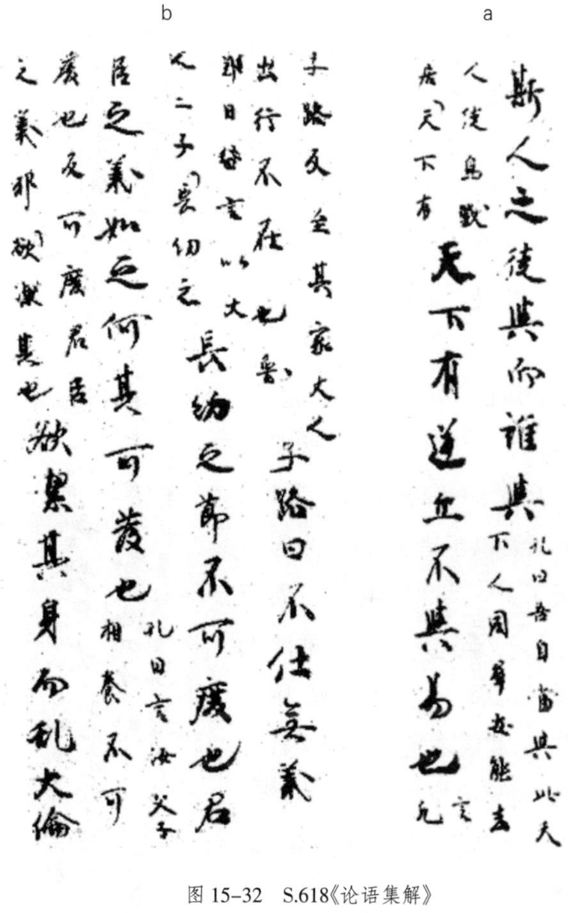

图 15-32　S.618《论语集解》

---

[1] "丁"形用作删字符敦煌写本中亦经见,详见本书第十章《衍文和卜煞》第二节"卜煞"。

[2] 上揭各例郝春文谓系抄写者有意将下句经文抄入注释,以使注文双行对齐,而用符号表示这些字应不读,甚是。参见郝春文主编《英藏敦煌社会历史文献释录》第 3 卷,北京:社会科学文献出版社,2003 年,第 401 页校记〔七四〕〔八一〕〔八四〕。

三　增添符号

增添字词来补白,优点是看起来比较整齐,容易蒙人;缺点是补白的字词易于混入正文,导致衍误。为避免这一缺陷,古人有时也采用符号来补白。如 P.2669 号《毛诗传笺·大雅·文王》"王之荩臣,无念尔祖"传笺:"荩,进也。无念,念也。祖,先祖。笺云:今王之一进用臣,当念汝先祖之法为之。今王,斥成王。"又同卷《大明》"殷商之旅,其会如林。矢于牧野,维予侯兴"传笺:"旅,众也。如林,言众而不[为]用也。矢,陈也;兴,起也。言天下之望周。笺云:殷盛合其兵众,一陈于商郊之牧野,而天乃以予诸侯有德,当起为天子者。言天去纣,与周师胜。"又同卷《皇矣》"维此王季,因心则友。则友其兄,则笃其庆,载锡之光"传笺:"因,亲也。善兄弟为友。庆,善也;光,大也。笺云:笃,厚也;载,始也。王季之心,亲亲而友善于宗族,尤善于兄太伯,乃厚明——其功美,始使之显著

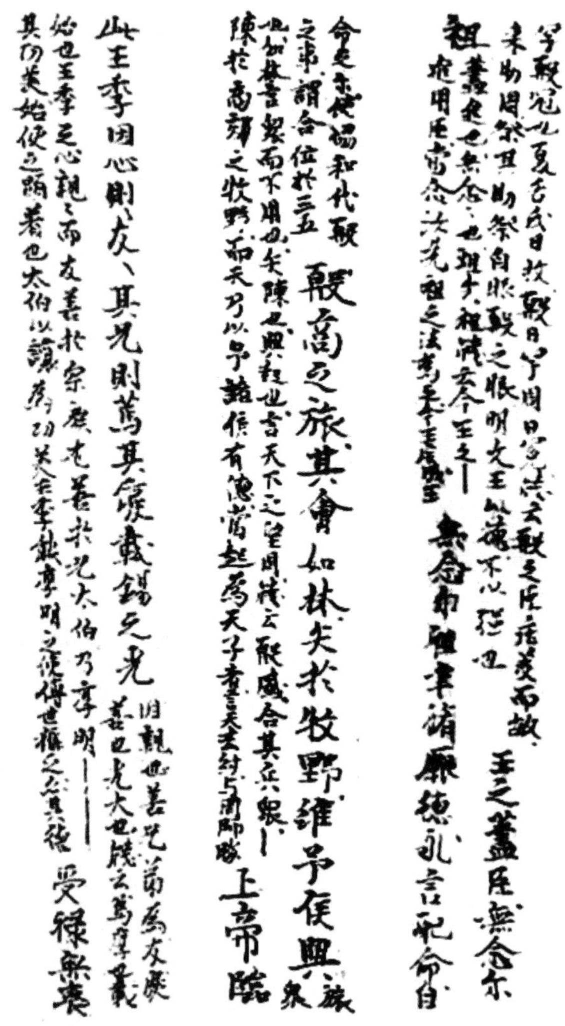

图 15-33　P.2669《毛诗传笺》

也。太伯以让为功美,王季能厚明之,使传世称之,亦其德。"原卷如图 15-33 所示。其中的"—""——"原卷长短略异,都在双行注文的前一行末,因注文后行末尾超出前行二至四字,故抄手于前行末添加"—""——"号以补白。

图 15-35　P.2011《刊谬补缺切韵》

图 15-34　67TAM363:8/1(a)《论语郑氏注》

又 67TAM363:8/1(a)卜天寿抄本《论语郑氏注·公冶长》"子曰:熟(孰)谓微生高直"注:"微生高,老仁(人),功(赣)直一也。"原卷如图 15-34 所示。注文前行五字,后行仅三字,抄手抄毕"直"后发现前行相应位置有三字,遂于"直"与末"也"字间加"一"号以补白。

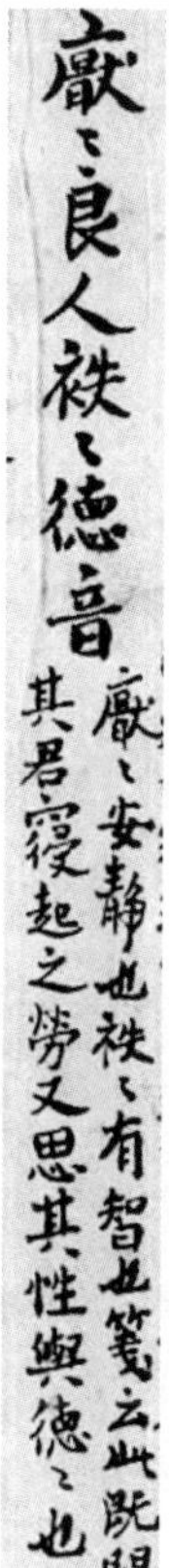

又《王一》没韵诺骨反:"肭,腽肭。亦作呐,或㗱。又知(奴)劣反。"注文"亦作"下原卷有"ⳡ"形符号(图 15-35),

图 15-36　P.2529《毛诗传笺》

当系抄手补白添加。盖原卷"腽肭亦作"四字在前行,而"呐或㗱又知劣反"七字在后行,虽抄手有意压缩后行文字的间距,但还是比前行向下多拉长了两个字的空间,显得不美观,故抄手又在前行注文下添加一"ⳡ"形符号以补白。《敦煌掇琐》作缺字符"□",《瀛涯敦煌韵辑》等书照录"ⳡ",盖皆未明其功用。[1]

又 P.2529 号《毛诗传笺·唐风·小戎》"厌厌良人,秩秩德音"传笺:"厌厌,安静也。秩秩,有智也。笺云:此既闵其君[子]寝起之劳,又思其性与德ㄟ也。"原卷如图 15-36 所示。《十三经注疏》本无末"ㄟ也"。"ㄟ"必应为补白添加的符号。"也"字则可有可无,是否为原书所有还可斟酌。

比较而言,用符号补白不会混入正文,但符号和文字毕竟有区别,补入后恐未必能达到抄手欲使其"整齐""观美"的初衷。

---

[1] 龙宇纯《唐写全本王仁昫刊谬补缺切韵校笺》(香港:香港中文大学,1979 年)以为"亦作□呐或㗱又知劣反"当在上条"讷"字下,底卷误置,近是。

第四节　馀论

　　周祖谟先生在谈到《碛砂藏》本玄应《音义》与清庄炘校刻本的异同时,曾举出《碛砂藏》本卷十七《出曜论》第一卷"呬嗽"条音义"《通俗文》含吸曰欬之也",指出清庄炘校刻本无"之也"二字[1]。导致这一差异的原因及其是非,周先生未作评论。其实《碛砂藏》本的"之也"二字,乃补白添加的文字[2],庄本无此二字是正确的。由于种种原因,抄本古书使双行注文齐整化的努力,在刻本古书中也仍有或多或少的遗存。

　　仍以《碛砂藏》本玄应《音义》为例。该书卷六《妙法莲华经》第二卷音义:"珍玩,古文貦,同,五唤反,《字林》:玩,弄也。《广雅》:玩,好也。《尚书》:玩人丧德,玩物丧志。孔安国曰:以人为戏弄则丧其德,以物为戏弄则丧其志。经文翫习之翫,非体。"注文原本作双行小字,换行后"安国曰"以下 14 字在前行,"为戏弄则丧其志"以下 15 字在后行,Ф.367 号同一音义写本及《高丽藏》本、《金藏》广胜寺本注文作大字单行,"丧其志"与"非体"后皆有"也"字,"经文"后有"作"字,义长。《碛砂藏》本无此三字,盖刻工为与前行大致对称,而又不想再另起一行,故删去三字。

　　——这是删减字词以使双行注文齐整化。

　　又同卷下文:

　　統綖 _{诸经有作竑媔二形字林一远反下三苍以 并反相承云坐褥也未详何语立名耳之也}

注末"之也"二字应为补白添加,Ф.367 号玄应《一切经音义》写本及《高丽藏》本、《金藏》广胜寺本注文作大字单行,本条正无此二字。《丛书集成初编》本亦无。

　　又同卷下文:

　　覆苫 _{字林舒盐反茅苫也尔 雅 白 蓋 谓之 苫李巡曰白盖编之以覆屋曰苫之也}

注末"之也"的"之"字《丛书集成初编》本亦有,应为补白添加。本条《碛砂藏》本双行注文前行 14 字,后行 15 字,但因后行"以覆屋曰苫"五字间距较小,写毕"苫"时反而较前行空出二格,遂于"也"前补白添加一"之"字。Ф.367 号玄应《一切经音义》写本及《高丽藏》

---

[1] 周祖谟《校读玄应一切经音义后记》,《问学集》,北京:中华书局,1966 年,第 195 页。

[2] 《碛砂藏》本玄应《一切经音义》"呬嗽"条音义原文作:_{古文嚘又作唉同子盍反通俗文入口曰呬下又作 欬同山角反三苍欬吮也通俗文含吸曰欬之也}"之也"二字大约就是刻工或其底本的抄手因双行注文的字数没有协调好补白添加的。

本、《金藏》广胜寺本注文作大字单行，本条正无此"之"字。慧琳《音义》卷二七引李巡注作"白盖编之以覆屋曰苫"，无末"之也"二字，可参。

又同卷下文：

橡柘{力语反方言屋柘谓之樯郭璞即屋樯也亦呼为连绵亦名榑说文柘樀通语也樀音甋之也}

注末"之也"二字应为补白添加，Φ.367号玄应《一切经音义》写本及《高丽藏》本、《金藏》广胜寺本正无此二字。《丛书集成初编》本作"也"一字，乃补白字删而未尽者。

——这是增添字词以使双行注文齐整化。

古书旧刻本这种双行注文齐整化的现象，既可能是刊版时刻工为补白所加，也有可能是沿袭自其底本（某一古写本），并且以后一种可能性为大。因为刊版时刻工大抵是有底本为据的（至于底本的衍误，刻工未必能发现并加以纠正），而且作为一种职业，刻工也有更多的时间从容计算注文的字数，并严密控制字的间距，而不至于像抄手那样常常匆促急就以致双行注文参差不齐。

了解古书双行注文抄刻齐整化的事实，不但可以帮助我们正确校读古代写本，而且可以据以纠正刻本中的一些错误。先看写本。

例一，P.2494号《楚辞音》残卷，图15-37a注文的"同"字原卷是倒写的，有一位著名学者把注文读作"好，同耗"，大误。其实原文当读作"耗音。注同"。试比较同卷下文又出现了四次的"好，耗音"的直音（图15-37b），就不难得出结论。图15-37a是为《离骚》"好蔽美而嫉妒"句注音，王逸注云："言时世君乱臣贪，不别善恶，好蔽美德，而嫉妒忠信

图15-37　P.2494《楚辞音》

也。"大概注音者开始只注意到正文的"好"，而没有想到王逸注中也有一个"好"字，故开始只考虑到"耗音"二字的布局，而没有预留足够的空间，及至发现王逸注中的"好"字的读音也需交代，只好把"注同"的"同"字倒写在前行之末作为补救。

例二，S.618号何晏《论语集解·微子》"滔滔者天下皆是也，而谁［以］易之"集解："孔曰：'滔滔者，周流之皃。言当今天下治乱同，空舍此适彼，故曰而谁以易之。"注文末原卷有"政"字（图15-38），乃补白所加，《十三经注疏》本及《史记·孔子世家》裴骃《集解》引、皇侃《论语义疏》正无此字。《郝录》第3卷照录"政"字，读末句作"故曰而谁以易之政"（页395），非是。

例三，《敦煌掇琐》录《王一》模韵则胡反：菹
茅藉□□。[1]其中的缺字《瀛涯敦煌韵辑》《唐五代
韵书集存》等书同，查原卷，如图 15-39 所示，
缺字处本有倒写的"以茅"二字，乃注末文字抄手
为双行对齐而倒书于前行之末者，原文当校录作
"菹，茅藉。封诸侯，菹以茅"。各家不达其例，不明
"以茅"二字乃倒文，故不能识其字。

图 15-39《王一》

图 15-38　S.618《论语集解》

例四，S.545 号失名类书（《岁华纪丽》体）有以下十条注文：（1）
"甘泉芳桂，散玉䕯（蘤）□（而）凌霜"注："甘泉，宫名。蘤，花。桂花
白，故曰玉。秋而散蘤，故曰凌霜之。"（2）"登桓景之仙峰，纵清襟而
自远"注："桓景，后汉时人，䕯□□（从费长）房学仙。长房语云：君
家当有厄，以君九月九日登山饮菊䕯（酒），□䕯（可）免厄。长房，仙
人，故曰仙峰之也。"（3）"虹簷隐雾，映璧彩而沉虹"注："刻木桷（？）
为龙状，故曰虹簷也。有璧彩，复有虹光，为雾掩蔽，故曰沉虹之。"
（4）"南荣爱景，垂璧彩而将沉"注："南荣，屋南翼也；冬日可爱，日
如连璧之。"（5）"风切（窈）朝帷"注："平旦开，故曰风切（窈）朝帷
之。"（6）"阴兔夜驰，璧轮初合"注："古者冬至，日月若合璧之。"（7）
"貒裘累袭，聊祛轩牖之寒"注："貒，兽名，毛可以为裘。累袭，谓重
着。祛，却。言累裘以却轩牖之寒气之。"（8）"兽炭骈罗，用发帷屏
之暖"注："《晋书》：羊琇以炭为兽之也。"（9）"川路垂竿，照玉璜于冰浦"注："竿，钓竿也。
浦，水涯也。昔太公钓鱼之中，得中玉璜。十二月，渔人始之川路垂竿。冬水有冰，故曰冰
浦之也。"（10）"曳玄旗而训武"注："季冬之月，载玄旗，古者帝王腊日讲武之。"以上十条
注文，原卷皆作双行小字，如图 15-40 所示。每条注文末尾皆有"之"或"之也"，语感不
顺。《敦煌类书》校改（3）（7）条末的"之"为"也"；删去（8）（9）条末"之也"的"之"字，又于
（8）条末"也"前补一"形"字；其余各条照录无校改。《郝录》除（2）（8）（9）三条注末的"之
也"二字照录外，其余各条注末的"之"皆径录作"云"。其实上揭各条注末的"之"应皆为
补白而添加的文字，应予删除。（2）（8）（9）三条注末的"也"字则可有可无，是否为补白添
加还可斟酌。校者不达其例，或照录，或臆改，均不妥。

---

[1]《敦煌掇琐》，《敦煌丛刊初集》第 15 册，第 460 页。

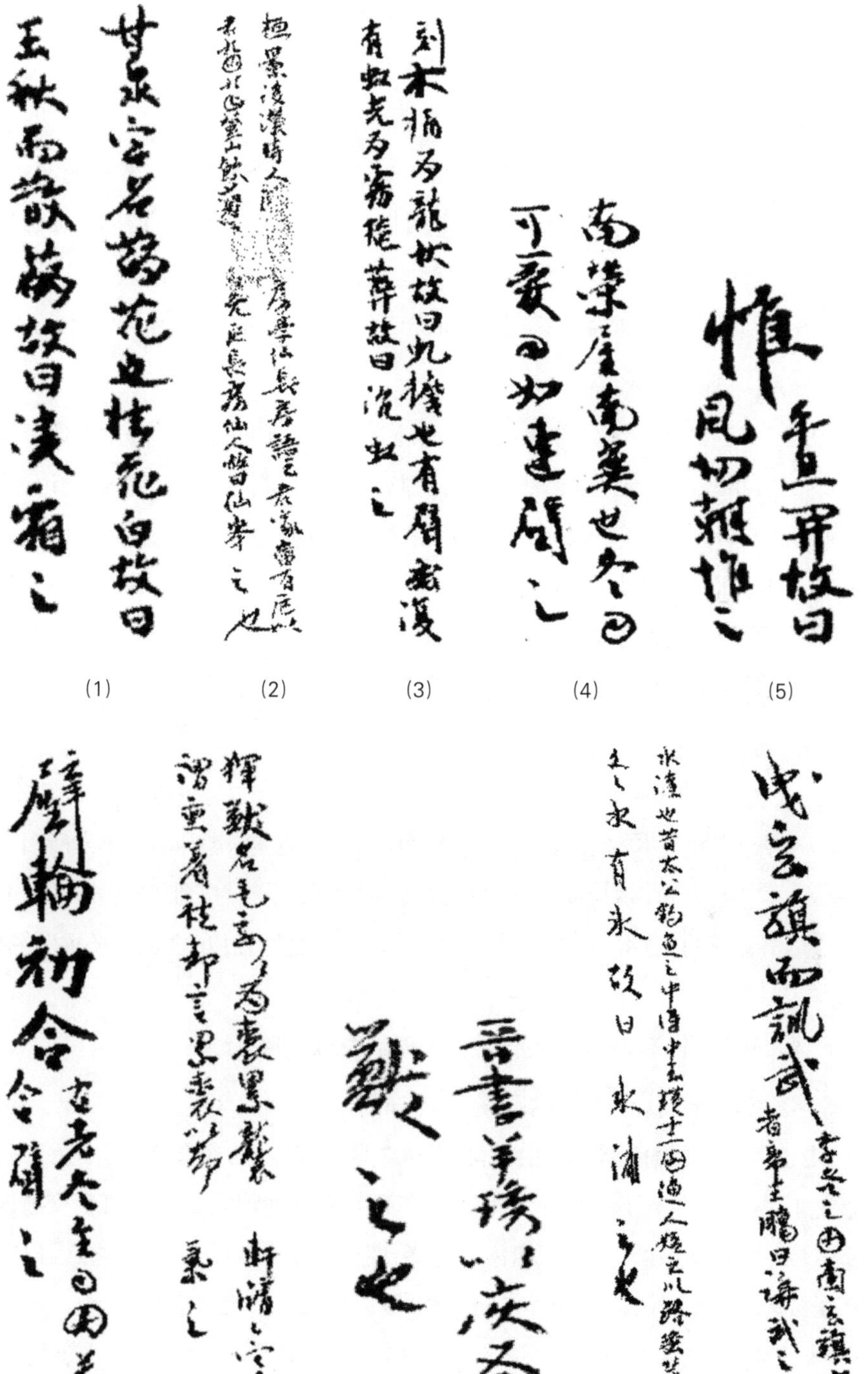

图 15-40　S.545 失名类书

再看刻本。仍以玄应及慧琳《音义》古刻本为例。

例五,《碛砂藏》本玄应《音义》卷六《妙法莲华经》第二卷音义:

适其 _{尸亦反三苍适悦也谓称适也广雅}
_{曰适善也谓事物善好称人心之也}

Φ.367 号玄应《一切经音义》写本及《高丽藏》本、《金藏》广胜寺本注文皆作大字单行,该条作:"适其,尸亦反,《三苍》:适,悦也。谓称适也。《广雅》:适,善也。谓事物善好称人心也。""心"后无"之"字。Дx.10149 号残片该条注文存"人心也"三字,则"心"后应亦无"之"字。又慧琳《音义》卷二七大乘基撰、慧琳再详定《妙法莲华经·譬喻品》音义该条作:

适其 _{上尸亦反三苍适悦也谓称适耳广}
_{雅适善也谓事物善好称人心也}

末句亦无"之"字。有"之"者应为补白添加。玄应《音义》卷十四《四分律》第三卷音义:"适意,尸亦反,《广雅》云:适,善也。谓事物善好称人心也。"又同书卷十七《俱舍论》第二十一卷音义:"适心,尸亦反,《广雅》:适,善也,谓善好称人心也。"可资参证。而《丛书集成初编》本末句作"谓事物善好称人心志也","之"字作"志",疑校刻者不明其底本"之"为衍字,以其义不可通,遂臆改为"志",实属大谬。

例六,《碛砂藏》本玄应《音义》卷六《妙法莲华经》第二卷音义:

自鄙 _{补美反又广雅云羞}
_{愧鄙耻之也乎矣也}

注文中的"之也乎矣"四字当系传刻者补白添加。Φ.367 号玄应《一切经音义》写本及《高丽藏》本、《金藏》广胜寺本本条作:"自鄙,补美反,《广雅》:羞、愧、鄙,耻也。"所引《广雅》慧琳《音义》卷二七引同,亦与今本《广雅·释诂》相合(唯今本《广雅》"愧"作"媿"),正无此四字。《丛书集成初编》本"耻之也乎矣也"作"耻之貌也",盖以"之也乎矣也"语有衍误而改,实未达一间。

例七,《碛砂藏》本玄应《音义》卷六《妙法莲华经》第二卷音义:

四衢 _{巨俱反尔雅路四达谓之衢郭璞曰交道四出者也释名道四达曰}
_{衢齐鲁谓四齿杷为櫂櫂杷地则有四处此道似之因以名焉之也}

注文末"之也"二字疑为传刻者补白添加,Φ.367 号玄应《一切经音义》写本及《高丽藏》本、《金藏》广胜寺本本条作:"四衢,巨俱反,《尔疋》:路四达谓之衢。郭璞曰:交道四出者也。《释名》云:道四达曰衢,齐鲁谓四齿杷为櫂,櫂杷地则有四处,此道似之,因以名焉。"Дx.10090 号玄应《一切经音义》残片末句亦作"因以名焉",皆无"之也"二字。《丛书集成初编》本末句作"因以名之也",当系据已经添加了虚词的"因以名焉之也"句删削而成,该删的未删,不该删的却被删去了,可谓颠倒甚矣。

例八,《碛砂藏》本玄应《音义》卷十三《灯指因缘经》音义:

喟然 又作嘳同口愧反说文大息也论语
颜渊喟然叹曰何晏曰叹声之也

慧琳《音义》卷五七引注文末四字"叹声之也"作"叹而声也","之""而"当皆为补白添加。
《丛书集成初编》本玄应《音义》双行注文"语"字移至下行,末句作"叹声也"[1],是也。
P.2901 号玄应《一切经音义摘抄》该条作"喟然,又作嘳,《说文》大息,叹声",可参。徐时
仪校注本慧琳《音义》"叹而声也"句失校[2]。

例九,上海古籍出版社影印日本狮谷白莲社翻刻高丽本慧琳《音义》卷五七引玄应
《音义》第十三卷《灯指因缘经》音义:

磬竭 古文窫同可定反说文器中空也尔雅磬尽也经
文作石乐器名也古者册句作磬非此义古文云("石"当据玄应《音义》作"磬")

徐时仪校:"古文云"三字玄应《音义》卷十三释此词无,疑衍。[3]今按:"古文云"三字乃传刻者
补白添加,传本玄应《音义》无此三字是也。

例十,同上书卷二六《大般涅槃经》第十三卷音义:

虫䏠 七余反通俗文云肉中虫三苍蝇乳肉中也经文作蛆子余反庄子
云蝍蛆甘带谓其公也又作疽久瘫也此后二并非经义也云云也

注文末的"云云也"三字或"也云云也"四字当是补白添加的虚词。Φ.230 号玄应《一切经
音义》节抄本卷二该条下云:"□□(经文)有作蛆,蛆,子馀反,即蝍蛆也。又作疽,疽,久
瘫也。并非此义。"句末无"也云云也"四字,可证。又玄应《音义》卷二同一条注文后半云:
"经文作蛆,子余反,蝍蛆也。又作疽,久瘫也。二形并非此义。"可资参证。徐时仪校注
本慧琳《音义》上例末十一字录作"此后二并非经义也,云云也"[4],失校。

例十一,同上书卷三十引玄应《佛说阿惟越致遮经》下卷音义:

禤煮 古文愈懲二形又作爨同扶逼反方言愈火干也说文
以火干肉曰愈经文作焴道古反火行也非此义者也

注文末的"者也"二字亦应为补白添加的虚词。S.3538 号敦煌写本及《高丽藏》本、《碛砂
藏》本、《丛书集成初编》本玄应《音义》卷七该条之末皆无"者也"二字,可证。徐时仪校注
本慧琳《音义》照录"者也"二字[5],失校。

例十二,同上书卷五七引《摩诃迦叶度贫女经》玄应音义:

———————

[1]《金藏》广胜寺本玄应《音义》本条脱"《论语》颜渊喟然叹曰何晏曰"十一字,但末句亦作"叹声也",无
　　"之"字。

[2]《一切经音义三种校本合刊》,上海:上海古籍出版社,2008 年,第 1519 页。

[3]《一切经音义三种校本合刊》,第 1527 页校勘记〔四五〕。

[4]《一切经音义三种校本合刊》,第 950 页。

[5]《一切经音义三种校本合刊》,第 1034 页。

米潘 敦袁反苍颉篇云泔汁也说文潘渐米汁也
　　　 江北名泔江南名潘经文而作之糈非此也

注文末"经文而作之糈非此也"中的"而""之""此"三字当系慧琳所据玄应《音义》底本补白添加。P.2901 号玄应《一切经音义摘抄》及《高丽藏》本、《碛砂藏》本等传本玄应《音义》卷十三正无此三字。徐时仪校注本慧琳《音义》照录此三字[1]，失校。

参考文献

岛田翰《汉籍善本考》(日版原名《古文旧书考》)，北京：北京图书馆出版社，2003 年。

刘复《敦煌掇琐》，北京：中央研究院历史语言研究所专刊之二，1925 年。

姜亮夫《瀛涯敦煌韵辑》，上海：上海出版公司，1955 年。

王素《唐写本论语郑氏注及其研究》，北京：文物出版社，1991 年。

王三庆《敦煌类书》，高雄：丽文文化事业股份有限公司，1993 年。

李方《敦煌〈论语集解〉校证》，南京：江苏古籍出版社，1998 年。

郝春文主编《英藏敦煌社会历史文献释录》第 3 卷，北京：社会科学文献出版社，2003 年。

张涌泉主编《敦煌经部文献合集》，北京：中华书局，2008 年。

张涌泉《古书双行注文抄刻齐整化研究》，《敦煌吐鲁番研究》第 12 卷，上海：上海古籍出版社，2011 年。

---

[1]《一切经音义三种校本合刊》，第 1520 页。

校理编

第十六章　敦煌残卷的缀合

甲骨文有缀合的问题,敦煌文献也有缀合的问题。李学勤说:"甲骨文的缀合完全是创造性的,就好像是真理在你手中逐渐展现出来,真是其乐无穷。"[1]把李先生的话用来移指敦煌残卷的缀合,我们觉得同样是非常贴切的。

第一节　问题的提出

在讨论这个题目以前,有必要对敦煌文献流散的情况作一个简要的交代。

1900 年 6 月 22 日,王道士发现了莫高窟藏经洞,洞内"有白布包等无数,充塞其中,装置极整齐,每一白布包裹经十卷"[2]。稍后,王道士把一些精美的写经和画卷送给敦煌县长汪宗翰和安肃道道台和尔赓额等人。不难推想,充满"好奇心"的王道士当年肯定已把所有的白布包打开检视过一番。1907 年 5 月,斯坦因骗取王道士的信任,在翻检藏经洞藏品的基础上,攫取了大批写本文献。1908 年 2 月,法国伯希和进入藏经洞挑选写本,特别留意择取背面有非汉语的卷子和带有题记的卷子。1910 年,清朝学部电令甘肃省,将藏经洞劫余之物悉数押运北京(今藏国家图书馆)。此前,王道士已偷偷窝藏了不少写本。经过这样几番倒腾,藏经洞藏品的原状已被极大改变,许多写本业已身首分

---

[1] 闻述之《李学勤:拼出那些流传了几千年的历史》,《语言文字报》第 489 期,2010 年 7 月 8 日。
[2] 谢稚柳《敦煌石室记》,上海:自印本,1949 年,第 3 页。

离[1]。而由甘肃押运北京的写卷,由于押运者监守自盗,攫取菁华后又把部分写本截为数段以充数,又人为导致一些写本的割裂。1914 至 1916 年,奥登堡率领的俄国西域考察团到敦煌考察,除在敦煌民间搜集到一批写本外,"还在石窟底部沙土之中,发掘出大量残卷"[2],其中不少是王道士、斯坦因、伯希和等人在藏经洞内来回倒腾时掉落下来的碎片。日本藤枝晃目验俄藏原卷后指出:"奥登堡收集品的大部分很残破,在第一本目录中,三米长的卷轴本不到百分之二十。原因可能是奥登堡访问敦煌是在中国人已经将更为完整的写本送往北京之后,所以他仅收罗到遗留下来的残卷。"[3]另外,上述敦煌写本在入藏编目时也存在经帙和经卷分离的情况,使写本原貌进一步遭到破坏。

　　至于那些经王道士或因其他途径流散到国外及民间的写本,亦多有进一步割裂支离乃至散失者。如罗振玉《抱朴子残卷校记序》云:"敦煌石室本《抱朴子》残卷,存《畅玄》第一、《论仙》第二、《对俗》第三,凡三篇。《论仙》《对俗》二篇均完善,《畅玄》篇则前佚十余行。书迹至精,不避唐讳,乃六朝写本也。卷藏皖江孔氏,乃割第一篇以赠定州王氏,余二篇又以售于海东。"[4]又罗氏《敦煌零拾附录》载有敦煌写本《老子义》残卷影本及跋文,云:"《老子义》残卷,前后无书题。存《德经》昔之得一章、反者道之动章、上士闻道章及上德不德章义解四则。……三年前,予曾从友人借观是卷,令儿子福葆写影,今乃得之市估手。初以后半二十八行乞售,亟购得之,复求前半,乃复得之浃旬以后。然末行尚有新割裂之迹,知尚有存者。今不知在何许,安得异日更为延津之合耶? 爱书以俟之。壬戌九月上虞罗振玉记。"[5]诸如此类,原来本已残缺的写卷,又被人为割裂,雪上加霜,非复

[1] 后来我们的学术团队研究发现,敦煌藏经洞文献源自三界寺僧人道真搜集的"古坏经文",本多残卷断片,其中不少原来就可缀合。参看张涌泉、罗慕君、朱若溪《敦煌藏经洞之谜发覆》,《中国社会科学》2021 年第 3 期。

[2] 孟列夫《俄藏敦煌文献·前言》,上海:上海古籍出版社,1992 年。

[3] 藤枝晃《敦煌写本概述》,徐庆全、李树清译,荣新江校,《敦煌研究》1996 年第 2 期,第 101 页。

[4] 《罗雪堂合集》第 3 函《松翁近稿》,杭州:西泠印社出版社影印本,2005 年,第 2 页。罗氏所称《抱朴子·畅玄》残卷后为日本中村不折购藏,2005 年日本印行的《台东区立书道博物馆所藏中村不折旧藏禹域墨书集成》有该卷图版(编号 139)。《论仙》《对俗》二篇后归日本书贾田中庆太郎,最终竟毁于 1923 年 9 月 1 日的关东大地震,惜哉! 参看友生秦桦林《敦煌〈抱朴子〉残卷的抄写年代及文献价值》一文,《敦煌研究》2013 年第 6 期。

[5] 黄永武主编《敦煌丛刊初集》第 8 册,第 791—792 页。罗氏得于市估之手的《老子义》残卷现藏国家图书馆,编号为北敦 14649,卷背有罗振玉题"老子义疏残卷"。国家图书馆另有北敦 14738 号,与北敦 14649 号笔迹行款相同,内容连续,王卡认为罗氏所谓北敦 14649 号"末行尚有新割裂之迹"者,即北敦 14738 号,二卷先后衔接,可以完全缀合,罗氏"延津之合"得成现实。至于该卷内容,王卡疑为魏何晏的《老子道德论》之残篇,说详王卡《中国国家图书馆藏敦煌道教遗书研究报告》,《敦煌吐鲁番研究》第 7 卷,北京:中华书局,2004 年,第 362—363 页。

旧观矣。

通过以上对敦煌文献流散情况的简要回顾,我们可以得到以下三点基本认识:

1. 王道士、斯坦因、伯希和等人翻检藏经洞藏品时,存在把原本完整的写卷分裂为数件的可能。

2. 敦煌文献流散时,存在把一件写卷人为割裂成数件的现象。

3. 奥登堡收集品作为沙土中"发掘"的结果,有不少从其他写本中掉落下来的碎片。

所以姜亮夫先生说:"敦煌卷子往往有一卷损裂为三卷、五卷、十卷之情况,而所破裂之碎卷又往往散处各地:或在中土、或于巴黎、或存伦敦、或藏日本,故唯有设法将其收集一处,方可使卷子复原。而此事至难,欲成不易。"[1]然而敦煌残卷的缀合却是敦煌文献整理研究"成败利钝之所关"的基础工作之一,姜先生说:"卷子为数在几万卷,很多是原由一卷分裂成数卷的,离之则两伤,合之则两利,所以非合不可。"[2]

---

[1] 姜亮夫《敦煌碎金导言》,陶秋英纂辑、姜亮夫校读《敦煌碎金》,杭州:浙江古籍出版社,1992 年,第 2 页。
[2] 姜亮夫《敦煌学规划私议》,《敦煌学论文集》,第 1011 页。

第二节 缀合工作的回顾

敦煌文献的缀合,几乎是和敦煌文献的整理刊布同步展开的。1910 年前后,罗振玉、蒋斧、王仁俊等人抄录刊布法藏敦煌文献,便注意到了写本的缀合问题。如罗振玉《鸣沙石室佚书》卷首 P.2510 号《论语郑氏注》提要云:"郑注《论语》,唐以后久佚。宣统庚戌,东友内藤湖南、富冈君撝两君先后寄其国本愿寺主大谷氏所得西域古卷轴影本至京师,中有《论语·子路》篇残注九行,予据《诗·棠棣》正义所引定为郑注,已诧为希世之宝,为之印行矣。越四年,法友伯希和君又寄此卷影本至,则由《述而》至《乡党》,凡四篇……每篇题之下,皆书孔氏本、郑氏注,楮墨书迹,均与本愿寺本不殊,盖一帙而纷失者也。"[1]但由于当时人们研阅敦煌写本主要依靠伯希和寄赠的照片,所见数量有限,所以真正的缀合还谈不上。后来刘复编《敦煌掇琐》(国立中央研究院历史语言研究所1925),系编者在法国国家图书馆亲自抄录所得,所见写本的数量大大增多,因而得以勘其异同,进行比较和缀合的工作。如该书所辑 P.2648、P.2747 号均为"季布歌"(此题不确,应改题"大汉三年季布骂阵词文",说详第十七章《敦煌文献的定名》第三节"缺题残卷的定名"),编者于 P.2747 号之首云:"此颇似后文二六四八号之头段,两号原本纸色笔意并排列行款均甚相似,疑一本断而为二,中间复有缺损。"刘氏疑 P.2648、P.2747 号系"一本断而为二",极是,二本衔接处原文应为"自刎他诛应有日,冲天入地苦无因。忍饥[受渴终难过,须投]分义旧情亲。初更乍黑人行少,越墙直入马坊门"等句,其中 P.2648 号首行"黑人行少越墙"六字的右侧缺画被割裂在 P.2747 号末尾,二卷缀合后前五字可得其全,所缺仅"受渴终难过须投"六字而已(图 16-1)。

继刘复之后,向达、王重民、姜亮夫、王庆菽等陆续赴巴黎、伦敦调查、抄录敦煌文献,在写本的缀合方面也有进一步的收获。如王重民《巴黎敦煌残卷叙录》第 1 辑(北平图书馆,1936 年)卷一《尔雅注》云:"《尔雅》郭璞注残卷,存《释天》第八,至《释水》第十二。自《释地》'岠齐州以南戴日为丹穴'句,断为二截。今《巴黎国家图书馆敦煌书目》,上

---

[1]《鸣沙石室佚书》,东方学会影印本,1913 年,第 3 页。王重民《敦煌古籍叙录》收入该提要,王氏按云:"两卷书迹殊异,绝非一帙而纷失者也。"(第 65 页)

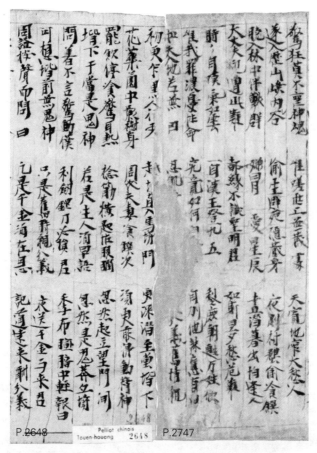

图 16-1 P.2747+P.2648《大汉三年季布骂阵词文》缀合图

截著录在二六六一号,下截著录在三七三五号,验其断痕与笔迹,实为一卷。"更可喜的是,这时已开把不同馆藏的写本缀合为一的先河。如王重民《巴黎敦煌残卷叙录》第2辑(北平图书馆,1941年)卷四《李峤杂咏注》云:"斯坦因所得五五五号,为残诗十七行,有注;伯希和先生所得三七三八号卷,仅六行,诗注均相似,书法亦同,知为同书。"如图16-2、16-3所示,二卷虽先后不能衔接,但款式书迹略同,确应为一书之割裂。

20世纪50年代以后,随着英、法、中三家馆藏敦煌文献缩微胶卷的先后公布,尤其是80年代后英、俄、法、中馆藏敦煌文献影印本的陆续出版,为人们阅读敦煌文献带来了极大的便利,敦煌写本的全面缀合也才真正有了可能。如王重民等编《敦煌变文集》与《敦煌遗书总目索引》、黄永武编《敦煌宝藏》、徐自强主编《敦煌大藏经》、荣新江编《英国图书馆藏敦煌汉文非佛教文献残卷目录(S.6981-13624)》、方广锠编《英国图书馆藏敦煌遗书目录(斯6981号~斯8400号)》、徐俊纂辑《敦煌诗集残卷辑考》、许建平著《敦煌

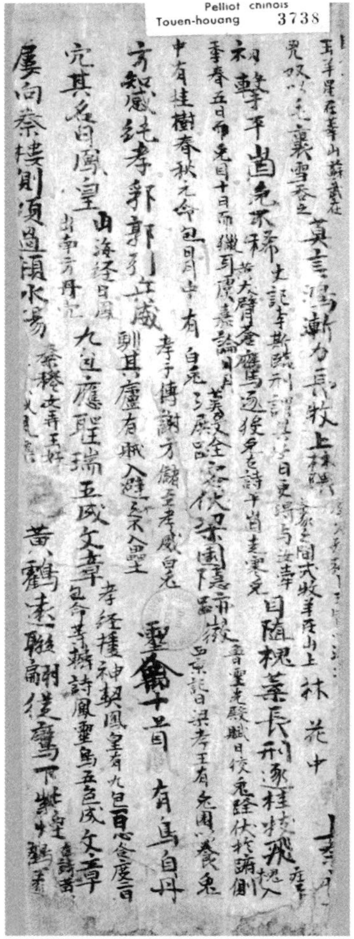

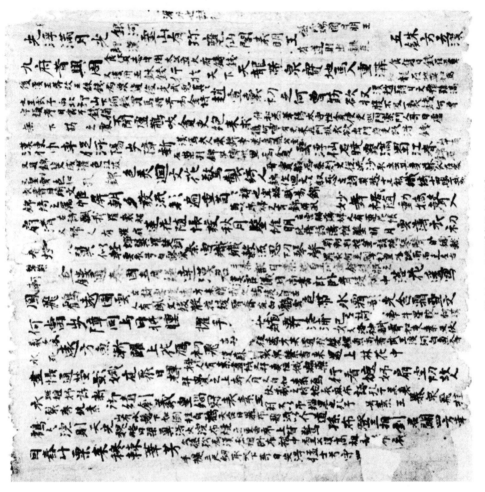

图 16-3 S.555《李峤杂咏注》

图 16-2 P.3738《李峤杂咏注》

经籍叙录》、张涌泉主编《敦煌经部文献合集》等都在敦煌写本的缀合方面作出了一定的努力。

　　但由于可以看到原卷及缩微胶卷的学者毕竟不多,新出的影印本又价格昂贵,流播也不广,从而限制了写卷缀合工作的进行,所以这方面的进展至今仍相当有限。20 世纪 80 年代以前,写本的缀合工作主要局限在同一馆藏写本之间。20 世纪 80 年代以后,由于各主要馆藏(尤其是俄藏)敦煌文献影印本的陆续出版,推动了写本缀合工作的展开。但这方面的工作做得还不够系统。比较而言,传统的四部典籍和社会经济文书因系学术界关注的重点,缀合工作相对做得比较好;尤其是经部文献,由于《敦煌经部文献合集》的编者在这方面下了较大的功夫,相关写本的缀合工作已大体完成。而佛经写本作为敦煌文献的主体,由于投入的人力太少,还有大量的工作可做。俄藏敦煌文献公布较晚,而残片又多;作为“劫余之物”的中国国家图书馆藏敦煌文献同样有很多残片,可以缀合的比例也很高,应重点给予关注。

　　大约从 2007 年开始,我们的学术团队先后启动了“敦煌残卷缀合研究”和“敦煌残卷缀合总集”等项目,其中的前期成果《拼接丝路文明——敦煌残卷缀合研究》即将由中华书局出版(2025);目前正在进行的《敦煌残卷缀合总集》,拟在全面普查的基础上,对敦煌残卷进行一次系统全面的缀合整理。

第三节　敦煌残卷缀合释例

3.1　如上所说,前贤在敦煌写本的缀合方面已有一些成功的范例。但如何来做具体的缀合工作,则往往语焉不详,没有现成的条例。这里根据前贤和笔者自己的实践,尝试提出如下程式:

首先在充分利用现有的各种索引的基础上,对敦煌文献进行全面普查,把内容相关的写本汇聚在一起。

其次把内容直接相连或相邻的写本汇聚在一起,因为内容相连或相邻的残卷为同一写本割裂的可能性通常比较大。

最后再比较行款、书迹、纸张、正背面内容,以确定那些内容相连或相邻的残卷是否为同一写本之割裂。

下面以唐释玄应的《一切经音义》为例,试作说明。

敦煌文献中有玄应《音义》的写本数十件,分藏于中、法、英、俄、日各国,但总体情况不明。我们在全面普查的基础上,共发现41件玄应《音义》写本残卷[1]。经过进一步调查,发现这41件残卷包括玄应《音义》第一卷3件、第二卷6件、第三卷11件、第六卷12件、第七卷1件、第八卷2件、第十五卷1件、第十六卷1件、第十九卷1件、第二十二卷2件,另摘抄1件。最后比较行款、书迹、纸张、正背面内容,结果发现存有2件以上残卷的一、二、三、六、八、二十二各卷均全部或部分可以缀合。

如第一卷 Дх.583、Дх.256 号 2 件,前一件所存为玄应《音义》卷一《大威德陀罗尼经》第十六卷音义及第十七卷卷题,后一件所存为玄应《音义》卷一《法炬陀罗尼经》第一、二卷音义的部分条目。该二件内容先后相承,抄写格式(每条词目与注文字体大小相同,每条提行顶格,注文换行低二格接抄)、字体(比较二卷皆有的"苐""反""今""作""之"等字的写法)均同,可以确定是同一写卷的残片。如图 16-4 所示,二卷缀合后,虽难以完全衔接(据刻本,该二件间缺 7 条),但其为同一写本之撕裂则应可无疑。

---

[1] 后来又发现日本杏雨书屋藏羽 56 号亦为玄应《音义》卷一残卷,图版载《敦煌秘笈》第 1 册,但与本章所列各卷并非出自同一写本。

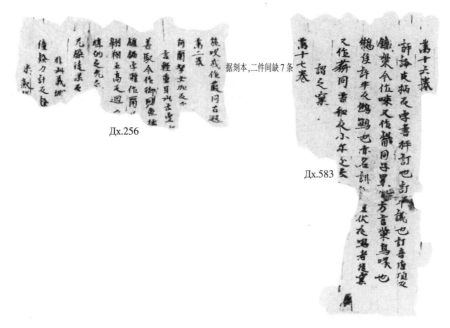

图 16-4　Дх.583、Дх.256 玄应《音义》缀合图

又如第三卷 11 件,可以缀合成①Дх.5226+？+Дх.586A+Ф.368+Дх.585、②Дх.586C+？+Дх.211+Дх.252+Дх.255+？+Дх.411+？+Дх.209+Дх.210 号二组,如图 16-5、16-6 所示。

第一组 4 件字体相同,抄写行款格式一致(所释词条与注文字体大小相同,每条提行顶格,注文换行低二格接抄；每行约十七字,除 Дх.5226 号首三行外,其余部分下部均残泐五至十二字不等),所抄内容均见于玄应《音义》卷三,前一件为《摩诃般若波罗蜜经》第二十五至二十七卷音义,该件与第二件之间有残缺(据刻本,约缺 45 条),后三件为《放光般若经》第一至第五卷音义,可以完全衔接(《俄藏》把二、四号直接缀合为一,欠妥)。

第二组 7 件字体相同,抄写行款格式一致(所释词条与注文字体大小相同,每行十六至十九字不等,每条提行顶格,注文换行约低一格半接抄),所抄内容均见于玄应《音义》卷三,Дх.586C 为《放光般若经》第十八至十九卷音义,Дх.211、Дх.252、Дх.255 号《俄藏》已缀合为一,为《放光般若经》第二十三至二十九卷音义,Дх411 号为《光赞般若经》第二卷音义,Дх.209、Дх.210 号为《光赞般若经》第三至第七卷音义,乃同一写本之撕裂(图 16-6)。据刻本玄应《音义》,Дх.586C 与 Дх.211、Дх.252、Дх.255 号间缺《放光般若经》第二十一至二十二卷音义(凡 6 条),Дх.211、Дх.252、Дх.255 号与 Дх.411 号间缺《放光般若经》第三十卷音义(凡 3 条)、《光赞般若经》第一卷音义(凡 13 条)及第二卷部分音义(全缺者凡 4 条),Дх.411 号与 Дх.209、Дх.210 号间缺《光赞般若经》第二卷末条后

图 16-5　Дх.5226+？+Дх.586A+Ф.368+Дх.585 玄应《音义》缀合图

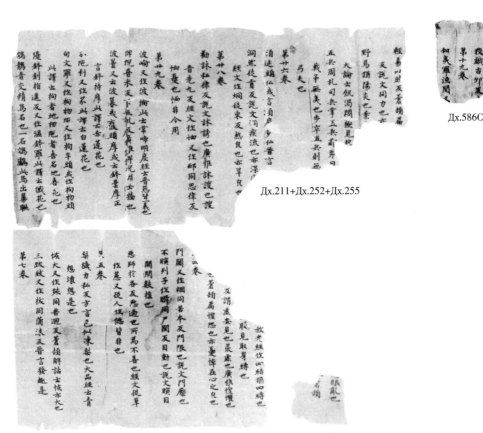

图 16-6　Дх.586C+？+Дх.211+Дх.252+Дх.255+？
+Дх.411+？+Дх.209+Дх.210 玄应《音义》缀合图

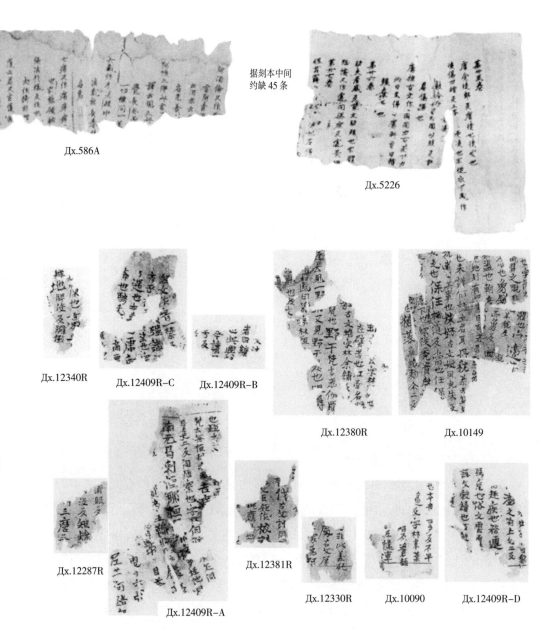

图 16-7　Дх.10149、Дх.12380R、Дх.12409R-B、Дх.12409R-C、Дх.12340R、Дх.12409R-D、Дх.
10090、Дх.12330R、Дх.12381R、Дх.12409R-A、Дх.12287R 玄应《音义》

部、第三卷首条前部及"第三卷"卷目。《俄藏》把后三件按 Дх.209、Дх.210、Дх.411 号的顺序缀合为一，欠妥。

又如第六卷 12 件，除 Ф.367 号另为一本外，其余 Дх.10149、Дх.12380R、Дх.12409R-B、Дх.12409R-C、Дх.12340R、Дх.12409R-D、Дх.10090、Дх.12330R、Дх.12381R、

Дх.12409R-A、Дх.12287R 号 11 件《俄藏》均未定名,实皆为玄应《一切经音义》卷六《妙法莲华经》音义;各号字体相同,抄写行款格式一致(所释词条字体较大,注文字体略小,各条接抄不换行,上下有边栏,卷背皆抄有回鹘文),当为同一写本的残叶;其中 Дх.12330R 与 Дх.12381R、Дх.12409R-A 与 Дх.12287R 号前后相承,可缀合为一,其他各本间则皆有一行或十多行残缺(图 16-7)。《俄藏》把 Дх.10149 与 Дх.10090,Дх.12409R-A 与 Дх.12409R-B、Дх.12409R-C、Дх.12409R-D 分别缀合为一,欠妥。

又如第八卷 2 件,前一件 Дх.4659 号仅存四行(图 16-8),后一件 Дх.14675 号仅存三行(图 16-9),《俄藏》均未定名。考前者所释为玄应《音义》卷八《无量清净平等觉经》下卷音义;后者所释为玄应《音义》卷八《佛遗日摩尼宝经》音义,据刻本,二件间有较多的残缺;二件上下部皆有残泐,字体相同,抄写行款格式一致(就所存部分看,词条与注文字体大小似同,条目间不接抄),当为同一写本的残片。

图 16-8　Дх.4659玄应《音义》

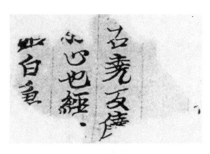
图 16-9　Дх.14675玄应《音义》

3.2　有的残片由于所存文字较少,缀合相对比较困难,可以借助有完整文本的写本或刻本。如 P.3875AP7 存残字二行(图 16-10 下片),第一行存"芬芳☒兰☒"五字,第二行存"宜郡渊澄"四字。P.5031 号碎片 21 存已漫漶的文字六行(图 16-10 上片),第一行存"百川东☒",第二行存"言辞和雅",第三行存"☒☒☒业所基",第四行存"☒☒☒苏秦摄职从",第五行存"☒☒八佾乐殊贵贱",末行仅存右端些微已漫漶的残画;又该号碎片 32 存已漫漶的文字二行(图 16-10 中右片),第一行存"不息"二字,第二行存"安定"二字。此三片各家均未定名。从字体和行款来看,三片有相似之处。但仅凭所存残句,定名和缀合都做不到。后查 S.5961 号《新合六字千文》云:"芬芳似兰斯馨,如松百(柏)之茂盛。百川东流不息,宜郡渊澄取暎。人君容正(止)若思,言辞和雅安定。若能笃初诚美,慎终如始宜令。懃恳荣业所基,万古藉甚无竞(竟)。张仪学优澄(登)□(仕),苏秦摄职从政。邵伯存以甘棠(棠),归思去而益咏。八佾乐殊贵贱,五礼分别尊卑。居上宽和下睦,伯鸾夫唱妇随。"(图 16-11)据此,可以推定上揭三片应皆为《新合六字千文》残片,可以缀合,如图16-10所示。P5031号碎片21第一行"百川东⊠"与该号碎片32第一行"不息"相连成句,下接 P.3875AP7第二行"宜郡渊澄";P.5031号碎片21第二行"言辞和雅"与该号碎片32第二行"安定"相连成句。据推算,原本每行约抄十八字左右。[1]

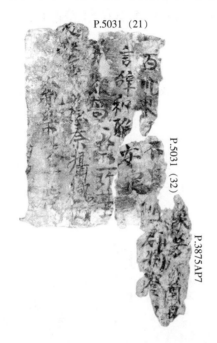

图 16-10　P.3875AP7+P.5031(21)(32)
《新合六字千文》缀合图

图 16-11　S.5961《新合六字千文》

又如 Дх.12661号,残片,存三行（图 16-12 上片),第二行存"位⊠"二字("位"字上端略残),第一行与第二行"位"平行之位置存一字左侧残画,第三行仅存三字右侧残画。又 Дх.18950号,残片,存两行（图 16-12 下片),第一行仅存一"官"字,第二行存"⊠国⊠(有)"三字。此二片《俄藏》均未定名。从字体和行款来看,二片有相似之处。但由于存字太少,仅凭此二片定名、缀合都有难度。考《千字文》有云:"龙

图 16-12　Дх.12661+Дх.18950
《千字文》缀合图

---

[1] 此条三片的缀合参用张新朋《若干新认定〈千字文〉写
　卷叙录及缀合研究》,《敦煌学辑刊》2008 年第 1 期,第
　54—55 页;《敦煌蒙书残片考》,《文献》2013 年第 5 期。

师火帝,鸟官人皇。始制文字,乃服衣裳。推位让国,有虞陶唐。吊民伐罪,周发殷汤。坐朝问道,垂拱平章。"据此,可以推断上揭二片皆《千字文》残片,可以缀合(如图16-12所示),缀合后内容大抵相连,连接处亦大体吻合。Дx.12661号第一行所存残字当是"帝"字,其下当缺一"鸟"字;第二行"位"下残字Дx.12661存上端残画,Дx.18950号存下端残画,当为"让"字。Дx.12661号第三行所存残字,据残画及行款判断当是"坐朝问"三字。[1]

3.3 当根据行款、书迹、纸张等因素确认二件残卷为同一写本之撕裂,但由于难以完全衔接,或所抄内容不熟悉(特别是胡语文献),以致残卷先后无法确定时,有的可先缀合正面或背面较易于确定的文献,然后另一面文献的先后次序自然也就确定了。对此,荣新江《敦煌学十八讲》第十七讲《敦煌写本学》已有举证(页350—352),可以参看。这里另举一个例子。

P.3765号背抄有难字46行,末部如图16-13所示,多数难字下有注音,《索引》定作"某佛经中难字",《敦煌宝藏》作"某佛经中难字音义",《索引新编》题"某佛经中难字

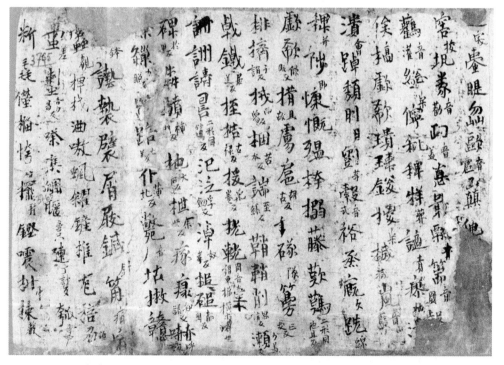

图16-13　P.3765背

---

[1] 此条二片的缀合参用笔者和张新朋合写的敦煌本《千字文》校录,载《敦煌经部文献合集》第8册,第3898—3899页。

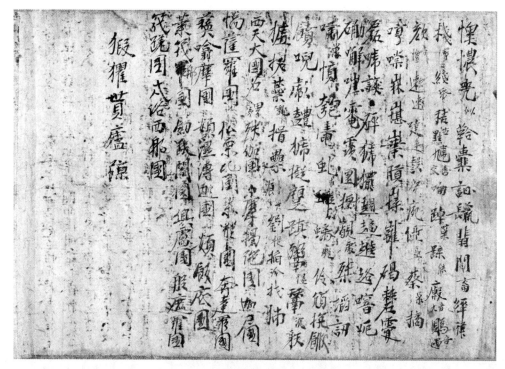

图 16–14　P.3084 背

等",《法藏》题"佛经字音"。P.3084 号背亦有类似的难字图 16 行,如图 16–14 所示,《索引》《敦煌宝藏》未题名,《索引新编》《法藏》题"字书"。这两个写本所载难字体例、字体略同,其间或有某种关联。但究竟是什么关系,则颇费踌躇。后来查该二卷正面,发现 P.3084 号末所抄"转经文"后有残缺,而其残缺部分正在 P.3765 号之首,相连文句为"伏惟我金山天子,抚运龙飞,垂(乘)乾御宇,上膺青光赤符之瑞,下披流虹绕电之祯",其中"垂(乘)"以前十二字在 P.3084 号末,其下十九字在 P.3765 号首,二卷缀合后,可谓天衣无缝(图 16–15)[1]。正面部分缀合后,则其背面所抄难字的顺序自然也就出来了:P.3084 号背的难字应缀接在 P.3765 号背之后,二件可以完全缀合[2]。盖正面部分 P.3084 号在前,P.3765 号在后,而其背面部分则反之。

———————————

[1] P.2838 号有同一"转经文",文中有"伏惟我金山圣文神武天子,抚运龙飞,乘乾御宇,上膺青光赤符之瑞,下披流虹绕电之祯"句,可以为证。参看《敦煌愿文集》,第 482—485 页。

[2] P.2271 号有难字音一种,体例内容与 P.3765 号背+P.3084 号背基本相同,可以为证。又该难字音系摘录《光赞般若经》《渐备经》《长一阿含经》等佛经难字而成,其中的部分注音参考了玄应的《音义》。参看《敦煌经部文献合集》第 11 册小学类佛经音义之属"佛经难字音(四)"题解,第 5663—5666 页。

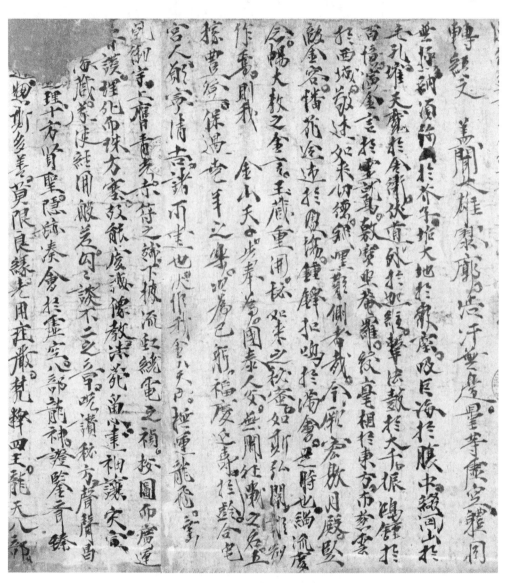

图 16–15　P.3084+P.3765 正面《转经文》缀合图

第四节　馀论

敦煌残卷缀合时，以下四点需特别留意：

第一，敦煌写本有时用其他"废纸"来衬裱，衬纸根据需要会剪成大小不一的碎片，这些碎片往往有可以缀合者。如 P.3416 号为《星占书》《千字文》《孝经》等，同号所附衬纸之一正面（图 16-16）为《后唐乙未年（935）二月十八日程虞候家营葬名目》（首行题"乙未年二月十八日程虞候家荣[营]葬名目如后"），背面（图 16-17）有两片属于后来粘贴上去的碎片（以下简称碎三、碎四）。《唐录》第 4 辑正面部分题"乙未年二月十八日程虞候家荣葬名目"，未录背面的碎片；《敦煌社邑文书辑校》把正背面合并定作"乙未年（935）二月十八日程虞候家荣葬名目"，并分别作了录文[1]；《法藏》把正面部分定作"乙未年二月十八日程虞候家荣葬名目"，把背面部分定作"名目"。查该衬纸正面也有两片属于后来粘贴上去的碎片（以下简称碎一、碎二），经仔细比对，碎一应与碎四缀合（碎一为上部，碎四为下部），而碎三、碎二则分别为碎一、碎四的背面，从书迹和内容来看，这几件碎片与正面其他部分应为同一件文书，缀合后如图 16-18 所示。碎一原卷在文书的第四行之后是对的，但碎二在"李曹子"一行之前则属衬裱时误粘，缀合后的碎二+碎三"付主[人]饼七伯（佰）一十，粟两石七斗"一行写于卷背，是正面丧葬纳赠物品的合计数。同号所附衬纸之二《后唐乙未年（935）前后某社营葬名目》卷背也抄有"付主人饼五百二十，付粟两石三斗，又付饼一百一□□□□"字样，作用相同。[2]

第二，有的写卷原本并非出自一人之手。因种种原因，有的写卷并非一人所抄，而是数人合抄或后来拼合、补抄而成的；特别是佛经写本，有的大经卷帙浩繁，往往由多人分工合作完成。另外由于持诵等原因，经书写本易于残破或残缺，常有补抄拼合的情况。敦研 345 号《三界寺藏内经论目录》云："长兴伍年岁次甲午六月十五日，弟子三界寺比丘道真，乃见当寺藏内经论部[帙]不全，遂乃启（稽）颡虔诚，誓发弘愿，谨于诸家函藏寻访古坏经文，收入寺，修补头尾，流传于世，光饰玄门，万代千秋，永充供养。"可见修补残缺经卷

---

[1]《敦煌社邑文书辑校》，南京：江苏古籍出版社，1997 年，第 410—412 页。

[2] 本件的缀合由我提出具体意见，然后由金滢坤完成。参看金滢坤《敦煌社会经济文书辑校》，浙江大学博士后研究工作报告，2003 年 6 月，第 10—11、49—52 页。

图 16-16 P.3416P1

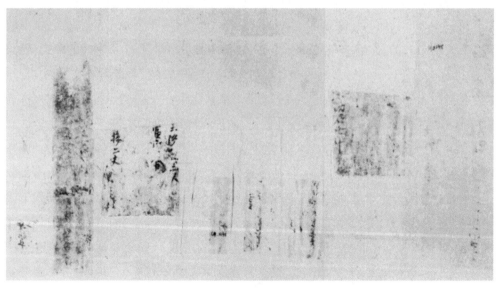

图 16-17 P.3416P1 背

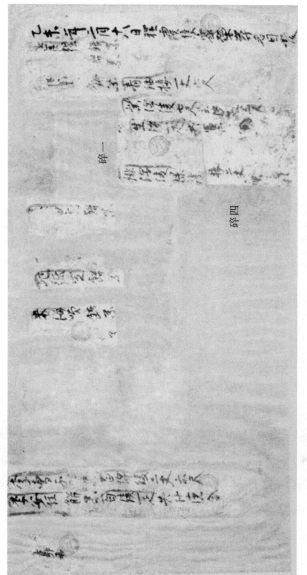

图 16-18 P.3416P1+P.3416P1《后唐乙未年二月十八日程懅家荣葬名目》缀合图

是当时经常性的一项工作。如 Φ.230 号《一切经音义》存卷二《大般涅槃经》第十至四十卷音义,其中经文第十九卷以前音义与第廿卷以后音义行款、书迹均有所不同[1],大约就是由两份不同抄手抄写的卷子拼合而成的(第十九卷和廿卷之间有接痕),其拼合处如图 16-19 所示。所以根据行款、书迹来缀合时必须注意到写本本身的这种特殊性,而不可一味拘泥于行款、书迹,遽尔断定两个残片原来是否为同一写本。

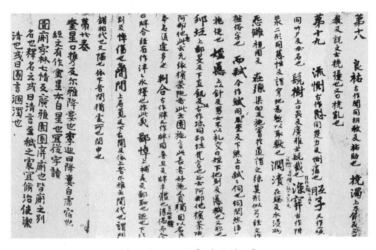

图 16-19　Φ.230《一切经音义》

第三,要注意不同馆藏或藏家残卷的缀合。如前所说,同一写卷有分割在不同馆藏或藏家手中的,以往由于条件的限制,这些残卷的缀合工作难以充分展开。现在随着各家藏品的陆续公布,研究条件已大为改观,人们有可能在从容观览比勘的基础上,把那些身首分离在不同馆藏或藏家手中的残卷缀合为一。如之前出版的日本武田科学振兴财团杏雨书屋所藏敦煌写本(主体来源于清末李盛铎旧藏)《敦煌秘笈》,就颇有可与其他馆藏藏品缀合者。这里试举一例:

笔者早年作《敦煌变文校注》,内中《大目乾连冥间救母变文》一篇,参校本中有 P.4988 号背一种,可惜仅存 34 行,且前后六行皆有残缺。该号正面为《庄子·让王篇》残卷,亦仅存 28 行,前后五行皆残缺。最近检阅《敦煌秘笈》第 1 册,其中有羽 19 号残卷一件,正面存 33 行,前五行下部有残缺,编者拟题《庄子·让王篇》;背面存 42 行,前六行上

---

[1] 第十九卷以前部分经文卷号序数后不标"卷"字,每卷下音义条与条接抄不分,词目用大字,注文单行小字,与传世刻本玄应《音义》相比,注文较为简略,似属节钞性质,但偶亦有增繁之处,注文用语亦有改动;第廿卷至第四十卷序数后标"卷"字,字体与前面部分不同,所释词条每条提行,注文换行时通常低一格接抄,注文字体与词目大小略同,注文内容与传世刻本略同,可能较为接近玄应书的原貌。

部和末行有残缺，编者拟题《大目乾连冥问救母变文》（“问”应为“间”字误排）。[1]以之与 P.4988 号比观，发现二者内容先后相接，行款字体全同，可以确定乃一卷之撕裂。如图 16-20 所示，P.4988 号后部的残行正好可与羽 19 号前部的残行完全对接。二号缀合后，缀接处密合无间，真正可以说是天衣无缝。

羽 19

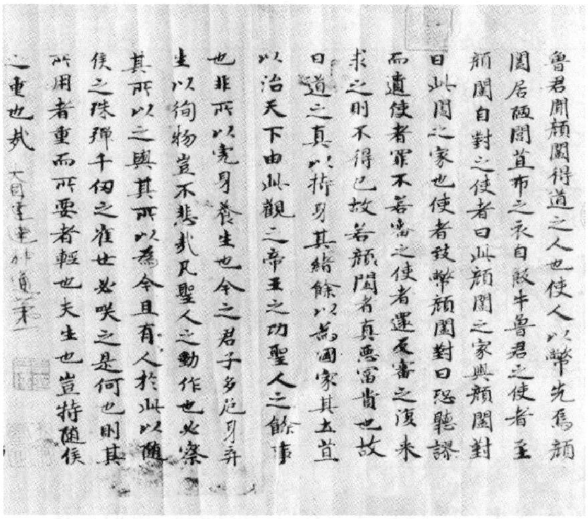

P.4988

P.4988+羽 19《庄子》缀合图

羽 19 背

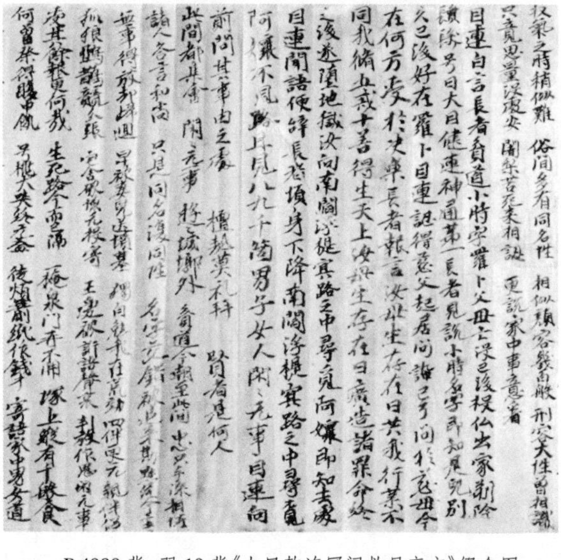

P.4988 背

P.4988 背+羽 19 背《大目乾连冥间救母变文》缀合图

图 16-20

[1]《敦煌秘笈》影本第 1 册，第 166—170 页。

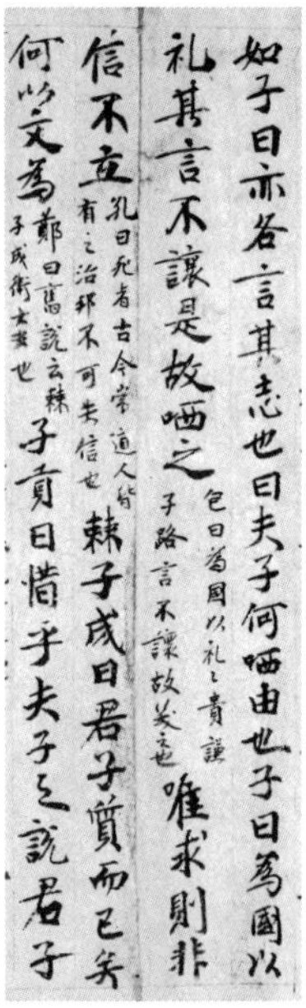
如子曰亦各言其志也曰夫子何哂由也子曰為國以
礼其言不譲是故哂之包曰為國以礼〻貴譲子路言不譲故笑之唯求則非
信不立孔曰死者古今常道人皆有之治邦不可失信也棘子成曰君子質而已矣
何以文為鄭曰舊説云棘子成衛大夫也子貢曰惜乎夫子之説君子

图 16–21 P.3606《论语》

第四，要防止收藏单位或个人在修复过程中赘加的一些错误信息的误导。敦煌写卷大多残缺不全，加上自然的或人为的磨损破坏，不少写卷品相堪忧。因此持有者往往会通过不同方法对这些写卷进行修复和保护。但由于修复者的水平、技术参差不齐，修复时造成的误接、误黏、正背面误判等情况也时有发生。如 P.3606 号《论语》，由两片拼接而成（图 16–21），接缝处衔接文字“唯求则非信不立”乍看起来文从句顺，实则“唯求则非”是《论语·先进》篇的文字，“信不立”则是后一篇《颜渊》篇的文字，接缝处前后两行并不相连，依行款推断，二者之间缺约有 25 行之多。[1]又如 P.2717 号正面抄《字宝》[2]，背面抄《开蒙要训》，其中正面《字宝》第 18 行后有一条接缝，“第 19 行”仅存左部残画（本书前插图 4），刘复、姜亮夫、潘重规录文本均把第 19 行处作为一行缺字处理。可是比较《字宝》的另一异本 S.6204 号，可以知道 P.2717 号第 18 行后总共应缺 20 条，也就是说，第 18 行后所缺的并非一行，而是 9 行半（P.2717 号、S.6204 号均每行抄两条）。查《俄藏》未定名的Дx.5260、Дx.5990、Дx.10259 号，正是 P.2717 号撕裂下来的残片，可以缀合。[3]但由于法国国家图书馆修复时把 P.2717 号中间有残缺的部分直接黏合在一起，《俄藏》又把 Дx.5260、Дx.5990、Дx.10259 号抄有《字宝》的一面误定作背面，修复和编目者传达的信息一误再误，从而干扰了整理者对写卷残缺情况的准确判断及进一步的缀合工作。

此外还应提及的是，目前刊布的敦煌文献真迹主要是黑白影印的图版本，对写卷缀合具有重要参考价值的原卷的墨色、朱笔、印章及纸质等信息在图版本中往往无法直接获取。在这种情况下，我们除积极创造条件争取目验原卷外，还应注意利用网上公布的彩色照片，并借助《巴黎国家图书馆藏敦煌汉文写本注记目录》《英国博物馆藏敦煌汉文写本注记目录》《俄藏敦煌汉文写本叙录》等相关馆藏目录及有些图版本后附的叙录，从中找寻有用的信息，庶几作出更为准确全面的判断。

[1] 参看《敦煌经部文献合集》第 4 册群经类论语之属“论语集解（六）”题解，第 1678—1679 页。

[2] 《法藏》正面文献拟题《字宝碎金》，此从《敦煌经部文献合集》的拟题，详见该书第 7 册小学类训诂之属《字宝》题解，第 3713 页。

[3] 参看上条提及的《字宝》题解和同书小学类字书之属《开蒙要训》题解，见《敦煌经部文献合集》第 8 册，第 4024—4026 页。

参考文献

王重民《敦煌古籍叙录》,北京:中华书局,1974年。

姜亮夫《敦煌学规划私议》,《敦煌学论文集》,上海:上海古籍出版社,1987年。

藤枝晃《敦煌写本概述》,徐庆全、李树清译,荣新江校,《敦煌研究》1996年第2期。

林聪明《敦煌文书学》,台北:新文丰出版公司,1991年。

徐俊纂辑《敦煌诗集残卷辑考》,北京:中华书局,2000年。

荣新江《敦煌学十八讲》,北京:北京大学出版社,2001年。

金滢坤《敦煌社会经济文书辑校》,浙江大学博士后研究工作报告,2003年。

张涌泉主编《敦煌经部文献合集》,北京:中华书局,2008年。

第十七章　敦煌文献的定名

　　敦煌文献中残卷或残片的比例相当大，没有题名者不在少数；即使相对完整的文本，也常有缺题的情况；部分写卷虽有题名，但也每每存在题名歧异的情况。所以如何为写卷定名是敦煌文献整理研究的先行工作之一。

第一节　原有篇题的择定

　　部分敦煌文献原本是有篇题的，但这些有篇题的文献，往往也存在着如何确定篇名的问题。其中以下几种情况是应须予以注意的：

1. 前后题不一

　　敦煌文献有前后题不一的，如 P.3645 号有"前汉刘家太子"故事一种，原卷首题"前汉刘家太子传"，尾题"刘家太子变一卷"。又如 S.2614 号、P.2319 号皆有演绎目连冥间救母故事一种，首题"大目乾连冥间救母变文一卷"，尾题"大目犍连变文一卷"（P.3107 号略同，但尾题"大目犍连"作"大目乾连"）。一般来说，首题多使用全称，而尾题则可用简称。

2. 异本题名不一

同一文献的不同抄本也有题名不一的情况,如敦煌文献中有演绎元魏慧觉译《贤愚经·波斯匿王女金刚品》"金刚丑女"故事的写本若干种,内容基本相同,但 S.4511 号首题"金刚丑女因缘一本";P.3048 号首题"丑女缘起",卷末有"上来所说丑变"字样;S.2114 号首题"丑女金刚缘";P.2945 号首题"金刚丑女缘"。各本题名有"金刚丑女"与"丑女""丑""丑女金刚"和"因缘"与"缘起""变""缘"的差异。又如上举目连冥间救母故事,除同本前后题"大目乾连冥间救母变文一卷""大目犍连变文一卷"之别外,异本 P.3485 号首题"目连变文";北敦 876 号尾题"大目犍连变文一卷",又有"写画此目连变一卷"字样。

同本前后题不一或异本题名不一的现象,或因全称与简称之异(如"大目乾连冥间救母变文"与"大目乾连变文""目连变文""目连变"),或因称名之异(如"前汉刘家太子传"与"刘家太子变"、"金刚丑女因缘"与"金刚丑女缘""丑女缘起""丑变"),或因用字或词序之异(如"大目犍连变文"与"大目乾连变文"、"丑女金刚缘"与"金刚丑女缘"),都和这些文献作为写本在民间流传,内容还没有定型有关。我们今天在定名时,就必须充分考虑到敦煌写本文献的这一特点,破除篇题表面歧异的迷障,把那些内容相同而名称不同的文献归并在一起,并赋予一个最恰当的名称。如下举二例:

S.4654 号残卷,首全尾缺,首题"舜子变一卷";P.2721 号残卷,首缺尾全,尾题"舜子至孝变文一卷"。虽然二本题名不一,但内容大致先后衔接,我们有理由认定它们是同一文献的不同抄本,正如同前举"大目乾连冥间救母变文"可以简称作"目连变"一样,"舜子变"应是"舜子至孝变文"的简称,原名当据 P.2721 号定作"舜子至孝变文"为适当。而今的整理研究者类皆根据《敦煌变文集》题作"舜子变",其实是不妥当的。

又 S.6836 号,首尾俱全,卷首无题,但卷末有"叶净能诗"字样(图 17-1),《敦煌变文集》据以题全篇作"叶净能诗"。但以体裁而言,原文非诗,而属话本小说,故论者或致疑焉。任二北、胡士莹以原题为"叶净能传"之误;李正宇又以为"叶净能书"之误,《英藏》从之。其实原卷尾题"叶净能诗"乃仅指卷末"朕之叶净能,世上无二"以下一段诗赞而言,而非全篇标题。[1]《索引》拟题"叶净能小说",黄永武《敦煌遗书最新目录》、《索引新编》

---

[1] 参看《敦煌变文校注》,第 341 页校注〔一〕。

从之,是也。

3. 注疏演绎之作沿用原名

秦汉以来,古书注疏演绎之作兴起,这些附有注疏的著作,写本时代往往仍沿用原来的书名。如北敦14681号《古文尚书传》(拟),起《尧典》"九族既睦,平章百姓"伪孔传"言化九族而平和章明"之"九族",至《舜典》末,尾题"尚书卷第一",有伪孔安国传,但孔传信息原卷书名未予标出。又P.2643号《古文尚书传》(拟),起《盘庚上》"丕乃敢大言"之"乃",讫《微子》篇末,尾题"古文尚书第乂",有伪孔安国传,但孔传信息原卷书名亦未予标出。

又如P.2681号何晏《论语集解》(拟),卷首卷末皆题"论语卷弟一",原卷书名未标出何晏集解。又S.782、P.2620号何晏《论语集解》(拟),S.782号卷首题"论语卷

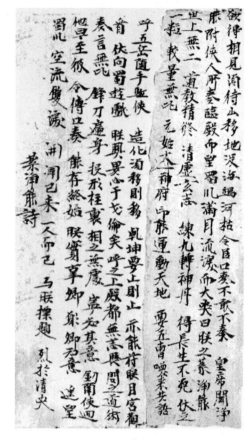

图17-1　S.6836"叶净能小说"尾部

第六",P.2620号卷末题"论语卷第六",原卷书名亦未标出何晏集解。

又如台图32号《盂兰盆经讲经文》(拟),首残尾全,系据《盂兰盆经》演绎的讲经文,但尾题仍作"盂兰盆经"。Φ.96号《双恩记》,首尾皆有残缺,共存三大段,系分别据《大方便佛报恩经》序品第一、恶友品第六演绎。第一大段首题"双恩记第三";第二大段首题"双恩记弟七",末题"佛报恩经弟七";第三大段首题"报恩经弟十一",末题"佛报恩经弟十一"。该篇亦系讲经文,但文中仍一再沿用经本原名。

对这种附有注疏的著作,我们今天定名时自然需要把"注疏"的信息在书名中予以反映。但现时的一些敦煌文献馆藏目录或书目,往往仅据写卷的前后题定名,那显然是不妥当的。

附带指出,部分敦煌写本中有在流散过程中近人后加的题名,如英藏敦煌文献中不少卷子上有斯坦因的中国助手蒋孝琬拟加的标题,那是蒋孝琬在翻检藏经洞藏卷时临

时拟题的,匆促急就,未必准确,择用时必须谨慎。如 S.328 号有"伍子胥变文"一种,原卷无题,但卷背有苏州码子编号和"列国传"字样,论者或径据题作"列国传"[1]。其实此题乃蒋孝琬所加,本非原题(图 17-2)。正如向达《记伦敦所藏的敦煌俗文学》一文所说:"伍子胥一卷纸背有《列国传》的标目,以前我以为是原题。最近看到原本,才知道是斯坦因的书启师爷蒋孝琬加的,不足为据。"[2]

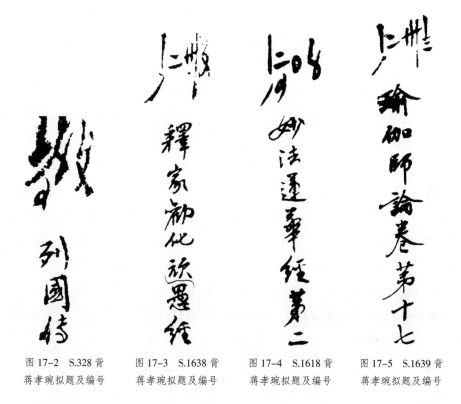

图 17-2　S.328 背
蒋孝琬拟题及编号

图 17-3　S.1638 背
蒋孝琬拟题及编号

图 17-4　S.1618 背
蒋孝琬拟题及编号

图 17-5　S.1639 背
蒋孝琬拟题及编号

又如 S.1638 号,存一页,无题,卷背有"释家劝化愚顽经"字样,《索引》《敦煌宝藏》据以拟题"释家劝化愚顽经",《索引》说明云:"此为晋法矩、法立合译之《法句譬喻经》第一卷一品之别行单出者。"《索引新编》题"释迦劝化愚顽经(首题)",说明文字同。《大正藏》据以收入卷八五,篇题作"释家观化还顽经"。按:原卷卷背所题乃出于蒋孝琬之手(图 17-3,比较同样出于蒋孝琬之手的图 17-2 和图 17-4、图 17-5 拟题,图 17-4 为 S.1618号背蒋孝琬拟题,该号正面有倒书的《妙法莲华经》经文七行,末题"妙法莲华经卷第

[1]　《英藏敦煌文献》即把此卷题作"列国传(伍子胥变文)"。

[2]　原载《新中华杂志》第 5 卷第 13 号,1937 年 7 月出版;后收入《唐代长安与西域文明》,北京:生活·读书·新知,三联书店,1957 年,第 247 页。

二",但主体部分为《大般涅槃经》卷五,凡25页半,缺题,蒋孝琬仅拟题作《妙法莲华经》,不全面;图17-5为S.1639号背蒋孝琬拟题,该号正面所书为"瑜伽师地论卷第十七"(经本尾题)),不足据信。本卷所抄即晋法矩、法立合译之《法句譬喻经》卷一多闻品第三的第一则譬喻故事(该品涵盖四则譬喻故事),字句与《大正藏》据《高丽藏》本排印之经本基本相同,个别不同者则往往与《大正藏》校记所引之《圣语藏》本相合,如《大正藏》本"于是沙门住立其前,戴眼抒气,便现死相",其中的"死相"本卷及《圣语藏》本皆作"立死";又《大正藏》本"道人即化作琉璃小城,以自围绕",其中的"小"字本卷及《圣语藏》本皆无;又《大正藏》本"我有弊妻,不识真人,使我兴恶",其中的"恶"字本卷及《圣语藏》本皆作"怨";又《大正藏》本"今者在彼,卿自宜往,改悔灭罪",其中的"卿自宜往"本卷及《圣语藏》本皆作"卿宜自往"。且颇有可据以纠正传本之误者,如《大正藏》本"多闻能持故,奉法为垣墙,精进难踰毁,从是戒慧成",其中的"能持故"《大正藏》校记引宋、元、明本及《圣语藏》本作"能持固",本卷则作"持坚固"。按同卷上文云"夫即执弓带刀,寻迹往逐,张弓拔刀,奔走直前,欲斫道人。道人即化作琉璃城以自围绕,其人绕城数匝不能得入","道人神变圣达乃尔,有琉璃城坚固难踰,志明意定,永无忧患",即上揭偈语所本,所谓"持坚固"即承上文道人化作琉璃城"坚固难踰"而言,喻修持正法也。《圣语藏》等本作"能持固",语意已有偏差;《大正藏》作"能持故",则殊非经旨矣。[1]由此可见,本卷乃《法句譬喻经》古抄本的散叶,而非"别行单出者"。各家或题作"释家劝化愚顽经",或进而误作"释迦劝化愚顽经""释家观化还顽经",《大正藏》更视为疑伪逸经而收入卷八五,一误再误,皆为蒋孝琬拟题所惑也。

---

[1] 本卷亦有数处传抄疏误者,如"吾为道士,乞匃自活(传本作"居"),不恶骂詈,唯望一食耳","恶"字《圣语藏》本同,非义,《大正藏》等本作"得",是也。

第二节　前贤拟题的检讨

敦煌文献残卷多,原本无题或缺题者占绝大多数。敦煌文献发现以来,前贤已为许多写本拟定了适当的名称,应予充分肯定。但由于种种原因,拟题可商者也不在少数。具体而言,以往的拟题存在以下五方面的问题。

一　误拟

所谓"误拟",是指把甲书误拟作乙书。如 Дx.211、Дx.252、Дx.255 号残片,《俄藏》缀合为一,拟题"一切经音义卷第九放光般若经"。按所存音义系《放光般若经》第二十三至二十九卷音义,该经音义本玄应所作,见载于玄应《音义》卷三,后慧琳《音义》卷九转引,慧琳转引时,对原文略有改动。那么上揭残片抄自玄应原书还是抄自慧琳《音义》? 考上揭残片"劝詠"条云:"私律反,《说文》:詠,诱也。《广雅》:詠,諛也。諛音先九反。经文作恤,又作卹,同,思律反,恤,忧也。恤非今用。"引文《金藏》广胜寺本玄应《音义》全同,慧琳《音义》引"忧"作"优"。按《说文·心部》:"恤,忧也。"可证"忧"字不误。又"恤非今用"后慧琳《音义》引多一"也"字。又残片"波崘"条云:"又作波伦,此云常啼,《明度经》云普慈,皆一义也。"引文玄应《音义》各传本同,慧琳《音义》引脱"啼"字,注末"也"字无。又残片"波昙"条云:"此译云赤莲花也。"引文玄应《音义》各传本同,慧琳《音义》引"花"作"华"[1]。又残片"分陁利"条玄应《音义》各传本同,慧琳《音义》引无此条。又残片"句文罗"条云:"又作拘物陀,又作拘牟头,或作拘物头,此译云拘者地,物陀者喜,名地喜花也。"引文《碛砂藏》本玄应《音义》略同(唯末"也"字无,但《金藏》广胜寺本有),慧琳《音义》引后数句作"此译云拘者地,物陀者善喜,名喜花之也",有衍脱[2]。据此,上揭残片音义与玄应《音义》基本相同,而与慧琳《音义》则颇有差异,当应出自前者;《俄藏》拟题"一

---

[1] "华""花"本古今用字之异,但后人引用时有改今字为古字的倾向。

[2] 《翻梵语》卷十华名第六十五:"拘物陀,亦云物牟头,亦云拘物陀,译曰拘者地,晌(物)陀者喜。"可参。

切经音义卷第九",盖以为慧琳《音义》,非是。[1]

又如 S.3227 号,首尾皆残,存石器部、靴器部、农器部、车部、冠帻部、鞍辔部、门窗部、舍屋部、屏郭部、花钗部、彩色部等。缺题。《索引》《敦煌宝藏》定作"类书";《伦敦藏敦煌汉文卷子目录提要》同,说明云"内容似专门记录词汇,常见者如'门户''床榻'等";《索引新编》改拟"俗务要名林"。又 S.6208 号,前残,存□缬部、音响部、饮食部、姜笋部、果子部、席部、布部、七事部、酒部等;酒部之后另行接抄"新商略古今字样撮其时要并引正俗释下卷第□(三)",其下按《切韵》系韵书大韵及小韵的先后分组抄录同音字,并加简要的训释。《索引》《敦煌宝藏》《索引新编》均把前后两部分一并题作"新商略古今字样撮其时要并引正俗释上卷、下卷"。《索引》说明云:"上卷首缺,仍存缬部、音乐部、饮食部、果子部、席部、布部、七事部、酒部等。下卷为单字。"《伦敦藏敦煌汉文卷子目录提要》《英藏》《敦煌唐本字书叙录》《敦煌音义汇考》《敦煌蒙书研究》均以为前后两部分非一书,前一部分《伦敦藏敦煌汉文卷子目录提要》以为"俗务要名林",云"首尾俱缺";《英藏》略同,题"俗务要名林(？)"。今按:S.6208 号前后两部分字体非常接近,应出于同一人之手,但体例完全不同,应非一书[2]。S.3227 号和 S.6208 号前部内容体例皆与《俗务要名林》不同,亦不应混而为一。《敦煌音义汇考》《敦煌蒙书研究》以 S.3227 号和 S.6208 号前部的内容体例与 S.610 号《杂集时用要字》相近,据以拟定作"杂集时用要字"之一种,近是,可从之。又周祖谟以 S.3227 号和 S.6208 号前部为一书分裂为二[3],极是。S.3227 号末部的七残行可与 S.6208 号前端部分缀合,如图 17-6 所示。二卷

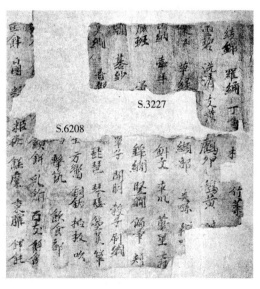

图 17-6 S.3227+S.6208《杂集时用要字》缀合图

[1] 据笔者研究,敦煌文献中有《一切经音义》抄本 42 件,皆出自玄应《音义》,而未见出自慧琳《音义》者,定名者不察,颇有误作慧琳《音义》者。参看拙作《敦煌本玄应〈一切经音义〉叙录》,《汉语史研究集刊》第 10 辑,成都:巴蜀书社,2007 年,第 564—579 页。
[2] 参看《敦煌经部文献合集》第 8 册《时要字样》(一)题解,第 3846—3848 页。
[3] 周祖谟《敦煌唐本字书叙录》,《敦煌语言文学研究》,第 48 页。

缀合后,凡残存 20 部,55 行。就所存部分考察,原书系分类抄录各种事物名称,以双音词为主,偶亦有三字或单字的,无注文;有些部目与《俗务要名林》相同,但后者所收颇多单音词,且每条下皆有音注[1],体式与本书迥异。

又如 Дх.3457 号,如图 17–7 所示,仅存六残行,无题,《俄藏》拟题"父母恩重经讲经文"。按:敦煌写本中有《父母恩重经讲经文》两种,即 P.2418 号和北敦 6412 号,但上揭残卷字句与该二种《父母恩重经讲经文》全然不同,《俄藏》拟题不知何据。实则此系《佛说八阳神呪经》残卷。《佛说八阳神呪经》或称《佛说天地八阳神呪经》《佛说神呪经》《佛说八阳经》《八阳经》等,敦煌文献中有近四百个写本,《大正藏》卷八五据《卍续藏经》亦载有此经。上揭残卷所存文句皆见于此经(比较图 17–8 所附北敦 2835 号《佛说八阳神呪经》局部图版),唯"男女允谐"的"谐"字该本误作"皆","复得人身"句的"得"字该本脱,"若结婚"该本作"欲结婚"[2],其余字句全同。据此,该卷系《佛说八阳神呪经》残卷可以无疑。

图 17–7　Дх.3457 残片　　　　　　图 17–8　北敦 2835《佛说八阳神呪经》

---

[1] 参看《敦煌经部文献合集》第 7 册《俗务要名林》"题解"及录文,第 3611—3636 页。

[2] "若结婚"句英、法及北图所藏各本皆同,但《大正藏》据《卍续藏经》所载此经作"欲结婚",与此残卷合。

二　泛拟

图17-9　Дx.941《大方广十轮经难字音》

所谓"泛拟"，是指拟题过于宽泛。如 Дx.941 号，正面为难字一行半，第一行上部十个难字右侧注有小字直音（图 17-9 右）；背面有"犀划"二字（图 17-9 左）。无题。孟列夫《俄藏敦煌汉文写卷叙录》定作"学习中文字的教材"，云："部分手卷，首尾缺。2 行。第 1 行侧旁有注明读音的中文字。纸色灰，纸质粗。楷书。无题字。"[1]《俄藏》正面题"字谱"，背面题"字谱补记"。按卷背二字正面均已见，自不必另行拟题。查底卷所有难字均出于《大方广十轮经》（失译人名，附北凉录）第一、二、四卷（《大方广十轮经》共八卷），其先后顺序均与经本相合，则底卷实为《大方广十轮经》难字音，孟列夫及《俄藏》"学习中文字的教材""字谱"云云皆失于宽泛。

又如 S.6117 号残片（图 17-10），首尾皆缺，存 11 行。无题。《索引》题"韵书"，《敦煌宝藏》《索引新编》同；周祖谟《唐五代韵书集存》题"韵字残叶"，《英藏》题"韵字"。又 Дx.2391A 残片（图 17-11），存五残行，每行仅存中部二至三条（比勘 S.6117 号相关部分可以推知原本每行约抄八条）。无题。《俄藏敦煌汉文写卷叙录》拟题"韵律字典"[2]。考此二残片体例全同，且部分条目重合，应系同一书的不同抄本。又考此二残片与 S.6208+S.5731+S.11423 号《时要字样》体例相同，则应亦为《时要字样》的残片。《时要字样》全称《新商略古今字样撮其时要并引正俗释》，是以《王一》《王二》等《切韵》系韵书为蓝本编撰的一部分别同音异义字的字书，全书按四声分为上卷第一、上卷第二、下卷第三、下卷第四，对应平、上、去、入四声。S.6117 号所存为《时要字样》

[1]《俄藏敦煌汉文写卷叙录》，袁席箴、陈华平译，上海：上海古籍出版社，1999 年，上册，第 616 页。
[2]《俄藏敦煌汉文写卷叙录》下册，第 488 页。

图 17-10　S.6117《时要字样》

图 17-11
Дх.2391A《时要字样》

去声部分霁、祭、卦、怪、夬、翰、队、代、废、震、问等十一韵字。Дх.2391A 所存为《时要字样》去声部分暮、泰、霁、祭四韵字，其中后二韵条目与 S.6117 号部分重合，可以互勘。[1]各家把此二号拟题作"韵书""韵字""韵律字典"，皆过于宽泛。

三　分拟

所谓"分拟"，是指把同一文献当作两件或两件以上不同文献，拟题作不同名称。如北敦 8074（北 8431，字 74）号背，如图 17-12 所示，抄杂字七行，《敦煌宝藏》拟题作"诗一首、偈一首、兽名及难字杂写"，《索引新编》题作"诗一首、偈一首、难字杂写等"，《国图》则泛题"杂写"。考底卷第一行有"法华经弟八"字样，"法华经"为《妙法莲华经》的简称。传世的《妙法莲华经》一般为七卷二十八品，但敦煌写本中也有为八卷三十品的，其中的度天地品第二十九、马明菩萨品第三十为传本所无。底卷就是《妙法莲华经》第八卷马明

---

[1]　参看《敦煌经部文献合集》第 8 册《时要字样（二）》"题解"，第 3877—3879 页。

菩萨品词句的摘录[1]，除前二行"祷竹""聱""聋"三条出处待考外，其余部分全都可在该品中找到，且先后顺序亦完全吻合。其中"□（十）善得生天，五戒服人身。十恶堕地狱，倡突堕畜生。忍辱得端正，瞋恚得丑陋。布施得大富，悭贪堕贫穷"八句乃照抄该品偈语。底卷以抄录双音词为主，但也有抄录句子甚至一个语段的，故可拟题作"《妙法莲华经·马明菩萨品》词句抄"。《敦煌宝藏》等把它们分作"偈一首""诗一首"及"难字杂写"三部分，欠妥。

　　敦煌写本一件被撕裂成数件的现象非常普遍，由于身首分离，研究者不见全貌，被局部现象所迷惑，因而导致"分拟"的情况更是屡见不鲜。如 P.2492 号残诗集，存诗 18 首（最后一首《盐商妇》仅存诗题和正文第一行），其中第一首为"寄元九微之"，下署作者"白乐天"，次为"和乐天韵同前"，下署"微之"，其余 16 首无作者署名，但均为白居易诗无疑，故论者多据

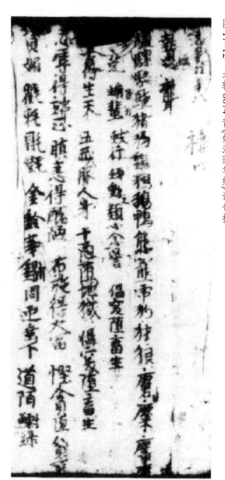

图 17-12　北敦 8074 背《妙法莲华经》词句抄

以定作《白香山诗集》，以为是白居易诗集的最早传本。后来徐俊发现 Дх.3865 号亦有残诗集一种，书迹、行款与 P.2492 号全同，且 Дх.3865 号第一首残诗正是 P.2492 号末《盐商妇》残缺的部分，二者可以完全缀合（图 17-13）。而 Дх.3865 号既抄有白居易诗，又抄有李季兰、岑参诗（均有作者题署），由此可见，P.2492 号+Дх.3865 号是一个唐诗选抄本，而非《白香山诗集》。[2]

　　又如 P.5579 号残片，仅十残行。《索引》该号下标"残状纸一包（碎片）"，未注出具体内容；《敦煌宝藏》题"家居常用字"；《敦煌音义汇考》云"所注字皆与屋舍相关，相似

---

[1]《妙法莲华经·马明菩萨品》见于六个敦煌写本，分别为 S.2734、S.3051、S.4572、S.5931、北敦 1211、P.3008 号，其中 S.2734 号首尾完整，《大正藏》据此本收入卷八五。

[2] 徐俊《敦煌诗集残卷辑考》，北京：中华书局，2000 年，前言第 17—18 页，又正文第 21—40 页。

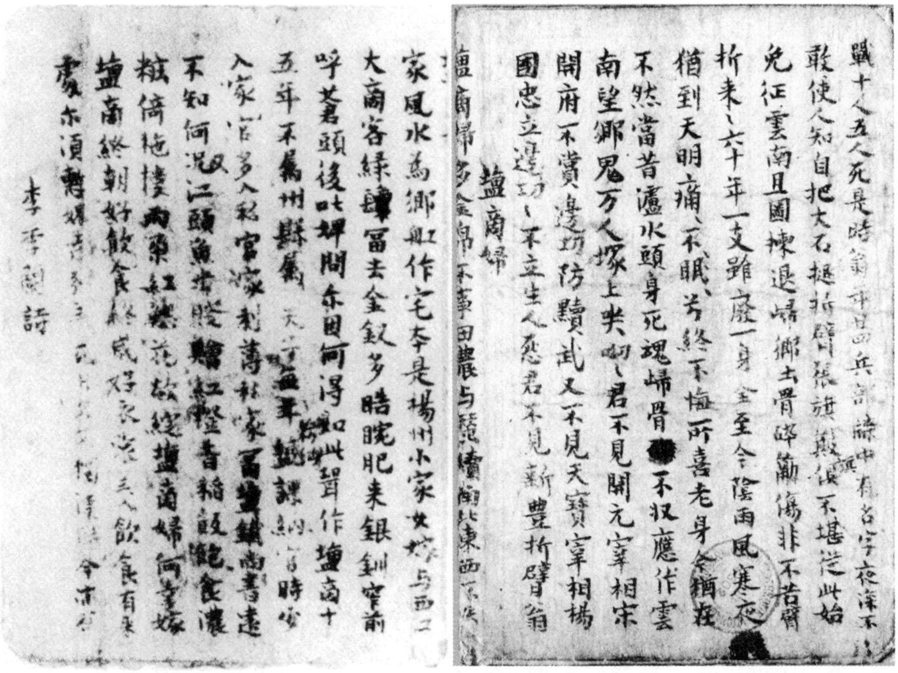

图 17-13　P.2492(右)+Дх.3865(左)唐诗选抄本缀合图

P.5001 之宅舍部",故附载于"俗务要名林"之后;《索引新编》拟题"残字书",《法藏》拟题"字书"。按 P.5001 号,首尾俱缺,存 40 行,上下部多有残泐。上揭 P.5579 号残片实为 P.5001 号第 16 行至 25 行下部的残缺部分,应予缀合,二件缀合后前八行基本完整(本书前插图 9)。P.5001 号《索引》拟题"类书(似为俗务要名林)",《敦煌宝藏》题"类书(宅舍部女服部)";朱凤玉《敦煌写本"碎金"系字书初探》定作"俗务要名林"残卷,《敦煌音义汇考》亦列于"俗务要名林"之下,《索引新编》径题"俗务要名林",是。又考 S.617 号写卷,首尾俱缺,此卷各家皆定作《俗务要名林》残卷,已成定论。P.5001+P.5579 号与 S.617 号行款字体全同,当系同一写本所撕裂,P.5001+P.5579 号应为 S.617 号前部残缺的一部分,应予缀合。但由于原卷割裂三处,整理者遂分别拟题作"家居常用字"(或"残字书""字书")、"类书"、"俗务要名林",则一书分而为三矣。

四　混拟

所谓"混拟",是指把内容不同的两件文献当作一件文献来著录。如 S.388 号,该卷抄有字样书两种，二者间有“右依颜监《字样》，甄录要用者，考定折衷，刊削纰缪”云云一段说明文字，另行又有“正名要录 霍王友兼徐州司马郎知本撰”字样，说明文字应属前一字样书，“正名要录”云云以下则应为后一字样书（图17-14）。前一种首缺尾全，无书名和作者名，存83行，和其后的《正名要录》字迹相同，当为同一人所抄。但两书体例不同（前一种辨别文字之“正”“同”“通用”“相承共用”，所收单字的排列无一定之规，显得比较杂乱；后一种分“正行者虽是正体，稍惊俗；脚注随时消息用”“正行者正体，脚注讹俗”“正行者楷，脚注稍讹”“各依脚注”“字形虽别，音义是同，古而典者居上，今而要者居下”“本音虽同，字义各别”六类，体例较为谨严），且颇有同一字形二书皆见却被判别为“讹”“俗”等不同类别者（如前一种称“妒正妬《说文》妒从女、户，后户变作石，遂成下字，久已行用也”，以“妒”为正字；后一种“各依脚注”类出“妬”字，脚注“从石”，则以“妬”为正字），故可断定应非一书。[1]《敦煌宝藏》《索引》《英藏》把这两种字样书一并定作“正名要录”，不妥。《索引新编》以前一种为《正名要录》，而云后一种“名称不详”，亦非是。

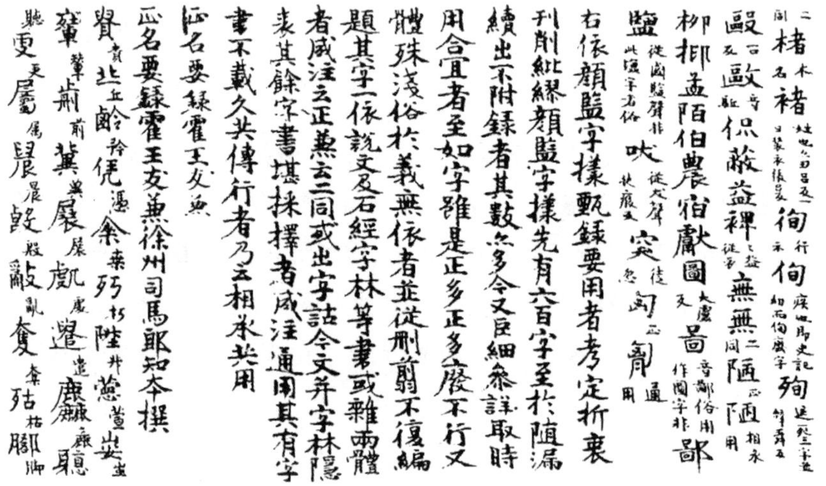
右依顏監字樣甄録要用者考定折衷
刊削紕繆顏監字樣先有六百字至於隨漏
續出不附録者其數尤多今又巨細參詳取時
用合宜者至如字雖是正多正多廢不行又
體殊淺俗於義無依者並從刪翦不復編
題其字一依說文及石經字林等書或雜兩體
者咸注云正兼云二同或出字詁今文并字林隱
表其餘字書堪採擇者咸注通用其有字
書不載久共傳行者乃云相承共用
正名要録霍王友兼徐州司馬郎知本撰

图17-14　S.388《群书新定字样》（？）、《正名要录》

又如S.4195号背，原卷如图17-15右部所示，翟理斯（Lionel Giles）《英国博物馆藏敦煌汉文写本注记目录》称作世俗著作“诸君篇”等章节的文字摘录；《索引》拟题“字

[1] S.388号前后两部分非一书，周祖谟《敦煌唐本字书叙录》（《敦煌语言文学研究》，第45—47页）始发之，朱凤玉《敦煌写本字样书研究之一》（《华冈文科学报》第17期，1989年12月）、蔡忠霖《敦煌字样书〈正名要录〉研究》（中国文化大学硕士学位论文，1994年）承用其说。笔者推测前一种可能是唐杜延业的《群书新定字样》，说详拙著《汉语俗字研究》（增订本）第十章《历代俗字及俗字研究要籍述评》，第259—261页。

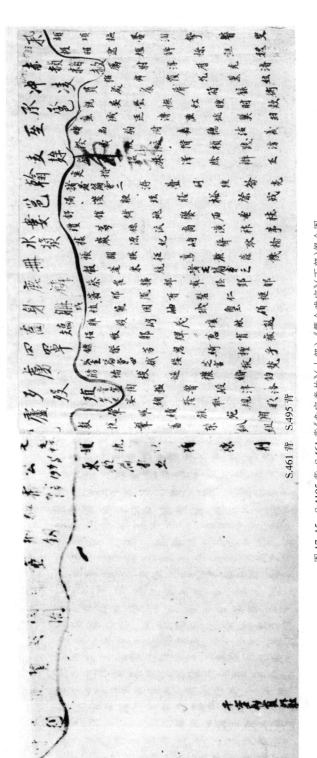

图 17-15　S.4195 背 +S.461 背《杂字类抄》（上部）、《纂金难字》（下部）缀合图

书"，又括注称"当作籑金"(《索引新编》径题"籑金")；《敦煌宝藏》拟题"生字新词录(诸君篇、诸王篇、公主篇)"；《伦敦藏敦煌汉文卷子目录提要》拟题"略出籑金"；《英藏》上面部分拟题"杂字附音义"，下面部分拟题"籑金字书(帝德篇第一——公主篇第四)"。又 S.461 号背，原卷如图 17-15 左部所示，《英国博物馆藏敦煌汉文写本注记目录》《索引》《敦煌宝藏》俱未标出，《英藏》未收录，《伦敦藏敦煌汉文卷子目录提要》称为"杂抄文字"，《索引新编》题"杂写等"，《郝录》定作"字书"(第 2 卷第 340 页)。按：上揭二卷可以缀合(缀合图如图 17-15 所示)。正面皆为标有"兑"字(表示废弃)的《大智度论》卷十九(缀合后经文内容前后衔接)。背面 S.4195 号在前，S.461 号在后，缀合后密合无间；原卷分上下二部分，虽皆为难字摘抄，然字体款式均所不同，上面部分每行顶格抄一至四字不等，字体较大，个别条目下注有双行小字音义；下面部分字体较小，无注释，有"诸君篇弟二""诸王篇弟三""公主篇弟四""东都篇弟五"的小标题，由于上面部分每行所抄字数不同，故下面部分所抄亦多少不一；从款式看，可以推断上面部分抄写在前，而下面部分则是后来利用原纸每行下的空白接抄的，为免混淆，故上下二部分间底卷用曲线加以区隔。《英藏》拟题 S.4195 号背下面部分为"籑金字书"，近是。《籑金》五卷，共百篇，唐李若立撰，约成书于武周以后至唐文宗开成年间，世无传本，唯敦煌文献中有该书的部分抄本(参看王三庆《敦煌类书》第 99 至 107 页)。S.4195 背+S.461 背的下面部分即摘录自《籑金》第一卷的前五篇，故可据以定作"籑金难字"。而其上面部分则可参酌《英藏》定作"杂字类抄"。除《英藏》外，各家均把上下二部分混而为一，误。

五　不准确

"不准确"是指拟题尚欠完善，还有进一步斟酌的余地。如 P.3438 号，摘抄《大般涅槃经》难字，首行有"大般涅槃经第一袟"字样，前二行所摘经字下多注有切音，但其后则不再标音，疑属未完成之作。没有注音的难字下大多留有一定的空间，大约是为注音预留的；但从第二袟第五卷以后，所抄难字亦颇有连抄而未留空间的。《索引》称本篇为"大般涅槃经难字，间有音义"，《敦煌宝藏》《法藏》及《索引新编》据以题作"大般涅槃经音义"。但本篇虽有注音却无释义，所以称作"音义"并不确切，而宜比照 P.2172 号《大般涅槃经音》(原卷首题)改题作"大般涅槃经音"。

又如 P.3578 号背，凡十行，首行抄某某经"弟八卷"难字二，第二行和第三行上部抄

"鞞波沙论第十四袟"难字(苻秦僧伽跋澄译有《鞞婆沙论》,凡十四卷,应即其书,"十四袟"应为"十四卷"之误,其下难字多可在《鞞婆沙论》中检获,且卷次顺序基本相合),第三行下部开始所抄皆为"涅槃经"难字(所据"涅槃经"系北凉昙无谶译《大般涅槃经》四十卷本,本卷所抄难字止于经本第二袟第四卷)。据此,本卷属若干种佛经难字摘抄性质,而以《大般涅槃经》难字为主,故可拟定作"大般涅槃经等佛经难字"。《索引》及《敦煌宝藏》等题"涅槃经难字",显然不够确切;《法藏》题"佛典难字",则嫌过于笼统。

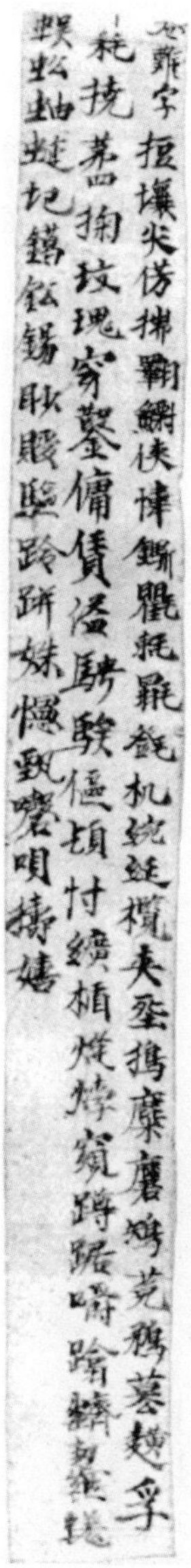

又如 S.5690 号,如图 17-16 所示,抄难字二行半(第三行只抄了半行),每行上部有残泐,所缺字数不详,首行所存第一字缺上半(所存似"卷"字的下部),其下抄"难字"二字。《索引》题作"难字",《敦煌宝藏》同,《索引新编》作"□难字";《英藏》改题作"妙法莲华经等佛经难字"。今按:前一部分难字皆出于《妙法莲华经》卷八马明菩萨品第三十,后一部分("第四"以下)难字大多出于《妙法莲华经》卷一序品至卷四见宝塔品第十一(个别字出于见宝塔品第十一之后),故应改题作"妙法莲华经难字"。《英藏》拟题"妙法莲华经等佛经难字",也嫌不够确切。

敦煌写本出于众手,字多俗写,定名时字词辨认有误,也会造成拟名不准确。如《英藏》S.2113 号背有《乾宁三年(896)沙州龙兴寺上座沙门德胜宕泉勤修功德记》一文,查原卷,首题"唐沙州龙兴寺上座沙门俗姓马氏香号德胜宕泉刱修功德记",文云:"遂舍房资,于北大像南边刱造新龛一所。"即《英藏》拟题所据。但其中的截图字并非"勤"字,而是"刱"的讹俗字。《说文·井部》:"刱,造法刱业也。从井,刅声,读若创。"又刃部:"刅,伤也。从刃从一。创,或从刀、仓声。"表创始、创业之义,"刱"为本字,"创"是同音借字,但宋代以后"创"字通行,"刱"字废而不用,则"刱""创"混为一字。"刱"或省笔作"刱"和"刱"。《王一·漾韵》:"创,初亮反,始。正作刱。"S.3557 号《祝愿文》:"所以广施储产,望凭现世之团圆;刱制佛衣,亦愿果牛德具足。"《龙龛手镜·井部》:"刱,古文,初向反,初也,始也,惩也。"其中的截图字皆即"刱"字俗省。"刱"或其俗写进而又有讹变作"刦"形的,如 P.3490 号《重修宝刹赞文》:"门楼新架,宝刹重添,四廊樑栋而刦新,绘画不侔于往日。"又 S.5638 号

图 17-16　S.5690《妙法莲华经难字》

《诸杂文·佛堂文》："厥月(今)则有坐前清信施主,先因种善,今世增[加],顿悟苦空,㔟成佛刹,启阳(扬)设供诸(之)福会也。"其中的截图字即"㔟"字俗讹。但由于《第二次汉字简化方案(草案)》(1977 年 12 月 20 日试用,1986 年 9 月废止)以"㔟"为"勤"的简化字[1],《英藏》编者受其影响,误以上揭敦煌写本中的"㔟"亦为"勤"的简俗字,遂据以定名,造成疏误。

---

[1]　"㔟"作为"勤"的简化字曾一度试用,广西新闻网(http://www.sina.com.cn)2009 年 6 月 26 日曾刊出通讯员李剑峰、温添霖写的《河池一市民打借条署名用"二简字"万元借款险泡汤》新闻,谓河池市市民刘永勤名字中的"勤"原来用的是二简字"㔟",生活中也一直这样写,2002 年 1 月 4 日借款 1 万元给他人,借款单上写的亦是"㔟"字;但由于二简字被废除后,身份证上写的是"勤",因而导致借贷双方发生法律纠纷,万元借款险些无法索回。"飘泊一夜"博客刊发的一张重庆大学 C 区(原重庆建筑高等专科学校)第四教学楼照片,其中有"㔟俭建军"四字,"勤"亦写作"㔟"。

第三节　缺题残卷的定名

敦煌文献残卷多，缺题者多，至今尚未定名者仍不在少数（《俄藏敦煌文献》第十一册俄敦 3600 号至第十七册俄敦 19092 号卷子皆未标注题目，虽后来邰惠莉主编《俄藏敦煌文献叙录》[1]作过定名，但仍存在不少问题），所以为卷子定名的任务仍相当繁重。残卷的名称，自应据具体内容来确定，毋庸辞费。但在具体操作时，笔者以为以下四种方法仍值得留意。

一　据其他写本考定

一个完整的写本通常有自己的题目，但被割裂肢解成多个残片后，会造成原有篇题的缺失，所以有时局限在某一个残片上，未必能拟定准确的名称，而如能把相关的残片或其他异本汇聚缀合在一起，则有可能使篇题失而复得。如上一章《敦煌残卷的缀合》第二节所举刘复《敦煌掇琐》P.2747、P.2648 号"季布歌"，该二卷均为残段，本身并没有篇题，所谓"季布歌"，乃刘氏据罗振玉《敦煌零拾》所载有相同内容的 S.5440 号"季布歌"（题目系罗氏拟定）比定的。《敦煌掇琐》紧接"季布歌"另载有 P.3386 号"季布骂阵词文"一卷，刘氏云"此与前二号字体不类，是另一人所写"。其实 P.3386 号即 P.2747+P.2648 号之后残缺的部分[2]，如图 17-17 所示，P.2648 号末句"遂令武士"四字左部部分残画及"齐擒捉"三字在 P.3386 号，二者缀合后正好完整无缺（图 17-17 右侧切片）。而 P.3386 号末有"大汉三年季布骂阵词文一卷"的尾题，则同一写本撕裂的 P.2747、P.2648 号自然也应改题"大汉三年季布骂阵词文"残卷了。同样，S.5440 号原本无题，也应当据 P.3386 号比定作"大汉三年季布骂阵词文"或据另一异本 P.3697 号拟题作"捉季布传文"，而"季布歌"的题目则属无中生有，应予废弃。

---

[1]　邰惠莉主编《俄藏敦煌文献叙录》，兰州：甘肃教育出版社，2019 年。
[2]　参看王重民《敦煌古籍叙录》，第 340—343 页。

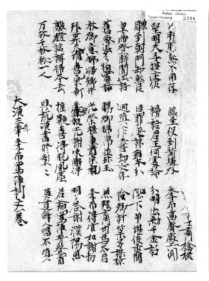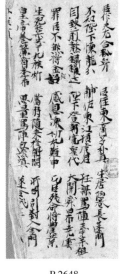

P.3386　　　　　　　P.2648　　　　　　P.3386+P.2648

图 17-17　P.3386+P.2648《大汉三年季布骂阵词文》

又如 S.556 号,一纸,双面抄,正面 28 行,背面 27 行(图 17-18),无题。《索引》拟题"竺道生、释僧肇别传",《敦煌宝藏》《索引新编》同,《索引》说明云:"道生传缺首,僧肇传缺尾,二传似皆为隐栝《高僧传》本传文字所组成者,如僧肇传开首即引《高僧传》,是其明证。"《英藏》正面题"竺道生传",背面题"释僧肇传"。《郝录》正面拟题同,背面改"僧肇"为"僧叡",是(卷中称"叡法师""叡""叡公"云云,而未见称述僧肇者)。《郝录》于正面"竺道生传"后说明云:"此传前缺,内容基本与《高僧传》中《竺道生传》同,只是省略了一些语句。但最后两段为《高僧传》所无,而最后一段实为《维摩诘经疏》,不见于传世《大藏经》。"(第 3 卷第 233 页)又于背面"释僧叡传"后说明云:"此件首全尾缺,《英藏敦煌文献》定名为《释僧肇传》。经查,此件实为《高僧传》中之《释僧叡传》之节略。但最后一段为《高僧传》所无,且不像僧传文字,疑为佛经疏释。"(第 3 卷第 236 页)《郝录》发现原卷正背面皆有不似僧传之文字,的是卓见。其实上揭写卷并非独立的僧人别传,而是唐代沙门道液撰集的《净名经关中释抄》的残叶。《净名经关中释抄》或称《净名经关中释批》《净名经关中抄》《净名经释批抄》《净名关中释批》等,上下二卷,该经未见于清以前的历代大藏经收录,而敦煌文献中有 40 多个抄本。上揭残叶文字见于该经卷上"释序文四",相同文字见于 P.2580、P.2079、北敦 2296、S.6712、S.2739、S.2584、P.2076、北敦 3924、S.1357 号等卷(按写卷完整度排序,其中前四号卷上部分基本完整),该部分含括《净名经》传译者的介绍,僧肇、竺道生、僧叡皆为《净名经》译者鸠摩罗什的弟子,并曾"助什详定"[1],故原卷依次有鸠摩罗什、僧肇、竺道生、僧叡的介绍,S.556 号正背面内容先后衔接(先抄正面,再接抄背面),中间无残缺,所存文字仅占《净名经关中释抄》卷上部分的约十八分之一,所以该号实为《净名经关中释抄》卷上的残叶。对此,我们只需拿一个完整的《净名经关中释抄》卷上的写卷来比勘(比较图 17-19),便可很快找到答案了。

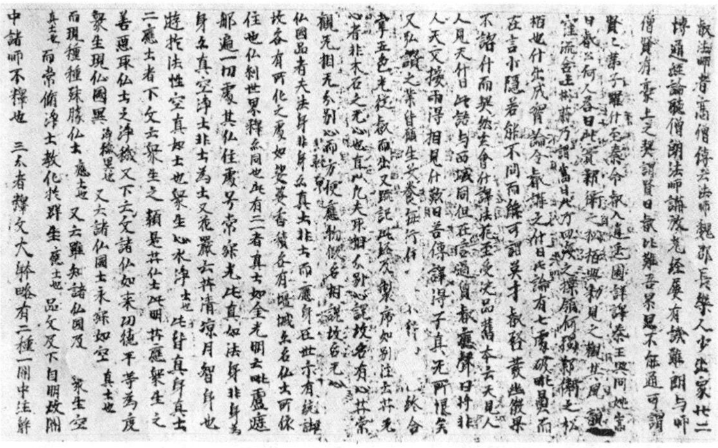

图 17-18　S.556 背《净名经关中释抄》

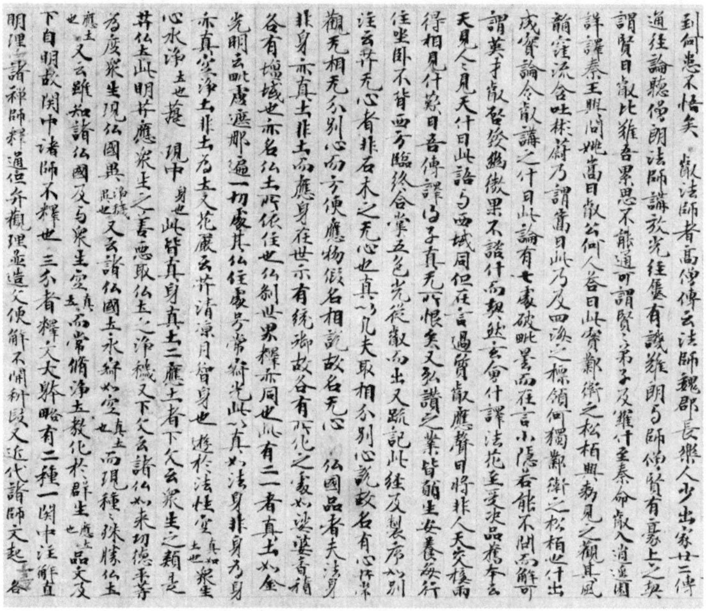

图 17-19　P.2580《净名经关中释抄》卷上

[1] P.2580 号《净名经关中释抄》卷上称,鸠摩罗什与"三千硕德"共同译经,"肇与叡等助什详定"。

又如 Дx.10740Ⅻ有一残片，如图 17-20 所示，正面有残文 8 行，《俄藏》未定名。考 P.2488 号有《秦将赋》，首题"秦将赋"，末题 "秦将赋一卷"（图 17-21），上揭残片所存字句皆见于该赋，原文可校录作（〔〕中字句据 P.2488 号拟补）："〔刀从地劈，人仰天〕呼。拥千群之鏖〔武，坑四十万之勇夫。肉复热，刀〕复醒（腥）。草头浑赤，不见山青。〔父子一时从此没，不知何处认尸〕灵。龙竞斗，朋（凤）复征，深坑〔变作〔活〕人塚，长城便是死人城。四面〕不能逃窜得，百里唯闻乙（乞）命声。〔一半死，一半在，旋斩旋填深〕坑底。兄

图 17-20　Дx.10740Ⅻ残片

图 17-21　P.2488《秦将赋》

与弟,父〔以〕子,两两相看觅(被)杀〔死。满谷只闻刀剑鸣,〔众〕山遥遥觉血〕气。人已死,刃复缺,毒蛇猛〔兽争皆吃。三年五岁肉仍残,千岩万〕国(谷)皆流血。诸馀衩〔道人皆过,只这一川行路绝。肉芳(?)里(黑)似泥,骨〕遭风〔雨白如雪〕。"显然,底卷应为《秦将赋》之残文[1],其篇题可据 P.2488 号拟定。

再如 Дх.10452 号残片,如图 17-22 所示,首尾皆缺,存残文 12 行,每行下部残缺,《俄藏》未定名。考 S.6631 号有《和菩萨戒文》(首题),见图 17-23,抄在"九相观诗一本"之后,上揭残片所存字句皆见于该文,则 Дх.10452 号乃《和菩萨戒文》残片[2],其篇题可据 S.6631 号拟定。

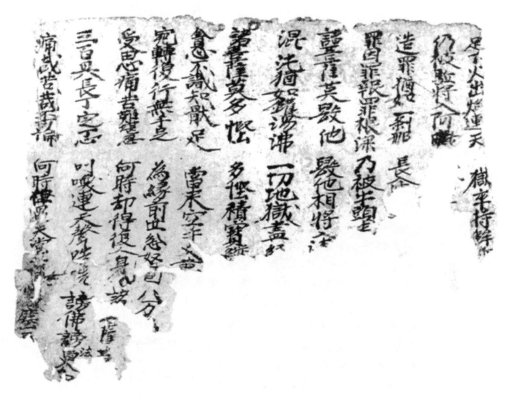

图 17-22　Дх.10452 残片

[1] 此说张新朋《敦煌诗赋残片拾遗》始发,文载《敦煌研究》2011 年第 5 期,第 80 页。
[2] 《和菩萨戒文》又见于 S.1073、P.4597 号(首题),或题"和十戒文"(北敦 8230 号首题)、"和戒文"(北敦 7805、S.5894、P.2921 号首题),任半塘《敦煌歌辞总编》第 1089—1091 页有校录。

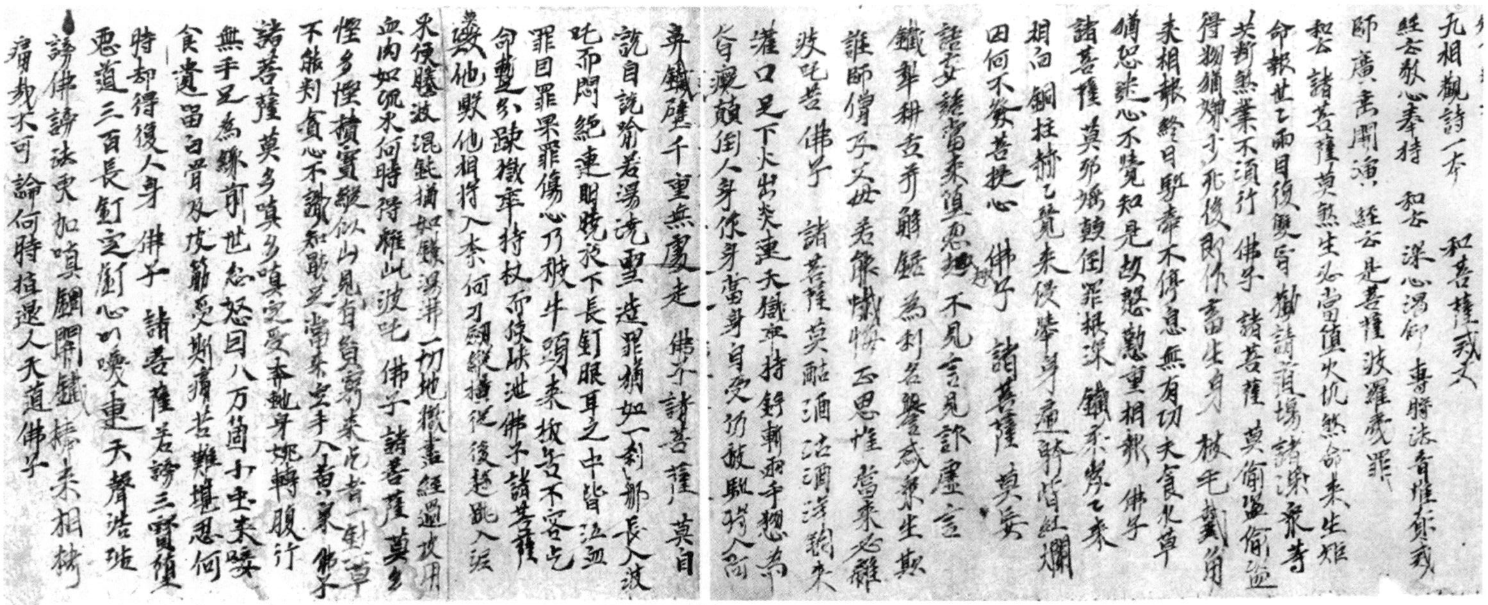

图 17-23　S.6631《和菩萨戒文》

二　据传世文本考定

　　由于种种原因,有些文献敦煌写本中的确只存有零散的残片,仅这些残片本身也许不知所云,这时就需要与传世文献来比对,才能确定其内容,并拟定准确的题目。如Дх.8011 号残片,正面如图 17-24 所示,存三残行。又 Дх.8462 号残片,正面如图 17-25 所示,存五残行。此二片书迹、行款相同,其背面皆为不知名佛经,字体也相同,可以确定为同一写本之撕裂。《俄藏》均未定名。查清胡克家校本李善注《文选》卷三五张协《七命》云:"拉魖犪,挫獬麙。《尔雅》曰:魖,白虎。犪,黑虎。张揖《汉书注》曰:獬麙(底卷作解"豸"),似鹿而一角也。勾爪摧,锯牙捭。《淮南子》曰:勾爪、锯牙,于是挚矣。《说文》曰:捭,两手击也,补买切。澜漫狼藉,倾榛倒壑。《说文》曰:草编狼藉也。殨殨挂山,僵踣掩泽。郑玄《周礼注》曰:四足死者曰殨。《尔雅》曰:僵,仆也。郭璞《尔雅注》曰:踣,前覆也。张揖《上林赋注》曰:掩,覆也。"又云:"至闻皇风载趩,时圣道醇。杜预《左氏传》注曰:趩,是也,于匪切。《尚书》曰:政事惟醇。孔安国曰:醇,粹也。举实为秋,摛藻为春。《韩诗外传》曰:魏文侯之时,子质仕而获罪,谓简主,吾不复树德。简主曰:夫春树桃李,夏以得荫其下,秋得食其实。今子树其非人也。《答宾戏》曰:摛藻如春华。下有可封之民,上有大哉之君。《尚书大传》曰:周人可比屋而封。《论语》:子曰:大哉尧之为君,惟天为大,惟尧则之。民或为屋。余虽不敏,请寻后尘。《论语》:颜回曰:回虽不敏,请事斯语。应

图 17-24　Дх.8011 残片

图 17-25　Дх.8462 残片

瑗《与桓元则书》曰:敢不策驰,敬寻后尘。"其中加下划线的部分为上揭二残片所有,可见残片中的大字正文皆见于《文选·七命》,而注文则大多与李善注本同,唯"殒砦挂山"句底卷注"□□(薛综)《西京赋》注曰:砦,死禽兽□□□(将腐之)名也。又曰:僵,仆也。"今本李善注作"郑玄《周礼注》曰:四足死者曰砦。《尔雅》曰:僵,仆也",有所不同。[1]考《文选》卷二《西京赋》"僵禽毙兽"李善引薛综注:"僵,仆也。"又"收禽举砦"李善引薛综注:"砦,死禽兽将腐之名也。"博士生金少华谓敦煌本当是李善注原貌,而胡刻本则当出于后人所改[2],甚是。据此,上述残片可拟题作"文选李善注"或"李善注文选"。

又如 S.6189 号,如图 17-26 左部所示,仅二残行,存"朋友""不禁""枨触""窓牖"

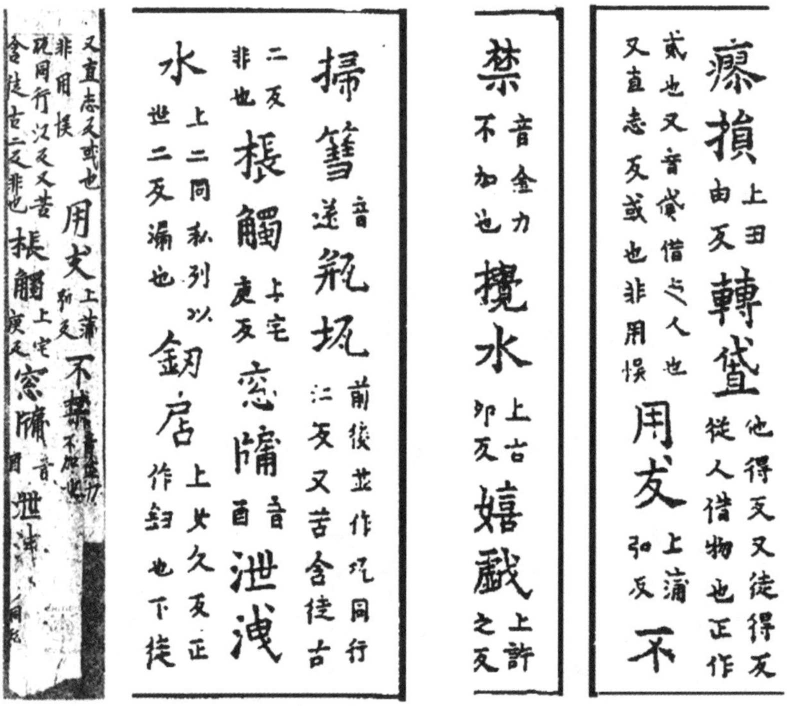

S.6189　　《高丽藏》本 16 册第 26 张　　《高丽藏》本 16 册第 23、24 张

图 17-26　可洪《新集藏经音义随函录》

[1] Дx.8462 号残片末行存注文残字二,金少华考定原字应为"敏已"二字,近是。《七命》上文"虽在不敏,敬听嘉话"李善注:"《孝经》曰:参不敏。"已注"不敏"。据李善注例,同篇同词再见,当从省云"已见上文"。胡刻本"余虽不敏,请寻后尘"句李注引《论语》"颜回曰:回虽不敏,请事斯语"盖非李注本真貌,当据写本作"[不]敏,已[见上文]"为是。参金少华下引文。

[2] 金少华《敦煌吐鲁番本〈文选〉研究》,浙江大学硕士学位论文,2008 年,第 92 页。又 Дx.8011、Дx.8462 号残片为李善《文选注》,笔者 2002 年即已向硕士生李梅指出,可参看李梅《敦煌吐鲁番写本〈文选〉研究——从语言文献角度的考察》,浙江大学硕士学位论文,2003 年,第 6 页。

"泄洩"等条音义。《索引》题"字宝碎金",《敦煌宝藏》《英藏》《伦敦藏敦煌汉文卷子目录提要》同;《索引新编》题"碎金两行";潘重规《瀛涯敦煌韵辑新编》题"字宝碎金残卷"[1],皆误。张金泉《论敦煌本〈字宝〉》指出上述词条均不见于《字宝》诸卷,且四声错杂,注文中有"非用,悮""非也"等语,亦非《字宝》书例,应非《字宝》残片[2];朱凤玉说略同[3]。高田时雄《可洪〈随函录〉与行瑫〈随函音疏〉》发现本件前三条见于《高丽藏》本可洪《新集藏经音义随函录》第拾陆册第贰拾叁、贰拾肆张《根本毗奈耶杂事》第七卷音义(图 17-26右),后四条见于同书贰拾陆张《根本毗奈耶杂事》第十卷音义(图 17-26 中);与《高丽藏》本相比,中间省略了整整两页,高田氏以为"这应当是钞写者在钞书时错误地翻过了两页才造成的结果,而并非有意省略"[4],甚是。故本件应据以改题作可洪《新集藏经音义随函录》残片。

三　据字词顺序考定

敦煌文献中有不少音义类或摘抄佛经难字的写本,大多没有标题,且多残缺不全,所以如何确定这类残卷的内容并进而为之定名是一个十分棘手的难题。不过,除了无所依傍的习字杂抄以外,摘字注音的字词总是有所本的,因而所抄字词的先后顺序也往往与所据文本基本是一致的,我们就有可能根据所抄字词的这一特点确定一些残卷的内容。例如:

Дx.3421 号,如图 17-27 所示,三残行,存上部,仅存十个标目字,每字下有小字注音,但无释义。《俄藏》定名"文字音义"。后来我们发现所存标目字顺序见于《文选》卷五九《齐敬皇后哀策文》《郭有道碑文》,没有例外[5],据此,可以确定原卷应系《文选音》残片。

又 S.11383B,如图 17-28 所示,五残行。《英藏》以为"切韵"。按原卷仅有注音而无释义,且注音或用直音或仅标声调,与《切韵》的体例全然不合。考原卷一、二行残字均不可

[1]《瀛涯敦煌韵辑新编》,台北:文史哲出版社,1974 年,第 542 页。

[2]《敦煌研究》1993 年第 2 期,第 94 页。

[3]《敦煌写本碎金研究》,台北:文津出版社,1997 年,第 44 页。

[4] 原载《中国语史的资料与方法》,京都大学人文科学研究所研究报告,1994 年;后收入《敦煌·民族·语言》,北京:中华书局,2005 年,第 406—407 页。

[5] 原卷第三行"跱"字当本于《郭有道碑文》"翔区外以舒翼,超天衢以高跱"句,"跱""峙"音同义通。

图 17-27　Дx.3421　　　　　　　　　　　图 17-28　S.11383B

识,三、四行标目字可考定者有"於""柵""倚""已""桂""燠"六字,第五行存一标目字,右下部残泐,原字近似"稷"字俗写。考前六字顺序见于《文选》卷五九王简栖《头陀寺碑文》后部,又其下一篇沈约《齐故安陆昭王碑文》之首有"稷契身佐唐虞"句,或即第五行残字所出。据此,原卷应为《文选音》残片。[1]

Дx.5352 号,如图 17-29 所示,系一长方形的纸片,抄难字三行,其中第三行仅抄上部大半行。《俄藏》未定名。今考底卷所抄难字皆见于《妙法莲华经》卷一、二、三、六,字序与经文亦大体相合,故可拟题作"妙法莲华经难字"。[2]

值得指出的是,敦煌写本在摘抄佛经难字时,并非总是按照经本的先后顺序,有时会出现"逆序"的现象。如 S.2821 号《大般涅槃经音》(拟),系据北凉昙无谶译的《大般涅槃经》四十卷及唐若那跋陀罗译的《大般涅槃经后分》上下卷摘字为音(敦煌写本中有把这两种经合抄在一起的,凡四十二卷,上述经音亦据四十二卷本)。该本前十二卷的体例是先出经名、品名及经本卷数,其下

图 17-29　Дx.5352《妙法莲华经难字》

[1] 敦煌文献中另有 P.2833、S.8521 号《文选音》残卷,荣新江《英国图书馆藏敦煌汉文非佛教文献残卷目录》以为系同一抄本的不同部分(页 100),当是;许建平谓 Дx.3421、S.11383B 与该二号字体与注音方法同,亦应是同一人所抄的同一写卷的不同部分,亦是。许说见《敦煌经部文献合集》第 9 册《文选音》题解,第 4739—4740 页。

[2] 参看《敦煌经部文献合集》第 10 册《妙法莲华经难字》题解及校记,第 5302—5304 页。

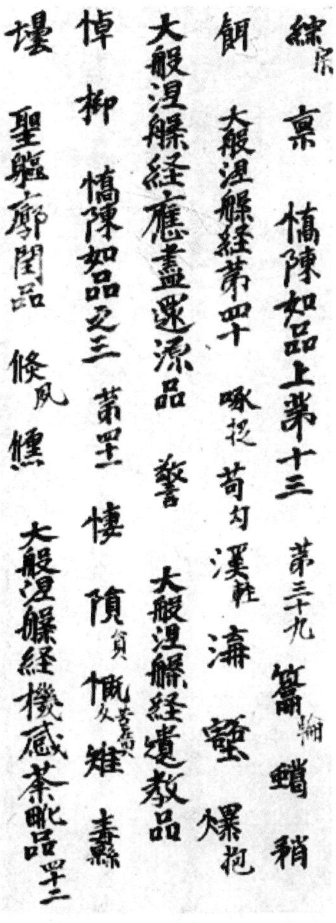

按照经文的顺序摘录难字并注音。但从第十三卷开始，则变为经名、品名及经本卷数在后（仅个别例外），每卷下摘录的难字次序亦大抵与其在经文中出现的先后顺序相反。如原卷最后四行（见图 17-30），其中倒数第四行"《大般涅槃经》第四十"是管上文的"饵"等四字的，其下的"啄"至倒数第二行"第四十一"为经本第四十一卷的内容，倒数第二行"悽"以下至末为经本第四十二卷的内容。按照经文的顺序，第四十一卷始为"憍陈如品之三"（S.2311 号经本憍陈如品之一分上下卷，而四十一卷开始为"憍陈如品之二"，《大般涅槃经后分》单行的本子，如北敦 5785 号，卷上始为"憍陈如品之末"，皆与此"憍陈如品之三"为同一内容），再接"遗教品"和"应尽还源品"；第四十二卷始为"机感荼毗品"，再接"圣躯廓闰品"。而在上述经音中，卷四十一经品出现的次序成了"应尽还源品""遗教品""憍陈如品之三"，卷四十二经品出现的次序成了"圣躯廓闰品""机感荼毗品"，皆与经本相反。又第四十一卷下的难字在经

图 17-30　S.2821《大般涅槃经音》

文中出现的顺序依次为抑、悼（见"憍陈如品之三"）、警（见"遗教品"）、爆、溪、沟、壑、苟、啄（见"应尽还源品"），第四十二卷下的难字在经文中出现的顺序依次为儵、倏（见"机感荼毗品"）、坛、蘽、雉、慨、陨、悽（见"圣躯廓闰品"），而在上述经音中则正好倒了个个儿（只有溪、沟、壑三字与经文顺序相同，盖此三字出于经文"溪涧沟壑"句，所据经本在同一行中，如果以行为单位摘录难字，那么无论正序还是倒序，同一行中的字都与经文顺序相同）。其余部分大抵似此。这也就是说，本篇第十三卷以下的各卷大多应该倒过来读，如第四十一卷应读作："憍陈如品之三第四十一（"四十一"指经本的卷数）抑、悼　大般涅槃经遗教品　警　大般涅槃经应尽还源品　爆、溪、沟、壑、苟、啄。"第四十二卷应读作："大般涅槃经机感荼毗品四十二儵、倏　圣躯廓闰品　坛、蘽、雉、慨、陨、悽。"这样一读，便与经文的先后顺序完全一致了。

这种"逆序"摘字的现象也出现在 S.5999 号《大般涅槃经音》（拟）、P.3823 号《佛经

难字及韵字抄》(拟)、Дx.699 号《正法念处经难字》(拟)等写本中。由此看来，"逆序"摘字并非个别的偶然的现象，而具有一定的普遍性。我们据字词顺序考定篇名时，必须注意到敦煌写本的这种"反常"现象。如上文我们指出 S.5690 号应拟题作"妙法莲华经难字"，便是考虑到了写本有"逆序"摘字的特点。该卷前一部分难字出于经本卷八马明菩萨品，后一部分("第四"以下)难字大多出于经本卷一至卷四，但先后顺序大抵与经文相反。如前一部分首字"揎"所在的经文"五大城中人多黑揎(短)小"句在马明菩萨品的末尾，而末"挠"字所在的经文"风起挠动其水"句则在马明菩萨品的前部。又如后半自"掬"至"圮"三十字，所据经文经本中出现的顺序依次为"如我惟忖"等、"墙壁圮坼"、"蜈蚣蚰蜒"、"蛲蛕诸虫"、"咀嚼践蹋，齼啮死尸"、"蹲踞土埵"、"窥看窗牖"、"臭烟烽烨"、"周币栏楯"、"柔软缯纩"、"其影顇瘦"、"聋騃无足"、"盲聋背伛"、"驰骋四方以求衣食"、"其诸仓库悉皆盈溢"等、"尔时穷子佣赁展转遇到父舍"等、"如人渴须水，穿凿于高原"、"以金银琉璃砗磲玛瑙真珠玫瑰七宝合成"、"各赍宝花满掬而告之言"，除"忖"等一二字次序有问题外，其他难字字序适与经文相反。假如我们不了解这种"逆序"摘字的现象，死扣经文的先后顺序，就难以明其所出，自然也无法拟定正确的名称了。

四　据关键词考定

由于种种原因，一些不同古书的全部或局部内容是相同或相近的，尤其是佛经，往往存在同一经前后多次传译的情况，如《大般涅槃经》有北本(四十卷，北凉昙无谶译)、南本(三十六卷，刘宋慧观与谢灵运等改编)之别，《法华经》传本有《正法华经》(西晋竺法护译)、《妙法莲华经》(姚秦鸠摩罗什译)、《添品妙法莲华经》(隋阇那崛多、达摩笈多共译)三译，《金光明经》有《金光明经》(北凉昙无谶译)、《合部金光明经》(隋宝贵等译)、《金光明最胜王经》(唐义净译)之异，等等，那些后出的译本通常是在此前译本的基础上改编或补译而成的，相互之间内容上必然会有很大程度的共同性。另外即便是同一译本，也会出现相同或相近的内容在不同卷次中重出的现象。而敦煌残卷往往由于所存字句较少，会出现相关字句在多种文献或同一经的不同卷次中共有的情况，从而给具体出处的考探带来麻烦。然而，即便那些内容非常接近的古书，既经后人改订，必然会打上改订者的烙印，在具体的遣词造句上出现或多或少的差异，从而为我们给敦煌残卷定名留下了契机。例如：

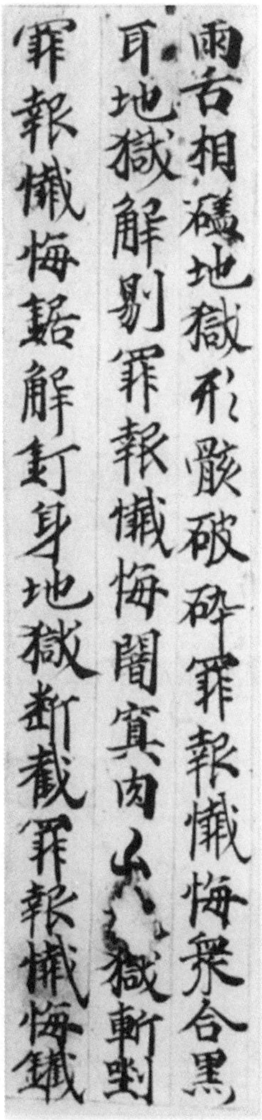

S.3679 号《大般涅槃经》卷第一，首缺尾全，存 62 行，行 17 字，末署"大般涅槃经卷第一"。如上所说，《大般涅槃经》有北本、南本之别，那么上揭残卷是北本还是南本呢？考上揭残卷所存文句与《大正藏》所载南本《大般涅槃经》几乎全同[1]，而与北本则有所区别。如残卷所见"真金窓牖"句南本同，而《大正藏》所载北本作"真金为嚮"，校记称宋、元、明本作"真金为向"；同属北本系统的敦煌写本 S.1318、津艺 200、北敦 686、北敦 982 号亦作"真金为向"，甘图 26 号作"真金为響"，"嚮""響"当皆为"向"的音误字。"真金为向"与"真金窓牖"义同，"向"即"窓牖"也。又残卷所见"苦哉苦哉，世间虚空"句"虚空"一词南本同，而《大正藏》所载北本作"空虚"（上揭北本系统的敦煌写本亦多作"空虚"，唯北敦 982 号作"虚空"）。由此可见，上揭残卷字句与南本全合，而与北本则有所不同，应属于南本系统的《大般涅槃经》残卷。或定作北本[2]，不确。

浙敦 81 号（浙博 56）残片，如图 17-31 所示，存三行，编者题"佛经残片"。宗舜《〈浙藏敦煌文献〉佛教资料考辨》云："考其内容，抄写的是《慈悲水忏法》卷下的一段，可参见《大正藏》第 45 卷第 977 页上栏第 27 行至中栏第 1 行。"[3]查《大正藏》，与上揭残片字句相同或相近的有四处，分别为《佛说佛名经》卷十一、卷二六、卷三十和《慈悲水忏法》卷下，其中《佛说佛名经》卷三十作："忏悔两舌相磕地狱形骸破碎罪报，忏悔众合黑耳地狱解剔罪报，忏悔闇冥肉山地狱斩剉罪报，忏悔锯解钉身地狱断截罪报，忏悔铁棒倒悬地狱屠割罪报。"（《大正藏》第十四卷页 306）上揭残片所存字句与该本全同（唯"磕"上揭残片作"磕"，"磕"实即"磕"的俗写，犹"蓋"俗写作"盖"）。而《佛说佛名经》卷十一、卷二六上揭引文"磕"皆作"磕"（"磕"为"磕"的异体字），"两舌"皆作"两石"，"众合"皆作"聚合"；又《慈悲水忏法》卷下"磕"作"磕"，"两舌"作"两石"，"破碎"作"碎破"，

图 17-31　浙敦 81 残片

[1] S.3679 号"烦恼诸垢皆悉消除"句末字北本、南本皆作"灭"，作"除"或为抄手之误。

[2] 景盛轩《〈大般涅槃经〉异文研究》，成都：巴蜀书社，2008 年，第 317 页。

[3] 《敦煌吐鲁番研究》第 6 卷，北京：北京大学出版社，2002 年，第 341 页。

文字皆有所不同。据此,上揭残片应抄自《佛说佛名经》第三十卷,而非《慈悲水忏法》。又《慈悲水忏法》为唐懿宗时知玄撰,而《佛说佛名经》为后魏北天竺沙门菩提留支译,《慈悲水忏法》卷下所引相关文句其实也是来源于《佛说佛名经》。

Дх.16409 号,残片,如图 17-32 所示,仅存 11 残行,前后及下端皆有残泐,每行存 2—8 字。《俄藏》未定名。笔者的硕士生朱若溪称该残片或为《金光明经》卷一残片,或为《合部金光明经》卷一残片。

图 17-32　Дх.16409 残片

按:《金光明经》和《合部金光明经》确实都有与本残片完全相同的字句,但根据行款推断,该号应为《金光明经》卷一残片。相应文字见《大正藏》T16/335C29-336A10,比勘完整文本,按行录文如下:

四⊠(面),▭(各有四宝上妙高座自然而出,纯以天)

衣而▭(为敷具,是妙座上各有诸佛所受用华)

众宝▭(合成。于莲华上有四如来:东方名阿閦),

南方名宝▭(相,西方名无量寿,北方名微妙声)。

是四如来自▭(然而坐师子座上,放大光明照)

王舍城,及▭(此三千大千世界,乃至十方恒河)

沙等诸佛世界;雨诸▭(天华,作天妓乐。尔时三)

千大千世界所有▭(众生,以佛神力,受天快乐);

诸⊠(根)▭(不具,即得具足。举要言之,一切世间所)

有☒（利）☐☐☐（益，未曾有事，悉具出现）。

尔☒（时）☐☐☐（信相菩萨，见是诸佛及希有事……）

除第 10 行因处于段落之末，原卷行末应有空缺外，其余各行据传本《金光明经》补足残缺文字后，每行均为 17 字，文句衔接无间。而《合部金光明经》卷一虽有与上揭残片完全相同的字句（《大正藏》T16/360B10–360B22），但上揭残片第 4 行"南方名宝相"句后"西方名无量寿，北方名微妙声"二句《合部金光明经》作"西方无量寿，北方微妙声"，把此 10 字补入"南方名宝相"句后，则残片该行仅 15 字，与上下文每行皆 17 字的格式不合，故知此残片必非《合部金光明经》。这也是据关键词并辅以行款定名的实例。

第四节　馀论

　　古代文献汗牛充栋,要给一个具体的敦煌残卷定名有时并不是一件容易的事。陈寅恪先生在谈到西夏文《大般若经》文本比定工作的艰辛时,曾这样说过:"故比勘异同印证文句之际,常有因一字之羡馀,或一言之缺少,亦须竟置此篇,别寻他品。往往掩卷踌躇,废书叹息。故即此区区检阅之机械工作,虽绝难与昔贤翻译诵读之勤苦精诚相比并,然此中甘苦,如人饮水,冷暖自知,亦有未易为外人道者也。"[1]把陈寅恪先生的这段话用以移指敦煌残卷之定名,恐怕同样也是合适的。

　　写到这里,我想附带谈谈电子检索工具的利用问题。电脑的普及,各种电子数据库的建设,彻底颠覆了以往资料搜集和查检的方式,也为敦煌残卷尤其是佛经残卷的定名带来了极大的便利。以往浃旬累月难以确定具体内容的残片断句,借助电脑检索,往往几秒钟就可以找到答案。但由于许多电子数据库都做得比较粗糙(如现在流行的《大正藏》电子本),文字、标点错误所在多有,容易影响检索的精确性;加上古代文献资料的层累性特点,检索时跳出的相同或相似的词句每每成百上千,读者利用时必须有一个消化和判别的过程,而切忌不加分析的"拿来主义",轻下断语。对电脑的利用,老一辈史学家高敏先生有一段话说得极好,且把它抄录在这里,以与读者共勉:

　　　　现在有了电脑,使用它可以省时省力。但我劝青年人不要过分依靠电脑,因为电脑毕竟不能代替人脑。用电脑储存材料,毕竟不如自己笔录来的材料准确、可靠和可以变成自己的知识。我一点也不反对使用新的科技成果去更新史学研究方法和从事史料整理工作,但是,这种使用,决不应当成为研究者偷懒和放宽要求自己的口实。[2]

---

[1]《金明馆丛稿二编·斯坦因 Khara-Khoto 所获西夏文大般若经考》,上海:上海古籍出版社,1980 年,第 189 页。

[2]《经史说略·三国志说略》,北京:燕山出版社,2002 年,第 102 页。

参考文献

刘复编《敦煌掇琐》,《敦煌丛刊初集》第 15 册,台北:新文丰出版公司影印本,1985 年。

黄永武主编《敦煌宝藏》,台北:新文丰出版公司,1986 年。

中国社会科学院历史研究所等编《英藏敦煌文献(汉文佛经以外部分)》,成都:四川人民出版社,1990—1995 年。

俄罗斯科学院东方研究所圣彼得堡分所等编《俄藏敦煌文献》,上海:上海古籍出版社,1992—2001 年。

上海古籍出版社等编《法藏敦煌西域文献》,上海:上海古籍出版社,2005 年。

王重民《敦煌古籍叙录》,北京:中华书局,1979 年。

商务印书馆编《敦煌遗书总目索引》,北京:中华书局,1983 年。

敦煌研究院编《敦煌遗书总目索引新编》,北京:中华书局,2000 年。

黄永武主编《敦煌遗书最新目录》,台北:新文丰出版公司,1986 年。

黄永武《英伦所藏敦煌未知名残卷目录的新探索》,《汉学研究通讯》1983 年第 1 卷第 2 期;第 1 卷第 4 期;第 2 卷第 1 期。

黄永武《六百号敦煌无名断片的新标目》,《汉学研究》1983 年第 1 卷第 1 期。

孟列夫主编,袁席箴、陈华平译《俄藏敦煌汉文写卷叙录》,上海:上海古籍出版社,1999 年。

金荣华主编《伦敦藏敦煌汉文卷子目录提要》,台北:福记文化图书有限公司,1993 年。

翟理斯(Lionel Giles)编《英伦博物馆汉文敦煌卷子收藏目录》(又名《英国博物馆藏敦煌汉文写本注记目录》, *Descriptive Catalogue of the Chinese Manuscripts from Tunhuang in the British Museum*),《敦煌丛刊初集》第 1 册,台北:新文丰出版公司影印本,1985 年。

周祖谟编著《唐五代韵书集存》,北京:中华书局,1983 年。

周祖谟《敦煌唐本字书叙录》,中国敦煌吐鲁番学会语言文学分会编《敦煌语言文学研究》,北京:北京大学出版社,1988 年。

张金泉、许建平《敦煌音义汇考》,杭州:杭州大学出版社,1996 年。

荣新江《〈英藏敦煌文献〉定名商补》,《文史》2000 年第 3 辑;后收入《敦煌学新论》,兰州:甘肃教育出版社,2002 年。

郑阿财、朱凤玉《敦煌蒙书研究》,兰州:甘肃教育出版社,2002 年。

张涌泉主编《敦煌经部文献合集》,北京:中华书局,2008 年。

张涌泉《敦煌文献定名研究》,《中华文史论丛》2011 年第 2 期。

第十八章　敦煌文献的断代

　　了解资料的成书和抄刻时代,才能确知资料的史料价值或校勘价值。敦煌写本大都残缺不全,有帝王纪年可确定具体年代者不多;少数写本标有干支或地支纪年,则需进一步考订才能推断其具体年代。所以为写本断代是敦煌文献整理研究的先行工作之一。姜亮夫把敦煌写本的"定时"作为进入正式研究的前提,"能确切定时,则一切准备工作,可谓基本成熟了"[1]。

　　敦煌文献断代的方法,苏远鸣指出可以通过"对文献本身的分析"的"内部考证"和"卷面表象和古文字"分析的"外部考证"来进行[2]。林聪明则提出根据题记、避讳字、武周新字、书法、内容、同卷其他资料、同一人所抄其他敦煌文书、敦煌以外文书、纸质考探等九种方法[3]。综合二家所论,我们对敦煌写本的断代提出以下程式。

第一节　据内容断代

　　敦煌文献中可用作断代的内容包括纪年、题记、名物、历史事件等。下面分别举例加以讨论。

---

[1] 姜亮夫《敦煌学规划私议》,《敦煌学论文集》,第 1013—1014 页。

[2] 苏远鸣《敦煌汉文写本的断代》,耿昇译《法国学者敦煌学论文选粹》,北京:中华书局,1993 年,第 548 页。

[3] 林聪明《敦煌文书学》,第 414—444 页;又《敦煌吐鲁番文书解诂指例》,台北:新文丰出版公司,2001 年,第 251—298 页。

一 纪年

部分敦煌文献标有创作或抄写时间,如果所标是帝王年号,那自然很容易确定其具体年代。但不少敦煌写本仅标注干支纪年,确定具体年份还得辅以其他一些佐证材料。如 P.3721 号有"己卯年十一月廿六日冬至日料(日料?)官员"(首题)名单一份,其中"己卯年"的具体年份《索引》《唐录》皆无说。考本件人名张祐庆、令狐富盈又见 P.3379 号《后周显德五年(958)二月社录事都头阴保山等团保牒》,陈守定又见 S.5696 号《宋淳化三年(992)八月内亲从都头陈守定为亡父七七追荐设供请宾头卢颇罗堕和尚疏》、P.3152 号《宋淳化三年(992)八月陈守定请陈僧正等为故都押衙七七追念设供疏》,阴存礼又见 S.5855 号《宋雍熙三年(986)六月节度都头阴存礼疏》,张保盈又见 P.5032 号《后周戊午年(958)六月十八日某社温押牙阿嫂身故转帖》,翟文进又是 S.1473 号《宋太平兴国七年(982)壬午岁具注历日》的作者,据此,本件中的"己卯年"当为公元 979 年[1]。

在吐蕃管辖沙州时期(约 786—848),吐蕃禁用唐朝年号,而改用地支(或干支)纪年。《敦煌资料》第一辑前言称:"敦煌于唐德宗建中二年(公元 781)为吐蕃所管辖,到唐宣宗大中四年(公元 850)张议潮治理敦煌,中间敦煌在吐蕃管辖时期凡七十年。在这个时期,所有写经壁画都只署甲子,并无年号。"[2]所以如果某一敦煌写本用地支或干支纪年,我们就不妨假定为吐蕃时期的写本。但写本情况千差万别,切不可据以一刀切,[3]而且由于整个吐蕃时期可以有几个相同的地支或干支年号,所以确定具体的年份也需要辅以其他佐证材料。如 S.5820+S.5826 号为"尼僧明相卖牛契",立契日期为"未年润十月十五日",吐蕃管辖时期的"未年"有公元 791、803、815、827、839 年共五年,但只有公元 803 年的未年农历闰十月,据此,我们就可以推定上述"未年"为公元 803 年。

又如 S.2922 号《韩朋赋》,卷末有"癸巳年三月八日张庆𧸘书了"题记一行,卷背有同一人的朱笔题记,身份是"莲台寺学□(郎)"。其中的"癸巳年",金冈照光《敦煌出土文学文献分类目录附解说》定作五代后唐明宗长兴四年(933);颜廷亮根据其他敦煌赋和讲

---

[1] 参用金滢坤《敦煌社会经济文书辑校》,浙江大学博士后研究工作报告,2003 年,第 62—63 页。

[2] 中国科学院历史研究所资料室编《敦煌资料》第一辑,北京:中华书局,1961 年,前言第 3 页。

[3] 徐俊指出:"干支纪年是敦煌蕃占期写本的特点之一,但绝不能将干支纪年写本都简单地归为蕃占期。"见徐俊纂辑《敦煌诗集残卷辑考》,北京:中华书局,2000 年,前言第 47 页。

唱故事类文学作品的题记全部是归义军时期题写的情况,赞同金冈照光的断代[1]。而张锡厚根据"吐蕃统治敦煌时期只用甲子纪年之例",推测"癸巳"年应为唐宪宗元和八年(813)[2],伏俊琏《敦煌赋校注》持说同。但用甲子纪年并非吐蕃统治敦煌时期所特有,后来的敦煌归义军时期也多有用甲子纪年的,所以仅仅根据甲子纪年来断代是危险的。具体到《韩朋赋》这个写本,卷末署"张庆逼书了",截图字《变文集》及《敦煌变文集新书》《敦煌变文校注》等录作"道",非是;《郝录》录作"通",甚是。P.2703 号背《壬申年十二月故都头知内宅务安延达等状》有"宅官张庆通合领杜弘恩群毛肆斤",该件后接有曹元忠状二件,论者据以推定壬申年为公元 972 年,当是。这个日期与金冈照光等推定的《韩朋赋》的抄写时间相距四十年,当年的"学郎"变成"宅官"可谓顺理成章,所以这两个张庆通极有可能是同一个人。如果这一推断可信,则《韩朋赋》尾题的"癸巳年"确有可能为后唐明宗长兴四年(933),金冈照光等人的断代可从。

二　题记

　　一件完整的写本末尾往往写有题记,交代写本抄写、流传的相关情况,其中通常包含有抄写日期的信息,是敦煌写本断代最直接有效的根据。如 P.3906 号《字宝》,末署"天福柒年壬寅岁肆月贰拾日伎术院学郎知慈惠乡书手吕均书","天福"为后晋高祖年号,"天福柒年"即公元 942 年,应即该卷的抄写时间。

　　据题记断代应注意题记日期与抄写日期存在不一致性。应该承认,大多数敦煌写本的题记确系抄者所为,题记日期与抄写日期是同一的。但也有少数题记是抄手照抄前人题记,题记日期与抄写日期是不一致的。如 S.4268、S.6033 号《金光明最胜王经》第一卷,S.3712、S.3870 号《金光明最胜王经》第八卷末皆有"长安三年岁次癸卯十月己未朔四日壬戌"三藏法师义净奉制于长安西明寺译经题记,题记字体与经文一致。"长安"为唐武后年号,长安三年即公元 703 年,这一年既是《金光明最胜王经》译经的年份,也有可能是上揭经本抄写的日期。但另一种可能性是义净所译《金光明最胜王经》卷一、卷八之末

[1] 颜廷亮《敦煌〈韩朋赋〉写本的抄写年代》,《陇上学人文存·颜廷亮卷》,兰州:甘肃人民出版社,2011 年,第 119—130 页。
[2] 张锡厚《关于整理〈敦煌赋集〉的几个问题》,《敦煌学辑刊》1987 年第 1 期,第 49 页。作者 1996 年出版的《敦煌赋汇》前言持说同,但后书《韩朋赋》篇题解又推测当为后唐明宗长兴四年(933)写本,前后矛盾。

原本有译经题记,上述写卷的题记不过是传抄者照抄罢了,"长安三年"并非这几个经本的实际抄写年代。从 S.4268、S.6033 号第一卷经文末,S.3712、S.3870 号第八卷经文末皆有同一译经题记且写卷字体稚拙的情况来看,当以后一种可能性为大。再考 P.2274 号《金光明最胜王经》第七卷经文末有"大中八年五月十五日奉为先亡敬写,弟子比丘尼德照记"题记,"大中"为唐宣宗年号,大中八年即公元 854 年。又 S.1177 号《金光明最胜王经》第一卷经文末有"大唐光化三年庚申岁六月九日"太夫人张氏为亡男抄写《金光明最胜王经》一部题记,"光化"为晚唐昭宗年号,"光化三年"相当于公元 900 年。这两个写经题记中的"大中八年""光化三年"则确是该卷经文的抄写年份,可供比勘。[1]

另外还存在后人伪造题记的情况,我们将在第十九章《敦煌文献的辨伪》第一节加以讨论,兹不详述。

三　名　物

敦煌写本中提及的名物(包括人名、地名、寺名、官名、物名等)往往带有时代色彩,也是写本断代的重要依据。前揭 P.3721 号确定"己卯年"为公元 979 年,S.2922 号确定"癸巳年"为公元 933 年,其实就是通过写本中提及的人名的比勘。又如:

S.4443 号背有"乾元寺宋苟儿诸杂难字一本",所抄多为姓氏、官名、职衔、人名之属。其中的翟使君又见于 S.4700 号《宋甲午年(994)五月十五日阴家婢子小娘子荣亲客》、S.5039 号《宋丁丑年至戊寅年(977—978)报恩寺诸色斛斗破历》、P.3721 号《宋己卯年(979)十一月廿六日冬至目𥾝(日料?)官员》;阴马步又见于 S.286 号《十世纪末沙州报恩寺诸色斛斗算会牒残卷》;邓都头又见于 P.2916 号《宋癸巳年(993)十一月十二日张马步女师迁化纳赠历》;长千、邓都头又见于 P.4975 号《辛未年(971)三月八日沈家纳赠历》。上述文书多写于十世纪后期,则本篇大约亦应为同一时期的写本。

P.2680 号背有"丙申年四月十七日暮容使军请当寺开《大般若》付经历"(原卷首题),其中的"丙申年"方广锠"疑为唐僖宗乾符二年(876)"(泉按:"丙申年"应为乾符三年),因而推定本篇为"九世纪写本"[2]。今考首题"暮容使军"当作"慕容使君",即慕容归

---

[1]　参看笔者和李玲玲合作《敦煌本〈金光明最胜王经音〉研究》,《敦煌研究》2006 年 6 期,第 151 页。
[2]　方广锠《敦煌佛教经录辑校》,南京:江苏古籍出版社,1997 年,第 689—690 页。

盈,"使君"是对刺史等州郡长官的尊称。慕容归盈于曹仁贵重建归义军后出任瓜州刺史(约在公元 914 至 919 年间),至后晋天福五年(940)卸任[1],据此,本篇的"丙申年"当为后唐清泰三年(936),正系慕容归盈于瓜州刺史任内。又底卷本篇前一纸为"丙申年四月廿六日录事马市令帖",其中的"丙申年"《敦煌社邑文书辑校》考定为"清泰三年(936)"[2],与本篇年份亦正吻合。又本篇中的吴僧政、宋法律、愿真、保达、法深、保胜、净胜、愿胜亦见于 P.2040 号背+ P.2032 号背《净土寺己亥年(939)诸色入破历算会稿》,吴僧政、宋法律、善惠、保达、愿达、法深、广进亦见于 P.3234 号背+P.2032 号背+P.2040 号背《净土寺癸卯年(943)正月一日已后直岁广进手下诸色入破历算会稿》,善惠、净戒、愿真、保达、愿达、法深亦见于 P.2049 号背《后唐同光三年(925)正月沙州净土寺直岁保护手下诸色入破历算会牒》[3],年份均相接近,可证本篇的"丙申年"确应为公元 936 年。

职官名称和法令制度历代多有兴替,敦煌吐鲁番地方割据政权更迭频繁,职官制度方面更是"与时俱进",纷呈异彩。如吐蕃统治敦煌时期,实行部落制,出现了瓜州节度、节使、部落使、金牟使、蕃教授、寺卿、监军、都督、将头等官职以及悉董萨、阿骨萨等部落名称;在经济上实行"突田""突税"制;在量制上,以"驮"为单位;在佛寺中推行"寺户"制;等等。到了归义军政权时期,恢复唐朝旧制,面貌为之一变,如对节度使的称呼有尚书、仆射、司空、司徒、太保、大夫、将军、令公、常侍等;设置营田司、宴设司、内宅司、内库司、柴场司等,下辖职官有营田使、都渠泊使、知军资库官、宴设使、知内宅务、知内库官、知柴场司等;军职有押牙、都押牙、衙前兵马使、都头、十将等;赋税制方面有地子、地税、官布、柴草、役夫;等等。[4]这些各具特色的职官制度自然是判定写本时代的重要参考。如下面的例子:

Дх.1131+Дх.1139B+Дх.1149 号背《杂集时用要字》,分类抄录词语,其中首列敦煌十一乡之名:敦煌乡、莫高乡、神沙乡、龙勒乡、洪润乡、□(平)康乡、洪池乡、玉关乡、效谷乡、赤心乡、慈惠乡。据研究,包括"赤心乡"在内的敦煌县十一乡的建制是唐大中二年(848)归义军创建以后设置的,一直到 10 世纪 30 年代曹氏归义军政权改通颊部落为乡,才变十一乡为十二乡;公元 944 年曹元忠执政后,裁撤通颊、玉关二乡,又形成十乡

---

[1]　参看郭锋《慕容归盈与瓜沙曹氏》,《敦煌学辑刊》1989 年第 1 期,第 90—106 页。

[2]　宁可、郝春文《敦煌社邑文书辑校》,南京:江苏古籍出版社,1997 年,第 329—330 页。

[3]　上揭三件文书拟题及具体年份的推定均据唐耕耦《敦煌寺院会计文书研究》,台北:新文丰出版公司,1997 年,第 77—78、167、400 页。

[4]　本段系据陈国灿《略论敦煌吐鲁番文献研究中的史学断代问题》(《敦煌研究》2006 年第 6 期,第 126 页)一文改写。

建制。[1]据此推断,上揭词语汇编应该是九世纪后期至十世纪初期敦煌归义军时期的写本。

四　历史事件

历史事件是特定时间发生的,如果敦煌文献涉及相关的历史事件,则其撰作及抄写时代必在这一事件之后。例如:

P.3644 号《词句摘抄》(拟题),属杂抄性质,包括诗、吊唁文、词、成句等。其中有"今当圣人诗"一首:"禁烟节暇(暇)赏幽闲,迎奉倾心乐贵颜。鷃(燕)语雕梁声猗狔,鹦吟渌(绿)树韵开关。为安家国千场战,思忆慈亲两鬓斑。孝道未能全报得,直须顶戴绕弥山。"该诗又见于 S.373 号,题"皇帝癸未年膺运灭梁再兴□□□□迎太后七言诗",《索引》考定为后唐庄宗李存勖诗,并云:"按《全唐文》一〇四唐庄宗《亲至怀州奉迎太后敕》,略谓天下已定,理应到汾州亲迎太后,不得已只到怀州迎接,是知迎太后诗,即为此时作品。"李存勖同光元年至四年(923—926)在位,李正宇据此推定上揭《词句摘抄》为"后唐同光年代"抄本[2],当是。文中另有"瓜州刺史慕容归盈",如上文所说,"慕容归盈"在曹仁贵重建归义军后出任瓜州刺史(约在公元 914 至 919 年间),直至后晋天福五年(940),长达二十余年,时段亦大体吻合。

P.3270 号载《儿郎伟》五首,其中第五首有云:"河西是汉家旧地,中隔猃狁安居。数年闭塞东路,恰似小水之鱼。今遇明王利化,再开河陇道衢。太保神威发愤,遂便点缉兵衣。略点精兵十万,各各尽摆铁衣。直至甘州城下,回鹘藏举无知。走入楼上乞命,逆者入火墳(燔)尸。大段披发投告,放命安于城除(池)。已后勿愁东路,便是舜日尧时。"其中的"太保",荣新江以为是指后唐庄宗时任河西归义军节度使的曹议金,其以太保见称在公元 925 年至 928 年间,所述出兵攻打甘州回鹘则在同光二年(924)秋冬和同光三年初[3],其说可从。据此,本卷应为曹议金打败甘州回鹘后,且仍称太保时所作,即在公元 925 年至 928 年之间。

---

[1]　参看陈国灿《唐五代敦煌县乡里制的演变》,《敦煌研究》1989 年第 3 期,第 39—50 页;冯培红《归义军时期敦煌县诸乡废置申论》,郑炳林编《敦煌归义军史专题研究续编》,兰州:兰州大学出版社,2003 年,第 65—74 页。

[2]　李正宇《叫卖市声之祖——敦煌遗书两首店铺叫卖口号》,《寻根》1997 年第 4 期,第 42—43 页。

[3]　《归义军史研究》,上海:上海古籍出版社,1996 年,第 102、320—325 页。

第二节　据书法断代

敦煌写本跨越四世纪末至十一世纪初六百余年,是汉字字体由隶变楷完成的阶段,篆、隶、楷、行、草诸体皆备,形式各异,风格多样。对此,本书第四章《敦煌文献的字体》已有详尽的讨论,可以参看。约略言之,六朝时期是隶书转变为楷书的过渡阶段,不少这一时期的敦煌写本尚带有浓重的隶意;隋代及唐初,楷书已趋成熟,但部分敦煌写本仍存有隶笔;吐蕃及归义军以后,则成为楷书的一统天下,这一时期的写本约占敦煌文献总数的 85% 以上。[1]故由敦煌写本的书法,亦可大致推断其书写的年代。[2]林聪明认为:"凡以隶书抄写者,大抵可先设定为五至六世纪的写本;以隶笔楷体抄写的碑体,大抵为北朝写本;至若全以正楷抄写者,大抵为隋唐之后的写本。"[3]庶几近是。不过,敦煌写本的抄手含括官吏、平民、信徒、经生、学童等各色人等,抄写目的各异,水平参差不齐,加上书法是一种模仿性很强的艺术,字体和书写风格的时代性只是相对而言的。所以书法不能作为推断写本年代的唯一依据,而宜辅以其他佐证材料,才能得出较为可靠的结论。

同一个人的书写风格在相近的时段内往往是比较接近的,所以人们通常也把书法接近与否作为判断同一写本内不同内容文献抄写时代的依据。如北敦 6359(北 500,咸59)号背有"开元寺寺户张僧奴等请便麦牒并判""安国寺寺户氾奉世等请便麦牒并判""灵修寺寺户团头刘进国等请便麦牒并判""金光明寺寺户团头史太平等请便麦牒并判"等牒文若干种,牒文末皆署"丑年二月"。根据"丑年"的纪年,可以断定当属沙州吐蕃时期文书,但吐蕃时期的"丑年"有公元 797、809、821、833、845 年共五年,那么上述"丑年"

---

[1] 参看藤枝晃《敦煌遗书之分期》,《敦煌吐鲁番学研究论文集》,上海:汉语大词典出版社,1990 年,第 12—15 页;郑汝中《敦煌书法管窥》,《敦煌研究》1991 年第 4 期,第 37—38 页;焦明晨《敦煌写卷书法研究》,台北:文史哲出版社,1997 年。

[2] 这方面已有不少学者作过探索,如藤枝晃《敦煌遗书之分期》,《敦煌吐鲁番学研究论文集》,上海:汉语大词典出版社,1990 年,第 12—15 页;施安昌《敦煌写经断代发凡——兼论递变字群的规律》,《故宫博物院院刊》1985 年第 4 期,第 58—66 页;又《汉字演变的分期——兼谈敦煌古韵书的书写时间》,《故宫博物院院刊》1987 年第 1 期,第 65—69 页;刘涛《从书法的角度谈古代写本的辨伪——兼说建立古代写本断代的"书法坐标"》,《敦煌学国际研讨会论文集》,北京:北京图书馆出版社,2005 年,第 252—266 页;等等。

[3] 《敦煌文书学》,第 431 页。

属哪一年呢？考同卷前部另有"龙兴寺寺户团头李庭秀等请便麦牒并判"，牒文末署"辛丑年二月"，该牒文与前揭"丑年"的牒文字体、款式相同，且牒文后皆附有"正勤"的判词，可见撰作时间应该比较接近，据此推断，"丑年"应即"辛丑年"，而吐蕃管辖沙州时期辛丑年只有一个，即公元821年，那么前揭"丑年"可能也就是公元821年。[1]

　　不同卷号的文献，如果可以确定有出于同一抄手的写本，其撰作或抄写时代往往也就可以迎刃而解。如S.5937号有"庚子年十二月廿二日都师愿通沿常住破历"（原卷首题），其中的"庚子年"《索引》《敦煌宝藏》《英藏》皆无说，《唐录》第3辑疑为公元940年。考卷中有"𩾇""𤓺"形签字（图18-1，签字图中用虚线圈出，下同），其中的"𩾇"形签字唐耕耦指出又见于P.3997号《庚子年至辛丑年报恩寺寺主法净领得布褐历》（图18-2）、

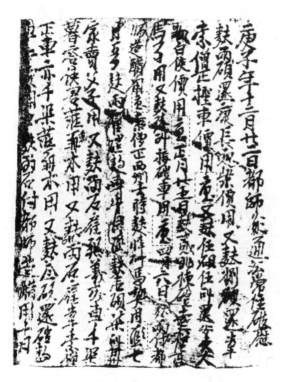

图18-1　S.5937《庚子年十二月廿二日
都师愿通沿常住破历》

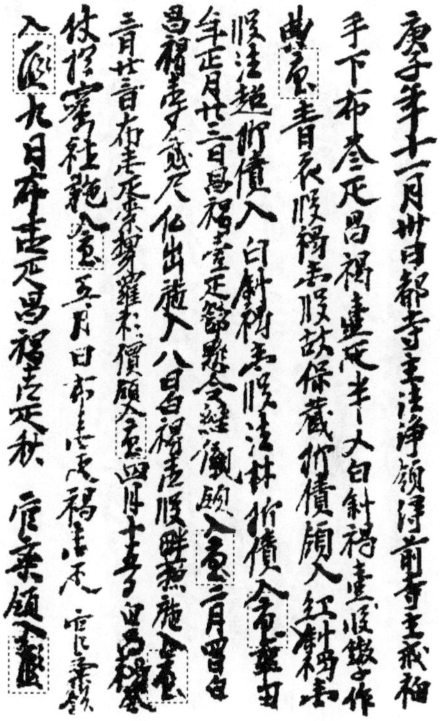

图18-2　P.3997《庚子年至辛丑年
报恩寺寺主法净领得布褐历》

---

[1]《唐录》第2辑把北敦6359号背的一组牒文拟题作"辛丑年（公元821年）二月龙兴寺等寺户请贷麦牒及处
　　分"（页97），可从。

P.4697 号《辛丑年报恩寺粟酒破用历》(图 18-3)、S.5048 号背《庚子年二月至四月麸破历》
(图 18-4)、S.4702 号《丙申年十二月九日报恩寺常住黄麻案》(图 18-5),"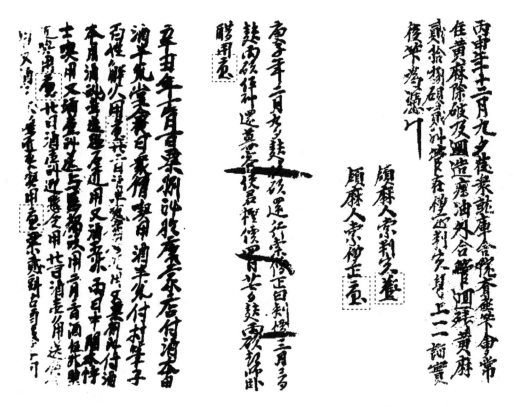"形签字又
见于 P.3997 号《庚子年至辛丑年报恩寺寺主法净领得布褐历》(图 18-2);这些写本其他
一些字的写法很接近,如"斗"字多写作"升"形,"廿"字多写作"卄"形,等等;而且它们的
行款也比较接近。据此,我们就可以推断这些写本应皆为报恩寺之物,抄写年份是相同
或相近的。金滢坤把其中的"庚子年"定作公元 1000 年,相应的"丙申"年定作公元 996
年,"辛丑"年定作公元 1001 年[1],可从。

图 18-3　P.4697《辛丑年
报恩寺粟酒破用历》　　图 18-4　S.5048 背
《庚子年二月至四月麸破历》　　图 18-5　S.4702《丙申年
十二月九日报恩寺常住黄麻案》

[1]《敦煌社会经济文书辑校》,第 13、78—79 页。

第三节　据字形断代

汉字具有时代性,往往因时而异。时代的发展,政权的更替,物质文化生活的改变或提高,往往会在语言文字上留下深深的痕迹。这种痕迹在避讳字、武周新字及俗字上表现得尤为明显,所以也可作为敦煌写本断代的重要参考。

一　避讳字

改避帝王名讳是古书中的常见现象。敦煌文献上起魏晋,下迄宋初,前后跨越六百多年,其中隋唐之前抄写的文献数量不多,总体上表现出不避讳的特点;唐五代抄写的文献是敦煌文献的主体, 其中唐代前期敦煌写本避讳的现象比较普遍;吐蕃占领敦煌(约786)以后,敦煌与唐中央王朝的联系被切断,避讳制度也就失去了存在的土壤,这一时期的敦煌写本虽也有避讳字形,但不过是原有书写习惯的存沿;继之的归义军政权名义上效忠于中央王朝,但实为独立王国,故避讳情况与陷蕃阶段略同。所以敦煌写本的避讳现象主要涉及唐世祖至唐玄宗等少数几个皇帝的名讳, 避讳方法则以缺笔、改形、换字为主。根据敦煌写本避讳的上述特点,我们就可以对一些写本的创作或抄写时代作出大致推断。例如:

S.2144号《韩擒虎话本》,较早时论者多把本篇定作"唐话本",以为撰作于唐五代时期;后来韩建瓴根据文中的"殿头高品"等官爵名号北宋初叶始置,因改定作"宋话本"。韩氏又云:唐人避高祖李虎讳,前人名有同之者,或改称其字,或删去所犯之字,或以"兽""豹""熊"等兽名代之,而本篇韩擒虎名凡62见,均直书作"韩金虎"或"金虎",不避唐讳,足以见本篇之作远在唐以后,是宋话本。[1] 按:"虎"字此卷作本形,或作"虍"(乃"虎"的隶变俗体),确不避唐讳。但何以"擒虎"的"擒"皆作"金",韩氏却未作说明。其实底卷"擒虎"作"金虎",恐与避唐讳有关。唐高祖名虎,韩擒虎竟然要擒"虎","擒"字自然

---

[1] 《敦煌写本〈韩擒虎画本〉初探(一)——"画本""足本"、创作与抄卷时间考辨》,《敦煌学辑刊》1986年第1期,第51—61页。

是不能用的,故改而作"夆"。《北史》本传"韩擒虎"作"韩禽",云"本名禽武",改"擒"作"禽",当亦与避"虎"字讳有关,可以比勘。又原卷云:"臣愿请军,尅日活捈(擒)陈王进上。"又:"将士亦(一)见,当下捈(擒)将,把在将军马前。"前一例"捈"字原卷初作"擒",又涂去而改书作"捈"。"捈"当是"擒"受"夆虎"的"夆"这个避讳借音字的影响而产生的后起形声字[1],可参。如果这一推断可信,则本篇必然在唐代就已经初步成形,至于"韩夆虎"的"虎"字反而不改避,并出现若干宋代的官爵名号,或许与本篇最终的写定时间已到宋初有关。

　　S.5478 号为行书《文心雕龙》残卷。对该卷的书写时间,颇见歧异。如赵万里认为"卷中渊字、世字、民字,均阙笔,笔势遒劲,盖出中唐学士大夫所书"[2]。姜亮夫据赵说把具体时间推定为唐宣宗大中七年(853)[3]。日本学者铃木虎雄则认为"盖系唐末钞本"[4]。林其锬、陈凤金复又以为很可能出于初唐人手。林、陈二位云:

　　　　今察此卷,"渊""世""民"皆缺避,而"忠"(唐高宗太子讳忠)、"弘"(高宗太子讳弘)、"照"(武后讳曌)、"显"(中宗讳显)、"豫"(代宗讳豫),均不避。《颂赞第九》有"仲治流别","治"唐写本作"冶"。杨明照校云:"冶"乃"治"之误。可见,高宗李治讳,亦不改避。"旦"(睿宗讳旦)作"□",史讳有改作"明"而无作"□"之例。从以上事实推断,此卷书写时间至迟当不晚于开、天之世,有很大可能殆出初唐人手。因此,姜氏、铃木氏之断,恐未的确。[5]

　　今按:本卷"渊""世""民"等字缺笔,"民"字亦有改作"人"的,其为避唐高祖、太宗讳殆无可疑。"仲治"作"仲冶",历史上确未见"治"避讳缺笔作"冶"的记载。高宗太子李忠、李弘等人因为最终并未登上皇帝的宝座,故后来不避讳亦在情理之中。唐武后讳曌(上部应作双日),除武后当政时期外,后世一般不避讳。"显"字该卷皆作"𣊟"形,似乎也无避讳改字的迹象。中宗后继位者依次为睿宗旦、玄宗隆基、肃宗亨、代宗豫、德宗适、顺宗诵、宪宗纯、穆宗恒,等等,其中"隆""豫""诵""恒"等字写本即如此作,显然不避讳;"纯"字卷中数见,皆作"𮷕"形,可能亦与避讳无关[6];"基""亨""适"等字未见。这里值得讨论

---

[1]《集韵·沁韵》"捈"字音丘禁切,按也,乃别一字。

[2]《唐写本文心雕龙残卷校记》,《清华大学学报》第 3 卷第 1 期,第 97 页。

[3]《莫高窟年表》,上海:上海古籍出版社,1985 年,第 395—396 页。

[4]见范文澜《文心雕龙注》卷首所载《铃木虎雄黄叔琳文心雕龙校勘记》,北京:人民文学出版社,1962 年,第 8 页。

[5]《敦煌遗书文心雕龙残卷集校》前言,上海:上海书店,1991 年,第 2 页。

[6]"纯"字右半作"屯"形汉碑已然,参看清顾蔼吉《隶辨》卷一谆韵,北京:中华书局,1986 年,第 33 页。

的是"口"字。该卷"旦"字写作"口"(见《颂赞》第九),而且"旦"旁亦皆写作"口",如"但""怛""暨"所从的"旦"都写作"口"(分别见《正纬第四》《哀吊第十三》《明诗第六》,"暨"字凡七见,下部皆作"口"),没有例外。甚至连与"旦"相近的偏旁也写作"口",如《辨骚第五》:"蝉蜕秽浊之中,浮游尘埃之外,皭然涅而不缁。""涅"为"涅"字,其右半写作"口"形。这种现象该怎样来解释呢?我们认为最大的可能就是避睿宗讳缺笔。P.3592、P.2823号唐明皇撰《道德真经疏》王重民叙录云:"卷中渊、民、治等讳字,其在经文,必缺末笔,若在疏内,则以讳避之字代之。……然则唐人避讳之例,旧文则缺笔,撰述则采用代字,斯其例矣。"[1]可见缮写古书避讳缺笔,唐代中后期实已成为通例。那么睿宗讳"旦"字有没有缺笔改避的实例呢?且看宋人叶梦得《石林燕语》卷八的一段记载:"时暨自阙下一画,苏复言字下当从'旦'。此唐避代宗讳,流落遂误弗改耳。"[2]文中所说的"代宗"当是"睿宗"之误。北宋暨陶自书名字"暨"字自阙下一横画,苏颂认为系沿袭唐代避睿宗讳的写法,可证"旦"字唐代避讳缺笔是有案可稽的。前揭《文心雕龙》写本"旦"字或"旦"旁写作"口",当是"旦"字避讳缺笔的又一种写法。因为"旦"字如果缺末笔,则与"日"字相混无别,那么最好的解决办法就是省去"日"旁的中间一横。相应地,"旦"旁避讳缺笔也可写作"口"了。清周广业《经史避名汇考》卷十帝王类唐睿宗下云:"唐经典碑帖于旦及但、坦、景、影、暨、亶、宣等字皆'日'字缺中一画。"[3]其说是也。"旦"字或"旦"旁避讳缺笔写作"口",在唐代中后期的敦煌写本中经见。这样看来,前揭《文心雕龙》写本避唐睿宗讳可以无疑[4],应定作唐睿宗朝或其后抄本,而从卷中唐睿宗朝前后的讳字"治""显""隆""豫""恒"等字不缺避,相反"旦"字或"旦"旁无一例外缺笔的情况来看,尤以睿宗朝书写的可能性为大。

　　避讳字的使用与否是推断敦煌写本抄写时代的重要依据。但具体操作时必须注意以下两点:

　　1. 敦煌写本避讳总体偏宽。敦煌地处边陲,天高皇帝远,走马灯似的地方割据政权与中央王朝的关系若即若离,加上大多数抄手的文化水平不高,不娴于礼,因而写本中的避讳情况总体偏宽,讳字临文书写时避或不避执行起来往往并不严格。如 P.3605、

---

[1]《敦煌古籍叙录》,第 246 页。
[2]《石林燕语》,《丛书集成初编》本,第 72 页。
[3]《经史避名汇考》,台北:明文书局,1981 年,第 243 页。
[4] 敦煌文献对帝王名讳的规避相对宽松,抄手对前代帝王名讳或避或不避,均所经见,所以本卷避唐高祖、太宗、睿宗讳,却不避睿宗前的高宗、中宗讳,并非不可理解之事。

P.3615号《古文尚书传》残卷,王重民《敦煌古籍叙录》云:"两卷笔迹相同,治字并不缺笔,则原为一书,唐高宗以前写本也。"[1]又 P.3469、P.3169号《古文尚书传》残卷,《敦煌古籍叙录》云:验其笔迹,二卷同,盖原为一书断裂者,"治字并缺笔,则尚是天宝未改字以前写本"。其实这四号笔迹行款全同,乃一卷之撕裂者,应予缀合。[2]进而覆按上揭写本原卷,其中 P.3605号"治"字凡三见,二处缺末笔(作"治"形),一处不缺(作"治"形),又"民"字一见,不缺避(作"民"形);P.3615号,"治"字凡五见,均缺末笔,又"民"字一见,不缺避;P.3469号,无"民"字,亦无"治"字;P.3169号,"治"字凡九见,八处缺末笔,一处不缺,无"民"字。从绝大多数"治"字缺避的情况判断,原卷必定是唐高宗朝以后写本(包括高宗朝)。至于个别"治"字不缺避,"民"字不缺避,这是抄手对讳例执行不严的结果,不能据以认定抄手不避唐讳。《敦煌古籍叙录》对上述数号讳字的描述多与事实不符,据"治"字缺笔与否进而把它们分别定为不同时期的写本更是不妥。类似据个别讳字避与不避推断敦煌写本年代的情况在以往的敦煌学论著中极为普遍,有必要加以检讨并引起我们的警惕。

2. 避讳字具有承沿性。避讳字既经行用,为大众所认同,遂成为普通字库的一分子,后来即便改朝换代,避讳的作用不再,但俚俗"遂误弗改",仍会继续在社会上流传。而且后人抄写、翻刻前代写本刻本,也存在照抄照刻底本讳改字或缺笔字而未加回改的情况。如"荣(葉)"、"膝(牒)"、"洩(泄)"都是唐代避太宗李世民讳的改形字,但后来约定俗成,成为普通异体字,所以即便宋代以后的写本、刻本中这些字仍经常可以看到。所以避讳字通常只能推定写本抄写时间的上限。

二　武周新字

唐武后载初元年(689)正月,武则天颁布新字十二个:而(天)、埊(地)、☉(日)、囝(月)、秊(年)、〇(星)、击(正)、鬳(君)、忠(臣)、鼐(载)、匜(初)、曌(照);继之,又陆续颁

[1]《敦煌古籍叙录》,第14页。下引王重民说同。
[2] 说详陈铁凡《敦煌本尚书十四残卷缀合记》,新加坡《新社学报》1969年第3期。

布𥠢(授)、𤾙(證)、𨲢(聖)、圀(國)、𤯔(人)、𠥱(月)六字[1],通行全国。神龙元年(705),唐中宗复国,武周新字也随之退出流通领域。

由于武周新字主要使用于武后当政这一特定的历史时期,所以武周新字的使用情况,也是敦煌文献断代的重要依据之一。一般来说,如果写本中出现武周新字,则其抄写年代当不早于武后时期。[2]据初步调查,敦煌文献有武周新字的写本大约有500号左右,这些写本的抄写时间应皆在武后当政以后。但同避讳字一样,武周新字也有后来沿袭承用的问题,所以这些写本仅一半左右确出于武后时期,其余系武周之后所抄[3]。如P.2187号《破魔变文》有"为灌顶之圀师"句,"圀"乃"圀"字手写之变。据卷末题记,该卷的抄写时间为后晋"天福九年(944)"。宋范成大《桂海虞衡志·杂志》"俗字"条云:"边远俗陋,牒诉券约专用土俗书,桂林诸邑皆然。……大理国间有文书至南边,及商人持其国佛经题识,犹有用'圀'字者。圀,武后所作国字也。"[4]是宋代边鄙之地犹或沿用"圀"字也。所以据武周新字只能推断敦煌写本撰作或抄写年代的上限,至其确切年代,则需参考其他因素酌定。

三　俗字

俗字有时代性。每一个汉字都有它自己产生、演变或消亡的历史踪迹,俗字亦不例外。敦煌写本主要抄写于六朝以迄晚唐五代,这一时期是汉字俗体泛滥的高峰,许多俗字都是这一时期产生的。俗字的这种时代特征可以给我们提供写本书写年代方面的许多重要信息。如𢙼(憂)、甦(蘇)、𩃎(雙)、蝅(蠶)、𡒄(聖)、覔(覓)、斈(學)等都是北朝产生

[1] 关于武周新字的字数、字形,古书所载不一。请参看常盤大定《武周新字の一研究》,《东方学报》第6册,东京:东方文化学院,1936年,第5—42页;王三庆《敦煌写卷中武后新字之调查研究》,《汉学研究》第4卷第2期,1986年,第437—464页;张勋燎《武周新字研究》,《古文献论丛》,成都:巴蜀书社,1990年,第53—119页;张涌泉《敦煌写卷武周新字疏证》,《中国文字学报》第7辑,北京:商务印书馆,2017年,第209—232页。各新字的标准写法,请参看笔者主编的《敦煌文献语言大词典》相关各条,四川辞书出版社,2022年。

[2]《宣和书谱》卷一历代诸帝王书称武后:"增减前人笔画,自我作古,为十九字……当时臣下章奏与天下书契咸用其字,然能独行于一世而止。唐之石刻载其字者,知其在则天时也。"

[3] 参看王三庆《敦煌写卷中武后新字之调查研究》,《汉学研究》第4卷第2期,第440—442页。

[4]《桂海虞衡志》,《说郛三种》本,上海:上海古籍出版社,1988年,第2872页。

的俗字[1]，如果写本中有这类俗字，那么其书写年代很可能在北朝以后。又如敦煌俗字
"模"或写作"桙"[2]，声旁易"莫"为"牟"，"模"为《广韵》模韵字，"牟"为尤韵字，上古音分
隶鱼部和幽部，读音颇不一致，但中古音尤韵唇音字读如虞、模二韵，"牟"字的读音与
"模"接近，故"模"俗书得以改换声旁作"桙"。据此，假如敦煌写本中有"桙(模)"这一类
改换声旁的俗字，则其书写的大致年代当在唐代前后。又如下面的例子：

　　P.3062号《千字文》，首尾俱缺，抄写时间不详。按文中有"恬笔纶(伦)纸"句，其中的
"笔"字原卷如此（图18-6），S.3835、S.5592号同，S.5454、P.3108、P.3416号等卷作"筆"。
考"筆"字作"笔"较早见于六朝文献，但用例不多[3]，到唐代以后才开始流行。如S.388号
《正名要录》"字形虽别，音义是同，古而典者居上，今而要者居下"类：笔筆。唐释慧琳《音

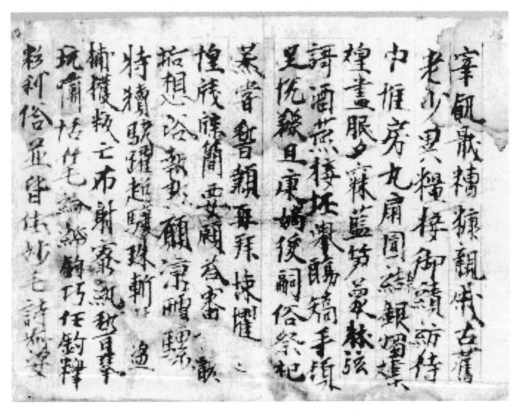

图18-6　P.3062《千字文》

---

[1]　参看拙著《敦煌俗字研究》上编，上海：上海教育出版社，1996年，第100—102页。
[2]　S.4332号《别仙子》词："此时桙样，笌来是，秋天月。""桙样"即"模样"。
[3]　北齐皇建元年(560)十二月二十日《隽敬碑》有"笔"字，为此字之早见者。

义》卷八九《高僧传》第二卷音义:"操笔,下悲密反,郭注《尔雅》云蜀人呼笔为不律,《史记》云蒙恬造笔,《说文》从竹、聿声。传文从毛作笔,非也。"五代释可洪《新集藏经音义随函录》第贰拾册《舍利弗阿毗昙论》第一卷音义:"笔受,上彼密反,正作筆。"[1]又 P.2638号唐孙愐《唐韵序》前载陆法言《切韵序》:"法言即烛下握笔,略记纲纪;博问英辩,殆得精华。"其中的"笔"字 P.4879+P.2019、P.4871 号同,S.2055、P.2017 号《切韵笺注》及《王二》《广韵》皆作"筆"。S.6836 号《叶净能小说》:"净能遂取笔书一道黑符,吹向空中,化为着黑衣神人,疾速如云,即到岳神庙前。"[2]据这些资料,可以推知"笔"大约是唐代前后开始流行的"筆"的会意俗字;《正名要录》以"笔"为"古而典者","筆"为"今而要者",恐为颠倒。前揭《千字文》写本"筆"字作"笔",则其抄写时间很可能在唐代以后。

依据字形考察写本的书写年代必须事先对有关汉字产生、嬗变、消亡的踪迹有全面的了解,但要做到这一点并不容易。如 Φ.317A 刻本佛经残叶,首尾皆残,仅存 26 行,行17 字,无题,《俄藏》拟题"刻本佛经"。按此系后秦佛陀耶舍共竺佛念译《佛说长阿含经》卷五残叶,字句全同,应据改题。又府宪展云:"文中'涅槃'均作'涅盘',此在敦煌民间文书中偶见,但黑水城文献的刻本中则常见,如:宋丹州刻本 TK140《金刚般若经抄》卷第五首句'菩提涅盘而为两头'。故此件疑为黑水城文献。"[3]按《说文·木部》:槃,籀文从皿作盤。"盤""槃"本古异体字,故"涅槃"古亦写作"涅盘"("涅槃"本梵语译音字,故作"槃"作"盘"本与字义无关)。如 P.3919A 首题"大般涅盘经佛母品",末题"大般涅槃经佛母品一卷"。又 P.3727 号《付法藏传》:"佛以正法告大迦叶,如是展转,乃至于我。我将涅盘,用付于汝。汝当于后流布世间。"P.2212 号《佛说楞伽经禅门悉昙章》:"生死涅盘不合渡,爱河逆上不留住。"S.4583 号背《悉昙颂》:"四维上下不可度,住寂涅盘同开觉。"S.4634 号背《大乘五更转》:"善恶不思由不念,无念无思是涅盘。"P.3833 号《王梵志诗·玉髓长生术》:"俱伤生死苦,谁免涅盘因。"S.2614 号《大目乾连冥间救母变文》:"阿你个罪人不可说,累劫受罪度恒沙,从佛涅盘仍未出。"P.2122 号《佛说阿弥陀经讲经文》:"虽即双林入涅槃,长在世间行教化。"后例"涅槃"P.3210 号作"涅盘"。P.3931 号《灵武节度

[1]《新集藏经音义随函录》,《中华大藏经》第 60 册,第 168 页。
[2] 该篇屡屡提及唐玄宗,则其撰作时间不会早于代宗朝(《资治通鉴·唐代宗广德元年》载,广德元年(763)葬玄宗"于泰陵,庙号玄宗"),其抄写时间当更晚。
[3]《敦煌文献辨疑录》,《敦煌研究》1996 年 2 期,第 89 页。此件后来又被收入《俄藏黑水城文献》第 6 册,大概就是根据府氏的推定。《俄藏黑水城文献》拟题作"长阿含经",是正确的。

使表状集》:"礼弥勒之大像,游涅盤之巨蓝。"皆其例。可见"涅槃"作"涅盤"敦煌写本习见,初非敦煌民间文书所偶见。如果仅凭"涅槃"作"涅盤",便怀疑上揭刻本残叶为黑水城文献,其结论就会出现偏差[1]。所以据字形考察写本的书写年代应该慎重。如果可能,当结合纸张、书法等项作综合考察,以期能得出更为准确的结论。

---

[1] 不过从版式、字体等迹象推断,上揭刻本残叶确有可能是黑水城文献。竺沙雅章《黑水城出土の辽刊本について》(《汲古》第 43 号,2003 年 6 月,第 20—27 页)认为此件是辽《契丹藏》本。原件为行 17 字的卷轴装本,与《契丹藏》大字本形制吻合;字画多呈挑势,为朴拙的欧体,亦与应县辽代木塔出土的《契丹藏》本相近;后者中的《中阿含经》,"涅槃"亦作"涅盤",亦与 Φ.317A 刻本同。

第四节　据纸质和形制断代

邓广铭先生认为,可以"根据其形制(纸幅尺寸、界格情况、纸张性质等)和纹饰(文字式样、书写体制、装潢样式等),从其外形上加以分期",考定敦煌写本的年代[1]。

敦煌文献以纸张为其主要书写材料。由于时代和产地的不同,纸质亦不尽相同。一般而言,六朝至唐代前期,敦煌写本用纸大多来源于中原,质薄而细密,平滑柔美,多加染潢;吐蕃占领敦煌以后,与中原的联系中断,当时用纸以本地造的土纸为主,硬厚而粗糙,质地低劣,色偏白,或偏土黄色。[2]根据不同时期用纸方面的特点,我们就有可能给敦煌写本的书写年代作粗略的划分。但由于纸张的紧缺,后来人们也经常利用业已废弃的写本的背面来抄写,所以完全根据纸质来断代是不可取的。而且由于敦煌写本分藏于世界各地,研究者无法一一目睹原卷,而通常只能根据影印本来推测。所以根据纸质来断代在事实上也存在困难。

敦煌佛教写经用纸以 26 厘米×48 厘米最为常见,官府文书用纸则一般是 30 厘米×45 厘米。每纸上下画界栏,上下界栏相距 18 至 19 厘米;一纸分作 20 至 31 行不等,南北朝时期标准的写经是 25 行,隋唐时期则为 28 行;每行 12 至 34 字不等,标准的佛教写经一般 17 字,但也有多至 34 字的细字写经,儒家和道教文献正文一行 12 至 16 字,注文则用小字双行。[3]这些形制方面的特征也可作为敦煌写本断代的参考。不过由于受纸张大小、抄写内容及抄手个人习惯等因素的影响,不同时期敦煌写本的行款并无绝对明确的时代界限,加上后世仿抄情况时有所见,所以写本行款只能作为断代的辅助因素,而不可作为唯一的依据。

除了上述方法以外,陈国灿还提出过依据文书出土背景、依据特定时期的特殊用词、依据文书正背面关系判断等写本断代方法[4],亦属经验之谈,可供我们断代时参考。

---

[1] 《敦煌吐鲁番文献研究论集》第 2 辑,北京:北京大学出版社,1983 年,序言第 4 页。

[2] 参看藤枝晃《汉字的文化史》,翟德芳、孙晓林译,北京:知识出版社,1991 年;潘吉星《敦煌石室写经纸的研究》,《文物》1966 年第 3 期,第 39—47 页;潘吉星《中国科学技术史·造纸与印刷卷》,北京:科学出版社,1998 年,第 106—109 页;林聪明《敦煌文书学》,第 90—97、441—442 页。

[3] 参藤枝晃《敦煌写本概述》,《敦煌研究》1996 年第 2 期,第 102 页;荣新江《敦煌学十八讲》,第 342—345 页;李际宁《佛经版本·写本时代的佛典》,南京:江苏古籍出版社,2002 年,第 14 页。

[4] 陈国灿《略论敦煌吐鲁番文献研究中的史学断代问题》,《敦煌研究》2006 年第 6 期,第 124—129 页。

第五节　馀论

　　上面我们从内容、书法、字形、纸质和形制等不同角度讨论了敦煌写本断代的方法，但由于有的写本残缺过甚，可供判断的信息不多，加上学术素养及讨论问题视角的差异，不同的研究者会对同一写卷作出不同的断代，甚至同一研究者对同一写卷的时代也会作出不同的判断。如北敦 10008 号，残片，存有文字的仅 3 行，每行存底部 3—4 字。原卷缺题，《国图》拟题《天地八阳神咒经》，并称其为 9—10 世纪归义军时期写本。又北敦 11581 号，1 纸，首全尾残，存 20 行，行 17 字，前 16 行下残，首题"佛说天地八阳神咒经"，《国图》叙录称其为 8—9 世纪吐蕃统治时期写本。其实前者是从后者掉落下来的残片，如图 18-7 所示，二者可以完全缀合，衔接处密合无间。[1] 既然二号乃一卷之撕裂，则《国图》叙录称北敦 10008 号为 9—10 世纪归义军时期写本，而北敦 11581 号却又为

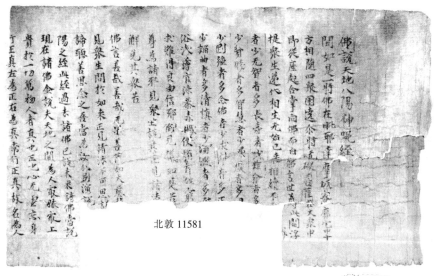

北敦 11581

北敦 10008

图 18-7　北敦 10008+北敦 11581 缀合图

---

[1] 此二号可缀合由笔者的硕士生罗慕君首先发现，参看她和笔者合写的《敦煌本〈八阳经〉残卷缀合研究》一文，《中华文史论丛》2014 年第 2 期。下一例子同此。

8—9 世纪吐蕃统治时期写本,显然都是靠不住的。

又如北敦 10189 号、北敦 10296 号残片,如图 18-8、18-9 所示,皆仅存 7 残行,每行存底部 1—3 字,《国图》拟题《天地八阳神咒经》,并称前者为 7—8 世纪写本,后者为 9—10 世纪归义军时期写本。又北敦 9181 号,亦系《天地八阳神咒经》残卷,首尾皆残,存 54 行,每行下部残缺 1—7 字不等,《国图》叙录称其为 9—10 世纪归义军时期写本。其实前二号系从后者破损处脱落的残片,如图 18-10 所示,三号缀合后,北敦 10296 号与北敦 9181 号衔接处原本分属二号的“佛”“人”“尽”三字合二而一,北敦 10189 号与北敦 9181 号衔接处原本分属二号的“尽”“读”“多”“说”四字合二而一,密合无间,其为同一写卷之撕裂可以无疑。而《国图》叙录称北敦 9181 号与北敦 10296 号为 9—10 世纪归

图 18-8 北敦 10189   图 18-9 北敦 10296

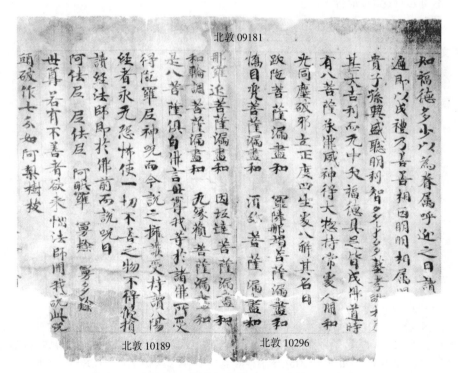

图 18-10 北敦 09181(局部)+北敦 10296 +北敦 10189 缀合图

义军时期写本,北敦 10189 号却又为 7—8 世纪写本,两者之间差了几百年,显然是有问题的。

由此可见,敦煌残卷或残片的断代较之相对完整的文本难度更大,出现判断失误的可能性也更大。如果可能,我们应该在对业已刊布的敦煌写卷作全面普查的基础上,比较归纳,把相关的写卷类聚在一起,并进而把原本属于同一写卷的残卷或残片缀合在一起,这样我们才有可能得到关于此一写卷更为系统完整的信息,对写卷的时代作出更为客观准确的判断。

另外还应注意的是,根据书法、字形、纸质和形制等因素断代时,必须考虑到有的卷子是配补而成的,未必出于一时,也未必出于一人。如 S.4000 号《佛说智慧海藏经》卷下题记云:"大唐宝应元年六月廿九日,中京延兴寺沙门常会因受请往此敦煌城西塞亭供养,忽遇此经,无头,名目不全。遂将至宋渠东支白佛图,别得上卷,合成一部。恐后人不晓,故于尾末书记,示不思议之事合会。"常会把《佛说智慧海藏经》下卷与后来"别得"的上卷"合成一部",这个上下卷应该就不是出于一人之手。[1]类似的情况在敦煌佛经写本中其实并不罕见。对这种不是出于一时一人的"合成"本,我们自应区别对待,分别断代,而不可强行比附,牵合为一。

参考文献

潘吉星《敦煌石室写经纸的研究》,《文物》1966 年第 3 期。

藤枝晃《敦煌写本の编年研究》,《学术月报》第 24 卷,1972 年。

藤枝晃《敦煌遗书之分期》,《敦煌吐鲁番学研究论文集》,上海:汉语大词典出版社,1990 年。

藤枝晃《敦煌写本概述》,徐庆全、李树清译,荣新江校,《敦煌研究》1996 年第 2 期。

戴仁《敦煌和吐鲁番写本的断代研究》,原载《法兰西远东学院通报》第 74 卷,1985 年;收入耿昇译《法国学者敦煌学论文选粹》,北京:中华书局,1993 年。

施安昌《敦煌写经断代发凡——兼论递变字群的规律》,《故宫博物院院刊》1985 年第 4 期。

---

[1]《佛说智慧海藏经》又称《佛性海藏智慧解脱破心相经》《佛性海藏经》,该经卷下除 S.4000 号外,还有北敦 3298、甘博 130、S.4103、Дх.4369 号,卷上有 S.2169(前三行底部略残,尾全,首题"佛性海藏智慧解脱破心相经",尾题"佛性海藏经卷第一")、S.5181 号(首残尾全,尾题"佛性海藏经卷第一")、Дх.5351(残片)。常会和尚"别得"的上卷不知是否在后三号之内。

施安昌《论汉字演变的分期——兼谈敦煌古韵书的书写时间》,《故宫博物院院刊》1987 年第 1 期。

姜亮夫《敦煌学规划私议》,《敦煌学论文集》,上海:上海古籍出版社,1987 年。

马世长《〈敦煌星图〉的年代》,《1983 年全国敦煌学术讨论会文集(文史·遗书编上)》,兰州:甘肃人民出版社,1987 年。

郑汝中《敦煌书法管窥》,《敦煌研究》1991 年第 4 期。

郑汝中《唐代书法艺术与敦煌写卷》,《敦煌研究》1996 年第 2 期。

林聪明《敦煌文书学》,台北:新文丰出版公司,1991 年。

林聪明《敦煌吐鲁番文书解诂指例》,台北:新文丰出版公司,2001 年。

伊藤伸《中国书法史上から见た敦煌汉文写本》,《讲座敦煌 5·敦煌汉文文献》,东京:大东出版社,1992 年;译本题《从中国书法史看敦煌汉文文书》,赵声良译,李爱民校,《敦煌研究》1995 年第 3 期、1996 年第 2 期。

苏远鸣《敦煌汉文写本的断代》,耿昇译《法国学者敦煌学论文选粹》,北京:中华书局,1993 年。

荣新江《敦煌邈真赞年代考》,饶宗颐编《敦煌邈真赞校录并研究》,台北:新文丰出版公司,1994 年。

荣新江《敦煌学十八讲》,北京:北京大学出版社,2001 年。

李伟国《敦煌话语》,上海:上海科技教育出版社,2002 年。

金滢坤《敦煌社会经济文书辑校》,浙江大学博士后研究工作报告,2003 年。

李致忠《敦煌遗书中的装帧形式与书史研究中的装帧形制》,《文献》2004 年第 2 期。

窦怀永、许建平《敦煌写本的避讳特点及其对传统写本抄写时代判定的参考价值》,《敦煌研究》2004 年第 4 期。

刘涛《从书法的角度谈古代写本的辨伪——兼说建立古代写本断代的"书法坐标"》,《敦煌学国际研讨会论文集》,北京:北京图书馆出版社,2005 年。

陈国灿《略论敦煌吐鲁番文献研究中的史学断代问题》,《敦煌研究》2006 年第 6 期。

郑阿财《论敦煌俗字与写本学之关系》,《敦煌研究》2006 年第 6 期。

窦怀永《敦煌文献避讳研究》,浙江大学博士学位论文,2007 年。

窦怀永《敦煌写本题记的甄别》,《文献》2009 年第 2 期。

张秀清《敦煌文献断代方法综述》,《敦煌学辑刊》2008 年第 3 期。

邱才桢《敦煌书法研究:回顾与前瞻》,《中国书法》2010 年第 8 期。

第十九章　敦煌文献的辨伪

清末在敦煌莫高窟藏经洞发现的大批唐代前后的写本文献（少量为刻本），大部分为英、法、中、俄的国家藏书机构所收藏，少部分经过各种渠道，辗转流入各地的中小图书馆、博物馆或私家手中。一般认为，后一类藏家手中的敦煌写本，由于来路不一，构成复杂，存有伪本的可能性较大，利用时应注意加以鉴别。

第一节　敦煌伪卷概观

敦煌文献主要是指敦煌莫高窟藏经洞所出的古写本及少量印本文献。凡不属于莫高窟藏经洞出土而后人仿冒假托的，则可称之为伪卷。具体而言，敦煌伪卷包括如下几种情况：

一　全卷伪

即卷子内容连同纸张都是后人伪冒的。如浙敦 65 号《三娘子祭叔文》和《尼灵皈遗嘱》，《浙藏敦煌文献》定作"唐写本"。余欣指出原文系据罗福苌、罗福葆《沙州文录补》伪冒,原书缺字的地方,作伪者故意将卷子撕成残缺状,以求逼真的效果。[1]该号凡四纸,右上纸为"祭叔文",左上纸无文字,右下纸为"遗嘱",左下纸为黄宾虹题跋,《浙藏》叙录称"右下纸为宣纸,其余皆麻纸,纸色褐"。余欣指出"敦煌文书用纸通常是由大麻及楮皮造成,极少数为苎麻或桑皮所制,从未见所谓'宣纸'者"。也就是说,该卷不但内容伪,而且纸张也有可能是后人伪冒的。[2]

又如本章第三节所举前四例,卷子内容连同纸张也都是后人伪造的。

二　内容伪

卷子内容为后人所写,但纸张却是真的。这种情况多半与后人利用前代纸张原有的空白书写有关。如敦研352号,正面为《大般涅槃经》卷三六,字体楷正秀丽,应为敦煌写经无疑。背面则为另一人所书,内容似为道经,无题,《甘肃藏敦煌文献》题作《道经》,叙录中说:"经名待考。从文字的写法看,不像宋初以前人所书,可能是本卷从藏经洞出土后,今人利用背面所抄写。书体拙劣,墨色浮。"[3]《甘肃藏敦煌文献》编者谓本卷背面所写"不像宋初以前人所书",极是,进一步的论证请参看本章第三节例五。

三　题记伪

卷子内容、纸张都是真的,但题记却是后人伪造的。题记通常在正文之末,交代写本抄写日期、地点、目的以及抄写人等,是研究写本内容的宝贵资料。有题记(尤其是名人题记)的写本往往身价倍增。伪造者为了抬高写本价值,有时便利用正文末原有的空白,杜撰题记。如西北师大6号《大般若波罗蜜多经》卷二七一,首尾完整,卷首"初分难信解品第卅四之九十"品名下署"三藏法师玄奘奉诏译",卷末篇题后有题记云:"贞观二年史文华写。"但字体与正文明显不同(图19-1)。《甘肃藏敦煌文献》第三卷收入此卷,施萍婷

[1]《浙敦065号文书伪卷考》,《敦煌研究》2002年第3期,第41—47页。下同。
[2]笔者经目验原本,该号四纸,仅左下纸黄宾虹题跋为宣纸,其余皆麻纸,《浙藏》叙录"右下纸为宣纸"的"右下纸"应为"左下纸"之误。黄宾虹题跋所用的宣纸为今纸没有疑问,其余三纸皆麻纸,呈褐色,似确为古纸。
[3]《甘肃藏敦煌文献》第2卷,第312页。

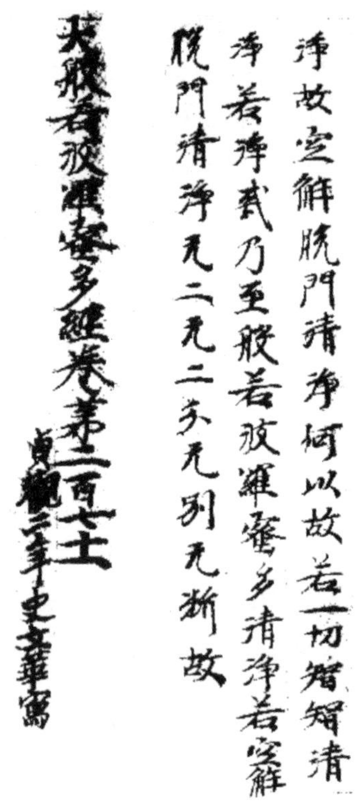

图 19-1　西北师大 6《大般若波罗蜜多经》

在卷端的"概述"中说："《大般若》只有玄奘译本，而玄奘贞观三年始赴印度取经，贞观十九年返回长安，龙朔三年（六六三年）才译完《大般若波罗蜜多经》。贞观二年，玄奘尚未西行取经，此时哪里有甚么《大般若波罗蜜多经》汉译本！但是，此件的纸和字是真的，只是题记是无知者为得高价而加上去的。"[1]施先生的判断无疑是正确的。原藏者利用原卷卷末余留的空行，加上"贞观二年史文华写"题记，结果弄巧成拙，贻笑大方。

四　收藏印章伪

卷子真，但收藏者的印章是后人加盖或伪造的。古代书画如果有名人的题跋或鉴赏印章，等于其真实性得到确认，自然也是身价倍增。近人李盛铎（1858—1937）曾从甘肃押运入京的敦煌写本中攫取部分精华，当时广为人知。李氏去世后，其印章落入书商手中，书商为抬高自己经手的敦煌写本的身价，便加盖李氏鉴赏印章，甚或伪造李氏印章钤印其上。近人恽如莘《书林掌故续编》记载："传闻李盛铎的印记都流落在北平旧书店中，店主凡遇旧本，便钤上他的印记，以增高价。"[2]荣新江教授在对李氏藏敦煌写本及其印章作全面调查的基础上也说："李盛铎家中有敦煌真卷，是引发谋利者托其名以造假的根源所在。李盛铎印鉴的流失，为这种造假提供了更好的条件，造假者可以用真印印在伪卷上，也可以模造一个假印印在价值本不高的真卷上，以李家真卷的名来求得高价。"[3]

---

[1]《甘肃藏敦煌文献》第 1 卷，卷首"概述"第 4 页。

[2] 转引自荣新江《李盛铎藏卷的真与伪》，《敦煌学辑刊》1997 年第 2 期，第 4 页。下引周钰良《我父亲和书》一文荣氏亦已引用。

[3]《李盛铎藏卷的真与伪》，《敦煌学辑刊》1997 年第 2 期，第 4 页；又改题《李盛铎藏敦煌写卷的真与伪》，收入《辨伪与存真——敦煌学论集》，上海：上海古籍出版社，2010 年，第 53—54 页。本段内容亦主要据荣氏此文改写。

五　其他写卷混入

英国国家图书馆、法国国家图书馆、俄罗斯科学院东方文献研究所藏品和中国国家图书馆后期入藏及一些小馆收藏皆有部分非敦煌文献混入敦煌文献之中，相应的出版物亦多混杂而未予揭示。这种混入敦煌文献的非敦煌文献写本应该说并非伪卷，但两者的鉴别方法有共同性，所以也放在这里一并加以讨论。我们在上一章谈敦煌文献断代时已举过这方面的例子。又如《俄藏敦煌文献》第 17 册第 305 页至第 326 页间有十余件字书碎片，《俄藏》均未定名，据内容、字体及行款，可以推知这些碎片来源于同一部《大方广佛华严经音》写卷，据经本，先后顺序如下：Дх.19027、Дх.19010、Дх.18977、Дх.18981、Дх.19033、Дх.18976、Дх.19007、Дх.18976、Дх.18974、Дх.19052、Дх.18981、Дх.18981。碎片中切音用"××切"；又"阐明"的"明"字原卷作"**眀**"，缺末二笔，当系避西夏开国皇帝李元昊父德明讳。据此，上揭《大方广佛华严经音》碎片当属西夏黑水城文献，而非敦煌藏经洞之物。[1]

敦煌研究院藏写本中，有一部分是 1944 年从土地庙中发掘得到的。土地庙写本是否来源于藏经洞，学术界有不同看法[2]。笔者检视该批写本时，也发现了若干区别于敦煌写本的蛛丝马迹。如敦研 12 号《粮食入破历》，《甘肃藏敦煌文献》叙录称此件"土地庙出土"。但如图 19-2 所示，该卷多处把"斛"字写作"**斗**"形（合"十斗"二字会意），这种写法的"斛"字经见于吐鲁番写本文书[3]，如 2006TZJI：107《麴氏高昌斛斗帐》（图 19-3）[4]，而敦煌写本中则别无所见。所以该件是否确为敦煌写本，或者说是否的确来源于藏经洞，恐怕是有疑问的。

---

［1］ 说详拙作《俄敦 18974 号等字书碎片缀合研究》，《浙江大学学报》2007 年 3 期，第 26—35 页。

［2］ 主张土地庙写本源自藏经洞的，以施萍婷为代表，详见施氏《敦煌研究院藏土地庙写本源自藏经洞》，《敦煌研究》1999 年第 2 期，第 39—46 页；又《甘肃藏敦煌文献》卷首"概述"，第 4—5 页。认为非源自藏经洞的，以李正宇、池田温为代表，详见李正宇《土地庙遗书的发现、特点和入藏年代》，《敦煌研究》1985 年第 3 期，第 92—97 页；池田温《1944 年莫高窟土地庙塑像中发现文献管见》，《敦煌文薮》上册，台北：新文丰出版公司，1999 年，第 1—38 页。

［3］ 参看拙著《汉语俗字研究》（增订本），北京：商务印书馆，2010 年，第 359—360 页。

［4］ 收入荣新江、李肖、孟宪实主编《新获吐鲁番出土文献》，北京：中华书局，2008 年，第 289 页。

图 19-2　敦研 12《粮食入破历》

图 19-3　2006TZJI:107《麴氏高昌斛斗帐》(吐鲁番学研究院供图)

第二节　敦煌伪卷鉴别方法

敦煌伪卷的鉴别方法,前贤已有许多先行的研究,对此,戴仁、方广锠、荣新江等都作过系统的总结[1],本节主要根据他们的归纳,作一简要的介绍。

一　纸张

敦煌文献用纸都是手工制作,多为麻纸,纸张略厚,抖动声音发沉;伪卷或用机器造纸,多用树木为原料,纸张略薄,抖动声音发脆。即便同样是手工纸,由于年代不同,原料不同,纸感纸色也有区别。但必须注意前代纸张被后人重新利用的现象。戴仁《敦煌和吐鲁番写本的断代研究》一文指出:"那些原先是仅写在一面上的各种形式的写本,后来又重新使用了被留作空白的背面……这种重新使用的作法最多地是发现于汉-藏文写本中。"[2]……其实,由于当时敦煌纸张的紧缺,重新利用的现象也常见于汉-汉文写本中。近代的作伪者东施效颦,也"用由敦煌盗出之唐人写经纸和旧墨及其书仿之"[3],以达到以假乱真的目的。

二　形制

如同上文第十八章《敦煌文献的断代》第四节所说,敦煌写本纸张的大小、每纸行数、每行字数、界栏的高宽及划法等都有一定之规,可用于鉴别写本真伪的参考。但敦煌

---

[1] 戴仁《敦煌写本中的赝品》,刘冰译,《法国汉学》第5辑(敦煌学专号),北京:中华书局,2000年,第1—13页;李伟国主编《敦煌话语》"敦煌遗书的辨伪"节引方广锠语,上海:上海科技教育出版社,2002年,第202—205页;荣新江《敦煌学十八讲》第十八讲《敦煌写本的真伪辨别》,第353—364页。
[2] 《敦煌和吐鲁番写本的断代研究》,原载《法兰西远东学院通报》第74卷,1985年;收入耿昇译《法国学者敦煌学论文选粹》,第537页。
[3] 雷梦辰《天津三大商场书肆记》,《天津文史资料选辑》第52辑,天津:天津人民出版社,1990年,第67页。

写本的形制原来就不划一,加上作伪者存有模仿的可能,所以在鉴别真伪时,写本形制只能作为辅助手段来使用。

三　墨色

敦煌写本历年久远,墨色沉而不滞,墨与纸张的纤维紧密结合,部分卷面摩擦较甚者,纤维有露白现象;而伪卷墨色较浮,墨与纸张纤维的结合不够紧密。部分敦煌写本遇水潮湿,卷面有水渍印,但由于书写在前,潮湿在后,所以水渍印浮在字面上;有的伪卷在写字前也伪造了水渍印,但往往字迹浮在水渍印上,作伪痕迹明显。

四　笔迹

不同时期汉字的书体各有自己的特征。同一卷号的敦煌写本如果出于同一抄手,前后的书写风格应该是一致的,都会自然而然地呈现他所在时代的特点。而造伪者虽然也会竭力模仿古人的书写风格,但要完全体现这种风格是困难的,有时会自觉不自觉地流露出造伪者所在时代的书风,从而露出破绽。

五　内容

敦煌文献大抵是当时人记当时事,人物、时间、地点往往是可靠的,即使有误,也是无心之误。而伪造者为了抬高写本价值,往往杜撰名人题记,纪年也动辄是魏晋六朝,但由于不懂历史,常常会露出马脚。另外伪造的文献通常是一些最为常见的经典(如《金刚经》《妙法莲华经》之类),而且往往是在敦煌文献中有所本的,假如我们能找到伪卷的底本,一加比较,则妍媸立现。相反,假如我们在敦煌文献及其他传世文献中无法找到"伪卷"所据,那么是否确是"伪卷"也就成了疑问。

六　流传

一般来说,英、法、俄、中四大国家藏书机构所收藏的敦煌文献基本是可靠的(中国国家图书馆后期也入藏了少数疑伪写卷),尽管其间也混入了若干非敦煌藏经洞的写本。但一些小馆和私人藏品,则由于来历不一,存在伪卷的可能性较大。通过对相关书目、藏家题跋和印章等的研究,弄清写本的来历和传承经过,是判断写卷真伪的重要一环。特别是许多伪卷都和近人李盛铎有直接或间接的关系,故凡经李氏收藏或盖有李氏印章的写卷都应重点给予"关照"。

第三节 敦煌伪卷鉴别示例
——以字形辨析为中心

如上所说,判别一个敦煌写本的真伪,除审核其来历和内容外,学术界通行的做法是从纸张、形制、墨色、笔迹等方面着眼作综合考察。这样做当然是行之有效的。在本节中,笔者想特别强调字形辨析对于判别写本真伪的重要意义。不同的时代既有不同的书体,也有不同的字体,汉字具有时代性。时代的发展,物质文化生活的改变或提高,都会在语言文字上留下深深的烙印。汉字的写法会随着时代的变迁而不断发生变化,某一特定历史时期汉字的构形甚至一笔一画都会受到时代的约束,都会带上浓重的时代痕迹。这种时代特征可以给我们提供写本书写时间方面的许多重要信息,也是我们判定敦煌写本真伪的最重要的手段。法国学者戴仁把字形分析(他称之为"古文字分析")当作确定敦煌写本真伪的"关键因素"[1],可谓知言之选。施安昌指出:"生在某一时代的人,他的思想活动不能不以当时的语言为基础,他的写字作文也不能不以当时的文字为凭借,谁也不能摆脱他所处的时代(当然还包括地区)的语言文字潜移默化的影响。即使是抄写前代文章,也不可能完全防止写出当时的文字来。这种情形是有意识的,也是无意识的。"因而他提出"从文字史的角度对敦煌遗书进行断代研究,应是科学的方法之一"[2]。把施氏的话移用于敦煌伪卷的鉴别,同样是非常合适的。遗憾的是,以往人们在判别敦煌写本的真伪时,往往过于侧重卷子的外观特征,主观主义、经验主义的色彩太过浓重,而缺乏对写本字体的内在分析,以致最后仍得不出令人信服的结论。有鉴于此,本节尝试用字形分析的方法为主,辅以其他手段,对若干写本的真伪提出自己的意见。另外有些应非莫高窟藏经洞所出而混入敦煌出版物中的古代写卷,亦可通过字形分析的方法加以鉴别,在此一并提出讨论。不当之处,敬请方家教正。

例一,敦研 323 号《金刚般若波罗蜜经》,首题"金刚般若波罗蜜经卷□□卅六",尾题"金刚般若波罗蜜经卷一百卅六终",末有题记云:"建武四年岁在丁丑九月朔日吴郡太

---

[1]《敦煌和吐鲁番写本的断代研究》,耿昇译《法国学者敦煌学论文选粹》,第 533 页。

[2]《敦煌写经断代发凡——兼论递变字群的规律》,《故宫博物院院刊》1985 年第 4 期,第 61 页。

图 19-4　敦研 323《金刚般若波罗蜜经》

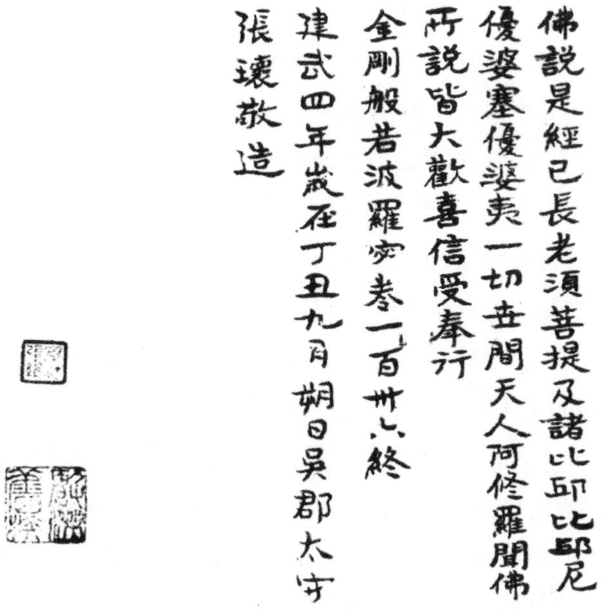

佛說是經已長老須菩提及諸比邱比邱尼
優婆塞優婆夷一切世間天人阿修羅聞佛
所說皆大歡喜信受奉行
金剛般若波羅密卷一百卅六終
建武四年歲在丁丑九月朔日吳郡太守
張瓘敬造

守张瓘敬造。"（图 19-4）"建武四年"相当于公元497 年，从题记来看，该卷可以说是敦煌文献中较早的写卷之一[1]。《甘肃藏敦煌文献》叙录称："首尾俱全。白麻纸。卷长540.3 厘米，卷高 24.7 厘米。……共十一纸又二行，总三一五行。第十六行后残损严重。……《金刚般若波罗蜜经》只有一卷。此件首题、尾题后都加上了'卷一百卅六'，不知何故。卷内有收藏印四枚，'陇人张维'……'鸿汀'……另两枚无法辨认……张维（1889 至 1950 年），字维之，别号鸿汀，甘肃临洮人。解放前曾任甘肃省政务厅厅长、甘肃省参议会会长，参与创办敦煌艺术研究所。其所藏敦煌卷子部分为敦煌研究院收购，上海图书馆亦有收藏。"[2]其实早在 1985 年戴仁就对该卷的可靠性提出了怀疑，他说："虽然《金刚经》不分卷，但抄经中却写作该文引自卷 136。至于其时代建武四年……相当于南齐的某个年号。众所周知，出自南朝的敦煌写本很稀少。以破片状态保存的这卷写本是用一种薄纸写成的，其结构相当正规，带有很细的网纹。但它被染成了与这类写本的常见颜色赭色差异甚殊的淡黄色。它具有很正规和彼此之间很近似的线条，而与诸如梁代的南朝写本（S.81 或 P.2196 号）完全不同……这种差异无论是在形式还是在内容上都使该写本变得令人可疑了。"[3]

按：《甘藏》编者"无法辨认"的两枚收藏印皆为朱文方印，其中一枚可辨为"鸿汀张维"，同一朱文方印亦见于敦研 329 号《妙法莲华经》卷五末尾及上图 7 号至 15 号敦煌写卷的卷首或卷末，应无疑问。另一枚印章亦见于敦研 330 号《金光明最胜王经》卷九末尾

---

[1] 日本平井宥庆认为该卷是敦煌文献中最早的《金刚经》写本，说见《敦煌と中国佛教》，东京：大东出版社，1984 年，第 23 页。

[2] 《甘肃藏敦煌文献》第 2 卷，第 304—305 页。

[3] 《敦煌和吐鲁番写本的断代研究》，耿昇译《法国学者敦煌学论文选粹》，第 527—528 页。

和敦研 331 号《大智度论》卷卅二末尾，其中后二字可确认为"旧族"，前二字待考。

笔者认为这是一个后人伪造的卷子[1]。理由如下：

（一）正如戴仁和《甘藏》编者所说，《金刚般若波罗蜜经》只有一卷，而本卷却称"卷一百卅六"云云，这是造假者的惯技。我们下面将要讨论到的伪卷甘博附 133 号把《妙法莲华经》卷一标作"卷第八百卅六"，甘博附 134 号把《金刚般若波罗蜜经》标作"卷第二百卅一"，作伪手法如出一辙。而且敦煌文献中讲到某某卷的时候一般说"卷第××"，而本卷无"第"字，不合惯例，也值得怀疑。

（二）抄写质量不高，错误极多，有偷工减料的嫌疑。如"须菩提，如来悉知悉见是诸众生得如是无量福德"，该卷"福德"误作"佛德"。又"何以故？是诸众生无复我相、人相、众生相、寿者相，无法相，亦无非法相。何以故？是诸众生，若心取相，则为著我人众生寿者。若取法相，即著我人众生寿者。何以故？若取非法相，即著我人众生寿者。是故不应取法，不应取非法"，其中加下划线的 43 字该卷脱。又"以须菩提实无所行，而名须菩提，是乐阿兰那行。佛告须菩提：于意云何？如来昔在然灯佛所，于法有所得不？世尊：如来在然灯佛所，于法实无所得。须菩提，于意云何？菩萨庄严佛土不？不也世尊。何以故？庄严佛土者则非庄严，是名庄严。是故须菩提，诸菩萨摩诃萨应如是生清净心，不应住色生心，不应住声香味触法生心，应无所住而生其心。须菩提，譬如有人身如须弥山王，于意云何？是身为大不？须菩提言：甚大世尊。何以故？佛说非身，是名大身。须菩提，如恒河中所有沙数，如是沙等恒河，于意云何？是诸恒河沙宁为多不？"其中加下划线的 155 字该卷脱。如此等等，我想用不着再多举例子了。抄写佛经是做功德的事，很难想象如此严重的脱误会是吴郡太守张璟"敬造"出来的。真是罪过啊！

（三）更为重要的，本卷不少字词的写法为书写时代没有疑问的其他敦煌写本或同一时代的写本或碑本文献所未见，而是宋元以后甚至更晚些时候才出现的，这类字词包括"比邱""比邱尼""薩""尒""弥""祢"等，下面逐一加以讨论：

【比邱　比邱尼】

本卷"比丘""比丘尼"的"丘"皆写作"邱"，其中"比邱"出现了三次，"比邱尼"出现了一次，用例如下：

---

[1] 本文初稿完成后，读到释永有《敦煌遗书中的金刚经》一文（《敦煌佛教艺术文化论文集》，兰州：兰州大学出版社，2002 年，第 32 页），文中引用马德 1998 年 3 月 1 日函，说敦研 323 号"非真本，而是伪造的，纸张也非原来的"，拙见正与马德博士的判断暗合。

　　一时佛在舍卫国祇树给孤独园，与大比邱众千二百五十人俱。/如来常说，汝等比邱，知我说法如筏喻者，法尚应舍，何况非法。/长老须菩提及诸比邱、比邱尼、优婆塞、优婆夷、一切世间天人阿修罗，闻佛所说，皆大欢喜。

　　敦煌文献中《金刚般若波罗蜜经》的写本有三千七百多个，经笔者逐一查核，除本卷及下文将要讨论到的甘博附 134 号《金刚般若波罗蜜经》外，余均作"比丘""比丘尼"，而且其他敦煌文献中也没有写作"比邱""比邱尼"的。"比丘""比丘尼"本为梵语译音，"邱""丘"同音，"比丘""比丘尼"自不妨译作"比邱""比邱尼"，但明代以前作"比邱""比邱尼"的例子极为罕见。《四部丛刊》影印明如隐堂本北魏杨衒之《洛阳伽蓝记》卷二崇真寺："比丘惠凝死，一七日还活。经阎罗王检阅，以错名，放免。惠凝具说过去之时，有五比丘同阅，一比丘云是宝明寺智圣，坐禅苦行，得升天堂。……有一比邱云是禅林寺道弘，自云教化四辈檀越，造一切经……有一比邱云是灵觉寺宝明，自云出家之前尝作陇西太守，造灵觉寺，成即弃官。"文中"比丘""比邱"前后错出（这是笔者见到的"比邱"的较早用例），后者当出于明版刻工之手（明刻《古今逸史》本《洛阳伽蓝记》皆作"比丘"，又《四部丛刊》影印明径山寺刻本唐释道世的《法苑珠林》卷一一一也载有这一故事，其中的"比邱"亦作"比丘"），而不能据以认为北魏已有"比邱"的用例。至清雍正年间，为避孔丘讳，上谕"除《四书》《五经》外，凡遇此字，并加阝为邱"[1]，"比邱""比邱尼"的用法才流行开来，当时刻的古书也往往把"比丘""比丘尼"改避作"比邱""比邱尼"。如清刊《权载之文集》《后村先生大全集》（均见《四部丛刊》影印本）等书多见"比邱""比邱尼"，就是清人刊刻时避讳改易的结果。又如 Φ.367 号《一切经音义》"妙法莲华经"音义第三卷有"丘坑"条，又第一卷"以偈"条下引《字林》"丘竭反"，第二卷"阒看"条下"丘规反"，其中的"丘"字宋刊《碛砂藏》本同，而据清乾隆年间刊海山仙馆本影印的《丛书集成初编》本则皆作"邱"，"邱"也是清人刊刻改避的结果。上揭出现了"比邱""比邱尼"用例的《金刚般若波罗蜜经》写本，很可能也正是这种背景下的产物，其书写时间应在清雍正甚至民国以后。

　　【薩】

　　本卷"菩薩"的"薩"字出现了三十多次，如：

　　　　如来善护念诸菩薩，善付嘱诸菩薩。/诸菩薩摩诃薩应如是降伏其心。/菩
　　薩应离一切相发阿耨多罗三藐三菩提心。

---

[1] 清叶名沣《桥西日记》，《丛书集成初编》本，第 28 页；参看俞樾《茶香室续钞》卷三"孔子讳宜改读期音"条，北京：中华书局，1995 年，第 552 页。

"薩"字右下部该卷皆写作生产的"产",和今天通行的繁体写法没有什么区别。然而这种写法的"薩"字应是宋代刻板书流行以后才产生的,唐代前后则多作"蕯",偶亦作"蓬"和"薜"。"薩"字不见于《说文》,乃"薜"的后起分化字。唐玄应《音义》卷三《明度无极经》第一卷音义云:"开士,谓以法开导之士也。梵云扶薩,又作扶薜,或言菩萨是。"清孙星衍校按:"考菩萨'薩'字不见《说文》,钱少詹据宋张有谓即'薜'字。薜、薩声形皆相近,字之误也。及见此书,玄应已云又作扶薜,知唐时尚未别出薩字。……盖艸书写自为阝,写辛先竖后画,故以末画居下为形,今俗写薩字讹从产,则又唐人字书碑碣所无也。"[1]孙星衍等谓"薩"来源于"薜",这是完全正确的。但这个字唐代前后已多写作"蕯"。P.3694号《切韵笺注》入声末韵桑割反:"蕯,菩蕯。"除本卷及下文要讨论的"问题"写卷外,此外的1100多个《金刚般若波罗蜜经》敦煌写本"菩萨"的"薩"亦皆作"蕯",其他敦煌写卷亦多作"蕯"而不作"薩"[2]。今天通行的"薩"字的写法,是"薩""薜"完全分化以后才逐渐形成的,据笔者掌握的资料,大约出现在宋代(今见宋代的刻本书,如《四部丛刊》影印宋刊本《小畜集》《集注分类东坡先生诗》《经进东坡文集事略》等书中皆已见"薩"字)。而上揭《金刚般若波罗蜜经》写本把"菩萨"的"薩"皆写作宋以后才通行的"薩",个中蹊跷,难道不值得我们深究吗?

【尔　弥】

本卷常见"尔"字,偶或作"尓",其例如下:

以七宝满尔所恒河沙数三千大千世界以用布施。/尔时须菩提闻说是经深解义趣,涕泪悲泣。/念过去于五百世作忍辱仙人,于尔所世无人相,无众生相,无寿者相。/尔时须菩提白佛言:世尊,善男子善女人发阿耨多罗三藐三菩提心,云何应住?云何降伏其心? /尔于来世当得作佛,号释迦牟尼。/佛告须菩提:尔所国土中所有众生若干种心,如来悉知。/须菩提,尔勿谓如来作是念。/尔时慧命须菩提白佛言:世尊,颇有众生于未来世闻说是法,生信心不? /尔时世尊而说偈言……

尔时须菩提白佛言:世尊,当何名此经? 我等云何奉持? 佛告须菩提:是经名为《金刚般若波罗蜜》。以是名字,尔当奉持。/我于尔时无我相,无人相,无

---

[1] 玄应《一切经音义》卷三,《丛书集成初编》本,第152页。

[2] 敦煌写本偶见"薩"字,如P.3811号《陀罗尼》有五个"薩"字,其中一个作"蕯"形,四个作"薩"形,但该卷出现了"当(當)""帮(幫)""难(難)""湾(灣)"等一些宋元以后才行用的俗字,所以这个卷子可以确定非敦煌藏经洞之物。

众生相,无寿者相。

又有"弥"字:

须菩提,若三千大千世界中,所有诸须弥山王如是等七宝聚有人持用

布施。

考"尒""尓"及"弥"所从的"尒"旁来源于"尒"(《说文》上部本从"人")。"尒"俗书作

"尓"。《干禄字书》:"尒尓:上通下正。""尓"手写时往往连书作"尒"。今天通行的"尔"字

或"尔"旁,又为"尒"或"尓"的变体,但敦煌写本中罕见其例。上述引例中的"尒"字,其余

三千七百多个《金刚般若波罗蜜经》敦煌写本多作"尒",偶或作"尓";"弥"字其余《金刚

般若波罗蜜经》敦煌写本多作"弥"。但绝无作"尔"和"弥"者。那么上揭《金刚般若波罗蜜

经》作"尔"作"弥",不又是一个可疑的例外吗?

【祘】

本卷"祘"字二见,其例如下:

若复有人于后末世,能受持读诵此经,所得功德,于我所供养诸佛功德,百

分不及[一],千万亿分乃至祘数譬喻所不能及。/若人以此般若波罗蜜经乃至

四句偈等受持读诵,为他人说,于前福德,百分不及一,百千万亿分乃至祘数譬

喻所不能及。

"祘"字见于《说文》,清朱骏声《说文通训定声》以为即"算"字古文。但此字宋元以前

古书罕见应用,而多以"算"为之。据笔者对《四部丛刊》初编、二编、三编(所收古书凡五

百余种)古刻本的调查,除字书、韵书外,"祘"字唐以前古书未见;《太平御览》四见,皆用

于山名"祘山";《嘉庆一统志》二见,皆用于人名"李祘";同治刻本龚自珍《定庵文集》八

见,民国初年刻本清吴伟业《梅村家藏稿》六见,分别用于"无祘""祘学"等词。从这一统

计可以看出,"祘"字的使用率清朝以后呈上升的趋势。上揭《金刚般若波罗蜜经》引例中

的"祘"字,除本卷外,下引的甘博附 134 号《金刚般若波罗蜜经》作"算",其余敦煌文献

中所见的三千七百多个《金刚般若波罗蜜经》写本皆作"算"或其俗体"筭""笇""筞",没

有例外。其他敦煌文献也未见"祘"字的用例。那么上揭《金刚般若波罗蜜经》使用清代

以后才逐渐流行起来的"祘"字,是否意味着这个卷子很可能是清朝以后所抄写的呢?

根据以上种种迹象推断,敦研 323 号《金刚般若波罗蜜经》很可能是清末或民国初

年的伪卷。《甘藏》编者提到该卷"第十六行后残损严重",这很可能是作伪者故意做的手

脚。然而假的总是假的,无论作伪者如何费尽心机,总还是难免露出马脚来。

例二,甘博附 133 号《妙法莲华经》卷第一,首尾均题"法华经卷第八百卅六"。《甘肃

藏敦煌文献》叙录云:"卷首破损。薄黄纸。……《妙法莲华经》只有七卷廿八品,何来'八百卅六'卷?本卷经文错别字、漏字较多,墨浮于纸上;纸色灰暗,性脆,质薄纹细,与宣纸相仿。疑点重重,暂录存疑。"[1]

按:《甘藏》的编者从纸张、墨色、错别字、漏字等角度对本卷的真伪提出疑问,是很有眼光的。这里还可以补充一条漏字的例证。经文载有文殊师利宣说的大段偈言,其中有下面一段:

我今于中夜	当入于涅槃	汝一心精进	当离于放逸
诸佛甚难值	亿劫时一遇	世尊诸子等	闻佛入涅槃
各各怀悲恼	佛灭一何速	圣主法之王	安慰无量众
我若灭度时	汝等勿忧怖	是德藏菩萨	于无漏实相
心已得通达	其次当作佛	号曰为净身	亦度无量众
佛此夜灭度	如薪尽火灭	分布诸舍利	而起无量塔
比丘比丘尼	其数如恒沙	倍复加精进	以求无上道
是妙光法师	奉持佛法藏	八十小劫中	广宣法华经
是诸八王子	妙光所开化	坚固无上道	当见无数佛
供养诸佛已	随顺行大道	相继得成佛	转次而授记
最后天中天	号曰燃灯佛	诸仙之导师	度脱无量众
是妙光法师	时有一弟子	心常怀懈怠	贪着于名利
求名利无厌	多游族姓家	弃舍所习诵	废忘不通利
以是因缘故	号之为求名	亦行众善业	得见无数佛
供养于诸佛	随顺行大道	具六波罗蜜	今见释师子
其后当作佛	号名曰弥勒	广度诸众生	其数无有量
彼佛灭度后	懈怠者汝是	妙光法师者	今则我身是
我见灯明佛	本光瑞如此	以是知今佛	欲说法华经
今相如本瑞	是诸佛方便	今佛放光明	助发实相义
诸人今当知	合掌一心待	佛当雨法雨	充足求道者
诸求三乘人	若有疑悔者	佛当为除断	令尽无有馀

这段偈文中加下划线的部分凡 77 句 385 字,本卷未见,显属脱漏。如此大段文字的

---

[1]《甘肃藏敦煌文献》第 5 卷,第 358 页。

漏抄恐怕就不是"漏字"的问题了,而很可能系抄手"偷工减料"的结果。因为作伪者抄写经文并非是做功德,而是为了蒙人,只要能糊弄一时,至于中间有无脱漏那是无关大局的。

除了上述疑点之外,本卷若干字词的写法也留下了作伪的痕迹,下面逐个提出讨论:

【薩 薩】

"菩薩"的"薩"本卷多作"薩",偶或作"薩",如:

> 菩薩摩诃薩八万人,皆于阿耨多罗三藐三菩薩不退转。(后一"菩薩"他本均作"菩提",此误)/复见诸菩薩摩诃薩种种因缘,种种行(信)解,种种相貌,行菩薩道。/又见菩薩,安禅合掌,以千万偈,赞诸法王。复见菩薩,智深志固,能问诸佛,闻悉受持。/为求辟支佛者,说应十二因缘法,为诸菩薩说应六波罗蜜。

如前所说,"薩"字唐代前后多作"薩",而不作"薩"或"薩"。上揭写卷的"薩"字兼于"薩"和"薩"之间,右下部比"产"字少了一撇,宋孝宗乾道五年(1169)刻的《钜宋广韵》入声曷韵桑割切:"薩,释典云菩薩。""薩"字的写法与本卷略同。但这种写法亦为唐代以前写本及碑碣文字所未见(除本卷外,敦煌文献中《妙法莲华经》卷一的写本有两百多个,"菩薩"的"薩"皆作"薩"),同样是值得怀疑的。

【尔 弥 珎】

本卷"尔"字有"尒""尔""尓"三种写法,例如:

> 尒时文殊师利于大众中欲重宣此义,尒说偈言[1]……/尔时[世]尊四众围绕,供养恭敬,尊重赞叹,为诸菩萨说大乘经。/尔时佛放眉间白毫相光,照东方万八千世界,靡不周徧。/尔时世尊从三昧安详尒(而)起。

全卷"尒"字22见,"尔"字5见,"尓"字7见,其中后一引例"尔""尒"并出。一个卷子中同一字写法多变,这在其他卷子中是不多见的。

本卷又有"弥"字、"弥"字和"珎"字,举例如下:

> 尔时弥勒菩萨作是念:今者世尊现神变相,以何因缘尒(而)有此瑞?/是人亦以种诸善根因缘故,得值无量百千万亿诸佛,供养恭敬,尊重赞叹。弥勒当知。/或有行施,金银珊瑚,真珠摩尼,车磲马脑,金刚诸珎。

"弥""弥"为"弥(彌)"的俗字,"珎"则为"珍"的俗字。如前所说,"尒"字或"尒"旁俗

---

[1] "尒说偈言"的"尒"当读作"而","而"写作"尒"为本卷抄手惯例,说详下文。

书可作"尔",但"尔"字或"尔"旁的写法敦煌写本中则罕见其例。又"尒"旁俗书亦或作"尔"。S.2071号《切韵笺注》上声轸韵之忍反:"軔,此类合从尒。"言外之意就是说"尒"旁作"尔"是当时的俗写。但"尒"旁敦煌写本及唐代以前一般亦不作"尔"。笔者核检了北京国家图书馆所藏的一百多个《妙法莲华经》卷一的敦煌写本,没有写作"尔""弥""珎"的例子,而大抵作"尒""弥""珍",几乎没有例外。上揭《妙法莲华经》写卷把"尒""弥(彌)""珍"写作"尔""弥""珎",是和敦煌写本乃至其他唐代以前写本的惯例不合的。

【尽】

本卷"盡"字凡七见,其中六处作简化俗字"尽",其例如下:

> 皆是阿罗汉,诸漏一(已)尽,无复烦恼,逮得己利,尽诸有结,心得自在。/于此世界,尽见彼土六趣众生。/若有疑悔者,佛当为除断,令尽无有馀。(原卷"若有疑悔者"一句误抄在"令尽无有馀"句之后)/佛曾亲近百千万亿无数诸佛,尽行诸佛无量道法。/佛所成就第一希有难解之法,惟佛与佛乃能究尽诸法实相。

"尽"是由"盡"字草书楷定形成的简化俗字,敦煌写本中已见其例,但通常出现在草书或行草的写卷中,而佛经写本中则未见其用例(除本卷外,《妙法莲华经》卷一敦煌写本达一千多号,皆作繁体"盡")。宋代以后才较多地出现于话本、戏曲等通俗文学刻本中[1]。本卷用楷体书写,却多用"尽"字,值得怀疑。

【会】

本卷"會"字凡六见,皆作简化俗字"会"(或变体作"会"形):

> 尔时会中比丘、比丘尼……及诸小王转轮圣王,是诸大众得未曾有,欢喜合掌,一心观佛。(此例经中先后二见)/尔时弥勒菩萨{一}欲自决疑,又观四众比丘、比丘尼、优婆塞、优婆夷及诸天龙、鬼神等众会之心。/佛放一光,我及众会,见此国界,种种殊妙。/尒时会中有二十亿菩萨,乐欲听法。/时会听者亦[坐]一处,六十小劫身心不动,听佛所说。

"会"也是由草书楷定形成的简化俗字,汉代前后草书简牍及碑刻中已见,但隶书或楷体的敦煌佛经写本中则未见其用例(除本卷外,《妙法莲华经》卷一的一千多号敦煌写本皆作繁体"會")。本卷用楷体书写,而"會"字皆简写作"会",也不能不令人生疑。

---

[1] 参看拙著《汉语俗字研究》(增订本),第83页。

【土】

本卷"土"字出现了近二十次,皆不加点。按唐颜元孙《干禄字书》:"圡土:上通下正。""土"字本无需加点,但为免与士兵的"士"字形近相乱,故多加点以别之。加点的"圡"字汉代已见。敦煌写本"土"字加点已成为通例[1],而本卷皆不加点,这倒是不正常的。

除此之外,本卷还有行末衍"一""二""十""入"等字的情况,这也是作伪的重大嫌疑,这个问题我们留待下例一并讨论。

例三,甘博附 134 号《金刚般若波罗蜜经》,首题"金刚般若波罗蜜经卷第□□□□",尾题"金刚般若波罗蜜经卷第二百卅一"。《甘肃藏敦煌文献》叙录云:"首尾俱全,卷首略有破损。黄纸。……本卷纸张、书体等均与甘博 133 卷相同,经文系一人所写。恐为赝品。"[2]

按:《甘藏》编者推断本卷与甘博附 133 号《妙法莲华经》卷一系一人所写,这是完全正确的。本卷在用字上的特点也可证明这一点。上文我们提到过,甘博附 133 号《妙法莲华经》的抄手常把连词"而"写作"尒",本卷"而"字亦多写作"尒",例如:

> 尔时世尊……还至本处饭食讫,收衣钵洗足已,敷座尒座(而坐)。时长老须菩提在大众中,即从坐起,偏袒右肩,右膝着地,合掌大恭敬尒(而)白佛言……/当知事(是)人不于一佛二佛三四五佛尒(而)种善根,已于无量千万佛种善根。

我们再举两个甘博附 133 号《妙法莲华经》写本的例子:

> 是时天雨曼陀罗华、摩诃曼陀罗华、曼[殊]沙华、摩诃曼殊沙华,尒(而)散佛上及诸大众。/尔时弥勒菩萨作是念:今者世尊现神变相,以何因缘尒(而)有此瑞?

从理论上来说,"尒""而"读音相近,应该是可以通用的,但在敦煌写卷中却很少见到这两个字通用的实例。可见这两个卷子把"而"写作"尒",实际上是写了别字,反映了抄手的个人色彩。

甘博附 133 号《妙法莲华经》使用的一些"问题"字,在本卷中也有出现。如菩萨的"薩"字本卷出现了数十次,皆写作"薩";"土"字皆不加点,没有例外;"會"字一见,作简

---

[1]《妙法莲华经》卷一的敦煌写本达一千多号,"土"字 95%以上加点作"圡",不加点的仅见于北敦 787、北敦 1741、北敦 1907、北敦 3384、北敦 5722 号等少数几个卷子。

[2]《甘肃藏敦煌文献》第 5 卷,第 358 页。

化字"会"（见卷首小题"法会因由分第一"）。"尔"字或"尔"旁未见，而多作"尒"（"尒"字凡 26 见，其中 18 次系假借作"而"；另外"弥"字一见），但同时又出现了"爾"字，凡二见："爾时世尊食时着衣持钵，入舍卫大城乞食。""若有善男子善女人，以七宝满爾所恒河沙等数三千大千世界以用布施，得福多不？""尒""爾"《说文》字别，但古多混用不分，敦煌佛经写本多用"尒"或其变体"尔"跟"尓"，但一般人往往以为"尒"或"尔""尓"是简体，"爾"才是规范繁体字，因而后世抄书或刻书时常有一种规范化的倾向，会把"尒"字改写或改刻作"爾"[1]。本卷的两处"爾"字的用例，也正是作伪者这种心理的反映。

我们在上文讨论过的敦研 323 号《金刚般若波罗蜜经》写本中的"比邱"一词，也在本卷中出现了："一时佛在舍卫国祇树给孤独园，与大比邱众千二百五十人俱。/如来常说，汝等比邱，知我说法如筏喻者，法尚应舍，何况非法。"又前举"百分不及一，百千万亿分乃至祘数譬喻所不能及"的"祘"字，本卷写作"算"。如前所说，此字敦煌文献中所见的三千七百多个《金刚般若波罗蜜经》写本类皆作"筭"。"筭""算"皆见于《说文》，筭指算器，算指计算，"筭数"的"筭"，本当以作"算"为典正，但此二字古多混用不别，从古人的实际使用情况来看，唐代以前似多用"筭"字，宋以后多用"算"字，一些古书中的"筭"字宋以后刻本中多有被改刻作"算"的情况。如《孟子·告子上》"或相倍蓰而无筭者"句，其中的"筭"字《十三经注疏》本《孟子注疏》如此，而清焦循《孟子正义》本作"算"（中华书局 1987 年版沈文倬点校本第 757 页），是其例。上揭《金刚般若波罗蜜经》敦煌写本中"筭数"的"筭"，《大正藏》本作"算"，应该就是刊版以后改易的结果。所以本卷的"算"字和敦研 323 号《金刚般若波罗蜜经》写本的"祘"字一样，都在不知不觉中泄露出了卷子抄写者的时代信息。

笔者在校读本卷和甘博附 133 号《妙法莲华经》写本时还发现一个很有意思的现象，即这两个卷子所抄经文的行末经常出现跟经文全然无关的字，如本卷：

灭度之如是灭度无量无数无边众生**世**
实无众生得灭度者何以故须菩提菩萨

须菩提于意云何可以身相见如来不不也**世**
尊不可以身相得见如来何以故如来所说**世**
身相即非身相佛告须菩提凡所有相皆**不**

---

[1]《说文·八部》"尒"字下段玉裁注："古书尒字，浅人多改为爾。"

是虚妄若见诸相非相则见如来

无量福德何以故是诸众生无无量复我**一**[1]
相人相众相寿者相无法相亦法相亦无非

恒河于意云何是诸恒河沙宁为多不**二**
须菩提言甚多世尊但诸河尚多无数

尔时须菩提闻说是经深解义趣涕泪**一**
悲泣尔白佛言希有世尊佛说如来甚深**二**
经典我从昔来所得慧眼未曾得闻如是

实相当知是人成就第一希有功德世尊是**人**
实相者即是非相是故如来说名实相尊
我相今得闻如是经典信解受持不足为难**入**
若当来世后五百岁其有众生得闻是经

菩萨有我相人相众生相寿者相即非**尔**
菩萨所以者何须菩提实无有法发阿耨

须菩提实无有法名为菩萨是故佛**以**
说一切法无我无人无众生无寿者须菩

七宝以用布施是人以是因缘得福多不如**入**
是世尊此人以是因缘得福甚多须菩提

上揭引例中行末的黑体字"世""不""一""二""人""入""尔""以"诸字其他敦煌经本及《大正藏》本未见,应属衍文。据笔者统计,甘博附134号《金刚般若波罗蜜经》写本行末衍"一"字6次,衍"二"字4次,衍"入"字4次,衍"世"字2次,衍"人"字、"尔"字、"不"

---

[1] 该行后一"无量"其他经本无,盖涉前一"无量"而衍,当删。

字、"以"字各 1 次。

这类衍字也见于甘博附 133 号《妙法莲华经》,如:

得大势菩萨常精进菩萨不休息菩萨宝二
掌菩萨药王菩萨勇施菩萨宝光菩萨月光

无量意四名宝意五名增意六名除疑入
意七名响意八名法意是八王子威德自

教化令其坚固阿耨多罗三藐三菩提十
是诸王子供养无百千万亿佛已皆成佛

成就一切未曾有法舍利弗如来能种种一
分别巧说诸法言辞柔软悦可众心舍利弗

上揭引例行末的黑体字"二""入""十""一"诸字其他敦煌经本及《大正藏》本未见,应属
衍文。据笔者统计,甘博附 133 号《妙法莲华经》写本行末衍"一"字 4 次,衍"入"字、"十"
字、"二"字各 1 次。另有以下情况兼于衍文和误字之间:

大比丘众万二千人俱皆是阿罗汉诸漏一
尽无复烦恼逮得己利尽诸有结心得自在

前一行行末的"一"字他本作"已"(连上文,该段当校读作:"一时佛住王舍城耆阇崛
山中,与大比丘众万二千人俱,皆是阿罗汉,诸漏已尽,无复烦恼,逮得己利,尽诸有结,
心得自在。"),这是"已"误作"一"呢,还是脱"已"字而又衍"一"字? 一时难作定论。又:

能度无数百千众生其名曰文殊师利菩入
得大势菩萨常精进菩萨不休息菩萨宝二

前一行行末的"入"字他本作"萨"(连上文,该段当校读作:"菩萨摩诃萨八万人……
名称普闻无量世界,能度无数百千众生,其名曰文殊师利菩萨、[观世音菩萨]、得大势菩
萨、常精进菩萨、不休息菩萨、宝二〈"二"字衍,说已见上文〉掌菩萨……"),这是"萨"误
作"入"呢,还是脱"萨"字而又衍"入"字? 同样不能确定。又:

菩萨跋陀婆罗菩萨弥菩萨宝积菩萨导入
菩萨如是等菩提桓因与其眷属二万天子

前一行行末的"入"字他本作"师"(连上文,该段当校读作:"……越三界菩萨、跋陀

婆罗菩萨、弥[勒]菩萨、宝积菩萨、导师菩萨,如是等菩[萨摩诃萨八万人俱。尔时释]提桓因与其眷属二万天子俱。"),疑问同上。

从上面的举证中我们可以看出,甘博附 133 号《妙法莲华经》和甘博附 134 号《金刚般若波罗蜜经》写本句末出现衍字并不是个别的偶然的现象,而带有普遍性。而且细心的读者还可以注意到这样一个现象,即这些衍字都是一些笔画简单的字,为什么? 笔者认为这些衍字都是抄写者为了行款整齐补加上去的。甘博附 133 号《妙法莲华经》写本和甘博附 134 号《金刚般若波罗蜜经》写本都是竖抄的,原卷标有乌丝栏,上下都有边线,抄写时自然得遵守这个规矩。然而这两个卷子的抄写者并不是高明的经生,而是一个蹩脚的作伪者,他不能很好地掌握每个字的大小间隔,每行所抄的字忽多忽少,很不一致。我们可以设想,当他抄完一行或几行以后,发现有的行末还有半格左右的空白,显得很不整齐——这样的卷子当然是卖不出好价钱的——于是灵机一动, 便在这些空白的地方添上一个笔画简单的字,这样既不至于越出底下的边线,又消灭了"扎眼"的多余的空白,真是一个绝妙的主意! 上面指出的甘博附 133 号《妙法莲华经》写本行末兼于衍文和误字之间的情况,也许也与此有关。当抄写者抄到"诸漏已尽"的"已"、"菩萨"的"萨"、"导师"的"师"的时候已在行末,但离行末的边线还剩下约半格的空间,这时要写"已""萨""师"等字空间已经不够,不写又有碍观瞻,于是便写上一个笔画简单的"一""入"来代替。抄写者只要卷面整齐好看,能蒙骗一时,他的目的就达到了;至于对经文内容有没有影响,那并不是什么大问题,他相信购买卷子的人匆忙之中是不会注意到这种"枝末小节"的。

附带指出,古书有在行末加短竖或顿点以补白的(参看第十四章《标识符号》第一节之五"补白号"),又有加虚辞以补白的。但后者通常出现在注文(尤其是双行注文)的末尾,添加的多是"也""者""矣"等虚辞。而像上揭甘博附 133 号《妙法莲华经》和甘博附 134 号《金刚般若波罗蜜经》写本这样在佛经经文的行末添加实词的情况,却未见他例,这一"知识产权"大概得记到这两个写本的抄手头上。

综上所述,我们认为甘博附 133 号《妙法莲华经》写本和甘博附 134 号《金刚般若波罗蜜经》写本确定无疑是后人的"赝品",其作伪时间约在藏经洞文献流散以后的民国年间。

例四,甘博附 135 号,首残尾全,末有题记:"大隋开皇九年囗(皇)后为法界众生敬造一切经典,流通供养。郁文善奉诏书。"(图 19-5)《甘藏》题作《佛经》,叙录中说:"薄黄纸。……本卷卷尾不书经名,题记中记录了郁文善奉诏而书,却不写其所属官府,并且纸色灰暗，薄而性脆，纤维细匀。综观该卷，恐属赝品。”[1]

按：前揭数卷中一些有问题的字在这个卷子中也出现了。如菩薩的“薩”本卷皆作“薩”形，与甘博附 133 号《妙法莲华经》和甘博附 134 号《金刚般若波罗蜜经》的写法略同。“尒”字本卷如此，但“尒”旁的字则或作“尔”，如“弥勒当知”的“弥”，咒语“罗收祢”的“祢”，皆是。同时又有“彌”字和“禰”字，如“阿彌陀佛”和咒语“彌那易”“婆多禰”的“彌”和“禰”。该二字敦煌写本中多作“弥”和“祢”，宋以后的刻本书籍中往往繁化作“彌”和“禰”，本卷的“彌”和“禰”，大概就是抄书的人把“弥”和“祢”繁化的结果，犹“尒”或“尔”繁化作“爾”，反映了宋以后抄书或刻书者的心理特点。北敦 2151（北 6105，藏 51）号《妙法莲华经》卷七陀罗尼品第廿六载咒语有“摩祢、摩摩祢”，其中的“祢”字津艺 178 号经本同，北敦 3457 号等写经及《中华大藏经》影印《金藏》广胜寺本作“祢”，而《大正藏》本作“禰”，是其比。

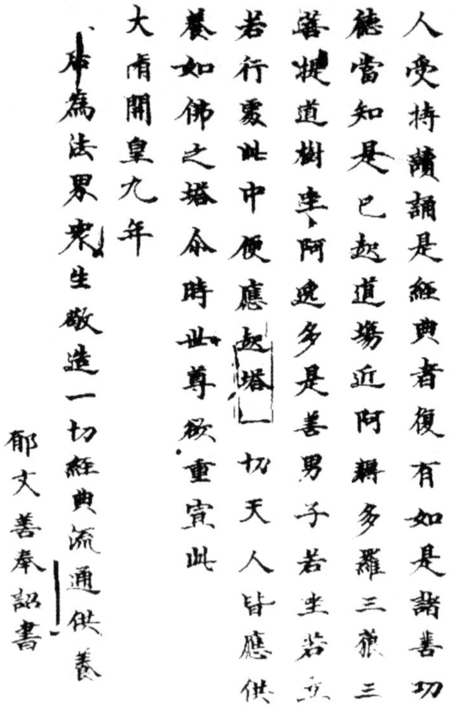
人受持讀誦是經典者復有如是諸善功
德當知是已趣道場近阿耨多羅三藐三
菩提道樹坐阿逸多是善男子若坐若立
若行處此中便應起塔一切天人皆應供
養如佛之塔尒時世尊欲重宣此
大甯開皇九年
本爲法界衆生敬造一切經典流通供養
郁文善奉詔書

图 19-5 甘博附 135《佛经》

另外本卷还使用了几个较晚才产生的简化俗字。如：

【恳】

本卷有“恳”字：“众生急顿首哀诉，恳请菩提苦苦求救。”其中的“恳”为“懇”的简化俗字。但这个简化字宋元之前的文献资料未见，而最早出现在明代的官府文书档案《兵科抄出》中，1935 年社会各界倡议制订的《手头字第一期字汇》和同年由教育部公布的《简化字表》都提出以“恳”代“懇”[2]，说明这个字民国初年已在社会上相当流行。本卷中使用了这个简化俗字，是否意味着这个卷子很可能就是民国时期抄写的？

---

[1] 《甘肃藏敦煌文献》第 5 卷，第 358 页。

[2] 参看李乐毅《简化字源》，北京：华语教学出版社，1996 年，第 139 页。

【釋】

本卷把释迦牟尼的"釋"写作"释"。这个字也是明清以后才出现的简化俗字（刘复《宋元以来俗字谱》"擇"字下据明刻《白袍记》、清刻《目连记》等明清通俗文学刻本载俗字右部与"释"右部形近，说明这种写法的简体明清时期已经在社会上流行），而宋元以前未见。本卷用"释"字，也足以说明这是一个时代较晚的抄本。

例五，敦研 352 号背，《甘藏》拟题作《道经》，叙录称"从文字的写法看，不像宋初以前人所书"，极是。可惜未能举证，读者不免仍有疑问。今试举例论证之：

【症】

本卷"症"字二见："世间众生，所造一切恶业，致令传染瘟疫、时疫、泻泄、冷热、阴症、伤寒等疾。"又："或发冷，或发热，阴症头疼。""症"指病象、病症，古本作"證"。如 P.3287 号《伤寒杂病论》："阴阳虚实交错者，證候至微也。"是其例。而"證"写作"症"，其他敦煌写本中未见，应是宋元以后才产生的后起形声字。

【証】

本卷"証"字凡四见，见于先后出现的"言之无尽，后有四句，开头为証"句。《说文·言部》有"証"字，"谏也"，段玉裁注："今俗以証为證验字。"也就是说，"証"指谏正，与證验的"證"本是两个不同的字，后来俚俗證验字亦或写作"証"，遂混而为一。段玉裁把这两个字相混的时间用"今"字来表示，当然是一个很含糊的时段，但从敦煌写本中似尚未见这种用法而言，很可能是宋代以后的事[1]。

【双】

本卷除用繁体字"雙"字外，也出现了简体俗字"双"："产生无难，母子双全。""双"字其他敦煌写本中未见，应是宋代以后才产生的简化俗字[2]。

【还】

本卷"還"字一见，作简体俗字"还"："这生老，病死苦，谁人拔救；眼看看，傍洲利（？），还不回心。""還"字写作"还"其他敦煌写卷中未见。据笔者所知，这个字较早见于

[1]《四部丛刊》影印宋刊本《唐律义疏》已见用同"證"的"証"字；《敦煌变文集》卷五《佛说阿弥陀经讲经文》："蒙光总得証菩提，齐出爱河生死苦。"其中的"証"字原卷 P.2122 号实作"證"。
[2]《四部丛刊》影印宋刊本《资治通鉴》卷二四四、《增广笺注简斋诗集》卷二四《道中》诗均已见"双"字。李乐毅《简化字源》第 228 页称"双"字已见于敦煌变文，不确。

宋刊本《鹤山先生大全文集》(据《四部丛刊》影印本)[1]。

【过】

本卷除用繁体字"過"字外,也出现了简体俗字"过":"有缘人,即早过,无缘难逢。""过"是"過"字草书楷定而来的俗字,敦煌文献中别无所见。据笔者掌握的资料,金韩道昭编的《改并四声篇海》引俗字背篇最早收载该字,此后的刻本或写本中续有沿用。

【閆】

本卷"閻"字一见,作俗字"閆":"地狱閆王一见,不敢高声。""閆"字其他敦煌写本中未见。金韩道昭《改并四声篇海》卷七门部引俗字背篇:"閆,以尖切,与閻同。"乃此字之早见者,元刊本《朝野新声太平乐府》(据《四部丛刊》影印本)卷一、卷三有用例。

【声】

本卷除用繁体字"聲"字外,也出现了简体俗字"声",例见上条。"声"字其他敦煌写卷中未见,北宋刊本《淮南子》(据《四部丛刊》影印本)较早出现此字,金韩道昭《改并四声篇海》作为辞书首先予以收载。

【你】

本卷"你"字多见,如"奉劝你,学道人,各寻明路",是其例。而敦煌文献中通常写作"伱"(参上文),字形有明显的区别。

【駴】

本卷有"駴"字:"服药针灸,俱无郊(效)駴。"金韩道昭《改并四声篇海》卷七马部引《搜真玉镜》:"駴,与驗义同。"但此字其他敦煌文献中未见。

【裡　里】

本卷"裹"字或作"裡",亦作"里":"故为非,暗地裡,悮害好人。"("裡"字原卷作衤旁,俗写)又:"这一遭,错过了,金丹大道,到来生,又不知,那里安身。"其中的"裡"为"裹"的偏旁易位字,"里"则通作"裹"。"裹"字作"裡"或"里"皆为敦煌写本所罕见[2]。

上面所举,大抵是宋元以后才行用的俗字或体。除此之外,本卷一些词的用法为敦煌文献所未见,而宋代以后才见文献使用。如:

---

[1] 李乐毅《简化字源》第107页据《敦煌变文集》卷五《温室经讲唱押座文》"祇域还从奈女生"句,谓"还"作为"還"的简体大概始见于唐代敦煌变文,误。上揭押座文见于S.2440号,"还"字原卷实作"還",作"还"为《敦煌变文集》编者传录之误。

[2] "裹""里"敦煌卷子中偶有通用的情况,如P.2653号《韩朋赋》:"前后事(侍)从,入其宫里。"其中的"里"即通作"裹",P.3872号正作"裹"。

【家】

本卷"家"字或用作助词："若诚心,每日家,祝告天地。"又:"每日家,讲经典,忏悔罪孽。早晚间,悟工夫,各辨前程。"其中的"每日家"同"每日价",即每一天,天天。元关汉卿《关张双赴西蜀梦》第一折:"每日家作念煞关云长、张翼德。"[1]"家"字的这种用法是元代前后才时兴起来的。

【落空】

本卷有"落空"一词:"舍死路,扒伙计,挣下产业;一口气,若不来,一场落空。""落空"指没有着落。该词《汉语大词典》首引宋苏轼诗,盖宋代以后始见。

类似不见于敦煌写本的字词本卷还有一些,限于篇幅,不再详列。由此可见,本卷肯定是一个晚出的抄本,《甘藏》编者推断可能是原卷"从藏经洞出土后,今人利用背面所抄写",庶几近是。

例六,津艺 61EV《信札》,原文如图 19-6 所示。《津艺》叙录云:"晚唐五代写本。写于同号《诸星母陀罗尼经》背面。共 7 行,每行字数不等。楷书,墨色稍淡。首句:'孟冬已寒伏惟阿郎'。但尾无落款。钤有白文方印'周暹',朱文方印'德化李氏凡将阁珍藏'。"

按:该《信札》疑系后人伪作。理由有三:

1. "德化李氏凡将阁珍藏"印章值得怀疑。津艺 61 号从 A 至 H 凡 8 纸,均系周暹(叔弢)旧藏,其中 61AV《世祖偈子诗》(有朱文方印"德化李氏凡将阁珍藏")、61B《汴州司马朱状》(有朱文方印 "德化李氏凡将阁珍藏")、61C《书札》(有朱文方印"木斋审定")、61FV《壬午年苏永进雇驮驼契》(有朱文方印"德化李氏凡将阁珍藏")、61G《五言绝句诗》(有朱文方印 "德化李氏凡将阁珍藏")、61H《文稿》(有朱文方印"德化李氏凡将阁珍藏"和"木斋真藏")馆方和《津艺》叙录均已定作

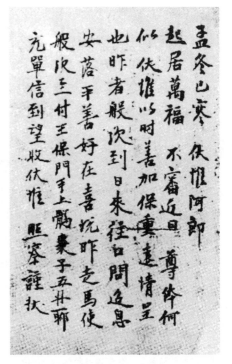

图 19-6　津艺 61EV《信札》

---

[1] 王季思主编《全元戏曲》卷一,北京:人民文学出版社,1990 年,第 445 页。

伪作。其余 61A《维摩诘所说经弟子品第三》(五代写卷,经文后接 61F,两卷可以缀合)、61D《无量寿宗要经》(五代写卷)、61DV《社司转帖》(五代宋初写本)、61E《诸星母陀罗尼经》(晚唐五代写卷)、61F《维摩诘所说经弟子品第三》数种《津艺》叙录则均定为晚唐至宋初写卷或写本。值得注意的是,上揭被鉴定为"伪作"的写卷多钤有"德化李氏凡将阁珍藏"或"木斋真藏""木斋审定"的朱文方印,而后数种未被定作伪作的写本则仅 61DV和 61EV 原本分别钤有"木斋审定""德化李氏凡将阁珍藏"的朱文方印,其余均无上述印章。如上所说,李盛铎确曾攫取部分敦煌写卷,但其所藏敦煌写本凡 432 号于 1935 年底已悉数售诸日本,后以《敦煌秘笈》之名由日本武田科学振兴财团杏雨书屋编集发行。据现已出版的《敦煌秘笈》目录册和彩印图版,这些来历清楚确为李氏旧藏的敦煌写本大多钤有"李盛铎印""木斋审定""木斋真赏""敦煌石室秘笈""李盛铎合家眷属供养""两晋六朝三唐五代妙墨之轩""李滂"(李盛铎之子)藏印,但却未见"德化李氏凡将阁珍藏"和"木斋真藏"的印章。除这些业已售出的卷子外,没有资料证明李盛铎购藏过更多的敦煌写本。但由于李盛铎去世后,其印章落入书商手中,于是便出现了钤有李盛铎真印章的假写卷。周叔弢便曾购入过这种问题写卷。周钰良(周叔弢子)《我父亲和书》一文云:

> 1941 年辛巳,在天津出现了一批颇像从敦煌出来的草书帖、书籍(如《论语》)、文书等等,往往还有李木斋的收藏印。他(指周叔弢)当时用大价钱买了近十种,后来仔细研究,看出是双钩伪制,并请赵万里先生看过,也认为不真。在看准了之后,他毫不犹豫,说这种东西不可留在世上骗人,就一火焚之,费了多少钱,毫不顾惜。[1]

也许是因为津艺 61A 至 H 这一组残卷真伪混杂,当年周叔弢先生并没有"一火焚之",而是连同其他一些敦煌写本后来一并捐给了天津市艺术博物馆。李盛铎也确有"德化李氏凡将阁珍藏"印章,但多钤于李氏旧藏善本图书,而一些钤有"德化李氏凡将阁珍藏"印章的所谓"敦煌写卷"则很可疑[2]。诚如荣新江所说:除业已售诸日本的藏卷外,其他

---

[1]《文献》1984 年第 3 期,第 171 页。

[2] 参看藤枝晃《"德化李氏凡将阁珍藏"印について》,《京都国立博物馆学丛》第 7 号,1986 年,第 153—173 页。据陈红彦、林世田《敦煌遗书近现代鉴藏印章辑述》一文(《文献》2007 年第 2—3 期)统计,钤有"德化李氏凡将阁珍藏"印章的"敦煌写本"除本文已提及的津艺卷号外,还有津艺 19、21、28、60 号,北敦 15076、15154、15165、15331 号,上图 111 号,北大 83、117 号,上博 18 号,日本大东急纪念文库 107-22-1-1 号,日本京都藤井有邻馆 1、2、4、9、11、14、15、16、17、18、19、20、22、23、25、36、38、39、40、42、43、44、45、46、56 号,这些盖有"德化李氏凡将阁珍藏"印章的卷子有的确是真的,但未必为李氏旧藏,而很可能是藏家盖上流散出去的李氏藏章借以提高卷子的身价。

"标明为李家藏卷者,不论标者是李家后人还是其他人等,或者带有李氏藏印的各种真伪藏卷,都难被视作李盛铎旧藏的真敦煌写卷"[1]。在同一组5件钤有"德化李氏凡将阁珍藏"印章的写本被判定为伪作的情况下,这剩下的盖有同一印章的津艺61EV的可靠性也就不能不打折扣了。

2. 该写本内容有抄袭的嫌疑。表面上看,该写本的内容和措辞确与敦煌写本书状相似,但其中也透露出了模仿抄袭的痕迹。试比较以下写本:S.4654号背《起居状》:"正月孟春犹寒,伏惟某乙尊體起[居]万[福],即日　蒙恩,不审近日尊體何似?伏惟顺时倍家(加)保重。远城(诚)所望。前者乙盘(般)次某手上奇(寄)某勿(物)小(少)多[2],寮(聊)充单信,不忘心。更合有重,缘事怱芒(忙),奇(寄)付不得。今因人往,空[附]单书起居。不宣。谨状。"又S.4677号《某年六月廿七日杨法律与僧戒满书》:"季夏极热,伏惟僧兄戒满尊體起居万福,即日弟僧杨法律且得平善,不用远忧。法躰何似?伏惟以时倍加保重。远城(诚)所望也。自从拜别以来,微心恋忆,未得报贺(荷)恩德。今于当寺僧承智手上,且充丹信,草豉子壹袋子,到日收取,莫责轻微。因人往,空附丹(单)书起居。不宣。谨状。"Дх.1384号《押牙李文继书状》:"孟春犹寒,伏惟某　官尊躰起居万福,即日某乙蒙恩,不审近□尊躰何似?伏惟以时善加保重。远情望也。某官忧愁,不可多少。昨者人往,般次到日,来往口问迢逍安落平善好在,喜悦。某乙得田庄、舍屋,某乙亦有多少欢悦。走马使般次王保山手上,空府(附)丹(单)书,道上怕恐贼徒,使名疾出,安排不到,聊无(充)丹(单)信,到望收纳。"(图19-7)不难看出,津艺61EV《信札》的内容措辞均与这三

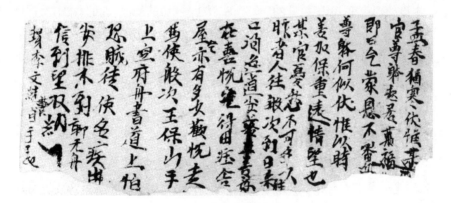

图 19-7　Дх.1384《押牙李文继书状》

---

[1] 荣新江《李盛铎藏卷的真与伪》,《敦煌学辑刊》1997年第2期,第3页;又《辨伪与存真——敦煌学论集》,第52—53页。

[2] 此句前八字似当乙读作"前者某乙般次手上"或"前者般次某乙手上","乙""某"二字当连读作"某乙"。

件书状有相似之处,尤其是与后一书状,相似度更高,甚至可以说津艺 61EV 就是据后者删节并稍加变更而来的。但津艺 61EV 也许是出于一个并不高明的抄手,Дx.1384 号说"远情望也",津艺 61EV 却错成了"远情呈也";Дx.1384 号说"王保山",津艺 61EV 却成了"王保门",这恐怕都是不应有的疏误。当然,津艺 61EV 抄手恐怕并没有机会看到俄藏敦煌写卷,但他很可能是"别有所本"。

3. 该写本出现了其他敦煌写本中未见的简体字。举例如下:

【体】

津艺 61EV 有"尊体"一词,"体"为"體"的俗字。"體"异体字或作"躰",从身、豊声;六朝会意俗字作"躰",而"体"又为"躰"的换旁字,盖身之本、人之本皆为"體"也。但这种用法的"体"其他敦煌写本中未见(上引 S.4654 号背《起居状》等书状均作"體"或"躰")。《四部丛刊》影印瞿氏铁琴铜剑楼藏宋刊本《古文苑》卷六《王孙赋》:"颜状类乎老公,躯体似乎小儿。"《四部丛刊》影印宋刊本《经进东坡文集事略》卷三八《赐龙图阁直学士正议大夫权知开封府吕公孺上表陈乞致仕不允诏》:"矧卿体力不衰,发齿犹壮,遽有引年之请,殊乖图旧之心。"《四部丛刊》影印江阴缪氏艺风堂藏景宋写本《诚斋集》卷四十《七月十一夜月下独酌》诗:"月光如水澡吾体,月色如霜冻吾髓。"其中的"体"字原本如此,皆即"體"的简俗字,这是"体(體)"字较早出现的一些用例。宋孙奕《履斋示儿编》卷二二引《艺苑雌黄》及《字谱总论讹字》谓流俗书"體"作"体",斥为"全不识字",说明这个字南宋前后虽已出现但并未得到正式的承认。敦煌写本确也有"体"字,但它并不同"體",而是从人、本声的形声字,用同粗笨的"笨"。S.2071 号《切韵笺注·混韵》盆本反:"体,麤名(皃)。"("名"字《王一》作"皃",兹据校)《广韵·混韵》蒲本切:"体,麤皃,又劣也。"S.329号《书仪镜·奉口马奴婢书》:"马一匹,某毛色。……愿不弃麤体,见垂检领,即小人愿毕。"其中的"体"即粗笨的"体"。津艺 61EV 的抄手不明就里,把"尊體"的"體"写作"体",而不知非敦煌写本所应有也。

【时】

津艺 61EV 把"以時善加保重"的"時"写作"时","時"字《说文》从日、寺声,声旁"寺"汉代以来的草书确有写作"寸"形的,但在行楷书文本中却不这样写,其他行楷体的敦煌文本中亦罕见写作此形的(如上引 S.4654 号背《起居状》等书状均作"時")。辽释行均《龙龛手镜·日部》:时,古,音時。《说文》载"時"古文从之声作"旹",行均以"时"为"古",未必有据。津艺 61EV 的抄手在楷书文本中把"時"写作"时",似也透露出了他作伪的蛛丝马迹。

根据以上三点，我们认为津艺 61EV《信札》极有可能为后人伪作，李盛铎的藏印，不过是造假者企图借以牟利的手段而已。

例七，浙敦 69 号（浙博 42）、浙敦 102 号（浙博 77）、浙敦 103 号（浙博 78），各一纸，均无题，《浙藏敦煌文献》编者皆拟定为《佛教禅宗文稿》。编者在叙录中说：

（浙敦 69 号）唐写本。单叶纸。据内容拟名。1 纸。纸高 22.5cm，长 22.8cm。14 行，每行 16 字。麻纸，纸色褐。墨色淡。楷书。张宗祥原藏。浙博原藏品号 23279.2。

（浙敦 102 号）唐写本。首尾残。册叶。据内容拟名。1 纸。纸高 22.4cm，长 22.5cm。总 13 行，每行 17 字。麻纸，纸色稍发黄。墨色浓。楷书。张宗祥原藏。浙博原藏品号 23279.21。

（浙敦 103 号）唐写本。首尾残。册叶。据内容拟名。1 纸。纸高 22.4cm，长 22.8cm。总 14 行，每行 16 至 17 字不等。麻纸，纸色稍发黄。墨色浓。楷书。张宗祥原藏。浙博原藏品号 23279.21。[1]

按：上揭三个写本来源、纸张、书体、内容相同，行款亦近，一些字的写法相同，如"雙"字下部三件皆从二"又"，等等，显系同一写本的残叶。据编者所称，各卷墨色有浓淡之别，纸色有褐与发黄的不同，但据笔者目验原本，这种区别并不存在。浙江省博物馆此三件的藏品号皆为 23279，也许原藏家张宗祥及浙江省博物馆原编目者本以此三件为同一写本。《浙藏》分作 23279.2 和 23279.21 两个号，并进而一分为三，显然不妥。宗舜《浙藏敦煌文献佛教资料考辨》一文指出这三号为同一《金刚经》注解的写本，宋宗镜述、明觉连重集的《销释金刚经科仪会要注解》和明屠根的《注解铁鋂鎉》中存有相关内容，原件的排列次序应是浙敦 103 号在前，浙敦 69 号在中，浙敦 102 号在后（参图 19-8、19-9、19-10），[2]当是。但三者内容并不能完全衔接，其间应仍有残缺。

关于这三个写本（以下改称本卷）的抄写年代，《浙藏》叙录皆定为"唐写本"，却没有交代理由；宗舜《〈浙藏敦煌文献〉佛教资料考辨》最终亦推断为唐代的批注本，窃以为不确。从一些字词的用法来看，笔者以为本卷应为宋元之间的写本。试看下列字词的用法：

---

[1]《浙藏敦煌文献》，杭州：浙江教育出版社，2000 年，第 14、19 页。

[2] 宗舜《〈浙藏敦煌文献〉佛教资料考辨》，《敦煌吐鲁番研究》第 6 卷，第 336—341 页。

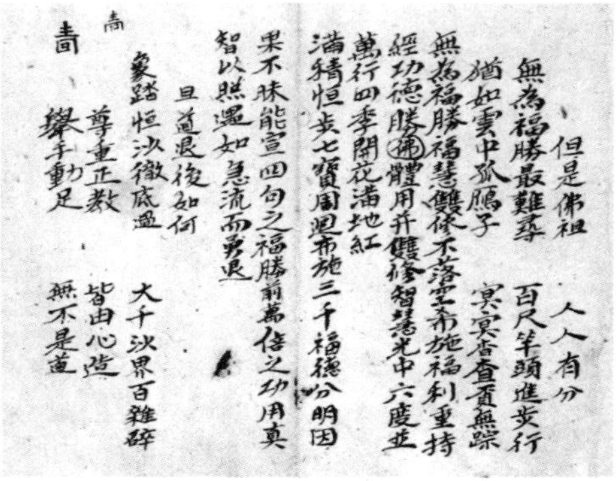

图 19-8　浙敦 103 号

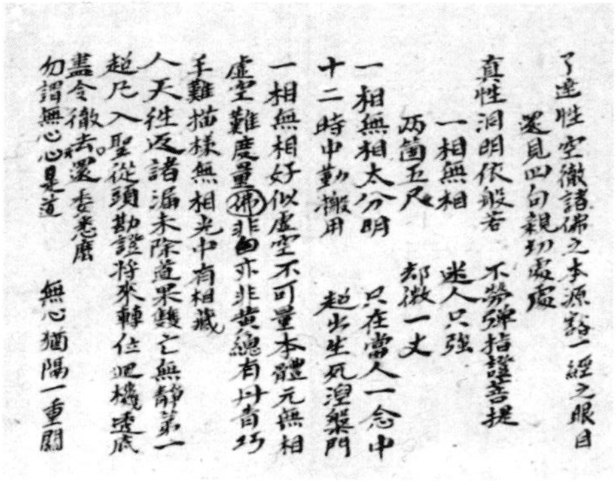

图 19-9　浙敦 69 号

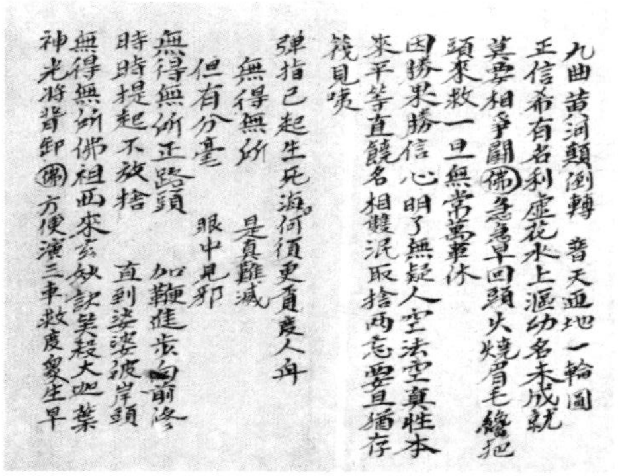

图 19-10　浙敦 102 号

【搬】

本卷有"搬"字："一相无相太分明，只在当人一念中。十二时中勤搬用，超出生死涅槃门。"按："搬"字后起，敦煌写本中皆作"般"。如 Φ.96 号《双恩记》："依时集士如云赴，继日般财似蚁旋。"是其例。"搬"乃"般"的后起增旁字，约出现于宋代以后。据《广韵·桓韵》北潘切："般，般运。"又《类篇·舟部》："般，移也。"可见宋代辞书中搬运义尚未别出"搬"字。本卷用"搬"字，其抄写时代必在宋代以后。

【透底】

本卷有"透底"一词："超凡入圣，从头勘证。将来转位，回机透底，尽令彻去，还知悉么？"其中的"透底"似是彻底之意。此词唐代以前未见，而经见于宋以后禅家语录，如《佛果圆悟禅师碧岩录》卷四："古人道：闻称声外句，莫向意中求。且道他意作么生？……若拟议寻思，千佛出世，也摸索他不着。若是深入阃奥，彻骨彻髓，见得透底。"[1]偶亦见于其他文献，如宋叶适《水心先生文集》(《四部丛刊》影印明黎谅刻本)卷二一《中大夫直敷文阁两浙运副赵公墓志铭》："在上前言论率朴，透底无枝叶。上亦坦怀欢笑，肝鬲亲厚。"

【元】

本卷有"元"字："本体元无相，虚空难度量。"按："元无相"即原无相。原来的"原"古只作"元"。清顾炎武《日知录》卷三二云："元者，本也。本官曰元官，本籍曰元籍，本来曰元来，唐宋人多此语。后人以'原'字代之，不知何解。原者再也……与本来之义全不相同。或以为洪武中臣下有称元任官者，嫌于元朝之官，故改此字。"[2]明沈德符《万历野获编·补遗》卷一"年号别称"条云："尝见故老云：国初历日，自洪武以前，俱书本年支干，不用元旧号。又贸易文契，如吴元年、洪武元年，俱以'原'字代'元'字，盖又民间追恨蒙古，不欲书其国号。"[3]考敦煌写本原来的"原"大抵作"元"，偶亦有二字混用之例[4]。但明代以后普遍改用"原"字却是实情。本卷仍用"元"字，可证其书写时代或应在明代之前。

此外本卷也有"落空"一词："无为福胜，福慧双修不落空。"如前所说，"落空"一词盖宋代以后始见。

---

[1]《大正藏》卷四八，第 175 页。

[2]《日知录集释》卷三二，长沙：岳麓书社，1994 年，第 1147—1148 页。

[3]《万历野获编·补遗》卷一，北京：中华书局，1959 年，第 799 页。

[4]"原""元"《广韵·元韵》同音愚袁切，应可通用。敦煌写本 S.5588 号《只为求因果》诗："有理有钱多破用，官典相元纵。"其中的"元"即应读作"原"。

　　总之,就一些字词的用法来看,笔者以为本卷既非敦煌写本,也非明代以后写本,而应是宋元之间的写本。《浙藏》等定作唐写本,那是不可信的。[1]

参考文献

　　戴仁《敦煌和吐鲁番写本的断代研究》,原载《法兰西远东学院通报》第 74 卷,1985 年;收入耿昇译《法国学者敦煌学论文选粹》,北京:中华书局,1993 年。

　　戴仁《敦煌写本中的赝品》,刘冰译,《法国汉学》第 5 辑(敦煌学专号),北京:中华书局,2000 年。

　　苏远鸣《敦煌汉文写本的断代》,耿昇译《法国学者敦煌学论文选粹》,北京:中华书局,1993 年。

　　施安昌《敦煌写经断代发凡——兼论递变字群的规律》,《故宫博物院院刊》1985 年第 4 期。

　　藤枝晃《“德化李氏凡将阁珍藏”印について》,《京都国立博物馆学丛》第 7 号,1986 年。

　　池田温《敦煌写本の伪物》,《讲座敦煌 5·敦煌汉文文献》,东京:大东出版社,1992 年;译本题《敦煌写本的伪作》,收入《敦煌文书的世界》,张铭心、郝轶君译,中华书局,2007 年。

　　池田温《敦煌写本の真伪鉴别》,《讲座敦煌 5·敦煌汉文文献》,东京:大东出版社,1992 年;译本题《敦煌写本的真伪鉴别》,张铭心、郝轶君译《敦煌文书的世界》,中华书局,2007 年。

　　池田温《敦煌写本伪造问题管见》,《百年敦煌学:历史 现状 趋势》,兰州:甘肃人民出版社,2009 年。

　　府宪展《敦煌文献辨疑录》,《敦煌研究》1996 年第 2 期。

　　荣新江《李盛铎藏卷的真与伪》,《敦煌学辑刊》1997 年第 2 期;又改题《李盛铎藏敦煌写卷的真与伪》,收入《辨伪与存真——敦煌学论集》,上海:上海古籍出版社,2010年。

---

[1] 承李铭佳博士函示,董大学后来指出此三号与 Дх.284 号为同一写本,其大小、字迹、内容一致,顺序为 Дх.284 号…浙敦 103 号…浙敦 69 号…浙敦 102 号,篇题可据 Дх.284 号原题定作“稍(销)释金刚科仪要偈三十二分”,创作时间晚于南宋淳祐年间宗镜撰《销释金刚经科仪》,其中 Дх.284 号孟列夫《俄藏敦煌汉文写卷叙录》认为可能是黑水城卷子,可从,浙敦 3 号自然也应该是黑水城文献。董文《俄 Дх.284〈稍释金刚科仪要偈三十二分〉考辨》,《宁夏大学学报》2013 年第 1 期,第 85—87 页;又《〈金刚经〉的仪式化——〈销释金刚经科仪〉相关写本研究》,《中国典籍与文化》2015 年第 4 期,第 46—51 页。

荣新江《敦煌学十八讲》,北京:北京大学出版社,2001 年。

荣新江、余欣《敦煌写本辨伪示例——以法成讲〈瑜伽师地论〉学生笔记为中心》,《敦煌学·日本学——石塚晴通教授退职纪念论文集》,上海:上海辞书出版社,2005 年;收入《辨伪与存真——敦煌学论集》,上海:上海古籍出版社,2010 年。

荣新江《〈俄藏敦煌文献〉中的黑水城文献》,《黑水城人文与环境研究——黑水城人文与环境国际学术讨论会文集》,北京:中国人民大学出版社,2007 年;收入《辨伪与存真——敦煌学论集》,上海:上海古籍出版社,2010 年。

邰惠莉《甘肃藏非敦煌文献的真伪、来源及相关问题》,《敦煌学辑刊》2000 年第 2 期。

赤尾荣庆《关于伪写本的存在问题》,冯慧芬译,《敦煌文献论集——纪念敦煌藏经洞发现一百周年国际学术研讨会论文集》,沈阳:辽宁人民出版社,2001 年。

赤尾荣庆《敦煌写本的书志学研究——基于近年的动向》,《敦煌学·日本学——石塚晴通教授退职纪念论文集》,上海:上海辞书出版社,2005 年。

李伟国等《敦煌话语》,上海:上海科技教育出版社,2002 年。

余欣《浙敦 065 号文书伪卷考》,《敦煌研究》2002 年第 3 期。

金滢坤《敦煌社会经济文书辑校》前言,浙江大学博士后研究工作报告,2003 年。

张涌泉《敦煌卷子辨伪研究——基于字形分析角度的考察》,《文史》2003 年第 4 期。

刘涛《从书法的角度谈古代写本的辨伪——兼说建立古代写本断代的“书法坐标”》,《敦煌学国际研讨会论文集》,北京:北京图书馆出版社,2005 年。

窦怀永《敦煌文献避讳研究》,浙江大学博士学位论文,2007 年。

Dunhang Manuscript Forgeries,*The British Library Studies in Conservation Science 3*, London: The British Library, 2002.ix+358pp.

第二十章　敦煌文献的校勘

关于古书校勘的方法,近人陈垣谓其法有四:

> 曰对校,以祖本相对校也;曰本校,以本书前后互校也;曰他校,以他书校本书也;曰理校,不凭本而凭理也。[1]

这四种方法,是陈氏根据前人的校勘实践所作出的理论概括,也是古书校勘的不二法门。敦煌文献的校勘舍此亦别无他途。下面我们就按这四种方法举例说明如下。

第一节　对校

所谓对校,就是用同一部书的不同本子来对勘。其法是先选择一个适当的底本,然后再用其他异本逐字逐句来对勘。

一　底本的选定

选择什么样的本子作底本,是根据校勘的目的来决定的。我们校勘敦煌文献的目的是要恢复原书的本来面貌,做成像标点本二十四史那样的"定本",使之成为各个学科都

---

[1]《通鉴胡注表微·校勘篇》,北京:中华书局,1962年,第37页。

可以放心使用的材料。鉴此,校勘的底本就以选择较为完整和错误较少者为合宜。如敦煌文献中有《开蒙要训》写卷达 86 件之多,经整理缀合得 57 卷,其中首尾俱全者 5 件,即 P.2578、P.3610、P.2487、P.3054、P.3875A 号,其中 P.2578 号首尾均题"开蒙要训一卷",末题后有题记"天成四年九[月]十八日燉煌郡学仕郎张☒☒书",最为完备,抄写也比较规整,错误较少,而且该卷部分文字右侧或右下方有小字直音,为其余首尾俱全的 4 件所无,故我们选取 P.2578 号为底本。又如敦煌文献中有《字宝》写卷 8 件,经整理缀合得 5 卷,即 S.6204、P.2058、P.2717+Дх.5260 背+Дх.5990 背+Дх.10259 背、P.3906、S.619 背,其中 P.3906、S.6204 号最为完整(后者卷端序文略有残缺),故校勘底本可在此二卷中选择其一;S.6204 号写卷分作上下两栏,平上去入四部分每部分按先上栏、后下栏的顺序抄写,这种格式应为原书的本来面目(P.2717+Дх.5260 背+Дх.5990 背+Дх.10259 背与 S.6204 号略同);P.3906 号每行抄三条或四条(P.2058、S.619 号背更是各条接抄不分),抄手盖据底本按行顺序接抄,改变了原本上下两栏的格局,于是就彻底打乱了原书的格局,并由此造成了一些混乱。如该书的一个重要体例是"傍通列之",即把音同音近(有时义亦相近)的词条抄列在一起(后一条常用"又""同前""同上"等语词与前一条联通),这些"傍通"的词条 S.6204 号及 P.2717+Дх.5260 背+Дх.5990 背+Дх.10259 背总是抄在同一栏,而 P.3906、P.2058 号这些词条往往被另一音义无关的词条相间隔,原本"傍通"的词条也就变得不"傍通"了。我们校勘的目的是要恢复原书的本来面貌,所以只能选择离原貌最为接近的 S.6204 号为底本。否则,假如我们选择背离了原貌或不太完整、错误很多的本子作底本,经常需要据异本纠正底本的错误,会增加很多校记,徒增枝节,让读者不胜其烦。

二　校本的择取

在选用底本的同时,还必须广泛地搜求对校本。所谓对校本,就是用来和底本对勘的其他本子。底本外如果只有一个其他本子,对校起来自然比较简单,但不少敦煌文献往往有数量众多的异本,对这些众多的异本,校勘时不能不分好坏地罗列异同,而必须认真加以分析研究,在弄清各个本子的渊源递嬗关系的基础上,尽量把那些关系最为接近或文句基本相同的本子列在一起。如敦煌文献中有《黄仕强传》12 件,缀合后得 10 卷,其中 P.2136 号以第一人称"厶"之口吻描述冥间所历之事,与其他各本文句迥异,故宜另本校录。其余九卷根据用字情况可分成甲、乙、丙三个系统:系统甲包括浙敦 26、大谷大学藏品、P.2186、Дх.4792+北敦 2921、P.2297 号五卷,该系统各本多有首题"黄仕强传",而无尾题,文中有"威仪服饰""家内燋然,不能得三卷"等句。系统乙包括上图 84号、中村不折藏本、Дх.1672+Дх.1680 号三卷,该系统各本完整者首尾皆题"黄仕强传",文中有"羽仪服饰""家内燋剪,不得三卷"等句。系统丙仅北敦 6558 号一卷,首残尾全,无尾题,文中有"家内燋煎,不能写得三卷"句。据此特点,我们选择内容完整、字体精美的浙敦 26 号为底本,顺序以甲系统其余各本及乙、丙系统各本为对校本。又如上揭《开蒙要训》的 40 余个异本,Дх.19083+P.3243 号残卷部分文字下有旁注字(包括注音、释义、校异以及对原卷残泐文字的抄补等),是除底本外另一个有注的本子,可与底本互勘,故我们列之为甲本;接着按完整度及文字优劣,以 P.3610、P.2487、S.5431、P.3054、P.3875A 号等十个卷子为对校本,以乙、丙、丁、戊、己等次之;剩余的本子则按其所存文句先后为序择要出校。

对校本当然是越多越好。虽然对校本的价值是不一致的,但即便是那些看起来质量较差或习字的本子,往往也有它的可取之处。如 P.3416 号《千字文》:"恬笔伦纸,钧巧任钓。释纷利俗,并皆佳妙。毛施淑姿,工颦研笑。"其中的"钧"字 S.3835、S.5592 号等本同,S.5454 号及 P.3108、P.4066 号等本作"钓",唯 S.5787 号背《千字文》习字(图 20–1)及 P.3561号《真草千字文》等少数本子作"钧","钧"字是,当据正。日本大阪上野淳一氏藏弘安

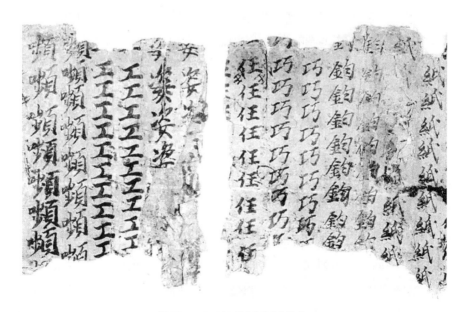

图 20–1 S.5787 背《千字文》习字

十年(1287)写本《注千字文》"钧巧任钓"注:"晋人马钧大巧,绫文机本五十六蹑,钧改十二蹑,文章不异……任公子善钓,蹲于会稽,投饵东海,得大鱼焉。"可证。又"频"字S.5454、S.3835、P.3108 号等卷同,唯 S.5787 号背《千字文》习字及 P.3561 号《真草千字文》作"嚬",今传智永《真草字千文》亦作"嚬",按"嚬"谓颦眉(《说文》作"矉"),"嚬"字是也。S.5787 号背所抄《千字文》不过区区 16 字,却可据以纠正其他本子的两处错误,我们固不能因其为习字而加以忽视也。所以对校本的搜集是越全越好,而且所有敦煌文献中的异本都应纳入我们对校的视野之内。

除敦煌写本外,有的书传世文献中亦有刻本留存,当然也应取作校勘之资。如北敦2962(北 6447,阳 62)号《大般涅槃经》卷二六:"诸猎师纯以糒胶置之案上,用捕弥(猕)猴。"又云:"糒胶者,喻贪欲结人。"查《中华大藏经》影印《金藏》广胜寺本《大般涅槃经》"糒"字作"黐";玄应《音义》卷二引亦作"黐",云"黐胶,敕支反,《广雅》:黐,粘也。《字书》木胶也。谓粘物者也"。"黐"字与经文文意正合。据此,"糒"当即"黐"的换旁俗字。《汉语大字典》载"糒"字,音 lí,义项一为"熬米坏",义项二为"粘",后一义项下引明方以智《物理小识》卷九:"金漆樟漆之外,有猫头刺汁以糒雀,鸡肠草汁以黏蝉。"其实后一义项的"糒"也正是"黐"的俗字,《汉语大字典》读作 lí 音,非是。

又如敦煌文献中共有唐释玄应《一切经音义》大大小小写本 42 件,该书传世文献有多种完整的刻本留存,如《高丽藏》本、《金藏》本、《碛砂藏》本、明《永乐南藏》本、清《海山仙馆丛书》本(《丛书集成初编》据此本影印),等等,敦煌写本是该书现存最早的传本,确有大量优胜之处可据以纠正刻本之误的,但也有一些错误是需要借助于传世刻本来纠正的。如 Φ.230 号玄应《一切经音义》卷二《大般涅槃经》第十四卷音义:"因钻,子丸反,又子乱反,《说文》云:钻,可以用穿物。经多作攒,非义也。"注文"可以用穿物"刻本皆作"所以用穿物者也",慧琳《音义》卷二六释云公《大般涅槃经》音义引《说文》同,底本"可"当据刻本校作"所",今本《说文》"钻"字注"所以穿也",可证。所以我们在校理敦煌文献时,校记中既要反映敦煌本的优长之处,同时也应实事求是地指出敦煌本的不足甚至疏误。

三　出校的原则

选好了底本和对校本,校勘工作当然也就可以开始了。但校勘时并不需要把底本和对校本的差异统统在校记中加以反映,而只需择要出校。一般可掌握以下原则:凡底本不误而他本误者,一般不出校记;底本中明显的错误,可直接改订原文,并出校说明所据及理由,但如果是一般的手写之异,如"己""已""巳"混同、"扌"旁"木"旁淆乱之类,可径据文意录定,不出校记;义可两通、不能断定是非者,在校记中加以说明。对那些对校本众多的文献,尤其要注意校记的提炼,否则巨细靡遗,眉毛胡子一把抓,昏人耳目,让人不得要领。

运用对校法,必须注意到许多古书(尤其是先秦古籍)在流传过程中不断累积的特点。有些典籍初始时往往比较简单粗糙,在后来的长期流传过程中,不断得到丰富和完善,直至最后编定。这种定本和当初的"原本"以及流传过程中的种种传本之间,无论是字句还是思想内容都会有很大的出入,这里既有师承传授不同的原因,也有文字语言甚至思想内容不断被"当代化"的原因。对这种相互间出入较大的异本,我们在对校时既要注意到流传讹变的因素,也要考虑到不同时代的烙印,而不能是此非彼,强求一律。

对校法的优点在于一切发现和改正的错误都有版本上的依据,从而可以避免主观臆断的错误;校者罗列各本异同,编为校记,读者手此一编,可知各本之本来面目,而且有利于沟通异文间的字际关系。如北敦 4925(北 6487,阙 25)号《大般涅槃经》卷三二:"不修心者,不能观心轻躁,动转难捉难调,驰骋骎逸如大恶象。"其中的"骎"字异本 S.6705 号同,北敦 3486、S.4756 号及《金藏》广胜寺本作"奔"。按《玉篇·马部》:"骎,百昆切,马走貌。"《汉语大字典》等大型字典"骎"字音义略同。而据上揭佛经异文,我们可以推知"骎"实即"奔"的增旁俗字。P.2172 号《大般涅槃经音》云:"骎逸,上奔。""骎"字直音"奔",系佛经音义中常见的以正字注音之例,可以参证。又如 S.2869 号《大般涅槃经》卷三一:"如刈菥草,执急则断。"其中的"菥"字异本 S.4382 号同,S.6718 号及《金藏》广胜寺本作"菅"。P.2172 号《大般涅槃经音》卷三一:"菥,奸,或作菅。"玄应《音义》卷二、慧琳《音义》卷二六《大般涅槃经》该卷音义俱出"菅草"条,云"菅"字经文作"蒹",蒹,香草也,蒹非经义。据此,我们可以推知"菥"乃"蒹"的俗字(犹 P.2172 号《大般涅槃经音》注音字"奸"为"姦"的俗字);"蒹""菅"音同,古多相乱。而现今通行的《汉语大字典》等大型字典类皆未能沟通"蒹"与"菥"的正俗异体关系,"蒹"与"菅"的同音混用关系亦多含混不清。

第二节　他校

　　所谓他校,就是用其他书来比勘。古人著书立说,其内容有采自前人者,则可以前人之书校之;其内容有为后人所引者,则可以后人之书校之;其内容有为同时之书所并载者,则可以同时之书校之。

一　取前人之书以校

　　如 S.1441 号《励忠节钞·政教部》:"孔子云:入其境,其政(教)可知也。若温柔敦厚,《诗》教也;若流通知远,《书》教也;若广情易良,《药(乐)》教也。"按《礼记·经解》:"孔子云:入其国,其教可知也。……其为人也,温柔敦厚,《诗》教也;疏通知远,《书》教也;广博易良,《乐》教也。"应即上揭引文所本。王三庆《敦煌类书》据以校"政"字"药"字(页 182、604),甚是。又"流通"亦当据以校作"疏通","广情"当据以校作"广博"[1]。上揭《礼记》原文孔颖达疏云:"'疏通知远,《书》教也'者,《书》录帝王言诰,举其大纲,事非繁密,是疏通;上知帝皇之世,是知远也。'广博易良,《乐》教也'者,《乐》以和通为体,无所不用,是广博;简易良善,使人从化,是易良。"可证"疏通""广博"是。

　　又如 S.5454 号《千字文》:"景行惟贤,尅念作圣。"其中的"尅"字异本 P.3062、P.3416、S.3835 号等敦煌写本多同,唯 P.3108 号作"克",今传智永《真草字千文》(据湖南美术出版社 2006 年影印日本小川简斋旧藏本)作"尅"。按《尚书·多方》:"惟圣罔念作狂,惟狂克念作圣。"上揭《千字文》虽未标明所本,但可以断定"尅念作圣"句系由《尚书》"惟狂克念作圣"句节略而来,则其字当以作"克"为典正。上揭《尚书》引文伪孔颖达传云:"惟圣人无念于善,则为狂人;惟狂人能念于善,则为圣人。"传文以"能"对译"克"字,则"克"即"能"义。《诗·大雅·荡》"靡不有初,鲜克有终"郑玄笺:"克,能也。"可参。《千字

---

[1]　此说笔者在 1999 年为浙江大学古籍研究所研究生讲授校勘学时首先指出,后载入由参加听课的何华珍等同学整理的《敦煌本〈励忠节钞〉王校补正》一文,文载《中古近代汉语研究》第 1 辑,第 286 页。下引此文者大抵同此。

文》"尅念作圣"的"尅",乃"剋"的俗字,而"剋"乃"克"的后起分化字,二字古多混用不别。

二 取后人之书以校

如唐释玄应《一切经音义》除有《碛砂藏》本、《金藏》本、《高丽藏》本、《丛书集成初编》本等刻本传世外,绝大部分又被唐释慧琳的《一切经音义》所转载,慧琳转引时,除个别用字(包括切音)略有调整外,基本上保留了玄应书的原貌。所以我们在整理敦煌本玄应《音义》时,除用传世各本对校外,也可取后出的慧琳《音义》来比勘。如 P.3734 号玄应《一切经音义》卷十六《舍利弗问经》音义:"慊至,苦簟反,慊慊,言勖勖也,亦慊快也。"注文"苦簟反"《碛砂藏》本及《丛书集成初编》本作"古簟反",《高丽藏》本作"苦簟反","古""簟"皆误,慧琳《音义》卷六四引作"苦簟反",是也,"慊"字《广韵·忝韵》正音"苦簟切"。

又如 P.2901 号《一切经音义摘抄》:"不嚏,丁计反,喷鼻也。经文作呬,非也。"按本条摘抄自玄应《音义》卷十二《普曜经》第五卷音义,"嚏"字《碛砂藏》本、《高丽藏》本及《丛书集成初编》本皆作"嚏","嚏"即"嚏"字俗写,"嚏"文中又应为"嚔"的讹俗字,慧琳《音义》卷二八引正作"嚔"。

三 取同时之书以校

如 P.4017 号《渠人转帖》:"今缘水次逼斤(近),切要通底河口,人各枝两束,{亭}白刺壹{不}束、拴两筐(茎)、锹钁一事,两日粮食。是酒壮夫,不用厮儿女。帖至,限今月廿九日卯时于口头取齐。"何谓"是酒壮夫"?费解。考 P.3412 号《壬午年(982)五月十五日渠人转帖》有相近内容:"今缘水次逼近,要通底河口,人各锹钁壹事,白刺壹束、桂一束、拴壹笁(茎)。须得庄夫,不用厮儿。帖至,限今[月]十六日卯时于皆和口头取齐。"两相比勘,可知前者"是酒壮夫"应校作"是须壮夫",后者"须得庄夫"则应校作"须得壮夫",殆无疑义矣。

又如 P.2491 号《燕子赋》:"燕子单贫,造得一宅,乃被雀儿强夺,仍自更着恐吓。

云[1]：'明敕括，标入正格。阿你逋逃落藉，不曾见你膺王役。终遣官人棒脊，流向担(儋)崖象白。'"其中的"明敕括"句异本 P.3666 号同，P.2653、P.3757 号"括"后多一"客"字。按73TAM509：8/21(a)《唐开元二十一年(733)西州都督府案卷为勘给过所事》："但化明先是京兆府云阳县嵯峨乡人，从凉府与敦元暕驱驮，至北庭括客，乃即附户为金满县百姓。"(《唐吐》肆-291)《旧唐书·宇文融传》："时天下户口逃亡，免役多伪滥，朝廷深以为患。融乃陈便宜，奏请检察伪滥，搜括逃户。……于是诸道括得客户凡八十馀万，田亦称是。""括客"即搜寻逃亡的户口[2]。据此，前揭《燕子赋》"明敕括"句当据 P.2653、P.3757 号作"明敕括客"为是。又"落藉"P.3757 号同，P.3666 号作"落籍"。按《唐律疏议·户婚》："诸脱户者，家长徒三年。"疏曰："率土黔庶，皆有籍书。若一户之内尽脱漏不附籍者，所由家长合徒三年。"[3]唐薛用弱《集异记·殭僧》："司空薛公因令军卒之战伤疮重者，许其落籍。"[4]据此，"落藉""落籍"当以后者为是，"落籍"指户口在户籍簿中脱漏[5]。

又如中村 139 号句道兴《搜神记》"周宣王"条云："昔有周宣王，信谗言，枉煞忠臣杜伯。杜伯临死之时，仰面向天曰：'王曲取谗佞之言，枉煞臣。不逾三年，愿一如臣。'……后更至三年，宣王遂出城田猎，行至城南，见杜伯前后侍从鬼兵队仗，乘赤马，朱笼冠，赫弈，手报(执)弓箭，当路向宣王射之。"其中的"朱笼冠"疑当校补作"朱衣笼冠"。"朱衣笼冠"本为魏晋以来中低级官员的打扮。如《梁书·陈伯之传》："褚緭在魏，魏人欲擢用之。魏元会，緭戏为诗曰：'帽上著笼冠，袴上著朱衣，不知是今是，不知非昔非。'魏人怒，出为始平太守。""帽上著笼冠，袴上著朱衣"即暗指被"擢用"之意[6]。后来亦被视作冥官的装束。上揭《搜神记》下文"王子珍"条描写冥府泰山主簿李玄亦云："乘白马，朱衣笼冠，前后骑从无数，非常赫弈，别有青衣二人引道。"吐鲁番出土文书随葬衣物疏中亦屡见"朱衣笼冠"，如 72TAM169：32《高昌建昌四年(558)张孝章随葬衣物疏》："今有朱衣笼冠□(一)具。"(《唐吐》壹-207)是其例。"朱衣笼冠"被用作随葬衣物，盖寓有祈祷死者在冥间官运亨通之意。杜伯"朱衣笼冠"，亦正和他的身份吻合，补一"衣"字是符合当时的风尚制度的。

---

[1] "云"字底卷在"明"后，兹据 P.3666、3757 号乙正。

[2] 参看《敦煌变文选注》(增订本)，北京：中华书局，2006 年，第 497 页注〔三〕；《敦煌变文校注》，第 386 页注〔五五〕。

[3] 刘俊文《唐律疏议笺解》，北京：中华书局，1996 年，第 914—915 页。

[4] 《集异记》，北京：中华书局，1980 年，第 32 页。

[5] 参看《敦煌变文选注》，第 497 页注〔五〕、第 387 页注〔五八〕。

[6] 参看王国维《观堂集林》卷二二《胡服考》，北京：中华书局，1959 年，第 1087—1088 页。

　　时代相同（或相近）的著作，除内容每多相涉外，语言上也往往会有一些相似的特点。一地区有一地区特有之方言习俗，一时代也有一时代特有之言语。时间或地理相关的著作，即使内容全然无关，而其遣字用词亦往往会有若干相近之处，因此也可以取以为他校之资。如 P.3441 号背《某年雇工契样文》："若是放畜牧，畔上失却，狼咬煞，一仰售雇人祇当与充替。"何谓"售雇人"？费解。考敦煌文献中"售""受"通用。如 S.1624 背+S.1776 号《后晋天福七年至后周显德五年（942—958）间大乘寺交割常住什物点检历》："木盆壹，售三斗。"又 S.4199+P.3598 号《宋庚辰年（980）后报恩寺常住什物交割点检历稿》："铜灌（罐）壹，售壹斗。"其中的"售"皆当读作"受"。"售"字《广韵》在去声宥韵，"受"在上声有韵，皆禅纽浊音，唐五代西北方音浊上变去，故"售""受"同音。P.3906 号《字宝》去声"卖不售"条"售"字注直音"受"，可证。受这些他校资料的启发，我们可以推知前揭"售雇人"当校读作"受雇人"，文意正合。而"售""受"通用，在传世文献中却不见踪迹，显现出敦煌写本专有的语言特色。

　　又如 P.2714 号《十二时》："使府君，食香糗（糒），须念樵夫住村薮，捍劳忍苦自耕耘，美饭不曾霑一口。"其中的"捍劳"异本 P.3087 号同，P.2054 号作"桿劳"；《敦煌歌辞总编》校录作"旱涝"（页 1644—1645），蒋宗福《敦煌禅宗文献研究》从之，称"'旱涝'谓久旱不雨或久雨成灾"[1]。但试比较以下材料：S.2682 号《太子成道经》："太子闻说，便问三宝：'如何修行，得证此身？''捍劳忍苦，六时行道，饶益众生，乃获此身。'"[2] 又北敦 3024（北 8437，云 24）号《八相变》："太子却问：'如何修行，证得此身？'和尚道：'精勤行道，忍苦捍劳，救济众生，坚持戒学，乃获此身。'"又后魏菩提留支译《佛说佛名经》卷一："我等欲报如来恩者，当于此世勇猛精进，捍劳忍苦，不惜身命建立三宝，弘通大乘，广化众生，同入正道。"唐道宣《广弘明集》卷二七："自不坚强其志，亡身舍命，捍劳忍苦，衔悲恻怆者，将恐烦恼炽火无由而灭，无明重闇开了未期。"唐湛然《止观辅行传弘决》卷十三："是故他方菩萨，皆叹此土初心菩萨忍苦捍劳，从于香积来此听法者，权法未熟，是故经游。"宋法护、惟净等译《大乘宝要义论》卷五："善知识如乳母，善护一切，令离罪业故。善知识如仆使捍劳，能入生死大烦恼海，为拔济故。"由此可见，"捍劳"为唐代前后佛典中习语，其字灼然无误。而"桿"或"悍"则应为"捍"字音误抑或形误。"捍"字《说文》作

[1] 蒋宗福《敦煌禅宗文献研究》，四川大学 2002 年博士学位论文，第 103 页。

[2] 此例"捍"字 P.2999、S.548、S.2352 号写卷作"悍"。《敦煌变文集》（页 294）、《敦煌变文校注》（页 439）皆录作"悍"。后书校记云："刘凯鸣校'悍'为'含'，未确。'悍'即强悍。"下例"捍"字《敦煌变文校注》亦校作"悍"，皆非是。

"扦",有抵御之义。慧琳《音义》卷二三载唐惠苑《新译大方广佛华严经音义》卷下:"御扦,扦,卫也,蔽也,蔽谓遮塞之也,扦字《声类》作捍也。"《广韵·翰韵》:"捍,抵捍。""抵御"与"忍受"义近("抵御""忍受"乃因角度不同而异,从积极主动的角度可以说抵御,从消极被动的角度来说就是忍受),"捍劳""忍苦"应皆为动宾关系,"劳""苦"义同,"捍""忍"义近,故既可说"捍劳忍苦",又可改易位置说"忍苦捍劳","捍劳"单用其义不变,皆指忍受劳苦而言。敦煌写本或作"悍劳""桿劳",皆不可从;校作"含劳""旱涝",则更属大谬。

四　他校时的注意点

运用他校法时,必须注意以下几点:

1. 古人引书不一定符合原文

古人引书,为行文方便,常常改动原文。其中有"所引之书作彼字,所注之书作此字,而声义同者,则写从所注之书"的[1],有以训诂字相代的,有节略其辞的,有意引其辞的,等等,情形颇为复杂。清卢文弨《抱经堂文集》卷二十《与丁小雅进士论校正方言书》云:

> 大凡昔人援引古书,不尽皆如本文,故校正群籍,自当先从本书相传旧本为定。况未有彫板以前,一书而所传各异者,殆不可以遍举。[2]

我们校勘敦煌文献时,也必须注意到古人引书"不尽皆如本文"的特点,据引文改字时必须慎之又慎;否则就会以此例彼,或以彼例此,犯妄改古书的毛病。

2. 类书引文不可尽据

类书以其编纂时间较早,所引多旧本,而为校勘学家所重视。但类书引书失真的地方也很多,这是因为:①传抄翻刻时致误而失真;②编纂时或增或删或改而失真。敦煌文

---

[1] 王引之《经义述闻》卷五"歌以讯止"条,南京:江苏古籍出版社,2000年,第139页。
[2] 《抱经堂文集》卷二十,《四部丛刊》本,第11页。

献中有类书写本数十种,包括《修文殿御览》《类林》《事林》《事森》《瑚玉集》《语对》《兔园策府》《杂抄》《励忠节钞》等,这些类书写本同样存在着这样那样的疏误,对此,笔者曾以《励忠节钞》为例,撰文作过详细讨论[1],可以参看。所以我们据类书引文校勘时也必须谨慎,不宜信从太过。

3. 内容相关的古籍行文造句未必全同

不同的古书,由于取材偶同或承袭等原因,往往会有一些相似或相同的篇章和字句,如《汉书》与《史记》、慧琳《一切经音义》与玄应《一切经音义》、姚秦鸠摩罗什译《妙法莲华经》与西晋竺法护译《正法华经》,等等,内容和字句多有承沿,自可彼此参订,互相比勘。但其行文造句,则未必完全相同。或句有繁简之异,或字有本假之别,或词有雅俗之分,如此等等,应注意彼此的区别,而不可断然用作他校的根据,妄加改易。

---

[1] 拙作《类书引文异同释例——以敦煌写本类书〈励忠节钞〉为例》,《海峡两岸古典文献学学术研讨会论文集》,上海:上海古籍出版社,2002年,第57—75页。

第三节 本校

所谓本校,就是用原书的上下文来互勘。清儒段玉裁在校勘《说文》时,曾创明"以《说文》校《说文》"之法。他说:

> 何谓以《说文》校《说文》也?《说文解字》中字多非许旧,则自为鉏鋙,即以《说文》正之,而后指事、象形、形声、会意之说可明也。[1]

段氏的"以《说文》校《说文》",就是用《说文》的上下文来互勘,也就是我们所说的"本校"。本校法往往是在既无异本可供对勘,又无他书可供比勘的情况下,专从原书的上下文着眼,或推寻著书者原定的体例,或寻绎原书行文造句的通则,或比较原书遣字用词的特点,或体察原书前后的文义,以意逆志,发现底本讹误之点。现分别说明如下。

一 据原书文例订正讹误

一部有价值的著作,总有它自己的体例所在,但作者自定凡例的不多(唐以前古书更是少见),或有亦不详。校书者如果能认真加以研究,掌握应校之书的体例,就等于掌握了校勘该书的钥匙,便能发疑摘伏,推寻原书的本来面目。如敦煌本《字宝》的一个重要体例是"分为四声,傍通列之"(S.6204 号《字宝》序),即把全书所收词条按读音归入平声、上声、去声、入声四部分;音同音近(有时义亦相近)的词条抄列在一起,后一条常用"又""同前""同上"等语词与前一条联通。如 S.6204 号《字宝》平声下栏有"纎胶丑知反"条,接云:"稴雀兒音同前,粘取也。"作者把同音的"纎""稴"列在一起("稴"实为"纎"的换旁俗字),即所谓"傍通列之"。但异本 P.3906、P.2058 号《字宝》"纎胶"条与"稴雀兒"之间被隔以音义完全无关的"相嬧婴庵,乌哥反"条,而"稴雀儿"条注文仍作"音同前"云云,则显非作者本意,读者亦不得其解矣。当我们掌握了《字宝》"傍通列之"的体例,才有可能恢复原书的本来面貌。

---

[1]《经韵楼文集补编》卷上《严九能尔雅匡名序》,《经韵楼集》,上海:上海古籍出版社,2008 年,第 375 页。

又如 S.617 号《俗务要名林·菜蔬部》:"兰香,上音干反。"注文"上音干反"日本庆谷寿信校作"上音鲁干反"[1]。按本书注音或云"音×",或云"××反",而无"音××反"者,据此,可见庆谷校不可从。该书另一异本 P.2609 号"兰香"条注音作"上落干反",则底卷"上音干反"当为"上落干反"之误。盖底卷"音"字乃涉上下文标注直音的"音"字而误(前一条云"萝卜,上音罗,下蒲北反",下文隔一条云"蓼子,上音了",直音前皆有"音"字),而非"音"下脱反切上字。

二　据原书词例订正讹误

一时代有一时代特有之言语,一作者亦往往有一作者习用之词汇。孙诒让《札迻》自序云:"秦汉文籍,谊恉奥博,字例文例,多与后世殊异。如荀卿书之'案',墨翟书之'唯毋',晏子书之以'敚'为'对',淮南王书之以'士'为'武',刘向书之以'能'为'而',骤读之,几不能通其语。……非覃思精勘,深究本原,未易得其正也。"[2]这就是说,每部书、每个作者都有自己独特的词汇,校者必须对这种独特的词汇了然于胸,才能深究本原,得其本正。如 S.1441 号《励忠节钞·将帅部》引《汉记》曰:"夫水至清则无大鱼,歧令峻察则下人不附。"其中的"歧令"费解。按同卷《政教部》云:"邓析曰:夫水浊者则无掉尾之鱼,政令峻察则下无逸乐之士。"则"歧令"当为"政令"之误,"政令峻察"盖编者习语[3],谓法令严明,与文义正合。[4]

又如 S.1441 号《励忠节钞·政教部》:"昔李康侍坐于晋文帝,时为(有)三长吏俱之言,同日辞见,上曰:'夫为官者,当清、当慎、当勤,能行此三者,何患不理乎?'"其中的"之言"费解。按同卷《善政部》:"张翕为隽郡守,布衣蔬食,俭以化人,我有(自乘)二马之官。"又《字养部》:"邓价(攸)为吴郡守,遂负米之官,俸禄一无所受,唯饮吴中之水而已。"

---

[1]《敦煌出土的"俗务要名林"(资料篇)》,东京都立大学人文学部《人文学报》第 112 号,1976 年,第 90 页。

[2]《札迻》,北京:中华书局,1989 年,卷首第 2 页。

[3]《东观汉记·班超传》《后汉书·班超传》皆有"水清无大鱼,察政不得下和"句,《邓析子·无厚》有"夫水浊则无掉尾之鱼,政苛则无逸乐之民"句,写本引作"政令峻察"当系出于《励忠节钞》编者改写。

[4] 此说《敦煌本〈励忠节钞〉王校补正》一文首先揭载,《中古近代汉语研究》第 1 辑,第 284 页。

则"之言"当为"之官"之误,"之官"盖编者习语[1],谓赴任,与文义正合。[2]

三　据原书字例订正讹误

不同的作者会有不同的用词习惯,也会有不同的用字特点;不同的抄手、刻工往往也有不同的书写(刻写)风格。对这种独特的用字特点或书写风格的深刻把握,也是我们校读古书的必备条件之一。

如 S.1441 号《励忠节钞·善政部》:"辛续为南扬(阳)郡守,妻子后到,续唯布被弊帏,畜米数升。谓其妻子:'俸禄若此,难以自资。'妻子辞而归。"又同卷《字养部》:"今官多禄薄,冬夏无以供衣服,四时无以奉祭祀,宾客无以供斗酒之费,自非夷吾(齐),谁能饿死不蚕食百姓者哉!"其中的"升""斗"《敦煌类书》皆录作"升"(页 185、186)。初观乍视,此二字确与"升"字字形极近。其实不然。唐代前后"升"字通常右下部加点作"升"或"升"形,而"斗"字则作"斗"或"斗""斗"等形,右下部不加点。S.388 号《字样》:"升,正;升,此勘《说文》《字林》并无,又勘卫宏定《官书》如此作。"此二字乃"升"字。又云:"斗斗斗斗,已上并从斗。"标目字为"斗""料""科""斜"四字,注文中的"斗"亦为"斗"字。又 S.613 号背《西魏大统十三年(547)瓜州帐籍》"斗"字作"斗"形,"升"字加点作"升"形(图 20-2),分用划然。上揭《励忠节钞》写本"升"字或"升"旁右下部亦多加一点。如同卷《德行部》:"朱穆云:君有正道,臣有政(正)路,从之如升堂,违之如赴壑。""升"乃"升"字。又同卷《贤行部》:"郭正己称法言(真)曰:名可得而闻,昇难得而[见]……"《政教部》:"孙卿子曰:夫一仞之墙,人不能蹦;百仞之上,童子昇焉。""昇""昇"乃"昇"字(前例"昇"又"身"的音误字)。据此,我们可以断定前揭右下部不加点的"升"

图 20-2 S.613 背《西魏大统十三年瓜州帐籍》

---

[1] 所引三例,相关文句前例《世说新语·德行》"晋文王称阮嗣宗至慎"条引李康《家诫》作"时有三长吏俱见",次例《北堂书钞·政术部·廉洁》引《华阳国志》作"自乘二马之官",后例《晋书·良吏传》作"攸载米之郡",唯次例"之官"系引书原文,其余二例当皆出于《励忠节钞》编者改写。

[2] 此说《敦煌本〈励忠节钞〉王校补正》一文首先揭载,《中古近代汉语研究》第 1 辑,第 287 页。

"卅"当是"斗"字俗书。[1]《敦煌类书》录作"升",与底卷字例不合,似是而实非。

又如 S.1441 号《励忠节钞·字养部》:"郭(郎)基,比高人,为海州刺史,性能清慎,无所营求。常语人云:'任官之处,木枕亦不须作,何况重于此事!'"按:"比高"当作"北齐"。[2]《北齐书·循吏传》:"郎基,字世业,中山人……起家奉朝请,累迁海西镇将。……基性清慎,无所营求,曾语人云:'任官之所,木枕亦不须作,况重于此事!'"郎基历任奉朝请、海西镇将、侍御史、郑州长史等职,皆为北齐属官,故称"北齐人"。"比""北"形近易误;但"齐"误作"高",则颇罕觏。考同卷《字养部》下文:"路邕任高州太守,有惠政,莅职清勤,善绥人俗。"《魏书·良吏传》称路邕魏世宗时"除齐州东魏郡太守",底卷"高州"当作"齐州"。又同卷《清贞部》:"晏平仲相高祖("祖"字衍文),食不重肉,妾不衣帛。"《史记·管晏列传》:"(晏婴)既相齐,食不重肉,妾不衣帛,齐因以治。"底卷"相高"当作"相齐"。可见"齐"误作"高"乃本卷抄手恒例(二字起笔相同),前后互勘,则校"高"作"齐"可以无疑焉。

四　据原书韵例订正讹误

古书(尤其是诗赋等文学作品)多用韵语,或韵或不韵,自有一定之规。如果照例应当押韵而失押,则很可能文字有误。

如《敦煌变文集》卷二《韩朋赋》(以 P.2653 号为底本):"枝枝相当是其意,叶叶相笼是其恩,根下相连是其气,下有流泉是其泪。"(页 141)按:上引韵语句中句末并用韵,但第二句句末的"恩"字失押,可见原文有误。据《敦煌变文集》校记,另一本 P.2922 号"恩"字作"气",而第三句的"气"则作"思"。"思"与"意""气""泪"押韵。据此,底本的"恩"当是"思"的形近误字。同篇上文:"天雨霖霖是其泪,鱼游池中是其意,大鼓无声是其气,小鼓无音是其思。"(页 140)亦泪、意、气、思四字句末为韵,可资参证。

又如 S.3872 号《维摩诘经讲经文》:"诫身心,少嫉妬,迄速时光早已暮。贪活贪计入黄泉,男女不肯替受苦。"又 P.2714 号《十二时》:"戒身心,少嗔妬,遮莫身为家长主。百般谗佞耳边来,冤恨且为含容取。"这二例皆为三三七七七句式,按照文例,第二个三字

[1] 此说《敦煌本〈励忠节钞〉王校补正》一文首先揭载,《中古近代汉语研究》第 1 辑,第 289 页。
[2] 此说《敦煌本〈励忠节钞〉王校补正》一文首先揭载,《中古近代汉语研究》第 1 辑,第 289—290 页。

句的末字应当入韵(如前例上文"劝门徒,须觉悟,一世为人难值遇。妆束于身道是荣,来往娑婆千万度",次句"悟"便与下文"遇""度"押韵),但"妬"字《广韵·候韵》音古候切,失押。考"妬"字古或用作"妒"的讹俗字。北齐颜之推《颜氏家训·书证》谓当时有人以"妬"字为"妬"字注音[1],这个音"妬"的"妬"实即"妬(妒)"的讹俗字。慧琳《音义》卷三十《大乘方广总持经》音义:"嫉妒,下都故反……经作妬,非也。"《龙龛·女部》:"妬,俗;妒,通;妬,正:当故反,害也。"亦可证。[2]前揭二例"妬"为韵脚字,分别与"暮""苦"和"主""取"押韵,以古候切音"妬",则失其韵;而以"妒"代"妬",则韵安理顺,可见此二"妬"必为"妒"的讹俗字。

五　据原书文义订正讹误

古人行文造句,总是为了表达一个总的思想内容,如果文字有误,则上下扞格,语句乖违,自当推敲其前后文义而订正之。例如:

《敦煌变文集》卷五《长兴四年中兴殿应圣节讲经文》:"数道朝臣衔命去,几幡□表谢恩回。"(页420)按:这两句是对偶句,但"几幡"与"数道"失对,"幡"当是"番"字之误[3]。"几番"与"数道"对偶,"番""道"并属量词,为回、次之义。又缺字疑为"藩"字。"藩表"与"朝臣"俪偶,义亦密合。

同上书《妙法莲华经讲经文》:"恰似黄鹰架上,天边飞去々心。还同世上凡夫,出离死生有意。"(页502)按:"々"表何意,原书没有说明。考下文云:"鹰也有心飞去,未知谁解解绦。"(页503)据此,"々心"疑当作"有心"。"有心"与下联"有意"文正一律。下文:"鹰在人家架上,心专长在碧霄。"说的也正是架上黄鹰"天边飞去有心"之意。查原卷P.2133号,所谓"々"本作"𠫤",正是"有"字草书"𠫤"的变体("出离死生有意"的"有"字原卷作"𠫤"形,可参)。

[1]　王利器《颜氏家训集解》(增补本),第445页。
[2]　"妒""妬"的正俗关系历来有不同看法。今本《说文》作"妒",从女、户声。段玉裁则认为当作"妬",从女、石声,犹柘、橐、蠹等字皆从石为声旁(段说见《说文解字注》)。《干禄字书》:"妒妬:上通下正。"《五经文字》卷下女部:"妬,丁故反,作妒者非。"皆与段说相合。
[3]　查敦煌写本原卷P.3808号,"幡"字实本作"番",作"幡"乃《敦煌变文集》传录之误。

六　据原书古注订正讹误

古书的古注,尤其是唐宋以前人所作的古注,由于所据以作注的本子都是旧本,因而尽管有时原书正文因传抄翻刻等因素已非原貌,而注文中却往往保存着原本的真相,可供校勘时择取。例如:

S.2125 号《大般涅槃经》卷十四:"善男子,譬如因鼓、因空、因皮、因人、因桴和合出声,鼓不念言我能出声,乃至桴亦如是。声亦不言我能自生。"其中的"因空"北敦 1151、北敦 4413、北敦 4810 号经本及《金藏》广胜寺本等传本同,费解。P.2172 号《大般涅槃经音》经文第十四卷相应位置出"因腔"条(经音该条下为"桴,苻"条,可参),云"苦江反"。据切音,"腔"应为"腔"的讹字,颇疑经文"因空"乃"因腔"之误,"腔"指鼓体,与上下文"鼓""皮""人""桴"皆指与击鼓发声相关的事物,正合经义。

北敦 4662(北 6363,剑 62)号《大般涅槃经》卷十三:"譬如暴风,能偃山夷岳。"其中的"夷岳"异本北敦 5099、北敦 5386 号及《大正藏》引日本宫内厅图书寮本同,但《金藏》广胜寺本及《大正藏》本作"移岳"。"夷""移"孰是? 查 P.2172 号《大般涅槃经音》经文第十三卷相应位置出"夷岳"条,云"夷"字"不合作移"。据此,可知上揭敦煌本作"夷岳"是对的。"偃山夷岳"是指倾倒、削平山岳,"夷"字义安。

P.2669 号《毛诗传笺·齐风·南山》:"艺麻如之何? 从衡其亩。"毛传:"艺,树也。衡猎之,从猎之,必种之然后以得麻。"正文"从衡"P.2529 号《毛诗》同,阮元刻《十三经注疏》本作"衡从"。"从衡""衡从"倒序而词义不变。但毛传云"衡猎之,从猎之",S.2729 号《毛诗音》亦先出"衡",后出"从",则其所据《诗经》原文当本作"衡从",当据正。写本作"从衡"者,盖因后世"从衡"习用而误倒。[1]

本校法的使用有一定的范围,而切忌滥用。有的敦煌文献并非一人所作,如王梵志诗、云谣集杂曲子、变文及《励忠节钞》《事森》之类;还有的文献材料的来源不一,著书者存异同而不求一致,在这种情况下,运用本校法要十分慎重。另外比较词例、体察文义进行本校,近则须寻览前后数页,远则须遍考全书,应该把视野放得开阔一些,有时还须结合他校一起进行,而不可拘泥于个别词句或上下数行,便轻加改订,强作解人。

---

[1] 参看《敦煌经部文献合集》第 2 册,第 721 页校记〔一一六〕。

第四节　理校

　　所谓理校,就是用推理的方法,对敦煌写本中不合"理"的地方加以匡正,从而使不合"理"变为合"理"。

　　写本中不合"理"的地方,大致包括不合文理和不合事理两个方面。不合文理,是指在文章的内容和词句方面不够通顺畅达。不合事理,是指文章所叙述的内容跟事实有所出入。当我们发现这种不合理的情况,却没有其他材料可供比勘,或者即使有其他材料可供比勘,但众说纷纭,莫衷一是,这时就不得不求助于推理的方法来加以裁断,定其去取。

　　运用理校法,大致可采取下列手段:

一　辨字形

　　即通过字形的辨析来推断敦煌文献字句的是非。形近而误是敦煌写本中最容易产生的一种错误,而且其形误的原因又特别复杂,如因古字形近而误,因俗字形近而误,因草书形近而误,等等,纷纭鞅鞥,逵径百出。所以我们必须在对各种不同的字体有一个总的了解的基础上,排比分析,细心体察,才能推导出字形讹误的真相。例如:

　　《敦煌变文集》卷七《百鸟名》:"花没鸽,色能姜,一生爱踏伽蓝地。"(页853)文中的"能"相当于"恁",义为如此(参看下文)。同篇下文:"青雀儿,色能青。""能"字义同。但"色能青"好懂,"色能姜"则费解,显然文字上有错误。我们首先求助于对校的办法:查该篇写本原卷。查核的结果,原卷也是作"色能姜"。既然对校、本校不能解决问题,他校又用不上,就不得不退而求其次,采用理校的方法。根据形近而误的原则,我们认为"姜"当作"美"。"美"字俗或作"羑"。慧琳《音义》卷十《理趣般若经》"美适"条音义:"美字《说文》从羊从大,经从父作羑,非也。""羑"字敦煌写本中经见。"羑""姜"形近易误。S.5471号《千字文注》"女慕贞洁"注:"喻贞夫之事韩朋,宋王闻其姜,聘以为妃。"又 P.3286号《十二时》:"潘岳容,石崇富,姜嬺西施并洛浦。"其中的"姜"皆为"美"字之误。故"色能姜"的

"姜"也正是"美"的形误字。校"姜"作"美",原文便豁然贯通了。

　　S.388号《正名要录》"正行者虽是正体,稍惊俗,脚注随时消息用"类"𡚁"下脚注"蚩"。蔡忠霖云:"'𡚁'之形未见于其他字书,不知何据,或为唐时社会所流行之字。《干禄字书》:'蚩蚩:上俗下正。'《五经文字》亦以'蚩'字为正,因此,'𡚁'应为'蚩'之变体。"[1]按:以字形而论,"𡚁"应为"妛"字俗讹。"安"字俗书作"安",又作"安",俚俗误以"妛"字下部为"安"旁俗写,据以改写,即可变体作"𡚁"形。《集韵·之韵》充之切:"妛,侮也,痴也。或作媸,通作蚩。"《王一·之韵》赤之反:"妛,侮轻。""妛"乃"妛"字俗省。"妛"字未见于唐代之前字书,实为"蚩"的后起换旁俗字,而"媸"又为受"妛""蚩"交互影响产生的繁化俗字。

二　审字音

　　即通过字音的审察来推断敦煌文献字句的是非。例如:

　　北敦2777(北1902,吕77)号《金光明最胜王经》卷九咒语:"医泥悉泥沓媲达沓媲。"卷末附经音云:"媲,普诣。""媲"字及所附经音北敦612、北敦3773、北敦5264号经本同。查"媲"字《汉语大字典》引《集韵》音公浑切,女子人名用字;又户衮切,释蒙盖、覆盖。《汉语大词典》仅载后一音义。而音"普诣"切的"媲"字未见《汉语大字典》《汉语大词典》所载,则当别是一字。据"普诣"反的读音,此"媲"当是"媲"的讹俗字。S.6691号《金光明最胜王经音》卷九:"媲,普诣。"字正作"媲"。"媲"字《广韵·霁韵》音匹诣切,与"普诣"反音同。S.388号《正名要录》"正行者楷,脚注稍讹"类"媲"下脚注"媲"。可洪《新集藏经音义随函录》第拾册《能断金刚般若波罗蜜多经论》中卷音义:"媲此,上匹计反,配也。正作媲。"可见"媲"字作"媲"乃当时俗书常例。

　　S.2821号《大般涅槃经音》如来性品第四:"傇,㺃。"或谓"傇"即"厣"字[2]。按:《干禄字书》:"象㺃:上通下正。""㺃""象"为《说文》篆文隶变之异。上揭写卷"傇"字既直音"㺃",则不得为"厣"字异体。实则"傇"即"㺃(象)"的讹俗字。《大般涅槃经》卷四如来性品第四有"习学乘象、盘马、拥力种种伎艺"句,即本条所出。其中的"象"字北敦1519号经本作"㿝","㿝""傇"一字之变。甘图26号《大般涅槃经》卷一:"复有二十恒河沙大香傇

---

[1]　《敦煌字样书〈正名要录〉研究》,中国文化大学硕士学位论文,1994年,第233—234页。

[2]　《敦煌音义汇考》,第1083页。

王、罗睺偒王、金色偒王、甘味偒王、绀眼偒王、欲香翁王等而为上首。"其中的"偒""翁"亦皆"象"字,可参。

三 考词义

即通过字义词义的考索来推断敦煌文献字句的是非。

字义、词义的考察,也是理校的一个重要手段。如前举《百鸟名》"青雀儿,色能青"一句,《敦煌变文集》以六字连读,并在校记中说:"句中应脱一字。"(页854)这个校记对不对? 我们认为不对。先从本校的角度看,同篇上文有"巧女子,可怜喜""念佛鸟,提胡芦""吉祥鸟,最灵喜"等语,都是三三句式,和"青雀儿,色能青"句式相同。再从理校的角度看,"能"在唐宋间可用同"恁",有"如此""这般"的意思。如《敦煌变文集》卷五《维摩诘经讲经文》:"朱唇旖旎,能赤能红;雪齿齐平,能白能净。"(页620)唐韩愈《杏花》诗:"居邻北郭古寺空,杏花两株能白红。"[1]其中的"能"都是"如此""这般"的意思[2]。《百鸟名》"色能青"的"能"也正是这个意思。同篇上文:"花没鸽,色能姜(美)。""能"字义同(这又是本校)。明白了"色能青"句"能"字的意思,则犹如拨云雾而见青天,原文的意思便没有半点滞碍了。

又如《敦煌变文集》卷一《捉季布传文》(以P.3697号为底本):"若是生人须早语,忽然是鬼奔丘坟。"(页55)冯沅君校:"'忽然是鬼'不可解。疑应作'纵然是鬼'。……本句的意思是:纵然是鬼也不应在此,应该到坟墓里去。"[3]按:冯说大误。"忽然"犹倘然,乃唐代前后使用极广的一个俗语词[4]。这两句"忽然"与"若是"相对,庚卷S.5439号"忽然"作"倘然",乃同义异文。冯氏不明俗语,昧于词义,因而所作出的校释自然是难以信从的。

---

[1]《朱文公校昌黎先生集》卷三,《四部丛刊》本,第九页。

[2] 说详蒋礼鸿《敦煌变文字义通释》(增补定本)"能"字条,第512页。

[3]《季布骂阵词文补校》,《文史哲》第1卷第3期,1951年,第29页。

[4] 说详蒋礼鸿《敦煌变文字义通释》(增补定本)"忽然"条,第391—392页。

四　核事实

即通过事实的稽核来推断敦煌文献字句的是非。事实是最有力的裁判。在事实面前，任何讹字谬说都将无所遁其迹。如我们在本书第三章"文多疏误"一节曾引 S.1441 号《励忠节钞·俊爽部》下面的例子："王右军羲之年十岁时，钱凤为大将军甚怜务（矜）爱，恒置帐中眠。大将军尝先出不在，右军未起。须臾钱凤入，屏人论事，忘却右军在帐中，便言逆节之谋。"考《世说新语·假谲》："王右军年减十岁时，大将军甚爱之，恒置帐中眠。大将军尝先出，右军犹未起。须臾，钱凤入，屏人论事，都忘右军在帐中，便言逆节之谋。"即上揭引文所本。《世说新语》所说大将军系指东晋王敦，王敦晋元帝时任镇东大将军，钱凤则是王敦帐下的谋臣。而据《励忠节钞》所引，为大将军者似乎是钱凤。《敦煌类书》因谓《励忠节钞》"所述以钱凤为大将军，殊无依据，且与今本《世说》不合，违背史实，似为小说稗闻"（页 619）。《敦煌类书》的校记有事实依据，无可辩驳。不过原文倒未必是"小说稗闻"，而极有可能是传抄有误：原卷"钱凤为大将军"句的"钱凤为"三字或为衍文当删，而"大将军"三字则当属下读，如此则原文怡然理顺，亦不至于与史实乖违了。

第五节　馀论

上面我们讨论了敦煌文献校勘的四种基本方法，但在实际运用中，这四种方法往往是交织在一起综合使用的。在这四种方法中，对校是最基本的方法，其可据依的可靠性也最大，所以如果可能，应尽量首先使用对校法进行校勘。他校法前人使用较广，可靠性也较大，但必须注意古人引书有种种复杂的情况，不可轻加改订。本校法立足于本书，注重上下文义的互勘，但有时接近于理校，必须慎重使用，不可生搬硬套，强求一律。理校法是校勘的补充方法，无论对校、他校还是本校，都需要借助于理校来裁断。但由于理校以推理为主，对校勘者的要求就更高一些。陈垣认为"此法须通识为之，否则卤莽灭裂，以不误为误，而纠纷愈甚矣。故最高妙者此法，最危险者亦此法"[1]。而有的从事敦煌文献校录的学人，对理校的危险性缺乏应有的认识，动辄祭出"据文义改"的法宝，凭臆妄改，治丝而益棼。其实即便陈垣这样的大学者，他校勘《元典章》时，于理校之法，自称"只敢用之于最显然易见之错误而已，非有确证，不敢藉口理校而凭臆见也"。陈垣先生的忠告，我们从事敦煌文献整理工作的同志是应该铭记在心的。

参考文献

段玉裁《经韵楼集》，上海：上海古籍出版社，2008 年。

王引之《经义述闻》，南京：江苏古籍出版社，2000 年。

卢文弨《抱经堂文集》，《四部丛刊》本。

孙诒让《札迻》，北京：中华书局，1989 年。

陈垣《通鉴胡注表微》，北京：中华书局，1962 年。

陈垣《元典章校补释例》，《励耘书屋丛刻》，北京：北京师范大学出版社，1982 年。

张涌泉、傅杰《校勘学概论》，南京：江苏教育出版社，2007 年。

张涌泉主编《敦煌经部文献合集》，北京：中华书局，2008 年。

---

[1]《元典章校补释例》卷六"校例·校法四例"，《励耘书屋丛刻》，北京：北京师范大学出版社，1982 年，第 1224—1225 页。下同。

附录　敦煌文献校录体例之我见

摘要　敦煌写卷的校录方式，迄今尚未形成一个统一的规范，这对提高敦煌文献的整理质量是很不利的。本文对其中的一些争议较大的问题，如古今字、古分用字、俗字、通假字、译音字、错别字以及改字等的处理方式，提出了自己的意见，可供敦煌写卷校录时参考。

敦煌文献发现已经快一百年了，但敦煌写卷的校录方式，却迄今还没有形成一个大家一致公认的规范，这是很可令人悲哀的。最近，敦煌学界就这一问题展开了热烈的讨论。讨论的焦点是敦煌写卷文字的处理方法问题，并形成了两种不同的意见。一种意见认为敦煌遗书包含文物价值、文献价值、文字价值，校录敦煌遗书的目的是给研究者及中等以上文化程度的读者提供一个比较方便易读而内容可靠的读本，亦即应该尽量保留它的文献价值，因此，应该利用正字法尽可能地把敦煌遗书上的字(包括古今字、异体字、俗字、错别字、通假字等)正为通行的标准繁体字，为读者扫除阅读障碍[1]。另一种意见认为古今字、通假字和译音词不应据文义改订，而应该或出校记或用括号标出正字，保留这些与通常有异的文字表记，是古籍校勘的基本原则[2]。双方的意见各有理据，似乎谁也说服不了谁。最近，日本花园大学的衣川贤次先生就这一问题给我写信，说："为了开展广泛的讨论，通过讨论达到创出大家都承认遵守的一个校勘体例，希望先生从文

---

[1] 参看方广锠评《敦煌愿文集》(《敦煌吐鲁番研究》第 2 卷，北京：北京大学出版社，1997 年)、《关于〈藏外佛教文献〉的选篇、录校及其他》(《中国敦煌吐鲁番学会研究通讯》1997 年第 1 期)及《敦煌文献录校五人谈》(1997 年杭州"中国敦煌学研讨会"论文)。

[2] 参看黄征、杨芳茵《读〈藏外佛教文献〉第一辑》，《杭州大学学报》1998 年第 1 期。

字学、语言学的角度提出意见。"衣川先生的信任是不能推却的,正好我们在确定《敦煌文献合集》的体例时也有一些需要讨论请教的地方,于是便想趁此机会谈一点自己的看法,希望能得到同行们的批评和指正。我想谈的有如下七个问题。

一　关于古今字

古今字是汉字在发展过程中所产生的古今异字的现象。清代著名语言学家段玉裁说:"古今人用字不同,谓之古今字。"[1]比如"昏"字,本义为黄昏。《说文·日部》:"昏,日冥也。"古人"娶妇以昏时"[2],故"昏"字又引申指婚姻。先秦古籍,结婚的"婚"多写作"昏"。如《诗经·邶风·谷风》:"宴尔新昏,如兄如弟。"其中的"昏"即指婚姻。因为"婚"与女方相涉,故后来婚姻的"昏"增加女旁写作"婚",以区别于黄昏的"昏"[3]。在表示婚姻的意义上,"昏""婚"便是古今字。

"古今字"的"古今"是一个相对的概念。段玉裁说:"古今无定时,周为古则汉为今,汉为古则晋宋为今。"[4]就我们今天而言,凡是清代(甚至更晚一些)以前与今天表示同一音义而使用不同的汉字都可划归古今字的范畴。既然古今字是古今人用字的不同,那么既不能用汉代用字去校改先秦用字,也不能用六朝、唐代用字去校改汉代用字。我们在整理清代以前的古书时,当然也不能用今字去校改古字,这样一个浅显的道理,我想谁都是应该明白的。比如"昏""婚"古今字,我们不能把《诗经》的"宴尔新昏"改成"宴尔新婚";"说""悦"古今字,我们不能把《论语》的"学而时习之,不亦说乎"改成"不亦悦乎"。再比如"赔"字后起(大约元明之际才见应用),宋代以前其义多用"陪"或"备"为之[5],我们当然也不能把唐宋以前古籍中的"陪"或"备"改作那个时代还没有造出来的"赔"字。否则,"古""今"就全乱了套,古书也就不成其为古书了。如果谁要借口给读者扫除阅读障碍为由,那么即便把"宴尔新昏"改成"宴尔新婚",把"不亦说乎"改成"不亦悦乎",普通读者也未必明白。要使普通读者人人明白,恐怕只有把它们翻译成今天的白

[1]《说文解字注》"今"字下注,上海:上海古籍出版社,1988年,第223页。

[2]《说文·女部》"婚"字下引"礼",北京:中华书局,1963年,第259页。

[3]《说文》已收有"婚"字,释云:"妇家也。礼:娶妇以昏时。妇人阴也,故曰婚。从女从昏,昏亦声。"由这一解释也可看出,"婚"字应渊源于"昏"。

[4]《说文解字注》"谊"字下注,第94页。

[5] 参看拙著《敦煌俗字研究》上编,第207—209页。

话,此外别无他途。六十多年前,陈垣先生校读清沈家本刻《元典章》,批评沈刻每"用后起字易元代字",陈垣先生说:

> 翻刻古籍,与翻译古籍不同,非不得已,不以后起字易前代字,所以存其真也。(《元典章校补释例》卷三)

陈垣先生的这番告诫,是值得我们今天校读敦煌文献的同志深长以思的。

事实上,古字不可轻改,我们的先人们早已有明训。北齐颜之推《颜氏家训·书证》云:

> 太公《六韬》,有天陈、地陈、人陈、云鸟之陈。《论语》曰:"卫灵公问陈于孔子。"《左传》:"为鱼丽之陈。"俗本多作阜傍车乘之车。案诸陈队,并作陈、郑之陈。夫行陈之义,取于陈列耳,此六书为假借也。《苍》《雅》及近世字书,皆无别字;唯王羲之《小学章》,独阜傍作车。纵复俗行,不宜追改《六韬》《论语》《左传》也。(着重号为引者所加,下同)

《汉书·刑法志》"善师者不陈"句下唐颜师古注亦云:

> 战陈之义本因陈列为名,而音变耳,字则作陈,更无别体。而末代学者辄改其字旁从车,非经史之本文也。今宜依古,不从流俗也。

类似的见解古书中时有所见,难道还不足以让我们在处理古今字的问题上得到一些警示吗?

然而令人遗憾的是,那种以今例古、据今字妄改古字的事例在敦煌文献校录中比比皆是,与颜师古所批评的"末代学者"的做法如出一辙。今试为举出三例如次:

其一为"燃"字。"燃"字后起,其古字本作"然"。"然"字本已从火,后起字作"燃",则变成了从二火。敦煌写本 P.2011 号王仁昫《刊谬补缺切韵》平声仙韵如延反:"然,是。燃,烧;上然从火已是烧,更加火,非,同梁加木,失。"又 S.388 号《正名要录》"各依脚注"类"然"字下脚注:"从散火,左不须火。"又徐铉校本《说文》"然"字下徐氏校云:"今俗别作燃,盖后人增加。"由这些注文可以看出,"燃"这个后起字在当时的地位还不是很稳固[1]。当然从今天的角度来看,"然""燃"分化自有它的优点在,无可厚非。但既然燃烧的"燃"古本作"然",我们就不应该把古人笔下的"然"校改作"燃"。敦煌写本中燃烧字仍多作"然",可谓得其本真;然校录者辄校改作"燃",殊属多事。如《敦煌变文集》卷五录

---

[1]《世说新语·文学》(徐震堮校笺本)引曹植诗:"其在釜下燃,豆在釜中泣。"《汉语大字典》引此例作为"燃"字较早出现的例子。但敦煌写本 S.5471 号《千字文注》"男效才良"句下注引上诗"燃"字作"然"。颇疑今本《世说新语》作"燃"为传刻者所改(如徐震堮校笺所据底本明嘉靖袁氏嘉趣堂刊本正作"然"),而非刘义庆书的原貌。

S.6551 号《佛说阿弥陀经讲经文》:"伏愿瑠璃殿内,高然般若诸灯;阿耨池边,永赞无生之偈。"《敦煌变文集》原校"然"作"燃"。又《藏外佛教文献》第 2 辑录 S.2702 号、P.2188 号等本《净名经集解关中疏》卷上:"若能知此六尘无自无他,不燃不灭,名真头陀也。"校者云:"'燃',底、乙、丙、丁本作'然',据文意改。"皆其例。

其二为"搬"字。"搬"字后起,其古字本作"般"。《广韵》平声桓韵北潘切:"般,般运。"《类篇·舟部》:"般,移也。"唐代以前古书中搬运字皆作"般",敦煌写卷亦然,而无作"搬"者。"搬"字宋元以后载籍始见应用,乃为"般"的增旁俗字。然校者以今例古,"般"字辄校改作"搬"。如《敦煌歌辞总编》卷六《十二时·普劝四众依教修行》:"凤凰钗,鹦鹉盏,枕盛妆函金花钿,搬将送与别人家,任你耶娘卖家产。"任半塘校:"三本'搬'皆写'般'。"又《敦煌变文集补编》校录 Φ.96 号《双恩记》:"依时集士如云赴,继日般财似蚁旋。"原校"般"字作"搬"。皆其例。

其三为"陡"字。"陡"(斗峭、陡然义)字后起,古字本作"斗"。《史记·封禅书》:"成山斗入海。"司马贞索隐:"斗入海,谓斗绝曲入海也。"因斗绝多与崖阜有关,故俗或增阜旁作"阧"。《玉篇·阜部》:"阧,当口切,阧峻也。"而"陡"字《玉篇》以为地名,其用作峻峭义应该是更为晚起的事。敦煌写本 P.2011 号王仁昫《刊谬补缺切韵》上声厚韵当口反:"阧,阧峻。或作陡。"《广韵·厚韵》:"阧,阧陵。陡,同上。"可见唐宋时期"陡"字仅仅是作为"阧"的异体字的身份出现的。《说文》"斗"字下段玉裁注:"此篆叚借(引者按:指引申)为斗陗之斗,因斗形方直也。俗乃制陡字。"从斗绝、斗峭义引申,"斗"又有陡然之义。唐韩愈《答张十一功曹》诗:"吟君诗罢看双鬓,斗觉霜毛一半加。"是其例。至于"陡"指陡然,比它的斗峭义还要出现得迟一些。然后世"陡"行而"斗""阧"废,校者习于今而忘于古,凡敦煌写卷中陡峭、陡然之义作"斗"者辄以为误,而妄改作"陡"。如《敦煌变文集》卷一《伍子胥变文》:"遥望松罗,山崖斗暗。"原校"斗"字作"陡"。又同书卷二《庐山远公话》:"长叩三声,云雾斗合。"原校:"斗"字与"陡"通,谓陡然而合也。皆其例。

此外如"第"字,古字本作"弟"[1];"稳"(安稳)字,古字本作"隐"[2];"睬"字,古字本作"采"或"採"[3];"睛"字,古字本作"精"[4];"芽"字,古字本作"牙"[5];"座"字,古字本作"坐"[6];

---

[1]《说文·弟部》:"弟,韦束之次弟也。"段玉裁注:"引伸之为凡次弟之弟。"(第 236 页)。

[2]《说文·禾部》徐铉新附字:"稳,一日安也。……古通用安隐"。凡安隐、稳审、平稳义古书多作"隐"。

[3] 清吴任臣《字汇补》始载"睬"字。凡理睬义唐宋以前皆作"采"或"採"。

[4]《说文》及汉代前后古书中眼睛之"睛"皆作"精"。今本《玉篇》始载"睛"字,疑为唐代前后产生的俗字。

[5]《说文·艸部》:"芽,萌芽也。"段玉裁注:"古多以牙为芽。"(第 37 页)。

[6]《正字通·广部》"座"下云:古作坐,俗作座。北京:国际文化出版公司,1996 年,第 404 页。

"厌（厭）"字，古字本作"猒"[1]；"熟"字，古字本作"孰"[2]；"瘥"字，古字本作"差"[3]；等等。敦煌写卷多用古字，乃从其用字之朔，而校者以今例古，每每妄下雌黄，皆非校勘古籍之所宜也。

二　关于古分用字

所谓古分用字，是指古代本来用法不同的字，但由于种种原因，这些古分用字有的后世趋于混同，或者甲字的用法被乙字所取代。比如"孃"与"娘"字，前者为母称，后者则为少女之号，本是两个不同的字[4]。《说文·女部》"孃"字下段玉裁注："按《广韵》，孃女良切，母称；娘亦女良切，少女之号。唐人此二字分用画然，故耶孃字断无有作娘者。今人乃罕知之矣。"但从敦煌写本的实际使用情况来看，唐五代间"孃""娘"似已开始混用。如 P.2319 号《大目乾连冥间救母变文》"总不见阿孃"，异本 S.2614 号"孃"字作"娘"，是其证。至宋元以后，用"娘"作"孃"就相当普遍了[5]。那么我们在整理古籍时，对"孃""娘"这样的古分用字，就必须尊重原书的本来面貌，既不必改"娘（用于母称）"为"孃"，也不应改"孃"为"娘"，而宜各存其旧。陈垣先生校读沈刻《元典章》，在谈到"元代用字与今不同"的情况时说：

> 有字非后起，而用法与古不同，翻刻古籍，不应以后来用法之字用之古籍
> 也。（《元典章校补释例》卷三）

陈垣先生处理元代用字的这一见解，实在应该成为我们校勘所有古籍都应遵循的共同准则。然而在敦煌文献的校录整理工作中，校录者却每每习于新而忘其旧，于古今用字不同之处辄加窜易，改从后来用法之字。如前举"孃"字，校录者多有从今臆改作"娘"者。如《敦煌变文集》卷二《秋胡变文》："新妇启言阿婆：'儿若慈孝[6]，天恩赐金，交将归舍，报娘乳哺之恩……'"查写本原卷 S.133 号背"娘"字实作"孃"。又同书卷七《故

---

[1] "猒""厭"皆见于《说文》，前者乃厌恶、饱食义的本字，而后者乃压笮义的本字。

[2] 《说文·丮部》："孰，食饪也。"段玉裁注："孰与谁双声……后人乃分别熟为生熟，孰为谁孰矣。曹宪曰顾野王《玉篇》始有熟字。"（第 113 页）。

[3] 《方言》卷三："差，愈也。南楚病愈者谓之差。"（《四部丛刊》本，第 14 页）《广韵·卦韵》以"瘥"为"差"字或体。

[4] 今日本汉字"娘"仍然用于少女之称。

[5] 元熊忠《古今韵会举要·阳韵》云"母称曰娘"，可见当时"娘"混同于"孃"已在辞书上得到反映。

[6] "若"下原书有"於"字，疑为衍文，兹删。也有可能"於"下有脱字，存疑。

圆鉴大师二十四孝押座文》："男女病来声喘喘,父娘啼得泪汪汪。"查此篇底卷 S.P1 号及 S.3728 号,"娘"字实皆作"孃"。皆其例。再看下面的例子:

例一,《敦煌变文集》卷七《押座文》："必若当初逢着佛,争肯将身向者里来。"《敦煌变文集》原校"者"作"遮"。又《敦煌变文论文录》附载 Φ.96 号《双恩记》："是以世尊怜遮事,长于此处说真经。"编者原校"遮"作"遮"。

按:"者""遮"古皆已见。但"遮"字《玉篇》音宜箭切,迎也,与后世用作指示代词的"遮"音义皆殊,并非同一个字。用作指示代词的"遮"的本字实即"者"字。《说文·白部》:"者,别事词也。"段玉裁注:"凡俗语云者个、者般、者回皆取别事之意。不知何时以迎遮之遮代之。"宋郭忠恕《佩觿》卷上称俚俗以"迎遮之遮(原注:鱼变翻)为者回",斥其"顺非有如此者"。宋毛晃及其子毛居正编《增修互注礼部韵略·马韵》:"遮,凡称此个为者个,俗多改用遮。""遮"当又是"者"的增旁俗字。尽管唐代前后"遮"已或混同于近指的指示代词"者",但"者""遮"既然本非一字,而用作近指的代词本又以作"者"为典正,那么校者根据后世的习惯用法校"者"为"遮",显然是不妥当的。

例二,《敦煌变文集》卷六《大目乾连冥间救母变文》:"目连念佛若恒沙,地狱元来是我家。"编者原校"元"字作"原"。又同书卷七《季布诗咏》:"梦时[1]有时枪下卧,觉来原在鼙鼓边。"该篇凡见二卷,底卷 P.3645 号、甲卷 S.1156 号"原"字实皆作"元"。又《藏外佛教文献》第 1 辑录北新 1255 号《禅问答》:"原来既□□□心不见,云何礼佛?……知彼原来是此迷心,妄见□□。"二处"原来"下校录者校记云:"'原',底本作'元',据文意改。"

按:"原"字古已有之,但原来之"原"古只作"元"。清顾炎武《日知录》卷三二云:"元者,本也。本官曰元官,本籍曰元籍,本来曰元来,唐宋人多此语。后人以'原'字代之,不知何解。原者再也……与本来之义全不相同。或以为洪武中有称元任官者,嫌于元朝之官,故改此字。"考"原""元"《广韵·元韵》同音愚袁切,唐代前后偶或已见二字混用之例[2],但元来之"元"明朝以后才普遍改用"原"字,却是实情。陈垣《元典章校补释例》卷三"元代用字与今不同例"下云:"原免之原,与元来之元异。自明以来,始以原为元。言板本学者辄以为明刻元刻之分,因明刻或仍用元,而用原者断非元刻也。今沈刻《元典章》,元多改为原,古今用字混淆,不几疑明以前已有此用法耶?"今校录敦煌文献者,元来之"元"多校作"原",甚或径改作"原",与沈刻《元典章》同出一辙,不睹写本原卷,岂不疑唐代前后即已有此用法耶?

---

[1] "梦时"之"时"疑涉下一"时"字而误,或当校作"梦里"。

[2] 敦煌写本 S.5588 号《只为求因果》诗:"有理有钱多破用,官典相元纵。"其中的"元"即应读作"原"。

例三,《敦煌变文集》卷五《父母恩重经讲经文》:"长大了择时娉与人,六亲九族皆欢美。"又云:"娉与他门荣九族,一场喜庆卒难论。"二例"娉"字原卷 P.2418 号实皆作"娉"。

按《说文·耳部》:"聘,访也。"又女部:"娉,问也。"段玉裁于"娉"字下注云:"凡娉女及聘问之礼,古皆用此字。""娉"本为娉女及聘问之礼的专字,经传多以"聘"代之,"聘"行而"娉"遂废。"娉"字引申又有嫁义。如 S.1441 号曲子词《凤归云》:"娉得良人,为国远长征。"又 P.2838 号《倾杯乐》词:"一旦娉得狂夫,攻书业抛妾求名宦。"同上又一篇:"堪娉与公子王孙,五陵年少风流婿。"凡此"娉"字皆为嫁义。上揭《父母恩重经讲经文》二例原卷"娉"字义同。此义古书多作"娉",少作"聘"。但因后世娉问、娉娶之义类皆作"聘",校录者知有"聘"而不知有"娉",乃以"娉"字为误,辄臆改为"聘",颠倒甚矣。

此外有"怎"字,宋元以后才始行用,唐五代诗文则往往作"争"[1];有"辜"字,本为辜负之"辜"的古本字[2]。校者以今例古,则往往改"争"为"怎",改"辜"为"辜",皆非校勘古籍所宜然也。

三　关于俗字

所谓俗字,是指古代各个时期与正字相对而言的主要流行于民间的通俗字体。敦煌文献中的俗字,就是相对于敦煌写卷抄写那个时代的正字而言的通俗字体。这和相对于我们今天规范繁体字而言的俗字是有一定区别的。具体而言,这种区别主要表现在以下两个方面:

1. 当时的俗字变为今天的正字。如敦煌写本 S.2071 号《笺注本切韵》上声皓韵:"嫂,俗作嫂。""叜"旁隶变皆作"叟",故"嫂"字变体作"嫂"。唐张参的《五经文字》以"嫂""嫂"为"二同",今则更以"嫂"为规范字。又如"燃"本为"然"的增旁俗字(参上文),后来"燃""然"分化,"燃"遂成为燃烧义的正字。上文所说古今字的"今"字大多经历了由俗到

---

[1] 吕叔湘先生认为"争""怎"声韵调都不相同,其间没有什么历史的关联。说详吕著《近代汉语指代词》,上海:学林出版社,1985 年,第 334—336 页。

[2] 元李治《敬斋古今黈》卷一:"世俗有孤负之语,孤谓无以酬对,负谓有所亏欠。而俚俗变孤为辜,辜自训罪,乃以同孤负之孤,大无义理。"(北京:中华书局,1995 年,第 4 页)参看宋王观国《学林》卷三"辜孤"条,第112—113 页。

正的变化。

2. 当时的俗字成为今天的异体字。如 P.2011 号王仁昫《刊谬补缺切韵》去声翰韵："館,舍。通俗作舘。"又平声阳韵："牀,通俗作床。"又 S.2071 号《笺注本切韵》平声先韵："憐,爱。俗作怜。"其中的"舘""床""怜"今天的繁体字系统一般以为异体字。

当然,更普遍的情况是当时的俗字后世仍以为俗字,这是古今俗字共通的一面。如"鉛"字俗作"鈆","器"字俗作"噐","單"字俗作"单","啓"字俗作"启","奇"字俗作"竒","功"字俗作"㓛","幼"字俗作"幻",等等,古今人的看法并没有什么变化。

汉语俗字的可变性,决定了我们在整理古籍时对俗字应区分不同的类型采取不同的处理办法,而不能一概而论。对后世已演变为正字的俗字,我们可以原文照录。对那些成为今天的异体字的古书中的俗字,或古今一致的俗字,根据整理工作目的的不同应采取不同的对策。如果要做成一个"高大上"的定本,一般而言,原本中的异构俗字应尽量保留,异写俗字则可以改成相应的规范字。[1]如果整理的目的是面向普通民众,无论异构俗字还是异写俗字都可以改成规范的繁体或简体。不少人认为校录敦煌文献应该保留俗字,这是他们不了解敦煌写卷的实际情况而一厢情愿罢了。敦煌写卷俗字之多,确实超出人们的想象,甚至可以说每个字都带有当时俗写的痕迹。而且不同的抄手会有不同的书写风格,即使同一个抄手书写同一个字也往往前后不尽一致,要把这种种不同的俗体都保留下来,除非是照原卷影印,否则是办不到的。

还有的人主张校录敦煌文献与今天简化字同形的俗字应予保留,这样做恐怕也是不妥当的。简化字和繁体字属于不同的字形系统,敦煌俗字是相对于繁体字系统而言的。那种把不同系统的字形混而为一的做法,本身就是不科学的。而且如果只保留与简化字同形的俗字,不同形者则改为通行的繁体字,那就会给读者造成一种错觉,以为除简化俗字以外的字原卷写的本身就是通行繁体字。更何况许多简化俗字与今天通行的简化字字形并不完全一致。如"国"字敦煌写卷多简省作"囯"(偶或作"国"),与今天的简化字"国"相差一点,那么照上面的办法,"囯"是录成"国"还是录成"國"呢?如果录成"国",字形的确非常接近,可惜并非原形;如果录成"國",那与"囯"相比字形就远多了。另外,汉字简化作为汉字演变的一种趋势,处在不断的变动之中。如果与简化字同形者即予保留,那么在国家公布"一简方案"以前、公布"一简方案"以后,以及假如以后国家

[1] 所谓异构俗字,指俗字与正字发生了构件的变化,比如"然"加火旁变成了"燃","館"换形旁变成了"舘","憐"换声旁变成了"怜";所谓异写俗字,指俗字与正字仅仅发生了个别笔画的增减,比如"土"加点作"圡","虫"加撇作"虰","夭"加点加撇作"犬"。

公布"二简""三简"方案的话,不同时期校录同一敦煌卷子就会形成不同的录文了。而且,汉字文化圈的不同国家使用简化字也不尽相同,按照上面的办法,如果由日本学者来校录敦煌写卷,则"仏""歩""豊(豐)""斎(齋)""従(從)""総(總)""継(繼)""灰(灰)"一类的与日本现行汉字同形的俗字就将在保留之列了,这和中国学者的录文又不一致了。所以这种做法不但操作(包括排版)起来比较困难,而且还会打乱汉字本身的系统,造成许多本不存在的分歧和麻烦,是不可取的。

四　关于通假字

通假字又称假借字、借音字等,是指用音同或音近的字来代替本字。整理古籍时怎样处理通假字,笔者以为应首先弄清抄书或刻书的人写假借字的原因。为什么写字或刻字的人放着本字不用,而要用音同或音近的字来代替呢? 这里面的原因是多方面的。其中包括:

1. 书写者仓猝间不知本字,而写为一个音同或音近的字。如敦煌写本 S.2204 号《父母恩重赞》记父母恩重十种缘,"弟七洗濁不净衣",其中的"濁"即"濯"的音误字。

2. 某一时期、某一地区、某一师承或某一人经常习惯以某字代某字用。如塑像的"塑",唐代前后多借用同音的"素"字。敦煌写本 P.2762 号《张氏修功德记》:"龛内素释迦牟尼像并事(侍)从一铺。"又莫高窟第 201 窟西壁龛下功德记:"莫高山岩第二层旧窟,开凿有人,图素未就。"皆其例。"塑"字异体有作"塐"者,则当是在"素"这个假借字的基础上加注形旁而产生的形声俗字。《集韵·暮韵》:"塑,埏土象物也。或从素(作塐)。通作素。"可见宋代时"素"这个假借字已被载入辞书而得到社会的认可。(校按:"素"乃塑义的早期记音字,后为免与朴素之"素"相乱,俗遂增旁作"塐";而"塑"又为这一意义的"素"的后起专字。说详本书第五章第三节"探语源"一节。)

3. 本字太繁,书写者有意识地借用音同或音近的字以简省笔画。如敦煌写卷中"辯"或"辨"字多作"弁","教"字多作"交","猶"字多作"由","號"字多作"号",等等,大约就有简省笔画的因素在内。

4. 本字太简,书写者有意识地借用音同或音近的字以繁化字形。数目字和度量衡用字事关钱谷之数,为免字形相混或他人改易,故多有借用字形较繁的同音字之例。如敦煌吐鲁番文书中"升"字常作"昇"或"勝","斗"字常作"兜","石"字常作"碩","百"字常作"伯"或"佰""陌","千"字常作"仟"或"阡",等等,均属此例。

5. 本字表意的偏旁与词义不甚密合,书写者有意识地借用音同或音近的字以显明词义。如唐代前后俗语有"怀擔"一词,指妇女怀孕,但"擔"字从手,与怀孕之义不甚切合,故写者往往把"擔"写作"耽"字的异体"躭"(敦煌写卷中"怀躭"一词经见);"躭"字又作"儋"(见《龙龛手镜》),字从身旁,可以更准确地表示怀孕者以"身"担荷之意。

对以上各种类型的假借字,我们在校录时应根据不同的情况采取不同的处理办法。三、四、五三种类型,书写者使用假借字是出于习惯或为了达到某种目的,是有意识而为之,只需在第一次出现时出校略作说明就可以了,而不应径改原字。一、二两种类型的假借字,则可用括注的形式注出本字,但也不应该径改原字。至于为什么不应径改,我们将在下文再作讨论。

另外,敦煌写卷还常见某字的俗体跟另外一个音同或音近的字同形的现象。如"幢幡"写卷中多书作"憧憣",我们应该把"憧憣"看作是"幢幡"的俗写,而不能认为是同音或近音假借。因为俗书巾旁与忄旁不分,所以"幢幡"俗书写作"憧憣"。《龙龛手镜·心部》:"憧,昌容反,往来貌也。又俗宅江反,一憣,正作幢。"又云:"憣,俗,孚袁反,正作幡。"便是"幢幡"俗字作"憧憣"的实际记录。正因为"幢幡"作"憧憣"是俗书写法,而与假借无关,所以我们校录时径加录正就可以了。

五 关于译音字

译音词据音翻译外来词语,由于受译者方言的影响,或选择汉字的不同,译音词不统一是常有的事。我们在校录敦煌文献时,如果碰到译音词与后世的固定译法不一致,比较妥善的做法是在首见时出校加以说明,但不必也不应该以今律古,用后世的固定译法来加以规范。有的人习惯于用后世的固定译法来校改敦煌文献,那恐怕是不妥当的。为了说明问题,且让我们看一个具体的例子:

北敦 2496(北 8444,成 96)号《目连变文》:"长者闻言情怆悲,始知和上是亲儿。"又 S.3050 号《不知名变文》:"和上又遗三般物色……"其中的"和上"即"和尚"的异译。慧琳《音义》卷二二《新译大方广佛华严经》第十七卷慧苑音义:"和上,案五天雅音,和上谓之坞波地耶,然其彼土流俗谓和上殟社,于阗、疏勒乃云鹘社,今此方讹音谓之和上。"由此可知,"和上"或"和尚"都是梵文坞波地耶(upādhyāiya)的讹音译词,并不存在优劣之分。

《敦煌变文集》第 758 页把上揭变文前一例"和上"径改作"和尚",第 819 页把后一例"和上"在括号中校改作"和尚",恐怕都是欠妥当的。

六 关于错别字

错别字通常是错字和别字的合称。错字是指形近而误的字。别字一般指音同或音近而误的字（相当于古代的假借字），也指俗字（罗振玉等《增订碑别字》的"别字"即此意）。有的人把形近而误的字统称为错别字，其实是不够准确的。对于敦煌文献中错字的处理，这里提三点意见以供参考：

1. 原卷偏旁俗写相乱（如木旁作扌旁、巾帝作忄旁之类）或笔画增减者，可径加录正，不出校记。

2. 明显的错字，可以括注正字；推断正字无把握者，可出校说明，但不应径改原字。

3. 要注意俗字和错字的区别，不应把俗字当作错字来处理。在敦煌文献校录中，误把俗字当作错字处理的情况比较常见，应引起我们足够的重视。如《藏外佛教文献》第 2 辑《七祖法宝记》下卷："如是教者，名为邪教。"原校："'邪'，底本作'耶'，据《佛藏经》改……以下凡'邪'作'耶'处，均改为'邪'，不出注。"又同辑《天竺国菩提达摩禅师论》："若他观者，名为邪观。"原校："'邪'，底本作'耶'，据文意改。下同。"相同的校记该书中还出现了多次。从文意看，作"邪"显然是正确的，问题在于底本的"耶"实即"邪"的俗字。唐颜元孙《干禄字书》："耶邪：上通下正。"《广韵》平声麻韵以遮切："邪，俗作耶。"《说文·邑部》"邪"字下段玉裁注："近人隶书从耳作耶，由牙、耳相似。"皆其证。既然"耶"即"邪"的俗字，校录时便可径录作"邪"，而出校注明底本作俗字"耶"也就可以了。但由于后世"耶""邪"分用，校者以今例古，遂误以"邪"写作"耶"为错字，而称"据文意改"，实非妥当。

七 关于改字

《藏外佛教文献》"录文校勘条例"第十条下云："错别字改为正字，出校记。如在同一篇文献中某些错别字反复出现，则仅在首次出现时予以注出，其后不再一一出校记。"又云："假借字第一次出现时改为正字,出校记;以后径直改为正字,不出校记。"应该承认,敦煌文献中假借字、错别字(指形近而误的错字)的数量很大,重复出现的频率也很高,要在每个假借字、错字下出一条校记是不现实的,也是不可取的。但《藏外佛教文献》编者提出的径改原字的原则,实在也不是一个好办法。理由很简单,因为我们每个校录者的水平都是有限的,谁也不能保证他的判断都是正确的。尤其是我们许多从事敦煌文献校录的人都不是专业的语言文字工作者,缺乏文字学、音韵学(尤其是唐五代西北方音)方面的系统训练,来从事文字校勘这种"越位跨界"的工作,尤应慎之又慎。如果校录者在每个假借字或错字下括注本字,即使判断有误,读者仍能根据原字作出自己的推断。相反,如果校录者仅在假借字或错字第一次出现时出校,重见时则径改原字,这样做,既不符合古书校勘的通例,而且如果校者的推断有误,读者就不知道下文哪些字系校者误改,哪些字系古书原貌。事实上,在敦煌文献的校录中因径改原字造成的失误并不在少数,这方面的教训可以说是够惨痛的了。比如《敦煌变文集》卷五《父母恩重经讲经文》有"怀𱍊"一词,《敦煌变文集》原校"𱍊"为"胎",根据同篇下文多见"怀胎"一词,这一校勘似乎是正确的。其实"𱍊"乃"𱍊"字俗写(敦煌写卷"𱍊"字多写作"𱍊"),而"𱍊"又为"耽"字异体,文中通作"擔"(参看上文)。故"怀𱍊"实即"怀擔"[1]。《敦煌变文集》校者不达于此,既误校"𱍊"为"胎",又把同卷下文及另一写卷北敦6412号《父母恩重经讲经文》重复出现的十五个"怀𱍊"皆径改作"怀胎",而无任何说明,不睹敦煌写本原卷,则恐以谬传谬,永无改正之日了。又如《藏外佛教文献》第1辑据北敦4264(北8300,玉字64号)校录《佛说孝顺子修行成佛经》有"蓬耕"一词,其文云："(太子)见母头如蓬耕,面上垢土。"又云："我母如今甚大苦剧,筋骨相连,形容憔悴,面上垢土,头如蓬耕,处处打破,血流遍体。"何谓"蓬耕"? 费解。查原卷"耕"字本皆作"𦒾"形,实为"科"的俗字。"斗"字俗书或作"𣁽","𦒾"右旁的"𣁽"又为"𣁽"的讹变形。S.617号《俗务要名林》船部："舟𣁽,洩船中水𣁽也。"其中的"𣁽"亦为"𣁽(斗)"的讹变形,可以比勘。《龙龛手镜》卷一禾部:"𦒾,《旧藏》作科。"正以"𦒾"为"科"的俗字。《魏元秀墓志》"科"字亦写作"𦒾"[2],亦其证。《广雅·释言》:"科,丛也。""蓬科"泛指杂草丛,辞书已载。前揭佛经经文以"蓬科"喻指舍婆提国太子之母头发蓬乱之状,正与文意密合。校录者不明"𦒾"为"科"字俗体,

---

[1]　参看拙作《〈敦煌歌辞总编〉误校二十例》,《中国博士后社科前沿问题论集》,北京:经济科学出版社,1997年,第201—215页。

[2]　见秦公编《碑别字新编》"科"字下,北京:文物出版社,1985年,第100页。

臆改作"耕",却又不加以说明,殊非切当。倘无原卷对勘,又有谁能想到"蓬耕"竟是"蓬科"臆改之误呢?再如同一佛经有三个"陟"字,写卷本作"**徙**"形,实为"徙"的俗字[1],作"陟"亦校录者臆改之过。诸如此类,因臆改原文对敦煌文献造成的灾难已经是够深重的了。但愿就此打住,既为了读者,更为了敦煌文献。

（原载《俗语言研究》第 5 期,京都:禅文化研究所,1998 年,第 118—130 页）

---

[1]　参看拙著《敦煌俗字研究》下编第 167 页"徙"字下所载俗字。

后　记

　　我国传世的古书，宋代以后大多以刻本的面貌呈现，因而有关古书的学问也多以刻本为中心生发展开。清代末叶，敦煌藏经洞被打开，人们从中发现了大批唐代前后的手写纸本文献，震动了整个世界。民国以后，又有吐鲁番文书、黑水城文献、宋元以来契约文书、明清档案等众多手写纸本文献陆续公之于世，耀人眼目，写本文献的数量一下子充盈起来。于是，逐渐形成了敦煌学、吐鲁番学、徽学等一批与手写纸本文献相关的学问，在很大程度上改写了中国学术文化的历史。但人们在兴奋忙乱之余，还来不及对写本文献的风格、特点进行系统全面的研究，仍习惯于用刻本的特点去看待写本，因而整理和研究不免有所隔阂和误解。

　　其实写本文献与刻本文献的区别还是挺大的。古书一经刊刻，随即化身千百，既促进了书籍的普及，也使古书的内容、格式逐渐被定型化。而写本文献出于一个个单独的个体，千人千面，本无定式，即便是那些前人传下来的古书，人们在传抄过程中，也往往会根据当时抄书的惯例和抄手自己的理解加以改造，从而使古书的形制、字体、内容、用词、用字、抄写格式等都会或多或少发生一些变化，都会带上时代和抄者个人的烙印。所以写本文献的形式和内容富有不同于刻本的特色，并呈现出参差不一的特点，我们不能用我们熟悉的已经定型的刻本文献的观念去衡量它们。

　　敦煌文献既以写本为主体，同样具有写本文献的特点，即便是那些少量的刻本，由于其处于刻印的早期，传播范围有限，内容、格式的定型其实也还谈不上。所以了解和认清敦煌文献的写本特点，是正确校理敦煌文献的最基础一环。而且敦煌写本湮埋一千多年，未经后代校刻窜乱，保存着唐代前后的原貌，可借以考见当时写本的风格、特点，推寻一代语言之特例。这些，用蔡元培先生的话来说，就是"可以得出当时通俗文词的标本"[1]。一百多年来,研究敦煌学的前辈学者在敦煌文献的整理方面取得了巨大的成绩。但由于先贤们对敦煌写本的语言和抄写特例还没来得及给予足够的关注,因而难免影响敦煌文献的校理质量。尽管一些学者已经注意到敦煌文献的写本特点,并有所讨论,但有关的论述零散而不成系统。台湾学者林聪明先生的《敦煌文书学》[2],是这方面较为系统的著作,但所论多为敦煌写本的外在形态,而对敦煌文献整理校勘的实践着墨不多,讨论的深度和广度似也还有待进一步提升。

正是有鉴于此,笔者从上个世纪 80 年代初便开始留意敦煌写本文献语言和书写特例的钩稽和归纳,并在郭在贻师的指导下,撰作了以"敦煌变文校读释例"为题的硕士论文,对变文写本的用字、用词特点及标识符号等都有所论列。当时论文的评阅专家之一贵州大学王锳教授曾给郭师写信,他说:"涌泉同志此作,已刊部分前承他惠赠一份,已拜读一过。此次重点是读未刊部分。具体意见已见所附表格,所未尽者,深感'强将手下无弱兵''后生可畏'二语之不虚耳。所论二十四节,实可视作古白话文献研究之《古书疑义举例》,倘能扩而充之,勒成一书,自可造福同行,衣被后学,不知吾兄以为然否?"[3]正是在郭师的期许和王锳先生的鼓励下,此后的二十多年中,尽管有《敦煌俗字研究》《汉语俗字丛考》《敦煌文献合集》等科研任务的压力,但撰作一部敦煌写本文献通论性著作的愿望始终萦回在我的心头,并且忙里偷闲,时不时做一些材料的搜集和整理工作。后来又以此为中心,给博士生、硕士生在课堂上讲授过多次。教学相长,师生间的讨论乃至争论也对我多有启发。现在呈献给读者的这部小书,就是这二十多年来自己在敦煌文献整理、研究和教学的过程中,对敦煌写本文献语言和书写特例钩稽探讨的结晶。全书共分四编二十章,第一编为绪论编,在对百年敦煌文献整理的成绩进行回顾的基础上,指出存在的问题和不足,对写本文献在中华文明传承中的地位作了阐述,指出创建写本文献学的重要性,并对敦煌文献的写本特征作了简要的梳理和归纳;第二编为字词编,对敦煌文献的字体、俗语词、俗字、异文等语言文字现象作了全面的介绍,指出敦煌写本篆隶楷行草并存,异体俗字盈纸满目,异本异文丰富多彩,通俗文学作品、社会经济文书、疑伪经等写本有大量"字面普通而义别"的方俗语词,它们既为语言研究提供了大量鲜活的第一手资料,也为敦煌文献的整理设立了一道道障碍,扫除这些障碍是敦煌写本整理研究的最基础的工作;第三编为抄例编,对敦煌写本中的正误方法、补脱方法、卜煞

─────────────

[1] 见《敦煌掇琐》序,《敦煌丛刊初集》第 15 册,第 3 页。
[2] 《敦煌文书学》,台北:新文丰出版公司,1991 年。
[3] 王锳先生 1987 年 9 月 16 日致郭在贻师函。

符、钩乙符、重文符、省代符、标识符等符号系统及抄写体例作了全面的归纳,并通过列举大量实例,指出了解这些殊异于刻本的书写特例,是敦煌写本整理研究的重要一环;第四编为校理编,从缀合、定名、断代、辨伪、校勘五个基本环节入手,指出由于种种原因,以往的敦煌文献整理,多是挖宝式的,缺少整体的关照和把握,现在随着资料条件的改善,应该让位于全方位的系统全面的整理,努力推出一批高质量的集大成之作。

以例读书,是清人治学的一大法宝。清儒阮元有言:"稽古之学,必确得古人之义例,执其正,穷其变,而后其说之也不诬。"[1]近人黄季刚也说:"夫所谓学者,有系统条理,而可以因简驭繁之法也。明其理而得其法,虽字不能遍识,义不能遍晓,亦得谓之学。不得其理与法,虽字书罗胸,亦不得名学。"[2]虽然本书试图对敦煌写本的语言特点和书写特例进行系统全面的归纳和总结,建构敦煌写本文献学的理论体系,但能否当得起"学"的称号,则有待于读者诸君的裁断,我们期待着大家的批评和指正。

作者
2012 年 5 月 22 日于青山湖灌园

又记:承蒙评审专家的厚爱,本书忝列 2011 年国家社科基金重点项目。成果鉴定等级为优秀。项目结项后,根据匿名评审专家的意见,增写了第一章"写本文献学:一门亟待创立的新学问",并对第三章"敦煌文献的写本特征"作了较大的增订。柴剑虹、郝春文、郑炳林、荣新江审读了书稿,并提出了宝贵的修改意见。友生张磊、秦桦林、鲍宗伟、李义敏、陈瑞峰也各有是正,秦桦林对第一章的撰写贡献尤多,张新朋对书中残卷图版的缀合多有辛劳。谨补记于此,以志谢忱。

另外,本书所附图版多下载于各藏书机构网站或截取自各影印出版物,并承蒙英国国家图书馆、俄罗斯科学院东方文献研究所、天津博物馆、上海博物馆、上海图书馆、甘肃省博物馆为本书第十四章提供彩色照片,郝丽莲(Emma Goodliffe)、柴剑虹、郝春文、荣新江、李国庆、虞万里、薛英昭、陈大为、葛亮、魏迎春等先生帮助联系,惠我良多,也一并表示谢意!

作者
2013 年 12 月 30 日

---

[1]《周礼汉读考序》,《揅经室一集》卷十一,《四部丛刊》本。

[2] 黄侃《文字声韵训诂笔记》,上海:上海古籍出版社,1983 年,第 2 页。

增订本后记

　　写本学是 19 世纪以来西方的热门学科，包括实物写本学、比较写本学、古书迹学，等等。相对而言，我国以前在这方面的研究没有得到重视。不过 20 世纪 80 年代以来，在林聪明、方广锠、郑阿财、郝春文、黄正建、王晓平、荣新江、伏俊琏等先生的呼吁和推动下，以敦煌文献为中心，敦煌文书学、敦煌写本学、古文书学、写本学、写本文献学等写本学及相关的研究呈现出勃兴的态势。拙著《敦煌写本文献学》就是笔者追寻这一学术潮流所作的探索，2013 年由甘肃教育出版社初版。可以自慰的是，拙著出版后，受到学术界的充分肯定，如邓文宽先生认为"所有研究敦煌文献的专业工作者均应将该书列为必读之作"，赵和平先生称许本书"堪称古代写本学的奠基之作"，日本关西大学玄幸子教授称本书是研究写本学的"第一本综合性的、优秀的指南书"。豆瓣网的读者绝大多数也对拙著给予了正面的评价，评分在 9.5 分以上。专家的肯定，读者的鼓励，是对作者最大的褒奖。

　　在肯定和鼓励的同时，专家和读者也就拙著存在的不足和疏失提出了不少中肯的批评和建议。加上出版不久，拙著就已销售一空，网上旧书的价格也已经炒到几倍的高价。所以这些年不断有出版社跟我商谈再版事宜，继续修订完善的念头也始终萦回在自己的心头。但由于前些年《敦煌文献语言大词典》《敦煌残卷缀合研究》等重大科研项目的压力让我无法分身，一直抽不出比较完整的时间来做这件事，只是在其他课题研究的间隙断断续续做过一点细微的修订工作。

　　2022 年下半年，持续进行了二十多年的《敦煌文献语言大词典》终于正式出版，《敦煌残卷缀合研究》课题的前期成果《拼接丝路文明——敦煌残卷缀合研究》也已经付排，才让我下定决心着手本书的修订工作。修订过程中，张小艳、张传官、徐浩、王子鑫等都提出了宝贵的意见。2022 年夏学期开始,我牵头的团队每年为文学院汉语言文学和历史学院历史学强基班本科生开设"敦煌写本文献学"课程,本书作为这门课程的基础教材,任课教师和选课的学生也指出了书中的若干疏失。具体而言,修订工作包括以下几方面。

1. 内容的增补。如第十四章第一节句读号下增加了之五"补白号";同一节之三"引号"下增加了"引某书或某人语,在引文之首的书名、人名右侧加朱笔顿点,提示其下为引文"的例子;第三节"勘验号"下增加了标"┐"形勘验号表示注销的例子;第五节"馀论"部分增加了"◣(△)"形层次号整理者径录作"厶"容易让人误解的例子,还增加了应尊重写卷原有的句读符号但又不可完全照搬的例子。又如第十章讨论"卜"形删字符的形成时,根据张小艳的意见增补了以下小注:"平安时期的日本古写经中,发现错字时,便在误字左侧画一短竖,然后在其右侧写上正字。……这种画一短竖以指示应删去之字的方法,跟'卜'号的短竖,其功能其实一致的。"

2. 内容的更新。随着敦煌文献图版的进一步公布,研究的深入,新成果的涌现,增订本对原有的一些统计数字或有关结论作了更新。如第一章在介绍敦煌文献整理研究情况时增加了如下内容:"2022 年,国家启动了'敦煌文献系统性保护整理出版工程',其中包括出版高清彩色版《敦煌文献全集》,目前中国国家图书馆藏、法国国家图书馆藏及甘肃藏敦煌文献的彩色版已在陆续出版之中。这项工作的完成,将极大改善敦煌图版的质量,推动敦煌文献整理研究的深入。"又如初版本第一章第二节称徽州契约文书"总数在 50 万件以上",增订本更新为"总数在 100 万件以上",前一个统计数字出自刘伯山《徽州传统文化遗存的开发路径与价值评估》,《探索与争鸣》2010 年第 12 期第 77 页,后一个统计数字出自同一作者的《新时代徽州传统文化遗存的开发与价值评估》,《学术界》2019 年第 4 期第 138 页。再如第二章第一节介绍童蒙识字读物《开蒙要训》,初版称敦煌文献中凡存 70 个卷号,经整理缀合得 44 卷,增订本更新为凡存 86 个卷号,经整理缀合得 57 卷。再如第十九章第三节推测敦煌文献中《金刚般若波罗蜜经》的写本"达 1100 多个",增订本更新为"有三千七百多个"。诸如此类,所作的修订反映了最新的研究成果,表述更为准确可靠。

3. 纠正了原书的一些疏误。如初版第七章第二节引《后汉书·张奂传》"张奂字然明,敦煌酒泉人也",网友"十三时梦迷"指出"酒泉人"应为"渊泉人",甚是。中华书局标点本即已据钱大昕、王先谦等说校改作"渊泉人",修订时从改。又如第六章第三节引敦煌写本 S.4373 号有"上头修大渣用""上头修渣用"等句,"渣"字初版根据《敦煌社会经济文献真迹释录》括校作"闸",修订时据张小艳的意见括校作"查",又出注云:"'查'古作'柤',为拦水的木栅;其义与水相关,故'查'俗书又增旁作'渣'。或校'渣'为'闸',非是。"又同一节据任半塘《敦煌歌辞总编》引 S.1497 号《五更转》"诸女彩楼畔",其中的"诸"任编称原写"愼",本书初版据以认为"愼"应该就是"贞"的增旁字;张小艳指出此字原卷实作"频",卫莱译注录为"频"校作"嫔"可从。修订时删此条而换用了其他例子。

4. 调换了个别原来前后重复的例子。如类化俗字"馳",网友"十三时梦迷"指出初版第六章、第七章重出,修订时第六章换用了其他例子。

5. 体例方面的统一。如引用中国国家图书馆藏敦煌文献的简称,初版多用"北",少数用"北敦"("北"为缩微胶卷及《敦煌宝藏》所用的中国国家图书馆藏敦煌文献原编号,"北敦"为新刊布的《国家图书馆藏敦煌遗书》所用的统编号,《国家图书馆藏敦煌遗书》2012 年才出齐,本书写作时参考的主要是《敦煌宝藏》或缩微胶卷),修订时统一为"北敦",必要时括注"北"编号。

6. 标点符号用法的规范。根据最新公布的标点符号用法,书名号、引号连用时,中间一般不用顿号,修订时据以作了规范。

写本学是一门新兴的学科,主要涵盖物质和内容两个层面(前者包括书写材料、工具、产地、抄手、装帧、保管、流通、印签等),涉及面十分广泛。敦煌写本学同样如此。本书主要侧重敦煌写本内容的层面,物质形态方面则阙漏多多。最近我和我的同事们正在编纂一部《写本文献学》教材,希望为建立一门更为系统全面的写本学学科作出我们的贡献。

作者
2024 年 1 月 21 日